KB192621

아레오바고 법정에서
들려오는 저 소리

김경재 교수 정년퇴임 기념 논문집

아레오바고 법정에서 들려오는 저 소리
김경재 교수 정년퇴임 기념 논문집

2005년 6월 5일 초판 1쇄 발행

펴낸곳 (주)도서출판 **삼인**

지은이 김경재
펴낸이 신길순
부사장 홍승권
주간 최낙영
편집 윤진희 유나영
제작 양경화
마케팅 이춘호
총무 서민아

등록 1996.9.16. 제 10-1338호
주소 121-837 서울시 마포구 서교동 339-4 가나빌딩 4층
전화 (02) 322-1845
팩스 (02) 322-1846
E-MAIL samin@saminbooks.com

표지디자인 (주)끄레어소시에이츠
제판 문형사
인쇄 대정인쇄
제본 성문제책

ISBN 89-91097-25-1 03230

값 22,000원

아레오바고 법정에서
들려오는 저 소리

김경재 교수 정년퇴임 기념 논문집

김경재 지음

삼인

김경재 교수님의 정년퇴임 기념 출판에 부쳐

교수가 정년퇴임할 때면 제자들이나 후학들이 논문집을 엮어 스승에게 바치는 것이 관례입니다. 더욱이 35년이라는 결코 짧지 않은 기간을 한신대학교 신학대학과 신학대학원에서 가르치시며 연구하신 김교수님에게는 마땅히 돌아가야 할 영예입니다. 학문적 관심도 넓고, 서구 신학은 물론 우리 정신사적 전통과의 대화를 끊임없이 시도해온 김교수님에게는 한신대학교의 울타리를 넘어 많은 제자들과 후학, 신학적 도반들이 있기 때문에 더욱 그렇습니다.

그래서 김경재 교수님의 정년퇴임을 기리는 논문집을 만들려고 몇 제자들과 후학들이 몰래 그 일을 추진했습니다. 그러나 그 일이 알려지고 우리는 교수님의 완강한 반대에 부딪쳤습니다. 퇴임하면서 후학들에게 부담을 주기 싫다는 교수님의 고집을 꺾지 못한 것입니다. 한편으로는 서운하기도 하지만, 다른 한편으로는 새로운 퇴임출판문화를 만드시려는 교수님의 뜻을 저희들은 어쩔 수 없이 따르기로 했습니다.

퇴임기념논문집에서 흔히 볼 수 있는 찬양적 일대기가 아니라, 신학여정에 대한 진솔한 대담을 실은 것도 이 책의 고백적 성격을 보여줍니다. 이 책은 김교수님의 신학적 관심과 여정을 여과 없이 그대로 보여줍니다. 특별한 편집의도가 반영되지도 않았습니다. 그러나 이 책은 과거의 책이 아닙니다. 정년퇴임과 함께 마무리되는 이미 있었던 신학적 사유의 종합이 아니라, 새로운 신학적 도전과 사유의 시작을 여는 책입니다.

우리는, 그러니까 이 책을 사실 고전적인 의미에서 정년퇴임기념논문집으로 만들려고 했으나 결국 새로운 책이 나오는 데 별 기여도 하지 못한 우리는 다만 송구스런 마음으로 이 책의 출판을 함께 감사하면서 축하합니다. 이 책을 읽고 김교수님이 아직 다하지 못한 신학적 작업을 계승하여 더욱 발전시키는 것이 저희 몫이 아닐까 생각합니다. 후학들에게 도전을 주신 김교수님께 깊은 감사를 드리며, 퇴임 후에도 건강하시어 더욱 자유롭게 더 넓은 신학의 바다를 항해하실 수 있길 기원합니다.

2005년 5월
정년퇴임 논문집을 준비했던 이들을 대신하여
채수일 올림

머리말

    부족하기 이를 데 없는 제가 모교인 한신대학교 신학부에서 35년간 봉사할 수 있도록 허락하시고 인도하신 하나님께 감사를 드립니다. 목부 아모스처럼 집안 내력으로 보아 신학교에 입학하거나 목사라는 성직에 부름받기엔 너무나 생소한 사람이 복음의 세계에서 신학함의 자유와 축복을 누리게 된 것도 은총일 뿐입니다. 모든 것이 '하나님의 은혜로' 된 일입니다.

    정년은퇴를 하면서 일부 후배와 제자들이 논문집 구상을 하기에, 저는 두 손 저어서 말렸습니다. 저는 학자로서도 실패한 사람이요, 목회자로서도 실패한 사람이니, 그런 예우를 받는 것은 학문의 엄숙성에 대한 모독이 되고, 제 자신에게도 도리어 큰 심적 부담이 되기 때문입니다. 그것 대신 나의 가족들과 가까운 교우들, 그리고 후배들에게 나는 어떤 생각을 하면서 살았는지 일기장의 기록문처럼 삶의 흔적을 남겨두고 싶어서 여기에 몇 편의 논문들과 가벼운 신학수필 같은 성격의 글들을 엮어 책으로 내게 되었습니다. 이런 일을 하는 것도 아직 덜 떨어진 나의 모습임을 알고 있으나, 자신의 진술한 모습을 속이는 것도 더 큰 자기기만이라 생각되기에 용기를 가지고 제 자신을 생긴 그대로 받아들입니다.

    여기에 묶어내는 글들은 체계적인 단일저서가 아니므로, 순서 없이 아무 글이나 관심 가는 곳을 읽어도 됩니다. 다만 제 자신이 45년간의 신학 여정을 뒤돌아보니까, 흰 눈 내린 들판에 남겨진 저의 발자국처럼 동일한 향방이 보이는데, 그

것을 책 제목으로 삼았습니다. 『아레오바고 법정에서 들려오는 저 소리』라고 한 것은 사도 바울이 아테네에서 복음을 전할 때(행17:22~34) 설파한, 복음진리의 그 단순성, 순수성, 진실성, 생동적 현실성이 세월이 지날수록 저의 마음을 사로 잡기 때문입니다. 인간의 종교성으로 치장되어가는 역사적 기독교의 모습에 대한 주제 넘는 반발인지도 모르겠습니다. 거룩으로 포장된 종교의 속화(俗化) 현상에 대해 저항하고픈 작은 열정의 표현이겠지요.

이 책의 출판은 여러 사람들의 고마운 마음과 희생 봉사가 있어서 가능했습니다. 먼저 한신대학교 신학전문대학원장 채수일 박사님의 총괄적 관심과 추진을 감사드립니다. 신학과와 기독교교육학과 동료 교수들의 따뜻한 우정을 감사드립니다. 대담자리를 마련하고 나와 함께 신학적 도반으로서 걸어가는 박재순 박사의 노고와, 논문의 교정과 편집을 도맡아 수고해준 조순 박사의 맑은 헌신에 감사드립니다. 그리고 기초 자료의 수집에 크게 수고한 박연익, 한문덕 조교에게 감사드립니다. 출판을 맡아주신 도서출판 삼인의 임직원들께 감사드립니다.

이제 현직 교수라고 하는 공적 책임을 벗어나서, 가벼운 마음과 걸음걸이로 주님이 걸어가시고 가르치시는 삶의 현장으로 다가가서 서재의 학문이 아니라, 삶의 체험신학을 경험케 하시는 은총이 있기를 기도하면서 감사 인사에 가름합니다.

2005년 5월 생명의 계절에, 수유리 캠퍼스에서
숨밭 김경재 드림

차례

제1부

대담

숨밭 김경재 교수와 박재순 교수의 대담

박재순(이하 박): 지난 34년간 한신대학교에서 가르치시고 이제 올 팔월이면 한신대학교를 정년퇴임하시는 숨밭 김경재 교수님을 모시고 김경재 교수님의 신학 수업과 신학 형성 및 발전과 지향에 대해서 폭넓게 듣는 시간을 마련했습니다. 먼저 선생님께서 기독교 신앙을 접하게 된 계기와 동기는 무엇이었는지 말씀해주시면 고맙겠습니다.

김경재(이하 김): 박재순 박사가 귀중한 시간을 내주셔서 대담을 하게 되어 고맙습니다. 제 자신이 기독교 신앙에 접하게 된 계기는 큰 틀에서 보자면 저의 가정에 기독교의 씨앗이 뿌려졌기 때문이라고 할 수 있을 것 같아요. 제가 신학을 하게 된 후에 저희 아버님의 회상을 들어보면 아버님은 1930~1940년대에 광주 양림교회의 서리집사를 지내셨어요. 저희 아버지는 교직 생활을 하셨는데 그것과 연관되어 광주 양림교회 어린이부, 유치부 학교의 교장 역할을 하시고 책임교사를 하시기도 하셨고요. 그러나 저의 기억에 의하면 아버님께서 신앙생활을 독실하게 하신 것 같지는 않아요. 제가 어릴 때 가족들끼리 손잡고 교회 간 기억은 없습니다. 기억이 뚜렷하게 나는 때는 해방정국부터입니다. 제가 1940년생이니까 1945년은 제가 5~6세 되던 해인데 좌우익이 신탁통치 반대한다고 데모를 하고 어깨동무를 하면서 거리를 휩쓸던 모습들이라든지, 어머님께서는 애국부인회에 참여하시고 광주에서 조아라 장로가 하던 기독교 운동에도 관계를 하시고 한 것들이 기억이 납니다. 그런데 가정에 있어서도 그렇고 제 자신에게 있어서도 기독교에 좀더 깊게 관계를 맺은 것은 한국전쟁이라는 민족의 대참화를 겪으면서였습니다. 민족의 거대한 시련 속에서 민족 구성원 모두가 고난을 당했는데 저희 가족에게도 그런 일이 생겼죠. 제 맏형이 전사를 하고 형수와 조카가 폭격으로 다 죽었습니다. 인간이란 시련과 고난을 통해서 종교적인 것을 찾게 되는데 그래서 저희 부모님도 그 무렵에 다시 동네 교회를 다니신 것 같아요. 지금 제 기억에는 동네에 있는 예수교 장로회 남동교회를 다닌 것 같은데 역시 가정 전체가 기도회를 한다든지 가정예배를 드린다든지 하는 분위기는 없었습니다.

박: 독실한 기독교 집안에서 모태신앙으로 자라고 성장하신 것은 아니셨군요.

김: 예, 그렇죠. 그래도 가정이 전혀 기독교와 무관한 것이 아니었으므로 큰 틀에서 보자면 기독교의 씨앗이 저의 가정에 떨어졌다고 볼 수 있는 것이죠.

제가 기독교에 깊게 들어가게 된 것은 중·고등학교 시절이었습니다. 백영흠 목사님이 시무하시는 광주의 동부교회에 다녔는데 분위기가 일반 교회하고는 좀 달랐습니다. "동부교회는 카톨릭 냄새가 난다"는 소리를 듣곤 했던 교회였죠. 우리 교단에서는 강신석 목사, 윤영규 장로 이런 분들이 모두 그 교회출신입니다. 남동교회에서 그렇고 동부교회에서도 마찬가지로 특별히 부흥회에서 뜨거운 성령의 열기를 느꼈다거나 신비체험을 했다거나 그런 경험은 저에게 없었습니다. 그런데 동부교회에서 저에게 가장 인상 깊었던 것은 대단히 엄숙한 예배 분위기였습니다. 하나님 앞에서 소란하지 않게 경건하게 예배드리는 분위기가 좋았습니다. 또 사찰집사를 따로 두지 않고 교회 신도들이 자발적으로 청소를 하는 것도 좋았고요. 전남대학교 농대 교수였던 김용식 교수나 전남여자중고등학교 교장을 지냈던 강요한 장로나 광주서중학교의 김준환 장로같이 교육계의 존경받던 원로들이 모두 동부교회에 출석하는 독실한 신앙인이었기 때문에, 그러한 훌륭한 인격자들이 기독교 신앙인으로서 지낸다고 하는 것이 뭔가 기독교에 굉장히 귀중한 것이 있지 않느냐 하는 그런 자부심과 긍지를 저에게 심어주었습니다.

제 자신이 정말 기독교 신앙다운 신앙에 접한 것은 어린 시절이었지만 성서를 통해서였던 것 같습니다. 어떤 계기가 있었던지 성서를 통독하게 되었고 구약의 예레미야서나 이사야서도 그렇지만 저에게 가장 강력한 인상을 주었던 것은 신약성서의 요한복음이었습니다. 지금 생각하면 요한복음의 깊은 뜻이 어떤 것인지 제가 제대로 알지는 못했겠지만 여하튼 요한복음을 읽을 때 진리, 빛, 생명, 충만 이런 말씀들이 실질적으로 제 마음을 굉장히 밝게 비추었던 것 같습니다. 중·고등학교 시절은 전쟁의 참화가 휩쓸고 지나간 50년대 중반이니까 경제적으로는 쇠퇴하고 국민 생활이나 가정 생활은 절대 빈곤에 헤매던 때인데, 저 자신은 어떤 비관적인 생각이나 궁핍을 느껴보지 못했어요. 집은 가난해도 성서에서 오는 기쁨과 환희, 감사와 은혜가 제 가슴을 채웠습니다. 거듭거듭 그 시절을 되돌아보아도 고마운 것은 성경을 읽을 때 성령께서 제 마음에 강하게 역사하시고 은혜를 주셨다는 것입니다. 한신대학 학생들 앞에서도 고백을 했지만 성경의 글자 한자 한자가 그대로 꿀 송이처럼 달았고 성경책이 보석을 가득 담아 놓은 상자처럼 느껴졌으니까요. 책상 위에 성경을 서너 권 사서 쌓아 두면 더 이상 바랄 것이 없을 정도로 만족감을 느꼈어요. 그렇게 성경을 통해서 저는 기독교에 입문한 것입니다.

그러니까 이제 신학교에 오게 된 동기도 누가 권해서 온 것이 아니고 성서를 읽는 가운데서 막연하게 복음이라고 하는 진리를 위해서 일생을 지내는 것이 후회가 없겠다는 생각 때문이었습니다. 당시에는 장로교, 감리교, 성결교 등 교파가 따로 있는지도 잘 모르는 때였고 어떤 신학교가 있는지도 몰랐습니다. 다만 종교적인 구도자로서 상당히 순수했고 진로의 문제를 가지고 고민했죠. 이러한 구도자적인 갈등을 풀기 위해 천주교 성당에 간 적도 있었습니다. 학교 가는 길에 천주교 교회당이 있었는데 거기에 가서 대문을 두드린 기억이 납니다. 원래 내성적이었는데도 워낙 고민이 되니까 용기를 가지고 몇 번 두드린 것입니다. 그런데 안에서 못 들었는지 응답이 없었어요. 아마 못 들었겠죠. 하여튼 문이 열리지 않았고 그러던 차에 그런 저의 고민을 동부교회 백영흠 목사님이 아시고 한국신학대학을 소개해 주셨습니다. 그래서 장공 선생님이 계시다는 것도 알게 되었고 신학교 가려고 부랴부랴 세례를 받았던 기억도 납니다.

박: 한국에 기독교가 전해진 것은 선교사보다 성서가 먼저 들어와서 가능했는데 교수님께서도 성서를 통해 신앙에 입문하신 것이군요. 특히 요한복음을 좋아하셨다고 하셨는데 이상하게도 아시아적 영성가라고 할까 아시아적 신학자들은 그렇게 다 요한복음을 좋아하시더라고요.

김: 신학을 한 뒤에 저도 그런 것을 발견했는데 그 때는 그런 것을 잘 몰랐죠.

박: 이용도 목사도 그렇고 유영모, 함석헌 선생도 모두 요한복음을 좋아합니다. 또 요한복음이 소아시아에서 쓰였다고 하니까 그런 점이 모두 같은 아시아인들에게 매력을 주게 되었는지도 모르겠습니다. 아무튼 선생님께서 어린 시절 요한복음을 통해 기독교에 입문하게 되셨다는 것이 상당한 의미가 있는 것 같습니다. 제가 백영흠 목사님 얘기를 기장의 목사님들에게 많이 듣는데, 장공 선생님과 함석헌 선생님 기록에도 나오고 강신석 목사님도 말씀하실 때마다 많이 얘기를 하시는 것을 봐서 상당히 중요한 분이라는 생각이 듭니다. 어느 분에게 얘기를 들었더니 백영흠 목사님이 토착적 한국 영성가인 이현필 선생님의 동서라 그러시네요. 그래서 이현필 선생을 기독교에 소개하고 널리 알리고 영향을 미치게 한 분이 백영흠 목사님이라고 하는 얘기를 들었어요. 그런 것과 관련해서 백영흠 목사님의 엄숙한 예배 인도뿐만 아니라 메시지라든지 일화 속에서 우리가 더 배워야 할 것들을 말씀해 주시죠.

김: 이현필 목사님과 동서관계라는 것은 저는 처음 듣는 얘기입니다. 백 목사님이 직접 이현필 목사님과 관계를 언급한 적은 없거든요. 호남지역의 영적인 흐름에 있어서 백영흠 목사님이 엄숙하다고 하는 것은 퓨리턴적이라는 것이고 교리적인 엄숙함과는 다릅니다. 한 마디로 말하면 거룩한 것 앞에서는 거룩을 거룩으로 대할 줄 알아야 한다는 것이죠. 거룩한 것을 거룩한 것인 줄 모르고 인간이 그 앞에서 우쭐대거나 인간이 거룩을 조정하거나 규정을 하려고 해서는 안된다는 것입니다. 그런 면에서 예배가 엄숙했었죠. 요새 한국 교회의 예배의 분위기는 좋은 의미에서는 좋지만 부정적 측면을 말해 보자면 인간적인 냄새가 많이 난단 말입니다. 너무나 많은 기교가 들어가고, 예배 중에 공헌한 장로, 집사,

목사 들을 위해 박수를 친다든지 하는데 소위 코이노니아를 그런 식으로 해야한다고 백 목사님은 생각하시지 않은 것입니다. 예배는 예배대로 끝나고 얼마든지 코이노니아를 할 수 있는데 예배답게 해야지 예배 시간에 인간의 친교를 강조할 필요는 없다고 보신 것입니다. 신학교육은 일본에서 받으셔서 우찌무라 간조의 영향도 있으시고, 공동체성을 추구하셨고, 사회정의를 말하는 예언자적 측면도 강하셨습니다. 외향은 깡마른 체구였는데 기지와 위트가 있으셨습니다. 나라에서 부정선거를 했을 때 대부분의 한국교계가 이승만 장로 계열이라서 기독교 국가가 되는 줄 알고 부정선거에 대해서 제대로 비판적 발언을 못했는데 백영흠 목사는 자기 아들과 몇 사람들과 같이 피켓 들고 데모까지 한 사람입니다. 그러니까 사회적 정의에 대해서 예언자적 정신을 한쪽에 가지면서도 경건한 거룩의 엄숙성이 나타나니까 그 점에 있어서 장공 김재준 목사하고 이심전심으로 통한 것 같아요. 두 어른은 성격적으로는 정반대입니다. 장공은 고요하시고 조용하신 분이고 백 목사님은 괄괄하시어서 자신의 감정을 곧바로 노출하시는 분인데, 중심에서는 서로 의기투합을 해서 믿고 서로 깊이 교제하신 것 같습니다. 그래서 장공 선생께서 속상할 때는 백영흠 목사 댁에 가셔서 몸과 마음을 추스르시고 위로와 격려도 받고 오셨고, 백 목사님도 우리 한신대학 이사를 몇 번 역임하면서 학교에 많은 공헌을 했지요. 『강을 건너는 사람들』이라는 제목의 설교집을 비롯해서 한두 권의 설교집이 남아 있습니다. 백 목사님의 영향을 받은 교회가 세 교회로 가지를 쳐 나가서 광주 한빛교회, 무돌교회, 무진교회가 생겼습니다. 하여튼 제가 백영흠 목사님의 영향을 많이 받았습니다.

박: 동부교회에서 그렇게 신앙생활 하시고 신학공부를 시작하신 거군요.

김: 신학공부를 시작할 때는 아까 말씀드린 대로 뭐가 뭔지도 몰랐습니다. 유일하게 한국신학대학과 김재준 목사님 한 분만을 소개받아서 오게 된 것인데 처음에 가족의 허락을 받기가 무척 어려웠습니다. 저는 유가의 가풍에서 자랐는데 꾸중 한 번 받은 적이 없습니다. 회초리는 물론이고 야단 한 번 들은 적이 없어요. 순종형의 아들이었죠. 그런데 입시문제에 있어서만은 고집을 부리니까 아버지께서 의아해 하셨죠. 처음에는 안 된다고 하시다가 제가 끝까지 고집을 부리

니까 먼저 전남의대를 가서 의학공부를 한 다음에 신학을 하면 어떻겠냐고 그러시더라고요. 둘째 형이 서울의대를 졸업해서 의사였는데, 아버지께서 교사로 살아보니까 경제적인 안정이 중요하다고 생각하신 것 같아요. 형도 의사고 하니까 저도 의사로 사는 것이 좋겠다고 생각하신 것이죠. 저 자신도 의학공부가 싫거나 그렇지는 않았습니다. 슈바이처 같은 사람을 꽤 동경했으니까요. 그런데 의과를 공부하고 다시 신학을 할 때 초지일관해서 신학을 할 수 있을까 하는 의구심이 들었어요. 또 내 자신이 교육계에 종사하는 집안에서 자라오면서 제가 경험한 바로는 교육이라는 과정을 통해서 인간이 근본적으로 변혁되지는 못한다는 것을 굉장히 느꼈어요. 그래서 교육이 아니라 종교가 그것을 할 수 있을 것이라고 생각하게 되었는데, 그것은 아마도 제 자신이 성경을 보면서 회심경험을 한 것 때문에 그런 것 같아요. "인간 마음의 중심이 근원적으로 바뀌는 것은 어떤 수양이나 교육으로는 한계가 있다. 그러면 그 일을 할 수 있는 것은 교육보다도 더 깊은 것, 높은 것, 더 근원적인 것을 공부하고 관심하는 종교영역이 아니겠는가?" 하는 생각이 저를 신학의 길로 이끈 것 같습니다.

박: 신학을 하기 전에 이미 기독교의 복음과 신앙정신이 상당히 깊이 들어오셨네요.

김: 지금 생각하면 그런 것 같아요. "구체적인 내용은 몰라도 복음이 주는 절대 자유, 복음이 인간을 새롭게 변혁하는 능력에서 교육이 못한 일을 한다. 복음이 추구하는 진리의 세계는 인간으로서 최고의 명예로운 일이다. 이것을 하면 후회가 없다"라고 생각했죠. 그 당시에는 먹고 살 문제에 대해서는 꿈에도 걱정하지 않았어요. 한신대학에 입학할 때는 복음에 대한 감격이 있어서 섬이 되든지 어디가 되든지 교회를 한 7개는 개척을 해야겠다는 사명감 같은 것도 가지고 있었어요.

박: 입학하신 뒤로 한신대학의 신학 전통에서 무엇을 배우셨습니까?

김: 정말 신학이 이렇게 복잡다단한 것인지 몰랐습니다. 신학이 성경학교는 아니라는 정도는 알고 왔지만요. 공부를 시작하면서 제가 감사하게 생각한 것은 학문적으로 박봉랑, 전경연 선생님을 통해서 칼 바르트 신학을 먼저 공부한 것

이었습니다. 저의 가정 배경이 교육자 집안이니까 넓게 보면 인문주의적 배경이라고 볼 수 있습니다. 그러니까 지성이나 이성을 무시하고 깔아뭉개는 신학이라면 아마 제가 신학을 포기하고 도중에 짐을 쌌을지도 몰라요. 그러나 신학을 해보니까 한신의 신학, 특히 칼 바르트를 중심으로 한 신학은 이성과 지성이 숨을 쉬게 해주는 신학이라는 점에서 안도감을 느꼈습니다. 뒤에 가서는 칼 바르트 신학이 가지고 있는 장단점을 발견하게 되지만 신학이라고 하는 초월의 지평과 관계된 학문을 하면서도 인간의 지성과 이성으로 하여금 진정한 자유를 담보해주는 신학적 풍토를 만난 것이 참으로 다행이었죠. 대학 초기에 싸르트르나 까뮈의 소설을 읽었는데 그들이 말하는 것은 받아들이기가 어려웠습니다. 즉 하나님 신앙을 가진다면 인간 실존의 자유는 포기해야 하고 인간 실존의 자유를 향유하고 주장하려면 신은 부정이 되어야 한다는 그런 요청적 무신론 같은 것은 프랑스 지식인들의 지적인 희론이지 체험적 신앙을 가졌다면 그런 소리는 하지 않았을 것이라는 생각이 들더라고요.

인격적으로는 장공 김재준 선생님을 통해서 많은 것을 배웠습니다. 그 분이 보여주시는 성숙한 인격, 몸에 체화된 자유인으로서의 절대적인 평정의 모습이 저에게 강렬한 영향을 주었습니다.

박: 대학교 1~2학년 때부터 바르트의 신학의 기초와 바르트 신학이 가지는 의미를 제대로 이해하신 거군요.

김: 그러니까 2학년 때는 아니었을 것 같고요. 3학년 땐가 첫 바르트 숙제가 전경연 박사가 번역하신 칼 바르트의 사도신조 해설을 읽고 보고서를 제출하는 것이었는데요. 그 처음 1~3장에서 신앙은 참다운 의미에서의 고백이고 신뢰고 인식이라는 말이 나오거든요. 그것이 제게는 참으로 신선하더라고요. 지금에 와서는 영문판으로 된 바르트 교회교의학을 전부 다 읽었지만 바르트 신학의 정수는 전경연 박사가 번역한 그 책에서 이미 보았던 것 같아요. 또 당시에 네덜란드 학자 벌카우어(G.C. Berkouwer)의 『칼 바르트 신학: 은총의 승리』라는 책이 조동진씨의 번역으로 나와 있었는데 그 책을 통해 저는 칼 바르트 신학에 대해 굉장한 감동을 받았습니다.

박: 신학적으로 김 교수님의 신학 맨 밑자리에 바로 칼 바르트가 있다고 보아야겠네요.

김: 예 그렇습니다.

박: 계속해서 이후의 신학 수업에 대해 말씀해 주시죠.

김: 한신에서는 내내 아까 말씀드린 대로 김재준 목사님의 제자에 대한 사랑, 고매한 인격, 신학함의 자유 속에서 성장을 했지요.

박: 김재준 목사님의 신학적 내용에 대해서는 뭐 귀감이 될만한 말씀이 없으신지요?

김: 당시 김재준 목사님은 이것저것 다 가르치셨기 때문에 특별히 기억나는 것은 없습니다. 종종 칠판에 노트도 보지 않으시고 동양 고전을 한문으로 한번에 써 내려가시는 것이 인상에 깊이 남아 있습니다. 당시는 잘 몰랐는데 좀 지나서 그분의 신학 내용을 회상해 보니까 김재준 목사는 서양 신학자 중에서 리차드 니버의 문화변혁설적인 성육신 신학의 이론에 깊은 영향을 받으신 것 같아요. 리차드 니버 신학 안에는 초기 바르트의 영향도 있고 초자연주의적인 신학이 깔려 있으면서도 에른스트 트릴취의 역사 상대주의의 영향이 강하게 있기 때문에 상대적인 것과 절대적인 것의 변증법적인 연결이 잘 되어 있습니다. 그런 점이 김재준 목사에게 맞은 것 같아요. 김재준 목사는 유교를 하신 분이라 그분 밑바닥 깊은 곳에는 인문학적인 것이 있는데 그것을 처음부터 완전히 뭉개버리고 하는 신학은 아마 김재준 목사도 마음에 안 들었을 것이고, 그러면서도 모든 것을 상대화시키는 소위 리버럴한 신학은 또 그분이 받은 은총의 체험 때문에 동의하실 수 없었을 것입니다. 1960년대까지의 서구와 미국의 가장 대표적인 학자로서 그 양 요소를 동시에 붙잡고 있는 리차드 니버가 그분 마음에 가장 들었을 것입니다. 니버의 대표작인 『그리스도와 문화』 번역을 장공이 하셨고, 장공 전집 18권 속에서 어느 한 신학자를 깊이 있게 체계적으로 다룬 사람이 있다면 그 사람도 리차드 니버입니다.

박: 계속해서 또 어떤 신학자들이 선생님께 영향을 주었나요?

김: 학부 시절에 저에게 친근하게 다가온 신학자는 서남동 선생을 통해서 알

게 된 폴 틸리히입니다. 틸리히 신학의 깊은 내용은 잘 몰랐지만 내 자신의 성장 과정과 신학적 실존의 자리가 기독교 세계와 비기독교 세계를 모두 경험한 터라 그 양자를 매개하는 변증 신학적 과제에 많은 매력과 책임감을 느꼈죠. 그러니까 동양사상과 기독교, 도시문명과 기독교, 마르크시즘과 기독교, 철학과 신학 이런 것에 대해서 어느 한쪽에 기울지 않고 양자를 연결하려는 틸리히의 신학이 마음에 들었다고 할 수 있습니다. 불트만도 전경연 선생님을 통해서 잠깐 소개가 되었는데 제가 큰 영향을 받지는 못한 것 같아요. 졸업할 무렵에 라인홀드 니버를 알게 되었는데 그분의 영향도 많이 받았습니다. 특히 『도덕적 인간과 비도덕적 사회』는 상당히 오랫동안 저에게 충격으로 남았었습니다.

대학 시절에는 아르바이트를 하느라고 공부를 못했어요. 도중에 군대도 다녀왔는데 군 생활이라는 것이 저에게는 염소가 반추하듯이 3학년 1학기 때까지 읽었던 서적을 다시 되씹는 좋은 기회였어요. 저는 군 생활을 최전방에서 보초병으로 했기 때문에 어느 누구의 방해도 없이 고요히 신학적 사유를 다듬을 수 있었거든요. 라인홀드 니버의 책들을 비롯해서 한 10권 되는 중요한 신학서적들을 읽고 소화했던 것 같아요. 지금 돌이켜 생각해보면 학부시절은 집에서 전혀 도움을 주지 않았기 때문에 아르바이트 하느라고 공부를 거의 못한 것 같습니다. 그래도 4년은 나의 신학적 틀이 짜여지는 시기였죠. 자유로운 학풍, 신과 학문에 대한 열린 마음, 복음의 능력에 대한 확고한 믿음이 있었기에 어떠한 세상적인 학문도 이성과 지성을 가지고 진지하게 고민할 수 있고 강의할 수 있는 학문의 자유가 저의 신학적 틀을 형성하게 한 것입니다. 40여년 한신에 있으면서 한신의 변화를 보면 지금의 한신은 그러한 학문적 자유가 많이 움츠러든 것 같은 생각이 듭니다. 교단이 점점 자리를 잡아가고, 교단이 교회를 성장시켜갈 실질적인 노하우를 교육과정에서 중점적으로 가르치도록 요구하니까 그런 현상이 생기게 됩니다. 물론 목회자를 양성하는 신학교육의 관점에서는 그것도 필요하지요. 그것을 부정할 생각은 없습니다. 다만 공과대학에서 당장 차를 고치는 기술은 가르치지 않아도 엔진의 원리를 가르치듯이 신학의 더 근원적인 문제를 70~80퍼센트 가르치고 교회에 도움이 되는 목회적 기술은 20~30퍼센트 가르치면 좋겠다고 생각합니다. 그런데 교단의 요청은 그 비율을 거꾸로 하라고 하거든요. 그런 과정에서 한신의 자유로운 학문 전통이 많이 움츠러든 것이 아닌가 합니다.

박: 교수님께서 공부하실 때도 그랬나요?

김: 처음에는 그렇지 않았습니다. 장공 선생이 버티고 계셨으니까요. 교단의 요청이 들어온다고 해서 한신이 사상적 억압이나 압박을 받는 것은 아니지만 예전하고는 다르다는 것을 느낍니다. 본래의 학교의 정신이 회복되었으면 좋겠다고 생각합니다. 그리고 이제 저의 학부 시절 이야기를 끝내면서 하고 싶은 이야기는 우리 한신의 학생들이 장공 선생을 잘 모르는 것 같아요. 교회 문제와 관련해서 말해보더라도 장공은 교회를 상당히 아끼고 사랑하는 분이셨는데 그런 면에서도 보면 우리 학생들은 교회에 대한 비판이 앞서지 교회를 사랑하는 마음이 적은 것 같고요. 장공에 대해 우리 학생들이 좀 더 깊이 있게 공부하고 알았으면 좋겠다는 생각이 듭니다.

또 우리 학교가 초창기부터 조선신학원, 조선신학교, 조선신학대학, 한국신학대학, 한신대학교 이렇게 이름이 바뀌면서도 조선이라든지 한국이라는 이름이 이어지는 것은 신학의 방법론이나 그 내용과 주도권에 있어서 선교사 시대를 끝내고 한국인이 스스로 교육한다는 주체성에 대한 자각이 있었던 것뿐만 아니라 내용도 조선인과 한국인의 혼과 얼을 통해서 나오는 신학을 정립하려던 것입니다. 그런데 그 점이 성취되었는가를 반성해 보면 정치사회적 참여 면에서는 50퍼센트 정도 된 것 같은데, 종교문화적 차원에서는 전혀 그렇지 못했다고 봅니다. 그 점은 앞으로 한신이 노력해야 할 거예요. 예언자 정신과 개혁파 신학의 맥이 있다는 점에서 분명히 한신은 감신하고는 다르지만 하나님의 현실성 속에는 사회정치적 현실뿐만 아니라 종교적, 문화적 현실도 있다는 것을 잊지 말고 그동안 기피하고 소홀하게 대한 종교적, 문화적 현실을 이제 진지하게 다루어야 한다고 봅니다.

박: 학부를 졸업하시고 나서 연세대학교 연합신학대학원, 고려대학교 대학원이나 외국에서 신학 여정을 밟게 되시는데 이후의 신학 형성과 발전과정에 대해

서도 말씀해 주시죠.

　김: 예. 학문으로 치면 부족한 사람이라 말씀드릴 것이 없지만 신학의 순례 여정을 말해본다면 학부를 졸업하고 연세대학을 가게 되었죠. 시골에 가서 잠깐 전도사로 있다가 공부하려고 다시 올라왔는데 한신에는 조직신학 교수가 계시지 않았어요. 박봉랑 교수가 건국대학에 계시고, 서남동 교수가 연대로 가셔서 서남동 교수에게 틸리히 공부를 하려고 연대에 가게 된 것입니다. 그 때는 이미 결혼을 하고 아이가 있던 때라 아무 경제적인 대책이 없는 상황에서 조교를 하면서 공부를 하는 바람에 제대로 공부했다고 보기는 어려울 것 같아요. 그래도 제 스스로 현대 서구 신학자들의 신학함의 내용과 고민을 내 것으로 흡수하는 시기였다고 볼 수 있습니다. 60년대 후반기에 시작해서 70년대 중반기까지 돌이켜 보면 학부 때는 신학에 대해 그저 주워들은 것에 불과하고, 본격적으로 독서하고 공부한 것은 연대 시절이었죠. 당시의 상황, 특히 70년대의 한국 상황과 연결해서 보자면 제가 가장 큰 영향을 받았던 신학자는 본회퍼가 아니었나 싶어요. 회상을 해보면 『나를 따르라』 같은 책에서 보여주는 몸이 동반되는 실천적인 신학과 제자직의 신학도 인상적이었지만 그래도 제게 충격을 준 것은 그의 교회론이었어요. 그의 교회론을 한마디로 요약하면 교회라는 것은 구체적인 그리스도의 몸이라는 것입니다. 서남동 선생께서는 본회퍼의 교회론을 은유나 상징으로 보지 말라고 하셨어요. 즉 교회 공동체는 구체적으로 살아있는 그리스도의 몸이라는 것입니다. 이 말이 새벽에 천둥치는 것처럼 내 머리를 때렸다고요. 그리고 그것이 어떻게 보면 굉장히 놀랍고 급진적이고 혁명적인 신학이 아닌가 합니다. 오늘의 교회를 보아도 바로 본회퍼의 교회론이야말로 거듭 거듭 새롭게 출발해야 할 본보기죠. 즉 교회가 교회로서, 복음과 하나님을 증언해야 할 증언 공동체로서의 역할도 있고, 교육과 친교 등 여러 가지 역할이 있지만 그것은 그리스도를 대상으로 삼는 도구적이고 방법론적인 중간 매체라는 것입니다. 참 교회는 신도 하나하나가 살아있는 세포들로서 그리스도의 몸을 이룬 것입니다. 그래서 교회에 온다는 것은 그리스도를 바로 만나게 된다는 것을 의미합니다. 즉 그리스도의 몸을 만나면 회개할 사람은 회개하고, 저항할 사람은 저항하고, 세

상에서 소외되고 멸시받아 낙망하는 사람은 위로를 얻는 그런 교회여야 한다는 것이죠. 그렇지 못하면 그 교회는 제도화된 교회일 뿐이요, 전통이 축적된 형태로서의 모습이지 예수 그리스도의 몸은 아니라는 것입니다. 이런 본회퍼의 교회론은 저에게 엄청난 충격을 주었어요. 그래서 본회퍼를 생각해 볼 때 여러 가지 훌륭한 점이 많지만 교회론에서 그의 천재성이 드러났다고 봅니다. 오늘날 교회들이 그의 교회론을 감당하지 못하는 것이 아쉬울 따름이지요.

몰트만도 소개를 받았죠. 그러나 『희망의 신학』 같은 것은 관념적으로 느껴졌습니다. 몰트만 신학은 오히려 그가 은퇴한 다음에 쓴 『생명의 영』이라든가 『창조 안에 계신 하나님』 같은 책들이 그분의 삶의 고민과 경험을 거쳐서 나온 작품이라고 생각하고요. 그 이전의 작품들은 역시 전통의 반추처럼 느껴졌습니다. 그리고 본회퍼만큼 제게 충격을 주었던 서구 신학이 바로 과정신학이었죠. 화이트헤드는 나중에 공부했지만 떼이야르 샤르뎅은 그 때부터 상당히 좋아했죠. 떼이야르 샤르뎅을 좋아하게 된 것은 중고등학교 시절부터 제 마음속에 과학과 종교의 문제가 함께 가야한다고 생각했기 때문인 것 같아요.

그러니까 나의 신학 수업 두 번째는 연세대 대학원 시절인데 여기서는 아까 말씀드린 대로 학부 때 들었던 서구 신학자들의 이야기들을 직접 내 것으로 소화하려고 부단히 노력했던 시기라고 할 수 있겠습니다.

박: 연대를 졸업하시고 바로 유학길에 오르셨나요?

김: 그러지 못했습니다. 졸업하고는 박순경 박사의 소개로 이화여대 기독교학과에서 '기독교 사상사'와 '기독교 문학' 강의를 좀 했죠. 그리고 모교인 한신대학으로부터 부름을 받아 일하게 되었습니다. 유학길에 오른 것은 1974년 4월에 목사 안수를 받고 나서였습니다. 8월에 김정준 학장의 추천으로 세계 장로교연맹 장학금을 받아 미국 유학을 떠나게 되었습니다. 첫 유학에서 바로 저에게 충격을 주었던 또 하나의 사건이 터집니다. 제가 34살의 나이에 유학을 간 곳은 미국 아이오와주에 있는 장로교 계통의 듀뷰크대학교 신학원(University of Dubuque Theological Seminary)입니다. 그곳에 교회사 및 기독교 사상사 교수였던 드루몬트(Dr. Drumont)가 계셨는데 어느 날 『고타마 붓다』라고 하는 자

신이 쓴 책을 저에게 읽으라고 주었습니다. 그 때는 제가 막연하게 아시아인이니까 아시아적 종교에 대해서는 그들보다도 더 잘 알고 있었다고 생각을 했었죠. 그런데 영어로 된 그 책을 읽어 보니까 제가 알고 있는 것보다 훨씬 더 깊이 알고 있는 것을 보고 제가 굉장히 부끄러웠고 충격을 받았습니다. 그래서 귀국한 뒤에 고려대학교 대학원 철학과에서 우리 것을 좀 알아야겠다는 생각으로 공부를 했습니다. 많은 강의를 들었지만 김충열 교수의 노장철학 세미나가 가장 인상 깊었고 윤사순 교수의 지도 아래 '율곡의 이기론과 사회경장론'으로 논문을 썼습니다. 장차 아시아적 신학을 하려던 나의 계획에서 볼 때 참으로 값진 경험과 시간이었다고 생각합니다.

　국내 학자로서 가장 영향을 받은 학자는 장공과 함석헌 선생입니다. 사상의 깊이 면에서 저에게 깊은 인상을 준 것은 함석헌 선생님이셨죠. 그리고 뒤에 종교신학에 힌트를 주었던 소금 유동식 박사도 계시고요. 서남동이나 안병무 선생의 민중신학도 상당히 참신한 것으로 다가오지만 신학적인 발상법에서는 본회퍼나 씨알사상 속에 이미 내재되어 있던 것이 민중신학이라는 계기를 통해서 표출이 되고 정리가 된 것이라고 생각합니다. 그래서 민중신학이 제 눈에는 새롭게 보이지는 않았죠. 그래도 민중신학이 있었기에 본회퍼가 말하는 신학을 추상적으로만 이해하지 않고 제대로 이해할 수 있었던 것 같습니다. 저는 민중신학에 대해서는 잘 모르지만 제가 이해하는 바는 이렇습니다. 하나님 내지 그리스도의 현존을 체험하는 여러 길이 있는데 예를 들어 성서나 영성을 통해서도 할 수 있지만 민중신학에서 말하려는 하나님의 임재체험은 바로 작은 자들의 고난과 고통 속에서 가능하다는 것이죠. 이런 것을 확실하게 알려주신 분이 바로 서남동, 안병무 선생이셨죠. 그래서 그분들에게 감사를 느낍니다. 자신이 하는 말씀이 무슨 신학적 의미를 갖는지, 실제로 현실에서 무엇을 의미하는지 알면서 신학을 하신 분이 안병무, 서남동 선생이신 것 같습니다.

　박: 굉장히 많은 이름이 나왔네요. 칼 바르트의 은총의 자유, 복음의 기쁨과 깊이, 리차드 니버의 그리스도와 문화의 역동적 관계와 변화, 본회퍼의 교회론, 떼이야르 샤르뎅의 과정신학에 이어서 동양문화와 정신에 관심을 가지시고 문

화신학, 종교다원신학을 하시게 되었군요. 국내에서는 김재준 목사님, 함석헌 선생님, 유동식 선생님, 민중신학을 만나셨구요. 세계적인 신학자와 자유롭고 활달하면서도 깊이 있는 지성적인 신학을 펼친 국내 신학자들과 호흡을 하면서 김경재 교수님의 신학이 형성되고 발전되어 왔다고 생각을 합니다. 그러면 이제 다시 김경재 교수님의 신학으로 돌아가서, 선생님은 저희들에게 부각되고 알려지기로는 '문화신학자이다' 또는 '종교다원주의를 표방하는 신학자다'라고 자리매김 되었습니다. 그래서 그것이 또 어떤 사람들에게는 거슬리는 것이 되어서 문제를 제기하기도 하는 것이고요. 어쨌거나 한국 또는 아시아에서 기독교를 받아들여서 신학을 표출한다고 할 때에는 아시아적 문화와 정신, 이런 풍토 속에서 하기 마련이라 문화신학을 한다는 것은 할 수도 있고 하지 않을 수도 있는 선택의 문제가 아니라 어쩔 수 없이 한국 또는 아시아의 문화적 바탕을 깔고 신학을 해야 한다고 저도 생각을 합니다. 선생님께서 문화신학으로 신학의 초점과 내용을 맞춰서 신학을 매진하게 된 동기나 의미를 좀 말씀해 주십시오.

김: 문화신학은 제 짧은 신학 여정의 3단계의 주제가 되는 셈인데요. 저는 한신에서 공부하고 한신에서 한 40년 봉사해 오면서 한신 신학공동체 안에, 굉장히 큰 신학적 전통을 이룬 어른들 사이에 특히 문화에 관한 기독교적인 접근에 있어서는 서로 대립적인 두 관점이 있다는 것을 발견하고, 굉장히 당황하기도 하고 마음에 슬픔도 느끼고 그랬습니다. 이제 저의 나이에서는 이런 것을 고백해도 될 것 같습니다. 저의 신학적 눈을 열어 주신 분은 장공 김재준, 서남동, 박봉랑, 전경연 선생이십니다. 그런데 김재준, 서남동 선생과 박봉랑, 전경연 선생은 문화신학을 대하는 관점이 서로 달랐습니다. 두 쪽 모두 다 한신의 주춧돌을 놓으신 분인데, 김재준과 서남동 선생은 인간의 삶과 현실의 총체로서 문화라고 하는 실체성을 복음이라고 하는 더 넓은 빛 속에서 수용할 뿐만 아니라, 변혁을 하든지 말든지 간에 문화에 대한 관심을 가지고 신학의 주제로 삼아야 한다는 자각이 있었습니다. 그런데 전경연, 박봉랑 선생은 서구 자유주의의 극복으로 일어났던 초기 바르트 사상을 받아들이시면서 서구 자유주의와 한국의 상황을 동일한 관점에서 보시고 토착화 신학운동에 대해 아주 부정적 접근을

하셨죠. 토착화 신학을 전통 신학에서의 탈선이라고 보시는 겁니다. 솔직히 고백을 한다면 모두 저의 선생님이신데 저는 그런 상황이 참 죄송하고 짐스럽고 고민이 되었어요. 제 밑바탕에는 칼 바르트가 있지만 칼 바르트는 선생님들께서 잘 하시니까 저는 다른 것을 한 것입니다. 물론 한신은 바르트 신학이 주류가 되고 틸리히 신학이 주류가 되어서는 안 되겠죠. 주(主)가 되어야 할 것이 있고 부(副)가 되어야 할 것이 있는 것이죠. 그러나 저의 신학적 방향은 장공을 따르기로 한 것이고, 사실 장공이 개인적으로 서신을 통해서 저에게 격려를 많이 해 주셨어요. 특히 천도교에 많은 공헌을 했으면 좋겠다고 하는 격려를 많이 해 주셨죠.

제 학문의 도상에서 획기적인 회심이라고 할까 하는 것이 느껴진 것은 1985년 박사학위를 하기 위해 클레어몬트에 갔을 때였습니다. 해석학을 진지하게 만나게 되었어요. 그 이전에 제가 배웠던 해석학은 매우 단편적이었어요. 성서 주석학적 방법론에서 잠깐 배운 것에 불과했죠. 현대 20세기 정신과학과 인문학의 꽃으로 치열한 논쟁을 주고받았던 해석학의 학문적 천착이 한신에서는 너무나 미약했구나 하는 것을 절감하게 되었습니다. 다시 슐라이어마허를 보고 딜타이와 가다머를 다시 보면서 공부했습니다. 가다머의 책들이 영어로 번역되기 시작한 것이 1960년대이니까 1960년대 이전에는 가다머의 책이 한국에 소개되지 못했고 독일에서 공부하신 이규호 박사가 언어철학과 비교해서 소개를 하셨죠. 언어철학과 관련해서 이 해석학 문제를 가지고 고민했던 분이 전경연 박사이신데 역시 기본적인 신학 노선 때문에 해석학의 깊은 논의가 발붙일 여유가 없었던 것 같아요.

박: 해석학을 통해서 선생님께서 새롭게 깨닫거나 신학함에 있어서 어떤 변화가 있었는지 말씀해 주시죠.

김: 예. 제가 해석학을 통해 배운 첫 번째는 해석학이 건드리지 못하는 영혼과 내면적 정신의 초월적 차원이 분명히 있지만 하이데거의 현존재로서의 인간이라는 말에서도 드러나듯이 우리의 사유와 언어는 역사적 문화적 언어적 제약과 한계를 분명히 지니고 있다는 뚜렷한 자각입니다. 성서를 히브리어로 읽지 않고

한국어로 읽는 이상 이미 한국인으로 한국의 정신문화 풍토 속에 육화된 성서를 읽고 있다는 자각이 있어야 한다는 것입니다. 한글 성서를 읽을 때 발생하는 이해의 모든 과정이 해석학적인 과정이라는 것을 인식하지 못하니까 자신이 가지고 있는 하나의 독특한 견해를 절대화하는 독단이 일어난다고 봅니다. 한국의 모든 성서 해석의 문제나 보수주의자들의 시청 앞 광장에서의 데모나 하는 것들이 원인을 따져보면 해석학 이론의 기초도 모르기 때문에 자기 이해와 자기의 주장이 절대적이고 진리라고 생각하게 되는 것입니다. 그들의 행동과 주장은 자신의 이기적인 욕망과는 무관하게 진실할 수도 있지만 해석학을 모르는 데서 생기는 그러한 맹점은 한국의 신학을 더 이상 성장하지 못하게 하는 원인이 됩니다. 한국의 교회를 이렇게 성장시킨 것은 한국인들의 성서에 대한 사랑인데 해석학의 이해 이론을 무시하고 성서를 문자적으로 읽는 성서 읽기는 성경을 읽어도 더 성숙한 신앙인이 되도록 하지 못하게 만들고 맙니다. 신학이 제자리걸음을 하고 한국 교회가 미성숙한 신앙인들을 양산하는 근본적인 원인은 바로 신학자들과 목회자들의 해석학에 대한 무지 때문인 것입니다.

저는 한국 문화나 역사 속에서 기독교가 전해지기 전에 이 땅에 살았던 우리 조상들이 지녔던 신앙, 종교, 윤리, 도덕에 대한 정당한 가치를 인정하지 않고 그 전의 모든 것은 불살라 파괴해야 할 것이라고 가르치는 그 어떤 신학도 인정할 수 없습니다. 그 점에 있어서 너무나 한국의 신학계가 보수적이고 독단적이니까 제 소리가 이단적으로 들릴지 몰라도 김재준 목사님이 전집 속에서 말씀하시는 수준에서 조금 더 나아간 수준입니다. 그분보다 제가 더 새로운 시대를 사니까 그런 것이지 전체로 보면 제가 크게 김재준 선생님의 뜻을 벗어난 것 같지가 않아요. 그런데 기장 내에서 저에 대한 비판의 목소리가 크게 나온다는 것은 우리 기장의 목사들이 아직 장공도 잘 모른다는 말이 됩니다.

박: 아까 두 관점이 있었다고 하셨는데 박봉랑, 전경연 선생님들은 장공 선생님을 이해하는 면에 있어서 자신들이 더 가깝다고 생각하실 수도 있는 것 같습니다. 예전에 1940~1950년대 장공 선생님께 배운 사람들이 그 때는 신정통주의적인 분위기만 익힌 것은 아닌가 하는 생각도 들고요. 장공 선생님의 글을 읽

다 보면 복음주의적인 측면이 강한 부분도 있거든요. 이런 부분은 박봉랑, 전경연 선생님과 차이가 없습니다. 물론 장공 선생님은 처음부터 열린 마음을 가지고 계셨고 후기에 오면 그런 관점이 더욱 드러나지만요.

김: 저는 장공이 모두 사랑하는 제자이기에 어느 누구를 편애하셨을 리는 없고 제자도 선생이랑 얼마든지 다른 입장을 취할 수도 있다고 생각합니다. 전경연 선생님은 신약을 하셨지만 그분의 관점은 초지일관 바르트의 초기 신학의 입장을 지니고 있지요. 그 때 바르트가 아니라고(Nein) 선언하고 나왔던 서구 신학의 인본주의적 자유주의 신학이 긍정했던 것, 즉 민족, 인간의 내재성, 지성, 이성 이런 것들을 인정하면 어떠한 파멸에 도달한다고 바르트가 지적했지요. 그런 점을 전경연 선생님은 한국의 상황에서 보신 것이죠. 만약 그런 것을 인정하면 한국 기독교도 파멸의 결과를 가져오지 않을까 하고 염려하신 것이죠. 그런 위험이 물론 있지만 서구에서 그렇게 되었다는 경험을 이미 알고 있는 아시아인들은 똑같이 그런 것을 반복하는 실수를 범하지 않으면 되거든요. 또 같은 바르트를 전공해도 후기 바르트는 문화 선교적 차원에서도 훨씬 열린 해석이 가능하다고 하는 바르트 학자도 많이 있습니다. 전경연, 박봉랑, 서남동, 김재준이 꼭 누구를 따라야 한다고 보지 않기에 각각 서로 다른 신학적 입장의 차이가 있다고 저는 생각합니다. 다만 제가 생각하기론 한국의 기독교가 항구적으로 한국의 삶의 총체성을 복음의 빛으로 싸안고 그것을 변혁시키고 이끌어가는 복음의 역할을 감당하려면 지금까지의 한국의 신학이 한국 문화와 전통에 대해서 가졌던 경계, 배타, 무시, 비판, 무관심으로는 안 된다고 봅니다.

더 나아가 요즘 제가 느끼는 것은 저 자신을 포함해서 기독교가 훨씬 더 겸손해졌으면 좋겠다는 것입니다. 질그릇 속에 보물을 간직한 것이라는 바울의 말처럼 질그릇인 우리가 위대한 것이 아니란 말이죠. 우리 안에 담긴 하나님의 영광과 복음이 위대한 것이지요. 무슨 신학자나 목회자들이 하나님이 다 된 것처럼 절대적인 교만에 빠진 것을 보면 위기의식을 느껴요. 오늘의 비종교인들은 기독교의 그런 점을 보고 기독교인들 왜 저러지 하고 생각한다고요. 기독교가 말하는 하나님의 영광과 복음에 대해서는 절대적인 고백을 해야죠. 그러나 그것을 증언하는 방식이나 담고 있는 그릇이나 신학적 논리는 한없이 겸손해야 하고 그 것이 정통이나 정통 할아버지가 되어도 그것이 질그릇에 불과하다는 것을 명확히 인식하자는 것입니다. 제가 비판적 시각을 가지고 보자는 것은 질그릇과 질 그릇이 담고 있는 보화를 동일시하는 오류를 한국의 신학자, 한국의 목회자들이 범하고 있는 것 같아서입니다. 해석학이라는 것은 쉽게 말하면 그것을 분별해보 자는 것이죠. 일부에서 염려하는 것처럼 저는 이단은 아닙니다. 저도 개척교회 를 하고 복음을 위해서 일생을 살겠다고 목사 안수도 받은 사람인데 저를 비난 하는 사람들은 제가 복음을 비빔밥 만들고 상대화시키면서 선교의 정열도 잃어 버린 사람으로 생각하는 것이 가슴 아픕니다. 같은 기독교인 형제로서 왜 저 형 제가 그렇게 말하는가를 귀를 열고 들어주었으면 좋겠어요. 기독교가 120년 짧 은 역사 속에서 교세가 엄청나게 확장되다 보니 너무나 교만해졌구나 좀 겸손해 야겠다라는 인식이 필요합니다. "우리는 무익한 종입니다"라고 해야지 우리의 오만 방자함을 제대로 보지 못하면 나중에 더 큰 망신을 당하겠구나 하는 생각 을 하고 있어요.

박: 해석학이나 문화신학이라고 말할 때 그 전제는 복음을 받아들일 때 그 복 음을 받아들이는 주체, 즉 신앙인으로 살고 그 신앙을 표현하는 주체가 백지 상 태나 진공 상태가 아니고 살아있는 유기체적인 생명체이고 정신이라면, 그가 살 면서 형성된 정신문화적인 성격이나 특질이 있는 것은 당연하다고 보는 것입니 다. 기독교 신앙이 여기에 들어와서 살아있는 생명체로 꽃피고 발전되려면 이미 형성되어 있는 토양이나 문화와 창조적으로 만나고 결합되어야 한다는 것은 너 무나 자명한 얘기죠. 그러한 얘기를 문화신학 속에서 말씀하시려고 한다는 뜻으 로 저는 이해합니다.

김: 옳습니다. 100퍼센트 맞습니다. 다석 유영모 선생이나 함 선생이 갈고 닦 았지만 문화신학이나 종교신학이나 해석학에서 가장 중요한 테마는 인간의 언 어성입니다. 언어성 자체가 가지고 있는 무궁무진한 신비로움이 있지만 구체적 인간의 삶은 구체적인 언어로 표현된다고 하는 사실을 이해해야 합니다. 한국인 이라면 한국의 말과 글을 통해서 생각하고, 사유하고, 신앙고백하고, 찬송한다

는 엄연한 현실을 좀 더 진지하게 한국 교회가, 특히 지도자들이 좀더 직시를 해주었으면 좋겠어요. 우리 한글 찬송가, 한글 성경들이 모두 히브리어나 헬라어 단어 그대로 직역된다는 것은 불가능하다는 해석학적 원리의 기본만 알아도 됩니다. 그것을 모르고 그대로 직역되어 있는 것이라고 생각하는 이런 단순한 사고에서 벗어날수록 우리는 우리 글과 말로 된 찬송과 성경을 가지고 우리 것으로 하나님께 영광을 돌릴 수 있는 것이라고 생각합니다.

제 학위 논문과 관련이 있으면서 평생 가장 많이 고민한 것을 마지막으로 말씀드리자면 오늘날의 종교다원론이라는 담론 속에서 그리스도의 유일성 고백이라는 것이 어떤 의미가 있느냐 하는 점입니다. 저는 근본적으로 변선환 선생께서 하셨던 말씀과 제가 하려고 하는 말은 다르지 않다고 생각해요. 그분도 기독교인이고 복음을 사랑하는 분인데 그분은 종교다원론의 담론의 핵심을 전달해 주려고 할 때 상당히 과격한 접근을 하셨기 때문에 불필요한 충돌과 오해를 많이 일으킨 것 같습니다. 그 한 예로서 기독교가 가지고 있었던 그 동안의 배타적인 우월론을 청산하자는 동기는 좋지만 그리스도 신앙고백에 있어서의 유일성 신앙을 포기해서는 안 된다고 저는 생각합니다. 여러 진리를 드러내신 성자와 성인과 화신체가 있지만 기독교인에게는 적어도 나자렛 예수의 삶과 생애를 통해서 드러난 그 진리 안에서 나는 궁극적인 것을 본다는 기독교인의 고백을 난 좀 더 진지하게 긍정을 하고 그것을 손상시키지 않는 방법으로 종교다원론의 담론을 좀 전개해 주셨으면 좋았을 것이라는 아쉬움이 있습니다. 그 점에서 변선환 선생은 그것까지 포기해야 한다고 보는 것이고 난 포기가 아니라 그 어휘에 대한 오해가 있으면 그 오해를 풀어가자고 하는 것입니다. 기독교인의 실존에 있어서 그것을 버리면 보다 더 포용적인 종교인은 될지 몰라도 기독교인으로서의 자기 색깔과 정체성이 없어져버림으로써 굉장한 마이너스가 초래된다고 저는 생각합니다. 이 점에서 저와 변선환 선생은 좀 차이가 있는 것 같습니다. 저쪽에서는 그것이 저의 보수성이라고 볼 수도 있겠죠. 그러나 그런 담론에서 가장 급진적인 사람이 있다면 함석헌이나 유영모 선생일 텐데, 다석 유영모 선생도 예수를 신처럼 섬기는 그런 정통적 교리는 아니지만은 스승 중의 스승은 예수라는 고백을 하거든요. 싯달타나 맹자나 노자나 다 진리를 드러내고 있고, 그의 용어로 말하면 어떤 경지에 도달한 분이지만 예수를 참 스승으로 부른다는 것입니다. 삶의 경륜에 있어서나 지혜에 있어서나 80~90년의 생을 사는 노인의 눈으로 보면 30세의 예수는 어리고 젊은 청년이라고요. 그럼에도 33세의 삶을 살고 절규하면서 죽은 젊은 청년 갈릴리 예수 안에서 다른 인류의 성인들에게서 느끼지 못하는 어떠한 궁극성을 보고 있거든요. 고백을 한다 말이에요. 함석헌도 나는 마찬가지라고 봐요. 그가 예수님을 가슴 속에 진지하게 모신 분이지, 예수를 인류 종교의 모든 성현들 중에 하나라고 가볍게 생각한 분이 아니란 말입니다. 그 점에 있어서는 저도 똑같아요. 그러니까 종교다원론의 담론을 이야기하는 것은 우리의 현실이니까 말해도 좋고 안 해도 좋은 것이 아니라 아주 시급하게 말을 해야 하는 것이에요. 하나님의 경륜 속에서 기독교 밖에 있는 수십억의 인구가 귀의하고 그들의 영적, 정신적 삶에 영향을 끼쳤던 고등종교들이 복음과 어떤 함수관계가 있느냐 하는 것을 말해야 하고 그것을 말하는 것이 바로 종교문화신학입니다. 종교문화신학의 패러다임에는 여러 입장이 있는데 서구 사람들보다도 아시아 사람들은 그들하고 보고 느끼는 점이 다르니까 반드시 말해야 합니다. 왜냐하면 이것은 아시아인에게 있어서 실존적인 문제거든요. 나에게 구체적인 생명을 전해준 우리의 조상들이 120년 전까지는 전부 불교, 유교, 천도교 그런 것을 믿고 살아왔단 말이죠. 그렇기에 막연하게 그런 조상들을 가지고 있지 않은 서구 사람들이 그런 문화전통에 대한 평가를 하는 것보다도 현실적으로 그런 상황에 처해있는 아시아 기독자들은 당연히 달라야 한다고 보는 것입니다. 제가 이해한 종교다원론의 담론에서는 하나님에 대한 진정한 유일신 신앙과 하나님에 대한 창조주 신앙은 철저한 신앙고백을 하면 할수록 조금도 갈등을 일으키거나 어려운 문제가 아니라는 것입니다. 미래의 선교 지평에서도 이 문제를 진지하게 고민하지 않고 얼버무리면서 선교를 한다면 조그만 교회당 몇 개 세우는 데는 도움이 될는지 몰라도 13억 인구의 중국이라든가 나아가 새로운 21, 22세기에 새로운 문명의 전환기를 맞는 세계 선교에 아무런 도움이 되지 않습니다. 지금의 선교방식이 19세기 선교신학의 패러다임에서 큰 변화가 없이 땅 끝까지 이르러 증인이 되라는 말씀을 가지고 공간적, 지리적 복음의 전파, 교세의 확장, 기독교 교회당의 건립만 하는 것보다는, 물론 그것도 중요하지만, 선교신학의 근본 패러다임이 단순한 지리적, 공간적 확장보다는 수직적으로 깊어져야 하지 않는가 하는 것이 제 관심입니다. 저도 똑같이 복음을 증언하고 사랑하고 전파하려는 신학자로서의, 목회자로서의 자신의 실존적 사명을 느끼고 있습니다. 그런데 상황을 바라보고 그것을 해결해나가는 관점과 방식이 좀 차이가 나는 것이죠. 그러니까 상대방의 입장을 좀 이해해주고 그래야 하는데 그렇지 못한 것이 전 좀 아쉬운 거예요.

박: 종교다원론을 말씀하시지만 그 전에 예수 그리스도에 대한 체험적 신앙을 분명히 고백하고 그 고백에 바탕을 둔 상태에서 종교다원적 현실을 진지하게 인식하고 다른 종교와 대화를 하자는 말씀이시군요. 또 다른 종교가 이미 우리 삶 속에 들어와 있으니까 선교적인 차원에서도 무시할 수 없는 것이고, 우리 이전에 선조들이 그런 믿음 속에 살다 죽었으니까 그런 역사적인 전통에서도 종교다원신학을 진지하게 생각해야 한다는 말씀은 분명 옳은 말씀입니다. 유영모, 함석헌, 김재준 선생님을 언급하셨는데 이분들을 보면 종교다원신학을 견지하면서도 굉장히 풍요롭고 편안하다는 느낌이 듭니다. 내적으로 들어가 보면 넉넉하고 걸림이 없고 편안하게 자기 생각들을 펼치고 있는데 그 까닭은 장공과 함석헌, 유영모 이런 분들은 이미 우리 문화와 삶 속에 들어와 있는 유교, 불교, 도교를 체화하고 그 이상을 넘어서면서 기독교를 받아들인 것이기에 그런 것 같습니다. 그런데 유럽이나 미국, 즉 서구의 신학자들에게 있어서 유교나 불교는 자기 문화도 아니고 신앙도 아닙니다. 그래서 이들이 동아시아 문화와 종교를 다룰 때 자기 것으로 체화하고 문화적으로 충분히 익숙하게 만들어 놓고 다루는 것인지 아니면 단지 서구 기독교 문화를 중심에 두고 자기 문화를 보완하기 위해서 다루는 것인지 잘 모르겠습니다. 제 생각에는 바깥에 있는 문화와의 대화가 필요해서 끌어들인 것 같습니다. 그래서 서구의 종교다원론의 담론이 이론적이고 개념적이고 논리적이긴 한데 체험적인 무엇은 없는 것처럼 보입니다. 선생님께서는 어떻게 생각하십니까?

김: 다석이나 신천옹이나 장공은 유·불·도 아시아적 종교가 가지고 있는 정신성을 몸으로 알고, 이해하고, 깨닫고, 체화한 상태에서 기독교를 받아들였다는 것은 참 중요한 것 같아요. 아는 것만큼 보인다는 말처럼 아는 것만큼 이해가 되는데, 그분들은 동양의 정신세계를 알고서 서구 기독교에 깊이 들어갔기 때문에 서구 기독교의 이해가 그렇게 넓고 크고 활달합니다. 그에 비하여 그 뒤의 세대들, 곧바로 영국이나 미국이나 독일로 유학을 간 사람들은 한문이라는 문자를 통해서 동양의 정신세계의 풍요로움을 해석학적으로 자기 것으로 정리할 수 있는 교육을 받지 못하고 자란 사람들이기에 아시아적 종교 내지 영성의 풍요로움을 즉자적으로 자기 것으로 더 깊이 이해하고 있다고는 할 수 없습니다. 지리적으로 아시아에서 산다고 해서 아시아를 이해했다고 볼 수는 없는 것이지요. 그것이 오늘 저까지를 포함하여 우리가 가지고 있는 제일 큰 비극인 것입니다. 그래서 우선 우리 문화의 정수를 배워야 합니다.

두 번째는 서구 사람들이 아시아적 종교에 대해서 공부하고 아는 것에 분명히 한계가 있지만, 그들은 오히려 동아시아 전통에 얽매여 있지 않기에 직접 원전을 통해서 2~3천년의 아시아적 종교의 근본정신에 쉽게 접근할 수도 있다는 사실을 알아야 합니다. 순수하지 못한 전통적 축적물을 지나쳐 버리고 바로 불교면 불교, 유교면 유교의 경전에 곧바로 천착할 수 있기에 오히려 아시아 사람들이 불교나 유교를 아는 것보다도 불교나 유교의 엣센스를 더 잘 알 수 있다고도 봅니다. 동일하게 아시아의 민중신학이 역동적 신학이 될 수 있었던 것이 2천 년 넘는 기독교의 모든 교리를 전부 배워서 된 것이 아니라는 사실을 알아야 합니다. 2천 년의 기독교 전통을 다 배워야 한다면 불가능했을 겁니다. 120년 동안 그것을 언제 다 배워요. 한국에서의 본격적인 신학연구는 40~50년밖에 되지 않았는데 말이죠. 그런데 나중 된 자가 앞선다고 한국의 기독교인들은 곧바로 기독교 성서에 육박해 들어갔기에 서구인들이 보지 못했던 예수의 원초적인 마음에 쉽게 접맥이 되어서 그런 역동성을 얻었던 것 아닌가 하는 생각도 듭니다.

박: 아까 본회퍼의 교회론을 말씀하셨지만 본회퍼의 『성도의 교제』라는 책을

칼 바르트가 신학의 기적이라고 했습니다. 본회퍼는 교회가 그리스도의 몸이라는 생각을 박사학위 논문을 쓰고 멈추지 않고, 그가 죽을 때까지 그 문제를 가지고 고민합니다. 마지막에는 개인의 자기의식을 뛰어넘는 그리스도 신앙의식, 즉 공동체적인 의식으로서의 기독교 신앙을 생각하는 경지까지 갑니다. 그러면서 본회퍼가 이런 말을 하는데 '서구 언어는, 즉 인도유러피안 언어는 구조적으로 공동체적인 나와 너와의 관계를 다루기가 곤란하다. 나와 네가 분리되면서 내가 너를 규정하는 관계이지, 둘을 한꺼번에 아우르는 문장구조나 말의 구조가 아니'라는 거예요. 언제나 주객도식으로 되어 있는데 아시아 언어는 그렇지 않다고 말합니다. 정말 우리말은 그렇지 않습니까? 언제나 상대를 모시는 언어이거든요. 언제나 상대가 술어를 결정하고요, 나나 우리라는 주체가 빠져도 의사소통에 별 문제가 없고요. 우리 언어의 정신적인 핵을 '한'이라는 말로 흔히들 말하는데 '한'이란 크게 하나 된다는 의미를 가지고 있지요. 그래서 우리 민족은 하나 되는 것, 뭉뚱그려서 통하는 것을 무척 좋아하는 민족입니다. 그런데 위대한 종교사상의 천재들을 보면 통 사상, 모든 것을 종합적으로 보는 통 사상을 이룬 사람들입니다. 얼마 전 숭산 스님의 글을 보았는데 동북아시아 3국의 불교를 비교하시면서 중국과 일본은 분파불교인 반면 우리나라는 통불교라고 하시더라고요. 그 말씀을 보고 참으로 중요한 말씀을 하신다고 생각했습니다. 선도 통으로 얘기하는 측면이 있기 때문에 유럽이나 미국에서 그 사람들의 마음을 사로잡고 이전의 분석적이고 논리적인 것에 익숙한 그런 문화를 뒤집어 놓은 것이죠. 그리고 또 숭산이 얘기하는 선불교는 상당히 공동체적인 것이에요. 그런 맥락에서 보면 아직 한국 기독교는 아직 통기독교가 아니지 않는가 생각합니다. 아직도 교리적으로도 이질적이고 서로 크게 통해야 하는데 그러지 못하고 있습니다. 선생님께서 소승을 끌어안은 큰 수레라는 의미로 대승이라는 말을 끌어오셔서 대승기독교가 되어야한다고 말씀하시듯이 한국 기독교가 제대로 된 한국 기독교가 되려면 통기독교가 되어야 한다고 생각합니다. 근본주의를 넘어서서 진보와 보수를 아우르는 통기독교가 되어야지요.

김: 그렇습니다. 기독교의 포용력이 한국의 문화와 전통적인 종교들을 모두

안을 정도가 되어야 한다고 생각합니다. 한국 기독교와 한국 종교사 속에서 가장 가까운 종교는 아마도 동학, 즉 천도교가 아닌가 합니다. 강신 개념이나 천주 신앙이나 역사에 대한 변혁의 의지나 너무나 많이 닮아 있어요. 그래서 오늘날 천도교가 제자리걸음을 하는 듯이 보이는 것은 지도력의 문제와 같은 내부적인 것도 있겠지만 동학이 하려는 것을 기독교가 흡수했기 때문이 아닌가 합니다. 기독교는 동학이 가지고 있는 장점을 가지면서도 더 풍요로운 것이 있기에 기독교가 한국에서 꽃피기 전에는 동학이 새로움으로 작동을 했지만 오늘날 기독교가 그것을 대치해서 하고 있다고 봐야 할 겁니다.

한국의 민족이 가지고 있던 신앙을 또 자세히 살펴보면 인간이 경배의 대상이 되는 궁극적인 것과 본질적으로 똑같다는 생각은 하지 않은 것 같아요. 불교도 늘 예불의 형태로 부처님을 경배하는 자세를 견지해 왔고요. 하나님의 의식을 내 속에서 느끼지만 곧 내가 하나님이라는 생각은 하지 않습니다. 함석헌 옹의 말로 표현하자면 하나의 실재의 한쪽 끝은 하나님이고, 한쪽 끝은 씨알이란 말이에요. 그것은 나눌 수가 없어요. 나눌 수가 없지만 하나님과 내가 본질적으로 똑같다는 신앙은 전통적으로 한국의 하나님 신앙에 없다고 봅니다. 그러니까 하나님과 하나됨(mysticism union)이지 하나님과 동일함(mysticism identity)이 아니라는 말이죠.

하나님은 만유 위에 만유를 통하여 만유 속에 계시다는 에베소서 4장 6절의 말씀처럼 하나님 신앙을 말할 때 세상의 어떤 것과도 통할 수 있는, 통불교적인 측면에서 본다면 훨씬 더 열린 마음으로 다른 종교문화와 대화할 수 있고 만날 수 있어야 한다고 생각합니다. 그런데 한국의 전통 종교와 영성을 기독교와 대화시키려는 선각자를 해석하는 후학들은 아시아 종교의 뿌리는 인도 우파니샤드에 있기 때문에 아시아 종교와 대화하고 공통점을 찾고 하면 기독교 아이덴티티는 약해지는 것 아니냐는 걱정을 합니다. 함석헌 사상이나 다석 사상이나 종교다원론주의자들의 논의도 결국 범아일여로 다 돌아가게 되는 것이 아닌가 하고 걱정을 하는데, 저는 그렇게 생각하지 않습니다. 기독교가 한국에 들어와서 공헌을 할 수 있었던 것은 바로 인간의 인간됨 그 자체의 존재론적인 근거와 힘과 능력이 더 큰 하나님 안에 있다는 것을 깨우쳐 주었기 때문이었다고 봅니다. 하나님과 인간은 분리할 수 없으면서도 인간이 더 인간답게 공동체 안에서의 섬김과 공동체성 속에서 보다 나은 개인과 사회를 실현해가는 모티브를 기독교가 주고 있다고 보는 것입니다. 그 점을 놓쳐버리면 기독교가 동양의 거대한 범아일여 사상 속에 녹아들어가서 기독교가 공헌할 것이 하나도 없어요. 그런데 통사상, 하나님 사상, 한 사상을 받아들이지 아니하고, 하나님과 인간을 철저하게 분리하고 구별시키는 서구의 이분법적인 도식에 사로잡히면 성서의 진면목이 드러나지 않지요.

그러니까 문제는 다시 해석학 문제로 돌아온다고 봅니다. 오늘날 불교가 무엇이냐고 할 때도 인도에서 시작해서 중국과 일본과 한국에서 발전한 대승불교(mahayana buddhism)는 불교가 아니라고 보는 사람도 많이 있거든요. 마찬가지로 기독교가 뭐냐고 할 때 기독교를 해석하는 개인과 공동체의 입지가 전부 다르거든요. 어떤 사람은 종교개혁 이후에 주객을 완전히 분리해서 하나님을 절대 타자로 보는 것이 기독교라는 입장도 있고, 가톨릭의 모델도 있고 초기 교부의 모델도 있지요. 그러나 저는 그 중에 어느 하나를 중심으로 기독교의 이론과 신학이 통일되리라고는 보지 않아요. 그러면 어떤 기독교가 인간이 당면한 현실을 보다 더 인간다운 얼굴을 가진 사회와 문화로, 자유롭고 평등하고 사랑과 생명이 넘치는 공동체로 변화시키는 역동적인 힘을 발휘하느냐가 관건이 됩니다. 세상을 바라보는 또 하나의 관점인 물리학에서도 여러 가지 이론이 나옵니다. 그러나 현실의 물리현상과 자연현상에 대입을 시켜서 완전무결하게 정합적으로 모든 문제를 설명하는 과학적 패러다임은 없지요. 다만 보다 더 정합성이 있는 이론이 소위 정상과학(normal science)이 되듯이 신학도 그렇게 될 수밖에 없다고 저는 보는 것입니다. 지금까지는 서구역사의 기독교였습니다. 그런데 오늘날 기독교는 동아시아의 정신문화와 만나고 이슬람문화를 알게 되고 라틴문화를 접하고 있습니다. 그래서 그 모두를 아우를 수 있는 복음과 신학이 무엇인가를 고민해야 할 때가 된 것입니다. 우주선을 타고 우주 밖에서 지구를 보면서 하는 신학, 복음, 기독교를 고민해야지, 그냥 전통이 좋다고 우리가 이단과 정통의 교리 속에 매일 필요가 없다는 것입니다. 다시 말하자면 지구촌 시대에 우주의 식을 가지고 신학을 하자는 것이고, 동서양 인류 역사의 긴 영성을 품을 수 있는 더 높은 하나님의 경륜 속에서 신학을 하자는 것입니다. 지금까지 한국이 가지고 있는 동아시아의 영성에 기독교가 도움이 되려면 정말 기독교적이고, 성경적이고, 헤브라이즘적인 것이 무엇인지를 알아야 하기 때문에 기독교가 가지고 있는 독특한 요소를 절대로 과소평가해서는 안 된다는 것입니다. 그래서 한국의 전통 영성을 품으면서도 진정한 기독교적인 것이 무엇인지 더 분명하게 알려주어야 한다는 것이 제가 추구하고 방향을 잡는 것입니다.

박: 기독교의 독특함이라고 하는 것은 십자가 신학이라고도 할 수 있겠고, 깊은 죄의식과 용서일 수도 있을 것이고, 또 출애굽의 해방적인 측면도 있는데 그런 기독교 복음이 이미 한국에 들어와서 100년 넘는 근현대사를 역동적으로 쇄신시키는 데에 역할을 하였다고 생각합니다. 이미 기독교의 그러한 성격과 역동적인 힘이 한국의 근현대사 속에서 입증되었다고 봐도 큰 무리가 없을 듯 합니다.

김: 예 그렇습니다. 한국 근현대사의 곳곳에서 기독교의 역동적인 역할이 보이죠. 지금은 오히려 비기독교인들에게 신뢰를 얻지 못하는데 그것은 이론적으로 실천적으로 우리가 참 기독교의 모습을 보여주지 못해서 그런 것입니다. 참 기독교의 모습이 무엇이냐고 말하면 다시 해석학을 말하지 않을 수 없습니다. 십자가의 신학도 기독교가 말하는 진정한 십자가의 신앙이라는 것이 정말 뭐냐는 것에 다양한 편차가 있다는 말이에요. 그런데 그 중 하나만을 고집하면서 나머지는 전부 아니라는 식의 교리적이고 배타적인 시각에서 한국 교회가 조금 벗어났으면 좋겠다는 것입니다.

박: 끝으로 저는 중국을 대단히 중요하게 여기고 있는데요. 그동안 김 교수님께서 문화신학을 하시면서 유교, 도교, 불교가 깊게 배어있는 한국 정신문화를 아우르는 신학을 펼쳐오셨는데 사실 유교, 도교, 불교가 중국이라는 대륙에서 움터서 한국에 영향을 준 것이라고 본다면, 동아시아에서 중국의 영성과 문화전통은 깊게 살펴보아야 할 것입니다. 중국의 근·현대를 살펴보면 중국이 공산화

되면서 전통 종교와 문화가 위축되고 짓눌린 면이 있습니다. 그런 상황에서 근대화와 산업화가 이루어지면서 기독교가 상당히 깊이 있게 역동적으로 확산되고 있습니다. 작게는 5천만 크게는 1억 정도가 기독교 인구라고 하니까 지금 속도로 봐서는 상당한 정도로 더 확산이 될 것 같습니다. 지금 중국에서의 기독교의 모습은 낮은 수준에서 신학도 이루어지고 기독교 신앙도 수용되는 면이 있지만, 시간이 지나면 중국 전통문화의 풍토를 봐서 이전의 서구 신학을 그대로 앵무새처럼 반복하는 근본주의적이고, 문자적이고, 배타적인 기독교 신앙은 중국에서는 받아들여지지 않을 것이라고 생각합니다. 중국의 불교는 인도의 불교와 질적으로 다른 것에서 알 수 있듯이 중국 민족은 자기의 거대한 땅에 무엇이든 들어오면 자기 식으로 녹여서 소화하는 민족인데 그런 맥락에서 중국의 기독교가 꽃핀다면 이 동아시아의 종교문화 지평이 달라지고 기독교의 미래가 달라지지 않을까 합니다.

김: 마지막으로 그런 비전을 얘기해 봅시다. 저도 그것을 늘 생각하고 있습니다. 중국 또는 동아시아, 더 나아가 지구촌 전체 문명의 내일을 여는 데 있어서 13억이 되는 중국이 기독교와 어떤 관계를 맺느냐는 아주 중요한 문제라고 봅니다. 중국이 인도의 불교를 받아들여 대승불교를 만들었듯이 기독교를 받아들여 라틴 기독교나 앵글로색슨 기독교와는 다른 기독교가 되려면 두 가지를 충족시켜야 한다고 봅니다.

첫째는 중국 문화 5천 년을 이끌어왔던 유교나 불교나 도교를 능히 감싸고 남을 더 큰 포용력과 마음을 가져야 한다는 것입니다. 최소한 그들이 가지고 있는 영성을 가지고 있으면서도 그것을 뛰어 넘을 수 있는 아량과 크기가 있어야죠. 그런 아량과 크기를 가지려면 물론 먼저 그들의 종교가 무엇인지 제대로 알아야겠죠. 그리고 또 생각해야 할 것은 짧지만 한 100년 사이에 경험했던 중국인들의 사회주의, 즉 평민이 봉건왕조를 무너뜨리고 자유, 평등, 정의를 외쳤던 사회주의적 정열이 가졌던 비전을 끌어안을 수 있는 기독교여야 합니다. 그렇게 볼 때 가장 적합한 세계적 종교는 정말 기독교밖에 없다고 생각하는데 기독교가 그것을 감당할 수만 있다면 중국은 중국 자체 문화에 긍지도 느끼고 원래 기독교와 뿌리부터 친화성이 있었던 사회주의적인 것도 이룰 수 있다고 봅니다. 즉 기독교가 그동안 중국이 품고 있던 종교와 영성과 사회주의적인 세계의 건설이라는 비전을 성취시켜줄 수 있다는 것을 보여주어야 한다는 것입니다.

두 번째는 기독교와 한국의 선교신학의 패러다임을 변화시켜야 한다는 것입니다. 지금 한국의 선교신학의 패러다임은 중국의 입장에서 보면 19세기의 서구 문화제국주의적인 선교신학의 패턴에서 별로 달라진 것이 없기 때문에 치명적인 제약이 됩니다. 당분간은 중국이 자본주의적 소비패턴 문화로 달려갈 것이지만 인간은 영원을 향한 근원적 갈망이 있기 때문에 그 점을 보고 한국 기독교가 큰 비전을 가질 필요가 있습니다. 기독교가 가진 훨씬 높은 시각에서 서구 제국주의적 기독교가 아닌 다른 기독교가 있다는 것을 중국에 소개할 때 중국은 변화할 것이라고 봅니다. 중국의 이런 변화는 동북아시아를 유로코뮤니티보다 훨씬 더 좋은 사회로 만들 수 있어요. 이런 큰 틀에서 한국의 기독교는 진보와 보수를 막론하고 함께 나아갔으면 좋겠다고 생각합니다.

마지막으로 한마디 하고 싶은 것은 제가 40여년 넘게 신학을 공부하고 신학을 가르쳤는데 신학이 기독교인을 곧바로 만들어낸다고는 생각하지 않습니다. 아무리 교리적인 신학을 배웠다 하더라도 그 사람이 그리스도의 마음에 닿아 있으면 기독교인으로서 훌륭한 삶의 모델을 보여주거든요. 그런 면에서 신학적 교리적 논쟁은 그리 중요한 것이 아닙니다. 진보니 보수니 하는 것도 큰 문제는 아닙니다. 한국 기독교가 이제 진보와 보수를 넘어서 동북아시아 백성들의 영성과 삶과 문화를 보다 더 풍요롭고 깊이 있게 해주는 길로 나아가기를 바랄 뿐입니다. 박재순 박사님 이렇게 시간을 내주셔서 다시 한 번 감사드립니다.

제2부

학문과 경건 그리고 교회

신학을 어떻게 할 것인가?

1. 신학함의 태도로서 '신학을 어떻게?'의 문제

"신학을 어떻게 할 것인가?"라는 주제의 글을 쓰도록 편집실로부터 원고청탁 받았다. 편집기획자의 의도는 '신학을 왜'(Why), '신학을 어떻게'(How), '신학은 무엇을'(What) 할 것인가 세 가지 범주로 대별하여 서로 다른 필자에게 글을 쓰도록 한다고 했다. 그렇다면 '어떻게'(How)의 관심은 신학함의 학구적 방법론보다는 실존적 지향성에 초점을 집중하려는 것 같다.

신학함의 과제를 수행하는 개인이나 공동체는 적어도 5가지 차원의 대상과 항상 마주하면서 신학을 하게 마련이다. 첫째, 신비이신 삼위일체 하나님, 둘째, 복음을 증언하는 원증언집 성서, 셋째, 복음이 선포되고 들려지는 오늘의 현실 세계, 넷째, 신학함의 행위가 그 안에서 이뤄지는 회중공동체로서의 교회, 그리고 마지막 다섯째, 신학하는 응답적 주체자로서 '인간실존 그 자체'가 5가지 대상들이다. 줄여 반복하면 신비이신 하나님(God the Mystery), 신앙전통의 총괄로서 성경(Bible as the Tradition), 실질적 현실세계(World as the actual Reality), 신앙공동체로서 교회(Church as the congregational Community), 응답자로서 실존(Existence as the Respondent)이 그것이다.

---

* 본 원고는 『세계와 선교』 2004년 4월호에 실렸던 내용임.

이상 5가지 핵심적 대상들은 해석학적으로 불가분리적으로 상호 연계되면서 '신학적 실존'과 '신학의 내용'을 규정한다. 어느 항목 한 가지를 별도로 동떨어지게 분리시켜서 생각할 수도 없고 그리해서도 안 된다. 각각의 실재가 독립적 실재가 아니라는 말이 아니다. 하나님은 하나님이시고, 세상은 세상이며, 성경과 교회와 인간실존은 각각 구별되어야 하는 실재임에 틀림없다. 성경이 기록되고 편찬되기 전에도 하나님은 계셨고, 세상과 인간의 본질이 교회의 본질을 규정하지는 않으며, 성경과 교회가 없을 때에도 세상 인간들은 존재했었다. 그렇지만 각각의 실재가 신학도에게 참으로 '의미 있는 실재'로 체험되고 고백되려면 위에서 언급한 5가지 항목들은 상호 유기체적으로 연관된 맥락구조 속에서만 가능하다. 그러므로 필자는 '어떻게 신학할까?'라는 물음도 결국 그 5가지 항목과의 관계를 어떻게 가질 것인가의 문제로서 파악하려 한다.

2. 경외로운 신비자이며 온전히 계심과 비우심의 하나님과 씨름하기

신학도가 신학하기로 작정하고 신학하는 공동체에 들어온 직후부터, 신학도는 승산도 없고 종료휘슬도 울리지 않는 '신비자 하나님과의 씨름하기' 게임에 들어가 샅바를 붙잡게 된다. 이것은 생각하면 엄청난 사건이요 선택받은 자의 축복이면서도, 다른 편에서 생각하면 결코 행복스럽지만은 아니한 신학도의 멍에 같은 운명의 짐이다.

현대철학이나 신학은 당분간 '하나님' 같은 '궁극적 실재'에 대하여 말하기를 중지하고, 실천적 문제들만을 이야기하는 것이 현명하지 않겠느냐고 암묵적으로 약속하기도 한다. 그러나 신학의 제일차적 주제는 그 학문의 이름 자체가 말하듯이 '하나님에 대한 학문'(Theos-Logos)이다. 해방과 실천윤리학, 교회성장론, 기독교교육, 목회상담, 설교 및 예배학, 예전학 등등이 우선적으로 논의될 때라도, 언제나 이미 거기엔 '하나님의 문제'가 전제되어 있거나 관여되어 있다.

그런데 문제는 인간의 머리로서나 마음으로서는 도저히 그 정체와 실체를 인식하고 완전히 파지할 수 없는 대상을 신학도는 인식하고, 고백하고, 신뢰하고, 증언해야 한다는 데 신학함의 최대 위기와 난제가 있다. 이 불가능성을 어떻게 극복하고 돌파할 수 있는가? 어떻게 피조물이 아닌 절대자, 영원자, 창조주 하나님, 궁극적 실재이신 무한자를 자기 머리통 속에 혹은 마음 안에 다 넣을 수 있단 말인가? 좁쌀 같은 지구 위에 탄생하여 300만년 동안 진화한 결과 겨우 어느 정도 사물의 이치와 본질을 직관할 수 있을 만큼 성숙한, 갈댓잎 같은 '호모 사피엔스'가 '신비자이신 삼위일체 하나님'을 어떻게 인식하고 이해할 수 있는가 말이다. 이것은 처음부터 잘못된 관계설정이다.

아직 철이 덜 든 제법 용감한 신학자나 목회자는 자기 머릿속에서 수립한 제법 그럴싸한 '웅장하고 거룩한 신론체계'를 가지고, 자기는 하나님을 안다고 자부하거나 만족한다. 그런데 대부분 '우상'을 마음속에 그리기 십상이다. 그런 사람들은 말로는 하나님을 경외하고 예배한다고 하지만, 실제로는 하나님을 자기가 지켜드린다고 신의 근위병임을 자처하면서 이단 사냥에 바쁘고, 하나님의 본질을 자기가 규정하고 자기 관리 하에 두면서 즐긴다. 실제로 그런 사람은 하나님을 경외하는 두려운 마음도 갖지 않으며, '하나님에 관하여' 강의하고 설교하면서 밥 문제를 해결하는 수단으로 삼고 만다.

그러면 애시당초 하나님 알기와 하나님 인식문제는 포기하고 말 것인가? 그런 태도는 신학을 인문학이나 사회학으로 변질시키고 만다. 신학도가 신학도 됨을 포기하는 것과 같은 짓이라 그럴 수도 없다. 그러면 어떻게 '하나님'과 바른 씨름을 하면서 신학을 할 것인가? 무엇보다도 하나님 앞에서 정직해야 하겠고, 용감하게 의심함을 통해서 우상의 덫에서 스스로 벗어나는 용기를 가져야 한다. 신학함에서 하나님을 나의 신학적 '인식의 대상'으로 알았는데, 점점 인식의 대상이 내 안에 들어와 있고, 나를 감싸고 있으며, 무한히 거듭 거듭 모든 '하나님에 관해 내가 만든 이론과 이미지'를 깨트리면서 나를 감싸시는 '존재의 빛'과 '텅 빔의 충만'이시라는 것을 체험하는 것이 중요하다.

성 어거스틴의 고전적 표현을 빌려 말하자면 "내가 내 자신에게 가까이 있는 것보다 더 가까이 내 곁에 계시는 분"으로서 하나님의 신비 앞에 경외하는 마음, 기도하는 마음, 찬미하는 마음, 감탄할 줄 아는 마음을 가지고 '하나님과의 얍복 강가의 씨름'을 계속해야한다. 브니엘의 체험을 하기까지, 환도뼈가 위골될 때까지, 삼위일체 하나님 그분이 나를 편안하게 놓아줄 때까지 진지한 자세로 씨름하되, 교만이나 태만은 금물이다.

3. 성경의 대화음이 영적 귀에 들릴 때까지

신학도가 부딪히는 신학함에서의 두 번째 문제는 성경해석의 문제이다. 성경은 이스라엘 예언자와 사도적 전승의 총괄적 표현으로서, 모든 기독교 신앙의 규범이고, 내용이고, 그 영적 샘터이고, 우주와 역사와 인간의 비밀암호가 적혀 있는 계시적 경전임에 틀림없다. 이 사실을 신학적 교의학의 명제로서나 근본주의적 보수신학의 '성경축자무오설' 교리로서가 아니라, 자기 자신의 실존적 고백으로 확인되기 전까지 복음전도자로서 일하려고 나설 수 없다.

진실로 깨닫고 보면, 성경은 위대하고도 위대한 책이다. 어떻게 이런 위대한 책이 그렇게 작은 이스라엘 백성 공동체의 고난의 역사 속에서 형성되고 전승되었는가를 생각하면 할수록 성경은 '영감의 책, 만인 구원을 위한 경륜된 책'임을 고백하지 않을 수 없다. 그러나 동시에 성경은 그만큼 사람을 살리기도 하고 죽이기도 하는 놀라운 힘을 가진 책인지라, 그 성경을 잘못 이해하거나 잘못 남용하면 개인과 인간 공동체를 무섭게 파괴시키는 사탄적 도구가 될 수도 있다.

우선 신학도는 성경을 수없이 많이 읽어야 한다. 중요한 성경 구절이나 문단은 거의 암기할 수 있을 정도로 수십독, 수백독 하는 것이 방법론적으로 제일 중요한 일이다. 성경을 수없이 많이 통독하여, 성경 전체에서 울려 퍼지는 신비한 '영적 대화음'을 듣는 영의 귀가 열려야 한다. 성경 전체에서 들려오는 '영적 대화음'의 주제가 무엇이냐고 너무나 쉽게 신학적 테마로 정립하려고 해서는 안

된다. 그것은 너무나 장엄하고, 아름답고, 맑고 신선함으로 가득 찬 주제음이기 때문에 그냥 감상하는 것만이 가능하다.

전체 통전적 성경의 '영적 대화음'을 듣기 위해서 성경 66권 각권이 지닌 독특한 음색을 가능하면 자주 들어야 하겠다. 성경 66권의 각권은 비유하건데 악기가 다르고, 악보가 다르고, 연주법이 다른 작은 오케스트라라고 말할 수 있다. 우리는 각권의 주악상(leitmotiv)을 이해하기 위해 소위 '비평적 성경연구방법'을 도입한다. 그러나 그러한 근대이후 비평적 성서연구방법은 어디까지나 성서의 주제음을 바르게 듣는 데 이르기까지 준비단계에 불과하다는 것을 명심해야 한다.

신학도는 무엇보다도 성경을 아끼고 사랑해야 한다. 성경만 가지면 온 세상을 자기 것으로 가진 듯한 만족감과 충만한 포만감을 가져야 한다. 성경 구절 한 마디가 위대한 사상가의 두꺼운 명저보다 진리를 더 간결하게 잘 표현하고 있다는 확신을 가져야 한다. 성경이 위대하고도 위대한 경전이지만, 그 위대한 진리의 내용과 질은 자명하지 않다. 왜냐하면 성경은 위대한 악기나 오케스트라와 같아서 연주하고 지휘하고 감상할 줄 아는 사람에게, 그만큼만 마음의 귀에 들리는 책이기 때문이다. 성경은 진지하게 질문하고, 성실하게 인생과 삶과 죄와 죽음의 신비를 묻고 고민하는 실존에게만 열리고, 들리고, 보이는 책이기 때문이다.

4. 세상을 흑백논리로 갈라 보지 않고 꿰뚫어 보기

신학함에 있어서 세계는 세 가지 의미로 사용되는데 첫째, 창조세계로서 우주 대자연, 둘째, 역사와 인간경험 현실의 총체, 그리고 셋째, 예수를 십자가에 처형시킨 영악하고도 악한 힘들이 판치는 죄악적 세계현실이 그것이다. 신학도는 그 세 가지 세계 또는 세상을 모두 생각해야 하지만, 여기에선 특히 둘째 번 의미의 세계, 곧 '역사와 인간경험 현실의 총체' 로서의 세계를 주목하기로 한다.

신학함의 자리는 신학도의 마음이나 상상적 관념세계도 아니고, 천사들이 모여 있는 천계도 아니고, 지옥불이 불붙는 연옥도 아니다. 신학하는 구체적 '삶의 자리'는 빛과 어둠이 교차하고, 알곡과 가라지가 함께 자라며, 빛의 자녀들과 어둠의 자식들이 공존하는 역사적 현실세계이다. 그러므로 신학도는 세상을 흑백논리로써 한편만을 보아서는 아니 된다. 세상은 온갖 망할 놈들이 살고 있고 사탄이 완전히 지배권을 행사하는 저주받은 땅이라고 생각해서도 아니 되고, 장미빛 찬란한 에덴동산쯤으로 낙관해서도 안 된다. 기독교 신앙은 역사를 낙관하지도 않지만 비관하지도 않는다. 팽팽한 긴장과 힘겨룸의 한마당이라고 보아야 한다.

신학을 잘하려면 세상을 가능한 깊고 넓게 사실적으로 경험하고 알아야 한다. 왜냐하면 어차피 복음이 들려져야 하고, 그 안에서 복음이 재해석되고 받아들여지면서 변화시켜가야 할 현실세계가 '세상'이기 때문이다. 신학적으로는 '복음'과 '세상'을 어떤 관계로 정립시키는가에 따라 그 사람의 목회관과 신학하는 근본자세가 결정된다고 본다.

리챠드 니버(H.R. Niebuhr)가 말하는 고전적인 다섯 가지 관계모델들은 우리에게 익숙해져 있다. 세상과 대결하고 맞서는 자세, 세상 위에 군림하고 지배하려는 자세, 세상과 적당한 거리를 유지하며 별개로 독립된 두 왕국에서 살아가는 이원론적 자세, 세상적 성공과 이념에 홀딱 빠지고 영합하는 자세, 소금처럼 세상 속에 녹아들어서 맛을 내고 변화시키는 자세가 그것이다. 신학도가 삶을 살아가는 세상의 '상황'이 다섯 가지 중에서 어느 것을 택하도록 하는데, '복음과 세상과의 관계는 컨텍스츄얼한 상관관계'에 있기 때문이다.

세상과 대결하고 맞서야 할 때 함께 영합하고 덩달아 뒹구는 꼴이란 꼴불견의 교회를 만든다. 세상 속에서 '종교적 소왕국'을 설립한 교만에 취하여, 세상을 전혀 바르게 보지 않고 안하무인격으로 돈키호테식의 저돌적 자세를 취하면서, 한국이 기독교 국가라도 다 된 듯이 배타적 독선을 부리는 자만함이란 차마 보기가 민망하다. 더욱이 성장주의와 축복론의 달콤한 유혹에 휩쓸린 나머지 복음적 신앙을 오해하여, 이 세상 속에서 교회란 '남보다 승리하는 비법'을 판매하는 영적 판매소로 선전하는 일부 사이비 성직자도 있는 게 현실이다. 올바른 신학도는 세상을 도피하지도 않고, 영합하지도 않고, 흑백론으로 갈라 보지도 않고, 그 정체를 꿰뚫어 보고 갈릴리복음을 힘입어 정면돌파하려는 담력을 길러가야 한다.

'세상'은 복음이 던져져야 할 선교대상일 뿐만 아니라, 그 안에 뿌리를 내리고 꽃을 피워내야 할 연못과 같은 것이기도 하다. 그런 관점에서 불교의 '연꽃 상징'을 음미하는 것이 좋다. 연꽃은 청초하게 피지만, 온갖 부유물질이 썩어 가라앉아 있는 연못바닥 진흙뻘에 뿌리를 내리고서라야만 꽃과 열매를 맺을 수 있다. 대승불교에 비해서 확실히 기독교는 시작할 때부터 영지주의와 묵시문학적 종말론의 영향을 너무나 강하게 받아서 '세상 부정적 견해'가 무의식 중에 강하다. 부정되어야 할 세상은 '소유, 탐욕, 온갖 혈기, 자기자랑, 명예욕, 분쟁과 다툼'이 지배하는 병든 세상 현실인 것이지 '세상 그 자체'가 아니다.

'세상'을 바르게 이해하고 꿰뚫어 보기 위해서 신학도는 직접 몸으로 '세상경험'을 하는 것이 좋다. 동서종교사에서 '탁발'을 강조한 이유가 거기에 있다. 신학도에게 있어서 세상 안에서의 모든 경험들은 후일 그가 목회자로 나설 때 귀중한 자산이 된다. 막노동판의 일자리 경험, 경제적 빈곤 경험, 질병투쟁 경험, 악의 유혹 경험 등이 모두 귀중한 경험이다. 그러나 직접 경험이 쉽지 않을 때는 '배낭여행'과 '문학작품 다독'을 권하고 싶다. 그것들은 제2차적 간접경험을 가능케 하기 때문이다.

5. 교회는 내 영혼의 어머니처럼 사랑하며 섬길 것

신학도가 구체적으로 신학훈련을 받는 목적은 "교회를 교회답게 섬길 능력을 갖추기 위하여"라고 말할 수 있다. 신학이란 궁극적으로 교회를 섬기는 학문이라는 고전적 명제도 그런 의미이다. 그런데 신학도가 신학함에 있어서 교회를 사랑하고 봉사하는 태도와 방법에는 깊이 생각할 점이 있다. 우선 최신 신학정보와 신학사조에 밝은 젊은 신학도는 '현실적 교회'를 통째로 비판하고 부정하는 비판자로서 자기 자신의 영혼이 병들어 버릴 위험이 있다. 적어도 신학도는

"현실 교회는 다 썩었고 병들었다" 등의 극단적인 단언적 표현은 삼가야 한다. 그런 말은 교회 밖에서, 교회와 거리를 두고 살아가는 사회비평가들이 할 말이다. 신학도에게 있어서 교회란 마치 자기를 낳고 길러주신 영혼의 어머니와 같아서 교회에 욕을 하고 침을 뱉으면 그것은 자기 어머니 얼굴에 그리하는 것과 같다.

그러나 거꾸로, 신학도는 오늘 눈앞에 보이는 지극히 현실적인 왜곡된 교회 모습에 안주하거나 영합해서도 아니 된다. 흔히 현실교회론, 교회 목회현장론의 명분을 내세우면서 마땅히 극복되어야 할 교회 모습을 긍정하거나 묵종하라고 다그치는 '교회현실론자'들이 많다. 병든 교권주의 모습, 교회 물량주의적 사고, 속물적 냄새가 진동하는 사람을 치켜 내세우는 타락한 예배 행태, 진정한 성도의 교제를 방해하는 교회조직운영 형태, 에큐메니칼 정신을 상실한 나홀로 성공교회 경쟁, 이런 모습들은 극복되어야 한다. 오늘의 현실 교회 안에 극복되어야 할 부정적인 요소들과 창조적으로 계승 발전되어야 할 점들을 스스로 점검하고, 장차 내가 목회자가 되었을 때 보다 교회다운 교회의 목자가 되리라고 다짐하면서 준비, 연구하는 자세가 필요하다.

현실적으로 신학도는 신학 수업의 3~6년 기간 동안에, 학비를 조달하기 위해서 어느 특정 교회에 매여 신학도 시절을 다 보내버리는 경우가 대부분이다. 교회학교 총무, 전도사, 청년부 간사 등의 명목으로 한 교회를 성실하게 봉사하는 것도 의미 있지만, 신학도의 신학 수업기간 동안 가급적 목회패러다임이 다양한 몇 교회를 두루 경험해볼 것을 권하고 싶다. 잘 정착된 교회, 고투하는 개척교회, 성가대가 잘 조직, 운영되어 교회 예배의식이 모범적인 교회, 뜨거운 성령은사를 강조하는 교회. 교파도 다양할 수 있으면 더 좋다. 각 교회의 주보작성 형태와 내용으로부터 제직회와 당회, 교회학교 조직운영 등을 눈여겨보는 것은 졸업 후에는 신학도가 다시 체험해보기 힘든 귀중한 경험 자료가 되는 것이다.

6. 신학 수련은 결국 자기 영혼을 그리스도 형상으로 영글게 하는 것

마지막으로 "신학을 어떻게 할 것인가?"라는 물음은 신학도 자신의 내적 영성훈련을 어떻게 할 것인가의 문제로 귀결된다. '신학적 실존 그 자체'가 마지막으로 문제가 된다. 앞서 언급한 하나님, 세상, 성경, 교회 등 중요항목들이 결국은 신학도의 '실존적 영혼의 필터'를 거치면서 의미를 가지는 것이다. 그러므로 신학함이란, 신학적 실존이 생래적인 자아, 혈육적인 자기로서는 점점 죽고 어떻게 그리스도의 사람, 성령 안에서 중생한 사람으로 변화해 가는가의 문제로 귀결된다.

세상 속에서 복음의 사역자로서 "썩어져가는 한 알의 밀알이 되자!"라는 헌신 다짐은 둘째 단계 일이다. 아직 알곡으로 영글지도 않았는데 세상 속에 던져지면 거름밖에는 다른 무엇이 될 수 없다. 영글지 않은 채로 교회에 파송되면 하나님 백성을 괴롭히거나 종교로서 밥벌이하는 가장 불쌍한 직업종교인이 될 뿐이다. 신학도의 신학함에서 가장 어려운 최대의 난제는 신학도가 자기 자신의 내면을 성찰하면서 '성실한 사람'으로 성장하는 일이다. 끊임없이 십자가의 예수님만을 자랑하고 자기를 비우면서 성실한 삶을 살려고 노력하는 과정이 곧 신학도의 영성수련인 것이다.

영성수련이란 '영성과목' 수강이나 '영성훈련 채플강화'로써 되어지는 것이 아니다. 지극히 일상적이고 작은 일부터 시작해서, 자기 속에 또아리를 틀고 있는 이기심, 자기자랑, 명예욕, 물질적 탐심, 형제 위에 군림하고 지배하면서 쾌감을 느끼려는 욕망, 게으른 태만심, 율법과 신학 뒤에 숨으려는 하나님과의 승산 없는 숨박꼭질을 청산하는 일이다.

같은 길을 걷자고 입학한 형제자매들의 희비애락에 무관심한 무정한 이기심, 강의실 시간 지키기나 책임적으로 참여해야 할 채플 같은 일상사를 소홀히 생각하는 시건방진 똑똑한 신학도가 졸업 후 훌륭한 목회자로서 큰 일꾼이 되는 것을 본적이 없다. 좀 어리석고, 손해보기를 개의치 않으면서 뚜벅 뚜벅 끝까지 성실하게 일상적인 삶의 길을 걸어가는 그 사람을 하나님은 주목하시면서 기다리시고 찾으실 것이다.

생명적 복음에 목마르다

1. 오늘의 복음이 생명적인가?

'생명'이라는 주제는 오늘날 인문학계만이 아니라, 무릇 학문계의 중심 화두가 되었다. 그것은 무엇인가 심상치 않은 일이 지표 위에서 진행되고 있어서 생명 위기, 생명 실종, 생명 멸종의 적신호가 계속 울려 퍼지고 있다는 위기 의식이기도 하다. 그리하여 장회익 교수 같은 물리학자가 물리학 실험실에서 당신이 전공하는 물리학 연구에 전념하지 못하시고, 『삶과 온 생명』(1998)이라는 저서를 통해 생각하는 모든 사람들에게 오늘의 위기를 호소하기에 이르게 되었다.

오늘 우리의 주제는 '복음, 생명, 교회'인데, 한마디로 주제가 추구하려는 것은 복음의 본질이 '생명'(딤후 1:1) 그 자체이며, 교회는 바로 그 생명의 능력 안에 있고, 그 현실을 증언하는 생명적 공동체라야 한다는 것이다. 그 생명을 전하는 것이 복음이며, 교회는 그 복음과 함께 고난 받기를 두려워하지 않는(딤후 1:8) '믿음과 사랑의 공동체'(딤후 1:13)로서 자신을 이 세상 속에서 '생명의 빛'으로 드러내야만 한다.

교회는 정통교리를 가르치는 단순한 '교리학교'에 머물러서는 아니 되며, 예

---

* 본 원고는 『씨올의 소리』 통권 164호 2002년 1~2월호에 실렸던 내용임.

수 그리스도의 십자가와 부활을 회상하기만 하는 전통을 고수하는 종교집단에 머물러서도 아니 되며, 십자가의 고난과 죽임당한자의 부활을 망각하는 무한 성장신화와 성공신화에 사로잡힌 바알신앙적 교회가 되어서도 아니 된다.

1970~1980년대에 세계선교역사상 그 유례를 찾아보기 힘들만큼 고도성장을 기록했던 한국 개신교는 분명히 1990년대를 정점으로 하여 위기국면에 들어가게 되었다. 교인수의 증가는 둔화 또는 감소되고, 개신교의 대사회적 공신력과 도덕적, 영적 신뢰감은 국민 일반으로부터 현저하게 상실되어가고 있다. 정치사회적으로는 정의·평화·통일 지향적 희망의 공동체로서의 역할이 약화되고 있다. 문화적 차원에서 보면 한국 개신교는 한국 전통문화 및 타종교와 끊임없는 긴장 갈등을 일으키는 종파로, 가톨릭교회와 다르게 배타적이고도 독선적인 종교집단으로 국민 눈에 비춰지게 되었다.

한마디로 말해서, 한국 국민들은 도처에서 십자가 표식을 건물 꼭대기에 세운 무수히 많은 교회당 건물과 기독교라는 종교집단의 여러 가지 행사 소식은 접하지만, 그 안에서 '사망권세를 폐하는 생명'과 '세상을 비춰는 빛'을 점점 느끼지 못하게 되었다.

대한민국 통계청이 조사 발표한 '한국의 사회지표'(2000) 통계자료에 의하면 1994년도 전체 국민 중 종교인구 비율은 49.9퍼센트였으며, 그 종교인구 중 불교, 기독교, 천주교가 각각 48.9퍼센트, 36.5퍼센트, 11.7퍼센트였다. 그런데 1999년 통계조사에 의하면 전체 인구대비 종교인구 비율은 53.6퍼센트로 상승했는데, 불교, 기독교, 천주교의 3대종단의 종교인구 점유율을 보면 불교와 천주교는 상승했으나 기독교는 감소한 것으로 나타났다. 1999년 통계는 남한의 종교인구 중 불교 49.0퍼센트, 기독교 34.7퍼센트, 천주교 13.0퍼센트로 나타났다.[1]

종교인 통계숫자의 문제보다도 더욱 심각한 위기는 한국 국민이 개신교의 양적 성장위주의 각종 열광적 전도행사와 공격적 선교정책에 대하여 감화 감동은

---

1) 통계청, 『한국의 사회지표』(통계청, 2000), 514.

커녕, 냉담한 반응을 보인다는 점이다. 개신교 성직자들과 평신도 지도자들의 도덕적, 영적 신뢰감에 대하여 일반 국민은 회의적이거나 비판적이며, 개신교 집단을 사회 정화와 개혁의 주체라기보다는 정화와 개혁의 대상으로 보고 있다는 점도 심상치 않은 일이다.

각종 고급공무원의 부정과 비리 보도에 기독교인들의 관련성, 기독교 연합기관들의 몰염치한 교권다툼과 밥그릇 싸움행태, 타종교에 대한 비관용적 배타주의 태도, 종교의 힘을 입어 세속적 가치를 효과적으로 획득하려는 바알종교적 교회의 세속화 등에 대하여, 깨어있는 세상 사람들은 차가운 비판적 안목으로 개신교를 바라보고 있는 것이 오늘의 형국이다.

교회가 위기인 것이다. 생명의 복음이 실종된 것이다. 절기마다 성례전은 집례되고, 신학교와 신학자의 숫자는 늘어나고, 각종 은사집회는 성황을 이루는데, '능력과 사랑과 근신하는 마음'(딤후 1:7)은 찾아보기 힘들고, '청결한 양심과 거짓 없는 믿음'(딤후 1:3,5)의 자녀들이 드물게 되었다. 예수 믿어 복을 받고 잘살게 되기를 바랄 뿐이고 '하나님의 능력을 좇아 복음과 함께 고난'(딤후 1:8)을 받으려하지 않는다. 이상과 같이 진단되는 한국 개신교의 영적 위기의 증후군과 복음적 생명력의 침체 원인은 어디로부터 오는가?

2. "문자는 죽이고 영은 살린다"는 말씀은 뭇종교의 제1계명

한국 기독교(개신교)가 한국 천주교와 크게 다른 점은 선교 초기부터 '성서 번역과 보급'을 통하여 복음을 증언하고 한민족에게 생명의 떡과 생수를 접하게 했다는 점이다. 그리하여 한글성경의 보급은 기독교의 복음 전파 측면에서만이 아니라, 한민족의 급격한 문맹률 저하, 개화정신의 보급, 민족주의 고취를 통한 독립운동세력의 토양 육성, 교육입국의 정신 고취와 각종 기독교 사립학교의 설립 및 인재 양성, 근대 서구문명과의 접촉 등 이루 말로 다할 수 없는 영향을 한국 사회에 끼쳤다.

한마디로 성경의 한글 번역과 그 보급은 기독교 선교역사 측면에서만이 아니라, 한국 문화사와 사회사 변천에서 획기적인 이정표가 된 것이다. 이 점을 생각할 때, 성경의 한글 번역과 보급에 개척자의 노고를 감내한 수많은 선교사들, 런던성서공회 등 해외 문서선교단체들, 그리고 한국인으로서 그 일에 참여한 선구자들의 노력을 항상 잊어서는 안 될 것이다.

한국 개신교는 성경 위에 선 종교이다. 성경을 많이 읽고 은혜와 영감을 받고 삶의 지표로 삼으면서 한국 교회는 자라왔다. 종교개혁의 근본 원리 중 하나가 '오직 성서만'의 원리이기도 하지만, 오랜 동안 문화민족으로서 동양고전의 경전을 인성도야와 치국평천하의 원리로 삼아온 문화적 에토스 때문에 '문자로 표현된 하나님의 말씀, 성경'에 대한 존경과 사랑과 신뢰심이 다른 민족에 비할 바가 아니었다. 불교, 유교, 노장사상 등 훌륭한 동양의 고전과 경전들이 있었으나, 모두가 한자로 씌어져 있고 제한된 문자매체의 보급률 때문에 그러한 동양고전들은 선비들과 식자들의 독점물이 되어왔다. 그동안 동양고전과 경전들은 사회 상층계급의 독과점 품목이었으며 그들의 신분증 역할을 해왔을 뿐, 대다수 민중들은 영적으로 배고팠고 생수에 목이 갈한지 오래였다.

그렇게 하기를 4천 년이 흘러 드디어 '생명의 떡과 생수'인 성경이 한글로 번역되어 한민족 민중들의 손에 들려지니, 마을마다, 골짜기마다, 섬마다 한글성경 읽는 소리가 진동하고 한국은 복음선교 100년 만에 국민 1천만 명이 기독교 신자로 개종하는 기적을 이루게 되었다. 이 놀라운 한글 성경번역과 그 보급사건은 마틴 루터의 '독일어 성경번역'이 독일 문학과 문화, 사회, 정치에 미친 영향보다 더 큰 것이었다.

그런데 오늘날의 한국 개신교를 있게 한 한국 교회의 '성경지상주의 신앙'이 위대한 역할을 해왔고 앞으로도 그러한 영감과 영적 저력의 원천이 될 것이지만, 동시에 오늘날 한국 기독교의 정체(停滯), 분열, 미성숙, 문화사회 발전과정에서 지진아(遲進兒)가 되어가고 있는 것의 원인을 제공하고 있음을 성찰하는 것은 결코 쉬운 일도 아니고 즐거운 일도 아니다.

그 근본 원인은 성경을 읽는 법, 성경을 대하고 이해하는 해석학적 눈에 있어서 '성경축자무오영감설'의 덫에 걸렸기 때문이다. 한국에 복음과 더불어 성경을 전해준 초기 선교사들이 가르쳐준 성경관, 특히 근본주의적 보수신학으로 무장한 선교사들이 가르쳐준 기독교의 다섯 가지 근본교리 중 하나가 '성경축자무오설'이었던 것이다.[2] 다섯 가지 근본교리 중에서도 가장 중요하고 핵심적인 교리가 '성경축자무오설'이었다.

하나님의 인류구원 경륜 가운데서 성경이 성령의 감동감화와 영감에 의해 씌어지고, 편집되고, 전승된 경전임을 부인하는 건전한 기독교 신학자, 목회자, 평신도는 한 사람도 없을 것이다. 그런데 문제는 '성경의 영감설'이 '문자적 무오설'로 변질되고, 창세기 1장 1절부터 요한계시록 22장 21절까지, 곧 성경의 내용 전체가 영감으로 씌어진 것인 만큼 그 영적 진리와 내용만이 아니라, 글자 한 자 한 자 문장 하나하나가 조금도 틀림없는 '진리의 백과전서'요 '문자 실증적인 확증서'라고 독단하는 순간, 복음의 '영적 종교'는 '문자 종교'로 전락하고, 하나님이 성경을 통해 신자들의 심령에 불러일으키는 놀라운 영감과 구원진리의 희열은 사라지고 문자주의적 율법주의가 횡행하게 된다.

'진리와 은혜의 영'은 66권 성경책 안에 갇혀지게 되고, 만민에게 주어진 생명의 떡과 생수이신 그리스도는 정통적 성경해석 권한을 지닌다고 주장하는 보수적 교권주의자들의 '독점물'로 변질해 버리고 만다. 이 문제를 1940년대에 본격적으로 한국 기독교계에 제기한 사람이 장공 김재준(1901~1987) 목사인데, 그는 당시 예수교 장로교 교권주의자에 의해 이단자라고 제명 처분되었고 (1953) 이는 장로교의 분열의 계기가 되었다. 성경연구방법론이 문제가 되어 김재준을 파문한지 50년이 지난 지금에도 한국 기독교의 대부분의 신학자들과 목회자들은 문자무오설적인 성경관을 가지고, 인간의 영과 하나님의 자유로운

---

2) 근본주의 신학운동은 19세기에 풍미했던 유럽 자유주의적 신학풍토 특히 성서연구에 있어서 비판적 연구방법, 종교사 및 진화론의 긍정적 수용, 인간과 역사에 대한 낙관주의 등에 반발하면서 기독교의 근본교리적 신앙을 보수하고 방어하려는 일련의 신학운동이었다. 근본주의적 보수정통신학은 다섯 가지 근본교리를 주장했는데 이는 (i) 성경의 무오성 (ii) 예수 그리스도의 동정녀 탄생 (iii) 예수 그리스도의 대속적 죽음 (iv) 예수 그리스도의 육체적 부활 (v) 예수 그리스도의 재림이다. 박아론, 『보수신학 어디로 가고 있는가?』(총신대출판사, 1992), 16 이하 참조.

영의 활동을 경전 책갈피 안에 가두어 유폐시키고 제약시키고 있다. 사실은 그들이 하나님을 좌지우지하고 있는 것인데, 살아계신 하나님이 성경이라는 쇠창살 안에 갇힌 셈이 되고 말았기 때문이다.

사도 바울이 경고한 바 있는 "문자는 사람을 죽이지만 영은 살린다"(고후 3:6)는 말씀의 진의를 한국 보수적 기독교는 아직 충분하게 이해하지 못하고 있다. 바로 그 몰이해성 때문에 한국 기독교신자는 오늘날 21세기에 걸맞은 보다 성숙한 영적 신앙인으로 성장해가지 못하고, 자연과학, 사회과학, 인문과학의 진리들과 불필요한 문제까지 사사건건 충돌하며, 열린 신앙이 아니라 문자에 매인 배타주의적 신앙인으로 육성되어, 사랑과 관용의 정신을 잃어버리고 형제의 신앙을 이단 시비로써 정죄하는 교회분열사가 지속되는 것이다.

한국 교회지도자들은 언필칭 입을 열기만 하면 '성경주의적, 복음주의적' 임을 진리증명서나 된 듯 주문처럼 남발하지만, 그들의 '성경적, 복음적' 이라는 말의 실체는 보수정통신학의 '문자주의적 성경무오설' 이외 다른 의미가 아니다. 그 결과 크리스찬이 된다는 것의 의미가 영과 진리와 사랑이신 그리스도 안에서 옛 혈육적 인간, 자기중심적 옛 사람이 죽고 새사람, 영적인 사람, 새로운 존재로 거듭나는 일은 발생하지 않고, "성경이 하나님 말씀이다"라고 믿는 책종교 신자, 경전을 우상처럼 섬기는 '경건한 우상숭배자들' 만 양산시키는 꼴이 되어버렸다.

성경은 위대하며 기독교 영감의 원천임에 틀림없다. 그러나 성경이 위대한 것은 그 경전의 문자를 통해서 증언되고 드러나는, 영이신 그리스도의 생명과 진리와 은혜의 능력이 위대한 것이지 그 반대가 아니다. 성경이 위대해서 예수 그리스도가 위대해지는 것이 아니고, 참으로 위대하신 예수 그리스도의 생명적 복음을 증언하는 책인고로 성경이 위대한 책이 된 것이다.

오늘 한국 기독교의 질병의 근본 원인 중 하나가, 성경문자주의, 성경절대지상주의에 있다는 이 아이러니를 깊이 통찰하지 않으면 한국 기독교의 치유나 성숙이 불가능하다. "너희가 나의 말에 머무르면, 참으로 나의 제자가 되고, 진리를 알지니 진리가 너희를 자유롭게 할 것이다"(요 8:32)라는 구절에서, 예수께서 하시는 "내 말에 거한다"는 말씀은 말씀과 인격과 영이 하나가 된 예수의 영적 생명 그 자체 안에 머문다는 말이지, 한국 기독교인들이 생각하는 66권 성경, 문자로 씌어진 그런 '경전의 말씀'을 지시하는 것이 아닌 것이다. 성경 말씀들은 위대하지만, 진리는 더 크고 위대하며, 그 진리가 육화되고 영화된 구체적 예수 그리스도의 생명 그 자체는 크리스챤에게 있어서는 가장 위대한 것이다.

3. 성육신적 영성, 시천주 신앙, 양천주 영성

한국 기독교가 위기의식을 느끼기 시작하면서 1980년대 후반부터 한국 교회에 '영성'이라는 말이 자주 회자되게 되었다. '영성신학', '영성수련', '영성 세미나', '영성 클리닉' 등등 표현도 다양하다. 그러한 현상은 한국 교회의 영적 갈증과 영적 위기를 나타내는데 아직 건전한 영성신학과 영성수련 방법이 정립되지 못하고, 심지어 교회 양적 성장의 수단쯤으로 곡해되기도 한다. 한마디로 말해서 한국 기독교인 숫자가 남한 인구 20퍼센트 이상을 차지하면서도 한국사회를 도덕적으로나 영적으로 창조적 변화를 시키지 못하는 것은 올바른 영성 함양에 실패했다는 것을 의미한다.

기독교인들은 '성육신 신앙'을 중요시하는데, 그 참 의미를 알고 믿는 자들은 드물다. "말씀이 육신이 되어 우리 가운데 거하셨다"는 요한복음의 위대한 선언은 진리가 단지 가르침의 교훈으로서나 당위적 이념으로서 설파되는 것이 아니라 한 인간의 생명 그 전체 안에서 통째로 투명하게 드러난 체험을 하고서 하는 말이다. 초대 기독교인들은 인간 예수의 삶과 죽음과 교훈 안에서 하나님과 예수 생명이 하나가 된 것을 느끼고 보았다.

성육신 신앙을 믿는다는 말뜻은 지금부터 2000년 전, 유대 팔레스타인 땅 위에서 33년간 삶을 살고 간 예수라는 한 인간의 몸을 빌려 현신(現身)하신 하나님이 계셔서 33년간 땅 위를 사람 몸을 입고 거닐다가 다시 하늘로 올라갔다는 고대사회에 흔해빠진 구원신화 종교교리를 기독교식으로 다시 한번 반복하는 것이 절대 아니다. 그 반대로 예수라는 한 인간, 지극정성 오직 하나님만 의지하고 신뢰한 참사람, 하나님 뜻에만 절대 순명 절대 순종하는 외곬 인생길을 걸었던 사람, 죽는 자리 한 가운데서도 하나님의 가슴 한복판으로 파고들면서 하나님을 놓아주지 않은 사람, 세상 돌아가는 형편을 보면 도저히 하나님이 사랑이거나 빛이시라고 말하기 어려운데도 조금도 의심하지 않고 그분만이 빛이시고, 사랑이시고, 생명이시라고 말하는 그 청년 예수에게 하나님이 '맞씨름' 에서 지신 사건을' 성육신 '이라 말한다.

20세기 신학자 틸리히(P. Tillich)는 말하기를 기독교 신앙의 핵심은 '새로운 존재이신 예수 그리스도' 안에 나타난 '새로운 존재의 능력과 의미' 에 옛 인간 존재가 부딪혀 옛 존재가 깨어지고, 새 생명능력에 붙잡힘 받아 그 인간 존재가 '새로운 피조물' 로 변화되는 것이라고 강조하였다. 그러므로 역동적이고 생명적인 신앙은 기독교 교리에 대한 지적 승인 또는 수용과 다른 것이다. 동시에 참 신앙은 기독교 계명으로 표현되어 있는 도덕규범 준수, 곧 율법주의적 도덕생활에 있는 것도 아니다. 또한 참 생명적 신앙은 인간의 종교 감정이나 종교적 과잉 흥분상태에서 맛보는 엑스타시나 일종의 종교적 특수 심리상태에 잠기는 심리학적 체험현상과도 구별되어야 한다고 강조했다.[3] 신앙의 왜곡은 곧 바르고 건강한 복음적 영성의 왜곡을 의미한다. 그 왜곡은 세 가지 형태로 나타날 수 있다.

첫째, 건강한 역동적 복음적 신앙, 창조적인 복음적 영성이 왜곡되는 형태는 기독교 교리체계나 교의를 받아들이고 지적으로 수용하는 지적 동의가 마치 신앙 그 자체라고 동일시하는 잘못에서 나타난다. 정통주의 신학을 소유하는 것이 영성이라고 착각하는 '신앙의 지적 왜곡' (intellectual distortion of faith) 형태이다. 예를 들면, 삼위일체 하나님을 믿고, 예수 그리스도의 신성과 인성을 믿고, 예수의 대속적 속죄 교리와 부활 승천 교리를 믿고, 성경이 영감으로 쓰어진 하나님의 말씀이라는 사실을 내가 지적으로 수용하면 좋은 신앙, 바른 영성이

---

3) P. Tillich, *Dynamics of Faith* (Harper & Row, 1957) 참조.

저절로 보장된다고 착각하는 잘못을 말한다.

둘째, 역동적 신앙의 왜곡 형태에는 도덕적으로 성경이 명하는 윤리적 규범들을 잘 지켜내면 좋은 신앙, 역동적 영성을 지니게 된다고 착각하는 '신앙의 도덕적 왜곡'(moral distortion of faith) 형태가 있다. 십계명을 잘 지키고, 주일성수하며, 십일조 생활을 잘하며, 술과 담배를 안 하고, 구제 활동에 열심히 참여하면 저절로 영성이 좋아지거나 신앙이 좋은 사람이라고 착각하는 경우이다. 그런데 성경은 "내가 내게 있는 모든 것으로 구제하고 또 내 몸을 불사르게 내어 줄지라도, 사랑이 없으면 아무 유익이 없느니라"(고전 13:3)고 말함으로써 외형적인, 도덕적으로 진지한 생활이 꼭 신앙인의 영성을 담보하지는 않는다는 것을 나타내 보여준다.

셋째, 역동적 신앙, 바른 복음적 영성이 왜곡된 형태는 '신앙의 감성적 왜곡'(emotional distortion of faith)이다. 신앙체험은 초감각적인 경험을 할 경우가 얼마든지 있다. 초심리현상을 경험하기도 한다. 불체험, 방언, 예언, 신유체험, 축귀체험 등등이 그 대표적 사례이다. 물론 그러한 생생한 체험들은 귀중한 은사들일 수 있고, 개인적으로나 신앙집단의 신앙에 열정을 가져다주는 귀중한 체험임에 틀림없다. 그런데 그러한 종교적 신비체험이 반드시 건강한 바른 신앙이거나, 올바른 영성이라는 보장은 없는 것이다. 놀랍게도 예수님은 "그 날에 많은 사람이 나더러 이르되 주여 우리가 주의 이름으로 선지자 노릇하며, 주의 이름으로 귀신을 쫓아내며 주의 이름으로 많은 권능을 행치 아니 하였나이까 하리니, 그 때에 내가 저희에게 밝히 말하되 내가 너희를 도무지 알지 못하니, 불법을 행하는 자들아 내게서 떠나가라 하리라"(마 7:22~23) 하였다. 참으로 두려운 말이 아닐 수 없다.

이용도 목사(1901~1933)는 1930년대에 살면서 조선 교회의 영성회복을 위해 몸부림친 감리교회의 부흥사였는데, 그가 말한 바, 날카로운 지적의 말, "교회는 있는데 예수는 없다. 설교는 있는데 복음은 없다. 찬양대는 있는데 하나님

---

4) 한국문화신학회 편, 『이용도의 생애, 신학, 영성: 이용도 목사 탄신 100주년 기념논문집』(한들출판사, 2001), 6.

은 없다"[4]라는 신랄한 비판은 오늘의 한국 교회 현실에서도 올바른 영성과 복음적 신앙의 회복을 위해서 깊이 음미해야 할 경고로서 맘속에 아로새겨 놓아야 할 조선의 예언자 말이라 아니할 수 없다.

4. 한국 교회여 깊은 잠에서 깨어나라

20세기 후반 이후, 세계교회협의회 선교정책은 그 이전 시대와 비교할 때 커다란 선교신학의 패러다임 전환을 수행하고 있는 중이라고 말할 수 있다. 왜냐하면 교회가 그 안에서 복음을 증언해야 할 세계적 현실 상황이 19세기나 20세기 초와 비교할 때 엄청난 변화를 겪었기 때문이다. 몇 가지 가장 중요한 상황변화의 변수들을 예로 든다면 다음과 같은 것들이었다.

첫째, 지구촌이 실현되면서 지구촌의 다양한 문화적 현실에 직면하게 되었다. 문화의 다양성, 가치관의 다양성, 실재관의 다양성 등 전통적인 기독교 문명의 획일적 사고방식으로서는 도저히 감당할 수 없는 다양성을 어떻게 이해하고 대처할 것인가의 문제였다.

지구촌에는 기독교 신앙 이외에도 힌두교, 이슬람교, 불교, 유교 등 세계적 보편종교문화가 엄연히 존재하고 있으며, 그들 문화를 우상숭배 종교들이라고 매도할 수 없으며, 전통적인 배타적 정복주의 선교신학이 먹혀들지도 않는다는 것을 알게 되었다. 그렇다면 하나님의 인류 구원경륜 과정에서 타종교들, 특히 세계문명을 이끌어온 세계적 종교들(힌두교, 이슬람교, 불교, 유교, 도교) 등은 어떤 의미를 가지는 것인지, 기독교 복음선교와 그들의 관계는 어떠해야 하는지 선교신학적 과제가 생기게 되었다.

뿐만 아니라, 인류가 직면한 긴급한 문제들을 기독교 교회나 기독교 문명이 독자적으로 해결할 수 없고 전 지구적 차원에서의 연대와 협력이 현실적으로 절실하게 됨에 따라서, 그러한 선교신학의 과제를 피할 수 없게 되었고 종교 간의 대화 및 협동을 추구하는 종교신학 및 토착화신학 과제가 대두되게 된 것이다.

둘째, 생태환경의 위기는 전 지구적 문제로 등장하게 되었고, 지구 온난화 현상, 물·토양·공기의 오염, 생물 종의 멸종 문제는 선교신학의 차원에서 '생태신학 및 생태윤리' 문제를 각성시켰다. 생태윤리와 생태신학의 문제는 성경이 자연과 피조세계를 어떻게 바라보는가의 근본적 실재관에 있어서 패러다임 전환을 요청하게 되었다. 자연은 인간에게 맞선 '기계물리적 물질의 총합' 세계가 아니라, 인간을 포함한 '유기체적 생명체' 임이 드러나기 시작하면서 '창조신학' 과 '자연신학' 의 새로운 발상법의 전환을 촉구하게 되었다.

셋째, 인류의 역사시대문명사 5천 년 동안 지구문명을 이끌어온 가부장적 가치관에 대한 재성찰을 요구하게 되었고, 보다 모성적 원리와 여성의 눈으로 세계현실을 해석하고 문제 해결의 방법론을 제시하려는 여성신학 운동이 일어나게 되었다.

단순한 여성권익 보호 문제를 넘어서서, 실재관의 문제요 근본적인 철학의 문제가 되었다. 실재의 세계는 무한 경쟁, 무한 성장, 무한 소비, 약육강식의 원리만 존재하는 것이 아니라는 것이 밝혀져 나가게 되었다. 상보상생, 순환조화, 혼돈 속의 질서, 미학적 감성, 비움의 충만성 등이 새롭게 중요하게 인식되고 있다.

넷째, 정보화 사회의 실현으로 인하여 전 지구촌의 실현과 세계화가 가능하게 되면서도, 사회계층 간, 국가 간, 문명사회 간의 '빈익빈 부익부' 현상이 가중되면서, 정의·평등·평화 문제가 긴급사항으로 대두하게 되었다. 절대빈곤 현실과 가진 자와 가지지 못한 자들 사이의 위화감은 극단적인 폭력, 테러, 혁명, 전쟁 등의 파괴적 행동으로 나타나고, 기독교 교회로 하여금 '정의·평화·창조질서의 보존' 이라는 선교신학의 목표를 추구하게 하였다.

다섯째, 생명공학과 분자생물학 분야의 눈부신 발전은 유전자 암호해독과 생물체의 줄기세포 배아를 활용함으로써 신약개발, 질병치료, 건강증진 등의 순기능과 더불어 생명가치와 생명윤리의 근본적 위협이라는 두려운 과제를 던지게 되었다.

이상의 5가지 근본적 세계상황 변화가 전 지구촌과 한국사회 속에서 전개되고 있는데, 기독교 교회의 선교신학과 선교정책은 시대에 뒤떨어지거나 변화하는 상황에 효과적으로 대응하지 못했다. 특히 한국 기독교 교회의 선교정책은 지난 40년간을 뒤돌아볼 때, 문화의 다양성에 대하여 배타적 정복주의 선교정책이 주조를 이루었고, 뉴톤-데카르트적 세계관에 머물면서 양자역학 이후 형성된 유기체적, 전일적 실재관에로의 창조적 전환에 미흡했다.

개교회나 교단 선교정책 방향에 있어서 가부장적 가치관이 아직도 지배적이며, 선교정책은 무한경쟁-무한성장-약육강식이라는 세속적 가치관에 편승하거나 소외된 자들의 고난과 아픔을 외면하였다. 놀라운 급성장을 이룩한 한국 개신교의 노력과 업적에도 불구하고 한국 기독교에 대하여 한국사회가 싸늘한 비판적 시각을 보내는 근본적 이유는, 위에서 언급한 대로, 교회가 우리시대의 올바른 선교과제에 바르고 빠르게 응답하지 못하고 교세확장이라는 종파적 이기주의에 집착하고, 인류 구원방도를 독점하고 있다는 독선적 배타주의에 매몰되어 있기 때문이다.

21세기는 인류문명이 새롭게 털갈이 하듯이, 20세기부터 시작된 문명의 세계관적 변화가 완전히 이루어질 중대한 전환기이다. 이러한 문명 전환시대에 남북한의 통일을 지향하고, 동북아시아 문명을 토양으로 하는 새로운 기독교의 선교신학 패러다임을 기다리면서 우리는 다음과 같은 몇 가지 영성신학의 방향을 기본테제로서 말할 수 있다고 본다.

첫째, 한국 기독교 교회의 영성은 '성육신적 영성'을 지향해야 한다. 성육신 신앙의 본질은 "말씀이 육을 입어 우리 가운데 거하심으로, 가인의 역사를 아벨의 역사로 바꾸어 가는 창조적 변혁의 영성"을 말한다.

성육신적 영성에서 보면, 이 세상을 사탄과 어둠의 권세들에게 맡겨버리고 기독교인들은 천국만을 바라보는 세상도피적 신앙, 몰역사적 신앙, 탈역사적 신앙이 될 수 없다는 것을 의미한다. 하나님이 교회를 세상 속에 두심은 교회 그 자체를 위함도 아니요, 죄의 홍수물결 속에 허덕이는 세상 사람들을 하나 둘 건져내어서 안전한 '구원의 방주인 교회'로 불러들이려는 데 그 목적이 있는 것도 아니다.

하나님은 '역사로부터의 구원'이 아니라 궁극적으로는 '역사의 구원'을 목적으로 하신다. 우주자연은 기계구조물과 같은 결정된 물질덩어리가 아니다. 순간순간 새로운 일이 일어나고 발생할 형성적, 과정적인 소용돌이 같은 세계다. 허무한 데 굴복해온 모든 피조물들이 '하나님의 자녀들의 출현'을 기다리고 신음하고 있는 세상이다.

둘째, 한국 기독교 교회의 영성은 대지, 역사, 현실 속에 뿌리박고 하나님의 나라를 앞당기려는 공동체적 영성이라야 한다.

예수 그리스도께서 추구하셨던 궁극적 영성의 방향은 주기도문 안에 잘 나타나 있다. 주기도문 중에서도 그 핵심은 "하나님의 나라가 땅 위에 임하게 하옵소서"라는 기도이다. 하나님의 나라가 임하기를 기도하고 실천하는 영성은 자유·정의·평화·사랑을 실천하는 영적 공동체의 영성이다. 땅에 임한 하늘과 하늘의 빛에 의해 영화된 땅을 지향하는 영성이라야 한다.

함석헌의 증언대로 땅 중의 땅은 광화문 정치 네거리이거나 강남 환락가 상업 중심지가 아니라, '민중의 마음이 땅 중의 땅'이다. 본시 사람의 맘 그 자체가 '하늘과 땅'이라고 볼 수 있는 콩깍지로 덮여있는 생명 영그는 자궁터 자리이다. 하나님의 나라는 이 세상 속에서 인간들이 이뤄나가는 이상적 복지국가는 결코 아니지만, 정의, 자유, 평화, 사랑 같은 열매로 가득한 지구 위 인류공동체 실현을 회피한 채 하늘에서 떨어지는 타계적 나라는 결코 아니다.

셋째, 한국 기독교 교회의 영성은 문자주의적 성경관에 매이지도 않고, 정통 교리주의 신경에 얽매이지도 않고, 교회의 제도나 조직체계에 의해 경직되지도 않은 유연성과 탄력성과 역동성을 지닌 '모성적 영성'으로 보완되어야 한다.

가부장적 권위주의와 형식주의를 벗어버리고, '예수의 심장박동' 소리에 항상 귀 기울이는 '십자가의 사랑의 능력'에만 닿는 영성이라야 한다. 초대교회 때부터 교회 기능의 네 가지 기본 범주는 말씀선포(케리그마), 성도들과의 깊은 친교(코이노니아), 서로 나눔과 사회봉사(디아코니아), 그리고 지속적인 교육훈련(디다케)이었다.

건전한 교회공동체는 이 네 가지 기본 사역 중 한 가지라도 소홀하지 않고 균형, 조화 속에서 발전, 성숙해가야 한다. 교회의 예산 편성도 원칙적으로 이 네 가지 사역에 걸맞도록 바르게 사용되어야 한다. 통계적으로 한국 개신교 교회 전체 예산 중 '디아코니아'(서로 나눔과 사회봉사)를 위한 예산 지출이 평균 5퍼센트 미만인 것은 큰 문제가 아닐 수 없다. 교회가 '그리스도의 몸'이라면, 교회는 예수 그리스도를 설교하고 가르치고 증언하는 데 그쳐서는 아니 되고, 세상 속에 현존하는 그리스도 그 분의 몸 그 자체가 되어야 할 것이다.

넷째, 21세기 한국 기독교 교회의 영성은 진정한 의미에서 에큐메니칼적 정신으로 투명한, 우주적 그리스도를 향한 열린 영성이라야 한다.

글자 그대로 인류는 우주시대에 돌입하였다. 과학, 정치, 경제, 사회, 문화 활동들은 전 지구적 차원과 전 지구적 시각에서 날마다 달마다 역동적 창발성을 발휘하고 있다. 그러나 기독교는 아직도 근대나 16세기 종교개혁시대, 심지어 중세기 기독교시대에 사는 것 같은 착각을 일으킬 정도로 국지주의에 매여 있고 교파주의적 신학에 갇혀 있다. 그러므로 우선 일차적으로는 개신교 타교파신학의 장점을 살려내고 배우며, 로마 가톨릭신학과 동방정교회 및 성공회의 영성에 귀 기울여야 한다.

한 걸음 더 나아가서, 전 지구와 인류 전체를 섭리 경륜하시는 우주적 그리스도, 창조주 하나님의 맘에 걸맞도록 타종교를 관용의 정신, 대화적 정신, 배움과 협력의 정신으로 대하는 적극적 선교시대가 열려야 한국 기독교는 산다. 종교혼합주의는 종교독단주의 만큼이나 위험하고 옳지 않다. 그러나 기독교 신앙의 고유한 깊은 영성과 진리에 뿌리를 내릴수록, 타종교의 진리소리와 타종교의 영성에 두려움 없이 맘을 열 수 있다.

다섯째, 마지막으로 기독교의 영성은 처음부터 끝까지 기도의 영성이요, 자기 비움을 통한 충만 경험의 영성이며, 절제능력을 통해 무한한 사랑의 에너지를 발산하는 사랑의 영성이다.

교회의 예배는 보다 성령이 역사하시고 말씀하실 수 있도록, 기도와 비움과 기다림과 절제를 배우고 훈련해야 한다. 울부짖는 통성기도가 있다면 절대침묵의 기도도 있어야 한다. 산봉우리를 앙망하는 영성훈련이 있다면, 계곡의 비움과 포용성을 터득하는 영성훈련도 필요하다. 교리교육이 필요하다면 신비가의 영적 눈 뜨임도 요청된다. '귀로 듣기만 하던 하나님 신앙'이 (영적 눈이 떠져서) 눈으로 뵙는 신앙'으로 나아가야 한다(욥 42:5~6).

예배는 보다 역동적이어야 하고, 보다 미학적 감수성과 상상력이 살아있는 예배 분위기가 되어야 한다. 삶을 기획하는 교육 못지않게 죽음을 기억하고 준비하는 교육이 병행되어야 한다. 교회의 존재 자체가 '거룩을 드러내고 매개하는 세크라멘트'이라야 한다. 하늘로부터 구름타고 천군천사 거느리고 나팔 불며 강림하는 예수를 바라보려 하지 말고, 지금 여기 생명 있는 것들의 신음과 눈물과 고난 한복판에 임재하시는 영원의 님을 만나야 하는 것이다.

한국신학의 태동과 흐름

1. 들어가는 말: 신학과 교회 현장 사이의 괴리 극복 과제

21세기가 동튼 지도 어언 두해가 지난 즈음, 한국 교계와 신학계는 한국 개신교의 자기성찰과 성숙을 위한 모색에 들어가 일종의 숨고르기 상태 또는 위기돌파를 위한 모색기에 있다고 본다. 사실 그동안 한국 개신교의 문제점 중 치명적약점 하나는 '신학 따로, 교회운동 따로'라는 분리현상이었다. 마땅히 모든 신학은 교회를 비판적으로 자기 성찰하는 학문적 노작이어야 하며, 신학자와 목회자는 상호 긴밀한 관계 속에 있어야만 한다.

그러나 매우 유감스럽게도 신학자들은 교회 현장을 깊이 이해하거나 고려하지 못한 채 새로운 신학 사조나 자기의 전문적 연구를 수행하는 경우가 비일비재하여, 교회 현장 목회자들로부터 외면을 당해온 점이 있다. 마찬가지로 한국교회 현장 교역자들의 책임도 크다. "신학은 교회를 섬기는 학문이다"라는 명제는 신학교가 결코 현재 교회의 모습과 교회의 선교지향성을 맹목적으로 추종하면서 현장 교회가 요청하는 교역자 인력수급을 위해 전도사 인력을 배출해 내놓

---

* 본 원고는 『기독교사상』 2002년 2월호에 실렸던 내용임.

는 신학교육기관이 되라는 말은 아니다. 거기엔 진보도, 새로움의 모험도, 개혁도 없는 안이한 보수와 시대에 뒤떨어진 도그마의 반복 신학만이 있을 뿐이다.

신학자들은, 신학함의 주체가 구체적으로는 특정 신학자 개인이든지 집단 그룹이든지, 그들의 신학적 실존이 언제나 본래적 의미에서의 '교회의 일원으로서, 어머니 교회 울타리 안에서, 어머니 교회를 섬기려는 맘으로, 교회가 자기를 비판적으로 성찰할 수 있도록 하는 학문적 행위'에 있다는 사실을 한시도 잊지 말아야 한다. 다른 한편, 목회자들은 목회 현장의 엄청난 분량의 일처리를 하다 보노라면, 세계 신학계의 최근 동향이나 한국 신학계의 담론주제가 왜 생겨났으며, 왜 신학자들이 그 문제를 가지고 왈가왈부하는지를 이해하기 어렵게 된다. 우선 교회가 부딪힌 문제를 당장 손쉽게 해결하는 데 써먹을 수 있는, '간이 식품'(fast food) 같은 일회용 신학을 요청하고픈 유혹에 빠지는데 이것은 매우 불행한 일이다. 신학자와 목회자는 신학을 함께 하면서, 문제 해결을 위한 바르고 좋은 신학을 함께 모색해가야 할 것이다. 신학 강단과 목회 현장은 건강한 신학을 수행하는 새의 두 날개와 같고, 수레의 두 바퀴와 같다.

2. 한국신학의 태동과 흐름의 몇 가지 맥

한국신학의 태동에 관한 신학적 성찰논문으로서는 유동식 교수의 『한국신학의 광맥』에서 정립해놓은 지론을 능가할 수 없다. 유동식은 위 책에서 한국 개신교 신학사를 크게 세 가지 시대로 구분하여 '한국신학의 태동시대'(1885~1930), '한국신학의 정착시대'(1930~1960), 그리고 '한국신학의 전개시대'(1960~2000)로 대별한 후에, 끝으로 한국신학의 과제를 큰 눈으로써 제기한다.

그리고 유동식은 1930년대 한국신학의 삼대초석으로서 박형룡의 근본주의적 보수신학, 김재준의 진보주의적 역사신학, 그리고 정경옥의 자유주의적 실존신학을 제시하였다. 위와 같은 한국신학사 시대구분이나, 그 중요한 해석의 시각에 대하여 필자는 대체로 공감하면서, 1930년대 한국신학의 초석이 놓여지는 시기에 간과할 수 없는 두 가지 신학적 흐름을 거기에 추가하여 주장하고자 한다.

그 한 가지는 길선주에서 꽃피고 이용도에서 극치에 오른 성령론적 교회부흥 신학의 흐름이요, 다른 또 한 가지는 교단 밖에서 피어난 들꽃 같은 주체적 토종 신학의 흐름, 곧 유영모, 함석헌, 김교신, 최태용 등으로 대표되는 한국적 생명론적 토착신학의 흐름이다. 필자의 견해로서는 위에서 언급한 1930년대에 골격을 갖춘 5대 신학적 흐름이, 그 뒤 시대와 오늘에 이르기까지 한국 신학계의 다양한 신학사상의 변주곡이 되어 울려 퍼지는데, 각각 변주곡들의 밑바탕에 놓여 있는 한국 개신교 신학운동의 모체요 그 핵이라 여겨진다.

여기에서 한 가지 언급하고 지나가야 할 것은 한국 신학계나 목회 현장에서 가장 불분명하게 사용되는 어휘 중 하나가 '복음주의적 신학'이라는 단어이다. 유럽 신학계에서 '복음주의적 신학'이라고 말할 때는 가톨릭신학에 대비하여 종교개혁자들의 신학, 곧 개신교 신학 일반을 의미한다. 미국에서 태동하고 성장해온 오순절 운동전통 및 교회성장론적 선교신학 써클에서는 대체로 성령은 사, 성경권위, 선교사명, 그리고 교회성장을 강조하는 신학적 운동을 말할 때 '복음주의적 신학'이라고 칭하면서 굳이 세계교회협의회(WCC)의 신학적 노선과 차별하는 신학표지로 사용되곤 한다. 그런가 하면, 한국 신학자 중에는 근본주의적 보수 정통신학, 자유주의적 신학 및 진보주의적 신학운동을 견제하면서 신학적 중용의 길을 걷는다고 자부하는 신정통주의 신학 입장을 '복음주의적 신학'이라고 말하기도 한다.

요점을 말하자면, 목회자들이나 신학자들은 자기들이 수용하고 지지하는 신학적 견해가 가장 성경적이고, 정통적이고, 건전하고, 사도전승의 정통신학을 이어받은 신학이라고 주장하기 위한 방편으로서 '복음주의적 신학'이라는 용어를 남용하는 신학적 특권용어가 되어버렸다. 그러므로 필자는 그렇게도 좋은 '복음주의적 신학'이라는 용어가 도대체 무슨 의미를 지니는지 한국 교계와 신학계에서 지극히 불명료하므로, 교통정리되어 안정되기 전까지는 당분간 신학적 전문용어로서 사용하지 않기로 하겠다.

그렇게 보면 한국신학의 태동과 흐름은 앞에서 말한 다섯 가지 해류로서 대별할 수 있고, 그 다섯 가지 해류의 창조적 합류형태를 따라 무지개 색깔 같은 다양한 현대신학의 변주곡이 들려오게 된다. 다시 한번 다섯 가지 근본 해저의 흐름을 아래에 써보고, 그 해류의 합류가 만들어내는 다양한 신학적 색깔과 과제들을 도표로 만들어 본다. 물론 아래 관계망의 관련 표지는 단순화의 오류를 범할 수 있으므로 참고하자는 것뿐이다.

5대 기본 해류	다양한 합류 변주곡 신학 이름(구성 성분)
(1)박형룡의 근본주의적 보수신학(C) (2)김재준의 진보주의적 역사신학(H) (3)정경옥의 자유주의적 실존신학(E) (4)이용도의 성령론적 부흥신학(R) (5)함석헌의 토착적 생명신학(L)	(1)교회성장부흥신학(C+R) (2)신정통주의신학(C+H) (3)민중신학, 통일신학(H+E+L) (4)성(誠)의 신학, 풍류신학, 문화신학(E+R) (5)여성신학, 생태신학, 과학신학(L+H+R) 　　씨알신학, 생명신학, 평화교육신학(L+H) (6)실천신학, 상담신학, 치유목회신학(E+R+L)

3. 한국 개신교 신학 5대 해류의 정체성

첫째 흐름인 박형룡, 박윤선으로 대표되는 한국 근본주의적 보수신학은 좋게 말해서 17세기 장로교 칼빈주의와 청교도적 경건주의가 19～20세기 초까지 불어 닥친 서구 계몽정신의 격류를 헤쳐 나오는 동안 경직화된 기독교의 자기 방어적 보수정통신학이다. 비판적 성경연구 태도나, 역사주의 및 진화론으로 대표되는 자연과학의 연구결과에 문호를 열기만 하면, 기독교 진리는 그 밑둥 뿌리부터 붕괴하고 말 것이라는 위기의식 가운데 형성되어온 신학사적 배경을 갖고 있다.

그 결과, 그 신학의 최종 형태는 20세기 초 미국장로교 신학을 풍미했던 근본주의(Fundamentalism) 신학형태로서 그 결정체를 이루었다. 이 근본주의 신학으로써 무장되고 훈련된 한국선교 초기 선교사들이 한국 교회의 체질 형성에 결정적 영향을 끼쳤는데, 그 신학체계의 핵심 주춧돌은 '성서무오영감설'이다. 이 토양과 뿌리에서 한철하, 박아론 등의 보수신학이 나왔다.

둘째 흐름인 윤치호, 김재준으로 대표되는 진보주의적 역사참여 신학은 앞에서 언급한 박형룡으로 대표되는 근본주의적 보수신학을 개혁하여 장로교 본래의 '개혁파신학 전통'으로 되돌려 놓으려는 신학적 비판정신의 결과로서 형성된 신학운동이다. 복음의 자유정신, 신앙양심의 자유 존중, 우상타파정신, 사회윤리적 책임의식, 성서의 비판적 연구 수용 등이 근본정신으로 나타났다. 김재준의 진보주의적 역사신학은 1970~1980년대 한국 개신교의 역사참여 신학운동과 예언자적 저항운동의 토양이 되었다. 이 토양에서 안병무, 서남동, 박형규, 서광선 등의 민중신학이 나왔고, 문익환, 문동환, 박순경 등의 통일신학이 나왔다.

셋째 흐름인 최병헌, 정경옥으로 대표되는 자유주의적 실존신학은 경직된 교리적 접근보다는 인간 마음의 심층에서의 회심경험을 강조하는 감리교 웨슬리안의 전통에서 우러나왔다. 정통교리와 성경의 영감성이 중요하지만, 지금 여기에서의 삶의 의미가 더 중요하다고 판단하는 실존적 신학의 경향성을 강조한다. 그리하여 전통의 두꺼운 멍에를 깨뜨리고 항상 새로운 신학적 담론이 숨쉬는 풍토가 가능한 곳이 감리교 전통이요, 감리교 신학계열 학교의 학풍이다. 이러한 신학적 풍토 속에서 토착화신학, 종교문화신학의 선구자들, 곧 윤성범, 유동식, 변선환 등으로부터 창조적 신학운동이 나왔다.

넷째 흐름인 길선주, 이용도로 대표되는 성령론적 부흥신학은 체계적 신학 이론이기 전에 실질적으로 한국 기독교인들의 심령을 지배해온 '살아 있는 신학운동'이었다고 봐야 한다. 그것은 기독교 복음운동 자체가 성령의 역사하심과 함께 움직이는 '성령의 능력과 역사 안에 있는 교회'의 본질적 성격 때문이기도 하지만, 근본적으로 한민족의 종교적 영성 자체가 감성적 풍류도 기질을 그 핵심적 기질로 담지하고 있기 때문이다. 이러한 부흥신학 운동의 맥은 1970~1980년대 한국 개신교의 대형 선교집회열기와 각종 은사집회, 기도원운동의 물줄기를 통해 오늘에 이르고 있다.

성령론적 부흥신학은 유용한 전기의 빛도 될 수 있고 천둥벼락이 되어 생명을 상하게 할 수도 있다. 특히 초기 길선주, 이용도 목사가 이끌던 순수한 사경회적 부흥운동, 부흥사의 청렴한 청빈 예수정신을 이어받아 교회에 만연한 온갖 바리새적 형식주의와 동맥 경화성의 교권주의를 치료할 수 있는 신학운동으로 전환해야 하겠다. 성령을 빙자한 또 다른 가부장적 권위주의와 외형적 결과주의가 되지 않도록 경계해야 한다.

다섯째 흐름인 유영모, 함석헌, 최태용 등으로 대표되는 한국 개신교의 토착적 생명신학은 제도적 신학자들의 냉대와 기구적 조직교회의 박해를 받아왔지만, 분명히 그것은 누가 뭐라고 해도 도도히 흐르고 있는 한국 기독교의 한 물줄기이다. 이들 한국적 토종신학이라고 할 만한 토착적 생명신학의 중심 화두는 고난, 생명, 민초, 주체적 초월 등이다. 그들은 값싼 교리적 구원론을 거절한다. 숙성되지 않은 채 받아들이는 수입신학의 무생명성을 비판한다. 성직자 중심, 전문신학자 중심의 귀족적 특권의식을 비판한다. 이들의 토착적 생명신학이 그대로 곧바로 한국 교회의 주류신학이 되기는 어렵겠지만, 점점 더 미래신학의 창조적 광맥으로서 큰 의미를 지닌 채 다가올 것이다. 최근 박재순, 이정배, 최인식 등 소장학자들의 연구가 돋보인다.

이상 5가지 한국 개신교 120년 동안 형성된 신학적 해류는 서로 만나고 합류하면서 다양한 21세기 한국신학의 풍경을 만들어 내고 있다.

4. 현대 한국 신학계의 흐름과 과제

첫째, 한국의 '교회성장 부흥신학 운동'은 한국 개신교의 주류적 교회신학 운동이라고 보여진다. 앞서 언급한 대로 흔히 '복음주의 신학'이라고도 자신의 정체성을 확인하면서 1960~1980년대 한국사회의 공업화, 도시화, 산업화 과정 속에서 개신교의 양적 성장을 주도해온 일군의 신학자들과 교역자들의 입장이다. 그러나 신학적 맥락에서 엄밀하게 분류해 볼 때, '교회성장 부흥신학 운동'

의 신학적 정체성은 사실 자가당착적으로 매우 '혼성적, 잡종적' (hybrid)이라는 성격을 지닌다. 왜냐하면 한국 개신교 안에서 '교회성장 부흥신학 운동'은 성경의 절대권위를 강조하고, 정통교의를 준수하면서도 '자유하게 하는 진리의 영'이신 성령의 역사를 강조하는 혼성적 성격을 지니고 있기 때문이다. 그 결과로서, '교회성장 부흥신학 운동'은 성령의 역사하시는 영역을 교회와 경전, 기독교 집회현장, 교인들의 심령 속에 제한하고 문화영역, 생명·생태영역, 정치·사회영역에서의 성령의 해방케 하시는 사역을 간과해 왔다. 성경의 문자적 영감설에 붙잡혀 있기 때문에 한국 전통문화나 전통종교에 대하여 배타적 입장을 견지한다.

한마디로 줄여 말하자면, '교회성장 부흥신학 운동'은 지난 1960~1980년대 무한 경쟁적이고 성장위주적 정책을 폈던 한국사회 상황에 알맞은 토양을 발견하여 그 실용성과 효능성을 극대화할 수 있었으나, 1990년대 이후 21세기에는 '상황'이 급변했기 때문에 자기의 신학적 토대로 삼고 있는 근거와 그 지평을 유연하게 넓혀가야 할 것이다.

둘째, 한국 교회의 신정통주의 신학운동은 지동식, 전경연, 박봉랑, 박순경, 이종성 등의 선구적 학자들에 의하여 바르트(K. Barth) 신학이 한국에 본격적으로 소개된 후 주로 장신, 한신 등 장로교의 주류적 조직신학 이론으로 자리 잡아온 신학운동이다. 바르트의 대저『교회교의학』의 완전한 한국어 번역 사업도 진행되고 있다. 그러나 실질적으로 한국 장로교회의 교회 강단이 바르트의 신정통주의적 복음해석으로 얼마나 영향을 받고 있는지는 의문이다. 서구에서 바르트 신학에 대한 신학적 담론은 바르트의 정치신학을 중심으로 하는 보다 개혁적이고 문화 개방적인 바르트 좌파신학과, 교회교의학을 중심으로 하는 반문화·반종교신학적 경향성을 지닌 우파신학 등 다양한 색깔이 있는 줄 아는데, 한국 신학계에는 주로 바르트 우파적 정통신학만 소개된 것도 아쉽다.

셋째, 민중신학과 통일신학으로 대변되는 한국 개신교 정치신학 운동은 국내 신학계에서 정당한 평가를 아직 받지 못하고 있다. 그 신학운동은 이미 과거사가 된 것이 아니라, 도리어 미래 한국 통일과업을 위한 기본적 신학적 밑그림을 그려내는 일을 앞두고 그 중요성이 더 인지되어야 한다. 특히 민중신학의 중심 주제는 오늘날 "하나님과 그리스도가 어디에 계시느냐?"라는 근본적 물음에 대하여 언제나 타성과 기득권에 안주하려는 신학적, 목회적 실존을 흔들어 깨운다. 오늘의 하나님, 부활하신 그리스도는 성전의 예배 가운데, 성경말씀과 설교 가운데, 자연생태계 위기 가운데, 기도원의 신비체험 가운데 현존하실 수 있지만, 그 다른 어디보다도 '고난당하는 작은 형제들'의 생명 가운데서 우리를 만나시려고 부르고 계신다는 메시지를 아프게 계속 전달하고 있다.

넷째, 성의 신학, 풍류신학, 문화신학 운동은 한국과 같은 전형적인 종교다원 문화 사회 속에서 신학적 책임을 감당하려는 일군 학자들의 지적인 성실성으로부터 그 맥락을 이어가고 있다. 넓은 의미에서 한국 개신교의 '종교문화신학' (Religio-cultural Theology)의 과제는 회피할 수 없는 시대적, 문명사적 과제이다. 이 분야의 신학적 과제는 이 분야에 관심 있는 몇몇 사람의 신학적 관심 주제가 아니라, 21세기 지구촌 시대에서 어떻게 계속 복음 선교를 효과적으로 수행해 갈 것인가를 고민하는 모든 교역자들과 신학자들의 공동 관심사여야 한다. 제2차 바티칸 공의회 이후, 교회와 선교신학을 혁명적으로 쇄신한 가톨릭교회와 비교할 때, 한국 개신교의 종교문화신학은 약 30년간 뒤떨어져 있다고 보아야 한다.

다섯째, 여성신학, 생태신학, 과학신학 등은 20세기 후반에 나타나서 21세기에 주도적 신학흐름으로 등장할 새로운 운동이다. 그것은 단순한 여성 권익운동이거나, 생태환경 보호운동이거나, 유전자 복제를 반대하는 윤리운동이라기보다 훨씬 그 문명사적 깊은 의미를 내포하면서 근본 문제를 신학적으로 제기하기 때문이다. 말하자면, 실재관, 가치관, 세계관의 변혁을 요구하는 것이다. 이러한 신학운동이 한국이라는 구체적 토양 속에서 전개될 때, 바람직하기는 서양의 신학적 담론을 충분히 연구하면서도, 동시에 한국적 토종신학, 예를 들면 씨알신학, 한국적 생명신학, 기독교 교육 분야의 평화교육 담론 등과의 심층적 만남과 대화가 요망된다.

여섯째, 마지막으로 현재 한국 신학계의 동향으로서 실천신학, 상담신학, 치유목회신학 운동이 있다. 예배의 갱신을 통한 영성의 정화와 심화 성숙을 꾀하는 실천신학, 현대생활의 각종 불안과 자기정체성 상실에서 오는 고통을 치유하는 치유목회신학과 상담신학의 활동이 돋보인다. 그러나 아직도 한국의 치유목회학 이론은 몇 군데 예외를 제외하면, 정신 의학계와의 보다 긴밀한 상호관계성 확립이 충분하지 않다.

필자는 이 짧은 글에서 한국 개신교 120년 동안에 형성되었고, 형성되어가고 있는 다양한 신학적 흐름과 그 상호 관계망을 개략적으로 살펴보았다. 다양한 신학적 노력 등이 허공을 치는 관념의 유희가 아니라, 기독교회의 복음의 정체성을 바르게 밝히고 생명적인 복음 선교가 이뤄지도록 하는 데 공헌하는 신학운동이 되기를 바란다.

간디가 지적하는 일곱 가지 사회악

1. 알다가도 모를 현대 인도의 고뇌

필자는 2002년 2월 겨울방학동안 인도 중부 문화와 교통의 중심도시 낙뿌르(Nagpur)를 중심으로 반경 약 300킬로미터의 농촌지역을 여행하면서 1개월 정도 머물다가 돌아왔다. 필자가 비상근직으로 봉사하는 '크리스챤 아카데미' 와 북인도 기독교 낙뿌르교구 산하 '사회개발 및 봉사기구' 와의 상호협력 협약식에 참여하기 위해서였다. 약 3년 전부터 한국 크리스챤 아카데미는 북인도 기독 청년들, 스코틀랜드 및 독일 청년들 그리고 북미지역 청년들과 함께 '세계평화를 일궈가는 상호교류 프로그램' 에 동참하여 왔다. 이 프로그램의 목적은 인도 농촌지역, 특히 빈민계층이 모여 사는 지역에 가서 봉사하고, 배우며, 노동하고, 문화체험을 함으로써 국경과 종파와 인종을 뛰어넘어 지구촌 시대의 새로운 젊은이들이 '몸의 영성' 을 수련하는 것이라 할 수 있다. 노동, 나눔, 섬김, 평화, 생명외경 정신이 수련기간 지향하는 가치들이라 할 수 있겠다.

필자는 이번까지 인도 여행은 장단기 포함하여 4차례이지만, 인도 자체가 대륙이랄 수 있을 만큼 넓고 다양한 문화, 인종, 언어, 지질 기후풍토에 기반한 다

---

* 본 원고는 『씨올의 소리』 2002년 5~6월호에 실렸던 내용임.

종교 다문화 국가이기에, 적어도 10년 이상 그곳에 살아보기 전에 '인도를 안다' 라는 말은 철없는 소리라 할 수 있다. 그럼에도 필자가 『씨울의 소리』 독자들과 함께 인도 여행 이야기를 함께 나누고 싶은 것은 이번 여행기간 동안 오늘의 비참한 인도 현실을 보고 느끼면서 마하트마 간디 선생이 더욱 그리워졌고, 함석헌 선생의 씨울사상과 간디의 '아힘사 사챠그라하' 정신과의 깊은 회통, 연대, 공명, 일치를 경험했기에 그 여행소감을 적어봄으로써 독자들과 함께 21세기 지구촌 시대 인류문명의 나아갈 방향을 함께 생각해보고자 함이다.

최근에 출판된 인도 통계청의 통계자료집 『인디아 2002』에 의하면 2001년 현재 인도 인구는 10억을 넘었다. 중국 인구 13억에 이어 세계에서 두 번째로 인구가 많은 나라이다. 중국과 인도 두 나라의 인구를 합하면 세계 전체 인구의 1/3이 넘는다. 그러므로 중국과 인도의 정치, 경제, 문화, 생태환경, 국지전쟁, 빈민 문제는 곧바로 세계 전체 지구촌의 문제와 연결된다. 아직도 지구 문명은 국가 단위의 정치형태, 곧 19세기 말에 이미 그 역사적 소임이 끝난 국가주의의 망령이 지배하지만, 세계 현실은 소위 세계화와 정보화라는 문명사적 물결 때문에 한 국가, 특히 중국이나 인도 같은 초대형국가의 문제는 단순히 해당 국가의 문제가 아니라 세계 인류의 공동문제가 되기에 이르렀다.

낯선 여행자인 필자의 눈에 비친 오늘의 인도는 혼돈과 빈곤 속에서 중병을 앓고 있는 거인처럼 느껴졌다. 낯선 여행객에게 고대 찬란했던 인더스 문명, 브라만교의 베다경전과 우파니샤드의 위대한 철학정신, 고타마 싯달타의 깨우침으로 지혜의 빛을 세계문명에 준 불교의 발상지, 마하비라의 대서사시와 샹카라의 불이론 철학, 그리고 현대에 들어와서 타고르, 마하트마 간디 등 무수히 많은 성자와 철학자와 시인과 과학자를 배출한 인도의 '문명의 빛' 이 희미하게 실종되어 가고 있는 듯이 느껴졌다. 세계 최고의 질 좋은 컴퓨터 프로그래머 노동력을 미국 대기업에 인력 수출하는 국가이면서도 매우 이해하기 어렵지만 국민의 35퍼센트 이상은 아직도 문맹상태에서 무지와 빈곤의 악순환을 계속하고 있는 나라가 바로 인도이다. 고대 제왕들이 누리던 아방궁 같은 호사스런 집에서 사는 부자들이 대도시에는 많지만, 국민의 과반수 가정들은 월수입 2천 루피(미화

약 50달러)를 피땀 흘려 벌어서 생계를 유지해가는 빈곤의 나라, 경제 불평등의 나라가 인도이다.

찬란했던 인도 문명의 천년 고도 베나레스와 칼카타에서 상징적으로 보여지듯이 자본주의적 물질 획득 욕망, 도시화와 산업화에 따르는 환경오염, 사회통합정신이 깨어져 버린 채 각자의 호구지책과 사회적 신분상승을 향해 몸부림치는 10억 인도인의 고뇌가 필자와 같은 여행객이 겉으로 인도를 보았던 착각이기를 간절히 바란다. 그러나 부정할 수 없는 현실로 오늘의 인도 정치인이나, 지식인들이나, 언론인들이나, 젊은 청년들 사이에서 적어도 인도 인구 10억중 50퍼센트에 이르는 인도 민중의 정치적, 경제적, 문화적 소외와 비인간화 현상을 극복하려는 창조적이고도 뜨거운 인간애적 정열이나 공동체적 연대의식을 찾아보기 힘들었다.

물론 감동 깊었던 영화 '시티 오브 조이'(City of Joy)에서 우리가 보았듯이, 소음과 인간 욕망이 뒤섞여 시궁창의 모기떼들이 꿈틀거리는 것 같은 그 삶 속에도 깊이 들어가 보면, 꺼져버릴 수 없는 인간애가 있고, 사랑이 있고, 순수하고도 숭고한 신앙인의 신심이 있음을 우리는 알고 있다. 갠지스 강가에서 장작더미 한두 다발 위에 가족의 시신을 올려놓고 화장 장례를 치루는 인도 서민의 애환 속에 도리어 현대 물질문명이 깔보지 못하는 삶과 존재에 대한 달관의 철학이 있을 수도 있다.

그러나 솔직히 말해서 중국 대륙을 돌아보면서 감지되던 것 같은 사회 전체의 분출하는 에토스, 무엇인가의 사회 연대적 생동감, 18~19세기동안 서구 과학문명과 문화제국주의 침략에 힘이 없어서 굴복 당하였던 과거 역사를 극복하고 새로운 21세기 인류문명 건설에서는 기어이 서구문명의 장점을 따라잡고 동양문명의 장점을 접목시켜 세계문명을 주도해가겠다는 야망과 열정이 인도에서는 느껴지지가 않았다.

2. 간디 아슈람, 쉐바그람과 씨을아슈람의 꿈

크리스챤 아카데미 세계평화교류 청년봉사팀 7명과 함께, 마하트마 간디가 그의 생애 중 가장 중요한 시기인 1930년대에 인도 독립운동과 영성운동을 이끌어갔던 쉐바그람 아슈람(Sevagram Ashram)을 방문할 수 있었다. 그곳은 인도 중심도시 낙뿌르에서 남쪽으로 버스를 타고 4시간 정도 떨어져 있는 곳이요, 뒤에 언급하겠지만 한국 크리스챤 아카데미가 조성하고 있는 '씨을 아슈람'이 자리 잡고 있는 작은 마을 '와로라'(warora)에서 90분 떨어져 있는 가까운 곳이다.

우리가 아는 대로 인도의 종교문화 전통에서 아슈람이란 노동, 명상, 교육, 봉사를 실천하는 열려진 신앙공동체의 배움자리터요 영성수련 도장이다. 중세 기독교 수도원과 다른 점은 개방적이면서도 유연성을 가지고 있으며 내적으로는 스스로 자아를 엄격하게 수련하는 영성 도장이라는 점이다. 마하트마 간디는 인도 땅이 광대한 대륙 같은 지리적 조건을 지닌 국가인지라 당시 상황에 따라 여러 곳에 아슈람을 형성하기도 하고 거기에 일정기간 기거하기도 하였다. 그 중에서도 쉐바그람 아슈람은 특별히 유명하다. 왜냐하면 1936년부터 실질적으로 인도의 독립이 이뤄질 때까지 마하트마 간디라고 하는 한 인물을 핵으로 하여 인도를 정신적으로 이끌어간 인도 독립운동 지도자들의 정신적 총본부가 이 작은 시골에 자리 잡은 쉐바그람 아슈람이었기 때문이다. 인도의 수많은 정치지도자들과 세계 신문, 라디오 기자들이 마하트마 간디의 일거수일투족을 듣고 취재하기 위하여 이곳에 모여들었던 곳이기도 하다.

그러나 '쉐바그람 아슈람' 일명 '간디 아슈람'이라고도 불리는 이 정신적 영성 도장은 전체 넓이가 5천 평 남짓한 넓지 않은 공동체 주거공간인데, 주로 자연소재인 흙벽돌로 집을 짓고 짚으로 지붕을 덮었으며, 싸리문들로 경계가 구획되고, 건축물의 크기도 간디가 기거했던 10평 규모의 작은 흙벽돌집으로부터 중강당 규모에 이르기까지 완전 자연친화적인 건물이 옹기종기 모여 있었다. 명상센터와 주거공간에 곧 이어져 노동할 수 있고 채소나 과일을 자급자족할 수 있는 밭이 펼쳐져 있었다. 필자는 쉐바그람 아슈람이 갖춘 물리적 자연환경보다는 그곳에서 불타고 있던 깊고도 높은 정신적 에토스에 주목하려고 했다. 간디는 이 작은 '명상의 집', 쉐바그람 아슈람에서 전 인도국민을 정신적으로 지도하였는데 그 지도정신의 핵심내용이 아슈람 뜰 한 복판에 세워져 있는 현판에 다음과 같이 소개되어 있었다.

첫째, 무력에 의존하거나 물리력에 호소함 없이 진리와 비폭력을 통하여 절대 자유를 스스로 획득토록 훈련하라.

둘째, 진리파지와 비폭력 아힘사 정신에 입각한 영성운동을 개인차원에 제한시키지 말고 공동체의 실천행동과 대중의 진리파지운동으로 확장 심화시켜 나가라.

셋째, 종교적 서약과 교육훈련은 단지 개인구원에만 목적을 두지 말고 사회적 공익을 위하여 하라.

넷째, 자발적인 가난(청빈)과 그리고 민초들과의 일치를 통하여 가난한 빈자들이 자기를 스스로 존중하도록 격려 소생시키라. 그렇게 함으로써 우리들 가운데 있는 모든 선한 요소들이 살아있는 생명력으로 작동하도록 하라.

다섯째, 행동함에 있어서 구체적 상황 속에서 건설적인 프로그램을 가르치고 펼쳐가되 동시에 그 길이 항상 보편적인 진리임을 인지하도록 방법을 제시하라.

여섯째, 목적과 수단은 언제나 똑같이 중요하다는 것을 강조하라.

일곱째, 사회의 공공성에 공헌할 수 있도록 자기 이기심을 극복한 실천적 일꾼의 육성에 힘쓰라.

이상 일곱 가지 행동강령이랄까, 간디 아슈람에 기거하는 공동체 구성원들이 늘 맘에 새기면서 살아갈 정신적 지향성은 오늘날에도 모든 공동체 형성과 국민적 국가 형성에 가장 필요한 지침들이라고 생각된다. 너무나 쉽게 폭력적이거나 물리적 힘에 의존하려는 오늘날의 세태, 정신운동과 영성운동을 개인적 내면세계나 감상주의 차원에서 해소시키는 타락한 종교들의 행태, 목적만 좋으면 수단방법은 다소 정도에 어긋나도 된다는 결과주의와 실적주의에 사로잡힌 오늘날의 세상 풍조, 인간 내면 속에 잠들어 있는 근본적인 힘을 일깨워서 자기를 스스로 긍정하는 생명운동을 도외시하는 행동주의 심리학의 독선적 독단이론 등등, 그 모든 문제점 해결의 실마리를 간디 아슈람의 현관에서 읽어볼 수 있었다.

이 간디 아슈람을 찾는 모든 사람들, 특히 한국인들이 그 성지에 가는 도중 중간지점에서 잠시 들러 쉬어갈 수 있는 지역에 한국 크리스챤 아카데미는 '씨올 아슈람'을 짓기 시작했다. 함석헌 선생의 씨올정신과 간디사상이 만나는 접목의 상징이며, 그곳을 중심으로 인도의 가난한 민초들과, 특히 자라나는 어린이들에게 인간 생명의 존엄함, 노동의 신성성, 공동체 형성의 중요성과 그 의미를 가르치고 교육하며 그들에게 먹을 것과 입을 것과 읽을거리를 공급하고, 무엇보다도 내일 그들 스스로가 인도사회를 보다 인간다운 얼굴을 지닌 사회로 바꾸어가려는 열정을 지닌 청년들로 자라나기를 기원하면서 그 일이 시작되었다. 그들에게 미래의 비전을 심어주기 위해서 인도 중부지역 와로라(warora)에 '씨올 아슈람'이 몇 해 동안 서서히 조성되어 갈 것인데, 함석헌 선생의 씨올사상을 널리 펼쳐가려는 김진 목사의 정열이 영글어가는 곳이기도 하다. 이 '씨올 아슈람'이 완성되는 날, 인도 동북부지역에 자리 잡은, 불교 법륜스님을 중심으로 한 '정토회'와 쌍벽을 이루는 한국인들의 영성적 수련 및 봉사센터가 인도 땅에 마련될 것이다.

3. 마하트마 간디 라즈갓(Raj Ghat)에 새겨진 일곱 마디 경구

2002년 2월 27일, 귀국을 하루 앞두고 필자는 다시 한번 뉴델리의 간디 기념 공원묘지를 방문하고, 간디 기념박물관에서 몇 가지 간디 공부에 필요한 서적을 구입하려고 그 공원을 찾아갔다. '라즈갓'(Raj Ghat)은 한국의 동작동 국립묘지 처럼, 국가 유공자들의 기념묘소 집중지역이다. 간디를 비롯하여 초대수상 네루, 인디라 간디 등 저명인사들이 (대부분 불행하게도 총격으로 피살된 인도 정치 지도자들이지만) 이웃하여 기념공원 안에 모셔져 있다. 물론 화장이라는 인도인들의 장례풍습 때문에 시신이 묻혀있는 것은 아니고 마지막 국장 장례식을 지낸

곳인데, 영원히 타오르고 있는 불꽃이 묘소 앞에 설치되어있었고, 가난한 맨발의 민초들은 '바푸 간디'(아버지 간디)를 존경하는 맘으로 누가 시키지도 않는데, 들꽃을 한줌 꺾어들고 띄엄띄엄 간디묘소를 찾아 헌화하고 있었다.

필자는 10년 전에 시간에 쫓겨 자세하게 살피지 못한 '라즈갓'을 이번에는 차분한 맘으로 돌아볼 수 있었는데, 간디 기념묘소 앞에 둘러쳐 세워진 화강암 돌벽에 다음과 같은 '일곱 가지 사회악'이라는 제목이 붙은 간디의 명언을 발견하고 오랫동안 그 곳에 서서 신발을 벗고 그 의미를 되새김질하였다. 여기 아래에 그대로 옮겨 적어 소개하는 '일곱 가지 사회악'은 본래 간디가 인도의 지도자로 부상하면서 진리파지운동과 인도 독립운동에 투신할 때, 1925년 『청년인도』 (*Young India*) 인쇄물, 신문매체를 통해 강조했던 그의 신념이었다. 그런데 이 일곱 마디 경구가 87년이 지난 오늘 더욱 더, 인도사회만이 아니라 바로 한국사회에 이처럼 가슴깊이 다가오는 것은 어인 일일까? 먼저 새겨져있는 영문표기 그대로 옮겨놓고 한 가지씩 잠시 함께 생각해보기로 하겠다.

Seven Social Sins, Quoted by Mahatma Gandhi in Young India, 1925

- Politics without principle
- Pleasure without conscience
- Commerce without work
- Worship without sacrifice
- Wealth without work
- Knowledge without character
- Science without humanity

첫째로 경계해야 할 사회적 죄악이란 '원칙과 원리가 없는 정치'라고 간디는 지적하였다. 흔히 '정치는 현실'이라는 말이 있지만, 이것은 살아있는 생명공동체를 정의롭고, 자유롭고, 평화로운 공동체로 가꾸어가기 위해서, 끊임없이 살아 생동하는 현실세계에 봉사하기 위해서, 항상 유연성과 탄력성을 가지고 대응하면서 최선의 정책개발을 게을리 하지 말라는 의미인 것이다. 그런데 이 말처럼 곡해되어 오용되고 남용되는 말도 드물 것인데, 이 말이 정치는 현실이니까 수단과 방법을 가리지 않고 힘의 정치, 마키아벨리즘적인 정치, 권모술수를 밥 먹듯이 하는 정치를 해도 정치계에서는 용납되어야 한다는 면죄부 같은 대용언어로 변질되어서는 절대로 안 된다. 소속 정당을 맘대로 바꾸고, 정당의 이합집산이 밥 먹듯이 다반사로 정치인의 이해관계에 따라 이뤄지며, 정치적 타협과 정치적 야합이 혼동되고, 원칙과 원리 없는 정치, 오직 권력쟁취만을 위해 물불을 가리지 않는 오늘의 정치현실은 정치가 아니라 '사회적 죄악'일 뿐이다.

둘째와 셋째의 사회적 죄악으로서 간디는 '노동 없는 부'와 '양심이 마비된 쾌락'을 들었다. 오늘날 경제적 부의 창출과정이 초기 자본주의 시대나 간디 시대처럼 노동자의 육체노동에 한정되지 않고 정신노동의 중요성이 증가된 시대이지만 그 근본정신은 변함이 없다. 정직하고도 합리적인 노동 없는 부의 축적과 향유는, 비록 그것이 현실 실정법엔 죄가 되지 않을지 몰라도 간디의 정신세계에서는 사회적 죄악으로 보인 것이다. 부동산 투기로 떼돈 번 졸부들의 희희낙락거림, 국제 금융 자본가들의 엄청난 부의 획득과 낭비, 정당하고도 떳떳한 일함 없이 사회적 신분상승의 줄을 잘 서서 부귀영화를 누리고 있는 소위 성공출세한 사람들이 많은 사회일수록 사회적으로 죄악이 관영한 사회라는 말이다. '양심이 마비된 쾌락'을 사회적 죄악이라고 지적한 것은 간디가 무슨 금욕주의를 주장하는 것이 아니다. 간디는 현대 자본주의 사회의 병든 모습은 인간의 감각적 욕망을 끊임없이 추동, 자극하고 확대재생산 해감으로써만 존립하는 문제 있는 사회체제임을 알고 있었다.

넷째와 여섯째로서 간디는 '도덕적 가치의식 없는 지식'과 '인간성 없는 자연과학' 또한 사회적 죄악이 된다고 지적하였다. 이 말은 70년 전 간디 시대나 지금 지식정보화 시대에서나 소위 지식인들이나 과학자들의 무책임한 지적 활동을 경고한 것이다. 오늘날 엄밀하게 말해서 가치중립적 지식 및 과학교육은 존재할 수 없다는 것이 밝혀지고 있다. 지식과 기술개발이 돈에 의해 팔리고, 기획되고, 악용된다면 그 사회와 문명은 병든 것이다. 핵무기 제조기술, 생물무기 제조기술, 유전자 복제기술 등의 오남용은 그만두고서라도 오늘날 대학 강단과 언론계, 종교계에 생활터전을 두고 있는 지식인들의 그 지식이 과연 책임적으로 사회의 건전한 발전과 성숙을 위해 봉사하고 있는가 아니면 자기를 비롯한 특정 집단의 권력과 부의 쟁취를 위해 현란한 괴변을 논하고 있는가 주위를 되돌아 볼 필요가 있는 때이다. 맑고 순수한 지성과 공명정대한 춘추직필로서 국민의 목탁이 되어야 할 한국 언론들의 무책임성과 타락상을 질타하는 말로서 "언론 때문에 나라가 망한다"는 극단적인 탄식소리가 들려올 지경이 되었다.

다섯째와 일곱째의 사회적 죄악으로서 간디는 '도덕성 없는 상업'과 '희생 없는 종교'를 지적했다. 상업과 교역활동 일체, 오늘날 모든 기업의 생산 유통 판매과정 속에 '도덕감'이 살아있는지 어떤지 돌아보면 알 일이다. 그러나 세계적 대기업들, 명망 있는 기업인들은 간디의 말이 옳다고 믿는다. 최근 방영되었던 「상도」라는 TV연속드라마에서 "진정한 장사꾼은 재물을 남기지 않고 사람을 남기는 것을 장사의 최고 목표로 삼아야 한다"는 말이 시청자들의 심금을 울렸는데, 간디의 다섯 번째 경구와 통하는 말일게다. 더욱이 마지막 일곱 번째 경구, 곧 '자기희생이 없는 종교'는 사회적 오염물이 되고 더 나아가 사회악이 될 뿐이라는 간디의 말은 오늘날 모든 종교인들에게 무서운 충고로 들려온다. 생명을 살리고 풍성하게 하기 위해서는 자기 봉사와 희생이라는 고귀한 실천과 자기 절제와 봉사가 요청된다. 진정한 종교의 힘이나 진면목은 종교건물, 교단조직, 종교집단 머리 숫자, 확보한 예산 규모, 심지어 사회정치적 발언권에서 결정되는 것이 아니다. 슈바이쳐(A. Schweizer)와 마더 테레사는 그런 것들 없이도 진정한 종교의 힘이 무엇인가를 보여주고 살고 갔다.

여행객의 잡담이 너무나 길어진 듯 하다. 오늘의 인도는 고뇌하고 혼란 속에 있지만, 다시 아시아의 빛, 세계문명의 빛으로 부활하리라고 믿고 기원한다. 두서없는 필자의 여행소감을 그치면서 "진리가 하나님이다"(Truth is God)라는 간디의 말이 입구에 인상 깊게 쓰여있는 기념관 건물 내부 벽에서 필자가 읽은 글귀 중, 간디가 총탄에 의해 피살되었다는 비보를 듣고 세기의 과학자 아인슈타인(A. Einstein)이 방송 인터뷰 기자에게 한 말을 독자들에게 전하고 싶다. "앞으로 오는 세대의 사람들에게, 이 분과 같은 위대한 한 인간이 살과 피를 지넌 구체적 사람의 몸을 가지고 지구 위를 걸었다는 사실이, 아마 쉽게 믿어지지 않을 것입니다."

새천년은 아레오바고 영성시대

1. 아크로폴리스와 아레오바고의 상징성

20세기에도 21세기에도 수많은 사람들은 그리스 아테네를 관광차 방문할 것이다. 일찍이 소크라테스, 플라톤, 아리스토텔레스 등 인류의 철인들을 배출한 그리스 국민은 그 찬란했던 조상들의 후예답지 않게 오늘날은 가난과 정치적 불안정으로 시달리며, 수도 아테네는 관광사업으로 재정수익을 올리면서 도시 전체가 자동차 매연으로 시달리고 있다. 무엇을 보려고 매연의 도시 아테네로 사람들은 몰려가는가? 아크로폴리스 언덕 위에 서있는 파르테논 신전이 없다면 사람들은 그리스 아테네를 방문하지 않을 것이다.

1.1. 아크로폴리스 언덕과 파르테논 신전

아테네의 중심은 아크로폴리스 언덕 위의 파르테논 신전이다. 본래 '아크로폴리스'(acropolis)란 아테네에만 있는 특정 언덕 이름의 고유지명이 아니고, 고대 그리스 도시마다 중심부 가장 높은 언덕 위에 자리 잡고 있었던 종교의식의 중심

---

* 본 원고는 '제4회 단해신학 강좌'(2003)에서 행한 강연을 보완한 것임.

지를 일컫는 보통명사이다. 종교적 제의가 집례되는 신전이 자리 잡고 있었으며, 종교와 정치가 밀접하게 관계되어 있던 고대사회에서 국가의 중요핵심부와 군사적 방어본부가 신전을 둘러싸면서 자리 잡은 곳을 통칭하는 말이 아크로폴리스이다. 말하자면 아크로폴리스란 고대 그리스 도시국가시대에서 각 도시의 심장부에 해당한다. 아테네시의 아크로폴리스가 매우 유명해져서 지금은 파르테논 신전이 그 위에 서있는 아테네의 아크로폴리스 언덕이 거의 고유명사처럼 사람들에게 인식되고 있다.

아크로폴리스 언덕 위의 파르테논 신전, 그 조형건축물을 보려고 사람들은 오늘도 내일도 그리스를 방문할 것이다. 파르테논 신전은 찬란한 고대 그리스 건축예술물의 백미라고 아니할 수 없다. 3단의 기단 위에 질서정연하게 줄지어 늘어 서있는 동서 8개 기둥, 남북 17개 기둥으로 건축물을 떠받치고 있는 직사각형 클로네이드 열주(列柱)들은 지금도 매우 인상적이다. 19세기 서구 제국주의 외세에 끓려 그 건축물 몸체 일부가 해체당하여 대영박물관, 루브르 박물관, 코펜하겐 박물관에 팔려나가 만신창이 된 파르테논 신전이지만, 오늘도 달러화, 유로화, 엔화로는 살 수 없는 그 무엇이 잔영으로나마 거기에 있기 때문에 사람들은 돈으로 살 수 없는 그 무엇이 그리워서 아테네 아크로폴리스 언덕 위 파르테논 신전을 찾는 것이다.

아크로폴리스 언덕 위 파르테논 신전은 B.C. 438년에 완성되었는데, 그 신전 안에는 금과 상아로 만들어진 아테나 여신상이 안치되었다. 신상뿐만 아니라, 파르테논 신전 자체가 고도의 건축학적 조형미, 조각기법, 대칭미 등으로 어우러져 그 종교적 엄위와 예술적 아름다움이 보는 사람들의 심혼을 완전히 사로잡고도 남을 만하였다.

파르테논 신전이 만들어질 무렵, 이스라엘 역사에서는 무슨 일이 일어나고 있었던가? 그 무렵, 곧 주전 450년 전후시대는 바벨론 포로기에서 귀환한 이스라엘 족속이 에즈라와 느헤미야의 지도 아래 허물어진 성전을 구축하고, 율법을 재정비할 것을 강조하면서 배타적 유대주의 형성을 조성해가던 시기였다. 파르테논 신전은 그 뒤 역사의 부침에 따라 그 영광이 또한 엎치락뒤치락 했다. 로마

제국이 기독교를 공인한 이후, 주후 5세기경에는 아테네 신상은 파르테논 신전에서 철거되었다. 15세기에 그리스가 이슬람 국가 터키의 점령지가 되었을 때, 파르테논 신전 남서쪽 귀퉁이에는 이슬람 모스크를 상징하는 첨탑이 세워졌다. 그리고 17세기 말 터키군과 베네치아군의 포격전으로 인해 파르테논 신전 중심부 비밀화약고가 폭발하여 오늘날 보는 바처럼 그 건물이 결정적으로 훼손되었고, 앞서 말한 대로, 19세기엔 열강들의 문화 예술품 찬탈로 인하여 열강들의 박물관 소장품들로 반출되었다.

1.2. 아레오바고 언덕과 시민법정

그러면 오늘 우리들의 본문 사도행전 17장, 사도 바울이 아테네를 방문하던 때는 제1세기, 파르테논 신전은 아직도 건재했고 종교의식과 예술성을 갖춘 휘황찬란한 의식이 정기적으로 집례 되고 있던 때이다. 그러나 사도 바울이 아테네를 방문하던 때는 바로 새로운 천년기가 시작되는 시운이 바뀌던 시기였다. 그리스도 예수의 십자가와 부활생명으로 인하여 전 세계, 전 인류, 전 우주가 새로운 시대에 돌입하고 있다는 우주적 그리스도의 신앙고백이 사도의 맘을 사로잡고 있었다. 날마다 그리스도의 영이신 성령의 임재와 새롭게 하시는 능력을 체험하면서 전도하고 교회를 세워가던 바울 사도는 새로운 우주시대의 개벽이 시작되었다고 하는 우주적 카이로스 의식으로 충만해 있었다.

일반 사람들의 눈을 휘황찬란하게 매혹시킨 건축미와 파르테논 신전을 감싸고 도는 황금빛과 향 냄새 속에 진행되는 종교적 경건성이 결코 사도 바울의 마음의 눈을 흐리게 하지 못했다. 그는 철학과 지성의 도시, 예술과 종교성의 도시 한복판에서 조금도 위축되지 않고 십자가와 부활의 도를 전했다. 그 결과 그는 아테네 시민들에게 고발당하여, 아레오바고 언덕 위에 세워져 있는 시민법정에 공개적으로 서서 그가 전하는 십자가의 도에 대하여 변증하게 되었다. 그 과정의 자초지종이 사도행전 17장 내용을 이루고 있다.

사도행전 17장 아레오바고란 정확히 발음하면 아레오파고스인데, 아테네 아크로폴리스 언덕으로부터 북서쪽 방향으로 약 1킬로미터 거리를 두고 떨어져 있는 낮은 언덕 이름이다. 그런데 이 아레오바고 언덕에는 지금 영국의 상원과 흡사한 아테네 귀족회의가 열렸었기 때문에 아레오바고라는 명칭이 귀족회의 그 자체를 의미하기도 했다. 입법회의가 제정한 법률을 검토하여 비토할 수 있는 권리가 주어졌고, 탄핵 법에 따라 헌법 위반행위를 심리했으며, 도시질서를 파괴하는 죄인들을 심리하는 시민법정 기능도 담당했다. 말하자면 법률의 수호 기능을 했던 것이다.

아레오바고의 권위와 법적 위상은 시대에 따라 부침을 거듭했지만, 오늘 사도행전 본문에서 보는 대로, 1세기 당시 아레오바고는 시민법정 기능과 공개토론 기능이 뒤섞여 있는 복합기능을 지니고 있었다. 사도 바울은 십자가의 도와 몸의 부활의 도를 전함으로 인해 아테네 시민들에 의해 기소당한 신분으로 붙잡혀 거기에 서게 되었다. 다른 한편 새로운 것을 말하고 듣는 일 이외에 달리는 시간을 쓰지 않는, 탐구심 많은 아테네 시민들에게 십자가의 도와 부활의 도를 전하고 변증하는 기회를 얻게 되어 아레오바고 가운데 서서 오늘의 본문 메시지를 설파했던 것이다.

바울이 설파한 아레오바고의 메시지가 오늘 우리가 다시 한번 새로운 눈과 귀를 열어 들어야 할 새천년 시대의 영성의 핵심 본질이다. 우리가 그 메시지를 심도 깊게 성찰하기 전에, 파르테논 신전이 거기에 서 있는 아크로폴리스 언덕과 바울이 서서 십자가와 부활의 진리를 설파한 아레오바고 언덕, 그 두 언덕이 지니고 있는 상징성에 대하여 잠시 생각하고 넘어가는 일이 필요하다.

1.3. 아크로폴리스와 아레오바고의 대조

아크로폴리스는 감각적 눈으로 보고 즐기는 '눈의 종교'의 상징이고, 아레오바고는 바울의 메시지를 듣고 결단하고 순종해야 하는 '귀의 종교'의 상징이다. '눈의 종교'인 헬라종교는 직관을 통하여 사물의 본질과 우주의 질서를 관조하는 이데아를 추구한다. '귀의 종교'인 이스라엘의 바울 종교는 하나님의 뜻과 거룩한 약속에 의지하면서 새롭게 모든 것이 변하고야 말 새로움의 도래를 앙망하는 희망의 종교가 된다.

높은 언덕 위에 자리 잡은 아크로폴리스의 종교에는 본질적으로 파르테논 신전의 기하학적 균형과 조형미가 상징하듯이, 이미 결정되어 있는 질서에 순종하고 따라야 하는 지배적, 권위주의적 보수정치신학이 깃들인다.

보다 낮은 언덕에 위치하고 항상 오클로스 또는 라오스가 광장을 가득 채우는 아레오바고의 바울 종교는 귀족적이 아니고 민중적이다. 여기에는 기존 질서에 순응하기를 가르치는 것만이 아니라 비토하고 거부하는 법을 가르치는 진보적, 혁명적 정치신학이 깃든다.

무엇보다도 아크로폴리스의 종교는 웅장하고, 휘황찬란하고, 제법 감동적이고 경건의 모습까지 갖추었지만 그 안에는 근본적으로 새로움이 없고 영적 능력이 없다. 그 곳 안에는 말 못하고 듣지도 못하는 우상이 있을 뿐이기 때문이다.

그러나 아레오바고 바울의 종교 안에는 세상의 철학적 지성과 도덕적 실천 이성으로써는 쉽게 이해되지 않고 요리할 수 없는 새로움과 낯설음이 있으며, 생명의 영의 박동이 있다.

2. 아레오바고의 영성신학

흔히 그동안 바울 사도의 아테네 선교는 실패한 경우라고 말해왔다. 선교의 결실로 얻은 결과가 겨우 아레오바고 관원 디오누시오와 다마리라라는 이름의 여인과 성명미상의 몇 사람만을 믿음의 결실신자로 거둔 것이었기 때문이다(행 17:32). 그리고 아덴에서 바울 설교의 실패 원인으로 철학과 이성으로 무장된 아덴 사람들의 지식이 복음을 받아들이지 못하게 했으며, 바울의 선교 접근 방법도 성령의 능력표징인 방언, 치유, 예언, 기사이적으로 이교문화를 '정복'하려고 하지 않고 그들의 지성과 종교성을 감안하면서 '변증'하려는 소극적 접근 방법을 택했기 때문이라고 흔히 말들 해왔다.

그러나 우리는 그런 부정적 평가, 평면적 평가에 계속 사로잡혀서는 아니 된다. 바울의 아레오바고 설교는 가장 위대한 바울신학의 진수가 응축되어 있고, 가히 혁명적이라고 말할 수밖에 없는 복음의 본질이 증언되고 있으며, 매 시대마다, 새로운 밀레니엄이 시작될 때마다 다시 읽고 새롭게 재해석해야 할 '복음적 영성'의 알짬이 거기에 다 나타났다고 보아야 한다. 문제는 오늘 본문으로 택한 바울의 아레오바고 설교를 우리가 더 높은 언덕 웅장한 파르테논 신전을 배경으로 하고 듣는 것인가, 아니면 보다 낮은 언덕 아레오바고로 내려와서 신전이 없는 대신 라오스 백성들 속에서 듣는 것인가가 관건이 된다.

과학사가 쿤(Th. Kuhn)이 그의 베스트셀러 책 『과학혁명의 구조』에서 말하기를 "자연 과학자들에게 있어서 자연을 이해하고 설명하는 틀, 곧 패러다임이 바꾸어지면, 자연 그 자체야 본래 그대로 자연이지만, 과학자의 눈에 자연은 새로운 자연으로 나타나 보인다"고 했다. 새로운 천년이 시작되는 밀레니엄 전환기에 새로운 신학적 패러다임을 가지고 보면 바울 사도의 아레오바고 설교는 전혀 새로운 육성으로 우리에게 말한다. 새천년은 아레오바고 영성시대가 될 것이다. 바울의 아레오바고 설교가 그 본래적 의미로 인류에게, 특히 기독교인들에게 들려지기 위해서 세계 기독교 교회사는 2천 년의 시간이 필요했다. 우리는 아레오바로 영성신학의 특징을 본문에 근거하여 몇 가지로 압축하여 살펴보기로 하자.

2.1. 비움이 곧 충만임을 깨닫는 영성: 종교성이 깊을수록 '신비자'(The Mystery) 앞에 겸허해야 한다(행 17:122~23)

바울이 아덴 사람에게 던진 첫마디로 그들의 범사에 종교성이 많다는 점을 지적하고, 그들이 '알지 못하는 신에게'라고 새긴 단이 있음을 상기시키면서, '알지 못하고 위하는 그 것'의 실재를 복음의 빛으로 알게 하려 한다.

여기에서 주목해야 하는 것은 '종교성'과 '알지 못하는 신'이라는 두 가지 의미심장한 주제이며, 그 양자간의 매우 역설적인 상관관계성이다. 눈앞에 보이는 현실이 실재의 전부인 양 지극히 현실적이고 너무나 속물적이 되어버리는 인생살이 속에서, 헬라인들은 범사에 종교성이 많았다. 우주의 원리와 만물의 이치를 찾아 탐구하고, 운명과 자유의 역설적 관계를 해명하려 하며, 인간성 속에 있는 로고스와 파토스, 아폴로와 디오니소스의 갈등을 해결할 수 없어 고뇌하면서 정직하게 '알지 못하는 신'이라는 제단을 세운 헬라인들의 진지성과 지적 정직성에 대하여 우리는 멸시와 조롱을 하는 태도를 회개하고 일단 존경해야 할 일이다.

20세기 신학자 중에서 인간의 종교성, 종교 그 자체의 허구성, 자기 기만성. 교만성을 가장 날카롭게 비판하고 고발한 사람은 놀랍게도 20세기 최대 개신교 신학자 바르트(K. Barth)였다. 인간에게 종교성이 많다는 것은 축하하고 칭찬받아야 할만한 일이 아니라, 비판받아야 하고 경고 받아야 할 일이라는 것이다. 왜냐하면 바르트는 당시에 '종교'란 하나님의 은총 없이 스스로 하나님을 알고, 하나님을 쟁취하고, 하나님을 조종하려는 '불신앙'이며 가장 숭고한 형태를 옷입은 인간의 교만의 표징이라고 보았기 때문이다. 그리고 그 때 바르트가 비판하고 말하는 '종교'의 범주 안에는 역사적 종교로서의 기독교라는 종교도 포함된다.

본래 '종교'(Religio)란 단어의 뿌리는 '주의한다, 조심한다'라는 의미를 지닌 단어 'relegere'라는 동사에서 파생된 것이다. 오토(R. Otto)가 저 고전적 명저 『거룩: 聖스러움의 의미』에서 분명하게 밝힌 대로 성스러움이란 전적으로 다른 것 앞에서 인간의 경외감의 체험이자 동시에 매혹과 황홀함 속의 경배이며 떨리는 사랑이다. 이른바 거룩한 실재에 대면하는 진솔한 감정은 두려운 신비(mysterium tremendum)이자 동시에 매혹케 하는 신비(mysterium fascinosum)이다. 본래 '종교'라는 말뜻은 신비하고 거룩하신 이 앞에서 주의하고, 조심하고, 삼가는 마음을 지시하는 것이다. 그러므로 본래적 의미에서 '종교심'이란 곧 '경건심이요 영성'이다. 요한 칼빈 선생의 명저 『기독교 綱要』(Institute of the Christian Religion)라는 책의 표제가 말하려는 의미도 요즘 통속적으로 말하는 "축적된 전통과 상징체계로서의 종교"(C. Smith)가 아니라 신자의 맘속에 살아 생동하는 '경건한 영성'이라는 의미였다.

종교는 교리의 집합체계나 제의적 상징체계이거나 종단 기구조직체계나 더욱이 건물이거나 책으로서의 경전 그 자체도 아니다. 종교는 다 알지 못하는 신 앞에서의 경건한 조심이요, 신 벗음의 자세이며, 항상 낯설음을 대하는 자가 지녀야 하는 겸손이다. 당시 헬라인 중에는 적어도 그들의 지혜와 철학적 사색으로나 도덕적 진지성으로서도 다 파악하기 어려운 '알지 못하는 그 무엇'이 있다는 자각을 하였고, 마침내 '알지 못하는 신에게'라는 제단을 만들어 놓았던 것이다.

20세기 후반 개신교의 위기는 어디에서부터 오는가? 오늘 한국 교회의 영적 위기는 어디에서 유래하는가? 그것은 놀랍게도 종교인들에게, 특히 종교지도자들, 성직자, 전문 신학자, 평신도 지도자들에게 있어서 그들의 하나님이 더 이상 신비하지도 않고, 알지 못하는 점이 있는 것도 아닌 이로 전락되어 버렸다는 데 있다. 하나님의 본질과 속성과 경륜과 신비와, 그 안과 밖을 다 안다고 자신한다. 말로는 하나님의 거룩함과 신비로우심을 말하지만 실제로는 하나님과 구원에 대하여 전문가가 되었다고 자부한다. 그렇게 되는 순간 일반 신도들과 대중들은 종교인들 안에서 '경건의 모양'은 발견하되 진정한 '경건의 능력'을 발견하지 못한다. 그것을 우리는 종교의 俗化, 종교의 物化라고 부른다.

종교성이 많았기에 도리어 '알지 못하는 신에게'라는 제단을 세웠다는 사실은 많은 것을 시사한다. 21세기에 종교가 사라질 염려나 약화될 염려는 조금도 할 필요가 없다. 그러나 21세기 인간은 영성을 지닌 영물이기 때문에, 기존 종교의례, 예배, 증언, 찬양, 봉사 등등 다양한 모습 속에서 더 이상 낯설음, 범상치 않은 것, 합리적이면서도 합리성을 초월한 것, 지성적이면서도 지식을 초월한 것, 감성적인 것이면서도 감정을 초월한 것, 윤리적이면서도 도덕주의를 초월한 것을 찾지 못하면 그 종교단체를 미련 없이 떠나게 될 것이며, 그들의 영적 갈증을 목 축여 줄 다른 대안공동체를 찾아 갈 것이다.

쿤의 패러다임 이론을 다시 한번 더 원용하면 이렇다. 뉴턴 물리학에 정통한 일류 과학자집단에게는 뉴턴 물리학이라는 표준과학 패러다임이 그들에게 자연을 '어떻게'(how) 보고 설명할 것인가를 가르칠 뿐만 아니라 자연의 '무엇을' (what) 볼 것인가를 규정해버린다. 그리하여 뉴턴 물리학적 표준과학이 인정하지 않는 자연현상이란 일어날 수도 없고, 일어나서도 안 된다는 교조주의적인 비과학인이 되고 만다.

새로운 천년의 문턱에서 기독교, 특히 한국 개신교는 지나친 자신감과 성취감에 도취하지 말고 겸허하게 진리 앞에 낯선 자처럼 서야 한다. 하나님의 신비와 무궁하심에 대하여, 역사의 모호성과 역설적 신비에 대하여, 인간성과 문화의 깊이와 다종다양함에 대하여 한국 개신교 교회와 지도자들은 너무나 자신만만하게 다 알고 있다는 교만을 회개하고 욥처럼 당분간 입술을 가리고 침묵의 미덕을 보여야 한다. 침묵이 더 큰 말이다. 비움이 곧 충만이다. 높이 계신 하나님이 곧 가까이 계신 하나님이다. 21세기 영성은 산정에 강림하시는 하나님이 아니라 계곡에 계신 하나님을 찾는다. 높은 보좌에 계신 하나님을 찾지 않고 지극히 일상적인 것 속에 계시는 하나님을 찾는다.

2.2. 콩깍지와 콩알의 유비: 건물 성전에 계시지 않고 몸의 성전에 계신다(행 17:24)

아레오바고 영성신학의 둘째 주제는 하나님의 임재 지성소가 어디인가의 문제이다. 사람이 손으로 지은 '전'(殿)이냐, 하나님이 손수 지으신 신령한 '몸'이냐의 문제이다.

아레오바고 언덕 위에 올라가서 2천 년 전 그날의 모습을 눈을 감고 상상해볼 때, 사도 바울의 복음신앙이 얼마나 혁명적이고, 생명적이고, 참신한 새 시대의 영성이었는가를 충분히 짐작할 수 있다. 왜냐하면, 사람이란 몸뚱이를 가진 물리화학적 구조물을 지닌 존재이므로, 시골에서 살던 청년이 이른 새벽 서울역에 도착한 후 플랫폼을 빠져 나와 서울역 광장으로 나오면, 눈앞에 버티고 서있는 수 십층 거대 건물들의 휘황찬란한 전등불과 건물의 거대함에 압도되어 괜히 자신이 초라해지고 무력감을 느끼고 겁도 나는 법이기 때문이다. 생각해보라. 바로 1킬로미터도 채 안되는 아크로폴리스 언덕 위에 웅장하고도 신성한 모습으로 세워져 있는 파르테논 신전의 위용에 조금도 마음이 위축되지 않고, 아테네 여신이 바로 그 거룩한 신전 안에서 신적 삶을 살고 있다고 믿었던 동시대 사람들에게 감히 천지의 주재이신 창조주 하나님은 사람이 지은 전(殿)에 계시지 않는다고 선언하는 바울의 믿음은 예사스러운 것이 아니다.

종교는 신성공간(神聖空間)을 성별하고, 그 장소에 건축물을 축조하고 성별한 후 거기에서 거룩을 접촉한다. 그것이 종교의 피할 수 없는 운명이다. 거룩한 시공간의 예사롭지 않은 '거룩한 힘의 충전된 장(場)'에 대한 사람의 영적 감수성은 뉴턴 물리학이 지난 300여 년 동안 가르쳐 왔던 균질적인 시공간 개념에 의해 많이 손상되었지만, 세속화의 거센 물결일지라도 인간의 근원적 체험, 곧 거룩한 신성공간에 대한 원초적 경험의 흔적을 그 영혼의 밑바닥에서 완전히 지워 버릴 수 없다. 그러므로 20세기에도 사람들은 성지를 순례하며, 종교적으로 중요한 공간이나 건물을 사수하려 한다. 신전, 성소, 교회, 사찰 등은 우주의 법칙과 일치해야 하고, 우주 질서를 드러내는 상징이어야 했다. 그러한 신성공간은 신성한 힘을 사람들이 느낄 수 있는 곳, 거룩한 힘이 밀도 높게 집중되어 있다고 믿는 거룩한 공간이라고 여겨졌던 것이다.

신전 그 자체는 우주 구조의 축소판인 것이다. 땅 위의 예루살렘 성전은 하늘의 예루살렘을 모방한 것이며, 이중표 목사가 목회하는 분당 민족성전 건축물은 계시록의 가시적 상징물이다. 분명 유대인들의 회당이나 개신교의 '집회장소'로서의 공간 건물은 말씀이 선포되고 성례가 집례되는 '장소' 기능은 유지하지만, 거룩한 힘이 충전된 신성공간으로서의 고대종교 시대의 '성전' 개념은 사라졌다. 교인들과 목회자들은 계속 '성전'이라고 부르기도 하지만 '예배당, 교회당'이 되었다.

'성전'과 '예배당'은 단순한 표현의 차이만인가? 보통은 그렇게 생각하면서 '성전'이라는 말을 겸해서 사용하고 있다. 그러나 종교사적으로 보면 '성전'은 예루살렘 성전이거나 파르테논의 신전이거나, 그 중심엔 거룩한 공간의 중심, 곧 지성소에 신이 임재하고 거주한다고 하는 개념이 있는 것이다. '성전'이나 '신전'은 글자 그대로 신들이 거주하는 집이다. 사람들이 신들을 만나려면, 신들의 거룩한 힘에 의해 치유받고 생명력을 재충전 받으려면, 이 거룩한 공간, 성전에로 나아가야 한다.

그러나 '예배당'과 '교회당'은 글자 그대로 하나님의 백성들이 모여 예배하는 '집'일 뿐이다. '교회, 에클레시아, 부름 받아 소집된 무리'들이 모인 공간이요 집일 뿐이다. 거기에서는 집 그 자체나 그 공간 자체가 특별나게 성별되는 '신성한 것'이 아니다. 그래서 이동휘 목사가 목회하시는 안디옥교회는 '성전' 건물 없이도 훌륭하게 에클레시아로서의 교회일 수 있으며, 초대 로마 카타콤베교회는 건물 아닌 공동무덤 안의 좁은 공간면적을 예배처소로 사용할 수 있었다.

아레오바고의 설교 속에서 바울 사도가 천지를 지으신 만유의 주 하나님은 사람의 손으로 지은 '전'에 계시지 않다고 선언했을 때, 사도는 예수님이 사마리아 여인에게 말씀하신 바, "이 산에서도 말고 예루살렘에서도 말고 영과 진리 안에서 예배하라"(요 4:21~23)는 예수의 복음신앙을 재천명한 것이다. 그러면 새천년 시대 인류들은 하나님의 임재장소를 어디에서 찾을 것인가? 하나님은 무소부재하신 자시요, 모든 시간과 공간을 창조하신 시공간의 주이시기에 어느 특정 장소나 건물에 한정될 수 없다. 그럼에도 하나님이 가장 원하시는 곳은 45억 년 건축기간이 소요된 인간생명이라는 몸이며, 이를 성전 삼아 임재한다는 사실을 분명하게 가르쳐야 한다.

사람의 생명체, 몸이 곧 하나님의 성전이며, 심령에 하나님을 모신 자들이 모인 회중이 곧 하나님의 성전이다(고전 3:16, 고후 6:16). 이 말은 새로운 말이 아니요, 교인들도 성경에서 수십 번 읽고 듣던 말씀이지만, 진정으로 그렇게 믿고 살아가는 신앙의 새 시대로 이제 인류는 들어가려 한다. 새천년의 영성시대는 별다른 우주기술공학 발달과 정보화 통신기술로 시작되는 것이 아니고, 진정으로 사람의 몸 그 자체가 가장 거룩하고 신비한 하나님의 임재소로서 '성전'이라는 자각을 인류 구성원들이, 특히 성직자들이 얼마나 철저하게 갖느냐의 여부로 판가름 난다. 그 진실이 바르게 인지되고 각성될 때, 거룩한 하나님의 성전을 파괴, 억압, 착취, 멸시하는 온갖 비인간화 행태는 극복되어야 한다는, 새로운 창조적 변화를 지향하는 변혁의 열정이 솟구친다. 마치 19세기 말 최수운에 의하여 '시천주 신앙', 곧 사람의 몸에 하나님을 바로 모심의 종교가 농민들을 일시에 각성시켜 당시 사회를 인간다운 사회로 변혁시키려는 혁신운동이 가능하도록 했던 것과 같은 이치이다.

이렇게 말하면, 강연자는 교역자와 교인들이 지극정성 모아 교회당을 건축하여 주께 봉헌하는 그 일을 부정하거나 그러한 노력의 의미를 과소평가 하는 것 아니냐는 오해를 살 수 있다. 그러나 전혀 그렇지 않다. 가시적 교회당 건물이 좀더 아름답고 거룩한 상징물로 건축되기를 힘써야 한다. 예배는 신앙공동체의 심장과 같은 것이기 때문에, 예배처소가 가장 아름답고 거룩하게 성별되고 축조, 봉헌되어야 한다. 신도들이 사는 주택들은 수십억 되는 좋은 건물인데, 신도가 모여 예배드리는 예배당을 자기 집 차고만도 못한 채로 방치하는 그 교회에 진정한 은혜체험이 있을런지 의심스러운 것이다.

그러나 분명하게 해두어야 할 진리가 있다. 건축물로서의 예배당 건물과 하나님의 임재가 실지로 일어나는 성전물인 인간의 심령체 사이의 관계는 비유컨대 콩깍지와 콩알의 상호관계와 동일하다. 콩밭에 나가보지 않더라도 콩깍지와 콩알은 함께 자라는 것이다. 농사의 궁극 목적은 영근 콩알을 가을에 수확하고자 함이지만, 튼튼한 콩깍지가 없이 콩알이 형성되지 않는다. 반대로 아무리 외모가 그럴싸한 콩깍지가 생겼다 해도 그 안에 콩알이 영글지 않으면, 가을추수 때 콩깍지는 소죽 쑤어 주는 데 사료나 아궁이 땔감으로밖에 달리 쓰여질 수 없다. 500억원을 들여서 건축했을 지라도 건축물 교회당은 콩깍지 이상일 수 없으며, 그 안에서 신앙생활을 하는 신도들이 콩알들인 것이다. 하나님의 관심은 콩알이 바르게 영그는가의 여부에 있지 콩깍지에 있지 않다.

그러므로 새천년의 아레오바고 영성신학은 '사람의 몸'이 단순히 생물학적 진화 결과로서의 육체덩어리가 아니며, 경제적 동물만도 아니며, 뇌신경체계와 호르몬으로 유지되는 고급 컴퓨터 기계가 아니라는 것을 새천년을 살아가는 모든 인류에게, 교인에게 알리고 자신을 새롭게 이해하도록 돕는 일과 연결된다. '사람의 몸' 그 전체로서의 통일적 존재가 하나님의 성전이다. 정신과 육체의 이분법적 사고방식은 극복되어야 한다.

‘사람의 몸’ 그 자체는 통시적으로 45억년의 지구 진화 및 우주 생성의 역사를 그 안에 진화암호체계로서 간직하고 있는 영물이며, 공시적으로는 하나님의 영의 촉발적 임재와 새롭게 하시는 능력에 감응하면서 동역하는 ‘우주신인론적 영성’(cosmotheandric spirituality: R. Pannikkar)을 지닌 존재이다. 동시에 시공간적으로는 전체 자연, 전체 우주 생명체와 유기적으로 연관되어 있는 존재다. 장회익 교수에 의하면 지구생명을 유기체 단위로 삼을 때, 인간의 위치는 지구 몸의 ‘중추신경계’에 해당한다.

사람의 몸 안에서 ‘중추신경계’의 위상은 몸 안으로 들어오는 모든 정보자료를 분석·종합·판단하고 몸 전체의 균형과 조화와 건강을 위해서 조정기능을 하는 데 있다. 지구생태계 위기를 맞아 기독교의 신학적 인간학은 ‘청지기 모델’이나 ‘상속자녀 모델’을 넘어서서 ‘중추신경 모델’로 전환되어야 한다. 중추신경계의 형성과 그 기능은 몸의 다른 제반 기관으로부터 공급받고 유지된다. 그러나 동시에 중추신경계는 그가 지닌 ‘초월적 정신능력, 반성적 사유능력’을 자기만을 위해 사용하지 않고 몸 전체의 건강을 위해 봉사한다. 유기체적 지구생명과 인간과의 관계가 몸 안에서 중추신경계의 역할과 같다는 말이다. 중추신경계는 신체 각 기능의 절제, 균형 조화, 창조적 성장을 위해 봉사한다.

새천년의 교회 갱신을 앞에 두고 서있는 기장은 다른 교파에 비하여 열세인 교세를 만회하려는 데, 그리고 교인수의 열세에 대한 열등감을 극복하려는 데 일차적 신경을 쓰기보다는 근본적으로 발상법 전환을 해야 한다. 목양지의 각 교회 신도들의 심령 안에 진정한 교회, 영적 교회가 세워지도록 우리는 복무하고 있는가? 가시적 교회당을 새롭게 신축하려는 열망만큼 불가시적 교회 그 자체를 각각의 신자들 심령 속에 건축하려는 목회적 노력을 하고 있는가? 교인들로 하여금 하나님의 임재 처소의 제 일차적 지성소가 교회당의 제단이 아니라 자신들의 마음의 지성소임을 볼 수 있도록 신도들의 영적 시선을 바꾸어주려는 노력을 얼마나 하고 있는가? 우리들의 목회가 파르테논 신전에 복무하는 현대판 사제 기능인가, 아니면 사도 바울의 복음사역의 후계자로서의 기능인가? 바로 그것이 문제이다.

2.3. 내재적 초월경험과 미학적 감성이 숨쉬는 아레오바고 영성(행 17:25,28a)

새천년의 영성이 추구하는 바를 그 지향성에서 총괄적으로 말한다면, 지나친 도덕적 엄숙주의나 역사주의에 경도된 영성을 한 번 더 초월하여 내재적 초월경험과 미학적 감성이 되살아나는 영성시대를 지향한다는 것이다. 다시 말한다면, 주지주의적 교조신앙이나 퓨리탄적인 도덕적 엄숙주의를 넘어서서 몸으로 체험하고, 그리스도의 내주와 성령의 역사를 날마다의 일상성 안에서 체험하는 기독교 신앙을 지향한다는 말이다.

신론을 예로 들어 조직신학적 표현으로 같은 지향성을 달리 말해본다면, 새천년의 아레오바고 영성은 초월적 유신론, 내재적 범신론, 미래주의적 종말신앙을 모두 극복한 하나님관을 받아들인다. 만유를 초월하신 하나님이시지만 바로 그러하시기에 만유 가운데 내재하시며, 한걸음 더 나아가 단순히 내재하실 뿐만 아니라 창조적 과정 속에서 인류를 설득하고, 격려하고, 동행하시는 하나님을 전인적으로 느끼기 시작하는 아레오바고 영성시대에로 돌입하고 있다는 말이다.

오늘 사도 바울은 본문에서 증언하기를, 천지의 주재이신 하나님은 "무엇이 부족한 것처럼 사람의 손으로 섬김을 받으시는 분이 아니니 이는 만민에게 생명과 호흡과 만물을 친히 주시는 자"(행 17:25)라고 했다. 갈릴리의 복음이 전하는 하나님의 모습은 군림하는 군주적 이미지도 아니고, 엄숙한 율법을 산정에서 내려주시는 무서운 율법 수여자도 아니시며, 재물과 복채를 바치는 만큼 선심과 축복을 내려주는 무교의 몸주신 같은 분이 아니라는 말이다. 만민에게 생명, 호흡, 만물을 친히 주시는 이요, 우리가 그분 안에서 그분을 힘입어 살며 기동하고 있는 것이라고 증언했다.

오늘날 신학계의 기상도를 가만히 돌아보노라면 1960년대를 전후하여 20세기 전반부와 후반부가 확실하게 다르며, 20세기 후반부도 다시 한 번 세분하면 1980년대를 기점으로 하여 전후반의 기류가 확실하게 다르다. 역사에 몰두하여, 지금 바르게 향유하라고 주시는 생명을 소홀히 생각하는 것을 싫어한다. 깨어있는 역사의식을 지니되 경직되지 않고 더불어 축제의 중요함을 깨닫는다. 과거를 기억하고 미래를 희망 속에서 선취하되, 항상 오늘 지금 여기의 삶을 바르게 대하려 한다. 천박하거나 경박한 낙관주의에 빠지지 않으면서 '기쁨과 찬양과 경배의 신학'을 요청한다. 사물을 '명석판명하게' 파악하는 합리적 이성이나, 정의로움과 평등을 추구하는 실천적 이성만으로는 그들의 영적 갈증을 다 채워줄 수 없다. 성숙한 인간들은 종교란 본질적으로 '능동적 수동성', '놀라움과 기쁨', '신명성과 감정의 고양', '진통이 동반되는 기쁨과 자유', '값싼 화해나 천박한 열광주의가 극복된 감사와 찬양'과 긴밀하게 연관된 그 무엇이어야 한다고 점점 확신한다.

종교개혁 이후, 개신교의 영성은 상징을 잃어가면서 교회는 점점 정통교리와 성경내용을 바르게 알게 하려는 '하나님을 가르치는 학교'가 되어 갔다. 예배에서 성만찬의 중요성이 상실되고 설교가 개신교 예배를 지배하는 경향성을 띠게 되었다. 설교의 임무가 바르게 수행되고, 말씀 증언과 함께 하나님의 영의 감동 감화가 함께 일어날 때 예배는 은혜롭게 되지만, 대체로 설교가 하나님의 구속의 역사를 강론하거나, 도덕적 계율을 바르게 지키도록 신도를 각성시키는 도덕적 권면의 시간이 되기가 일쑤였다. 그런 모습들은 진정한 아레오바고의 복음적 영성이 주지주의적으로 왜곡되거나, 도덕주의적으로 왜곡된 현상이다. 다른 한편 그러한 교회 예배의 주지주의화와 도덕주의화에 반발하고 나온 오순절교회를 필두로 하는 성령파 교회들 안에서는 교회 예배가 자칫하면 인간 감정의 심리적 과잉흥분과 감동이 마치 사람을 근본적으로 새롭게 거듭나게 하는 일과 동일한 것처럼 혼동되어 열광주의 형태로 변질되기도 했다. 그런 현상은 진정한 아레오바고 영성의 심리학적 왜곡 형태가 된다.

새천년의 아레오바고 영성은 "성령으로 말미암아 속사람이 강건하게 되는"(엡 2:16) 실질적 경험과 그들이 사랑하는 주, 그리스도가 목사님의 설교말씀 속이나, 성경이라는 경전 속이나, 천국의 영광보좌에서나, 돌보아야 하는 가난한 자들 속에서만이 아니라 "믿음으로 말미암아 그들 마음에 직접 임재하시는 체험"(엡 2:17)을 하기를 원한다.

기장은 지난 40년간 격동하는 한국 현대사 속에서 예언자적 섭리교단으로서, 역사참여적 진보교단으로서, 민중지향적 하나님 선교신학교단으로서 그 어느 교단과도 비교할 수 없는 큰일을 해왔다. 그것은 우리가 잘나서 그리한 것이 아니고 온전히 하나님의 은혜요 함께 동행하신 격려의 능력으로 가능했다. 그렇지만 이제 20세기를 마감하면서, 그리고 새로운 새천년의 여명을 맞이하면서 우리 기장교단은 진지하게 자신이 걸어온 길을 성찰해야 한다.

예언자적 섭리교단으로서 하나님의 공의와 우상타파에 힘쓰다보니, 제사장으로서의 교회기능, 곧 치유하고 양육하고 자기희생의 사랑으로 죄를 대속하는 기능을 소홀히 하지는 않았는가? 역사참여적 진보교단으로서 맡겨진 사명을 감당하다보니 지나치게 역사에만 몰두하는 경직성을 초래하지는 않았는지, 민중 속에서 그리스도를 보라고 설교는 했지만 우리 자신의 맘에 그리스도를 계시게 하는 실질적 체험을 소홀히 하지는 않았는지 성찰해야 한다. 우리는 정직해야 하겠다. 기장교회가 부흥되지 않은 것은 기장교단이 지향하는 신학적 지향성에 문제가 있는 것이 아니라, 그 지향성을 능히 감당할 만한 우리들의 아레오바고 영성이 부재했던 것이라고 고백해야 한다.

새천년 기독교 교회의 영성은 무엇보다도 예배의 갱신에서부터 시작되어야 한다. 특히 개혁교회 전통의 복음주의 신앙을 이어가는 장로교 교단으로서, 귀중한 전통을 이어가면서도 역동적이며 창조적 변화가 일어나도록 깊은 예배 신학적 통찰과 실천이 뒤따라야 한다. 설교강론 중심의 예배 분위기를 지양하여 전교인이 참여하는 참회, 말씀, 감사, 찬양, 경배가 바르게 자리 잡은 역동적 예배로 변화되어야 한다. 설교는 중요한 위치를 계속 지켜가야 하되, 설교시간이 교리강론이거나, 도덕훈화이거나, 성경주석 시간처럼 되어서는 아니 된다. 방금 화덕에서 막 구워낸 부드럽고 따뜻한 빵 같은 생명의 떡 잔치에 참여하는 말씀 중심의 예배공동체가 되어야 한다. 찬양과 경배가 훨씬 강화되어야 하지만 천박한 감정주의로 교인을 몰아가거나 소음과 별다름 없는 확성기와 타악기의 범람은 절제되어야 한다.

장로교 전통의 중요한 예배정신, 곧 하나님의 주권 앞에서 겸허하면서 하나님의 영광을 찬양하고 그 영광을 즐거워하는 예배로서 진정한 거룩 체험이 가능하도록 해야 한다. 하나님 백성들의 참여가 동시에 이뤄져서 예배 자체가 한편의 '거룩한 드라마'의 전개처럼 느껴지도록 해야 한다. 부성적 성령 이미지만이 아니라 모성적 성령 이미지가 체험되도록 해야 한다. 교인들을 능동적이고 적극적인 신앙인으로 육성하는 것 못지않게 진정으로 성숙한 영성인의 '능동적 수동성'이 보다 한 단계 높은 영적 삶이라는 역설적 체험단계로 교인을 성숙시켜 가야 한다.

2.4. 문화종교신학의 개안을 통하여 주체적 한국신학 형성과업과 아시아 선교과업을 이뤄내야 한다(행17:26~29)

새천년 시대 아레오바고 영성은 지난 2,000년 동안의 지중해문화 중심의 기독교, 서양문화 중심의 기독교를 넘어서서 전 지구적 차원의 삶의 빛에서 복음을 재해석하는 과제를 요망한다. 21세기에는 헬라-라틴적 기독교 틀에서 복음을 해방시켜 진정한 동아시아적 기독교신학, 복음적 한국신학, 아시아신학 형성에 진력하여 25억 인구를 가진 아시아의 복음화 과제를 달성해야 한다.

오늘 아레오바고 설교에서 사도 바울은 하나님이 온 인류를 한 혈통으로 만드시고 거주의 경계와 년대를 정하시어 하나님을 더듬어 찾게 하시었으며, 그 창조주 하나님, 아브라함과 이삭과 야곱의 하나님, 예수님의 하나님은 모든 각각의 사람에게서 멀리 떠나 계시는 하나님이 아니시라고 선언한다(행 17:27). 우리에게 복음을 전파해준 19세기말 선교사들은 그들이 하나님을 모시고 들어와서, 하나님 없이 살던 한민족에게 하나님을 전달해준 것처럼 말했지만, 오늘 사도 바울은 다르다.

모든 민족과 년대와 경계 속에서 사는 천하만민 각각의 사람에게서 하나님은 멀리 떠나 계시지 않으신 분이라고 말했다. 하늘과 땅을 창조하신 하나님, 예수께서 너희 하늘 아버지라고 부르도록 가르쳐주신 신비자 하나님, 모세와 이사야와 베드로와 바울을 부르신 하나님이 한반도에서 선교사가 도착 이전부터 한민족을 위로, 격려하시며, 징계하시고, 용서하시며 함께해 오신 임마누엘의 하나님이신 것을 말하는 것이다. 우리의 심령이 어두워지고 영성이 쇠약해져서 밝히 보지 못하고 깨닫지 못한 것, '알지 못하는 신' 처럼 되어버린 그 분을 복음은 좀 더 분명하게 한민족에게 복음의 빛에서 증언하는 것이다.

제2차 바티칸 공의회(1962~1965) 이후 세계 가톨릭교회는 라틴적 기독교세계 패러다임에 의해 이해되고 설명된 복음의 메시지를 전 세계 지평으로 확대시키고, 非라틴신학적 문화전통, 특히 아시아적 문화, 종교, 영성과 깊은 대화를 하는 가운데서 아시아 복음의 토착화와 제3천년기의 선교신학을 구축하려는 노력들을 매우 진지하고 활발하게 진행시켜가고 있다. 1987년 아시아 주교회의는 앞으로 아시아의 신학 형성과 복음화는 삼중적 대화를 반드시 거치면서 이뤄져야 하는데 아시아의 문화, 아시아의 종교, 그리고 아시아의 가난한 사람들과의 대화가 그것이라고 갈파했다. 피에리스(A. Pieris)가 주장한 대로 아시아의 종교 문화전통을 무시하거나 비켜가는 정치신학과 교회선교는 공허하거나 정복론적 열광주의 신학이 되며, 아시아 민중의 가난과 정치적 소외를 외면하는 신학과 선교는 맹목적이 되거나 사치스러운 신학이 되고 만다.

새천년이 시작되는 21세기 한국 개신교의 선교신학은, 특히 한국과 아시아에서 그동안 19~20세기 서구 신학자들이 취했던 이교문화와 종교에 대한 정복론적, 배타주의적 태도를 가지고서는 더 이상 통용되지도 않을 뿐 아니라, 선교 자체가 불가능하거나 기독교 자체의 성장과 성숙도 불가능하게 될 것이다. 21세기 선교신학은 기독교가 지닌 구체적이고도 역사적인 자기 전통과 정체성 고백에 더욱 순수한 헌신을 하면서 동시에 타종교와 전통문화에 대해 열린 맘과 개방성을 지니는 태도로서만 가능할 것이다. 특히 한국의 경우 불교와의 선의의 경쟁과 상호 포용적인 관용과 협동은 시급한 일이 되어 있다.

흔히 항간에 종교다원주의란 기독교 신앙을 상대화시키거나 종교혼합주의로 만들고, 기독교를 기독교 되게 하는 성서적 증언들, 곧 예수 그리스도 안에 나타난 구원진리의 궁극성(finality), 능가불가성(unsurpassability), 결정적 성격(decisiveness), 유일성(uniqueness) 등을 모두 포기하도록 하거나 폐기시킨다고 생각하는 오해들이 있다. 종교다원주의 안에는 다양한 해석학적 입장들이 있지만 위와 같은 입장, 곧 기독교의 자기 정체성을 위협하는 지경에 이르는 신학적 입장은 바람직하지도 않고 결코 그렇게 되어서도 안 된다. 왜냐하면, 틸리히 (P. Tillich)가 바르게 지적한 바처럼, 살아있는 신앙이란 '무제약적 궁극실재'에 대한 인간 실존의 '무제약적 응답이며 전인적 반응'이기 때문에 '궁극적 관심'이 아닌 것, 곧 마음을 다하고 뜻을 다하고 성품을 다하여 관심하지 않은 것은 신앙이 아닌 것이다.

기장의 선교신학의 입장은 '하나님의 선교'를 받아들여 타종교의 실재에 대하여 포용주의적 태도를 견지하며, 하나님의 경륜과 성령의 역사하심이 아시아의 고등종교 안에서도 현재하였음을 인정하지만, 그럼에도 그리스도 예수 안에서 궁극적 진리의 완성형태와 온전하고도 투명한 생명적 진리가 계시되었다고 믿는 것이다. 이러한 입장은 1965년 장공 김재준 목사의 논문에서 제2차 바티칸 공의회보다 앞서고 세계교회협의회의 '바아르 선언문'(Baar Statement)보다 앞서서 일찍부터 피력되었다. 장공은 이렇게 말했다:

> 우리 한국인의 원시종교인 巫敎는 논외로 하고 유교 불교 등 그리스도교 아닌 타종교를 받아들인 이후만 하더라도 약 1,500년의 긴 역사를 이룩해 온 것이다. 좋든 궂든 이것이 한국인의 體質을 형성하고 있으며 한국사회 생활의 典型을 조성하고 있는 것만은 사실이다 …… 우리나라에 온 그들(초대 선교사들)은 한국인과 한국 문화를 하나의 空白과 같이 다루고 있었다. (한국 문화 속에) 무엇이 있었다 해도 일고의 가치도 없는 악의 소산이라 하며 일망타진을 기도했던 것이다. 불당의 불상이나 유가의 제사를 단순한 우상숭배로 치부하여 그 박멸을 기도했다 …… 우리는 타종교가 악마의 소산이라고 생각하기보다는 자유하시는 성령의 역사에 의한 단편적인 말씀이라고 보는 것이 더 타당하다고 생각한다. 받는 인간의 情況이 어스름 달빛처럼 희미한 데서 그 나타남이 흐리고 또 단편적인 것으로 된 것이라 하겠다. 이것이 그리스도에게서 완전함을 이루었다(『김재준전집』, 제7권, 336쪽).

위에 인용한 장공의 문화신학 또는 종교신학의 견해가 발표된 지 어언 35년이 지나갔건만 한국 기독교계가 타종교 및 한국 문화에 대해 갖는 선교신학적 입장은 구태의연하며, 진보적 기독교를 자처하는 기장마저도 보수교단의 태도와 대동소이하다. 일반적인 기장의 문화신학 및 타종교에 대한 입장은 장공의 견해와 비교할 때 훨씬 못 미쳐 거의 보수주의적 태도를 답습하고 있다. 또한 1970~1980년대 기장의 신학적 증언은 민중신학에서 보는 것처럼 정치신학적 차원에서 복음의 정치사회적 증언에 힘쓰다 보니, 자연히 문화 및 종교신학의 발전은 소홀하게 되었다. 세계교회협의회의 입장이나 가톨릭 바티칸의 입장에 대하여도 그동안 변화의 실상에 대한 정보가 부족한 것이 사실이다. 지나간 20세기에는 그렇다 하더라도, 21세기와 새천년에도 이 문제를 모른 척하고 넘어갈 수는 없다.

20세기가 저물면서 신문 언론매체들은 20세기에 일어난 20대 사건 나열에 열을 올리고 있다. 그러나 20세기 최고 석학 중 한 사람인 토인비(A. Toynbee)는 20세기에 일어난 가장 의미심장한 사건은 기독교와 불교가 심층적으로 만난 사건이라고 피력한 바 있다. 그는 역사가이기 때문에 역사를 보는 긴 안목으로 이렇게 말한다. "지금부터 1,000년 후 어느 역사가가 20세기에 대하여 쓰는 경우, 민주주의 이데올로기와 공산주의 이데올로기 사이의 갈등 이상으로 기독교와 불교 사이에 비로소 일어난 상호 변혁에 대하여 보다 깊은 흥미를 나타낼 것이다."

아레오바고의 영성신학은 지구촌 안에서 발생한 역사적 종교들과 다양한 문화들이 하나님의 경륜과 섭리 지배 안에서, 하나님의 눈앞에서, 하나님의 장중 안에서 일어난 사건이라는 견해를 가능하게 한다. 아레오바고 영성신학은 성서의 하나님을 지중해 셈 종족 문명권의 신이라고 생각하지 않고 온 인류의 하나님, 만민의 주 하나님이라고 믿는다. 이스라엘 역사의 특수한 선택적 사명과 교회의 사명이 부정되지 않고 도리어 강조되면 될수록, "하나님은 모든 사람이 구원을 받으며 진리를 아는 데 이르기를 원하시는 분"(딤전 2:4)임을 더욱 깊게 생각해야 한다.

새천년의 아레오바고 영성은 더 이상 기장으로 하여금 '하나님의 선교신학'
과 '배타적 보수선교신학' 사이에서 주저하고 우물쭈물하는 태도를 지속하도록
내버려두지 않을 것이다. 기장교단은 사회정치신학에서만이 아니라, 문화종교
신학에 있어서도 다른 교단이 열고 나갈 수 없는 역사의 '화살촉'이 되어 새로
운 신학적 지평을 열어가야 할 사명을 21세기에 받고 있다는 것을 명심해야 한
다. 기장의 21세기 선교지평은 한국사회를 넘어서 왜 서구신학이 지난 300년간
막대한 자금을 투여하고 수많은 선교사들을 파송했음에도 불구하고 아시아 인
구 25억 중 불과 1~3퍼센트 이내의 지극히 미미한 선교 결실을 맺었는가를 거
시적 안목에서, 해석학적 안목에서 파악해야 한다. 특히 중국 13억의 선교과제
는 한국 기독교에 사명으로 맡겨져 있다. 중국 동북3성에 흩어져 사는 중국 교
포들 200만 명은 중국대륙을 복음화 할 21세기의 디아스포라이다.

　결론적으로 말해서, 새로운 천년시대 아레오바고 영성신학은 첫째, 인간의 모
든 종교적 神名과 신학이론과 교리적 패러다임 속에 다 해명되지 않으시는 진리
자체이신 하나님, 신비자 하나님, 이름할 수 없는 하나님의 무궁성 앞에 겸비하
게 자신을 비우는 영성이어야 한다. 둘째, 새 시대의 참 성전은 사람의 몸 그 자
체임을 깨달아 각자 마음의 지성소에서 '영과 진리로 예배하는 영성'이어야 한
다. 그리하여 지구 속에서 인간의 위치가 '중추신경계' 역할을 하도록 창조주로
부터 사명이 주어졌음에 대하여 새롭게 각성하여 생태학적 성령론의 신학, 생태
학적 윤리신학, 몸의 훈련이 동반된 영성수련을 지향해야 한다. 셋째, 새천년시
대 아레오바고 영성은 하나님의 내재적 초월 경험과 미학적 감성이 생생하게 살
아나는 영성이어야 한다. 예배가 진정한 예배로 회복되어야 한다. 예배가 지상
에서 인간이 체험하는 일들 중에서 가장 아름답고, 신비하고, 자유롭고, 새로움
을 체험하는 기다려지는 시간이 되어야 한다. 넷째, 새천년시대 영성은 기독교
가 지구촌 안에서 함께 숨쉬고 있는 고등종교들과의 진지한 대화를 통해, 특히
한국 상황에서는 불교와의 심층적 대화를 통해 기독교 신앙의 본질을 더욱 뚜렷
하게 밝혀내고 알렉산드리아적 기독교, 바티칸적 기독교, 제네바적 기독교의 색

깔과 다른, 동아시아의 위대한 영성과 창조적 지평 융합을 이룬 복음의 재해석을 이뤄내야 한다. 그리하여 '아시아의 복음화'라고 하는 새로운 밀레니움의 선교과제를 달성해 내야 한다. 새천년의 영성은 사도 바울의 마음을 사로잡은 생명의 영, 부활의 영, 진리의 영으로 충만한 아레오바고의 영성이어야 한다.

한국 오순절 성령운동의 신학적 평가

1. 들어가는 말

이 논문은 한국의 오순절교회의 성령론과 그 선교운동을 세계교회협의회의 '바아르 선언문'(Baar Statement)의 열려진 성령론에 근거한 새로운 선교신학의 관점에서 평가하려는 것이다. 좀더 구체적으로 말하면, 한국의 오순절교회운동 중에서 1960~1990년대 불과 30년 동안 단위 개체교회로서 회중교인수 13만 명에 이르는 놀라운 교회성장을 이룩한 한국하나님성회(The Korean Assemblies of God) 교단의 조용기 목사가 펼친 한국 오순절교회운동의 본질을 그의 성령론 중심으로 살펴보면서 신학적으로 평가하려는 것이다.

이 논문의 중심 논제는 한국 오순절교회운동은 철저한 문자적 성서영감론에 기초하여 성령의 제1차적 사역목적과 활동영역을 복음전도와 교회성장에 국한시키고 있다는 것, 그에 대조하여 바아르 선언문에서 뚜렷이 나타난 WCC 에큐메니칼 성령론적 선교신학은 성서의 비평학적 연구를 용납하며, 성령사역의 궁극적 목적은 세계의 구원 또는 역사의 창조적 변혁에 있으며, 교회는 하나님의 선교수단이지 그 자체가 목적이 아니며, 성령의 주 활동영역은 교회 안이 아니

＊ 본 원고는 『신학연구』 2001년호에 실린 내용임.

라 지구 현실세계 현장에 있다고 보는데, 전자와 후자의 관점 차이를 어떻게 한국 선교현장에서 화해하고 조정할 것인가 하는 문제이다.

한국의 개신교 교회는 크게 두 가지 캠프로 대별되면서 시시때때로 상황에 따라서 상호 긴장, 갈등, 견제, 협동하면서 발전해왔다. 한 캠프는 신학적으로 '복음주의'(Evangelism) 임을 표방하면서 보수적이고, WCC에 가입하지 않으며, 개인 영혼구원 중심적이며, 전도와 교회성장을 강조하는 광범위한 보수교단이 그것이다. 조용기 목사가 이끈 '순복음 중앙교회'는 바로 이 한국 보수교단의 대표적 교회 중의 하나였다. 한국 교회의 또 다른 한 캠프는 소위 진보적 개신교 교단으로서 주로 KNCC에 가입한 교단으로 이뤄지고 있다. 이 후자의 캠프는 WCC 에큐메니칼 선교신학 노선을 지지하여 복음의 사회적 증언활동에 힘쓰면서 인권운동, 환경생태운동, 통일운동, 노동자농민의 권익운동에 공헌하려는, 소위 말하는 'Missio Dei' 선교신학 노선을 지지하는 교회들로 구성되어 왔었다.

그런데 1996년 7월 한국 개신교 보수교회운동의 대표적인 교단이며 카리스마적 지도력을 가지고 놀라운 양적 교회성장을 이룩해왔던, 앞서 언급한 한국 오순절교회의 대표격인 '기독교 대한 하나님의 성회'가 KNCC 정회원교단으로 가입하는 놀라운 역사적 사건이 있었다. 사실 생각해보면, WCC나 KNCC나 에큐메니칼 운동의 목적이 신학적, 교리적 일치를 주장하지 않고 '다양성 속의 일치'를 추구하는 교회연합운동이기 때문에, '기독교 대한 하나님의 성회'가 KNCC에 가입하지 못할 아무런 이유도 없지만, 그동안 한국 개신교의 진보적 캠프와 보수적 캠프 사이의 긴장 갈등의 역사를 감안할 때, '기하성'의 KNCC 가입은 한국사회와 교계에 신선한 충격을 준 역사적 사건이었다.

이 한국교회사적 사건은 단순히 KNCC 가입교단이 하나 더 증가했다는 교회정치적 사건으로서 그치지 않는다. 그 역사적 의미는 아직 충분히 한국 개신교 교회들에게 의식화되어 있지 못하지만, 20세기 후반기를 지배하던 보수와 진보 교단 사이의 신학적 갈등이나, 독선적 선교신학이 반성과 자기성찰에 들어갔다는 것을 의미한다. 구원론과 선교신학의 차원에서 항상 목회자들과 신도들을 괴롭혀왔던 이분법적 논리, 곧 개인구원/사회구원, 전도/선교, 인간의 내면적 해방/사회구조적 해방, 하늘나라/하나님의 나라 등등의 이분법적 논리의 굴레에서 해방된 보다 성숙한 선교신학의 정립을 요청하고 있다는 증좌인 것이다.

그런데 선교신학의 새로운 정립은 신학적 중심 교의 중에서도 특히 성령론과 밀접한 관계에 놓여있다. '기하성'의 KNCC 가입이라는 축하할 만한 한국교회사의 역사적 사건에도 불구하고 진정한 의미에서의 '교회일치' 운동이 아직 전개되지 못한 이유 중 하나로, 한국 오순절교회가 지닌 성령의 신학적 이해와 기존 KNCC에 가입한 진보적 교단이 지닌 성령신학 사이에 아직도 대화해야 하고 극복해야 할 중요한 견해 차이가 있기 때문이다. 이 논문은 그 문제를 공개적으로 담론화하여 한국 교회의 보다 성숙한 에큐메니칼 운동과 선교신학 정립에 공헌하고자 하는 내적 동기를 지닌다.

우리의 논제를 다음과 같은 순서에 따라 논구해 보려고 한다. 제2장에서 왜 1960~1990년대에 특히 한국사회에서 오순절 성령운동이 폭발적인 성장과 더불어 놀라운 영적 운동과 교회성장운동의 현상으로 나타나게 되었는가에 대한 한국 종교문화의 총체적 입체상을 파악하는 일과 역사적-문화적 상황분석에 주력한다. 제3장에서 우리는 '기독교 대한 하나님의 성회', 즉 속칭 '순복음교회'라고 더 널리 알려진 한국 오순절교회의 '오중복음론'을 그 교단의 카리스마적 지도자 조용기 목사의 성령론을 분석하면서 신학적으로 평가할 것이다.

2. 1960~1990년대 한국 오순절 성령운동의 한국 종교문화 사적, 정치사회사적 분석

신앙적으로 말하면 1960~1990년대 한국 오순절교회의 폭발적 성장과 한국 성령운동을 통해 이뤄진 교회의 역동적 성장은 성령 자신의 은혜로운 사역의 결과이며, 성령의 사역에 응답한 1960~1990년대 한국 교역자들과 신도들의 신앙적 헌신과 노력의 결과이다. 필자는 이점을 전제로 하고 이 장에서 한국 오순절 성령운동과 교회의 영적 부흥운동의 종교문화사적, 사회정치사적 바탕과 총체적 시대상황을 객관적으로 서술해 볼 것이다.

첫째, 한민족은 동아시아 3국, 곧 중국, 한국, 일본 중에서 2천 년의 오랜 세월 동안 단일민족, 단일언어, 단일문화전통을 경험한 민족으로서 지, 정, 의 세 가지 특성 중 감성적 측면이 발달한 민족이다. 종교적 특성으로 철학적 심원성이나 도덕적 진지성을 결여하지는 않으나, 예술적 감수성이 사유의 심원성이나 실천의 진지성에 비하여 특히 발달한 민족이라고 볼 수 있다. 이러한 감성문화의 발달로 종교문화에 있어서도 이론적 조직체계화나 계율적 윤리사상보다는 역동적 종교체험을 선호하는 성향이 한민족의 집단무의식 속에 존재한다.

예를 들면, 한민족의 고대종교인 샤머니즘은 논외로 하더라도, 인도나 중국 불교의 8가지 금욕적 계율을 지키는 팔관법회가 한국에 들어와서는 한민족의 제천의식과 결합하여 일종의 종교적 축제제의로 형태변화를 이루게 된다.[1] 중국의 신유학인 주희의 성리학이 한국에 토착화되는 과정에서 신유학의 우주론 및 형이상학인 이기설(Li-Ch'i theory)의 논쟁과정을 추적해 보면, 리(Li)와 기(Ch'i)의 상호 불가분리적 관계성을 전제하면서도 율곡의 성리학이나 실학사상에서 보는 것처럼 기(Ch'i) 우위적인 존재철학이 발달하게 된다.

그런데 기(Ch'i)라는 존재론적 실재는 서양의 프뉴마처럼 매우 역동적이고 인간의 감성적 체험을 긍정하는 존재론적 실재이다. 19세기말 서구문명의 동아시아 식민지배 침투시기에 민족적 저항운동 과정에서 출현한, 한민족의 자생적 민족종교 동학(천도교)의 '시천주' 체험도 정태적이라기보다는 매우 역동적이며, 그 종교체험의 기본 형태는 이성적 이해가 아닌 몸 전체를 통한 체험인 것이다. 기독교가 한민족의 민중 속에 토착화되는 과정에서 이러한 한민족의 종교적 영성이 지닌 감성적 특징은 오순절 성령의 체험신앙을 받아들이는 데 기본적 토양이 된다.

둘째, 한국 개신교의 선교역사 속에서 19세기 말에 구미 선교사들에 의하여 전래된 개신교 교파신학은 그 주류가 미국의 장로교, 감리교 선교사들에 의하여

---

1) 유동식, 『풍류도와 한국의 종교사상』(연세대출판부, 1997), 86~88.

전래되었는데, 19세기 미국의 해외선교운동을 주도했던 선교신학의 원천은 18~19세기 미국 개신교의 대각성 운동 이후 줄기차게 지속되어온 영적 부흥운동에 있다고 보아야 한다. 19세기 후반 동아시아에 선교사로 파송된, 웨슬레신학의 영향을 받은 감리교 선교사들은 물론이요, 장로교 목사들마저도 머리는 청교도적이고 칼빈주의적 근본주의적 신학으로 훈련되었을지라도 그들의 가슴은 무디(D.L. Moody), 토레이(R.A. Torrey), 채프만(J.W. Chapman) 등 19세기 부흥운동가들의 성서실재주의, 성령세례, 신유경험, 성결운동, 전도운동 등에 의해 강렬하게 영향을 받았던 선교사들이었던 것이다.[2]

한국의 대표적 교회사가 민경배 교수도 한국에서 개신교가 성공한 이유 중 하나가 19세기 후반 한국에 복음을 전파한 선교사들이 대체로 경건주의자들(Pietists), 심령부흥주의자들(Revivalists), 그리고 복음주의자들(Evangelicals)의 신앙과 신학 노선을 따랐으며, 그러한 복음주의적, 부흥회적 기질이 한민족의 심성에 맞았기 때문이라고 지적하고 있다.[3] 1907년 한국 평양에서 일어난 대부흥운동의 성격이나 그 발단 과정은 위에서 언급한 한국 초기선교사들의 신앙과 신학의 성격을 잘 반증하는 것이며, 1907년 한국교회 평양 '대부흥운동'으로부터 시작해서 1980년 서울 여의도광장에 초교파연합 부흥집회로 모인 '세계 복음화 대성회'에 이르기까지 한국교회의 대형집회는 '대규모 전도부흥운동'(Mass Evangelistic Revival Movement)에 의하여 주도되어 왔다. 이러한 한국 개신교의 교회사적 사실들은 한국 개신교가 오순절교회 부흥운동을 일으키고 또 성공하는데 필수불가결한 여러 가지 요인을 고루 갖춘 신앙적 옥토라는 것을 잘 나타내는 것이다.

셋째, 1960~1990년대 한국의 오순절 성령운동이 폭발적인 성장과 성공의 열매를 맺을 수 있었던 사회사적 배경을 빼놓을 수 없다. 1945~1960년 기간 한국사회는 세계 냉전체제의 희생양이 되어 남북한 간의 민족 상쟁이라는 한국

---

2) D.W. Dayton, *Theological Roots of Pentecostalism*(Fransis Asbury Press, 1987) 특히 Chap. 2~3 참조.
3) 민경배, 『한국기독교회사』(대한기독교서회, 1981), 148~149.

전쟁을 겪은 이후, 정치적 혼란과 경제적 빈곤과 문화적 공백기로서 민중은 의지할 곳 없이 헤매는 양무리가 되어 있었다. 1960년대 초에 정치적으로 군사혁명을 거친 후, 한국사회는 절대빈곤의 극복과 반공이라는 국시를 내걸고 군사정부가 주도한 근대화, 공업화, 산업화 정책으로 소용돌이쳤다. 농촌에서 수많은 사람들이 낯선 도시 공장으로 전입해왔고, 수백 년 동안 살던 마을공동체를 떠나 시장경쟁상황이라는 거친 광야로 내몰리게 되었다. 민중이 심리적 불안, 물질적 빈곤, 사회정치적 소외, 육체적 질병, 종교적 모호성에 시달리던 한국 근대사의 격동기였다. 1960~1990년대 약 30년간은 서구사회가 300년 동안 겪어왔던 근대화, 공업화, 도시화, 산업화 과정의 변화충격을 일시에 몰아쳐 겪어야 했던 시기였다.

이러한 상황 속에서 대부분의 한국 사람은 내면적인 자기정체성 상실의 위기에 시달려야 했으며, 처음 겪는 냉정한 초기자본주의 시장경제의 경쟁상황 속에서 위로처를 찾게 되었다. 그런 사회적 상황 속에서 단순한 정신적 위로만이 아니라 건강과 신유의 복음, 총체적 축복신앙, 자신감을 심어주는 적극적 사고, 따뜻하고 끈끈한 유대감을 제공하는 오순절교회 계통의 신앙공동체 출현은 대부분 '고향상실의 소외' 속에서 시달리던 한국민에게 곧바로 복음이요 사마리아 여관이었다. 1960~1990년대 한국 오순절교회운동, 특히 순복음교회가 급성장할 수 있었던 종교문화사적, 교회사적, 정치사회사적 배경으로서 위와 같은 세 가지 핵심적 상황을 염두에 두어야 한다.

3. 한국 순복음교회의 '오중복음론'에 나타난 성령신학과 그 신학적 평가

3.1. 조용기 목사가 담임하는 순복음중앙교회 발전약사

'순복음교회'라는 교회 명칭에서 '순복음'의 의미는 영어로 표기할 땐 'Full Gospel'이다. 'Full Gospel'으로서의 복음의 통전성을 강조하려는 신학적 내면 동기를 외면적으로 표출하여 교회 이름 자체로서 채택한 것은 이례적이다. 그 이름 자체가 본의든 본의 아니든 한국의 기존 교회들이 복음진리의 부분성, 비충만성, 불완전성을 지니고 있을 뿐이라는 비판적 시각을 함축하고 있다. 왜냐하면 '순복음'을 영어로 표현할 적엔 'Pure Gospel'이 아니고 'Full Gospel'이라고 강변하지만, 한국어의 형용사적 의미론에서 pure, whole, full, perfect는 서로 내적으로 의미 연관성이 있기에, 한국어로서의 '순복음교회'라는 의미는 일반 대중에겐 'Full Gospel'의 의미로서보다는 'Pure Gospel'의 의미로 들리기 때문이다.

그러므로 언어의 힘이 가진 본래적 속성 때문에, 조용기 목사의 변호에도 불구하고 '순복음교회'라는 교회 이름 자체는 기존 교회의 불완전성을 고발하고 비판하는 뉘앙스를 한국민에게 주었던 것이다. 이 교회의 교단 이름인 '기독교 대한 하나님의 성회'는 미국 미조리주 스프링필드에 본부를 둔 'Assemblies of God' 교단에 속한 교회이다.[4]

조용기 목사가 카리스마적 능력으로 이끌어온 '순복음중앙교회'는 짧은 역사이지만 3단계의 발전과정, 곧 개척기(1958~1961), 발전기(1961~1973), 성장기(1973~2000)로 구별된다.[5] 순복음중앙교회는 1958년 5월 당시엔 목사안수를 아직 받지 않은 조용기 전도사와 최자실 전도사가 서울 변두리 외곽지대인

---

4) D. Cho, *Word of God and Faith*, vol. 1(Institute of Lay People Education, Korean Assemblies of God, 1997), 257.

5) Ibid., 258.

대조동에 천막을 지은 후, 교인수 5명으로 시작되었다. 조용기 목사는 "천막교회의 시작은 비참하고, 절망적이고, 가난했다"고 회상한다.[6] 그러나 두 젊은 복음주의 전도자들이 하나님 말씀에 대한 절대 신뢰와 하나님 뜻에 대한 절대 순종의 믿음을 가지고 초인적인 열정으로 목회를 한 결실로 개척 6년만인 1964년에 신도수 1,000명을 넘어서 서울 중심부에 서대문교회당을 건축하게 되었고, 개척 12년만인 1970년엔 18,000명의 교회로 급성장을 하게 되어 10,000명을 동시에 수용할 수 있는 여의도 교회당을 짓고 헌당하였으며, 1980년도엔 이미 단일 교회로서는 세계 최대규모인 신도수 13만 명을 초과하는 세계적 오순절교회가 되었다.

3.2. 한국 오순절 교회운동의 '오중복음'의 신학적 의미와 평가

한국교회사에서만이 아니라, 세계 오순절교회사에서 놀라운 카리스마적 지도력을 발휘한 조용기 목사는 그의 목회경력 40년을 뒤돌아보면서 이렇게 말한다.

> 하나님께서 깨닫게 해주신 이 오중복음(The Five-Fold Gospel)을 힘 있게 외치는 곳곳마다 사람들이 중생하고, 심령이 변화되고, 생활이 변화되며, 영육간의 치료와 자유함이 임하였습니다. 중생, 성령충만, 축복, 신유, 재림—이 다섯 가지 복음은 나의 메시지의 핵이요, 성경이 말하고 있는 복음의 진수라고 생각합니다. '오중복음'이 순복음신앙의 이론적인 부분이라면 '삼중축복'(The Three-Fold Blessing)은 오중복음의 실천부분이라고 말할 수 있을 것입니다.[7]

위에서 인용한 조용기 목사의 증언대로 한국 오순절교회 신앙운동의 신학적 이론과 목회적 실천목표는 오중복음론과 삼중축복론 속에 다 들어있다. 우선 그 내용을 핵심만 서술하면서 신학적 의미를 지적해 나가기로 하겠다.

---

6) Ibid., 257.
7) D. Cho, *The Five-Fold Gospel and the Three-Fold Blessing* (Word of God Publisher, 1998).

조용기 목사는 오중복음론을 해설하기 전에, 기존 교회나 신학이 범한, 복음에 대한 잘못된 생각 여러 가지를 지적한다.[8] 복음에 대한 잘못된 오해들은 첫째로 복음은 영혼만을 구원해준다고 해석하는 경우, 둘째로 복음을 윤리와 도덕규범으로 해석하는 경우, 셋째로 복음을 또 하나의 도덕적 율법으로 해석하는 경우, 넷째로 복음을 반율법주의로서 보는 경우, 다섯째로 복음을 학문대상이나 사회개혁의 원리로 이해하는 경우, 그리고 마지막 여섯째로 복음을 샤머니즘의 도구로 보는 경우 등으로, 모두 복음에 대한 왜곡된 해석이나 이해라고 강조한다.

이러한 복음에 대한 왜곡과 변질은 결국 하나님의 말씀인 성경을 바르게 해석하지 아니하는, 곧 성경을 대하는 잘못된 신학적 태도에 기인한다고 보는 것이다. 그러므로 오중복음론이나 삼중축복론을 떠받치고 있는 가장 본질적인 것, 조용기 목사의 복음주의 신학의 기초 중의 기초는 '성경문자무오설'을 받아들이는 성경절대주의 신앙이다. 그는 "순복음이란 성령의 감동으로 씌어진 하나님의 말씀을 '그대로'(Fully), '다'(totally) 믿고 받아들이는 '충만한 복음'(Full Gospel)을 의미합니다"[9]라고 강조한다. 한국의 오순절 신앙운동의 열정과 역동성이 분출하는 진원지도 문자적 성경무오설에 입각한 성경절대주의요, 그 신학과 신앙운동이 갖는 한계와 문제점의 근본원인도 바로 문자적 성경무오설이 지니는 배타적 독단론과 성경연구에 대한 일체의 비판적 연구를 이단시하는 성경문자주의에 있는 것이다.

물론 조용기 목사의 성경무오설은 경직화된 문자주의는 아니며, 영감적 해석과 그의 놀라운 창조적 성령체험에 의해 종교개혁자 루터, 칼빈의 가슴을 감동케 했던 그런 역동적 성경관을 지니지만, 성경문자 밖으로는 한 발자국도 나아가지 아니하고 성경이 말하려는 것 이외에는 더 이상 아무것도 말하려고 하지 않는 그의 해석학적 입장은 자유하시는 성령의 사역을 교회론에 가두어 놓거나 또는 주 하나님을 성경이라는 경전에 유폐시키는 본의 아닌 오류를 범하게 되는 위험을 지닌다.

---

8) Ibid., 38~42.
9) Ibid., 12.

성경이 증언하는 삼위일체 하나님과 구원의 복음은 의심할 여지없이 '하나님의 온전하심'(Totus Deus)을 계시해주지만, 성경은 하나님의 모든 것(Totum Dei)을 독점적으로, 배타적으로 계시하는 실증적 문서는 아니다. 그렇기 때문에 성경무오설을 주장하는 배타적 성경절대주의 신앙을 강조하는 개신교 교파주의 신학은 언제나 '오직 성서만의 원리'가 성경을 절대자 하나님처럼 절대시하는 '우상화'로 전락하여 "하나님만이 하나님이시게 하라"(Let God be God!)는 명제로서 표현되는 '프로테스탄트 원리'(Protestant Principle)를 위반하는 과오를 범할 위험을 지닌다.

순복음교회의 오중복음 중 제일 첫 번째는 예수 그리스도의 십자가의 대속적 속죄능력에 의한 '중생의 복음'(The Gospel of Salvation)이다. 구원의 본질을 십자가의 은총과 대속적 공로로 말미암는 인간의 거듭남, 중생(Regeneration, Rebirth)이라고 본다.

이 '중생의 복음'은 인간의 원죄론과 십자가의 속죄신앙을 전제로 한다. 성경무오설을 받아들이는 성서영감론에 기초하기 때문에, 조용기 목사의 신학적 인간학은 철저하게 성경의 증언대로 따른다. 그는 피조세계의 삼라만상과 인간의 출현 자체가 "우연히 생긴 것이거나 진화되어 발전된 것이 아니라 하나님께서 창조하신 것이다"[10]라고 말하면서 창세기 1~2장의 창조 설화를 '설화'로서가 아니라 사실적 사건이라고 해석한다. 육과 혼과 영으로 창조된 인간은(살 5:23) 본래 타락 전에는 불사적인 영체로 지음 받은 존재였으며 하나님과의 영적 교제가 가능한 존재였는데, 타락 후 인간의 영적 생명은 죽고 죽음, 죄, 질병의 존재로 전락하게 되었다고 말한다. 이러한 타락 상태로부터의 회복은 오로지 독생자 성자, 예수 그리스도의 성육신과 대속적 죽음을 통하여 속량 받음으로써만 가능한 일이라는 것을 강조한다.

오중복음의 첫 번째 '중생의 복음'은 복음주의적 신앙공동체만의 특징적 교의가 아니고 모든 기독교 신앙의 근본 교의이기 때문에 오순절교회만의 신학적 특

---

10) Ibid., 53.

징이라고 말할 것은 없다. 뿐만 아니라, 구원에는 칭의(Justification)단계, 성화(Sanctification)단계, 영화(Glorification)단계라는 세 단계 또는 차원이 있음도 말하기 때문에 매우 정통적인 구원론과 핵심을 공유한다. 다만 특징적 차이를 말한다면, 창세기 3장의 타락설화를 문자적으로 역사 사실적 의미로서 해석하기 때문에, 자연히 인간의 타락을 주도하는 유혹자 사탄의 실재성과 타락 과정에서의 역할에 대하여 매우 인과론적 단순 논리가 적용된다. 타락설화에 대한 상징적, 비유적 성서해석은 용납되지 않고 초자연주의적 합리주의 논리가 적용되고 있다.

오중복음의 두 번째 주제는 '성령충만의 복음'(The Gospel of Fullness of the Holy Spirit)이다. 이 두 번째 복음의 특징은 오순절교회 신학의 가장 두드러진 특징이며, 동시에 조용기 목사가 이끄는 한국 순복음교회 복음이해의 두드러진 특징이 된다. '성령충만의 복음'은 오순절교회의 성령론과 밀접하게 관련된다. 교의학적 차원에서 볼 때, 오순절교회의 성령론은 정통적인 니케아-콘스탄틴 공의회에서 정립된 삼위일체론적 성령론의 틀을 벗어나지 않는다. 성령은 성부, 성자와 더불어 삼위일체 하나님을 이루시는 제3위의 신적 위격으로서 인격성을 지니시고, 보혜사(parakletos)로서 영원, 전지전능, 무소부재 등 모든 신적 속성을 지니시며, 신적 영광과 존귀와 예배를 받기에 합당한 분이라고 정통적인 고백을 한다.[11]

'성령충만의 복음' 교리의 특징은 '성령세례'(Baptism in the Holy Spirit) 이론에 있으며, 중생체험에서 받는 성령의 역사와 성령세례 체험에서 받는 성령의 역사를 구별한다는 점에 있다. 중생의 체험이 성령과 말씀으로 그리스도의 몸에 접붙임을 받고 새 생명을 받아들이는 체험이라면, 성령세례는 하나님의 사역을 행함에 있어서 놀라운 봉사적 권능을 얻기 위한 체험으로서, 성도들과 교회가 성공적인 신앙생활을 하기 위해서는 반드시 중생의 체험과 더불어 성령세례의 체험을 해야 한다고 순복음신학은 말한다.[12] 직접 조용기 목사의 말을 인용해본다:

---

11) D. Cho, *Pneumatology*(Word of God Publisher, 1998), chap. 2.
12) Ibid., 100.

중생의 체험과 성령세례의 체험은 동시에 일어날 수 있으나 이는 별개의 체험입니다. 성령세례는 주님께서 중생한 성도에게 맡기는 사역을 감당하기 위하여 성령님께 사로잡혀 영적 능력을 힘입는 체험입니다.[13]

성령세례를 받은 증거로서는 방언, 복음전파 능력, 각종 은사를 들고 있다. 그리고 성령세례를 받은 신자에게 '성령의 은사'와 '성령의 열매'가 계속적으로 충만한 상태를 '성령충만'이라고 부른다.[14] '성령충만의 복음'에서 특기할 점은 두 가지인데, '중생체험'과 '성령체험'을 별개의 체험이라고 분명하게 명시적으로 구별한다는 점과, '성령체험'을 한 사람의 궁극적 목적은 복음을 증거하는 전도와 교회를 세우고 봉사하는 일과, 교세를 확장하는 일에 있는 것이며, 세계와 역사를 창조적으로 변혁시켜 가라는 '하나님의 선교' 신학 모티브를 찾아볼 수 없다는 점이다.[15] 한국의 오순절교회운동, 구체적으로 조용기 목사가 이끄는 순복음교회 교세확장이 지난 1960~2000년까지 폭발적으로 가능했던 이유가 여기에 있으며, 동시에 그러한 놀라운 폭발적 교세확장에도 불구하고 순복음교회가 1960~90년대에 정치사회적 불의에 저항하는 예언자적 증언운동, 부정부패에 저항하는 비판적 운동, 인권 및 노동운동 측면에서 소홀했거나 침묵함으로써 보수적 정치세력에게 간접적으로 득을 보게 한 이유를 여기서 알 수 있는 것이다. 서양교회사의 요아킴의 성령운동이나 뮌쳐의 성령운동에서 보는 것처럼 본래적인 성령운동은 사회 변혁적 운동으로까지 필수적으로 나아가게 되는데, 한국의 오순절교회는 '성령충만의 복음'이 의미하는 바를 성경구절에 의존하여서만 이해함으로써 비정치화, 탈정치화하게 되었고, 결과적으로는 보수적 정치세력을 돕는 보수교단이라는 아이러니를 낳게 된 것이다.

오중복음의 셋째 이름은 '신유의 복음'(The Gospel of Divine Healing)이다. 신유란 육체적, 정신적 질병을 앓고 있는 인간의 몸에 초자연적인 신적 능력

---

13) Ibid., 98.
14) Ibid., 114.
15) Ibid., 117~118.

이 작용하여 질병으로부터 해방 받아 건강을 회복하는 신앙적 사건을 말한다.

조용기 목사의 순복음교회 신앙에 의하면 인간생명은 본래 영, 혼, 육의 통일체로 구성된 전인적 존재였으며, 타락 또한 전인적 차원에 영향을 미쳐 영은 하나님과의 영적 교통능력을 상실하였고, 혼은 자기중심적인 존재로 전락해버렸으며, 육체는 각종 질병에 시달리고 탐욕과 죄악의 동인이 된다고 본다.[16] 예수 그리스도의 대속적 구원사건과 성령강림은 인간의 총체적 구원을 가능하게 한 것인즉, 현대의학의 발달에도 불구하고 하나님을 믿는 자에게 신유의 은사를 주시고 신유체험을 가능하게 한다고 말한다.

순복음 신앙에 의하면, 신유는 '의학적 치료'(Medical Cure)가 아니고, 최면술적 치료방법이나 정신요법과 엄격하게 구별되며, 강신술이나 신접한 자의 초능력으로 이뤄지는 것도 아니라고 말한다.[17] 신유는 하나님의 뜻에 의하여, 병 고치는 은사를 받은 사람을 통하여(고전 12:9) 성령이 직접 행하시는 은총의 사건이라고 이해한다. 이러한 순복음교회의 '신유복음'은 각종 질병에 시달리는 현대인들에게 강력한 메시지가 되었으며, 실질적으로 암 등 현대의학의 한계로 손을 더 이상 못쓰는 질병을 치유하는 사건이 비일비재하여 한국 오순절교회의 성장은 가속력을 얻게 되었다. 조용기 목사의 카리스마적 지도력은 그가 신유은사를 지닌 능력자로 인정되면서 1960∼1990년대 순복음교회 급성장의 또 다른 배경이 되었다.

조용기 목사는 '신유의 복음'을 강조하면서도 의학적 치료가 죄가 되거나 비성경적이라고 보지 않는다. 그럼에도 그의 질병관은 매우 독특하다. 현대 세균학과 해부학의 발달에도 불구하고, 조용기 목사는 인간의 질병을 일으키는 3대원인이 마귀, 범죄, 저주라고 보는 것이다. 그는 "병균을 비롯한 모든 질병의 조건들은 근원적으로 마귀로부터 파괴적인 세력을 공급받고 있는 것입니다. 질병의 근원은 마귀요 사탄입니다"[18]라고 말한다. 그러한 이해는 긍정적으로 보면

---

16) Ibid., 143.
17) Ibid., 132∼133.
18) Ibid., 145.

인간을 영, 혼, 육체의 통일체로서의 신비로운 피조물로 파악하면서, 합리주의적인 인과론으로써는 다 해명되지 않는 인간생명의 다차원적 존재 신비성을 신화적 표현법으로 말하는 것이지만, 부정적으로 보면 삼라만사를 성경을 텍스트로 하여 해명하려는 문자주의적 성경관의 필연적 결과이기도 하다.

'오중복음'의 네 번째 주제는 '축복의 복음'(The Gospel of Blessing)이다. 이 네 번째 '축복의 복음'은 '성령충만의 복음'과 함께 한국 오순절교회, 곧 순복음교회의 복음이해와 성령론의 특징이다. 미국 웨슬레신학 계통의 성결신학의 4대 복음은 중생, 성결, 신유, 재림인데 반하여 한국의 오순절신학은 성결 대신 '성령충만'이 들어가고 '축복'이라는 주제가 더하여진 것이다.

'축복의 복음'은 한국 순복음교회를 매우 긍정적이고 역동적인 교파로 만드는 데 큰 영향을 미친 교리이다. 이 교리에 의하면, 하나님이 예수 그리스도의 대속적 죽음과 부활 그리고 성령강림을 통하여 가져온 총체적 구원은 단순히 정신적, 영적 차원만이 아니라 물질적, 자연적 차원을 다 포함하므로 물질적 축복을 누리며, 건강을 포함한 샬롬을 향유하는 것이 바른 복음이라는 것이다. 금욕주의적 기독교, 물질과 풍요를 죄책감으로 받아들이는 전통적 영성신학에 강한 충격을 주었던 것이다.

'복음'이 보다 구체적으로 표현되면 요한삼서 2절 말씀에 기초한 '삼중축복'(The Three-Fold Blessing) 이론으로 나타난다. 삼중축복론은 '오중복음' 이론의 실제적 적용이라고 볼 수 있지만, 더 자세히 보면 '축복의 복음'의 구체화이다. 삼중축복이란 "네 영혼이 잘됨같이"(영혼의 축복, The Spiritual Blessing), "범사에 잘되며"(생활의 축복, The Daily Blessing), "강건하기를 간구하노라"(육체의 축복, The Blessing of Health)를 말한다. 삼중축복론은 단순히 요한삼서의 성경 한 구절에 근거한 것이 아니라 성경 전체의 증언에 기초한다고 보는데, 타락으로 인하여 영과 육체가 죽음으로 운명지어지며 자연이 저주 속에 떨어진 것같이(창 2:16~17, 창 3:19, 창 3:17~18) 구원에 의하여 영과 육과 자연이 모두 구원에 동참한다고 보는 것이다(사 53:4~5, 고전 15:42~45, 고후 8:9, 갈 3:13).

한국 순복음교회의 오중복음론 중 '축복의 복음' 이론은 1960~1990년대 한국사회가 물질적 빈곤을 탈출하여 자본주의적 시장경제체제로의 전환기에 한국 기독교인으로 하여금 물질적 부의 획득활동에 적극적인 동기부여를 가능케 했으며, 역으로 물질적 부의 축복을 받으려는 인간의 강력한 동기가 신앙적 동기와 상승작용을 하여 순복음교회의 급성장에 또 다른 요인으로 작동하였다. 그러나 순복음교회의 '축복의 복음'은 베버(M. Weber)가 말하는 바 초기자본주의 형성시기에 작동한 퓨리탄니즘의 경건신학이나 직업에 대한 강렬한 소명의식과는 좀 다른 색깔을 나타낸 것이었다. 더욱이 사회적 정의를 바로 세워야 한다는 크리스챤의 예언자적 공동체 책임윤리가 약화된 채로 '축복의 복음' 이론을 강조한 결과 조용기 목사의 본래 의도와는 다르게, 급변하는 도시화계획 과정 속에서 '토지지가 상승'에 따른 불로소득적인 부의 획득마저도 하나님의 축복이라는 비윤리적 자기합리화가 비일비재하게 일어나곤 했던 것이다.

　　'오중복음'의 마지막 다섯째는 '재림의 복음'(The Gospel of Second Coming)이다. '재림의 복음'이란 신약성경과 특히 요한계시록의 묵시문학적 종말론의 말세 예언을 문자적으로 그대로 믿는 것이다. 그 중요 내용은 그리스도의 공중 재림, 교회의 휴거와 7년 환난, 그리스도의 지상 재림, 천년왕국과 최후심판, 그리고 신천신지의 실현이다.[19] 거듭 말하거니와, 순복음교회의 신학, 특히 조용기 목사의 성령론과 구원론은 철저한 문자주의적 성경영감설과 성경무오설에 기초하여 있기 때문에, 현대 성경비평 연구결과가 말하는 바, 곧 계시록은 당시 묵시문학적 종말신앙을 반영한 상징적 종교경전이라는 이론을 받아들이지 않는다.

　　'재림의 복음' 내용 중 특이한 것은 예수 그리스도의 재림이 '공중 재림'과 '지상 재림'으로 두 번 이뤄지며, 종말의 때에 성도가 영광스러운 몸으로 변화되어 황홀한 상태 속에서 공중에 들리움 받는다는 휴거(Rapture)를 개인 신도의 휴거가 아니라 교회의 휴거로서 파악한다는 점 등이다. 여기에는 '교회의 휴

---

19) Ibid., 239.

거'와 더불어 교회를 지키고 교회와 함께 하던 성령도 지상에서 떠나게 되어 지상은 완전히 멸망할 죄악의 도성으로 버림 받고 심판 받는다는 '악에 대한 공의로운 심판' 사상이 자리 잡고 있다. 악과 죄, 사탄과 죽음, 불신자와 성령을 거스르는 자들에 대한 영원한 심판사상은 세계와 역사의 구원(Salvation of the World and History)이 아니라 세계와 역사로부터의 구원(Salvation from the World and History)이라는 이원론적 도식을 견지하고 있는 것이다. 곧 교회/세계, 빛의 아들/어둠의 아들, 천사군단/사탄군단, 선택받은 자/버림받은 자 등의 이분법적 도식을 벗어나지 않고 있음을 잘 나타낸다.

이상으로 '오중복음'이 의미하는 바를 그 핵심에서 고찰하였다. '오중복음'에 대한 신학적 평가는 결국 한국 오순절교회의 성령신학과 그 운동에 대한 신학적 평가의 문제가 된다.

첫째, 한국 오순절교회의 성령운동은 1960~1990년대 약 30여 년간 한국사회의 급변하는 공업화, 도시화, 산업화 과정 속에서 소외되고 인간의 자기정체성 상실에 고통당하던 사람들에게 구원과 위로와 소망의 메시지를 줄 수 있었다. 특히 영육을 함께 아우르는 총체적 구원신학을 제창하게 된 것은 긍정적으로 평가되어야 한다.

둘째, 성경을 성령의 감동감화에 의해 하나님의 자기계시의 영감으로 기록되고, 편집되고, 전승된 경전으로 이해하는 성경축자무오설은 현대 성경비평학적 연구를 비신앙적 태도라고 규정하게 된다. 본시 서구신학 전통에서 장로교 칼빈주의, 특히 근본주의 신학에 근거를 둔 보수주의는 역동적 성령론을 강조하는 오순절 운동과 여러 가지 점에서 차이점을 나타내 보인다. 하지만 한국 현대교회사에서 근본주의, 보수주의, 성령운동, 부흥운동, 오순절운동을 함께 묶어주고 진보적 개신교신학에 맞서 공동전선을 펼 수 있게 했던 공통분모는 다름 아닌 '성경축자무오설'에 입각한 문자적 성경절대권위를 강조하는 신학적 입장인 것이다.

셋째, 한국 오순절교회 성령의 신학은 철저하게 사도행전적 신학인데, 강렬한 복음전도열, 교회개척운동과 양적부흥운동, 대형부흥집회운동, 뜨거운 기도운동, 신유와 방언 등 은사운동을 일으켜서 한국 개신교에게 역동성을 부여하였다. 그리하여 1960년대 초에는 전체 한국 개신교 교인수가 100만 명에 머무르던 것을 30년 만에 1,000만 명에 이르도록 하는 폭발적 증가에 오순절 순복음교회 신앙과 성령운동은 공헌하였다.

넷째, 성령충만의 복음을 강조하는 한국 오순절교회 성령신학의 결정적 문제점은 성령의 사역을 교회 안에 가두어 놓음으로써 창조의 영, 생명의 영, 우주적 그리스도의 영, 생태학적 치유의 영으로서의 포괄적이고 우주적인 성령의 활동을 교회론 중심으로 제약하였다. 성령의 일차적 사역이 교회를 세우고 관리하는 일이라고 보는 성령론 때문에 정치신학이나 해방신학에 대한 관심이나, 여성신학이나 생태학적 신학에 대한 관심도 미미하였다.

다섯째, 순복음교회의 문자적 성경주의는 제3세계, 특히 아시아의 전통종교와 전통문화의 가치를 식별해내지 못하게 하여 동아시아의 세계적 보편종교들을 모세 시대 가나안에 번성했던, 야훼신앙이 정복해야만 할 이방종교와 동일시하는 해석학적 맹목성을 야기했고, 복음의 토착화신학 운동을 종교혼합주의라고 매도하게 하였다. 종교 간의 대화나 협동을 용납할 수 있는 신학적 포용성이 전혀 없기 때문에, 불교, 유교, 천도교 등 전통종교들은 우상종교로 폄하되고 배타적 정복대상이 됨으로써 한국 개신교는 한국문화 및 사회 속에서 이방인이 되고 심각한 문화적 갈등, 분쟁의 당사자가 되게 하였다.

4. 나오는 말

한국 오순절교회의 성령이해와 성령운동은 초대 교회의 케리그마에 충실하면서 매우 역동적 능력을 발휘하여 1960~1990년대 한국 교회를 급성장시키는 데 크게 공헌하였다. 1996년 한국 보수교회를 대표하며 교회부흥운동을 주도해 왔던 '기독교 대한 하나님의 성회'가 KNCC 회원교단으로 가입함으로써 한국 개신교는 새로운 21세기의 선교전선을 형성하게 되었다.

그럼에도 한국 오순절교회의 오중복음론에서 우리가 살펴본 대로, 순복음교회 신학의 성령론은 전도, 교회, 기독교 교세확장에 강조점이 놓여 있는 특성을 지니고 있다. 그렇기 때문에 WCC의 '바아르 선언문'이 선포하는 바처럼, 성령의 사역범위와 활동방식이 전 피조물의 세계, 기독교 전래 이전의 토착종교들, 그리고 생태계의 생명 지속과 보존에까지 이른다고 고백하지는 않는 것이다. 더나아가서 진정한 의미에서의 신구약성경을 꿰뚫고 흐르는 '예언자 정신', '화육신앙', 그리고 피조세계 전체를 하나님의 무한 사랑으로 속량하여 구원한다는 '궁극적 은총 승리신학'이 결여되어 있으며, 그러한 중심교의가 삶의 전 영역에까지 침투하여 관철되지 못한다는 약점이 있다. 그 결과 리챠드 니버(H.R. Niebuhr)가 그의 명저, 『그리스도와 문화』에서 제시하는 '문화의 변혁자로서 그리스도'(Christ as the Transformer of Culture)라는 창조적 변혁이론을 오순절신학에서는 찾아볼 수 없다.

조용기 목사가 성령세례 및 중생체험을 강조하면서 기독교인들의 성화과정과 책임적 실천윤리를 성령의 열매로 크게 역설함에도 불구하고, 그가 중심이 된 한국 오순절교회 신앙의 알파와 오메가는 '문자주의적 성서무오설', 즉 고전주의적 성경영감설을 기초로 하고 있기 때문에, 피선교지역에서 교회를 부흥케 하였던 '오직 성서만'의 원리가 오늘날 토착문화 및 전통종교와의 충돌을 낳고, 교회 울타리를 넘어서 창조세계 전체 현실 안에서 구원사역을 펼치시는 성령의 사역활동을 보지 못하도록 교인들의 눈을 가리고 있는 셈이다.

조용기 목사가 속한 순복음신학의 성경관은 바울시대와 우리가 몸담고 있는 시대의 '상황' 변화와 그 차이를 무시하고, 다른 한편 WCC에 속한 진보적 교단은 인간의 상황 변화를 넘어서 있는 영원히 새로운 복음적 케리그마의 본질을 약화시키거나 상대화시킬 위험이 있다. 그러면 어떻게 해야 하는가? 문제는 어떠한 성경관을 갖느냐의 문제, 곧 올바른 '성서해석학'에 관건이 달려 있다. 이문제가 바르게 신학적으로 해결되면 한국 보수교단과 진보교단은 각각의 '성령의 신학'이 지닌 교파적 특성과 장점을 최대한으로 살리고 서로 보완하면서 21세기 선교현장에서 힘 있게 연대성을 지속할 수 있다.

한국 교회가 오늘날 부딪히고 있는 21세기 선교신학 정립에 있어서 상호 상충하는 '성경관'의 차이를 화해시키고 바르게 해결하기 위하여 우리는 20세기 하나님의 큰 종이었던 바르트(K. Barth)가 그의 로마서 초판 서문에서 들려준 말을 참고하는 것이 최선의 대답일 것이라고 믿는다.

Paul, as a child of his age, addressed his contemporaries. It is, however, far more important that, as Prophet and Apostle of the Kingdom of God, he veritably speaks to all men of every age. The differences between then and now, there and here, no doubt require careful investigation and consideration. But the purpose of such investigation can only be to demonstrate that these differences are, in fact, purely trivial. The historical-critical method of Biblical investigation has its rightful place: it is concerned with the preparation of the intelligence —and this can never be superfluous. But, were I driven to choose between it and the venerable doctrine of Inspiration, I should without hesitation adopt the latter, which has a broader, deeper, more important justification……

Fortunately, I am not compelled to choose between the two. Nevertheless, my whole energy of interpreting has been expended in an endeavour to see through and beyond history into the spirit of the Bible, which is the Eternal Spirit.[20]

---

20) K. Barth, *The Epistle to the Romans*, The preface to the first edition(Oxford University Press, 1933, 1968), 1.

제3부

인간 혁명, 교회 혁신, 그리고 세계 변혁

장공 김재준의 신학적 인간학

1. 들어가는 말

이 에세이는 장공 김재준 목사(1901~1987)의 인간 이해, 곧 그의 신학적 인간론을 입체적으로 파악해보려는 것이다. 무릇 모든 인간의 사상과 활동은 그가 인간을 어떻게 파악하고 있는가에 따라 근본적으로 그 성격이 결정된다. 흔히 사상가의 인간론은 그의 연구 활동과 삶의 체험이 도달한 결론이기도 하면서 그 전제이기도 하다. 그 말은 인간 이해와 여타의 사상 내용 및 활동과의 관계는 '해석학적 순환구조' 속에 있다는 말이다.

장공의 인간 이해를 구성하는 근본적 요소들로서 몇 가지를 분별해볼 수 있다. 몸의 현실성을 중요시하는 유교적 인간이해, 자연과의 조화를 강조하는 풍류도적 도가사상, 비움과 묘공(妙空)으로서의 충만이 결국 역설적으로 같은 것이라고 경험하는 화엄사상, 떼이야르 샤르뎅의 창조적 진화사상에 근거한 우주적 그리스도론, 그 모든 것들을 포용적으로 수렴하면서도 완성하는 그리스도의 성령으로 말미암는 중생체험, 그리고 마지막으로 개혁파 신학전통의 핵심주류로서 철저한 유일신 사상에 근원을 두고 '오직 하나님께 영광'을 돌리는 칼빈신

---

* 본 원고는 『신학연구』 2001년호에 실렸던 내용임.

학의 유산 등이 장공의 신학적 인간학을 구성하는 요소들로서 감지된다.

장공의 신학적 순례의 길을 추적해보면, 그는 기독교 교리를 무시하지 않았지만 교리체계에 맞춰 살아있는 인간을 추론하거나 결정적으로 예단하려는 접근방식에 항상 저항을 해왔다. 그가 일본의 청산학원 신학부에 유학을 하는 동안방학 중에 신학서적보다는 문학서적을 더 많이 탐독한 것은 문학에 대한 관심보다는 살아있는 인간들의 생생한 모습이 비록 문학적 픽션을 통해서나마 더 리얼하게 묘사되고 있음을 파악했기 때문이다.

그에게는 살아있는 인간 실존의 심층에 접근하면 할수록, 신학적 주제가 말하려는 하나님, 성령, 구원, 속죄, 중생, 부활체 등 중요한 신학적 인간학의 중심명제가 도대체 무엇을 의미하는지 피부에 실감나도록 이해되기 시작했던 것이다. 그러므로 그의 신학적 인간학은 교의학적 접근이라기보다는 사뭇 자신의 신앙 체험적 접근이라고 말함이 타당하다.

2. 하나님의 형상, 자유, 그리고 인간 영성

장공은 신학자의 전공영역으로 굳이 따지자면 구약성서 학자이다. 그가 비록한국의 신학교육 초창기에 현실상황 때문에 필요에 따라 조직신학, 기독교윤리학, 목회학, 비교종교학 등 다양한 장르를 강의했지만 그의 본래 전공은 구약성서신학 분야이다. 그의 신학적 인간학은 자연히 창세기 1~2장에 나오는 '인간창조 설화'에 주목한다. 특히 '하나님의 형상'에 따라 사람을 지으셨다는 인간창조 설화의 진의를 파악하려고 한다.

그런데 자세하게 살펴보면 창세기 창조 설화에 기초한 장공의 신학적 인간학, 특히 '하나님의 형상론' 해석에서 그는 아주 독특한 이해를 하고 있다. 이것은성서의 해석에 있어서 '축자적 영감설'을 거절하지만, 소위 말씀의 영감성과 성경의 신적 계시성을 인정하는 '목적영감설'의 입장에 기인하는 것이다. 다시 말하면, 그는 창세기 창조 설화를 생물학적 의미에서 인간발생의 기원을 말해주는 자료로 이해하지 않는다. 성경은 자연과학적 지식을 알려 주려는 자연 교과서의 대용품이 아니라는 말이다. 그러므로 극단의 근본주의적 보수주의 신학자들이 말하는 바처럼, 하나님이 약 7, 8천년 전에 문자 그대로 흙을 가지고 사람을 만들고 그 코에 생기를 불어넣어 '산 생령'이 출현했다는 개체종의 독립적 창조설을 받아들이지 않는다. 그럼에도 장공의 '하나님 형상론'은 현대 신학자들 그 어느 누구보다도 명확히 성경 본문이 말하는 질적으로 다른 인간창조 입장을 피력하고 있다.

> 문제의 초점은 인간이었다. 하나님의 형상으로 지어진 인간은 자유하는 주체적 존재이기 때문이다. 창세기의 창조설화에 의하면 '인간은 하나님 자신의 형상' 대로 지었다고 했다. 그런데 하나님은 '영'(靈)이시므로 인간도 영적 존재자일 것이며, 하나님은 시간 공간에 구애되지 않으시는 분이기 때문에 인간도 시간 공간에서 자유하는 존재였을 것이다. '몸'도 영적 질서에 속한 '영의 몸'이었을 것이다. 하나님은 생명의 주이시며 생명 자체이기 때문에 그에게는 '죽음'이 없다. 영원한 삶만이 있을 뿐이다. 인간도 하나님의 형상이기 때문에 본래적으로는 죽을 자로 지어진 것이 아니었다. 생명이 정상태요, 죽음은 변태라 하겠다.[1]

위 인용문에서 특히 놀라운 것은 창조된 본래의 인간 생명체는 지금 같은 '생물학적 신진대사'를 하다가 자연세계의 물리법칙인 '엔트로피 현상'에 종속되어, 자연생명적 수명을 누린 후 결국은 누구나 죽어 자연으로 다시 환원하는 자연스런 '생물학적 죽음'까지도 타락의 결과라고 보는 점이다. 인간이 '영체'로서의 본래 모습을 잃어버리고 나자 '생물학적 육'이 되었는데 이러한 질적 변화는 타락의 결과이지 창조 본래의 모습이 아니라고 보는 것이다. 장공은 창세기 창조 설화와 타락 설화가 전하려는 중심 사상을 스스로 다음과 같이 요약, 정리한다:

---

1) 김재준, 『고토를 걷다』(선경도서출판, 1885), 238. 김재준, 『김재준전집』, 제18권(한신대출판부, 1992), 100. 이하 『전집』으로 표기함.

하나님 이외 또는 그 이상에는 절대자가 없다. 그 하나님은 영원한 생명 자체이시다. 인간은 하나님 모습으로 지어진 피조자로서 영적 질서에 속했으며 그 몸은 영체(靈體)로서 몸이다. 그러나 하나님 관계에서는 어디까지나 의존자이다. 그런데 인간은 자기의 주체성을 강화하기 위하여 하나님 계명보다는 악마의 유혹에 귀를 기울인다. 인간은 하나님으로부터 받은 신적 자유(神的 自由)를 악마적인 자유에로 전용했다. 인간은 자기의 창조주인 하나님으로부터 자신을 단절시켰다. 그것은 영적 질서에서 자연 질서로의 추락을 의미한다. 따라서 영원한 생명체로부터 '신진대사'를 운명적으로 타고난 자연생명의 질서에로 추락했다. 그래서 '죽음'의 권세 아래 예속됐다. 그는 죄책감에서 탈출할 길이 없다. 이율배반의 고민에 시달리며 살다가 죽는다.[2]

장공의 신학적 인간학에서 주목해야 할 점은 인간의 본래적 존재양식은 '영적 질서'에 속한 '영적 존재'라는 점이다. 그 영적 질서에서 인간은 단순히 건강한 자연적 질서나 당위적인 윤리적 차원을 넘어서 시공을 초월하고 죽음의 권세에 손상당하지 않는 불사적인 존재이며, 영이신 하나님과 영적 사귐을 갖는 존재였다고 보는 점이다. 놀랍게도 장공의 신학적 인간학에서 '영적 질서', '영적인 몸', '시공을 초월한 자유', '죽지 않는 생명' 등은 자연과학적으로 훈련받은 현대인들에게 신화적 인간학의 잔상이라고 비판받을는지 모른다. 그러나 달리 보면 이는 장공이 성경의 말씀을 고대사회의 과학적 지식을 반영하는 문서로서가 아니라 매우 영감적 문헌으로서 보고 있다는 증거이며, 사실 이러한 인간의 근원적 본성에 대한 장공의 사상은 바울이나 초대교부 리용의 감독 이레네우스의 인간학과 몹시 닮은 바가 많다.

장공에게 있어서 '하나님의 형상론'은 '영적 질서에 속한 영적 존재로서의 인간의 영광'으로 정리되지만, 다른 말로 표현하면 '하나님의 형상'의 현실적 표현은 '자유로운 존재로서의 인간'의 모습이라고 본다. 책임적인 자유의식,

---

2) 김재준, 『고토를 걷다』, 240.

자기초월의식과 긴밀하게 관련되면서 스스로 선택할 수 있는 응답적 존재, '자유'가 곧 하나님의 형상의 핵이라는 것이다. 개신교 신학자로서 장공은 이 점을 특히 강조하였는데, 그의 신학교육에서 복음의 자유를 강조한 일, 학문 연구와 양심의 자유를 강조한 일, 민주주의와 인권을 위한 투쟁도 모두 이 지고한 '인간 자유'를 지키고 향유하려는 동기에서 나왔던 것이다. 장공의 말을 한 번 더 들어본다.

> 개신교에서는 성령이 각 개인 인격과 양심에 촉발하는 그 시점에서 불타는 개인적 자유를 반석으로 한, 개인 자유(個人自由)의 신앙에 터를 세우고 있습니다. 그래서 그 개별적 신앙경험을 신성한 하나님의 소명으로 믿고 지킵니다. 민주화는 개인의 자유를 기점으로 합니다. 기독교의 교리는 역시 개인 자유의 신성불가침에 있습니다. 개인이 선택할 수 있는 자유 말입니다. 이 자유는 하나님도 손대지 못합니다.[3]

장공의 신학적 인간학에서 '하나님의 형상'을 구체적으로 '인간 자유'로서 파악하는 것은 현대 20세기 대표적 신학자들, 예를 들면 바르트(K. Barth), 틸리히(P. Tillich), 그리고 니버(R. Niebuhr)의 이해와 같다.[4]

물론 장공의 신학적 인간학에서도 '하나님 형상'으로서의 자유가 추상적인 존재로서의 개인 단독자의 고독한 자유는 아니고, 본래의 창조 의도를 따른, 창조주와 이웃을 향하고 그들을 위한 자유임을 전제하지만, 다분히 근대 서양사상의 '절대 주체성을 지닌 개인의 자유'라는 측면이 더 강해 보인다. 장공이 유가적 정신 풍토 속에서, '만유일체'(萬有一體)라는 말 속에서 흔히 감지되는 동양적 실재관의 한 특징이랄 수 있는 '미분화된 통일성과 집단의식'이 강조되는 사유체계 속에서 자라다가, 기독교를 접하면서 터득한 가장 강렬한 인상이 "하나님도 함부로 손대지 못하는 개인의 절대 자유"라는 사상이었을 것이다.

---

3) *Ibid.*, 13. 20.
4) K. Barth, *Church Dogmatics*, III/2(T.& T. Clark, 1960), 222~285.

아직도 정신사적으로, 한국의 정신문화 풍토가 진정한 개인 자유의 권리와 책임성에 기초하는 주체성을 확립하지 못한 채 집단주의, 패거리 의식, 당파주의, 혈연과 지연과 학연중심의 인간관계가 기승을 부리는 것을 감안 할 때, 기독교 인간학의 기본 명제를 각 개인의 인격과 양심에 기초를 둔 장공의 '개인 자유'의 강조는 의미 있는 사상이라고 본다.

그러나 '만남의 사건 속에서 발생하는 자유'나 더불어 존재하며 사귐의 존재 방식 가운데서 자유를 창조하고 향유하게 되는 인간성의 존재론적 사회성에 대한 강조는 그의 초기 신학적 인간학에서 크게 역설되지 않았다. 왜냐하면 그가 기독교를 접하고 활동했던 한국 상황에서는 시대적으로 일단 인간성의 비밀로서 하나님이 각 개인에게 부여한 신성불가침한 '자유'의 확보가 시급했기 때문이다.

3. 현실적 인간, 죄의 현실성과 극복의 문제

우리는 위에서 장공이 '하나님의 형상'을 어떻게 이해하는가를 중심 테마로 하여, 그가 '본래적 인간의 모습'을 어떻게 파악하는지 살펴보았다. 그러나 서론에서 살핀 대로, 장공에게는 생동하는 현실 인간 그대로의 파악이 더 중요했다.

현실적 인간실존은 본래적 인간의 모습을 거의 상실하여 '죄와 죽음의 권세' 아래서 종노릇하고 있는 실정이다. 인간타락의 근본원인 속에 사탄의 유혹이 있지만, 성경은 타락의 모든 원인과 책임이 신적 존재들의 투쟁 결과이거나, 우주 자연 운행의 숙명적 힘들 때문이거나, 심지어 혈육적 존재로서의 인간이 지닌 동물적 본능 때문이라고도 보지 않는다. 타락의 근본 원인과 책임은 '인간 자유의 남용'에 뿌리박고 있다.

피조물로서의 인간 존재는 자기 초월능력과 자유의식을 갖긴 하지만 그 자유의식은 '절대 자유'가 아니라 '상대적이고 유한한 자유'이다. 인간의 자유의식은 스스로 '절대 자유'를 주장하고 바라지만 현실적으로는 그런 절대 자유는 불가능하고 인간의 자유로서 성립되지도 않는다. 인간의 자유의식과 자유체험은 언제나 '~로부터의 자유', '~을 향한 자유', 그리고 '~을 위한 자유'이다. 다시 말하자면 피조물인 유한자 인간에게 있어서 자유(Freedom)는 존재론적으로 언제나 어떤 존재적 제약(Destiny)과의 상관구조 속에서만 자유일 수 있다.

피조물 인간이 하나님의 형상으로서의 자유를 남용하여 스스로 타락하고 죄적인 상태에로 전락하는 가장 강렬한 동기는 사랑하는 자유 안에서 책임성을 누리는 본래적 존재방식을 버리고, 스스로 위대해지고 강해지면서 하나님처럼 절대시되려는 자기교만이라고 본다. 신학은 그 유혹을 '휴브리스'라고 부른다. '휴브리스'는 자기가 행한 도덕적 선행에 대하여 자긍심을 갖거나 약간 우쭐대는, 자랑하고픈 심정과는 본질적으로 다르다. '휴브리스'는 도덕적 개념이 아니라 종교적 개념이요, 영적 교만이다.

'휴브리스'는 보다 강해짐으로써 타자를 지배하고 타자들 위에 군림함으로써 쾌감을 맛보려는 권력에의 욕망이자, 신처럼 되려는 '무제약적 힘의 추구 의지'이다. 하나님 없이 자기가 존재의 중심이 되고, 자기가 모든 것을 결정하는 중심점이 되려는 오만이다. 이 '휴브리스'는 당연히 '무제약적 욕망' 의지를 동반하는 죄의 결과를 낳는다. 무제약적 욕망은 권력욕, 물질욕, 지식욕, 명예욕, 성취욕, 성욕 등 다양한 형태로 나타난다. 인간 존재는 자기가 조금 강해질 때는 '교만'에 빠지고, 약해질 때는 '교만'의 변용형태인 '태만'에 빠진다. '교만'과 '태만'은 인간 원죄의 쌍둥이 모습이다.

인간의 죄성에 대한 위와 같은 심각한 통찰은 기독교의 신학적 인간학으로 하여금, 인간성의 본래적 모습에로의 회복을 위하여 인간 자신들의 도덕적 수양론, 종교적 자아 수련론, 심리 치료적 상담론, 교육을 통한 인간 개조론 등을 넘어서는 더 근원적인 변화능력의 필요성을 제기해 왔다. 인간 원죄성의 극복을 위하여 수평적 차원을 넘어서 수직적 차원으로부터 내려오는 초월적 변혁 촉매를 강조해왔다. 그것이 성령의 능력과 은혜로 말미암는 '거듭남의 교리'이다. "누구든지 거듭나지 않으면 하나님 나라를 볼 수 없다. 누구든지 물과 성령으로 거듭나지 않으면 하나님 나라에 들어갈 수 없다"(요 3:3,5). 이 점에 대하여 장공은 인간 존재가 '새로운 존재'로 변화하는 것은 인간적, 사회적 차원 이상의 초월의 차원이라고 강조한다.

> 새 사람이라는 것은 만들어지는 것이 아닙니다. 이것은 사회구조의 산물이 아니라, 영적으로 다시 난 인간입니다. 이것은 하늘이 하는 일이요, 사람이 할 수 있는 일이 아닙니다. '새 사회'도 그러합니다. 하늘나라가 땅에 임하는 때에만 가능한 것입니다. 사회구조 자체가 하나님의 영광이 머무는 장막이어야 하겠기 때문입니다. 제3의 차원이 필요합니다. 역사적 혁명은 이것을 가져오지 못합니다. 운명적으로 제2차원 밖에 갖고 있지 못하기 때문입니다. 성령으로 거듭난 인간, 위로부터 다시 난 인간에게 있어서는 옛 사람은 십자가에 못 박혀 죽고, 그리스도의 부활과 함께 새사람이 그리스도와 함께 탄생하는 것이라 하겠습니다.[5]

위에서 장공이 '제3의 차원'이 필요하다고 할 때, '제3의 차원'이란 무엇을 말함인가? 인간 개인의 도덕적 수양과 종교적 수련 등을 제1차원이라 하고, 사회 교육적 변혁노력과 사회제도 개선을 통한 새 인간 창조의 노력을 제2차원이라고 한다면, 종교적 초월의 차원, 곧 영적 차원을 제3의 차원이라 말할 수 있다. 또는 몸으로서의 인간을 포함한 '자연'을 제1차원이라 하고, 의식으로서의 '역사'를 제2차원이라 한다면, 초의식으로서의 '영'(靈)을 제3차원이라 할 수 있다. 틸리히가 말하는 '자율'(Autonomy)을 제1차원이라 한다면 '타율'(Heteronomy)은 제2차원이요, '신율'(Theonomy)은 제3의 차원이라고 말할 수도 있다.

여하튼 장공의 신학적 인간학에서 옛 사람이 '새로운 존재'로 변화하는 과정엔 '제3의 차원'이 요청된다는 것을 분명하게 천명하고 있기 때문에, 한국의 보수적 신학자들이나 목회자들이 흔히 장공의 신학을 곡해하고 비방하여 이르기를 그의 신학이 '인본주의요, 자유주의 신학'이라고 말하는 것이 얼마나 터무니

---

5) 『전집』, 제1권, 326~327.

없는 것인지 분명한 것이다. 장공은 죄의 극복이란 '그리스도 안에서' 성령의 능력으로 말미암아 옛 사람이 죽고, 새 사람으로 거듭나는 은혜의 사건이라고 보는 것이다.

그렇다면 유교나 불교나 타종교의 성인, 진인, 보살 등 이기적이고 자기중심적인 인간성을 벗어버리고 완전히 자유하며, 타자를 위해 어짐과 자비행의 봉사생활을 기쁨으로 실천하는 사람들은 어떻게 이해할 것인가? 장공의 견해에 따르면 이는 지극히 예외적인 사건으로서 그들은 초인적인 자기 정진과 종교적 수련을 통해 그러한 경지에 도달할 수 있다. 그는 이 경우에 그들이 명시적으로는 그리스도, 은혜, 성령, 하나님 등의 용어를 사용하거나 그런 '제3의 차원'을 뚜렷이 자각하지 않을지라도, 그들이 이미 자기 집착적인 '자아의식'을 넘어선 초자아의식의 차원에서 말하고 우주와 하나 된 무위자연의 경지에서 행동한다면, 거기엔 이미 기독교가 말하는 그리스도로서의 로고스, 은혜, 영이 익명적으로 희미하게나마 현존한다고 본다.

> 만유 주 하나님, 천하 만민을 사랑하시는 하나님, "해를 선한 자와 악한 자에게 같이 비추시고 비를 의인과 악인에게 함께 내리시는 하나님"을 예수는 가르치고 계시다. 그래서 "하나님의 사랑이 온전하심같이 너희도 온전하라"(마 5:44~48)고 하셨다. 이런 하나님의 사랑은 또한 말씀 즉 로고스로서 창세 이래 무수한 지자, 현자, 선인 등을 통하여 역사하여 오늘에 이르고 있다고 믿는다 …… 우리는 타종교가 악마의 소산이라는 것 보다는 자유하시는 성령의 역사에 의한 하나님의 단편적인 말씀이라고 보는 것이 더 타당하다고 생각한다 …… 이것이 그리스도에게서 완전함을 이루었다.[6]

위 인용구에서 볼 때, 장공의 타종교를 이해하는 입장은 '포용주의적 성취론'의 입장이라는 것을 알 수 있다. 유가의 가정에서 태어나 유교의 근본정신을 경

---

6) 『전집』, 제7권, 341~342.

험하고, 그리고 그리스도 성령 안에서 중생체험이라는 '은혜를 체험한 사람' 으로서의 장공의 입장을 우리는 여기서 만나게 된다.

장공의 인간 이해는 철두철미 그가 그리스도 예수를 구주로 영접한 중생체험과, 그 이후 그의 일생 동안 삶의 고비 고비마다 부활하신 주님께서 동행하시고 격려하시는 신앙체험에 기초한 신학적 인간학임을 주목해야 한다. 그것은 단순한 사변이거나 차가운 이론이 아니었다. 그러므로 장공의 신학적 인간 이해에서 그가 그리스도의 부활사건을 어떻게 이해하고 있는가는 그의 모든 신학적 인간학이 말하는 증언들의 기초 토대가 되는 것이다. 우리가 제2절에서 살펴본 '하나님의 형상론' 역시 구약성경 창세기와 관련된 성경구절의 주석적 결과이지만, 이는 '부활하신 그리스도의 영적 몸' 에 대한 신앙과 신학적 비전 없이는 불가능한 것이다.

4. 예수 그리스도의 부활에서 본 인간의 죽음과 영생

20세기 현대 신학운동 중에서, 불트만 학파를 중심으로 한 기독교 근본 케리그마의 실존론적 해석은 20세기 현대인들에게 복음의 본질을 밝히는 데 큰 공헌을 했지만 동시에 큰 손실을 가져왔다. 특히 사도전승을 통하여 성경이 증언하고 있는 예수 그리스도의 부활을 실존론적 의미의 부활로 해석함으로써 성경과 히브리적 사유가 지닌 강렬한 '몸의 중요성' 에 대한 신앙 유산을 약화시켰다. 그 결과 본의 아니게 기독교를 또 하나의 정신의 종교, 영지주의적 종교로 변질시킬 위험한 토대를 마련하였던 것이다. 장공은 예수 그리스도의 부활을 어떻게 이해하고 있으며, 그리스도의 부활사건과 인간의 운명을 어떻게 연결시켜 파악하고 있는가의 문제는 이 에세이에서 중요한 테마가 된다.

장공은 그가 미국 유학에서 돌아온 뒤 얼마 되지 않은 1935년 초, 「그리스도 부활에 대한 연구」라는 매우 중요한 신학논문을 발표하였다. 장공은 성서가 증언하는 그리스도의 부활의 사실성의 성격을 먼저 진지하게 다루고 나서 "그리스도의 부활이 역사적으로 보아 움직일 수 없는 엄연한 사실일진대, 이 사실에 대한 철학적 과학적 해석이 이 사실 자체의 진실성을 좌우 할 수 없는 이상, 우리는 다만 겸손한 마음으로 신의 위대하신 기적 앞에 머리를 숙일 수밖에 없는 것이다"[7]라고 그의 입장을 피력한다. 이 말은 바르트가 말하는 방식으로 한다면 부활사건은 '역사적 사실' 이지만 '역사적 방법으로는 밝힐 수 없는 초역사적 사실' 이라는 다소 모순적이고 역설적인 입장과 동일한 것이다.

예수 그리스도의 부활사건이 '역사적 사실' 이라는 뜻은 부활은 초대 기독교인들의 유언비어가 확장되어 유포된 것도 아니고, 스승에 대한 애모가 극진하여 그를 따르던 여인들의 마음속에 일어난 심리적 환각상태의 심리환영의 결과도 아니고, 십자가 처형사건에도 불구하고 그 사건을 통해 더욱 뚜렷이 드러난, 절대 진리와 절대 사랑이신 예수의 생명력이 지닌 가치와 의미가 제자들의 주관적 마음속에서 재생된 사건이라는 실존론적 부활도 아니라는 것을 의미한다. 예수 그리스도의 부활은 인류역사의 어느 시점에서, 곧 시간과 공간 안에서 일어난 하나님이 일으키신 '사실적 역사사건' 이라는 고백이다.

그러나 부활사건은 동시에 '역사과학적 방법과 역사이성' 으로써 증명하거나 그 진위를 판명해 낼 수 없는 '초역사적 사건' 이라는 말은 생명의 신비사건 속에는, 특히 부활사건과 같이 하나님이 직접 개입하신 특수사건 속에는 실증적 경험 방법론이나 이성의 능력으로써는 다 해명할 수 없는 불가해한 일이 일어날 수 있다는 것을 받아들이는 신앙적 태도를 내포한다. 그것은 존재가 닫힌 법칙 세계로서만이 아니라 열려진 미완성의 세계, 거듭 거듭 새로운 일, 놀라운 일이 일어날 수 있는 가능성으로 충만한 세계라는 것을 용인한다.

사도적 신앙이 증언하는 것은 부활사건이 부활신앙의 근거인 것이지 부활신앙이 부활사건의 근거가 되는 것이 아니라는 것이다. 물론 양자는 해석학적으로 순환구조 속에 있다. 그러나 그 양자가 해석학적 순환구조 속에 있다는 말은 소극적으로 말해서, 부활사건이 실제로 일어났다 하더라도 그것을 '부활사건' 으

<hr>

7) 『전집』, 제1권, 75.

로 인지하고 그 의미를 고백하는 신앙인의 응답이 없다면, 부활사건 자체는 어느 날 아침에 동편에서 태양이 떠올랐다는 것을 말하는 자연사건과 다름없는 일이 되어버린다는 의미이다. 좀더 적극적으로 말해서, 부활사건과 부활신앙은 동전의 앞과 뒤처럼 불가혼동, 불가분리적일 때만 의미가 있다는 말이다. 부활은 역사적 한계를 넘어서 있는 '전혀 새로운 하나님의 사건'이었으며, 전혀 새로운 종말론적 사건의 선취적 사건이다. 그렇다면 예수 그리스도의 부활체는 어떤 성질의 몸인가? 장공은 이렇게 말한다.

> 그리스도의 부활체는 이전의 몸과 그 동일성을 가지면서도 그와 동시에 이미 변화산상에서 변화할 때와 같이 영광 영화(靈化)된 몸이었음이 분명하다 ……그러면 생리적 존재이었던 혈육을 가진 몸이 어떻게 그의 동일성을 잃지 않고 영체(靈體)로 화(化)하는가 하는 것은, 다른 모든 생명의 움직임과 창조가 신비임과 동양(同樣)으로 신비불가해의 것이다. 이는 하나님의 전지전능에 속한 행사요 인간의 알 바가 아니요 알 수 있는 것이 아니다. 부활하신 그리스도의 몸은 그러면 그의 육체적 존재를 하나도 잃지 않는 동시에 그의 영적 생명을 표현함에 가장 적응된 표현기관인 몸 즉 영화(榮化) 영원화(永遠化)한 몸이었던 것이다. 철(鐵)이 그 동일성을 잃지 않으면서도 그 내외(內外)가 아울러 변하여 영광과 열을 발함에도 비할 것이다.[8]

장공이 예수 그리스도의 부활의 사실성과 그 영적 몸의 영광과 영체성을 강조하는 이유는, 바로 그리스도의 부활의 빛에 의하여 인간의 운명과 비밀이 드러났고, 또 예시되고 약속되었다고 보기 때문이다. 장공에 의하면 "그리스도의 부활은 또한 일반 신자의 부활에 대한 전제임과 동시에 그 원동력"이다.[9]

죽은 일반 신자의 부활체로서의 몸의 영화사건과 변화는 언제 일어나는가?

---

8) *Ibid.*, 77~78.
9) *Ibid.*, 80.

역사의 종말에 일어난다고 생각하는 것이 전통적 이해였지만 장공은 기독교인의 영화됨을 입은 생명체로의 변화는 죽음 직후 곧바로 이뤄지는 것이지 역사 종말의 때를 기다리거나, 중간 상태를 거쳐야 하는 것으로 생각하지 않은 것 같다.[10]

장공은 마지막 우주적 종말의 날에 만물이 하나님의 영광에 휩싸이며 사랑의 물결이 온 우주에 가득 차고, 하나님이 직접 피조물 만유 가운데 충만으로 임하는 종말의 날에 인간과 역사의 모든 죽음의 권세와 비극은 종말을 고하고 만인의 '보편적 부활'이 일어날 것이라는 것을 부정하지 않는다. 그러나 산 자와 죽은 자가 모두 함께 영화되는 종말적이고 우주적인 '보편적 부활' 이전일지라도, 이미 그리스도 안에서 영적 생명으로 거듭나고 성장해온 개인 생명체는 죽음과 함께 '우주적 사랑의 공동체' 안에서 '개인적 부활체'로 덧입혀 영생한다고 본다. 이러한 장공의 견해는 현대 신학자들, 특히 바르트, 라너(K. Rahner), 큉(H. Küng), 그레샤케(G. Greshake) 등의 견해와 비슷하다. 최태영은 그레샤케의 견해를 지지하면서 그레샤케의 입장을 다음과 같이 요약 정리하였는데 그 입장은 장공의 입장과 크게 다르지 않다고 본다.

그레샤케(G. Greshake)는 부활은 물질적인 연장을 의미하지 않는다고 이해한다. 즉, 부활체가 죽음 이전의 현세의 몸과 전적으로 다르다는 것을 강조한다. 죽은 몸이 다시 살아나는 것이 아니라는 것이다. 그러므로 죽은 사람의 시체가 여기 있음으로 그는 부활하지 않았다는 말을 할 수 없다는 것이다. '죽음 안에 있는 부활'은 죽음 후의 삶이 부활상태임을 표현한다. 그레샤케는 개인이 죽음에 의하여 모든 것을 끝내는 것이 아니라 곧바로 새로운 실존 속으로 들어가게 되는데, 그것을 부활의 상태라고 말한다. 영혼만 존재하는 것이 아니라, 영화된 몸으로서 존재한다는 것이다.[11]

---

10) 죽음과 부활의 문제, 특히 기독교인의 부활이 죽음 후 언제 일어나는가에 대하여는 최근 한국 신학계에서 집중적으로 연구한 논문을 참조하라. 최태영, 『그리스도인은 죽을 때 부활한다』(도서출판 아름다운 사람들, 2000).

바울의 유명한 말, "예수를 죽은 자 가운데서 살리신 분의 영이 여러분 안에 살고 계시면, 그리스도를 죽은 사람들 가운데서 살리신 분께서, 여러분 안에 계신 자기의 영으로 여러분의 죽을 몸도 살리실 것입니다"(롬 8:11)라는 것을 장공도 미래적 현재로 이해한다. 장공은 생애 중에 사랑하는 큰 딸을 먼저 보내는 아픔을 겪었고, 사랑하는 제자들을 먼저 보내는 장례식에 참가해야만 했었다. 맏딸을 먼저 저 세상으로 보내고 난 후, 일기체 형식으로 딸에게 보내는 땅 위에서의 편지에서 장공은 이렇게 말한다.

간 사람, 있는 사람, 보이는 사람, 안 보이는 사람, 남과 나, 선배와 후배, 모두 모두 '전 우주적 사랑의 공동체' 안에서 하나님과 그리스도와 인간과 자연과 모두 얽혀 한 몸 되는 그 날이 오면, 이 늙은 부모도 다시 너를 몸으로 만 날 수 있을 것이다. 잘 있어라. 정자야 잘 있어라. 그날이 올 때까지.[12]

위 인용구만을 보면, 장공의 부활론에서 죽은 자들이 모두 온전한 영체로 덧입고 만유 안에 내주하시는 하나님의 사랑과 영광에 참여하는 시간이 마지막 변화의 날, 곧 만유가 성취되는 '종말의 날' 같이 생각되기도 하지만, 다음과 같이 말할 때엔, 영화된 부활의 몸을 죽음과 동시에 덧입는 것으로 이해된다.

우리가 소위 '하관식'을 할 때 "육신은 흙으로, 영혼은 하늘로"라는 선언을 한다. 그러나 그렇게 (영육이) 분리된 존재로서의 인간은 '인간'일 수가 없다. '산 몸'이 아니기 때문이다. 그러나 '영'으로서의 인간, 영체로서의 '몸', 생명의 주이신 하나님 날개 안에 품긴 인간의 작은 생명인 경우에는 인간 생명의 영성과 영생, 그 몸의 영화(靈化) 등을 기대할 수 있다.[13]

---

11) 최태영, 『그리스도인은 죽을 때 부활한다』, 148.
12) 『전집』, 제15권, 414.

그렇다면 장공의 부활의 몸, 영화된 몸의 시점이 언제인가라는 물음에서 그 변화 시간이 죽는 순간의 '현재'인가, 역사의 '종말의 날'인가라는 물음은 큰 의미가 없게 된다. 왜냐하면 이미, 죽은 자는 산자들이 경험하는 시간의 세 가지 형태인 과거, 현재, 미래라는 분리된 시간 속에서 '시간의 연장 상태'를 살고 있는 것이 아니라, 하나님의 시간 안에, 곧 '영원' 안에 거하기 때문이다. 동시에 공간체험도 현재 육체적 존재로서 살고 있는 사람들이 경험하는 그러한 국지적 공간경험 형태나 시공간의 존재방식이 아니기 때문이다.

그러므로 죽은 자가 신비한 영체를 덧입는 것은 죽음 직후, 즉 '죽음과 동시'라고 말하기도 하고, '종말의 날'에 하나님의 영광이 만인들의 눈앞에 나타나는 사건과 함께 '보편적 부활' 사건이 일어날 것이라고도 말하는 것은 일견 모순당착이라고 생각되기 쉽다. 그러나 아직 여기 시간 속에 남아있는 자들로서 서로 모순되는 듯한 두 가지 상반되는 견해를 동시에 말하는 이유는 '역사적 비유'로 말할 수 없는 영원의 차원을 영원 이전의 시공간 체험방식의 인식 패러다임, 곧 역사적 이성으로써 말하려고 시도하는 데서 발생하는 모순 때문인 것이다.[14]

장공은 그 두 가지 견해를 이런 때는 이렇게 저런 때는 저렇게 말했는데, 다만 한 가지 초지일관한 점은 절대사랑이신 하나님의 주권과 품 안에서는, 그 분이 주인이신 '우주적 사랑의 공동체' 안에서는 아무것도 잃어지지 않고 심은 대로 거둔다는 하나님의 진실하심에 대한 신앙이다. 바울이 말한 그대로이다: "자기를 속이지 마십시오. 하나님은 조롱을 받으실 분이 아니십니다. 사람은 무엇을 심든지, 심은 대로 거둘 것입니다. 자기 육체의 욕망을 따라 심는 사람은 육체로부터 썩을 것을 거두고, 성령의 뜻을 따라 심는 사람은 성령으로부터 영생을 거둘 것입니다"(갈 6:7~8).

---

13) 『전집』, 제18권, 80.
14) 박봉랑, 『종말론적 신학』(대한기독교서회, 2001), 359~426.

장공 김재준의 신학적 인간학 | 147

5. 삼위일체 하나님, 인간, 우주적 사랑의 공동체

무릇 신학적 인간학은 그가 하나님을 어떻게 이해하고 있는가의 문제와 상관관계 속에 있게 된다. 하나님의 존재방식, 하나님의 세계 내 임재방식, 하나님의 피조물과의 관계방식 등을 어떻게 파악하는가에 따라 그의 신학적 인간학의 이해도 달라진다. 장공은 철저한 유일신 신앙의 정신을 물려받으면서, 그 유일신이 삼위일체적 유일신이라는 정통 기독교 신앙고백의 입장을 자기의 입장으로 받아들인다.

> 내 신앙경험대로 고백한다면 내가 예수를 믿노라 할 때에 하나님을 믿는 것으로 되었고, 내가 믿게 됐다는 것 자체가 성령의 내주(內住)를 말하는 것이었다. 어느 한 분이 나를 부르고 사랑하신다면 동시에 세 분이 나에게 인지(認知)되는 것이었다. 그 분들은 '죽은 신'이 아니었다. 살아서 나에게 응답하시고 나의 기도를 들어주시고 나와 함께 사시는 하나님이시다.[15]

위와 같은 장공의 삼위일체론적 유일신 신앙은, 서방기독교 전통에서 강한 '군주론적 양태론'이라기보다는 차라리 동방기독교 전통에서 성부, 성자, 성령 삼위간의 상호침투, 상호내주, 상호교통하심을 강조하는 '페리코레시스적 삼위일체론'에 더 가깝다.

'페리코레시스'(Perichoresis)라는 어휘는 '상호침투', '상호내주', '상호사귐', '상호교통'을 나타내는 어휘로서 본래의 의미는 하나에서 다른 하나에로 활동, 차례차례로 돌다, 순회하다, 돌아다니다, 포옹하다, 포괄하다는 뜻을 지닌다.[16]

동방교회 신학자 나치안즈의 그레고리와 다마스쿠스의 요한에 의하여 이 '페

---

15) 김재준, 『하느님의 의와 인간의 삶』(삼민사, 1985), 279~280.
16) J. Moltmann, 김균진 역, 『신학의 방법과 형식』(기독교서회, 2001), 336.

리코레시스' 개념이 그리스도의 인성·신성 간의 관계 설명 및 삼위일체 하나님의 내적 관계성 설명에 적용될 때 '상호내주', '상호침투', '상호사귐'의 의미로 더욱 주목을 받게 되었다. 페리코레시스적 삼위일체론에서 성부, 성자, 성령 삼위 간의 관계는 어느 하나가 나머지 다른 두 신적 위격을 군주적으로 지배하거나 다른 품격에 대한 배타적 우위성을 갖는 것을 인정하지 않는다. 몰트만(J. Moltmann)은 그런 관계를 다음과 같이 말한다.

> 삼위일체 안에 있는 한 주체가 하나 됨을 나타내는 것이 아니라, 삼위의 상호주체성(Intersubjectivity)이 그것을 나타내며, 이 상호주체성을 우리는 페리코레시스라 부른다.[17]

페리코레시스적 개념을 통하여 삼위일체를 이해한다는 것은 요한복음 14장에서 예수께서 죽음에서 부활하신 후, 보혜사 성령을 보내주실 것을 약속하시면서 하신 말씀을 특별히 기억나게 한다: "조금 있으면, 세상이 나를 보지 못할 것이다. 그러나 너희는 나를 보게 될 것이다. 그것은 내가 살아있고, 너희도 살아있을 것이기 때문이다. 그 날에 너희는, 내가 아버지 안에 있고, 또 내가 너희 안에 있음을 알게 될 것이다. 내 계명을 받아서 지키는 사람은 나를 사랑하는 사람이요, 나를 사랑하는 사람은 내 아버지의 사랑을 받을 것이다. 그리고 나도 그 사람을 사랑하여, 그에게 나를 드러낼 것이다"(요 14:19~21).

장공의 '범 우주적 사랑의 공동체' 비전은 살아계신 삼위일체 하나님의 사랑과 능력과 영광이 피조물 안으로 깊이 들어와 내주하면서도 피조물을 흔들어 깨워서 하나님을 향하여 살도록 사랑하고 자유하고 거룩하게 만들며, 살아가는 능력의 원천이 된다. 인간은 하나님의 능력과 임재 안에서 살며, 기동하며, 숨쉬며, 새로움과 창조적인 일에 동참한다. 삼위일체 하나님은 만유 위에 계시고, 만유를 통하여 일하시고, 만유 안에 계시는 하나님이시기에(엡 4:6) 온 우주가 하

---

17) *Ibid.*, 338.

나님의 '쉐히나'로 충만해지는 종말의 날까지(고전 15:28), 모든 피조물들, 특히 인간들은 삼위일체 하나님의 영원한 임재 가운데서 '신성화'되고 영화될 것이다. 몰트만은 이렇게 말했다.

> '은혜'는 성자의 특별한 본질과 특수한 행위를 규정하고, '사랑'은 성부의 본질과 작용을 규정하는 것처럼, '사귐'은 성령과 그의 창조적 에너지들의 특별한 본질인 것으로 생각된다. 은혜와 사랑과 사귐이 함께 작용하는 가운데서 삼위일체적 하나님 경험이 생성된다. 그리스도는 아무 전제가 없는 은혜 속으로 우리를 받아들이며, 성부 하나님은 아무 조건 없는 사랑으로 우리를 사랑하며, 성령은 우리를 모든 살아있는 것의 사귐 속으로 인도한다. 세 품격들은 구분되어 활동하지만, 새롭고 영원한 삶을 창조하는 통일된 활동 속에서 함께 작용한다.[18]

장공이 말하는 '범우주적 사랑의 공동체'는 바로 위에서 몰트만이 신학적으로 설명하는 삼위일체 하나님이 피조세계 전체 속에서, 역사와 자연과정 속에서 인간을 부르시고, 의롭다고 하시고, 은혜롭게 하시면서 '하나님의 나라'를 구현해 가시는 창조적 활동세계를 말한다. 기독교인들을 '역사로부터 구원'하시려는 것이 아니라 '역사의 구원'을 도모하신다. 기독교인들을 하늘로 이끌고 승천하려는 것이 아니라, 땅을 거룩한 하늘로써 충만케 하여 '하나님이 만유 가운데 충만하신 이'로서 자신도 영광 받으시고 만유를 영화롭게 하시려는 것이다.

장공이 '범우주적 사랑의 공동체'를 어떻게 이해했으며, 그 안에서 인간이 취해야 할 태도가 무엇이라고 말했는가를 파지하는 것이 장공 사상의 핵심을 파악하는 일이 된다. 장공의 '범우주적 사랑의 공동체론'은 1945년 그의 중요한 논문 「기독교의 건국이념」과 말년인 1986년에 강연한 「우주적 사랑의 공동체」에 이르기까지 그의 기독교 사상을 관철하는 중심축이다. 두 논문에서 인용해 본다.

---

18) *Ibid.*, 347.

기독교인의 최고사상은 하나님 나라가 인간사회에 여실(如實)히 건설되는 그 것이다. 그러나 이 '하나님의 나라' 라는 것을 초세간적(超世間的), 내세적인 소위 천당이라는 말로서 그 전부를 의미한 것인 줄 알아서는 안 된다. 하나님의 뜻이 인간의 전 생활에 군림하여 성령의 감화가 생활의 전 부문을 지배하는 때, 그에게는 하나님 나라가 임한 것이며, 이것이 사회에 침투되며 사선(死線)을 넘어 미래세계까지 생생발전(生生發展)하여 우주적 대극(大極)의 대낙원의 날을 기다리는 것이 곧 하나님 나라의 전모인 것이다.[19]

우리가 세계적 사랑의 공동체, 더 나아가서는 범우주적 사랑의 공동체를 구현하기 위해서 우리의 모든 것을 바친다면 결코 부끄러움을 당하지 않을 것이며 그 공동체 안에서 함께 영생할 것입니다. 다만 그것이 일조일석에 될 것이 아니므로 장기전을 피할 수 없을 것입니다 …… 다만 '하나님의 영광을 위하여' 가 우리의 좌우명입니다.[20]

위의 인용문에서 살필 수 있는 대로 장공의 신학에 의하면, 기독교의 근본적 본질은 자연, 물질, 역사, 인간 몸의 온전한 구원과 전 피조세계가 하나님의 거룩한 사랑의 충만으로써 촉매되어 성례전적 변화가 이뤄지도록 '하늘이 땅으로' 끊임없이 육화하는 '성육신적 영성' 에 있다.

'성육신적 영성' 은 단순히 "말씀이 육신을 이루어 우리를 구원하기 위하여 세상에 오셨다"는 '도성인신' (道成人身) 교리의 수락이 아니다. 도리어 '성육신적 영성' 은 이 세상의 옛 질서를 변혁하려는 강렬한 도전의 복음이며, 타락한 현실에도 불구하고 땅과 세계에 대한 대긍정의 메시지이며, 역사만이 아니라 자연도 함께 구원하려는 '원창조질서의 회복' 이면서도 새로운 세계의 적극적 창조 메시지이다. 인간은 이 일에 동참하도록 창조주 하나님으로부터 부름 받고 초대

19) 『전집』, 제1권, 159.
20) 『전집』, 제18권, 532.

받고 있다는 것이 장공의 인간학의 요체이다.

그러므로 장공의 신학적 인간학을 그동안 한국 기독교사에서 강조해온 여러 가지 유형의 영성과 비교할 때 가장 특징적인 점은 바로 삼위일체론적 하나님 신앙에 기초한 '성육신적 영성'의 강조인 것이다.

안병무의 '체현의 신학' : 그 화육론과 성령론

1. 들어가는 말

안병무 선생이 타계하신 이후, 그의 신학적 사상을 연구하고 재음미하여 오늘을 살아가는 기독교인들과 민중들이 보다 예수의 삶을 가까이 닮아가고, 보다 사람다운 얼굴을 갖춘 공동체 형성을 이뤄가게 하고자 여러 가지 주제와 측면에서 후학 제자들이 그분을 탐구해 왔다. 그동안 추모 강연 주제들을 돌이켜 보면 '안병무의 예수 이해' (황성규), '민중신학의 생명' (기다 겐이찌), '안병무는 그리스도인이었는가?' (송기득), '안병무의 교회 이해' (손규태) 등이었다.

오늘 강연자는 그의 화육론과 성령론을 그의 민중신학의 틀 안에서 '체현(體現)의 신학' (the theology of embodiment)이라는 관점에서 이해해 보려고 한다. '체현' 이란 단어의 사전적 의미는 "정신적인 것, 이념적인 것, 추상적인 것을 구체적으로 혹은 몸으로 드러내는 것"을 의미한다. 가령 "충무공 이순신 장군은 구국정신을 체현한 분이다"라고 말할 수 있다.

특히 안병무의 화육론과 성령론을 '체현신학' 이라는 시각에서 파악하고자 한다는 말은 정통신학에서 말해온 '로고스 그리스도론' (Logos christology)이나

* 본 원고는 2002년 10월 20일 향린교회에서 행하였던 강연내용임.

삼위일체적 하나님의 제3위격으로 파악하는 정통 교의학의 '삼위일체론적 성령론' (Trinitarian pneumatology)을 생명론적 창발사건으로서, 그리고 구체적으로 몸의 구원을 동반하는 신적 생명력의 시공간적 체현사건으로서 파악한다는 것을 의미한다.

이제 밝혀질 것이지만, 안병무의 체현의 신학에서 말하는 화육론과 성령론은 육체, 물질, 역사, 세계 현실로부터의 도피나 혹은 그것들로부터의 구원을 추구하는 일체의 영지주의적 기독교에 대한 통렬한 비판을 의미한다. 동시에 그의 체현의 신학은 구체적 민중의 역사 참여를 통해 변혁해가야 할 현실을 악의 세력에게 맡겨놓고 역사 종말을 기다리는 신화론적 묵시파 성령운동과 무제약적 성장과 번영을 성령의 축복이라고 기만하는 일체의 바알신앙적 성령파 교회주의 운동에 일대 경종을 울리는 것이다.

2. 체현의 신학에서 본 화육론

2.1. 초대교회 삼위일체론적 담론 형성의 교회론적, 구원사적 배경

주후 1세기 후반에서 2세기 초 어간에 이미 초대 기독교 공동체 안에는 "역사적 인간 예수가 어떻게 메시아, 구세주, 그리스도가 될 수 있는가"를 설명하려는 '그리스도론'의 단초들이 있었다. 그 중 어느 것은 이단으로 제거되고 어느 것은 그 후 정통신학의 기초적 틀로 발전하게 되었다.

유대적 기독교 공동체 안에서는 철저한 유일신 신앙전통(the radical monotheistic tradition)이 있었기 때문에, 그리스도론은 철저하게 인간 예수, 역사적 인물 예수의 현실성으로부터 시작하는 것이 너무나 당연하였다. 그러므로 예수가 그리스도가 되신 것은 다윗의 후손으로 태어나신 요셉의 아들이요, 갈릴리의 청년인 예수에게 하나님이 성령을 물 붓듯이 부어 주셔서, 이전의 예언자들과는 비교가 안 될 정도의 특수한 능력과 지위를 갖게 되었고, 마침내 하나님의 아들로서

'받아들여져서'(Adoption) 그리스도가 되셨다는 '에비온적-성령론적 그리스도론'(the ebionist-pneumatological christology)이 첫째 흐름이다. 베드로의 오순절 설교(행 2:22~24, 32~34)와 바울의 로마서 서문에 나오는 증언(롬 1:3~4)에서 우리는 베드로나 바울 등 유대적-히브리적 신앙전통에서 그리스도를 증언했던 사람들의 기본 입장을 읽을 수 있다.

헬라적 기독교 공동체 안에서는 유대 신앙전통과는 달리 철저한 유일신 신앙의 기본 틀이 주는 제약에서 좀더 자유로울 수가 있었다. 그리하여 헬레니즘 문화권에서 쉽게 받아들여질 수 있는 '영지주의적-로고스 그리스도론'(the gnostic-logos christology)이 널리 퍼져가게 되었다. 그리스도는 태초부터 영원히 선재하던 로고스의 화육의 결과이며, 본래 하나님과 동질성을 지닌 신적 본체셨으나 '자기를 비워 종의 형체'를 입어 인간을 구원하시려는 그리스도가 되셨다는 것이 중심 메시지이다(요 1:1~5, 3:11~16, 빌 2:6~11).

예루살렘 성전 파괴와 유대국 멸망(A.D. 70) 이후, 기독교 공동체의 중심축이 지정학적으로 팔레스타인 지역을 떠나 소아시아와 마케도니아, 알렉산드리아, 로마 등지로 퍼져감에 따라, '아래에서 위로의 그리스도론'(down-up christology)이라고 할 수 있는 '에비온적-성령론적 그리스도론'은 쇠퇴하거나 물밑으로 잠수해가고, '위에서 아래로의 그리스도론'(up-down christology)이라고 할 수 있는 '영지주의적-로고스 그리스도론'이 주류를 이루거나 정통신학의 자리를 잡아가게 되었다.

이런 상황에서 제기되는 문제점은 두 가지인데, 그 첫째는 영지주의와 희랍의 로고스 철학은 엄연히 서로 다른 사상적 계보임에도 불구하고, '위에서 아래로의 그리스도론'이라는 사고 틀의 방향에서 쉽게 습합, 보수적 정통 그리스도론의 '신학적 패러다임'의 기조가 되어 오늘날도 막강한 위력을 발휘하면서 본래의 히브리적 사고 틀을 잠식해버렸다는 점이다. 두 번째 문제점은 영지주의 문제이다. 초대 기독교 신앙공동체는 영지주의적 이단사설과 사생결단의 투쟁 속에서 살아남은 생명의 종교이지만, 초대 기독교 형성 당시 영지주의는 시대를 풍미하던 헬레니즘 문화권에서 '종교적 구원 패러다임'의 원형 또는 기본

모델과 같은 인식론적, 우주론적, 구원신화론적 '매트릭스'(matrix)였다는 점이다. 빛과 어두움, 영과 육, 위와 아래, 영적 존재와 혈육적 존재, 하늘나라와 땅의 나라 등등의 이분법적 도식과 그 이분법적 도식에서 앞선 범주의 가치가 뒤에 열거된 범주의 가치들보다 존재론적으로 우위에 있다는 가치관이 기독교 신앙 안에도 깊이 들어오게 되었다. 현실적으로 영지주의적 구원론적 신앙 어휘들이 일상적 종교용어로 통용되었음을 우리는 사도들의 편지에서 쉽게 알 수 있는 것이다.

초대 교회의 위대한 지도자들은 위에서 언급한 두 가지 위험을 직시하면서 당시 사회정치적, 문화종교적 상황 속에서 '복음'을 바르게 증언하는 과제를 안게 된 것이다. 다시 말하면, 영지주의적 어휘를 차용하면서도 영지주의적 구원론과 투쟁해야만 했고, 헬라 스토아철학의 로고스 개념을 차용하면서도 우주원리로서의 로고스의 보편적 개념을 돌파하여 인격적, 역사적 말씀으로서의 로고스 개념이라는 구체성을 확보하는 일을 수행해야만 했다. 이러한 두 가지 과제를 성공적으로 수행한 사람이 요한복음서 기자였다. 그 두 가지 위험을 극복하지 못하면, 기독교 구원론은 영지주의 구원신화와 헬라 로고스 철학이 절충주의적으로 결합한 우스꽝스런 현대판 구원신화로 전락해 버린다.

안병무의 체현신학이 이해한 화육론은 그런 의미에서 오늘날 다시 주목되어야 할 충분한 가치가 있는 것이다. 안병무는 조직신학자가 아니요 성서학자이기 때문에, 로고스 그리스도론을 본격적으로 다루는 논문을 집필하지는 않았다. 그러나 그의 전집 제1권 『역사와 해석』 제3부 신약편에서 제4장을 '요한의 증언'으로 할애하여 우리의 주제, 로고스의 화육론을 풍부하게 언급하고 있다.

2.2. 요한신학의 화육론 해석에 있어서 체현신학적 해석의 눈

안병무는 요한복음의 로고스 화육론을 해석하기 전에, 요한복음서의 특이성에 관하여 핵심적 요점을 간추려 다룬다. 공관복음서와의 차이점, 요한복음서 기자의 정신적 풍토, 그리고 요한의 새로운 예수 해석의 관점이 무엇이었는가를 조명한다.[1] 안병무는 요한복음서가 집필되고 유포되었던 정신적 풍토가 "헬레니즘의 영지주의가 강한 풍토"라고 하는 학계의 공통 견해를 받아들인다. "쿰란 문서가 발견되면서 요한이 서 있는 지역의 정신적 풍토는 영지주의 구조를 가진 팔레스틴의 유다 경건주의"라고 주장하는 쿤(K.G. Kuhn)의 지론을 소개하면서 요한 기자가 영지주의자였다고 보는 종교사학자들의 극단적 견해나, 중동 일대는 영지주의가 지배적인 지역이었다고 생각하는 학자들(대표적으로 R. Bult-mann)의 견해와 자신의 입장 사이에 조심스럽게 거리를 둔다.

안병무는 요한 기자의, 예수를 새롭게 해석하는 해석학적 눈은 '예수가 누구인가'를 증언함에 있어서 세례자 요한 제자공동체, 전통 유대교 지도자, 영지주의적 구원론자 등과 구별하여 새로운 세계를 여신 분, 영적 혁명을 일으켜서 기존 세계질서와 가치관을 완전히 뒤엎어 버리신 분, 그리고 무엇보다도 진리나 새로운 삶의 길을 제시한 성인이거나 스승이 아니라 진리와 생명의 길을 당신 자신의 몸으로써 체현하신 분이라 보는 점을 강조한다.

> 예수는 사람이 나아가야 할 길이나 사람이 알아야 할 진리나, 나아가서는 삶을 제시하거나 가르치는 데 그치는 이가 아니다. 아니, 그가 곧 길이요 진리요 생명이다(요 14:6). 그러므로 그는 길을 가르치는 것이 아니라, "나를 따르라"고 하며, 그를 따르면 진리를 알게 될 것이라 하며(요 8:31~32), 영원한 삶을 찾는 사람들에게 "내가 곧 생명의 떡이다"(요 6:35)라고 한다. 그러므로 그는 "내 살을 먹고 내 피를 마시는 사람에게는 영원한 생명이 있을 것이다"(요 6:53~54)라고 한다. 이러한 주장은 "이 사람이 요셉의 아들 예수가 아닌가? 그의 부모를 우리가 알지 않는가?"라고 하는 유다인들에게는 거리낌이 되지 않을 수 없었다.[2]

위의 인용구 끝에 나오는 말, '거리낌이 된다'는 것은 '스칸달론'이다. 본래 복음은 바울이 지적한 대로 지혜를 구하는 헬라인에게는 미련한 것이요, 초자연

---

1) 안병무, 『안병무전집』, 제1권(한길사, 1992), 341~349. 이하 『안병무전집』을 『전집』이라고 표기한다.
2) 『전집』, 제1권, 354.

적 기적과 종교를 비상함 속에서 찾으려는 유대인에게는 '거리낌'이 된다고 했다(고전 1:22~24). 거리끼는 것 안에서 참된 진리를 보는 길은 '역설'(paradox)로 진리를 깨닫는 길 밖에 없다. 요한복음 기자는 특히 예수의 복음을 '역설적 담론 형식'으로 이야기하고 있음을 안병무는 강조한다. '역설'은 '일반적 상식(doxa)에 어긋나는 것(para)'을 의미한다.

요한복음서는 역설로 가득 찬 복음서이다. 어쩌면 역설적인 것이 아닌 것은 기독교의 진리가 아니라고 말할 수도 있다. 긴 여행에 지치고 목마른 예수가 수가성 샘터에서 사마리아 여인에게 '영원히 목마르지 않는 생수'를 준다(요 4:5~15). 온갖 모멸과 조롱과 외로움 속에서 고독하게 죽어가는 십자가에 달린 자가 "다 이루었다"(요 19:30)고 말한다. 예수의 하나님을 실증적으로 보여 달라는 빌립의 요청에 대하여 "나를 본 자는 이미 아버지를 보았다"(요 14:9)고 말한다. 역설 중에서도 가장 놀라운 역설은 바로 다름 아닌 '영원한 로고스가 예수 안에서 육을 입었다'(요 1:14)고 말하는 로고스 화육론인 것이다.

그러므로 안병무의 화육론은 세 가지 해석학적 눈을 가지고 이해해야 한다. 그 첫째는 '체현의 신학적 해석학'이요, 그 둘째는 '상징 또는 은유적 해석학'이요, 그 셋째는 '역설의 논리'이다. 안병무가 요한복음 1장 14절을 서두에 인용하고서 부치는 글 제목이 '개벽의 선언'이었다. 말씀의 화육론은 "새로운 세계 역사 시작에 대한 대서막의 선언"이요 천지개벽의 선언이라는 것이다.[3] 예수의 출현은 원형 반복적, 인과율적, 인과응보적 세계 속에 전혀 새로운 가능성의 배태, 비반복적인 유일한 것의 잉태, 닫혀진 세계가 아니라 열려진 개방성의 세계로의 전환을 선언하는 것이라고 본다.

(성육신 사건은) 무정란과 수정란의 차이로 비유할 수 있을 것이다. 무정란은 그 안에 어떤 새로운 가능성이 없다. 그 껍질 속에 갇힌 것처럼, 그것은 영원히 그 안에 차단된 채 일정한 시간이 지나면 썩어버리게 되어 있다. 이에 대해서 수

---

3) *Ibid.*, 349.

정란은 그 안에 새로운 가능성, 새로운 미래를 수태했다.[4]

안병무는 화육론에서 우선 말씀(로고스 하나님)의 육화(인간 되심, 역사화)는 하나님의 초자연적 능력을 통한 생물학적 기적 사건을 말하려는 사실 설명의 명제적 진술이 아니라, 예수의 생명 안에서, 그분의 생명을 통해서, 그분의 말씀과 하신 일을 통해서 초월적이고 영원한 참 생명의 능력과 실재가 우리 가운데 현재하게 되었다는 것을 말하려는 종교 은유적 담론, 곧 상징적 설화라고 본다. 그 점에서 안병무는 '마리아의 성령수태 이야기'도 같은 진리 증언, 곧 "하나님이 이 역사 안에 내림해서 현존한다는 임마누엘 신앙"의 설화적 표현이라고 본다.[5]

> 처녀 마리아가 성령으로 수태했다는 설화도 그렇다. 처녀 자체로서는 새 생명을 배출할 수 없다. 그가 새 생명을 잉태하는 길은 밖으로부터 생명을 그 몸에 받을 때에만 가능하다. 그런데 마리아는 성령으로 잉태했다고 한다. 이것은 자연 자체의 필연으로 그리스도가 세상에 온 것이 아니라는 뜻이다. 아니, 하나님이 역사 안에 들어온 사건이 바로 예수의 탄생이다. 그런 뜻에서 이 사건을 '임마누엘'이라고 한다.[6]

고대 헬레니즘 시대, 스토아 철학의 전통에서 연유한 로고스 사상의 영향은 기독교가 플라톤 철학으로부터 받은 영향 못지않게 컸다. 플라톤 및 신플라톤 철학이 기독교의 신론 형성에 영향을 끼쳤다면, 스토아 철학의 로고스론은 삼위일체론적 신론 형성과 그리스도론 형성 두 가지에 큰 영향을 끼쳤다. 로고스는 세 가지 개념을 내포한다.[7]

---

5) *Ibid.*

6) *Ibid.*

7) P. Tillich, *A History of Christian Thought; From Its Judaic and Hellenistic Origins to Existentialism*, Edited by Carl E. Braaten(Harper & Row, 1967), 29~32.

안병무의 '체현의 신학' : 그 화육론과 성령론 | 159

첫째, 로고스는 '실재의 우주적 이법' (the universal law of reality)이었다. 동양 신유학에서 말하는 "태극은 곧 리(理)"라고 하거나, 도(道)라고 하는 것과 같은 개념이었다. 초기 한글 성경 번역본에서 "말씀이 육신을 이루었다"를 '도성인신' (道成人身)이라 한 것은 그 때문이다. 로고스는 우주자연의 이치와 법칙일 뿐만 아니라, 인간 마음의 합리적 구조이자 능력이기도 했다. 사람은 모두 '로고스의 종자 씨앗'을 지닌다고 보았다. 그렇게 이해하는 전통에서 인간의 이성(reason)은 신적 세계이성(Logos)의 구체적 형태라고 보는 사상이 싹텄다.

둘째, 로고스는 단순한 정태적(靜態的) 이법만이 아니라, 만물 속에 내재하면서 만물을 창발시키는 '신적 능력' (the divine power)이라고 역동적으로 이해되기도 하였다. 퇴계의 '이기호발설' (理氣互發說)을 생각하면 쉽게 이해가 될 수 있다. 신학적으로 표현하면 로고스는 '궁극적 실재의 자기 현현의 원리' (the principle of self~manifestation of the Ultimate Reality)이다. 태양은 끊임없이 빛을 발하듯이 "성부 하나님은 성자 로고스를 영원히 낳는다"고 오리겐은 말한 적이 있다.

셋째, 로고스는 의지와 뜻의 드러남으로서 '말' (word)의 의미가 있다. 인간의 언어성은 태초부터 하나님과 함께 있었고 만물이 그로 말미암아 지음받은 바 된 로고스 안에서 현존하기 때문이다.

이상에서 살펴본 대로, 로고스는 무슨 시공이나 인과율에 제한된 유한한 실체가 아니다. 로고스는 유대 땅과 예언자들에게만 현존한 것이 아니다. 그러므로 나사렛 예수의 생명이 곧 '로고스의 화육'이라는 요한복음의 증언을 '로고스의 체현'으로서 이해해야 하는 것이다. 로고스의 체현으로 이해한다는 말은 예수의 생명 전체가, 그의 존재 자체가 곧바로 영생이 무엇인지, 진리가 무엇인지, 참 생명이 무엇인지, 하나님의 사랑과 진노가 무엇인지, 참 말씀이 무엇인지 통째로 드러냈다는 것을 체험하고, 증언하는 신앙고백적 언어이다. 특히, 안병무의 체현신학적 맥락에서 화육론이 말하려는 진실과 본 의도는 '예수는 인생과 진리와 구원의 길을 가르치는 성인이나 교사로서, 달을 가리키는 손가락'이 아니라, 그분 자체가 곧 몸으로서의 전체 생명을 희생함으로써 '길과 진리와 생명' 자체가 되셨다는 것이다. 따라서 우리가 그 생명에 참여하려면 기독교 교리의 수락이나 예수 교훈의 실천 정도가 아니라, 그 분 생명을 '떡과 생수'로서 먹고 마심의 형태, 곧 '몸을 통한 실천적 참여'가 요청된다는 것을 강조하려는 것이다.

한국 기독교의 보수적 전통신학의 위험은 예수 그리스도의 유일회적 계시성과 유일성을 확보하려는 교리적 성급함 때문에, 로고스를 성경종교 안에 유폐시키고, '양태론적 군주론'(the modalistic monarchianism)이라고 부르는 삼위일체론상의 이단론에 빠지지 않으면서 동시에 성부 하나님, 성자 로고스, 성령 하나님의 삼위 위격적 격체론도 살리려는 이중고민 속에서, 예수 그리스도를 삼위일체 하나님 중 성자 로고스 하나님의 '시공간적 역사적 화육사건'이라고 문자적 의미에서 생물학적 사건으로 해석하는 데 있다. 그 결과 예수 그리스도의 역사적 생애 33년의 삶은 성자 로고스 하나님이 사람의 몸을 입고서 지구라는 행성의 지표 위를 걸어 다녔다는 고백이 되어, 결과적으로는 고대 구원신화적 형태와 유사한 성육신 신앙교리가 '복음주의적이고 정통적 신앙'이라는 이름으로 횡행한다.

기독교만이 로고스를 독점한다는 이러한 '실증주의적 초자연주의 신앙'이라고 볼 수밖에 없는 자가당착적인 사고 틀 안에서는 타종교나 타민족 안에서도 하나님이 로고스를 통하여, 로고스 안에서 구원활동을 해오셨다고 고백하는 '개방적 태도'를 용납할 수 없기 때문에 배타주의적 기독교 신자들을 양산하게 된다. 이러한 오류는 모두 성육신론을 '체현신학'적 관점에서 실존론적 신앙고백 언어로서, 그리고 은유적 신학담론으로서 이해하지 않고 '실증적, 역사적, 사실적 사건'으로서 이해하는 신학적 사고의 경직성에서 유래한다.

이러한 한국의 보수주의적, 근본주의 신학에 영향을 받은 배타주의적 기독교는 성육신론을 '로고스의 체현(embodiment)'으로서 이해하지 않고 '성자 하나님의 사람으로의 형태 변화(transformation)'로서 이해함으로써, 위대한 복음을 매우 위험스런 고대 구원신화의 아류로 전락시켜버릴 위험이 있다. 그 결과 하나님은 고대 팔레스타인 유대 땅, 이스라엘 역사, 유대인 남자 예수 안에서만 독점적으로, 배타적으로 현존하심으로써 자기를 유일하게 계시하셨다는 배타적 교리주의 기독교가 나오고, 예수 이름이 전도되기 이전의 모든 타문화와 타민족 역사에서는 성서의 하나님의 부재(不在)라는 결론이 논리적으로 도출되기 때문에, 이것은 정복되어야 할 '이교문화'라는 선교신학이 정통적 견해가 되고 만다. 이점을 안병무는 다음과 같이 비판한다.

> 조령(祖靈) 경외를 중심으로 한 모든 가례와 부락제를 통해서 표현되는 모든 종교의례와 세시풍습이 서구 선교사의 눈에는 물론, 그들에게 교육받은 한국 그리스도인의 눈에도 우상숭배로 보였다. 가례와 부락제의 모든 제사 의식과 신앙의 핵이 노동을 통해 생산된 '밥'을 매개로 하여 초월과 현실을 통전시키고, 나가서 거룩하게 된 물질(밥)이 노동에 참여한 모든 사람에게 공유되고 나누어짐으로써(제례 후의 음복) 노동공동체의 연대의식을 다지며, 축제를 통해 벽사진경(辟邪進慶)하는 것이었음을 그들은 전혀 이해할 수 없었다. 그러한 제례는 우상숭배가 아니었으며, 음복도 우상에게 바친 제물을 먹는 것이 아니었다. 그것 자체가 공유요, 나눔이요, 문화였다. 그것 속에서 노동과 놀이는 초월적 지평으로 통전되어 갔다.[8]

우리는 안병무의 '체현신학'의 관점에서 그가 요한복음에 나타나는 로고스의 육화론을 어떻게 이해하였는가를 살펴보았다. '성육신 신앙'을 '성자 하나님의 형태 변화'로서가 아니라 '로고스 하나님의 체현'으로서 파악한다는 말은 2천년 서구 정통신학과 한국 교회의 신학전통이 그렇게 일방적으로 강조해왔던 '케리그마 그리스도'에 치우친 성서적 신앙을 '역사적 예수'에 주목하도록 방향 전환 시키려는 것이다. 케리그마 그리스도론에서는 예배의 대상이 된 그리스도가 있을 뿐, 생동하는 팔레스타인의 예수는 없기 때문이다.[9]

---

8) 『전집』, 제1권, 357. 안병무의 논문 「한국적 그리스도인상의 모색」은 그가 민중신학을 정치신학적 시각에서만 파악하는 단선적 사고를 하고 있는 분이 아니라, 어떻게 정치신학의 한 형태로서의 민중신학이 한국의 문화신학과 통전되어야 하는 것을 보여주는 매우 중요한 논문이다.
9) 『전집』, 제6권, 「예수와 민중」 중에서 특히 '케리그마의 그리스도와 역사적 예수', 167~169 참조.

여기에는 '역사적 예수'를 재조명함으로써 복음 이해의 균형을 회복할 뿐만 아니라, 예수복음을 보다 생명적인 것, 현실적 민중에게 떡과 생수가 될 수 있는 것, 현실역사를 변혁, 추동하는 힘으로 되돌리려는 충정이 있는 것이다. 이러한 그의 '체현신학'은 그의 성령 이해에서 더욱 분명하게 나타난다.

3. '체현의 신학'에서 본 성령론

안병무는 조직신학자들의 서술방식처럼 '성령론'을 쓰지 않았다. 그러나 그의 성령 이해는 그의 전집 도처에서 언급되므로 그의 성령 이해를 '체현의 신학'이라는 관점에서 파악하기엔 자료가 충분하다고 본다. 특히 '민중해방과 성령 사건'이라는 주제 하에 대담형식으로 풀어나간 그의 진술 속에서 생생한 그의 육성을 들을 수 있다.[10]

3.1. 성령이 교회 안에 갇힘

안병무는 2,000년 정통 기독교의 신학사와 교회사를 통해 성령운동가 몬타누스, 요아킴, 뮌쳐의 성령운동이 왜 제도적, 전통적 교권에 의해 이단으로 단정되었는가를 분석하면서 성령 운동가들의 본래 의도와 제도적 교회 지도층의 과오, 곧 성령을 교회 안에 유폐시키는 과오를 집중적으로 부각시킨다.

안병무는 2세기 중엽 활동한 몬타누스 성령운동의 동기를 이렇게 파악한다. 이미 2세기 중엽엔 기독교 교회가 제도화되면서 교권이 강화되고 정경이 확정되어가는 과정 속에서 살아계신 하나님의 활동과 '지금 여기'에서 말씀하시는 성령의 음성을 과거 증언물 속에 제약시켰고, 헬레니즘 문화권 속에서 복음은 도덕주의 종교로 변질되어 갔다. 이러한 교계 정황과 더불어 특히 초대교회가

---

10) 『전집』, 제2권, 「민중해방과 성령사건」, 257~280 참조.

지닌 강렬한 종말론적 의식, 곧 기존의 모든 것을 상대화시키면서 다가오는 미래의 신천신지를 앙망하는 열망이 식어져가는 것에 대한 반동운동이 바로 몬타누스 성령운동이라고 본다.[11]

중세 교회의 교권주의가 극에 달하고 스콜라 신학의 체계가 완결되었던 13세기에, 이탈리아 남부 칼라브리아 지방 수도원의 수도승이었던 요아킴은 소위 '역사의 3시대 경륜론'을 주장하면서 '성령의 시대'를 선언함으로써 전통적인 어거스틴의 역사 해석과 대조되는 사관을 주장하였는데, 안병무는 요아킴의 '성령의 신학' 동기를 다음과 같이 분석한다.

신이 부여한 십계명으로 대표되는 율법 준수를 강조하고, 개인의 자유와 평등을 제한하는 노예제도가 용인되는 역사과정의 제1단계 성부시대는 한마디로 율법시대요, 권위시대요, 인간의 자유와 자발성은 용납되지 않던 구약성경 시대이다. 제2단계 성자시대는 한마디로 교회시대인데, 이는 구체적으로 교회의 성직 질서가 중심이 되어 성례전을 통해 신의 은총과 구원을 매개하고 분배하는 타율적 시대다. 교회의 권위는 전통의 담지자와 정통신앙의 파수자로서 일체 진리 규정 권한을 독점한다. 교회의 성직 질서가 땅위에서 매면 하늘에서도 매이고 땅 위에서 풀면 하늘에서도 풀린다. 성경이 교권에 종속될 뿐만 아니라, 성령도 교회와 교권에 제한을 받는 시대이다.

요아킴은 자신이 살던 13세기에 이러한 역사의 제2단계 신약성경 시대가 끝나고 새로운 제3단계, 곧 성령시대가 열린다고 주장했다. 성령의 시대는 한마디로 자율과 자유의 시대요, 일체의 외적 권위와 신과 인간을 매개하는 성직 질서가 필요 없이 직접 성령이 사람의 심령 속에 내주함으로써 노동과 예배가 하나로 통일되는 시대이다. 요아킴의 비전은 동시대 성 프란시스 수도원운동 속에서 간접적으로 실현되었을 뿐 교권은 그의 성령신학을 이단으로 규정하고 박해하였다.[12]

---

11) *Ibid.*, 258.
12) *Ibid.*, 259~260 참조. P. Tillich, *A History of Christian thought*, 175~180 참조.

뮌쳐의 성령운동에 대한 안병무의 평가는 특히 루터와의 대조 속에서 밝혀진다. 처음엔 루터의 종교개혁운동을 적극 지지하고 루터를 존중했던 뮌쳐는, 점차로 루터의 성서지상주의가 하나님의 현존양식으로서의 '오늘 여기'에서의 성령의 활동과 말씀을 예수 그리스도와 사도들의 과거 활동에 제약시킨다고 비판했다.

루터가 당시 로마 가톨릭교회의 '영광의 신학'을 비판하고 '십자가의 신학'을 회복시킨 것은 공헌이지만 칭의신학과 은총신학을 강조한 나머지 '달콤한 그리스도'(der süße Christus)만을 말하며 십자가를 지고 나를 따르라고 말씀하시는 '엄격한 그리스도'(der bittere Christus)를 등한시하고, 가난한 독일 농민 민초들의 고난을 위해 사회변혁적 혁명운동에까지 나아가지 못하는 루터의 '두 왕국론' 보수적 정치신학을 비판했다.[13] 안병무는 몬타누스, 요아킴, 뮌쳐의 성령운동의 본래 의도를 약술하고 나서 다음과 같은 매우 중요한 종합평가를 첨부한다.

> 이상에서 우리가 주목할 것은 저들의 성령에 대한 확신이 신비주의에 빠지거나 피안적인 도피로 나타나지 않고, 그 반대로 기존의 제도교회와 나아가서는 사회혁신의 활력소가 되었다는 사실입니다. 그리고 그리스도교 교회의 교권을 장악한 자들의 성령에 대한 이해와 설명은, 바로 이같은 성령운동을 이단으로 박해하거나 처단함으로써 그 방향이 벌써 결정된 것입니다.[14]

위와 같은 안병무의 언명은 한국 교회의 성령운동과 성령파들에 대한 매우 엄중한 비판적 충고가 된다. 한국의 성령운동이 모두 탈정치화, 몰역사화 된 것은 아니다. 한국 교회사 속에서 초기 선교사들이 한국교회에 끊임없이 '교회의 비정치화' 선교정책을 강요해 왔지만, 길선주, 이용도, 최태용 등의 성령운동 속에

---

13) 『전집』, 제2권, 260~262. 손규태, 『개신교 윤리사상사』(대한기독교서회, 1998), 제1부, 제5장, 「종교개혁 좌파의 윤리사상」, 76~82 참조.
14) 『전집』, 제2권, 262.

서 당시 한민족의 정치적 상황에 대한 자각이 끊임없이 타오르고 있었다.[15]

그럼에도 1930년대 이후, 특히 해방 이후의 한국교회 성령운동과 1970~1980년대 교회성장론과 결부된 성령운동이 교회의 양적성장엔 도움이 되었을진 모르나, 교회를 근원적으로 개혁하여 '예수의 몸으로서의 교회'로 혁신하는 일이나 사회의 부정·불의를 개혁하는 일에 소극적임을 넘어서, 일부 교권주의자들은 교회의 역사 참여적 증언을 '비복음적'이라고 비방하는 태도를 취했다는 역사적 사실을 철저하게 반성해야 한다. 안병무는 그렇게 한국교회가 오도된 근본이유는 한국교회의 성령이해가 근본적으로 이원론에 매인 때문이라고 진단한다.

3.2. 삼위일체론의 고백에서 성령 위격론의 오해와 이원론 구조의 폐해

서방 기독교의 성령 이해, 특히 한국 보수교회의 성령 이해와 교회의 성령운동이 성경이 증언하는 본류에서 이탈하여 변질해간 근본 이유로서 안병무는 삼위일체론적 성령론에서 삼위이신 성령의 위격론을 오해한 것과, 히브리적 사유전통보다는 헬라적 사유전통에 감염된 영육 이원론적 실재관의 영향이라고 진단한다.

먼저 성령의 삼위일체론적 이해에서 위격론의 오해가 무엇인지 살펴보기로 하자. 안병무는 성서학자로서 성령 이해를 피력하지만, 우리는 잠시 교회사, 교리사, 신학사의 중요 계기들을 언급하지 않을 수 없다. 왜냐하면 그가 문제 삼는 위격론을 둘러싼 모든 논의들이 교회사 속에서도 항상 문제시되었던 신학적 난제들이었기 때문이다. 몰트만(J. Moltmann)은 삼위일체론에 관한 신학적 담론의 성격을 다음과 같이 의미 깊게 피력한 바 있다.

---

15) 민경배, 『한국기독교교회사』(대한기독교출판사, 1981), 249~263. 이용도 목사 탄신 100주년 기념 논문집 편집위원회 편, 『이용도의 생애, 신학, 영성』(한들출판사, 2001), 기독교 대한 복음교회 총회 신학위원회 편, 『최태용의 생애와 신학』(한국신학연구소, 1995) 참조.

삼위일체의 비밀에 관해 더 많이 생각할수록, 우리가 이를 정확히 이해하기는 점점 더 어려워지는 것 같다. 닫혀 있었던 것이 열리는가 하면, 잡히던 것이 다시금 달아난다. 우리는 항상 다시 처음부터 시작하게 된다. 그러므로 삼위일체론은 아직 완결된 것이 아니다. 이를 다루는 신학자들, 아니 사로잡힌 신학자들에게 삼위일체론은 하나의 지속적인 학습과정이다. 그렇지만 삼위일체론은 또한 여전히 포기될 수 없는 것이다 …… 삼위일체에 관한 하나의 이론은 신학자들에게 부과된 가장 고상하지만 분명히 가장 겸손하게 만드는 임무이다.[16]

위의 몰트만의 말 속에서 삼위일체론이 어떤 신학이론으로서 완결될 수 없는 영원히 열려진 신학적 과제라는 것이 피력되었는데, 그 말은 하나님이 누구이시며 어떻게 일하시는 분인가를 인간이 더 이상 알 필요가 없을 만큼 완전히 이해하기란 불가능하다는 말과 같다. 그래서 신학에 종사하는 사람들을 겸손하게 만든다. 그러나 삼위일체론은 교회의 전문 신학자들의 독점적 연구과제가 결코 아니다.

'삼위일체' 라는 단어 자체는 성경에 없지만, 마태복음의 마지막 '위대한 파송명령' (마 28:18~20) 부분에서나, 사도들의 서한 처음과 말미의 축복용어(고후 13:13)와 예배양식(빌 2:6~11) 속에 성부, 성자, 성령이라는 삼위일체적 언급이 무수히 발견된다. 삼위일체론은 전문 신학자들, 그 중에서도 조직신학자들이 책상 앞에서 만들어 낸 괴팍한 이론이 아니고, 기독교 교회공동체가 경험한 계시경험의 다양성을 통전적으로 이해하려는 노력의 산물이다. 다시 말하면, 조상 대대로 믿어오던 유일하신 하나님, 부활하신 그리스도의 현존 체험에서 오는 은혜 체험 그리고 성령의 강림 체험에서 오는 구원 체험, 이상 세 가지 계기의 체험이 결코 세 가지 독립된 실재가 아니고, 한분 하나님이 피조물의 구원행위 가운데 나타나심이라는 확신에서 발전한 것이다.

그러므로 삼위일체론의 관건은 하나와 셋의 관계라는 '수학적 논리상의 난

---

16) J. Moltmann, 이신건 역, 『삼위일체와 하나님의 역사』(대한기독교서회, 1998), 168.

점'이 아니고 '단일성과 다양성' 또는 형태와 역동성의 '역설적 일치 논리'라는 데 있다. 줄여 말하면, 삼위일체론은 신학적 '신론' 체계 안에 고정된 죽은 하나님이 아니라, 살아 계신 하나님을 경험한 신앙공동체가 그들의 경험을 가급적 논리 정합성을 가지고 이야기하려는 시도이다. 삼위일체론적 하나님 체험은 사도교회시대부터 있어 왔지만, 그 주제를 본격적으로 논의하고 교리로서 확정한 시대적 배경은 헬라철학이 기독교 진리 해명에 막강한 영향을 미치던 A.D. 3~5세기 교부시대이므로, 자연히 합리적인 헬라적 철학개념과 비합리적이고 역동적인 히브리적 신체험이 모순 갈등을 겪으면서 형성되어 갔다.

문제의 관건은 언제나, 어떻게 한편으론 조상대대로 고백해온 '철저한 유일신 하나님'(Radical Monotheism) 고백과 다른 한편으로는 초대 기독교인들이 경험한 부활하신 그리스도의 현존 체험과 성령의 임재 체험이라는 것을 동시에 담보해 낼 것인가에 있다. 전자를 강조하다 보면 '양태론'(Modalism)에 빠지고, 후자를 강조하다 보면 '삼신론'(Tritheism)에 빠지기 때문이다.

교회사에서 '삼위일체론'(trinitas)이라는 용어와 삼위와 일체의 관계성을 규정한 근본공식(fundamental formular)을 처음으로 개념화한 사람은 카르다고의 교부 터툴리안이었다. 그는 삼위일체를 '한 본질-세 위격들'(una substantia-tres personae)이라는 개념적 명제로 제시했다. 여기에서 신적 하나의 '본질'(羅: substantia, 헬: ousia, 英: substance, essence)이란 언제나 스스로 동일성을 유지하는 '존재의 능력(power of being) 자체'를 의미한다. 신적 세 '위격들'(羅: personae, 헬: hypostases, 英: persons)이란, 근현대인들이 생각하는 독립적 인격 주체를 의미하지 않고, 본래는 헬라어 단어 '프로소폰'(prosopon)에서 유래한 말로서 연극에서 특별한 역할을 행하는 '배우의 탈'(the mask of the actor)을 의미한다.

어느 한 배우는 연극에서 맡은 배역에 따라서 연극 스토리가 전개되는 과정에서, 제1막에서는 왕의 마스크를, 제2막에서는 마부의 마스크를, 제3막에서는 용감한 기사의 마스크를 쓰고 나타날 수 있으나, 이것은 동일한 한 배우의 드라마 상의 역할 때문이다. 그처럼, 삼위일체론에서 말하는 '신적 세 위격'이란 종류가 다른 독립된 주체적 삼신(三神)의 나타나심이 아니라, 한 분 하나님이 인류 구원의 경륜사 속에서 성부의 얼굴과 창조주 역할자로서, 성자의 얼굴과 화해자 역할자로서, 성령의 얼굴과 속량자 역할자로서 자기를 계시하셨다는 의미로서 이해하고자 했던 것이다.

삼위일체론이 교의로서 채택될 때 본질과 위격은 헬라어 단어로 각각 'ousia'와 'hypostasis'가 사용되었다. 카바도기아 세 교부 가이사랴 감독 바질(Basil. 329~379), 그의 동생이자 닛사의 감독이었던 그레고리(Gregory. 335~395), 그리고 바질의 친구였던 나지안의 그레고리(Gregory of Nazianzus, 329~391)는 동방 기독교 교회의 삼위일체론을 정립하는 데 큰 공헌을 세웠던 바, 그들은 삼위의 격체를 표현하는 단어 '프로소폰'(prosopon)보다는 '휘포스타시스'(hypostasis)라는 어휘를 사용하길 좋아했고, 삼위일체론에서 '삼위'의 격체성을 한 분 하나님의 신적 본질이 구원경륜 과정에서 드러난 용모 표정(countenance) 또는 표현(expressions)임을 분명히 했다.

그리고 신적 본질 그 자체는 영원한 무궁 신비이므로, 인간이 논리적 합리성을 가지고 그 깊이를 모두 해명하는 것은 불가능하다고 보았으며, 오로지 그 신적 본질이 밖으로 표현된 한도 안에서 인간은 종교경험과 종교적 직관을 통해 말할 수 있을 뿐이라 보았다.[17]

그러므로 '프로소폰'이나 '휘포스타시스'나 맨 처음 삼위일체론을 논하던 교부시대 사람들의 경우엔 삼위의 격체성이 결코 오늘날 말하는 독립된 신적 인격체로서의 삼신(三神)을 말하려고 한 것이 아니었다.

안병무는 제도적 전통교회가 삼위일체론의 구조 안에서 성령을 이해할 때에, '페르소나'라는 어휘의 본래적 의미를 잃어버리고 '인격적 개체성'(인디비디움, Individium)으로 파악하는 오류를 범함으로써, 삼신론 또는 다신론에 빠질 위험과 자연의 창조적 과정에서 분리된 영역, 곧 인격세계와 교회영역 안에서만 활동하는 성령이라는 오해를 불러일으켰다고 지적한다.

---

17) K. Armstrong, *A History of God*(Ballantine Books, 1993), 107~131 참조.

역사 자체 내에서의 성령운동을 페르조나로 파악할 경우에는 자동적으로 그 영역에 한계가 그어질 수밖에 없습니다. 사실상 교리사에서 자연과의 관계는 설명되지 않았으며, 성령과 역사 일반에 대한 관계도 규명되지 않았습니다 ……이와 같이 제도적 교회는 성령을 페르조나로서 파악함으로써 삼위일체론을 수용하게 되었지만, 그것도 제대로 이해할 수 있게 해명된 것이 아니었습니다. 저들은 페르조나를 '인디비디움' (individium)으로 파악 했습니다. (제도적 교회 안에서는) 신(神)도, 성령도, 아들도 '인디비디움' 입니다. 그러므로 다신론에 빠질 위험이 있었던 것이지요. 그것을 극복하기 위해서 삼위일체론을 내세웠으나, 그것으로 오히려 혼란만 일으키게 되었던 것입니다.[18]

안병무는 제도적 정통교회가 삼위일체론의 삼위 격체성을 근현대적 의미에서 말하는 '인격적 개체'로 오해함으로써 성경의 유일신 신앙을 위험하게 만들었을 뿐만 아니라, 성령이 신적 주체자로서 하나님 자신이나 그리스도와 구별되는 제3의 신적 인격체가 됨으로써, "하나님의 말씀인 성서를 사람에게 전달하는 기능" 또는 "일반적 물질인 떡과 포도주를 예수의 살과 피로 변화시켜 사람에게 전달하는 기능"으로 제한되어, 성령의 창조적 활동영역과 해방적 역사능력이 교회론에 갇히게 되었다고 비판한다.[19]

그리하여 안병무는 과감하게 성서, 특히 구약성서의 루아하(ruach)나 네페쉬(nepesche), 그리고 프뉴마(pneuma)가 하나님의 창조적 능력, 바람, 숨결을 의미하는 그 본래 뜻에 다가가기 위해서 차라리 동양적 '기' (氣) 개념을 제시한다. 안병무의 말을 직접 들어본다.

여기에서 중요한 것은 구약에서 '루아하'나 '네페쉬'로 표현된 경우 '인디비디움으로서의 인격'이라는 관념은 전혀 없다는 점입니다. 루아하 또는 그런 의미

18) 『전집』, 제2권, 264.
19) Ibid.

에서 프뉴마는 한마디로 말한다면 어떤 구체적인 힘의 실현을 의미하는 것입니다. 동양의 개념으로 옮긴다면 '영'(靈) 보다는 오히려 '기'(氣)가 적당할 것입니다. 우리말로 프뉴마를 '영'으로 옮길 때에는 물(物) 또는 육(肉)의 상반된 개념으로 이해된 프뉴마를 전제한 것입니다. 그러나 '기'라는 것은 이원론적 개념이 아닙니다. 또 그것은 인격적으로 파악될 수도 없습니다.[20]

안병무가 '루아하' 또는 '프뉴마'를 동북아시아 문화권에 익숙한 '기' 개념과 대비시키는 것은 이원론적 '영' 개념이나 '인격적 개체신령'으로 변질된 성경의 본래의 영 개념을 바로잡으려는 의도로서 '적당할 것이다'라고 제시한 것이지 곧 바로 동일시한 것은 아니라는 점을 동시에 기억해둬야 한다. 안병무가 말하려는 진정한 의도는 하나님의 영, 하나님의 기운, 하나님의 창조적 바람과 숨결운동은 "자연에도, 역사에도, 개개인이 처한 상황에도 예외 없이 뻗히고 있다"는 것과 그러므로 "하나님의 활동무대를 제한시킬 수 없다"는 것을 말하려는 것이다.[21]

성서를 보면 하느님이 자기를 계시하는 데 필요한 일정한 장소나 양식(樣式) 따위는 존재하지 않습니다. 성전이나 교회 따위 또는 어떤 특수한 지명된 사람이나 일정한 시간의 한계에 매이지 않습니다. 우리로서는 예상할 수 없는 방식으로 하느님은 자기를 계시합니다. 이 말은 자연에도 역사에도 하느님의 기운이 뻗치고 있다는 말입니다. 이러한 흔적은 바울로에게도 있습니다. 대표적인 것은 로마서 8장입니다. 사람과 자연과 영이 한데 연계되어서, 우주적으로 역사의 궁극적 목표를 향해서 달리고 있다고 바울로는 말하고 있습니다.[22]

여기에서 안병무는 자신의 래디칼한 성령 이해를 독자들이 오해할 가능성을 미리 차단한다. 성령을 '자연, 역사, 인간' 모든 영역에서 활동하는 '하나님의

---

20) *Ibid.*, 265.
21) *Ibid.*, 266.
22) *Ibid.*, 267.

기운'으로 이해할 때, 역사 일반의 모든 사건이 영의 활동이란 말인가? 건강체조를 하면서 기수련자들이 날마다 아침마다 단전호흡을 하는데, 사람이 성령을 들이마시면서 조종한다는 말인가? 안병무는 하나님의 영의 활동을 제한할 수는 없으나 '전형성'(典型性)을 보여줄 수는 있다고 보면서, "예수가 그리스도로서 현존하는 양식이 바로 성령의 활동이라고 이해하고 있습니다"라고 말한다.[23] 그 말은 생명을 살리고 더 풍성하게 하는 사건이 일어나는 곳에서, 인간과 피조물들의 고난과 신음을 극복하고 자유와 해방과 평화가 이뤄지게 하는 일들이 일어나는 곳에서 성령이 일하시는 표징을 볼 수 있다는 말이다.

안병무는 성서가 말하는 바른 성령 이해가 변질되는 이유로서 삼위일체론의 격체성에 대한 오해를 지적하고, 동시에 이원론적 구조 안에서 성령을 이해할 때 오류가 발생한다고 말한다. 여기에서 영육 이원론적 구조란 성속 이원론, 역사와 자연 이원론, 물질과 영의 이원론, 교회와 세상의 이원론을 말한다. 이원론을 극복하기 위해서 바울은 영과 육의 이중도식을 넘어서는 '몸'(soma)의 신학을 제창하였다는 점을 강조하는데, 우리가 주목을 해야 할 주제를 제시한 것이다.[24] 한마디로 줄여 말해서, 안병무가 말하려는 성령은 몸을 통해 체현되는 창발적 사건 속에서 가장 바르게 이해되는데, 그는 구체적 예증으로서 집단적 인격체인 민중의 몸을 통해 체현되는 민중사건으로서의 성령론을 제시한다.

3.3. 민중사건으로서 체현된 성령

이제 안병무의 민중신학적 담론체계 맥락에서 그의 체현신학적 성령론의 핵심지론에 접근해 볼 차례가 되었다. 안병무는 오순절 성령강림 사건을 중요한 전거로 내세운다. 안병무는 오순절 사건을 신유와 방언 사건으로서 강조하는 성령과 교회들의 종교현상학적 접근보다는 종교사회학적 접근을 한다. 다시 말해서 오순절 사건의 주역들의 사회 계층적 구성을 주목하면서 이 사건은 그들이 성령

---

23) *Ibid.*, 268.
24) *Ibid.*, 269.

체험으로 인해 단순히 낯선 방언을 하게 되거나 병든 몸이 치유되는 경험보다 더 본질적인 경험, 곧 '자기 자신을 초월하는 의식'에 충만하여 일체의 기존 전통, 제도, 권위의 억압체계와 옛 세계의 틀을 벗어버리고 새로운 생명공동체를 이루는 종말론적 사건이었다는 것이다. 오순절 성령강림 사건은 '말사건'이면서도 '민중사건'이며, 한마디로 줄여서 "성령은 민중사건이다"라고 주장한다.[25]

여기에서 안병무의 지론을 이해하기 위해서 그의 민중신학적 인식론을 잠시 짚고 넘어가야 한다. 안병무의 명제, "성령은 민중사건이다"라는 말을 평면적으로 들으면 민중사건이 성령을 좌지우지하는 주체이고 성령은 객체로 전락하며, 반대로 흔히 말하는 습관에 따라 "성령이 갈릴리 민중의 집단의식 위에 강림했다"고만 하면 성령만이 주체가 되고 민중은 객체가 된다. 안병무는 이러한 이해는 전형적인 서구 철학 및 신학의 주객도식 구조(subject-object structure)의 틀 안에 갇혀서 보는 방법이고, '사건 자체'의 자리에서 보면 주객 공시적 사건이요, 주객 순환적 사건이라는 것이다.

> (……) 주객도식에서 먼저 해방되어야 합니다. 불트만은 "프뉴마는 자기 자신을 초월하는 의식"이라고 했습니다. 나는 민중은 자기초월이 가능한 집단이라고 규정했는데, 이러한 생각은 불트만의 성령론과 우연한 일치를 보게 됩니다. 이 생각을 조금 더 진전시키면 성령이 따로 객관적으로 있는 것이 아니고 민중 운동 자체가 곧 성령운동이라고 말할 수 있을 것입니다. 그런데 여기서 우리는, '그러면 무엇이 자기 초월을 가능하게 하느냐?'라고 물을 수 있을 것입니다. 이렇게 물으면, 일어난 사건을 주객으로 분리시켜서 어느 하나를 객관화하여 소외시킴으로써 옳은 대답을 얻지 못하는 결과를 가져오게 됩니다.[26]

위의 인용문에서 우리는 안병무의 민중신학의 인식론이 얼마나 전통적인 '주체-객체 이중구조'의 극복을 강조하는가 알 수 있다. 그런데 안병무의 민중신

---

25) *Ibid.*, 270.
26) *Ibid.*, 271~272.

학을 호의적으로 보는 사람이나 그를 전형적인 인본주의적, 자유주의적 신학자라고 비판적으로 보는 사람이나 안병무의 민중신학적 인식론을 오해하지 않기 위해 경청해야 할 '핵심점'(critical point)이 있다. 문제는 '모든 민중운동 그 자체가 성령운동인가? 성령사건을 사회과학적 방법으로 해명할 수 있는 것인가?'라는 질문이다. 이에 대한 안병무의 대답은 아래와 같이 분명하다.

> 성령에 대한 동경은 곧 '자유에 대한 희구' 입니다. 그런 의미에서 성령은 주관적인 요구의 투영이라는 일면을 가지고 있습니다. 그러나 이 말은 민중운동 자체가 그리스도의 현존으로서의 성령의 실체라는 말과는 다릅니다. 나는 사건이란 말을 쓸 때 그것을 사회과학적으로 분석할 수 있고, 마땅히 그래야 한다고 보나, 그것이 궁극적인 실상을 해명하기에는 한계가 있다는 생각을 가지고 있습니다. 물론 자기초월도 하나의 사건이지만 이것은 동시에 인식의 한계를 초월하는 것입니다.[27]

위의 인용문에서 안병무는 종교사회학자가 아니고 신학자임이 밝혀지고, 그의 신학적 입장이 정통신학의 '계시 중심의 케리그마 신학방법론' 을 그대로 답습하지 않고 도리어 비판적으로 초극하려 하지만, 그렇다고 해서 그의 신학적 방법론이 19세기 자유주의 신학 범주에 속하는, 소위 말하는 '인본주의 신학' 을 따른다고 매도하는 것은 사실무근임을 알 수 있다. 안병무는 모든 민중운동이 성령운동인가 아닌가를 가려보는 눈을 가질 것을 제창하는데, 기독교인으로서는 '예수사건을 모든 것의 전거' 로 삼아야 한다면서, '성령운동과 예수운동이 일치되어 일어나는 사건' 의 특징 두 가지를 '자기초월성' 과 '종말성' 이라고 본다.[28]
'자기초월성' 이란 운동 주체자가 개인이든 집단이든 자신들의 이해관계, 능력, 이데올로기를 초극하여 순수하게 생명의 자유로움과 해방을 위해 기쁘게 투

---

27) *Ibid.*, 272.
28) *Ibid.*, 272~273.

신하는 능력, 곧 자기를 부정할 수 있는 능력인 것이다. '종말성'이란 기존 가치를 전제하거나 자기 비전을 투영하는 것이 아니라 철저하게 빈 마음을 가지고 제3의 새로운 것의 현존만을 기다리는 태도, 틸리히(P. Tillich)가 말하는 카이로스 의식을 가지고 신율적인 것의 실현을 대망하는 태도인 것이다.

지금까지 우리는 안병무의 민중신학의 신학적 인식론의 특징 일부를 살펴본 셈이다. 그런 눈으로 볼 때, 왜 안병무는 오순절 성령사건을 민중사건이라고 말하는지 바르게 이해할 수 있게 된다. 더 나아가서 안병무는 성령론을 삼위일체론의 격체론의 도식에 매이게 하거나, 성령의 '인격적 주체성'을 강조함으로써 '주객구조'도식 속에 함몰시키지 않고 '체현의 신학'이라는 발상법 속에서 이해하고 있음을 다음과 같은 그의 말 속에서 확인할 수 있다.

> 무력하게도 예루살렘에서 처형된 예수, 그 예수를 따르는 힘없는 민중들이 '프뉴마'로 현재화하여 그들 가운데서 활동하는 예수에 힘입어 세계를 혁명하기 위한 기점이 된 것이 바로 '성령강림'이며, 이것이 그리스도교의 시작입니다. 이 운동은, 유다 전통에 매여 성전에 머물러 있어야만 되는 줄 알고, 율법 밑에 예속되어야만 되는 줄 알았던 이 민중들이 성전을 탈출해서 새로운 공동체를 만들고, 본래적 의미를 상실하고 한갓 지배 이데올로기로 변질한 안식일을 폐지하고, 유다교의 담을 넘어서 세계로 진출하여 마침내는 세계대제국인 로마를 붕괴시키는 혁명사건으로 번져나간 것입니다.[29]

4. 안병무의 체현신학적 화육론과 성령론의 평가

안병무의 민중신학 담론은 그 동안 총체적으로 이해, 평가되어 왔으나, 이 글에서는 화육론과 성령론이라는 구체적인 신학적 주제와의 관련 속에서 안병무

---

29) *Ibid.*, 271.

의 화육론과 성령론을 평가하려 한다. 먼저 한국 교회에 대한 그의 비판에 긍정적으로 동의하면서 그의 체현신학의 적극적 공헌점을 보고자 한다. 그러나 안병무의 화육론과 성령론이 지닌 위험과 문제점이 없을 수 없다. 그 점을 동시에 적시하고 이 글을 마치려 한다.

한국의 4천 년 기나긴 민족사 속에서는 다양한 종교들이 한민족의 삶과 얼을 형성해 왔다. 무교, 불교, 유교, 동학 천도교 등의 공헌과 역사를 감안할 때, 기독교는 한국 가톨릭을 포함하여 220여 년 역사요, 개신교만으로서는 120여 년의 짧은 역사를 가진다. 그럼에도, 물론 한국 개신교가 오늘날 한국 사회에서 비판적 자기성찰을 하라는 매우 냉엄한 역사적 비판의 소리를 듣고 있지만, 한국 근현대사 속에서 기독교의 영향을 감안하지 않고서는 한국 근현대사 서술 자체와 오늘의 현실파악 자체에 큰 빈자리가 생기게 된다.

오늘날 한국 기독교는 종파사(宗派史), 선교사(宣敎史), 교파사(敎派史)라는 좁은 시각을 버리고, 한국 사회문화사 전체 맥락 속에서, 동아시아 사회문화사 전체 맥락 속에서 도대체 기독교의 전래란 무슨 의미를 지니는가, 어떤 요소가 한국 문화와 사회를 창조적으로 변화시켜 갈 기독교의 새로운 요소인가를 성찰할 단계에 도달하였다.

한국 기독교 교회가 오늘날 한민족의 역사와 미래에 창조적 순기능을 하려면, 먼저 기독교의 본래적 자기정체성의 확립과 자기정화(自己淨化)에 진력해야만 한다. 지구촌 시대에서 아직도 서방 기독교와 구미선교사들이 전해준 개신교 교파적 신학체계나 개교회 중심주의적 관점에 매몰된다면 미래의 전망이 밝지 못하다. 2천 년 서구신학 전통과 교회사 전통을 존중하고, 수용할 것은 수용하되 거기에 매일 필요는 없다. 기독교를 발생시킨 원시 기독교의 모습에 가까이 다가갈 수 있는 신학적 역량도 축적되었고, 동아시아 및 한국적 문화사회 전통 맥락에서 기독교 신앙을 주체적으로 재해석해야할 해석학적 사명도 느끼게 되었으며 이를 위한 역량도 어느 정도 갖추어졌다. 그런 의미에서 안병무의 체현신학적 화육론과 성령론이 한국의 기존 교회에 주는 비판적 충고는 네 가지 면으로 총괄할 수 있다.

첫째, 한국교회의 주류를 이루는 정통적 보수교회의 화육론과 성령론이 서방 기독교 교회사의 교회공의회에서 확립된 니케아 신조(325년), 콘스탄틴노플 신조(381년)와 16~17세기 개신교의 웨스트민스터 신조(1646년) 등의 교리적 표준어에 집착하여 화육론과 성령론의 참의미를 현대 상황 속에서 재해석해주는 해석학적 과제에 태만하고 있다.

정통교회의 성령론을 교회론 및 구원론과 연결시킨 나머지 성령을 성경 경전을 바르게 해석하는 일, 기독교인의 경건성 함양을 도모하는 개인 심령의 영성 강화의 일, 성례전에서 예전을 초자연적인 것으로 변화시키는 일, 교회의 교세를 확장시키고 선교 열정을 강화시키는 일 등에 제약시켰다는 점이다.

또 다른 문제점은, 정통교회가 삼위일체론의 격체론과 그리스도론의 신성-인성 논쟁에 함몰되어 성령을 성속 이원론의 도식 속에서 파악하여, 세계사의 현실과 삶의 현장, 역사와 자연을 통틀어 역사하는 생명의 영으로, 해방의 영으로, 치유의 영으로 이해하는 데 냉담하거나 미약한 관심을 보인다는 것이다. 한마디로 말해서, 한국 가톨릭이나 개신교를 막론하고 성령은 철저히 '교회론'에 예속되어 있다. 정통교회의 성속이원론과 현실적 삶의 현장을 도외시하는 잘못된 성령운동을 안병무는 이렇게 비판하고 있다.

> 신비주의는 이 세상에 살면서도 이 세상을 초월할 수 있다는 잘못된 환상에 빠졌는데, 성령의 역사(役事)도 이 세상을 초월한 어떤 피안적인 것으로 보는 것입니다. 그런데 '역사를 초월한다'는 말과 '자기초월'은 근본적으로 다른 것입니다. 전자는 탈역사화(脫歷史化)하자는 것인데 반하여 후자는 자기를 초월함으로써 갈등의 역사 속에 자기를 투신하여 역사를 변혁하자는 행위입니다. 역사의 현장을 떠난 성령의 역사(役事)란 결코 성서적이 아닙니다.[30]

둘째, 한국 개신교의 또 다른 흐름은 성령운동을 강조하는 성령과 교회운동이

---

30) *Ibid*., 277.

다. 한국 순복음교회를 중심으로 하는 1970~1980년대의 교회부흥운동과 대형 집회운동은 이 흐름을 대변하는 것이다. 이러한 계통의 교회들은 성령을 받은 표징으로서 방언하는 일, 병 고침을 받는 일, 기도에 응답받아 문제해결을 받고 영육 간에 축복을 받는 일로 압축한다. 안병무는 이러한 1970~1980년대 한국 성령운동에 있어서 근대화, 도시화, 산업화 과정 속에서 소외되고 무한 경쟁에 몰리면서 불안의식에 시달리는 대중들을 성령운동가들이 직관적으로 파악하여 사회병리적 현상을 부분적으로 치유하려 한 일정 부문의 노력에 주목하지만, 그러한 성령 이해와 성령운동을 매우 비판적으로 본다. 그 비판의 핵심은 소위 성령파 교회들의 성령운동 안에서는 '하나님 나라를 지향하는 자기초월 능력'을 찾아보기 힘들다는 것이다.

> 저들은 성령의 이름으로 좌절과 불안에서 해방되고, 병에서까지 해방되는 경험을 하게 됩니다. 이것은 교리가 율법화되어 경직화된 보수교회에 대한 반발현상이라고 생각합니다. 그러나 나는 이것을 성령의 사건이라고 보지는 않습니다. 이 현상에서는 성령이라는 이름으로 끝까지 관철되고 이용됩니다 …… 예수는 그러한 민중들의 일차적 요구를 들어주었습니다. 배고픈 자들에게 밥을 주고, 병든 자들을 고쳐 낫게 했습니다. 그러나 예수 운동의 궁극적 목적은 거기에 있었던 것이 아니라 하느님 나라의 도래에 있었던 것입니다 …… 그런데 오늘날 한국교회의 성령운동은 사람들을 예수를 따르는 무리로 만드는 것이 아니라 오히려 그 반대로 개인의 이기심을 자극하며 거기에 사로잡혀 안주하게 만들고 있습니다.[31]

셋째, 안병무의 체현신학적 화육론과 성령론은 민중신학 계열의 진보적 기독교인들과 교회운동에도 큰 비판적 충고를 던진다. 그것은 진리란 구체적으로 역사적, 문화적 형태 속으로 육화됨으로써만 생명적일 수 있다는 충고이다. '몸의

---

31) *Ibid.*, 276~278.

신학'은 단순히 인간 육체에 관련된 신학적 담론이 아니며, 복음이 한민족의 생명의 떡과 생수가 되려면 '사회-정치신학적 토착화'만이 아니라 '문화-종교적 토착화' 과정을 이룩해야 한다는 것을 강력하게 시사하고 있다. 안병무는 대체로 그의 생애 말년에 쓴 「한국적 그리스도인상의 모색」이라는 논문에서 한국적 기독교인의 정체를 해명하는 과정 중 반드시 고려해야 할 범주가 '문화'라고 보았다. 그리고 한국 기독교가 한국문화와 '유기적 공존'을 주체적으로 이룩하기 위해서는 '해석학적 관점'이 중요하다는 것을 강조했다.

> 신학이란 언제나 그 시대의 언어로 새롭게 번역되어야 한다. 그것을 위해 신학과 그리스도인은 민족 자각에 도달하고 있는 집단과 함께 연대를 맺는 일차적 과제를 부여받고 있다. 그리고 더 나아가서는 그리스도인 스스로 한국인의 정체 형성에 부정적 역할을 했던 것을 발견하고 비판하며, 한국적인 것을 말살해 온 데 대해 참회하는 의미에서도, 한국적인 것을 찾는 데 적극적인 책임을 감당하고 나서야 할 의무를 갖게 된다.[32]

넷째, 안병무의 체현신학적 화육론과 성령론은 기독교 사상사의 맥락에서 보면 고대 기독교 시대 안디옥의 감독이었던 사모사타 바울(Paul of Samosata)과 사벨리우스(Sabellius)의 '양태론적 군주신론'(modalistic monarchianism)의 입장이 민중신학의 해석학적 관점과 통전된 것이라고 평가할 수 있다.

물론 안병무는 성서신학자이기에 조직신학적 삼위일체론이나 그리스도론 논쟁에 일차적 관심이 있었던 것도 아니고, 그가 사벨리우스의 견해를 참조하여 그의 화육론과 성령론을 피력한 것도 아니다. 그러나 그들 삼인의 공통 관심은 '위로부터의 신학' 형태인 '로고스 그리스도론'(Logos Christology)이나 성령의 격체론이 성서적 신앙의 척추랄 수 있는 '유일신 신앙의 특징'(the monotheistic character)을 위태롭게 하여 '삼신론적 기독교'(trestheistic christianity)로

---

32) *Ibid.*, 348.

변질될 것을 염려하였던 것이다.

제1차 니케아 공의회(A.D. 325) 이전 다양하게 분출되었던 초기 기독교 신학적 담론체계 중의 하나였던 사모사타 바울이나 사벨리우스의 견해는, '로고스 그리스도론'의 승리와 정통적 삼위일체론의 정립을 통한 교권의 강화과정에서 그 진의가 평가절하되고 마침내 이단적이라고 낙인찍혔다. 안병무의 화육론과 성령론도 만약 오늘 한국 개신교 교단 중 어떤 진보적 교단에서라도 그 정통성을 따지기 위해 신학위원회가 소집된다면 예외 없이 '이단적'이라는 판정을 받을 것이다.

그러나 위에서 인용한 몰트만의 말처럼 "삼위일체론은 아직 완결된 것이 아니며" 모든 신학자들과 기독교인들을 그 교의 앞에서는 독단을 부리지 말고 "겸손하도록" 하게 하는 비의(秘義)이다. 바로 그러기에 삼위일체론과 불가분리적으로 관련된 화육론과 성령론도 그 다양한 이해의 편차를 허용하는 것이다.

오늘날은 어느 신학운동이 정통적 교리신조에 더 합치되느냐의 여부로써 기독교 진리 해명성의 진정성(眞正性)이나 진가(眞價)가 결정되는 것이 아니라, 어떤 신학적 담론이 예수 그리스도 안에 나타난 복음의 생명력을 오늘에 되살려 내어서, 생명을 살리는 실질적 '떡과 생수'가 되며 '하나님 나라의 전진'에 봉사하는가의 여부로써 결정되어야 할 것이다.

신앙과 신학의 대상인 하나님은 영원하시지만 모든 역사적 신학들은 가장 정통적이라고 자처하는 신학일지라도 상대적인 것이다. 안병무의 체현신학적 화육론과 성령론은 소위 '전통교회 정통 교의학적 신학체계'에서 보면 '이단적'일지 모르지만, 성경 전체의 빛 안에서 조명되는 복음의 근원 소리에 귀 기울이면, 그의 신학이 '교리적 정통신학'보다 예수가 그의 생명의 희생과 더불어 성취한 '참 복음'에 접근하고 접촉하는 데 더 효과적인 도움을 주는, '교회 공동체에 봉사하는 한 가지 형태의 신학'이라고 말할 수 있는 것이다.

늦봄 문익환의 신학 세계
정의 · 자유 · 화해 안에 숨쉬는 열림의 생명신학

1. 사상 형성의 토양: 기독교 신앙, 민족의식, 시인의 감수성

늦봄 문익환 전집 제11권은 그의 신학논설들을 모아 묶은 것이다. 이 자료는
1980~1990년대 민중운동의 맨 선두에 서서 구름기둥과 불기둥처럼, 화산의
용암과 바다의 파도처럼 민중운동을 이끌어간 그의 얼과 혼의 본질이 무엇이었
는가를 살펴볼 수 있는 매우 중요한 역사적 자료가 된다.

늦봄의 후반기 생애가 주로 민족통일운동에 집중되어 있기 때문에, 그를 깊이
알지 못하는 젊은 청년세대들은 그를 대중적 재야 사회운동가, 소위 말하는 재
야 지도자로서, 특히 독재에 항거하고 민족통일에 몸을 투신했던 재야 정치적
민중 운동가쯤으로 이해하기 십상이다. 그러나 그를 움직인 것은 철저히 기독교
의 성서적 사상이요, 히브리적 예언자 신앙의 정열이다.

그는 신학자였고 목사였는데, 마치 마틴 루터가 성서를 독일어로 번역하여 독
일 문학사에 공헌한 것만으로도 기억될 만하듯이, 늦봄도 전문 구약신학자로서,
성서번역자로서, 신학교육 행정가로서, 찬송가 편집위원으로서 한국 기독교계
와 신학계에 남긴 공헌만으로도 오래 기억될 만한 인물이다.

---

* 본 원고는 『문익환 전집』(사계절, 1999) 해설에 실렸던 내용임.

늦봄의 생애를 곰곰이 생각해 보면 그는 참으로 남들이 가지지 못한 재능과, 가문과 성장환경을 타고 태어난 부러운 인물이다. 그러나 이 말은 늦봄이 만석군 대지주 아들로 태어나서 성장기에 아무런 어려움 없이 좋은 교육을 받고 귀공자처럼 자랐다는 말은 아니다. 늦봄은 1918년 목사이신 아버지 문재린과 독실한 신앙인 어머니 김신묵의 장자로 태어났다. 그의 기질과 사상의 기틀이 놓아지는 성장기가 한민족의 민족운동과 기독교운동이 어우러져 힘 있게 주체적으로 약동하던 북간도 지역을 모태로 하여 형성되었다는 사실은 매우 중요한 일이다.

회령, 용정, 명동촌 등을 중심으로 한 북간도 지방은 본시 고구려, 발해 등 한민족의 강인한 개척자적 정신이 맥으로 흘러가던 곳이요, 조선조 말과 개화기에 민족의 자주독립, 자강, 무실역행, 교육과 신앙운동의 중심지였다. 그는 그 곳에서 성실하고 꿋꿋한 부모님의 신앙의 자세를 보면서 자랐고, 민족에 대한 사랑과 자연에 대한 감수성을 기르면서 자랄 수 있었다. 그가 탄생하였고 어린시절을 보냈던 중국 동북부 북간도 명동촌에는 1910년대 이미 김약연 목사를 중심으로 하는 한인촌 민족공동체가 튼실하게 자리 잡고, 민족독립, 자주자립, 무실역행, 신앙교육의 일치를 이루며 숨쉬고 있었기에 새 나라 새 땅을 바라보는 '위대한 꿈'이 늦봄의 살과 뼈 속에 스며들 수 있었다.

우선 늦봄의 예민한 감수성은 자연과 사물에 대한 시적인 재능으로 다듬어져 갔고, 민족의 아픔과 민중의 희비애락을 가슴에 직접 느끼고 표현하는 종교시인으로 영글게 하였다. 그는 히브리어에 능통한 구약학 전문학자로서 언어학적 재능을 남달리 가지고 있었으며, 1970년대 한국 개신교와 가톨릭 성서학자들의 공동노력으로 이루어진 우리말 성서공동번역의 번역실장으로 8년 이상 큰 공헌을 하였다.

번역기술 차원만이 아니라, 번역이란 무엇인가를 철저히 알고 그것을 가르치신 해석학적 번역론의 이론가와 실천가로서 아마 한국 신학사에 늦봄을 능가할 사람이 없을 것이며, 이러한 해석학적 통찰은 곧바로 기독교의 한국 토착화신학의 기초 이론을 제시하게 되었던 것이다. 늦봄의 그러한 문학적, 예술적 재능은 자연히 한국의 찬송가 번역과 편집사업에 남다른 관심을 보여주게 되었고 주옥 같은 논문을 남길 수 있게 되었다.

무엇보다도 늦봄이 전문적인 구약신학자라는 것을 기억해야 한다. 그의 해박한 구약성서 세계에 관한 전문 지식과 그의 삶에서 터득한 한민족의 민중적 삶의 정열이 함께 어우러져 「히브리 민중사」라고 하는 그의 1990년대 대표적 작품을 남기게 된다. 바로 전집 제11권, 이 책에 수록된 「히브리 민중사」는 다시 말하면 늦봄 문익환의 구약 성서신학 사상의 결산물이요, 그의 가장 원숙한 생의 단계에서 종교와 인생과 우주와 역사를 어떻게 보고 이해하는가를 잘 나타내 보이는 작품이다.

다시 말하면, 그의 사상의 척추를 구성하고 있는 히브리 예언자 혼의 전통이 한민족의 사상과 함께 용광로 속에서 함께 녹아져 정금과 같은 그의 문학적 필치를 통해 다시 재구성되면서 전개되고 있는 것이다. 그리고 또 하나의 중요한 긴 작품이 이 책에 실려 있는데, 그것은 기세춘 선생에게 보내는 편지 형식으로 전개된 한국 고대사와 그리스도 신앙사 및 이스라엘 고대사와 수메르 문명사의 상호 내적관계성에 관한 연구이다. 이 작품을 통해 마치 조선조 성리학의 발전사에서 이황, 기대승, 이이 사이에 오고 간 사단칠정론 및 이기론에 관한 학문적 토론을 보는 것같이 매우 격조 높은 학문적 대화를 볼 수 있다.

한민족의 고대 한(韓)사상과 히브리적 유일신 신앙의 뿌리를 고대 수메르문명에까지 거슬러 올라가, 그 안에 줄기차게 흐르는 평등, 정의, 평화사상에 관한 연구를 남겨놓았다. 늦봄의 그러한 연구는 한국 기독교인들의 성서주의 신앙과 유일신 신앙이 배타적이거나 독단적인 것으로 전락하지 않도록 하는 견고한 안전핀 역할을 해줄 것이다. 이제 여기서는 그 각론을 자세하게 해설할 겨를이 없기 때문에, 독자의 편의를 위하여 3부로 구성된 이 책의 핵심 사상을 일별하고자 한다.

2. 성서와 함께 하나 되는 길

이 책 제1부는 1960~1970년대 기간의 늦봄의 글들이 중심을 이루고 있다. 편집상 「기세춘 선생에게 보내는 글」과 「통일의 신학」은 제2부로 넘어가는 것이 옳을 것이다. 제1부의 중심주제는 크게 두 가지인데 근대화, 산업화가 막 시작되던 1960~1970년대에 한국의 신학교육과 기독교계의 철저한 자기성찰과 그 진로를 제시하고 있다. 그리고 1970년대 그가 심혈을 기울인 성서번역에 관한 논문이 중심을 이룬다.

늦봄은 이스라엘 신앙의 시대나, 초기 사도적 교회시대나, 한국의 개화기 초 전도시대에 그 신앙운동 안에 생명력이 있었던 것은 카리스마적인 영의 힘, 창조적 영의 힘이 작동했기 때문이라고 본다. 성서신앙 중심으로 일어났던 한국의 초기 교회운동은, 굳어진 교리나 성서 문자영감설 따위의 문자주의가 아니라, 영의 촉발적 힘이 함께 하는 창조적 생명운동이었다는 점이다. 그러나 그 뒤 해방 후 지금까지 한국 기독교운동이 그 양적 팽창에도 불구하고 문제가 많은 것은 사상적 심화가 일어나지 않고 전통과 업적에 칩거하는 형식주의, 결과주의, 업적주의 때문이라고 본다. 그는 "복음의 깊이를 평면화함으로 극히 부분적으로 이해하고 그 역설적인 다이나미즘을 죽여 버리고 말았다"고 한국 기독교를 진단한다. 한국적인 신학을 수립하는 길도 우리가 직접 성서로 돌아가서 그 생생한 세계에 부딪혀서 거기서 오는 생명적인 힘으로 우리 것을 변질시키고 확대하는 길 밖에 없을 것이라고 강조한다.

늦봄은 앞서 말한 대로 성서번역사업에 혼신의 힘을 기울인 성서번역학자이다. 성서번역이란 히브리어나 헬라어를 잘 아는 사람이 문장과 단어를 한글사전을 가지고 정확하게 옮기는 단어 바꾸기의 단순작업이 아닌 것이다. 성서번역이야 말로 토착화 작업의 첫 발걸음이고, 히브리적 세계와 한국인의 세계가 만나서 대화하고, 겨루고, 지평 융합하는 창조적 산고의 과정이다. 이스라엘 종교사 자체와, 신약성경의 집필, 편집, 번역 과정 자체가 모두 말씀이 해당 문화와 역사적 살 속에 육화해 들어가는 성육신사건인 것이다.

늦봄은 성서의 한글 번역사업이 단순히 기독교라는 한 종파의 경전번역사업이 아니라, 한국문화와 문학, 더 나아가서 한국인의 가치관과 세계관에 일대 변혁을 주는 엄청난 일임을 직시해야 한다고 말한다. 늦봄은 한국인의 얼 속에 담기고 넋 속으로 파고들어 갈 수 있는 번역이 되도록 하기 위하여 노력한다. 그러므로 늦봄은 원문에 충실해야 하지만, 번역 언어의 자연스러움에 유의하면서 번역의 형식보다 원문이 전하려는 뜻을 살리는 쪽을 중요시해야 한다고 강조하였다.

그는 번역이란 같은 가락을 다른 악기로 연주하는 것에 비유할 수 있다고 보았다. 그러므로 시 형태로 씌어진 히브리 구약성서가 30퍼센트 이상 되고, 시를 번역할 때는 실상 시를 새롭게 쓰는 창작의 산고를 겪는 것과 다름없기 때문에, 진정한 번역이란 원문의 재생이라기보다는 재창조에 가깝다고 그의 경험을 토로한다. 늦봄의 번역에 관한 신학적 이해는 다음과 같은 그의 말에서 여실히 드러난다. "성서번역이란 언어의 문제, 번역기술의 문제에 맞는 것이 아니다. 그것은 계시와 영감의 문제에 직결되는 것이요, 사람들의 마음에 하느님의 마음을 담아주는 일이다 …… 그렇기 때문에 독자는 번역된 글자에 매여서는 안 된다. 그 글자에서 울려오는 하느님의 마음에 직접 닿아야 한다."

3. 시와 종교음악, 그리고 인간의 영성

전집 11권 제2부의 제목은 '한국 교회와 찬송가'이다. 늦봄은 성서의 한국어 번역사업 못지않게 찬송가의 바른 번역, 창작, 편집 문제에 깊은 관심을 나타내 보였다. 이것은 예술적 기질과 문학성과 종교적 영성이 융합된 그만이 공헌할 수 있는 일이기도 하고, 또한 매우 중요한 일이라고 생각했기 때문이다.

우선 늦봄은 찬송가에 대한 일반인의 편견을 바로 잡는다. 예술은 사상을 담는 그릇이 아니라 진솔한 생의 경험의 표현이듯이 찬송가는 기독교 신앙의 교리를 담아내는 그릇이나 도구가 아니라는 것이다. 늦봄의 찬송가학은 그의 예술론에 기초하고 있다. "찬송은 이중 구조적 예술이다. 시로서 예술이요 음악으로서 예술이다"라고 갈파한다.

늦봄은 강조하기를 찬송은 기독교 사상이나 교리를 담는 그릇이 아니라 생생한 하나님 경험, 진실한 그리스도를 자신의 내적 생명 속에서 만난 생생한 은혜의 경험을 예술적 음성을 통해 나타내는 경험의 표현이라야 한다는 것이다.

늦봄은 음악에도 소질이 있었던 목사였지만 시인으로서 남다른 재능을 발휘하신 분이다. 그는 좋은 시에는 그 자체 안에 음악성이 있다고 본다. 특히 종교시에서는 그 자체 안에서 솟아나는 음악성이 있어서 그것이 음악가의 영혼과 접맥되어 멜로디로 나타나는 것이어야 한다고 본다.

늦봄은 이렇게 말한다. 찬송가의 작곡가는 "시에 가락을 붙이는 것이 아니라 그 시가 가지고 있는 음악성을 울려내어 발전시키는 일을 아름답게 해내는 이들"이라고 갈파한다. 이러한 멋있는 생각이나 표현은 늦봄만이 할 수 있는 표현이 아닐 수 없다. 이러한 전제 하에 현재 한국교회 안에서 부르고 있는 찬송가 가사의 비문학성과 종교음악으로서 비적합적인 곡들에 대한 자세한 분석을 가하고 있다.

시인 늦봄은 말이란 게 무엇인지를 가장 깊게 통찰하고 있는 분이었다고 본다. 더욱이 성서의 말씀을 중요시하는 개신교 신학자요, 더욱이 성서번역자요, 구약 중에서도 하나님의 말씀 대언자로서 '말'에 의해 그의 실존이 서기도 하고 넘어지기도 하는 예언자들을 연구하는 구약학자로서 말에 대한 깊은 사색이 없을 수 없었다. 늦봄은 말에 관하여 다음과 같은 정의를 내리고 있다: "말이란 우리 속에 의식되고 있지 않은 혼돈에 질서를 주어 의식화해서 스스로 자기를 비쳐보는 거울과 같은 것이라고 하겠다. 다른 말로 해서 말은 의식화된 생각이라고 하겠다."

여기에서 늦봄이 강조하고자 하는 것은 말과 생각과 우리의 삶의 통일이다. 우리 사회의 말의 타락, 언어정책의 혼란, 진실성과 정직성이 결여된 공허한 약속과 과장된 언어, 저질스런 욕설들과 쌍스러운 말들, 이러한 모든 현상들은 우리 사회의 병리현상을 여실하게 비춰주는 진단서라고 하겠다.

늦봄은 명동소학교, 은진중학교, 평양숭실중학교를 함께 다녔던 죽마고우 윤동주의 민족시와 생명시 혼을 자신의 시세계에서 부활시키고 계승하려는 강렬한 의식을 갖는다(문익환, 『두 하늘 한 하늘』, 112~113쪽 참조). 그리고 장준하의 갑작스런 의문사 앞에서 그의 잠자던 민족의식이 되살아나고 그는 '강단의 신학'에서 '삶의 현장의 신학'으로, '이론의 신학'에서 '행동의 신학'으로 전환한다.

4. 히브리 민중사와 한민족의 민중사

이 책의 제3부는 「히브리 민중사」가 중심을 이룬다. 그리고 편집상 앞서 언급한 「기세춘 선생에게 보내는 편지」 시리즈로 편집된 석가, 묵자, 예수의 평등사상에 대한 비교문명론적 연구논문이 중요하다 하겠다. 히브리 민중사의 요점을 살피기 전에 언급한 후자의 논문내용의 핵심을 일별해 보자.

늦봄은 수메르문명의 기원에서 흘러나온 동이족, 즉 한민족의 근원적 종교사상과 아브라함의 후예로서 면면히 흘러내린 셈 종족의 유일신 평화·평등 사상과 심지어 인도 유러피안 종족이 인도에 들어와 꽃피어낸 불교의 평화사상 사이에 일련의 문명론적 문화교류 차원에서 맥이 연결되어 있지 않느냐는 논리를 전개한다. 이것은 어떤 문명이 다른 문명에게, 어떤 종교가 다른 종교에게 영향을 주었다는 문화 및 종교 우월론을 말하려는 것이 아니다. 늦봄은 수메르족과 동이족이 같은 문화인류학적 계보를 지닌다는 가설에 동의한다. 그리고 아브라함이 갈대아 우르를 떠나가기 전, 그의 조상들이 살았던 고대문명의 발원지가 수메르문명의 번성 중심지였음을 구약 고고학적 지식을 동원하여 논증한다.

다시 말하면 예수의 혈통이나 정신사적 계보를 셈족 계보라는 단일성으로 보아서는 아니 되고, 수메르의 전통과 셈족 전통, 두 흐름의 융합이라는 것이다. 모세 중심의 셈족 종교는 사실 "내 앞에 다른 신을 두지 말라. 내 앞에서 다른 신을 섬기지 말라"는 계명에서 보듯이, 엄밀히 말하면 다른 신들의 존재를 인정하는 일신론(Henotheism)형태이지만, 예수는 철저한 유일신론(Monotheism)을 바탕으로 평등, 자유, 평화의 하나님을 가르쳤다는 것이다. 묵자와 동시대 사람인 주전 5세기 제2이사야는 바벨론 포로기를 거치고서 철저한 유일신 신앙에 도달하게 되었다고 본다.

마침내 늦봄의 묵자, 고타마 붓다, 그리스도 예수의 문화인류학적 비교 연구는 예수의 정의와 사랑의 일치 및 생명중심 사상에 의하여 절정에 다다른다고 본다. 늦봄이 그의 말기 사상에서 성서의 신앙과 세계관의 뿌리를 연구하되 한민족의 고신도에 관심을 갖게 된 것은 매우 중요한 의미를 지니게 된다. 한민족이 기독교를 받아들인 것은 우연적인 종교현상이 아니라는 것, 한국인의 종교적 영성의 척추와 같고 그 집단적 무의식의 영성적 원형과 같은 하나님 신앙이 성서가 말하는 유일신 신앙, 광명이세, 홍익인간, 제폭구민, 광제창생하는 동학이나 민족종교의 이념에 가 닿는 것도 보통 일이 아니라는 점을 말하고 있다.

그러나 조심해야 하고 경고해야 할 것은, 한국 민족종교의 뿌리가 곧 성서적 신앙이었다거나 그 반대 역순으로 이해해야 한다는 섣부른 민족 국수주의적 선민사상이다. 도리어 늦봄이 강조하는 점은 평등과 정의 사상, 자유와 생명 사상, 순수한 하나님 신앙과 인간성 실현의 이상을 구현해내는 일에 있다.

「히브리 민중사」의 핵심은 이스라엘 종교사 속에 흐르는 두개의 맥을 평등과 해방을 강조하는 하비루 전통과 번영과 안정을 추구하는 농민혁명 전통으로 나누고, 이스라엘 종교사를 그 양자 간의 상호 겨룸과 통합과 조화의 역사로 파악하는 데 있다. 히브리 민중사는 이스라엘의 종교사 본질을 꿰뚫어보게 할 뿐만 아니라, 사무엘 선지자로부터 시작하는 예언자 운동의 본질이 무엇인가를 알게 한다. 사랑과 정의의 관계, 어용종교와 참 종교의 차이가 어떻게 나타나는가를 보여 준다. 성서세계 안에 줄기차게 흐르는 세 가지 광맥, 곧 제사 전통, 예언자 전통, 지혜 전통이 상호 어떻게 겨룸과 협동과 조화를 이뤄가야 하는가를 장편 서사시처럼 보여 준다. 한마디로 「히브리 민중사」는 말년 늦봄의 성경세계의 이해와 그의 역사관을 가장 원숙한 경지에서 펼쳐 풀이해 보여주는 중요한 자료가 된다.

1976년 3월 1일, '3.1 민주 구국선언'으로 투옥되면서 시작된 늦봄의 역사참여 신학, 현실참여 신학은 1989년 북한 김주석을 방북 면담함으로써 절정에 이르고, 1994년 별세하실 때까지 통일, 민족화해, 생명운동의 불기둥이 되셨다. 그의 신학은 한마디로 본래적인 생명의 모습을 회복하고 지키고 키워내려는 '생명의 신학'이었다. 그 귀중한 생명을 짓누르는 온갖 이념, 종교, 권력, 제도, 관습, 법칙, 규칙을 온몸으로 거절하는 생명 절규의 신학이었다. 그리고 그는 그 것이야 말로 저 갈릴리 예수가 전해준 복음의 본질이고, 성서의 핵이라고 굳게 믿고 그렇게 살고 간 사람이다.

새천년 시대의 인간 이해와 기독교신학

1. 들어가는 말

2000년 가을에 열린 한국 기독교학회 제29차 학술대회의 주제는 '새천년 시대의 인간 이해와 기독교신학' 이다. 우리는 주제 자체가 지니고 있는 몇 가지 함축적 의미를 음미함으로써, 좀 더 명료하게 주제가 추구하고자 하는, 금번 정기 학술대회 참여자들이 공유해야 할 공동관심의 지향성에 주목하고자 한다.

첫째, 신학함의 시대적 자의식을 '새천년 시대' 라는 포괄적 상징어로 표기하였다. 이 시간적 한정어는 문자적으로 앞으로 펼쳐지는 새로운 천년기의 전 과정을 포괄하는 신학적 담론을 추구하자는 말은 아니다. 10년 동안의 변화가 근세 100년 동안의 질량적 변화보다 더 큰 급변사회 속에서 향후 전개될 천년 동안의 신학적 기상도를 그려본다는 것은 불가능하고 어리석은 일이다. 그렇다면 '새천년 시대' 라는 시간의 한정어는 상징적 말일 터인데, 그 상징성 안에는 새로움, 창조성, 모험, 정체성의 위기의식, 신학방법론의 재고, 신학 중심테마의 중심이동 등등, 한마디로 신학적 패러다임 전환을 요청하거나 예견하는 상징적 의미가 담겨 있다.

---

* 본 원고는 『한국 기독교 신학 논총』 2001년 10월호에 실렸던 내용임.

둘째, 주제의 왼쪽 극을 나타내는 '인간 이해' 라는 표현구는 좁은 의미에서의 '신학적 인간학' 만을 의미한다고 볼 수 없다. '새천년 시대의' 라는 한정어가 '인간 이해' 를 한정하는 형용사로 본다면, '새천년 시대의 인간 이해' 라는 말은 "인간의 총체적 자기해석으로서의 상황"을 뜻한다. 전통적 교의학이나 성서신학이 말해왔던 교과서적인 '신학적 인간학' 의 표준답안을 다시 반복하자는 것이 아니라는 말이다.

셋째, 우리의 주제는 '새천년시대의 인간 이해' 라는 상황과 맞서 겨루면서 증언하는 계시적 진리증언의 체계, 곧 '기독교신학' 을 상황과 대립구조 속에서 상관시키고 있다. 줄여 말하면, 금번 학술대회의 주제 자체는 다분히 '변증적' 성향을 띠고 있으며, 신학자들의 책임 있는 변증적 과제를 촉구하고 있다는 말이다.

틸리히(P. Tillich)가 말하는 '변증적 신학' (apologetic theology)과 '케리그마적 신학' (kerygmatic theology)은 양자 모두 철저히 '변증법적 신학' (dialectical theology)이라는 성격을 지닌다. 그러나 '변증적 신학' 이 진정한 의미에서 '상황' 과 '메시지' 를 철저하게 변증법적으로 상관시키지 않는다면, 19세기 인본주의나 자유주의 신학의 오류를 범하게 된다. 마찬가지로 '케리그마적 신학' 이 신/세계, 계시/이성, 혹은 영원/시간을 철저한 변증법적 긴장 속에서 그 신학적 작업을 수행하지 않으면 17세기 신교 정통주의 또는 20세기 근본주의 신학과 같은 굳어진 계시실증주의 신학의 오류를 범하게 된다.

요점을 다시 한번 말하면, 우리의 주제 '새천년 시대의 인간 이해와 기독교신학'이라는 주제는 새천년 시대에 들어 간 현대 인간의 총체적 자기해석으로서의 '상황' 과 '기독교신학' 을 상관 관계성 속에서 대결시키고 있다. 여기에서 주목해야 할 점은 '상황' 이란 인간을 둘러싸고 있는 정치, 경제, 사회, 문화 등 객관적 환경이나 주어진 여건이 아니다. '변증적 신학' 방법론에서 말하는 본래적 의미의 '상황' 이란 객관적 환경과 여건 속에서 매시대마다 인간이 '세계-내 존재' (M. Heidegger)로서 자기를 선파악하고 있는 자기 실존 해석의 총체를 말한다. 또한 '상관' 이라는 개념은 "상황은 질문하고 계시적 진리는 대답한다"는

'질문-대답'의 시간 계기적·평면적 단순 관계구조가 아니라, 해석학적 순환구조 속에서 상호 조명·상호 규정·상호 침투라고 하는 입체적 역동적 관계 속에서 운동하는 기독교인들의 신학적 실존 상황을 말한다.

그렇다면 주제 발제자의 과제는 두 가지인 셈이다. 그 첫째는 '새천년 시대의 인간 이해', 곧 우리 시대의 신학적 실존 '상황'을 가급적 요점적으로 명료화하는 일이고, 둘째는 21세기 우리 시대의 '상황'과 '기독교신학(신앙)'을 상관관계 구조 속으로 인도하는 일이다. 제2장에서는 첫째 과제, 곧 상황파악에 주력하고, 제3장에서는 상황과 상관관계 속에서 신학을 수행해야 하는 기독교 신학자들이 갖추어야 할 기본 관점을 조직신학의 시각에서 제시해 보고자 한다.

2. 우리 시대의 상황: 새천년 시대의 인간 이해

21세기의 첫 해를 지내면서 우리는 20세기 문명이 인간의 자기 이해에 미친 혁명적 충격과 그 충격의 본질적 의미를 좀 더 거시적으로 파악할 수 있게 되었다. 발제자는 오늘의 인간 상황을 밑바닥에서 규정하는 '상황'의 핵심적 구성요소를 다섯 가지 범주로 나누어 간략하게 해명해 보려고 한다.

새천년 시대의 인간 이해를 구성하는 핵심적 다섯 가지 요소는 혁명적 양자역학의 결과의 하나인 컴퓨터정보화 사회에서의 동일한 시간-공간 체험(synspatiotemporality), 비선형계 복잡성과학과 생명의학 연구가 밝혀내는 자연 및 생명의 창발성 체험(non-dualistic emergent experience of life), 과정적 유기체적 실재관이 드러내는 실재의 전일성 체험(processive-organic holism), 여성학과 생태학의 학제 간 연구가 밝혀주는 생태학적 여성성의 체험(eco-feminism), 그리고 마지막 다섯 번째로 해석학과 종교학이 밝혀주는 문화종교의 다원성 체험(religio-cultural pluralism)이라고 본다.

2.1. 동일한 시간-공간 체험

흔히 우리가 근대적 실재관을 '뉴톤-데카르트 세계관'이라고 부르는 이유는 주지하다시피 이것이 지난 300년간 서구사상과 세계관을 지배했기 때문이다. '뉴톤-데카르트 실재관'이 전제하고 있는 몇 가지 신념들은 다음과 같은 것이다. 첫째, 근대 물리학적 자연관은 정신적 실재(res cogitans)와 물질적 실재(res extensa)의 완전한 분리를 전제한다. 둘째, 실재를 관찰하는 인식 주체와 인식 대상으로서의 객체는 상호독립적인 존재로서 주객관계가 가능하다. 셋째, 시간의 실재성과 공간의 실재성을 전제하며, 절대공간과 절대시간을 상정한다. 넷째, 물질적 현상은 기계처럼 작동하는 실체이며, 이 운동원리 또는 법칙은 자연에 이미 있는 것(또는 신이 창조시에 자연에 부여한 법칙)으로서 불변적이며, 이 자연법칙을 발견하면 모든 자연현상은 확정적으로 예측 가능하고 지배 가능하다. 다섯째, 이 법칙을 알아내기 위해 대상을 구성하는 최소단위까지 자연을 분할하여 그 요소를 찾아내는 환원주의적 방법을 구사해야 한다.

이러한 고전물리학은 20세기에 들어와서 천재적인 과학자들에 의해 양자역학 시대를 열게 되었다.[1] 넓게 말해서 이들이 만들어 낸 새로운 동력학 체계를 '양자역학'(Quantum Mechanics)이라고 불러 그 이전의 근대 뉴톤의 고전역학 체계와 구별한다는 것을 우리가 알고 있다.

우리의 관심은 자연과학자들의 '양자역학' 체계를 모두 정확하게 이해하는 데 있지 않다. 발제자로서는 불가능하며 이 논문의 목적도 거기에 있지 않다. 그러나 우리 시대를 특징짓는 '양자역학적 세계관'의 특징이 무엇인가를 자연과학자가 아닌 일반인들도 알아야 하고 어느 정도 이해할 수 있다. 뿐만 아니라,

---

1) 예를 들면 특수상대성이론을 정립한 아인슈타인(A. Einstein, 1879~1955), 양자론으로 알려진 불확정성원리를 밝혀낸 슈뢰딩거(Schroedinger, 1887~1961)와 하이젠베르그(W. Heisenberg, 1901~1976), 특정 원자핵의 비대칭 모양과 그 이유를 밝혀 핵 융합이론에 공헌한 보어(A.N. Bohr, 1885~1962), 전자나 양성자 같은 소립자들은 입자이면서 파동이라는 것을 밝혀낸 드 브로이(de Broglie, 192~1987) 등은 20세기 물리학 분야의 천재들이었으며, 20세기 신학의 거성들인 칼 바르트, 루돌프 불트만, 폰 라트, 폴 틸리히, 라인홀드 니버, 칼 라너 등과 동시대인이었다.

새천년 시대 인간 이해를 위하여 이 변화의 본질을 이해하는 것은 필수적이다. 20~21세기 문명사회를 근본적으로 변화시킨 '양자역학적 세계관'의 본질적 특징은 다음과 같은 점들이다.

첫째, 양자역학은 자연 이해에서 '물체 중심의 사고'로부터 '사건 중심의 사고'로의 전환을 일으켰다.[2] 뉴톤물리학 세계에서는 자연세계 속의 물체라는 것은 더 이상 분할할 수 없는 물질원자 집합체들이 절대공간을 일정시간 동안 점유하고 있는 현상이며 그러한 물체들 간의 역학관계가 운동을 일으킨다고 보았다. 그러나 양자역학에서 보면, 이 세상만물은 무수한 소립자들의 창발적 사건현상이다. 이러한 '사건 중심의 사고'에서는 물질과 정신이라는 이원론은 더 이상 의미가 없으며, 정태적이고 실체론적인 물체 관념도 하나의 허구임이 밝혀진다.

둘째, 양자역학은 고전물리학 세계에서 자명하게 받아들였던 대상실재의 인식에 있어서 절대성 및 이원론 대신에 상대성(Relativity)과 이중성(Duality)을 밝혀줌으로써 인간의 상황에 큰 혁명을 일으켰다.[3] 그리고 양자론에서 원자, 전자, 핵, 광자 등 일체의 미시적 세계에서의 소립자들은 파동성과 입자성의 두 가지 성질을 가지고 있음이 밝혀졌기 때문에 자연과학자들은 '자연의 존재요소들은 이중성을 갖는다'라는 명제를 받아들이게 되었다. 이러한 상대성과 이중성의 인식은 더 나아가서 데카르트가 자명하게 받아들였던 물질/정신의 형이상학적 이원론에 동요를 가져오게 된다. 말하자면, 물질현상과 정신현상은 존재론적으로 성질이 다른 별도의 실재라기보다는 우주를 구성하는 궁극적 기초 실재들이 어떤 방식으로 만나고, 관계 짓고, 구성되며, 지속하느냐에 따라 나타나는 창발적 사건현상이라는 것이다.[4]

셋째, 불확정성원리(uncertainty principle)는 뉴톤물리학의 절대 확실성의

---

2) 소광섭, 『물리학과 대승기신론』(서울대학교출판부, 1999), 21~22.
3) *Ibid.*, 21. 주지하다시피 아인슈타인은 '운동의 상대성 원리'와 '광속 일정의 원리'를 결합함으로써 상대적 시공간 이론을 이끌어 내고 뉴톤 역학체계를 패러다임 전환시켰다. 그리고 양자론에서 원자, 전자, 핵, 광자 등 일체의 미시적 세계에서 소립자들은 파동성과 입자성의 두 가지 성질을 가지고 있음이 밝혀졌기 때문에, 자연과학자들은 "자연의 존재요소들은 이중성을 갖는다"라는 명제를 받아들이게 되었다.

신념 체계를 근본에서 흔들어 버리게 되었다. 뉴톤물리학 체계는 어떤 물체의 처음 상태를 알면 운동방정식에 의하여 나중 상태를 정확히 알 수 있다고 보았다. 그러나 하이젠베르그 등 양자역학자들에 의하면 사물운동의 측정과정과 측정도구와 측정방법에서 불가피한 오차의 한계가 있게 마련이므로 '상태를 확정지을 수 없다' 는 불확정성원리가 나온다. 자연과학 세계의 정확성은 확률적 의미에서의 정확성이라는 말이다. 그러나 인과관계가 무효화되었다거나 미래가 불확실하게 확률적으로 전개된다는 의미가 아니라 자연현상의 상태를 측정하고 인식하는 데 불확정성이 있다는 것이다. 줄여 말하면 뉴톤의 결정론적 예측이 확률적 예측으로 바꾸어졌다.[5]

이상에서 잠깐 언급한 양자물리학이 불러온 혁명적 실재관이, 신체를 가지고 시공 4차원의 세계 속에서 일상생활을 하는 현대인들에게 피부에 와 닿지 않는 것은 감각기관의 인지능력의 한계, 실체론적 물체 중심의 사고방식, 고전물리학의 표준 과학패러다임에 순치된 자연해석의 고정관념 등 때문이다. 그러나 현실적으로는 우리는 이미 양자물리학의 세계 속에서 살고 있다. 예를 들면 병원에서 접하는 자기공명촬영(MRI), 컴퓨터입체촬영(CT), 각종 방사능치료, 유전공학, 컴퓨터와 정보산업의 핵심소재인 반도체의 작동원리와 집적기술 등이 모두 전자의 양자역학적 이해와 기술적 응용에 기초하고 있다.[6]

그러나 오늘 우리의 학술회의 주제와 관련시켜볼 때, 이러한 물리화학 분야에서의 패러다임 전환이 인간의 자기이해, 곧 제3천년 시대를 살아가는 현대인의 '상황' 에 미친 본질적 의미는 시공간적 동시공재체험에 있다고 본다. 정보화 사회를 가능하게 하고, 지구 구석구석의 사건과 우주 안에서의 천체 항성 간의 운

---

4) 문창옥, 『화이트헤드 과정철학의 이해』(통나무, 1999), 38~47. 화이트헤드의 과정철학은 20세기 양자역학을 충분히 숙지한 신자연 철학이며, 새로운 형이상학이다. 그에 의하면 존재를 물질과 정신으로 양분하거나 어느 하나로 환원하는 것은 모두 인간정신기능이 만들어낸 추상작용의 결과일 뿐이다. 모든 가시적, 불가시적 존재자들을 구성하는 궁극적 기초실재인 '현실재' (actual entities)들은 정신극과 물리극이라는 양극성을 띤 중성적인 것이다.

5) 소광섭, 『물리학과 대승기신론』, 30~33.

6) Ibid., 34.

동까지도 실험실 안에서 동시다발적으로 보고 느낄 수 있는 세계가 된 것이다. 인간 존재방식에 근본적 제약이 되어 왔던 시공간적 거리가 어느 정도 극복되면서 인류가 시공간적으로 동시공재성을 경험하게 된다는 것은 인간의 자기 이해에 큰 변화를 초래할 것이며, 이러한 '상황'에 기독교신학은 창조적으로 응답해야 할 과제를 갖는다.

2.2. 자연과 생명의 창발적 체험

흔히 분자생물학 분야에서 유전자구조의 발견, 휴먼게놈프로젝트의 해명, 유전자복제기술의 개발을 3대 혁명이라고 말하기도 한다. 그런데 미국의 물리학자인 포드(J. Ford)는 혼돈과학을 20세기 물리학의 세 번째 혁명으로 보았는데, 왜냐하면 혼돈이론은 20세기 상대성이론, 양자역학과 더불어 뉴톤의 고전물리학적 실재관의 결정론을 거부하고 있기 때문이다.[7] 1980년대 이후, 소위 복잡성의 과학(science of complexity), 혼돈과학, 카오스이론, 비선형 물리과학 등 다양한 이름과 현상으로 나타나는 일련의 연구결과는 분명히 앞 절에서 잠깐 살펴본 상대성이론이나 양자역학이 새천년 시대 인간 이해에 준 충격 못지않은 의미를 지니고 있다고 보여진다. 그리고 '혼돈과학'이 주는 의미는 고전 정통신학의 선형적, 정태적, 결정론적 사고방식의 변화를 촉구하고 있다.

20세기 과학이 말하는 혼돈(chaos)은 창세기 1장에서 말하는 태초의 '혼돈'과 조심스럽게 구별되어야 한다. 창세기의 '혼돈'은 존재 이전의 '비존재' 상태로서 '상대적 무'(ouk on)이지만, 자연과학이 말하는 혼돈은 비선형방식으로, 비정형방식으로 전개되는 자연 및 사회 현상에 대한 포괄적 표현이기 때문이다.[8]

---

7) 이인식, 『미래는 어떻게 존재하는가?』(민음사, 1995), 114. J. Ford, "What is chaos, that we should be mindful of it?", *The New Physics*(Cambridge University Press, 1989), 348~372.
8) 이인식, 『미래는 어떻게 존재하는가?』, 99~140 참조. 예컨대, 자연과학에서 말하는 혼돈현상은 대기의 무질서와 급격한 변화, 하천의 급류에 있어서 솔리톤적 해일파(solitary wave), 인간심장의 불규칙한 박동, 뇌세포의 활동방식, 주식가격의 난데없는 폭락폭등현상, 프랙탈 기하학이론 등으로 이 모두 혼돈과학의 연구대상들이다.

혼돈과학이론이 밝혀주는 자연과 신체와 사회현상의 특징은 여러 가지이다. 첫째, 변화 행동 자체가 불규칙적이며 예측불가능한 면을 항상 지니고 있다. 둘째, 변수의 작은 변화, 특히 초기조건에서의 작은 변화가 최종현상에서는 나비효과처럼 엄청난 변화로 증폭되어 나타날 수 있다. 셋째, 상호 배타적 개념인 결정론과 우연론이 동시에 긍정된다. 넷째, 혼돈(불규칙) 속에 질서(규칙성)가 내재되어 있으며, 자연은 복잡적응계가 자발적으로 질서를 형성하는 이른바 '자기조직화'(self-organization) 능력을 갖고 있다.

혼돈이론을 다루는 복잡성과학(science of complexity)에서는 단순한 구성요소들이 서로 작용, 반응하는 구조방식이 동시적 상호작용, 전일적 홀로그램식 운동, 창발적 현상을 나타내면서 복잡하게 적응하기 때문에 선형적 전기회로의 인과관계 구조와 구별하여 '복잡적응계'(complex adaptive system)라고 부른다. 예를 들면, 살아있는 세포는 단백질, 핵산 등 수많은 분자로 구성되어 있으면서 체내 시스템과 체외 시스템 간의 평형과 조화를 이루는 복잡계이다. 사람의 뇌는 수십억 개의 뉴론신경세포망의 복잡계여서 단순회로 방식이 아니다. 기후변동은 고기압, 저기압, 난류, 해류, 태양흑점 폭발, 온실효과 등 천태 만 가지 변수들의 복잡적응계이다. "복잡적응계의 구성요소는 혼돈과 질서가 균형을 이루는 경계면에서, 결코 완전히 고정된 침체상태나 완전히 무질서한 혼돈상태에 빠지지 않고 끊임없이 환경에 적응하기 때문에 항상 새로운 질서를 유지할 수 있다."[9]

복잡성과학이 제3천년 시대 인간상황과 신학의 학문적 과제에 던지는 핵심적 화두는 세 가지라고 볼 수 있다. 첫째, 자연현상의 '자기조직화 능력'이다. 이것은 뉴톤물리학에 따라 자연의 제일성이나 법칙성은 창조주가 자연 속에 각인시켜 놓은 질서라고 생각해왔던 뉴톤-데카르트 실재관의 자연, 인간, 사회 이해에 커다란 도전을 가져다준다. 벨기에 화학자 프리고진(I. Prigogine, 1917~)은 열역학적으로 평형에서 먼 상태에 있는 계에서의 '요동을 통한 질서'(order

---

9) *Ibid.*, 129.

through fluctuation) 이론을 발표하여 노벨상을 받았다(1977). 모노(J. Monod, 1910~1976)는 세포분화이론을 체계화하여 노벨상을 받았다(1965). 모노 이론의 핵심은, 모든 세포는 거의 동일한 유전정보를 갖고 있음에도 불구하고 세포의 형태가 다양한 이유는 서로 다른 유전자를 가지고 있기 때문이 아니라 유전자의 활동패턴이 다르기 때문이며, 그리하여 동일한 유전정보를 가지고 있는 세포들일지라도 세포가 간, 뼈, 심장, 근육조직 등 신체 기관을 그 역할에 합당한 구조와 기능을 갖도록 스스로 자기조직화해 간다는 것이다. 유전자가 다른 유전자의 활동을 조절하는 일종의 자동제어 메카니즘이 세포분화의 기초를 이루고 있다는 것이 모노의 이론이다.[10]

둘째, 복잡성과학이 신학과 인간상황 이해에 던지는 충격은 사물의 창발성 이론에 있다. 창발적 특성이란 복잡적응계에서는 구성요소가 개별적으로는 갖지 못하는 특성이나 행동이 창발적으로 나타난다는 것이다. 개개의 총합은 개개 능력과 기능의 산술적인 총합보다 크고 전혀 다른 창발적 기능과 행동을 나타낸다. 대표적인 현상이 인간의 뇌 활동이다. '창발적'(emergent)이라는 단어는 '돌연히 나타난다'는 뜻이지만 한문자의 의미는 창조적 발생(발현)이라는 뜻이다. '창조'와 '자연발생'이라는 두 가지 개념이 복합적으로 합성된 개념이 '창발적'이라는 단어이어야 한다. 왜냐하면 자연과학자들이 말하는 자연질서의 '자기조직화의 원리'나 '부존질서'(order for free)라는 개념을 철학적, 신학적 관점에서 보면 그렇게 자명한 것이 아니기 때문이다. 만약 자연과학자들이 자연의 '창발성'을 깊이 없이 천박하게 이해해 버리면, 일체의 정신현상과 영적체험까지를 '두뇌라고 하는 신경기계의 부수현상'으로 보는 19~20세기 기계론적 생물학 혹은 과학적 유물주의로 다시 전락해 버릴 것이기 때문이다.[11]

셋째, 복잡성의 과학이 정신과학에게 주는 함의는 새로운 질서, 창조적인 것, 생명적인 것은 혼돈과 질서를 분리시키는 임계점, 곧 '혼돈의 가장자리'(edge

---

10) J. Monod, 김진욱 역, 『우연과 필연』(범우사, 1985). I. Prigogine, I. Strenger, 신국조 역, 『혼돈으로부터의 질서』(정음사, 1988).
11) 김흡영, 「현대과학을 어떻게 읽을 것인가?」, 『기독교사상』(2000년 9월호), 180~187.

of chaos)에서 창발적으로 나타난다는 사실이다. 이러한 진리는 학문적 방법론에 일대 전환을 촉구한다. 본문 이해를 위해서는 텍스트를 구성하는 구성요소들을 분석하고 종합하여 파악한다는 환원주의적 성서비평학이론이나, 복잡적응계라고 볼 수 있는 성경의 세계를 선형적, 직선적 유크리트 기하학의 발상법으로 파악하는 '구원사 신학', '속죄론 신학', '교회성장론 선교신학'의 예에서 보이는 신학의 단순도식화를 경계하는 것이다. 줄여 말하면, 복잡성과학은 자연계의 사물을 구성요소의 합계가 아니라 통일된 전체성에서 창발적 사건으로 이해해야 한다는 것이다. 신구약성경이 증언하는 하나님의 구원사역과 성령의 역사는 항상 예기치 못한 '창발적 성격'을 지닌다는 것을 새삼스럽게 회상하게 된다.

2.3. 과정적 실재의 전일성 체험

20세기에 나타난 사상 중에서 향후 제3천년시대 인간 이해와 기독교신학이 가장 관심을 가져야 할 사상으로서 발제자는 화이트헤드(A.N. Whitehead, 1861~1947)의 과정철학, 유기체철학을 꼽고 싶다. 화이트헤드의 과정철학은 플라톤, 아리스토텔레스, 칸트, 헤겔 철학이 기독교신학에 끼친 영향만큼 제3천년시대의 인간 이해와 기독교신학 형성에 긍정적인 영향을 미칠 것이다.

화이트헤드의 과정철학의 기본명제는 다음과 같다: 현실세계(actual world)는 과정(process)이라는 것, 그리고 과정은 현실적 존재의 생성(becoming)이라는 것, 따라서 존재는 피조물이며, '현실적 계기'(actual occasions)라고도 불린다.[12] 과정철학은 존재보다 생성을 우선시킨다. 화이트헤드가 말하는 '과정의 원리'에 의하면 "현실적 존재가 어떻게 생성되고 있는가(how an actual entity becomes)라는 것이 그 현실적 존재가 어떤 것인가(what that actual entity is)를 결정한다."[13] 이러한 '과정의 원리'가 말하고자 하는 것은 전통의 실체론적

---

12) A.N. Whitehead, *Process and Reality*, corrected edition, edited by D.R. Griffin and D.W. Sherburne(The Free Press, 1979), 22.

사고의 거부이며, 관념적 사고의 거부이기도 하다. 인간의 본질이 무엇인가(what) 하는 것은 인간이 어떻게(how) 물질적 차원에서, 생물적 차원에서, 심리사회적 차원에서, 종교초월적 차원에서 자기를 형성하며 관계를 맺는가에 따라 결정된다는 말이다. 분자도 인간도 '관계적 존재', '생성적 되어감의 존재', 주체적 개체이면서 객체적 전체라는 말이 된다.

화이트헤드의 과정철학은 새로운 유기체적 자연철학이자 새로운 형이상학이다. 존재하는 삼라만물의 현실적 존재자들은 정신극과 물질극을 지닌 무한극소적 '현실재들'(actual entities)의 자동적인 자기 조직의 원리에 따른 결과가 아니다. 기계론적 생물학자들이나 유물론자들이 현실재들 안에 내재해 있다고 보는 '자기 조직의 원리와 능력' 때문이 아니다. 화이트헤드는 정신극과 물질극의 양면적 가능태를 듬뿍 그 안에 안고 있는 무수한 경험의 방울들인 현실재들을 구체적인 실재들로서 창발시키기 위해 모든 과정을 근원적으로, 구조적으로 조건 짓는 '형성적 요소들'(formative elements)을 상정한다. 그 형성적 요소들은 다름 아니라 새로움의 원리인 창조성(creativity), 플라톤이 말하는 이데아들 또는 보편자들(universals)에 해당하는 영원적 객체들(eternal objects), 그리고 한정의 원리이며 구체화의 원리가 되면서 동시에 창조성과 영원적 객체들을 통전시키는 신(God)이라는 세 가지 요소이다. 그 세 가지 '형성적 요소'들은 '현실재들'(actual entities)의 합성과정 속에 진입해 들어오면서 무규정적인 잡다한 '현실재들'을 규정적인, 구체적인, 시공간적인 현실재로 창발시키면서 잡다한 '다자'(many)를 구체적인 '일자'(one)로 통전시킨다.

과정철학, 유기체철학이 말하는 것은 우주는 창조적 전진이며, 이전에 없던 새로움이 창발되는 창조적 과정이고, 이접적(disjunctive) 상태를 연접적(conjunctive) 상태의 유기체적 몸으로 구성해가는 창조적 과정이라는 것이다. 이러한 과정철학적 실재관에서는 개체들 간의 독립성과 연대성이 동시에 담보되며, 자율적이면서도 타율적인 양면성이 동시에 작동하며, 현실적 계기들 간의 상호

---

13) *Ibid.*, 23.

내재와 자유로운 초월이 동시에 담보되며, 신의 초월성, 내재성, 과정성이 모두 함께 되살아난다. 한 분 하나님은 만유 위에 계시고, 만유를 통하여 일하시고, 만유 안에 계신다'(엡 4:6)는 새로운 시대에 걸맞은 신관이 나타난다. 초월신관, 내재신관, 과정신관 중 어느 하나만을 배타적으로 강조할 때, 성서가 말하는 하나님의 역동적 존재양식의 어느 한 가지만을 부각시키는 왜곡 현상이 발생한다.

과정철학과 생명공학과 정보기술공학은 서로 연대하여 제3천년시대의 인간 이해에서 '집합적 초인류'(the collective metahuman)의 출현과 '문화적 진화'(cultural evolution)라는 비전을 제시하면서 신학적 관심을 촉구하고 있다. 20세기에 들어와서 '집합적 초인류'에 대한 비전은 예수회 신부 샤르뎅의 '인간현상' 속에서 예언자적 영감으로 싹트게 되었고, 미국의 스톡(G. Stock)의 '메타인류', 그리고 러시아 출신의 저명한 생물학자 도브잔스키(Dobzhansky, 1900~1975)에 의하여 정립되었다.[14]

집합적 초인류와 문화적 진화의 개념 요지는 다음과 같다. 인간개체 생명이 수억 개의 살아있는 독립된 세포들의 유기적 집합체로서 중추신경계의 신경조직망에 의해 거대한 영적 생명체로 존재하듯이, 이제 인류는 하나하나의 소우주를 그 안에 지닌 자율적 인간 개체들 수십억 명이 유기적 집합체로 모여, 그 산술적인 총합 기능 이상의 초월적, 정신적, 영적 기능을 발휘하는 새로운 '형태변화'를 겪고 있다는 것이다. 메타인류는 생물체로서의 인간, 컴퓨터, 통신 및 물류시설, 나노기술(nanotechnology), 사이버네틱 유기체인 사이보그(cybog) 등이 모두 합해져서 이뤄가는 불가분리적인 유기체적 인류다. 메타인류는 생물학적 몸이 그러하듯이 동시에 함께 느끼고, 함께 고통을 나누며, 함께 기뻐하는 집합적 초인류다. 이 메타인류의 심장과 머리에 해당하는 것이 '우주적 그리스도'라고 샤르뎅은 보았다.

---

14) 이인식, 『미래는 어떻게 존재하는가?』, 293~301.

2.4. 생태학적 여성학의 체험

1997년 한국 기독교학회 학술대회는 '여성신학과 한국교회' 라는 주제를 내걸고 1960년대 이후 세계 교회를 새로운 패러다임으로 쇄신하려는 여성신학운동의 신학적, 문명사적 의미와 그 현황을 한국상황 속에서 심도 깊게 논의하였다.[15] 그러므로 여기에서 다시 여성신학의 역사적 의미를 반복할 필요는 없다. 다만 한 가지 분명한 것은 제3천년시대의 인간 이해와 기독교신학의 과제를 논구함에 있어서 '페미니즘' (Feminism)이 말하려는 진리성을 외면하거나 간과하면서 제3천년시대 인간 이해와 신학적 과제를 말할 수는 없다는 사실이다. 또한 신학함과 목회현장에서 전통적인 기독교 진리에 대한 '명제적 접근방법' 보다는 '경험표현적 접근방법' 과 '문화-언어적 접근방법' 을 진지하게 고려해야 한다는 것은 부정할 수 없는 진실이다.[16] 특히 1960년대 이후 각각 초기에 별도로 발전하던 생태학연구와 페미니즘연구가 확장, 심화되어 가면서 '생태학적 여성학' (Eco-feminism)으로 발전되어 가는 것에 주목할 필요가 있는 것이다.

생태학적 페미니즘에 따르면 생태학적 위기극복이라는 문명사적 과제를 해결하기 위해서는 생태학이나 기술공학적 접근만으로써는 아니 되며, 자연에 대한 근본적인 이해의 혁명, 래디칼한 패러다임의 전환을 요청하는 페미니즘과의 연대가 필수적이라는 자각이 요구된다. 인간에 의한 자연착취 및 억압의 논리와 여성에 대한 가부장적 인류문명사의 억압의 논리 사이에는 외형적 상동성만이 아니라 내면적 관계성이 있다고 보게 된 것이다. 에코페미니즘이 주장하는 것은 단순히 여성권익의 몫을 담보해 달라거나, 신학이라는 전통적 학문 오케스트라 단원 속에 '여성신학' 이란 악기를 가진 여성 연주자 하나를 더 추가하여 신학적 오케스트라의 다양성을 도모하자는 것이 아니다. 손승희의 표현대로 "본질적으

---

15) 한국기독교학회 엮음, 『여성신학과 한국교회』, 한국기독교신학논총 14집(한국신학연구소, 1997) 참조.

16) G. Lindbeck, *The Nature of Doctrine: Religion and Theology in a postliberal Age*(The Westminster Press, 1984). 한인철, 『종교다원주의의 유형』(한국기독교연구소, 2000), 162 이하 참조.

로 전혀 다른 세계관과 그런 세계관에 기초한 새로운 사회질서를 요청하는 것이다."[17] 여기에 여성신학과 생태학적 페미니즘의 혁명성, 래디칼리티(radicality)가 있다.

생태학적 페미니즘의 관점에 의하면, 현존 인류의 정신적 기틀과 뿌리를 제공했던 인류문명사의 '차축시대'(야스퍼스)에 형성되었던 철학, 종교사상들은 물론이요, 고대 이집트 문명, 바벨론과 앗수르 문명, 베다 문명, 잉카 문명, 중국 문명에 이르기까지 모든 문명들은 이미 '가부장적 문명'의 틀 안에서 형성된 것이며, 그 기간동안 씌어지고, 편집되고, 전승된 세계 종교들의 경전, 교의, 상징체계 들은 이미 가부장적 세계관에 의해 오염된 것이라는 점이다. 기독교, 불교, 이슬람교, 힌두교, 노장사상 등 위대한 보편적 세계 종교들 안에는 야누스적 두 얼굴이 있다. 그 하나는 가부장적이고, 남성중심적이며, 여성폄훼와 성차별을 당연시하고 강화하는 파괴적 얼굴이며, 다른 하나는 평등 · 해방 · 자유 · 치유 · 평화 지향적인 창조적 얼굴이다.

생태학적 페미니즘이 제3천년시대 인간의 자기 이해와 창조적 사회의 재구성을 지향하면서 제시하는 실재관은 앞서 살펴본 과정철학적 실재관과 공감대가 넓으며, 거기에 해방신학적 요소를 가미하고 있는 것이다. 세계와 분리된 초월적 유신론 신관의 재고, 정신/물질의 데카르트적 이원론 실재관의 부정, 상하 지배와 복종의 논리가 아닌 상호 침투와 사귐의 상생논리, 실체론적, 단자적 개인이 아닌 관계론적 인간이해, 성령의 교회론적 바벨론 포로상황으로부터 만유 가운데 창조적으로 활동하시는 생태학적 성령론으로의 전환, 교회 성직질서와 상징체계의 혁신 등을 중심 화두로 제시한다.[18]

물리학자 장회익은 최근 출판한 『삶과 온 생명』에서 다음과 같이 말한다. "개개의 인간은 그 중추신경계를 이루는 신경세포들의 활동에 의해 몸 전체를 자신이라 여기는 하나의 의식 주체를 지닌 존재이다. 그러나 인간은 여기에 그치지 않고 다시 개체적 지능을 바탕으로 서로의 관계를 정보적으로 연결하는 문화공

---

17) 손승희, 「여성신학과 한국교회」, 『여성신학과 한국교회』, 12.
18) 강남순, 「새로운 희망의 신학: 제3의 종교개혁을 향하여」, 『여성신학과 한국교회』, 159~203 참조.

동체를 이루었으며, 이렇게 하여 이루어진 집합적 지성에 의해 전체 생명을 시간-공간적으로 꿰뚫어 그 전모를 파악하기에 이르렀다."[19]

장회익의 말은 지구생태계 속에서 인간이 지니는 위치는, 개인 몸 안에서 중추신경계가 지니는 위치와 같다는 것이다. 중추신경계의 조직과 몸의 건강상태는 불가분리적이다. 중추신경계는 몸의 생리적 기관들이 제공해 주는 양분과 정보를 받아가지고 존속하지만, 심장이나 내장기관이 하지 못하는 일, 곧 자의식을 가지고 자기를 총체적으로 파악하며, 몸을 건강하게 유지하기 위하여 균형, 조화, 절제, 경고 등 온갖 판단을 하여 신체기관에 정보를 전달한다. 몸을 다스리며 돌보는 것이다. 그러나 중추신경계가 영양소를 독점하거나, 정보판단 능력을 악용하여 자기만을 강화하지 않는다. 도리어 중추신경계는 감수성이 예민하고, 여리며, 자기를 뼈와 근육 속에 감추면서 과시하지 않는다. 인간과 자연과의 새로운 관계 정립은 정복자 모델, 환경관리자 모델, 청지기 직분 모델 등 이전에 통용되던 전통적 모델을 완전히 버리고, 중추신경 모델로 전환되어야 할 것을 자연과학자는 신학도에게 제안하는 것이다.

2.5. 문화종교의 다원성 체험

제3천년시대 인간 이해와 신학적 과제를 책임적으로 수행하기 위해서는 회피할 수 없는 마지막 한 가지 상황적 문제가 남아 있다. 발제자는 그것을 지구촌 속에 함께 삶을 누리고 있는 인류의 70퍼센트 이상이 관여하고 있는 문명과 종교의 다양성 문제라고 본다. 이 문제는 21세기 전반기를 살아가는 신학자들의 '뜨거운 감자'이다. 종교다원주의 또는 종교다원현상(Religious Pluralism)은 20세기 후반에 들어와서 갑자기 발생한 것은 아니다. 다양한 종교들과 종교문화가 오래 전부터 지구 위에 공존해왔던 것이다. 그런데 20세기 후반부터 지구는 갑자기 지구촌이 되어 문화경계선들을 서로 넘나들면서, 새로운 상황이 의식

---

19) 장회익, 『삶과 온 생명: 새 과학문화의 모색』(솔, 1998), 239.

된 것이다. 특히 20세기 전반 서구 문화제국주의, 식민지배 시대가 역사적으로 종언을 고하면서 기독교신학자들과 기독교인들의 눈에 갑자기 드러나기 시작한 문제인 것이다.

　문제의 초점은 지구상에는 기독교신자와 교회공동체 구성원들처럼, 아니 어떤 점에서 이들 못지않은 이성적 사고, 도덕적 진지성, 겸허성과 자기희생적 봉사적 삶, 예술적 감수성, 종교체험에서의 계시성, 영적 성숙성을 가지고 자기가 귀의하고 있는 종교에 헌신하면서 삶을 영위하는 이웃들이 많이 있다는 현실이다. 20세기 전반기, 곧 아직도 서구 문명이 세계를 지배하던 시기까지만 해도 자명하게 받아들여졌던 우상종교/참종교, 자연종교/계시종교, 도덕종교/영적종교, 인본주의종교/신본주의종교, 자력구원종교/은총구원종교 등등의 이분법적 도식이 사실도 아니고 진실도 아닌, 정통적 기독교신학의 근거 없는 우월의식의 표현이거나 독단적 주장이었음이 명백하게 밝혀졌기 때문이다.

　신학계에서 1960년대 이후 회피할 수 없는 문제로 등장한 종교 간의 대화신학, 또는 종교신학은 20세기 전반기에 눈부신 발전을 이룩한 인문과학 분야의 종교학, 해석학, 언어철학 등의 연구결과에 힘입은 바 크다. 종교다원주의 신학에는 여러 가지 입장이 있으므로, 어떤 신학자가 종교다원주의에 관심이 있다는 이유로 그를 건전한 기독교신학 써클에서 일탈한 위험인물이라고 단정할 수 없다.[20] 종교다원주의가 씨름하는 신학적 문제는 21세기에 신학을 하는 전통신학자들이 반드시 건너야 할 '불의 강'이다. 불꽃 튀는 학문적 대화와 논쟁을 통해 발전하고 있는 오늘의 종교다원주의 신학의 다양한 파노라마를 여기에서 다 소개할 수는 없으며, 그럴 장소도 아니다. 다만 다양한 입장에도 불구하고 오늘날 세계 지도적 학자들의 공통적 견해들을 몇 가지 요약함으로써 21세기의 '상황' 이해에 도움이 되려 한다.[21]

---

20) 한인철, 『종교다원주의의 유형』. H. Coward, 오강남 역, 『종교다원주의와 세계종교』(대한기독교서회, 1996) 참조.
21) 여기에서 필자가 말하는 책임적인 종교다원주의 학자들이란 J. Hick, H. Coward, P. Knitter, G. Lindbeck, R. Panikkar, A. Race, J, Cobb Jr., W.C. Smith, 유동식, 변선환 등을 말한다.

첫째, 종교다원주의 신학자들에 의하면, 모든 의미 있는 역사적 종교에서는 일정한 시대에, 일정한 인간들이, 일정한 종교공동체에 속하여, 일정한 방식으로 초월자와의 관계 속에서 그들 나름대로의 구원을 체험하고 세상을 창조적으로 구성한다.

둘째, 종교전통 간의 만남은 우리의 지평을 확대하여, 우리로 하여금 궁극적 실재, 인간, 우주를 새롭게 보고 경험하게 한다. 진정한 대화와 만남의 목적은 자기 자신의 종교전통에 대한 충성과 헌신을 잃지 않고 자기 종교의 비전을 확장, 심화하는 것이다.

셋째, 성숙한 종교다원주의 학자가 가장 경계하는 것은 천박한 종교통합주의나 개별 종교의 역동적 고유성을 말살시키는 종교혼합주의이다. 종교통합주의나 종교혼합주의는 배타적 종교정복주의나 타종교 무관심주의보다 더 위험한 것이다.

넷째, 모든 역사적 종교전통들은 동일한 차원의 가치나 타당성을 가진다고 보지 않는다. 이기적, 자기중심적 삶이 실재중심적 삶으로 변화되면서 얼마나 풍성하게 진리, 정의, 사랑의 열매를 맺는가 하는 것으로써 그 나무를 판단한다.

다섯째, 종교다원주의는 인간이 철저하게 해석학적 존재요, 역사적 존재이며, 모든 진리 인식은 그가 속한 공동체의 역사경험과 문화전통의 언어적, 문화적 패러다임에 의존한다는 것을 깨닫게 한다. 그러한 역사적 종교들의 패러다임 제약성에도 불구하고, 역사 속에 있는 종교가 자기 자신의 역사적, 해석학적 형식의 절대성을 부정하는 용기, 곧 '우상숭배유혹'을 극복하는 용기를 지닐 때, 역사적 특정 종교의 초월경험 또는 신경험은 '부분을 통해 전체'(totum par partem)를 보는 것이며, 하나의 특정 관점에서 본 전체는 그 자체로서 전체라는 것을 체험한다.

3. 21세기 상황 속에서 기독교신학의 과제

우리는 제2장에서 제3천년시대의 인간 이해, 곧 새롭게 변화된 '상황'을 다섯 가지 측면에서 살펴보았다. 기독교신학은 변화하는 인간상황을 그 밑바닥에서 근거지우며, 모든 변화를 꿰뚫고 지속하면서 매 시대의 변화를 초월하는 '영원한 메시지'를 상황과 상관시키는 데 자신의 영광과 책임이 있음을 안다. 그 '영원한 메시지'를 기독교신학은 예수 그리스도의 존재와 행위 속에서 보며, '새로운 존재'이신 그분 안에 있는 구원의 능력과 의미에 의해 새롭게 탄생한 공동체의 범례를 성령강림체험으로 변화된 새로운 원시기독교 공동체에서 찾는다. 변화하는 인간상황 속에서 변화하지 않는 기독교 인간 이해의 근거는 "보이지 아니하는 하나님의 형상이시며, 모든 피조물보다 먼저 나신 이"(골 1:15), 예수 그리스도 안에 나타난 인간성의 기본 꼴이며, "누구든지 그리스도 안에 있으면 새로운 피조물이 됨"(고후 5:17)을 증언하는 초대 교회 예루살렘 성령공동체(행 2:1~47)의 인간 존재양식이다.

21세기의 급변하는 인간상황 이해에도 불구하고 우리가 귀 기울여 볼만한 20세기 대표적 선배 신학자 세 사람, 곧 바르트(K. Barth), 틸리히(P. Tillich), 라너(K. Rahner)의 신학적 인간학의 근본 주장을 음미하면서 우리의 과제에 시사점을 얻으려 한다. 바르트에게서는 삼위일체론적 하나님 형상론 이해에 근거한 '인간성의 기본 꼴'에 주목할 것이며, 틸리히에게서는 신학적 인간학의 '존재론적 구조'를 카이로스 시점에서 실현한 '성령공동체'에 주목할 것이며, 라너에게서는 인간성 안에 선험적으로 주어진 '하나님의 씨'(요1서 3:9)를 일깨워 주는 '초월론적 인간학'을 음미할 것이다.

3.1. 바르트에 있어서 하나님의 형상으로서의 공인간성(Mit-Menschlichkeit)의 기본 꼴

후기바르트 신학에서 나타나는 하나님의 형상론은 제3천년시대 21세기 기독교신학이 상황 속에서 증언해야 할 중요한 복음진리를 말해주고 있다. 바르트에 의하면 인간이 하나님의 형상에 따라 지음 받았다는 말은 '존재의 유비' (analogia entis)에서가 아니라 '관계의 유비'(analogia relatonis)에서 이해되어야 할 신학적 진리이다. 그 말은 인간의 본질 속에 항존적이고 실체론적인 '신성의 종자'를 소유형태로 지니고 있다는 말이 아니라, 인간과 세계와 하나님을 향한 개방성과 관계성 속에서 구현하고 실현해 내어야 할 은혜로운 과제라는 말이다.

바르트에게 있어서 '하나님의 형상'이란 자기계시 가운데, 영원히 자유하시는 가운데 긍휼히 풍성한 사랑으로 계시는 삼위일체 하나님의 삼위 간의 페리코레시스(perichoresis)를 닮아서 인간성의 비밀 또한 '더불어 존재하는 인간'으로서, '자유 안에서 사랑하는 자'로서 살아가도록 허락되었다는 것을 의미한다. 바르트는 삼위일체 하나님의 내재적, 신적 생명 안에서의 삼위 간의 페리코레시스적 관계성, 하나님이 피조물과 갖는 성자와 성령 안에서의 관계성과, 그 산울림으로서 인간이 동료 인간과 타자와의 만남에서 갖는 관계성, 그 삼중적 관계성 안에는 '관계의 유비'가 있다고 본다.[22] 그리고 구체적으로 '하나님의 형상'이 창발적으로 현실화되는 필요충분조건으로 네 가지를 지적하고 있다.

바르트는 존재한다는 것은 '만남'의 관계라고 보면서, 인간 또한 태초에 하나님이 모든 인간다움을 위한 만남의 기본 꼴, 곧 하나님의 형상이 창발적으로 꽃피어나는 기본조건과 관계적 틀로서 터놓은 네 가지 필요충분조건을 제시한다. 이는 곧 '개방적 자세로 서로 마주봄', '대화적 자세로 서로 말하고 들음', '부름과 요청에 응답하여 서로 거두어 줌', 그리고 '자발성의 기쁨 가운데서 행함'이다.[23] 그리고 바로 이러한 사람됨의 기본 꼴을 가장 온전한 형태로 구현하신, 참하나님의 형상을 몸으로 나타내신 예수 그리스도의 존재양식을 신학적 인간학의 기본원형으로 제시하였다.

---

22) K. Barth, *Church Dogmatics*, III/2(T. & T. Clark, 1961), 219~220.
23) Ibid., 250~285.

기독교신학은 아무리 제3천년시대에 생명공학, 유전공학, 전자공학이 발달하고, 또 그것들이 어우러져 발생시키는 '생체전자공학적 사이버네틱 유기체'가 출현한다 하더라도, 그러한 인류 미래의 존재가 기계로 전락하거나 진화한 동물로 전락하지 않으려고 한다면, 바르트가 말하는 사람다움의 기본 꼴 네 가지 조건이 갖추어져야 한다고 주장해야 한다. 'cogito ergo sum'이 아니라 'coexisto ergo sum'이라야 한다. '더불어 존재함'도 경쟁과 만인의 투쟁관계가 아니라, 정의, 사랑, 겸허 가운데서 상생하고 사귀는 공동체 관계이어야 한다(미 6:8, 갈 6:2~8). 바르트는 그의 생애 후기에 쓴 『복음주의신학 입문』에서 신학적 실존의 기본자세로서 놀라움(Wonder), 관심(Concern), 책임적 관여(Commitment), 그리고 신앙(Faith)을 언급하면서 이렇게 말했다. "인간은 자기 자신 안에 가지고 있는 받은 바를 사건화시켜야 한다."[24]

3.2. 틸리히의 '존재론적 구조'의 모호성에 휩싸인 실존상황과 성령공동체

틸리히는 그의 『조직신학』 제1권에서 인간을 포함한 존재하는 모든 것들이 거기에 관여되는 존재론적 양극성 구조 세 가지를 말했다. 개체화와 참여(Individualization and Participation), 역동성과 형식(Dynamics and Form), 자유와 제약적 숙명(Freedom and Destiny)이 그것들이다.[25] 여기에서 주목해야 할 점은 위에서 말한 세 가지 존재론적 구조의 양극성(polarity)은 글자 그대로 양극성이기 때문에 양쪽 극성 중 어느 한 쪽 없이는 다른 쪽을 생각할 수 없다는 점이다. 마치 양전기를 말할 땐 이미 음전기를 말하지 않으면 아니 되고, 전기현상 자체가 현실로 나타나기 위해서는 양전기와 음전기가 동시적으로 작동하는 전자기장 메카니즘 안에서만 가능한 이치와 같다.

인간이 대체 불가능한 절대 주체로서, 실존으로서, 영혼으로서 존재하려면 그

---

24) K. Barth, 이형기 역, 『복음주의 신학입문』(크리스챤다이제스트, 1998), 97.
25) P. Tillich, *Systematic Theology*, vol. 1(University of Chicago Press, 1951), 174~185.

반대극인 사회적 관계성, 참여, 나눔, 연대성 속에서만 개체화가 창발적으로 발생한다는 말이다. 물론 그 반대도 마찬가지이다. 모든 존재자가 순수가능태로서가 아니라 현실적으로 존재하기 위해서는 어떤 형식(Form)을 지녀야만 한다. 이 '형식'은 절대혼돈이라는 비존재로부터 현실태를 구원해주는 절대 필수적 요소이다. 이 때 '형식'은 분자구조 안에서의 원자배열일 수도 있고, 휴먼게놈의 염기서열구조일 수도 있고, 언어논리구조일 수도 있고, 율법구조일 수도 있고, 아름다운 음악의 화성학이론일 수도 있다. 그러나 인간 실존상태에서 인간을 인간이도록 지탱해주는 가시적, 불시적 '형식'들은 인간생명의 무한한 역동성과 세계개방적 모험을 질식시키는 역기능을 수행하기도 한다. 모든 존재하는 현실태는 주어진 여건을 선택하고 결단하는 자유가 어느 정도 있다. 그러나 그 자유는 무제약적 자유가 아니라, 조건 안에서의 자유이며, 조건으로 제약된 자유이다. 그러나 다른 한편 제약하는 숙명(Destiny)은 매우 역설적으로 자유가 자유 되게 하는 촉매제이기도 하고 계기이기도 하다.

틸리히의 존재론적 신학구조는 우리가 제2장에서 살펴 본 제3천년시대 인간상황이 강조하는 다섯 가지 변수들에게 능동적으로 응답할 수 있는 신학적 인간학의 기본 틀을 제시한다. 틸리히가 존재론적 철학자가 아니라 신학자인 것은, 구체적 인간 실존상황 안에서는 위에서 말한 존재론적 양극구조가 항상 파열음을 드러내고 모호성에 휩싸이며, 그 건강한 양극성 구조를 실현하지 못하는 '죄'에 휩쓸려 있다는 통찰에서 드러난다. 그런데 그리스도이신 예수는 인간실존 구조 안에 철저히 들어와 살면서도, 존재론적 양극갈등을 극복하고 '새로운 존재'로서의 '통전적 삶'을 사셨기에 예수는 그리스도이시다. 그리고 기독교 복음의 메시지는 누구든지 예수 그리스도 안에 있는 '새로운 존재의 능력과 의미'에 참여하면 소외를 극복하고 구원을 체험한다는 선포이다.

틸리히에 의하면, 그리스도 안에 나타난 '새로운 존재의 능력과 의미'에 접촉하지 않는 기독교 공동체는 진정한 영적 공동체일 수 없다. 성령의 현존체험은 개별적 인간실존의 심령 속에서 역사함과 동시적으로 '영적 공동체'를 창발시킨다. 그 구체적 사례가 사도행전 2장에 보도된 오순절 사건으로 발생한 '영적 공동체'의 출현이다. 틸리히는 오순절 성령강림 사건을 통해서 창발적으로 출현한 새로운 '영적 공동체'의 특징을 몇 가지 지적하면서 시대를 초월한 인간다운 삶의 기본 꼴로서 제시한다.[26] 오순절 성령공동체의 특징은 앞서 언급한 세 가지 존재론적 구조의 양극성이 통전된 모습을 보인다. 그 특징은 다음과 같은 것이다.

첫째, 오순절 성령강림 사건으로 출현한 영적 공동체는 일상적 주객도식이 극복되면서 황홀감을 맛보게 하는 엑스타시 체험과 함께, 비존재의 힘을 능히 극복하는 믿음을 창발시킨다. 오순절 성령강림 사건을 통해 십자가에서 처형되었던 나사렛 예수가 부활하신 주로서, 생명의 주로서, 세상을 이긴 자로서 현존함을 체험하고, 일체의 불안과 회의로부터 해방된다.

둘째, 오순절 영적 공동체는 분열되고 갈등관계 속에 있던 인간 삶의 제반 지평이 치유되고 통전되는 일치를 경험하게 된다. 소외된 생명들은 연합되고 하나로 통일된다. 인종, 국적, 사회계급, 언어 차이를 넘어 서로 마주보며, 서로 말하고 듣는 사귐을 창발시킨다.

셋째, 오순절 영적 공동체는 정신적 연대성이나 사귐만이 아니라, 떡을 함께 떼며, 재산을 팔아 공유하며, 가난한 자를 돕는 실천적 사랑의 공동체를 창발시킨다. 사회주의적 이념에 의해 기획된 반강제적 사회공동체가 아니라, 내면적 영의 혁명이 밖으로 폭발하여 나타난 자발적 사랑의 공동체의 출현이다.

넷째, 오순절 영적 공동체는 세계보편성으로 지평 확대를 일으키면서 우주적으로 열린 세계의식, 우주의식을 창발시킨다. 새로운 존재이신 예수 그리스도는 한 종파의 예배 대상자이거나 한 종파의 창시자로 국한되지 않는다. 전체 우주와 자연을 한 몸으로 통전시키는 '우주적 그리스도'이시다.

다섯째, 오순절 성령공동체는 성령의 사역이 언제나 진실로 '창발적'(emergent)으로 사건을 일으키면서, 예기할 수 없고, 현재 인간의 유한한 상상력을 넘어서며, 생명과 존재의 새로운 차원을 열어가는 방식으로 일어난다는 것을 의미한다.[27] 성령은 언제나 새로운 시작, 새로운 관계, 새로운 현실, 새로운 개방성을

---

26) *Ibid.*, 150.

창조한다. 성령의 사역을 전통적 교회론, 그리스도론, 선교론의 범주에 가두어 놓으려는 신학자들과 목회자들의 타성에 경종을 울린다.

3.3. 라너의 초월론적 인간학

20세기 대표적 가톨릭 신학자이며 제2차 바티칸 공의회 신학위원회에서 주도적 역할을 담당했던 라너의 신학을 '초월론적 신학'이라고 말해도 과언이 아니다. 라너의 초월론적 신학에서부터 자연스럽게 '초월론적 인간학'이 도출된다.

'초월론적'(tranzendental)이라는 말은 칸트의 인식론에서 보는 바처럼 인식능력의 선험성과 관련되는 말로서 경험에 앞서서 그 경험을 가능하게 해주는 것을 뜻했고, 칸트에게 있어서 그것은 인간 오성의 합리적 범주였다. 칸트는 모든 인간 경험 또는 인식이 감각 경험과 더불어 시작된다는 것을 인정하지만, 그것이 감각 경험으로부터 자동적으로 발생하는 것은 아니라고 생각했다. 그 감각 경험의 원초적 자료들을 의미 있는 경험으로 인식되게 해주는 일정한 형식이 '선험적'으로 인간 오성에 갖추어져 있다고 보았으며, 그래서 주지하다시피 인식론의 '구성설'을 주장하였다.

초기에 칸트의 영향을 받은 라너는 칸트의 수평적 현상계의 인식문제의 차원을 넘어서서, '초월성'의 개념을 수직적으로 매우 역동적으로 심화시켜 신학적 인간학을 일궈냈다. 그러므로 라너의 초월신학에서 "초월론적이란 선험적이지만, 경험에 앞서기만 한 것이 아니라, 경험적 인식을 가능하게 해주는 어떤 것을 의미한다."[28] 라너 신학의 '인간학적 전환'은 이러한 초월론적 신학에 기초하고 있는 바, 하나님은 은총의 하나님으로서 자기 자신을 피조물 인간에게 내어 주시는 하나님이다. '하나님의 자기전달'(Selbstmitteilung Gottes)은 단순한 상태가

---

27) 신구약 성경에서 성령 활동의 특징이 인간의 모든 상상력과 기대하는 바를 넘어서서 'Emergenz' 개념으로서만 이해되는 방식임을 강조한 조직신학자는 벨커이다. 그리고 20세기 거성 중에서 바르트, 틸리히가 그런 성령이해를 가지고 있었다. M. Welker, 신준호, 김균진 역, 『하나님의 영』(대한기독교서회, 1986), 50, 89~101 참조.

28) 이찬수, 『인간은 신의 암호』(분도출판사, 1999), 35.

아니라 인간으로 하여금 하나님을 지향하게 하고, 하나님을 경험하게 하는 능동적, 적극적 기능이요, 능력으로 작동하는 신비이기에, '지복직관으로의 자연적 열망'(desiderium naturale in visionem beatificam)은 인간의 본질이 된다.[29] 사도 바울의 아테네 설교처럼 "하나님은 우리 각 사람에게서 멀리 계시지 아니하며, 우리가 그를 힘입어 살며, 기동하며, 존재한다"(행 17 : 27b~28a).

라너의 신학적 인간학에서 사람은 하나님의 무조건적 은총에 의해 초자연적으로 고양되어 있으며, 하나님의 자기전달 안에서 인간은 응답하는 존재로서, 하나님을 닮아 거룩하게 성화(divinization)되어 가야 할 존재로 파악되고 있다. 인간은 단순히 진화된 생물체의 하나가 아니다. 인간은 그 이상이다. 개신교 개혁파 신학자, 바르트의 신학적 인간학에서는 인간을 다른 피조물, 생물 일반으로부터 구별해주는 것은 '존재의 유비'에서가 아니요, '관계의 유비'에서이며, 라너가 말하는 인간에게 주어진 '초자연적 실존 범주' 때문이 아니라, 하나님이 스스로 영광의 자유 가운데서 맺으시는 '은총의 계약 관계성' 때문이다.

라너의 신학적 인간학에서 볼 때, 인간의 자기초월의 목표는 '거룩한 신비', 곧 하나님이시다. 라너는 이렇게 말한다: "초월은 결코 우리가 절대적 주체로서 자력을 가지고 창설하는 것이 아니다. 초월은 자유와 사랑을 가지고 이 초월 자체의 창시자인 목표를 향한다. 그러므로 무엇에 의해서도 뜻대로 지배되지 않고, 이름을 가지지 않으며, 모든 것을 절대적으로 손 안에 넣고 있는 존재가 스스로 자유로운 사랑 속에서 섭리하고 있다. 이 존재는 우리가 '거룩한 신비'라고 부르는 그것이다."[30]

우리가 현대 가톨릭의 신학적 인간학에서 주목하고자 하는 것은 그 신학체계의 세밀한 내용이 아니라, 라너가 전통적인 원죄론이나 죄론을 충분히 수용함에도 불구하고, 인간 현존재에 대하여 개신교의 그것보다 훨씬 긍정적으로, 따뜻한 눈으로 '인간 실존'을 보고 있다는 사실이다. 이러한 시각은 결코 19세기 자

---

29) 심상태, 『익명의 그리스도인: 칼 라너 학설의 비판적 연구』(성바오로출판사, 1985), 91.

30) K. Rahner, 이봉우 역, 『그리스도교 신앙입문: 현대 가톨릭 신학 기초론』(분도출판사, 1994), 97.

유주의 신학에서 본 천박한 인본주의나 낙관주의적 인간학과는 전혀 다른 것이다. 개신교의 신학적 인간학은 '십자가의 속죄론'의 필연적 전제로서 '인간의 전적 타락'을 지나치게 강조함으로써, 역설적이게도 죄와 죽음의 위협과 힘에 대항하면서 인간을 '자기실현과 성화'로 부르시는 신비로운 하나님의 현실성을 가리고, 따라서 인간의 가능성과 초월성을 가려버린 과오를 범하지 않았나 반성하게 한다. 지금은 21세기이다. 가톨릭신학과 개신교신학은 기독교신학이라는 한 나무둥치의 두 가지이다. 두 전통 간의 이자택일이나 상대방의 정죄가 아니라 상호 보완을 통하여 제3천년시대에 걸맞은 새로운 신학적 인간학의 재정립을 새 시대는 모든 신학자들에게 요청한다.

3.4. 나가는 말

우리는 제3천년시대의 인간 이해를 내면적으로 구성하는 다섯 가지 상황적 변수를 양자론적 세계관에서 펼쳐지는 정보화 사회에서의 인간들의 동시공재성 체험, 생명과학과 복잡성과학이 일으키는 생명의 창발성 체험, 과정사상이 강조하는 세계의 과정성과 유기체적 전일성 체험, 생태학적 페미니즘이 불러일으키는 래디칼한 문명 패러다임전환의 기폭제로서 여성성 체험, 그리고 마지막으로 해석학이론과 종교학이 밝혀주는 문화종교의 다원성 체험으로 살펴보았다.

위와 같은 상황을 구성하는 변수에도 불구하고, 신학적 인간학이 증언해야 할 영원한 진리의 기준으로 세 가지의 요소를 간략하게나마 언급했다. 삼위일체론적 그리스도론에 철저하게 정초한 바르트의 하나님 형상론의 공인간성의 조건들, 철학적 신학의 대표자로서 틸리히의 세 가지 존재론적 구조 및 그 실현 현실태로서의 예수 그리스도의 새로운 존재성과 오순절 성령공동체, 그리고 마지막으로 신토마스주의 전통을 이어오는 라너의 '초월론적 인간학'을 잠시 언급하였다.

이제 한국의 모든 신학자들이 여기에 모여 이틀간 열두 분야의 전문 신학장르로 나누어 금번 주제를 둘러싼 보다 구체적인 학문토론의 대향연을 벌일 것이다. 그러므로 발제자는 여기서 어떤 결론을 내리려고 하지 않는다. 섣부른 결론은 신학 각 전문분야의 다양성과 풍요로움을 제약하고 훼손하는 과오를 범할 것이기 때문이다. 다만 한 가지 말할 수 있는 점은, 어떤 전문 신학분야의 학문토론의 장에서든지, 위에서 우리가 살핀 우리 시대의 '상황'과 기독교신학이 증언해야 하는 '영원한 진리'의 양극성을 동시에 상관시키는 신학적 실존의 고뇌와 기쁨이 이뤄지는 학문의 향연장이 되어야 한다는 것이다.

제4부

해석학과 문화신학

토착화신학과 해석학

1. 들어가는 말

왜 세상에는 다양한 철학사조와 다양한 신학운동이 있어 왔는가? 그것은 보편적이고 항구적인 진리가 구체적이고 현실적인 형태를 띠고 나타날 적엔 언제나 진리를 체험하고 언표하는 구체적 인간 공동체의 삶의 체험과 삶의 표현을 통해 드러나기 때문이다.

구체적 인간 공동체는 추상적으로 존재하지 않고 구체적이고도 독특한 기후, 지질, 토양의 조건, 역사적 조건과 환경, 언어구조와 문화전통, 생산양식과 경제적 제반 조건에 구속당하고 동시에 그것들의 제약조건을 극복하면서 존재하는 것이다. 그래서 문화와 구원체험으로서의 종교적 상징체계는 다양하고 풍요로워지는 것이다.

지구상의 문화와 종교가 단조롭거나 단색적이지 않고 다양하고 복합적인 이유가 어디에 있는가? 살아 계신 하나님의 영원무궁하심이 그 하나의 이유이며, 또 다른 이유는 인간 공동체 집단의 삶의 체험과 표현방식에 다양성이 있기 때문이다.

---

* 본 원고는 서강대 신학의 토착화 연구반 정례모임(1997. 11.)에서 발표된 내용임.

비판적 사회철학자 하버마스(J. Habermas)의 견해에 의하면 인간의 인식과 관심의 영역은 크게 세 가지로 범주화하여 대별할 수 있다:

첫 번째 관심의 영역은 흔히 우리가 자연과학 또는 경험과학의 탐구영역이라고 대별하는 분야이다. 이성(理性)의 기능 중에서도 '도구적 이성'을 발전시킨다. 이 영역은 사실성, 이론 정합성, 실증성, 효용성 등에 관심을 집중시킨다.

두 번째 관심의 영역은 흔히 우리가 인문과학 또는 정신과학 영역이라고 부르는 삶의 분야이다. 이 분야 연구대상은 자연이 아니라 우리가 역사와 문화전통이라고 일컫는 현실세계이다. 이러한 영역에 대한 인간의 관심은 역사적-해석학적 학문들을 통하여 역사와 전통 속에 표현되어 있는 그 의미를 이해하고 해석하려는 데 있다. 인간적인 삶이란 역사와 전통을 이해하여 자기 것으로 흡수해 가는 창조적 해석의 과정이기 때문이다. 이 영역에서 인간의 이성적 활동은 '역사이성'을 집중적으로 구사한다.

세 번째 관심의 영역은 흔히 우리가 사회과학 영역이라고 부르는 정치, 경제, 사회 활동의 영역이다. 이 영역에서는 인간 사이의 지배-피지배의 관계, 인간과 자연 사이의 왜곡된 관계, 정치경제적 사회체계와 인간의 생활세계 사이의 갈등관계 등에 관심을 갖기 때문에 이념비판과 사회비판을 통한 해방적 관심이 집중적으로 부각된다. 그리고 '비판이성'이 주도를 한다.

신학의 학문적 성격은 초월자와의 관계라고 하는 계시적 차원이 있음에도 불구하고, 그것이 학문으로서 존재하는 한, 두 번째 관심의 영역, 곧 '역사적-해석학적 학문분야'에 속한다. 그 영역에서 가장 중요한 것은 역사나 전통과의 공주관적(共主觀的) 대화를 통해서 역사와 전통 속에 담겨있는 진리의 의미를 '이해'(Understanding)하는 일이다.

물론 신학의 전공분야를 더욱 세분화하면, 하버마스가 분류한 삶의 인식의 세 가지 영역과 그 각각의 영역에 대응하는 방법론적 관심이 신학 안에서도 모두 중층적으로 작동하고 있다. 예를 들면, 성서학의 문헌비평학이나 성서고고학 분야의 탐구는 거의 자연과학적 탐구방법을 활용해야 가능할 수 있다. 또 기독교 윤리적 관심, 가난한 자들의 해방과 인식론적 특권에 관한 주장, 남미의 해방신학이나 한국의 민중신학에는 하버마스가 말하는 바, 인간의 세 번째 관심과 해방적 관심을 핵으로 하는 사회과학적 방법론이 동원되어야 한다.

그럼에도 신학의 두꺼운 중심 영역은 그 본질상 역사적-해석학적 관심과 인식을 주로 하는 두 번째 관심의 대상세계이다. 그리고 그 세계에서 가장 기본적인 중심 과제는 삶과 존재의 의미를 이해하고 우주 속에서 인간의 존재론적 소외를 극복하는 구원의 문제에 있는 것이다.

2. 한국신학 정립의 기초과정으로서 해석학의 중요성

한국 개신교 신학계와 목회현장에서 한국신학 수립을 위한 한국 기독교 공동체의 진지한 학문적 노력은 1960년대 이후 뚜렷한 두 개의 선을 나타내 보이면서 진행되고 있다. 그 하나는 1960년대 중반기에 월간 『기독교사상』을 매개로 하여 펼쳐지고 지속되어가는 복음의 '종교-문화적 토착화' 과정이요, 또 다른 하나는 1970년대 중반기에 태동하여 주로 『신학사상』을 매개로 하여 펼쳐지고 지속되어가는 '사회-정치적 토착화' 과정이다.

그 두 가지 신학적 활동은 한국적 민족공동체 속에 성서적 복음이 외래 서구 종교 형태로서가 아니라, 보다 '생명의 떡과 생수'로서 육화(肉化)하기 위한 과정으로서의 진지한 신학적 몸짓이었다. 전자는 토착화신학, 문화신학, 그리고 종교신학의 형태를 띠고 끈질기게 추구되고 있으며, 적지 않은 초기의 열매를 거두어들이고 있다. 최근 간행된 한국문화신학회 학회 활동의 논문집 『한국종교문화와 그리스도』(1996)는 그 분야 한국 소장학자들의 활기찬 연구 활동의 일단을 보여주고 있다. 후자는 민중신학, 정치신학, 한국여성신학의 형태로서 역시 진지한 노력들이 지속되고 있기 때문에, 보다 충실하고 알찬 한국신학이 보다 온전한 형태로 세계 신학계에 나타날 것으로 기대되고 있다.

그런데 한국적 토착화신학으로서의 종교문화신학이나 한국적 정치신학으로서의 민중신학이나, 어떤 형태를 막론하고 그간 보다 충실하게 논의되지 못한 부분이 본격적인 해석학 토론 부분이었다. 해석학은 오늘날 20세기 학문 분야에서, 특히 정신과학 분야에서는 피할 수 없는 본질적 문제인 것이다.

신학이 계시의 학문이며 사도적 전통과 권위에 복종하는 고백과 믿음 안에서의 순종의 학문이라는 독특한 성격에도 불구하고, 신학의 학문적 성격이 갖는 그러한 이유를 빌미삼아 "해석학을 비켜 지나가거나 도외시해서는 아니 되며", 계시와 신앙고백적 학문으로서의 신학은 모든 인문과학의 꽃이랄 수 있는 해석학을 "뚫고 지나가야" 한다. 그렇지 않으면, 신학은 학문임을 그치고 억측과 독단과 정당성 없는 권위주의의 희생이 되어 현대 문명사회에서 하나의 사적인 일거리, 사적인 관심거리로 전락해 버린 채, 인간을 구원하는 생명의 빛이 될 수 없는 것이다.

오늘의 한국 교회의 성장과 기독교인들의 영적 성숙과정에서 가장 중요한 요인으로서 다른 어느 나라 기독교인들보다도 성경을 사랑하고 많이 읽고, 믿음과 생활의 기본원리로 받아들이고 있다는 사실을 부정할 사람은 많지 않을 것이다. 그런데 성경이 한글로 번역되었다는 사실, 날마다 한국 기독교인들은 성경을 읽고 그 안에서 영감과 은혜와 생명의 능력을 받아 살고 있다는 사실, 예배에서 설교를 말하고 들으며 기독교 교육을 시행하며, 회개하고 은혜 받아 감격해 하는 그 모든 사실이 '경전'과 '사도적 전통' 속에 농축된 형태로 표현되어 있는 구원 진리의 '능력과 의미'가 해석학적 과정을 통하여 오늘 여기 한국인의 생명 속에서 현재화(現在化)하고 육화(肉化)하는 해석학적 사건인 것이다.

그 사실을 독자가 알든 모르든, 의식하든지 아니 하든지 그것이 문제가 아니다. '해석학'이라는 용어나 해석학의 여러 가지 이론과 법칙들을 이해하거나 못하거나 그런 것이 중요한 것이 아니다. 문제는 성경을 통하여, 그리고 사도적 전통을 통하여 한국인이 구원의 '능력과 의미'를 체험한다는 사실 그 자체가 학문적 이론으로서의 해석학적 설명 이론보다도 앞서고 '해석학적 사건으로서 발생'하고 있다는 것이다.

신학 교과과정 속에서, 성서신학이나 이론신학 과정 속에서 신학도들은 '해석학' 또는 '해석학적'이라는 말을 자주 듣는다. 성서주석학의 기본지식으로서,

본문 텍스트의 바른 '이해의 기술이론' 으로서, 신학도들은 해석학에 관하여 많은 말을 듣지만, 현대 정신과학 분야에서 일어났던 치열하고도 진지한 철학적 해석학 논쟁이나, 사회과학적 해석학이론 논쟁의 의미에 관하여 주의를 기울이지 않는다.

진보적 신학교육 기관에서는 불트만의 '비신화론' 을 공부할 때, '전이해' (前理解) 개념이나, 이해와 신앙의 관계와 '텍스트와 컨텍스트의 상호관계성' 에 관하여 듣기도 하고 독서도 하지만, 인간의 존재방식 자체가 다른 모든 생물과 구별되어 바로 '해석학적 존재' 이며, 해석의 과정 속에서 인간의 삶은 영위되고 있다는 사실에 대하여 진지하게 성찰하려고 하지 않는다.

신자들과 신학도들은 너무나 쉽게 모든 것을 성령의 은혜와 감동감화, '성령의 내적 증언' 이라는 교리로 도피한다. 그러나 해석학이 말하려는 것은 해석학적인 이해의 과정이 '성령의 내적 증언' 을 대신한다거나, 하나님의 계시적 구원행위의 주권적 선행성(先行性)을 부정하려는 것이 아님을 명심해야 한다. 인간영혼 안에서 일어나는 성령의 진리 조명과 하나님의 계시적 행동에도 불구하고, 신학적으로 말해서, 그러한 은혜의 사건이 인간에게 의미 있는 능력의 사건으로 체험되고 이해되기 위해서 '인간의 해석학적 사건에의 참여' 가 반드시 동반되어야 한다는 사실이다. 그렇지 않으면 인간의 인격적, 영적 의미체험은 한갓 기계적 물리사건이 되어버리거나, 악령에 사로잡히는 자기상실의 인간소외가 일어나게 되기 때문이다.

3. 현대 해석학의 인간 현존재 방식에 대한 통찰들

우리는 '한국신학' 수립을 위한 해석학적 조명을 시도하기 전에 현대 해석학 이론들 중에서 종교신학의 정립에 의미 있는 20세기 해석학 이론들의 몇 가지 통찰을 개관하기로 하자. 지면의 제한과 우리 논제의 성격상 여기에서 우리들은 현대 해석학이론의 모든 과정을 고찰할 수 없다. 그러므로 가다머(H.G. Gadamer)

의 철학적 해석학과, 그에 대한 하버마스의 비판, 그리고 쿤(Th. Kuhn)의 패러다임 이론에 국한하여 살피기로 하자.

가다머의 철학적 해석학은 왜 종교신학 및 토착화신학 이론이 해석학적 통찰들을 거쳐야 하는지를 잘 설명해 주며, 하버마스의 비판적 해석학이론은 신앙전통과 교회 권위가 담지할 수도 있는 왜곡되고 은폐된 언어성의 비진리적 형태에 대한 비판적 안목을 제시해 주며, 쿤의 패러다임이론은 한국과 같은 다원종교사회 속에서 기독교인들은 타종교인들의 구원 상징체계를 어떻게 이해하고 평가해야 할 지를 눈뜨게 해주기 때문이다.

1. 슐라이어마허로부터 시작해서 딜타이에 이르러 일단 완성되는 '고전적 해석학'은 양자 모두 당시를 풍미하던 자연과학적 학문의 객관성에 대립하여, 정신과학의 학문적 특성과 그 인식론적 독자성을 확보하려는 의도를 가지고 해석학이론을 발전시켰다.

그러나 그들도 부지중에 자연과학적 진리인식의 도식, 곧 '주체와 객체'의 독자성을 확보하고 양자 간을 다리 놓으려는 주객구조의 도식을 넘어서지는 못했다. 로마서 강해를 예로 들어 말하자면, 고전적 해석학에서는 로마서를 읽는 독자(신자)는 일단 중립적인 관찰자의 입장이 되어 가지고, 모든 한국의 역사적 상황 밖으로 나와서, 객관적 자세를 견지하려는 자연과학자의 태도처럼 편견이나 선입관을 버리고 중립적인 위치에 자신을 정위하고 객관적으로 바울의 이야기만을 경청하려고 해야 한다.

이해의 대상인 텍스트, 로마서 속에 나타난 바울 사상의 이해는, 독자(신자)가 바울이 마음 속에서 느꼈던 체험과 같은 체험을 '감정이입' 시키든지 로마서 서신에 표현된 바울의 구원체험 내용을 '추체험' 함으로써 성립된다고 보았던 것이다. 여기에서는 이해자(해석자)가 본문해석 행위 이전에 독립적으로, 가치중립적으로 선재한다는 것과, 또한 이해되어야 할 텍스트의 내용은 객관적으로 본문 속에 고정불변한 형태로 존재하기 때문에 객관적으로 정확하게 알 수 있다는 해석의 엄정한 객관적 인식 가능성을 전제하고 있었던 것이다.

그것은 19세기 역사주의가 역사적 사실의 객관적 재구성을 통해 현재 속에 재생시킬 수 있다고 확신했던 것과 맥을 같이하고 있는 것이다. 그런데 20세기 하이데거와 가다머의 철학적 해석학은 그러한 소박한 객관주의적 인식론과 역사주의, 그리고 선험적 주체성의 철학적 관념론을 넘어서려고 했던 것이다.

2. 하이데거의 '기초존재론'의 통찰을 물려받은 가다머는 하이데거와 같이 무엇을 이해한다는 '이해'의 현상은 자연과학에 대비되는 정신과학의 독특한 진리인식 방법론에 그치는 것이 아니라고 본다. '이해'란 인간 존재가 다른 모든 생물학적 존재자나 일반 존재자들과 확연하게 구별되는 특징으로서 인간의 독특한 존재방식이라는 것을 밝힌다. 인간적으로 존재하고 살아간다는 것은 항상 무엇을 이해하고, 이해되는 바의 것으로서 자기 존재의 내용을 형성해가면서 살아가는 해석학적 존재라는 것이다. 물론 '이해'는 의도적-의식적인 각성상태 속에서 이뤄지지 않을 수도 있다. 일상생활 속에서 자각되지 않는 상태에서도 끊임없이 진행된다.

친구와 대화를 나누고, 구멍가게 주인과 잡담을 하고, 신문과 텔레비전을 보면서 웃고 분노하며, 소설을 읽고 성경을 읽고 설교 강론을 듣고, 예술작품을 감상하고 명곡을 들으며 감상에 젖는 등 그 모든 행위가 '이해'의 연속이며, 그 모든 행위동작 속에서는 끊임없이 해석학적 사건이 정신적 삶의 과정으로서 내 안에서 일어나고 있는 것이다.

3. 가다머는 가치중립적으로 인식 대상에 맞서서 선재하는 인식의 주체자에 주목하는 것이 아니라, 무엇을 이해(해석)하기 이전에 모든 형태의 이해(해석) 작업 자체를 가능하게 하기도 하고, 제약하기도 하는 이해자(해석자)의 '선이해 구조'(先理解構造)에 주목한다.

이해자, 곧 로마서라는 바울의 편지를 이해하려고 하는 해석자, 한국인 김씨는 수천 년 동안 흘러내려온 한국 문화와 역사가 그에게 준 문화적, 사회적, 역사적 맥락 속에서 이미 자기와 세계에 대한 어떤 선이해를 가지고 있다. 죽음에 대하여, 의미 있는 삶에 대하여, 죄책감정과 심판사상에 대하여, 사랑과 미움과 증오에 대하여, 정의로움에 대하여, 인간다움에 대하여, 공동체에 대하여, 남녀 성차별과 그 질서에 대하여, 시간과 영생에 대하여, 그리고 궁극적 실재이신 하느님에 대하여 등등, 해석자 김씨는 어떤 선이해를 가지고 선이해 구조 안에 있다.

김씨는 로마서 편지 앞에 백지상태로서 대면하지 않고 위에서 언급한 여러 가지 '선이해 구조' 속에서 텍스트를 대하고 있다. 인간의 '선이해 구조'는 고정불변한 상태로 되어있지 않고, 삶의 체험과 대상과의 만남 속에서 언제나 변하는 매우 탄력적이고 가변적인 것이다. '선이해 구조'는 다른 말로 표현하면 삶을 이해하고 세계를 체험해가는 해석자의 비고의적 편견(Vorurteil, Prejudice)이며 관점이다. 인간이란 시공을 초월하는 절대자가 아니고 역사적 유한자이므로 이러한 '선이해 구조'나 '편견'에서 자유로울 수 없다.

4. 한 걸음 더 나아가서 그 '선이해 구조와 선이해' 자체는 새로운 역사적 전통과 새로운 경험지평을 접맥시키는 중요한 매개가 된다. 인간은 언제나 특별한 역사적, 문화적 상황 안에 있기 때문에, 일정한 상황 속에 유폐된 존재로서 사물과 진리의 전체성을 통째로 일시적으로 조망할 수 없고 일정한 정신적 시계(視界)와 관점을 가지게 된다. 이러한 인간 실존방식을 인식론적 '지평'이라고 말한다.

그런데 지평은 결코 고정되어 있거나 폐쇄적인 것이 아니라, 더 높은 산에 오르면 전망시계가 더 넓어지듯이, 해석학적 지평은 삶 속에서 끊임없이 확대심화된다. 해석자가 텍스트를 통하여 새로운 전통이 지니는 삶의 지평과 만날 때, 해석자의 마음속에는 '지평융합'(地坪融合, Verschmelzung der Horizont)이 일어난다.

한국인 김씨는 로마서를 읽음으로써 삶과 죽음에 대하여, 죄와 심판에 대하여, 사랑과 용서에 대하여, 하나님의 분노와 아가페적 사랑에 대하여, 역사의 진행과 순환과 목적에 대하여 새로운 지평을 만나게 되고, 이전에 자기가 지닌 지평과의 융합을 통하여 버릴 것은 버리고, 취할 것은 취하고, 융합시킬 것은 융합시킨다.

다만 한 가지 분명한 점은 김씨가 로마서를 읽기 전에 그가 지녔던 모든 한국인으로서의 존재와 삶의 지평을 송두리째 폐기처분하고 성경에 나오는 그것들로써 온통 대치하는 것은 아니라는 점이다. 바울 사도가 그리스도를 만나기 전에 지녔던 이 세상 모든 것을 분토처럼 여기고, 이 세상을 못박아버린다는 말은 그의 철저한 중생과 전환을 인상적인 문학적 표현으로 고백하고 있는 것이다. 사실은 그는 여전히 유대인으로서 제사, 율법, 하나님의 심판, 예언자, 약속과 언약들, 양심, 종말, 시간과 영생 등등 사울로서의 전이해를 갖고 있었기 때문에 그리스도의 대속적 죽음을 통한 속죄 신앙과 하나님의 무조건적인, 값없이 주는 복음의 감격이 가능하여 바울로 전환한 것이다.

그러므로 매우 역설 같지만, '선이해 구조', '선판단', '기존지평', '전통' 등은 새로운 지평 융합을 가능하게 하고, 삶의 새로운 이해를 가능하게 하는 해석학적 고리이며 중매자인 것이다. 이것은 해석학적 이해의 본질이 근본적으로 대화적이며, 여기에는 해석학적 순환원리가 작동하고 있으며, 그 모든 해석학적 이해의 과정은 언어성을 본질로 하고 있다는 것을 의미한다.

5. 한국의 기독교인 김씨가 세계와 인생을 보는 마음의 눈에는 여러 가지 해석학적 지평들이 융합되어 있어 마치 하나의 커다란 호수처럼 혹은 잘 삭은 퇴비의 옥토처럼 거름지다. 그의 마음의 밭에는 단군 할아버지 이래로 줄기차게 종교적 영성의 전통으로 내려온 하느님 신앙이 있었는데, 그 하느님은 지고하신 분, 밝고 광명정대하신 분, 대자대비하신 분, 억울한 사람과 지성이 지극한 사람의 소원을 들어주시는 분, 하늘에 계신 분으로 믿어져 왔다. 그러면서도 그 한국인의 전통적 하느님은 너무나 지고하셔서 하늘 저 멀리 어딘가에 존재할 것 같은 초월적 하느님이었다.

그런데 신구약 성경을 읽고서 성경에 증언되는 하나님 신앙에 의해 김씨가 믿는 하느님과 성경이 전승하는 하나님 신앙이 지평 융합을 이루어, 보다 인격적인 삼위일체 하나님으로 고백되게 되었다. 전통적인 하느님 신앙이 없고서야 성서가 전하는 "만유 위에 계시고, 만유를 통하여 일하시고, 만유 안에 계시는 한 분 하나님"(엡 4:6)의 초월성, 내재성, 과정성이 동시적으로 쉽게 이해되지 않았을 것이다.

그 뿐만 아니라 김씨의 마음의 밭에는 불교에서 영향 받은 화엄사상도 있고, 유교에서 배운 천명사상도 있다. 그 모든 것들은 성경이 전하는 하나님 체험 안에서 지평 융합되어 역사적, 인격적 하나님이면서도 이름할 수 없고 텅빔의 충만으로 계시는 無와 空의 하나님이시라는 것이 조금도 낯설지가 않다. 신관을 예를 들어 보았지만 구원과 영생, 심판과 용서, 자비와 사랑, 진실과 성실, 의와 공의로움 등 모든 중요한 신앙적 개념들도 그렇게 지평 융합 된다.

6. 김씨의 마음속에 이뤄지는 삶 체험과 진리 체험의 지평 융합은 전통과 새로운 전통과의 대화를 통하여 이뤄지기 때문에 본질적으로 언어성을 전제하고 있다. 인간은 생각을 한 연후에 언어로 표현하는 것이 아니라, 사유한다는 행위 자체가 언어성 안에서 이뤄진다. 물론 언어에는 말로 하는 구어(口語)와 글로 하는 문어(文語)와 각종 상징어(象徵語)가 있으며 그것들에는 후천적으로 습득하는 교육과정을 거치고 언어로서 발달하고 체계화된 역사적 과정이 있었다. 하지만 좀 더 곰곰이 생각하면 언어성은 인간이 인간으로 되는 기초조건이기 때문에 언어 없이는 생각도 할 수 없고, 다른 의미를 이해할 수도 없으며, 따라서 지평 융합 자체도 불가능하다.

인간이 세계를 가질 수 있다는 사실 자체가 언어에 의존한다. 모든 이해는 언어라는 매체를 통하여 창출되며, 따라서 그 본질은 언어적이다. 세계가 언어적으로 구성되고 인간의 인식활동 자체가 언어라는 매체를 통해서 형성되는 한, 모든 의미의 이해는 언어의 독특성과 언어의 문법적 체계에 의하여 그 특유한 사고의 방식과 이해의 방식을 드러낸다. 헬라어, 히브리어, 중국어, 독일어, 한국어는 각각 독특한 언어문법 구조를 가지고 있으면서도 언어성이라는 공통점을 지니고 있기 때문에 경전의 번역이 가능하면서도, 번역하기 힘든 독특한 뉘앙스를 가진 어휘들은 해당문화의 언어 속으로 그 의미가 지평 융합되면서 의역

(意譯) 된다.

산스크리트어나 팔리어로 기록 전승된 원시 불교의 경전들이 중국어로 번역될 때, 이미 중국인들에게 익숙해져 있던 노장사상의 無, 空, 無爲, 寂靜 등의 어휘나 개념이 없었으면 불교경전의 중국어 번역이란 불가능하였거나 매우 힘들었을 것이다. 원시불교의 경전이 원어로부터 중국 한자로 번역되었다는 것은 본래 인도 종교로서의 불교사상이 중국 노장사상과 지평 융합 과정을 거치게 되었다는 것을 의미한다. 그리하여 인도불교는 중국불교화 된 것이다. 중국에서 화엄종을 중심으로 한 대승불교가 그리고 선종(禪宗)이 활짝 피어난 것은 그 이유때문이다. 본래 히브리어와 헬라어로 된 성경이 한글로 번역되었다는 사실도 같은 의미를 지닌다.

7. 가다머의 철학적 해석학에서는 언어와 전통이 불가분리적이다. 철학적 해석학은 인간경험의 특성과 이해의 문제, 그리고 사회현상을 설명하는 데 있어서 언어와 전통의 중요성에 대한 깊은 통찰을 일깨워 주었다.

그런데 비판사회철학자 하버마스는 언어적 전통의 매개를 통해 도달한 인간공동체의 합의된 현실 안에도 사이비 의사소통에 의해 왜곡되고 강제된 요소가 있을 수 있다고 주장한다. 그러므로 모든 전통들이 진정한 권위를 주장할 수 있으려면, 전통에 대한 자유로운 비판과 무제한적 토론의 가능성, 곧 상호 의사소통이라는 공론화의 가능성이 전통 안에서 확보되지 않으면 안 된다고 강조한다.

전통 안에서 체계적으로 왜곡된 의사소통 때문에 고통 받고 있는 인간 공동체가 있을 수 있다는 것은 인간의 종교문화사 속에서 얼마든지 그 예를 찾아 볼 수 있다. 특히 종교가 초기의 영적 생동력을 잃고 지배이데올로기로 전락하거나, 인간사회를 비인간화시키는 종교적 관습으로서 역기능을 하는 경우를 생각할수 있다. 기독교의 중세 암흑기의 교권통치, 바라문교와 힌두교 사성제의 신분계층적 윤회사상, 신라와 고려 말기에 왕권의 시녀로 변질한 사이비 호국불교사상, 조선말기 제사문제로 천주교 신자들과 정적들을 박해한 유교적 이데올로기등을 그 예로 들 수 있겠다.

8. 한국은 전형적인 종교다원사회인데, 근래에 일부 한국 개신교 안에 매우 배타적이고 호전적이며, 타종교 말살정책을 선교의 열정이라고 착각하는 근본주의적 광신주의자들이 발호하여 종교 간의 갈등, 특히 불교와의 긴장 갈등을 유발시키는 불행한 일이 연속되고 있다. 그들의 그러한 배타주의적이고도 정복론적인 선교신학이, 넓고 길게 볼 적엔, 한국과 아시아의 기독교 선교의 길을 차단하고 있다는 사실을 그들은 모르고 있는 것이다. 왜 그런 극단적인 배타주의적 선교신학이 발생하는 것인가?

가장 큰 이유는 문자주의적 성경관, 열광주의적 신앙체험, 극단의 교조주의적 근본주의 신학에 의한 세뇌 혹은 유폐로 인해 불교, 천도교, 유교 등 타종교에 대한 이해가 거의 백지상태이거나 매우 편파적이고 왜곡되어 있기 때문이다.

9. 과학사가 쿤의 패러다임이론에 의하면, 객관적이며 가치중립적이기를 신조로 하는 자연과학의 연구에서도 자연현상을 이해하고 설명하는 데는 일정한 과학적 이론체계의 집성물로서의 틀, 곧 패러다임이 형성되게 마련이다. 과학사에는 우주와 자연 현상을 설명하는 각양각색의 패러다임들이 있어 왔다. 프톨레미 천문학, 갈릴레이 역학, 뉴톤의 고전적 물리학, 양자물리학, 최근의 혼돈이론 등등에 이르기까지 그 모든 이론들은 자연을 이해, 설명하는 하나의 패러다임이라는 것이다. 일정한 특정 패러다임에 친숙하거나 그 분야의 최고 전문가는 도리어 다른 자연과학이론의 새로운 패러다임의 출현을 인정하지 않으려 하며 자기가 친숙한 패러다임에 매우 집착적이다. 그런 사람은 자연과학자일지라도 '패러다임 전환'을 수행하기가 매우 어렵다. 물론 과학적 패러다임 사이에는 그 정합성과 이론의 치밀성과 적용범위의 광역성에 있어서 차등이 있고, 그래서 경쟁하는 패러다임들 중 최고의 패러다임이 정상의 위치를 차지하게 된다.

10. 그와 마찬가지로 일단 한국의 고등종교들, 적어도 불교, 유교, 천도교, 원불교, 도교 등은 인간 구원체험의 다양한 구원패러다임이라고 볼 수 있다. '타종교 안에도 구원이 있단 말인가'라는 대심문관의 종교재판식 질문엔, 매우 기독

교 호교론적 열정을 가지고 그런 질문을 한다고 하더라도 의미가 없다. 왜냐하면 한국의 불교신자와 천도교신자와 유교신자는 그들 나름대로의 구원개념을 가지고 있는데, 매우 부정적 자세를 견지하면서 그런 질문을 던지는 보수적 기독교인은 자신이 귀의하고 있고 자신이 배우고 체험한 기독교의 구원관을 표준적 규범으로 삼고서, 다른 모든 종교인들도 자기가 규정하고 정의 내린 구원관을 지녀야 할 것이라는 전제를 가지고서 말하고 있기 때문이다. 그런데 다른 종교 전통 안에서는 구원이라는 언어 자체를 사용하지 않으면서, 다른 의미로서의 종교의 궁극적 목적상태를 언급한다. 예를 들면 불교에서는 견성성불한 상태를 '깨달음'이라고 한다거나 유교에서는 극기복례하여 성인, 진인의 상태에 이른다고 말할 수 있겠다.

이와 같이 기독교, 불교, 유교만 보아도 각각 구원의 상태, 곧 구원실재의 유형적 특징이 다르며, 빛의 입자성과 파동성은 다르듯이, 기독교적 구원 패러다임과 불교적 구원 패러다임은 다르다. 그러나 빛이 입자이면서 파동이듯이 기독교에 의하여 중생하고 구원체험을 한 사람과, 깨달음의 해탈과 부처님의 대지대비에 의하여 진여자성(眞如自性)을 회복한 사람의 삶의 행적은 몹시 친화적이다.

다시 말해서 본래적 인간성을 회복한 구원받은 사람으로서 자유하고, 사랑하며, 정의를 위해 힘쓰고, 죽음의 두려움을 극복하고, 타자의 생명을 위해 희생 봉사하는 삶을 살아가는 모습은 매우 닮거나 통하는 면이 있다. 쿤이 말한 대로 양자물리학이 가장 최근의 과학적 패러다임으로 밝혀졌다고 해서 뉴톤 물리학은 과학이 아닌 것이 아니라 그것도 훌륭한 한 과학적 패러다임이듯이, 기독교인에게는 기독교의 복음이 주는 구원 패러다임이 가장 온전한 것이라고 생각될지라도, 불교의 불자들은 그들의 구원 패러다임을 또한 그렇게 생각하고 있는 것이다. 그 양자 구원 패러다임의 섣부른 우월론 경쟁이나 종교 비교론적 접근 방식은 바람직하지 않다. 왜냐하면 국화꽃과 장미꽃 중에서 어느 꽃이 더 아름다운 진짜 꽃이냐고 묻는 것은 의미가 없는 우문이기 때문이다. 그런 질문은 우문이 아니라 질문으로서 성립되지 않는 질문인 것이다. 그러나 빛의 파동성과 입자성이 서로를 상보함으로써 온전한 빛의 성질을 설명해 내듯이 한국의 가장 위대한 두 종교인 기독교와 불교는 서로 상보적 관계 속에서 서로 배우고 서로의 진리 체험으로 서로를 조명하면서, 생명을 살리고 풍성하게 하는 정행(正行)에 협동할 수 있다.

단순히 정행의 측면에서만 서로 창조적으로 협동하거나 서로가 서로를 통하여 배울 수 있는 것이 아니라, 진리를 총체적으로 이해를 하는 데 있어서 이해의 지평을 보다 확대 심화시켜줄 수 있다. 유(有)의 존재론을 강조하는 기독교는 무(無)의 존재론을 강조하는 불교와의 진지한 만남을 통하여 보다 통전적인 하나님 이해, 고백, 신뢰, 체험에 이를 수 있다.

4. 한국교회의 선교과제로서 한국 토착화신학의 쟁점

한국신학의 정립은 신학자들의 머리나 서재에서 신학적 조립품으로 조성되는 것이 아니라, 한국 기독교인들의 생명의 탯집에서 잉태되고 출생되는 것이다. 서구신학의 전통과 한국종교의 전통을 종교적 대화나 비교연구를 통하여 종교신학 혼합주의적으로 재구성한다거나, 번역 신학 작업을 함으로써 한국신학이 정립되는 것은 아니다. 한국인이 복음의 본질에 부딪혀 자신들의 삶을 새롭게 이해하고 변화 받고, 자신들의 전통이 말하는 의미와 가치들과 충분하게 지평 융합을 이뤄 자기 영혼을 통한 주체적 신앙고백과 신학적 진술과 상징적 종교의례 표현을 할 수 있을 때, 자연스러운 한국신학이 탄생하게 된다.

그러한 한국신학의 정립은 생명의 잉태와 출생과 성장과 같이 매우 생명론적이고 유기체적인 것이기 때문에, 지금도 한국 기독교인들의 마음과 신학자들의 심령 속에서 이뤄지고 있는 진행사항인 것이다. 그러한 창조적 과정에서 해석학적 통찰과 해석학적 조명은 한국신학 정립에 절대불가결한 기초훈련 과정이라고 생각된다. 해석학이 말하려는 모든 인간 현존재 방식, 이해의 과정, 역사성, 언어성, 이념비판론, 의사소통이론 등은 한국신학 정립과정에서 독단적 광신주의와 무책임한 상대주의나 보편주의를 극복하게 하고, 기독교의 자기 정체성을 바르게 지켜가면서 매우 열린 개방성을 지닌 신학적 작업을 가능하도록 할 것이다.

『풍류도와 한국의 종교사상』은 素石 유동식 박사가 지난 세월 발표했던 저술물들의 핵심요지를 총괄적으로 정리한, 素石神學의 결정판이라고 해도 과언이 아니다. 1995년 연세대학교 국학연구원이 개설한 권위 있는 '다산기념강좌'에서 행한 일련의 강좌내용이 정리되어 단행본으로 출판된 연구서이다. 이 책은 특히 저자의 독창적 사상이 발표된 바 있었던 일련의 책들,『한국종교와 기독교』(1965),『한국무교의 역사와 구조』(1975),『풍류도와 한국신학』(1992), 그 3부작이 다시 한번 그의 혼의 용광로 속에 부어져서 새로운 구조와 내용으로 재조형된 작품이다. 나는 이 저서가 유동식 신학의 핵심이 요약된 결정적 작품이라고 보고 싶다.

저자 유동식 박사의 문화신학적 신념은 어쩌면 틸리히(P. Tillich)의 그것과 매우 가깝다. 틸리히가 "종교는 문화의 실체이고, 문화는 종교의 형태이다"라고 말했듯이, 유동식은 인간의 "인격과 민족 문화사를 통어하는 종교적 의식(意識)"을 얼 또는 영성이라 부르고 이 얼이 "종교적 사상전개의 방향과 형태를 통어해 나간다"고 본다(3쪽). 얼 또는 영성과 종교적 신념 또는 사상과의 관계는 體用關係라고 볼 수 있기 때문에 상호영향을 미치는 순환구조 속에 있지만, 얼 또는 영성은 체계화되어 있거나 정교한 이론으로 정리되어 있는 그런 따위의 이성적 논리구조나 사상체계와는 다르다.

얼 또는 영성은 비유하건대 융의 심층심리학에서 말하는 집단무의식의 '원형'(原型)과 같은 성질을 지닌 것이다. 융에 의하면 원형은 그 자체로서는 비어 있는 형태적 요소들(formale Elemente)이며, 선험적으로 주어진, 여러 관념유형을 산출할 수 있는 가능성이다. 융이 말하는 원형은 마치 아직 아무런 물질로도 채워져 있지 않으나 그 구성 방향을 이미 결정하고 있는 결정체의 축계(軸系)에 비유될 수 있는 것이다. 우리는 수증기가 눈송이로서 공중에서 결빙되면 그 결정체의 모양을 보고 그것이 어떤 결정체인가를 알지만, 그것은 이미 그런 모양을 만들 수 있도록 하는 조건, 즉 축계를 물분자 속에 갖추고 있다. 그러므로 원형은 인간의 근원적인 행동유형을 가능하게 하는 선험적(先驗的)인 조건이다.

유동식 박사가 말하는 한국인의 종교적 영성으로서의 얼과 융의 심리학적 원형 개념이 반드시 일치하는 것은 아니지만, 몇 가지 유사한 특징이 있다. 심리학에서 자아 의식(意識)의 힘은 원형과의 접촉을 통해서 미증유의 에너지를 방출하면서 창조적 또는 파괴적인 일을 할 수 있듯이, 한국의 종교들은 한민족의 영성을 타고 자신을 구현하면서 발현된다. 원형은 이미 그 내용이 결정된 지적 관념이거나 윤리적 당위명령 내용이 아니고, 여러 관념 유형을 산출할 수 있는 '형태적 요소들 또는 가능성"이듯이, 한국인의 영성이랄 수 있는 풍류도는 무교 그 자체이거나 더욱이 불교나 유교나 동학 같은 종교체계가 아니다. 다만 한국의 샤머니즘, 불교, 유교, 동학, 기독교가 한국인의 마음을 사로잡고, 민족정신의 자연스런 심성에 신토불이 형태로 융합하면서 창조적 능력을 발휘하려면 한국인의 영성을 타고서(乘) 나타나야 한다고 이 책의 저자는 강조하고 있는 것이며 그 점을 한국의 종교사에서 증거해 보이고 있는 것이다.

유동식은 그 점을 밝히면서 한국 종교신학의 근본문제를 다루고 있는 것인데, 이는 한국 종교사를 통하여 논증하려고 한 한국 선교신학의 기초 존재론에 해당한다 하겠다.

틸리히의 문화신학: '궁극적 관심'을 중심으로

1. 들어가는 말

필자는 이 논문을 통해 20세기 대표적인 개신교 신학자의 한 사람이었던 틸리히(P. Tillich, 1886~1965)의 문화신학 틀 안에서 대중에게도 널리 회자된 '궁극적 관심'(ultimate concern)이라는 그의 독특한 종교적 실재체험의 현상학적 개념을 고찰해 보려고 한다.

우리의 주제를 보다 명료하게 밝혀 보기 위해서는 세 가지 단계를 밟아야 한다. 첫째로 위 주제가 탄생한 배경으로서 틸리히의 '삶의 자리'(Sitz im Leben)를 간략하게나마 고찰하겠다. 둘째로 1920년대에 청년학자로서 베를린 칸트철학학회에서 발표한(1919년 4월 16일), 그의 학자로서의 데뷔 강연이랄 수 있는 「문화신학의 이념에 대하여」라는 논문에서 처음 모습을 드러낸 그의 문화신학의 개념이, 1920년대 전후 유럽사회의 정치·사회·문화의 근저가 흔들리던 격동적 상황 속에서 출산된 일종의 포스트모던적 사상임을 음미해야 하겠다. 셋째로 그러한 예비적 고찰 후에 '궁극적 관심'이라는 개념이 함의하는 바의 다양한 의미를 심층적으로 분석하려고 한다.

* 본 원고는 『문학과 종교』 2003년 겨울호에 실렸던 내용임.

2. '경계선상에 선' 틸리히의 '삶의 자리'

틸리히의 생애를 연대기적으로 살필 필요는 없겠다. 그는 자신의 실존적 삶과 자신의 생애가 짊어지고 감내해야 했던 운명을 표현하기 위해 "경계선 위의 상황에서"(On the boundary situation)라는 어휘를 상징적으로 즐겨 썼다. 사실 그렇다.

틸리히는 부르주아적 자본주의 사회의 모순이 극에 달하여 붕괴되면서 도래한 국가사회주의 시대와 러시아 볼셰비키 혁명기에 감수성 깊은 그의 청년 시기를 보냈다. '인간의 자유'를 담보한다는 명분 아래 현실적으로 노동자와 노동과정과 인간의 사회적 삶 전 과정을 상품화시키고 소외시키는 자본주의적 삶의 존재방식에 틸리히는 저항할 수밖에 없었다. 다른 한편으론 '인간의 평등과 정의'의 이름으로 등장한 국가사회주의와 공산주의운동의 광기적 집단주의의 허구를 거부하고, 청년 틸리히는 아직 동트지 않은 카이로스적, 신률적 사회를 당위적으로 요청하면서 1920년대 '종교사회주의 운동'에 몰입하였다.

만약 틸리히가 히틀러 정권에 의해 프랑크푸르트 교수직에서 해임당한 후 미국 신대륙의 유니온신학교(Union Theological Seminary)로 옮겨 정착하지 않고 그대로 유럽 지성사회 속에서 그의 생애를 학문 활동으로 보냈더라면, 2차대전 이후 냉전체제 전후, 마르크스-레닌적 사회주의 이념운동과 기독교적인 자유주의 이념운동의 경계선상에 서서, 프랑크푸르트 비판철학의 대부로서 보다 창조적인 '정치신학'을 발전시킬 수 있었을 것이다.

틸리히는 1차대전의 전쟁터에서 한 군목으로서(1914.10~1918.8), 사병들이 죽어가는 참호 속에서 니체의 책들을 읽으면서 전통적 유럽 기독교 문명의 붕괴를 몸으로 느꼈다. 본래의 '갈릴리 복음'의 모습과는 관계없이 서구역사 1,900년 동안 형성되어 왔고 특히 지난 300년간 근세 서구사회의 이념적 틀이었던 이성적·합리적 세계관, 진보적·낙관적 역사관, 인격적·초월적 신관, 관념론적 의식(意識)의 철학, 인간의 내재적 종교성에 기초한 자유주의 신학 등등 그 모든 것의 붕괴를 철저하게 경험했다. 그러나 그는 아직 20세기 후반에 본격적으로 등장하는 포스트모더니즘의 큰 물줄기를 발견하지 못했다.

그러므로 틸리히는 사상사적 삶의 자리 측면에서 크게 보면 모더니즘과 포스트모더니즘의 '경계선상에 선' 사람으로서, 자신의 고뇌와 열망을 정직하고 용기 있게 신학적 장르에서 펼쳐간 사람이었다. 틸리히의 신학 형성의 사상사적 배경은 고전철학적으로는 파르메니데스 - 어거스틴 - 뵈메 - 루터 - 슐라이어마허 - 니체 - 셸링으로 이어져 오는 존재신비주의와 의지의 철학 계열이다. 그러나 보다 가깝게는 키에르케고르의 실존주의 - 마르크스와 프로이드의 의심의 해석학 - 융과 오토의 비합리적인 '성스러운 것'(Das Heilige)의 심층 심리학 - 표현주의 미술화풍의 상징예술 - 베르그송과 샤르뎅의 진화론적 생의 철학 - 엘리아데와 불교 선승들과의 만남에서 얻은 종교신학 등이 틸리히의 '궁극적 관심'이라는 화두의 사상적 매트릭스요, 직간접적인 삶의 자리로서 파악되어야 한다.

틸리히의 생애를 연대기적으로 살필 필요는 없다고 했다. 다만 틸리히 또한 시대의 아들로서 그의 종교사상은 구체적인 그의 시대의 '삶의 자리'에서 형성된 것이므로 그의 문화신학이론과 '궁극적 관심'이라는 화두 또한 그 맥락에서 이해해야 한다는 점을 강조하고자 한다. 틸리히는 '경계선 상에서' 사유하고, 증언하고, 행동한 사람이었다. 그는 19세기와 20세기, 자본주의와 사회주의, 경험론과 합리론, 존재 우위의 플라톤 철학과 생성 우위의 아리스토텔레스 철학, 의식과 무의식, 이성과 계시, 아퀴나스와 엑하르트, 초월과 내재, 종교와 문학예술, 기독교와 불교, 신학과 종교학, 로고스적 형태성과 파토스적 역동성, 자유와 운명(destiny) 등등 그 경계선상에서, 그 양자의 팽팽한 긴장 속에서 중성적 야합이나 양비양시론적 타협이 아닌 역설적 통전을 추구했던 신학자였다.

3. 틸리히의 문화신학에서 종교와 문화의 관계

우리의 주제, 틸리히의 '궁극적 관심'이 말하려는 의도를 이해하기 위해서 우리는 그의 '문화신학'(Theology of Culture)을 지탱하는 두 가지 기본명제를 기억해야 한다.

그 두 가지 중 제1명제는 틸리히가 인간의 정신적 · 영적 삶 속에서 '종교'를 어떻게 이해하는가의 문제요, 제2명제는 첫 명제의 자연스런 논리적 연장이지만 '종교'와 '문화'와의 상호관계성에 대한 그의 생각이다.

제1명제: 종교란 인간의 정신적 삶의 한 특수한 기능이 아니라, 정신적 삶의 제반 기능들 속의 깊이의 차원이다[1] (Religion is not a special function of man's spiritual life, but it is the dimension of depth in all of its functions).

위의 짧은 명제는 틸리히가 자신의 문화신학 이론을 펼쳐 나가는 기본 출발점이다. 이 명제는 당시나 지금이나 '종교'에 대한 세 가지 부류의 잘못된 접근 태도를 비판하고, 틸리히의 새로운 종교 이해의 접근 방법을 명시하고 있는 것이다. 통속적인 세 가지 종교에 대한 접근 태도는 전통적인 초자연주의적 종교 이해, 자연주의적 종교 이해, 기능주의적 종교 이해를 말한다.

초자연주의적 종교 이해 태도는 기본적으로 종교란 일상적 삶의 차원과는 직접 관계가 없는 초자연적 '신적 실재들'이나 초경험적 신비체험에 관련되는 것이며, 초이성적 특수계시에 근거하거나 일상적 '분별지' 상태를 넘어선 참 지혜 (프라쥬나) 상태의 일거리라고 주장한다. 구체적으로는 죄, 죽음, 사후세계, 천국, 극락왕생, 환생, 심령술, 신유치료 등에 일차적 관심을 갖는다. 그야말로 종교를 정신적 삶의 한 '특수기능'을 감당하는 영역이라고 본다.

자연주의적 종교 이해는 종교를 인간의 마음속에 뿌리박고 있는 '종교성'의 자연스런 발로라고 파악하는 심리학적 · 인본주의적 종교 이해다. 인간은 본래적으로 '종교인'(Homo Religius)이라고 본다. 굳이 초월적 계시나 초이성적인 탈아 상태를 추구할 필요가 없다. 인간의 정신적 삶 속에 '진 · 선 · 미'라는 세 가지 범주의 삶의 경험이 있듯이 거기에 추가하여 '성(聖)'의 영역이라는 별다

---

1) P. Tillich, *Theology of Culture*(Oxford Press, 1959), 4.

른 차원이 필요한 것이며, 그 '성스러움'의 영역과 체험은 매우 독특하고 비일상적인 것이기에 '종교'는 삶의 한 특수 기능을 담당하고 포괄하기 위해 요청된다는 입장이다.

기능주의적 종교 이해는 종교가 추구하는 '궁극적 실재'의 존재여부나 그 진위성 여부를 떠나서, 인간 사회 속에서의 종교의 현실적인 기능을 주목하는 종교사회학적 접근 태도이다. 종교는 한 사회 속에서 순기능과 역기능을 모두 노출시키는 양가적 사회현상이라고 본다. 종교는 집단적 사회생활 속에서 인간의 자기중심적 행위에 대하여 절제, 양보, 자기헌신, 자기희생 등의 덕목을 가르침으로써 사회정화 기능과 사회적 윤리를 고양시키는 순기능을 갖든지, 마르크스의 종교 비판처럼 인간을 근원적으로 소외시키는 '아편' 같은 상부구조를 이룬다고 본다. 이 경우에도 종교는 인간의 정신적 삶의 사회적 현상에서 나타난 한 특수기능으로 파악된다.

틸리히는 위와 같은 종교 이해를 모두 비판하고, 종교란 인간이 정신적 삶을 수행하고 의미와 가치를 추구하며, 창조하고 자기초월하려는 모든 형태의 정신적 삶의 한복판 속에서 경험하는 '깊이의 차원'이라고 본다. '깊이의 차원'이란 '높이의 차원'에 대비되는 공간적 은유이다. 신학, 종교학, 종교심리학, 종교사회학 등 전문적인 학문 분야가 있지만, 종교란 정치, 경제, 사회, 문화 모든 영역에서 인간의 정신적 활동의 그 근저를 묻고, 뿌리를 밝히며, 전공학문의 '원리의 원리', 곧 그 이론과 체험의 존재론적 근거를 추구할 때 부딪히는 인간정신의 '자기초월의 경험'이 일어나는 곳에 숨쉬고 살아있다. 그러므로 틸리히의 종교 이해는 매우 현상학적인 접근 태도를 견지한다고 보여 진다.

니체, 마르크스, 프로이드, 사르트르가 종교를 부정하고 비판한다고 해서 종교가 부정되거나 사라지는 것이 아니다. 바로 그들의 그 진지한 '비판정신'과 '의심의 해석학'이 치열하면 치열할수록, 틸리히가 볼 때는 매우 '종교적'인 것이다. 그들 모두가 기존의 '궁극적인 것'일 수 없는 것들이 '궁극적인 자리'를 점유하고 인간의 삶을 소외시키기 때문에 분노, 비판, 폭로, 저항 등을 통해 '거룩한 분노'를 발하고 있는 것인데, 그들은 기존의 어떤 형태의 종교적 양식을 거절할 뿐이지, 그 무엇인가의 진실과 리얼리티를 증언하려는 열망으로 가득 차 있다. 그들의 그 열망은 제도적 종교나 일상성에 가려져 있는 삶의 '깊이의 차원'을 문득 드러내 보인다.

틸리히에 의하면 모든 존재하는 것들, 특히 생명 있는 것들은 동일하게 세 가지 운동을 한다. 자기를 둘러싸면서 자기를 구성하는 것들로부터 자기 자신을 구별하고, 구체적 존재자로서 자기 자신의 개별성을 확보하려는 중심 지향적인 '생명의 자기통전운동'(self-integration movement of life)이 첫째 운동이다.

이 '자기통전운동'이 없으면 존재자들은 미분화된 존재의 바다 속으로 환원되어 버리고, 구체적 '존재자'는 물처럼 쏟아지고 썩은 여름 과일처럼 그 조직체가 풀어져 버린다. 뭇 생명체들 중에서 '자기통전'이 가장 영글어진 형태로 나타난 것은 '인간의 인격성 체험'인데, 이는 모든 도덕성의 기점이 된다. 양심의 가책이란 인격의 자기통전성이 깨어지는 아픔이요, 설움이다. 칸트가 날카롭게 지적한 것처럼 실천이성으로서의 인간의 도덕감이 일종의 '정언명령'으로 다가오는 것은 타계적 유일신이 내려준 십계명을 어긴 반규범적 행위 때문이 아니라, 스스로 '생명의 자기통전운동'의 결과물로서 형성된 고유하고 존엄한 인격의 통전성을 스스로 손상시키기 때문이다.

존재하는 것들의 둘째 운동은 새로운 것을 경험하고 창출하려는 '생명의 자기창조운동'(self-creation movement of life)이다. 뭇 생명체들 중 인간 생명차원에 이르러 이 '생명의 자기창조운동'은 문화라는 현상으로 나타난다. 존재하는 것들의 셋째 운동은 동일한 것의 반복 동작이 아니라, 비약하려는 '생명의 자기초월운동'(self-transcendence movement)이다. 뭇 생명체들 중 인간생명 단계에 이르러 이 '생명의 자기초월운동'은 종교현상으로 나타난다.[2]

인간의 정치, 경제, 사회, 문화 영역의 다양한 삶의 양태들은 결국 틸리히의 조직신학적 범주로 말하면 '생명의 자기통전', '생명의 자기창조', '생명의 자기초월' 운동의 중층적이고 복합적인 꿈틀거림인데, 그 모든 운동의 깊이의 차

---

2) P. Tillich, *Systematic Theology*, vol. 3(The University of Chicago Press, 1963), 30~50.

원이 '종교'의 지성소이며, 그런 의미에서 종교란 삶의 한 특수기능이 아니고 모든 정신적 삶의 기능의 깊이의 차원이라는 것이다.

제2명제: 종교는 문화의 실체요, 문화는 종교의 형식이다(Religion is the substance of culture, culture is the form of religion).[3]

틸리히의 문화신학의 입장을 총괄적으로 표현하는 위의 명제는 그의 문화신학 담론의 기초이다. 비유컨대 그 두 가지 명제는 틸리히의 문화신학이라는 건축물을 지탱하고 있는 두 기둥과 같아서, 만약 그 두 기둥이 무너지면 틸리히의 문화신학은 지탱되지 않는다. 그러나 위 둘째 명제는 많은 오해를 불러일으킬 수 있는 신학적 명제이다. 왜냐하면, 인간사회가 점점 더 세속화(secularization) 되어가고, 종교는 삶의 변두리 문제로 밀려나거나 개인의 내면적 사적 관심거리로 치부되어 가며, 현실을 지배하고 주도하는 힘은 정치적 권력과 물질적 부의 힘과 성적 욕망인 상황 속에서, 그의 문화신학의 둘째 명제는 종교가 사회의 모든 부문에 총체적으로 영향을 끼쳤던 중세사회에 대한 노스탤지어같이 들릴 수 있기 때문이다.

그러나 위의 명제에 대한 오해는 종교에 대한 틸리히의 첫째 명제를 생각한다면 금방 사라진다. 한 사회의 삶의 축이 성전이나 마을 중심의 교회당이 되거나, 불법승(佛法僧) 삼보(三寶)에 귀의하는 축적된 종교전통과 종교적 상징체계와 종교제도를 중심으로 영위되는, 그런 의미의 중세적 종교사회의 실현을 염두에 두고 하는 제2명제가 아니다. 설혹 모든 교회당이나 법당이 사라지고, 기존의 종교제도나 상징체계나 성직질서나 신학이론이 실질가치를 상실한 유가증권처럼, 휴지처럼 폐기처분될지라도, 종교가 의미와 가치를 추구하는 인간 정신적 삶의 제반 영역의 '깊이의 차원'으로 이해되는 한, 여전히 모든 인간 문화활동의 실체(substance)는 종교이고, 그 '실체'가 유형·무형의 형식과 형태로 표출

3) *Ibid.*, 42.

되고 나타난 것이 '문화'라는 것이다.

위 둘째 명제에서 '실체'(substance)라는 철학적 개념은 좀 더 평이한 말로서 얼, 정신, 혼, 알짬, 궁극적 관심이라는 말로 바꿀 수 있을 것이다. '형식'(form)이라는 어휘도 양태(mode), 형태, 드러난 모습, 구현된 결과라는 의미와 멀지 않을 것이다. 특정 시기 특정 공간의 인간 집단을 지배하는 문화적 '실체'는 고려조나 조선조의 경우처럼 단일종교로서의 불교나 유교가 지향하는 바와 같이 매우 정신적이고 관념적이고 윤리적일 수도 있으나, 20세기 사회에서처럼 다중심적이고, 지극히 현실적이고, 감각적이고, 다원적이고 상대적일 수 있다. 한 문화공동체 구성원들이 추구하는 '궁극적 관심'의 실체가 무엇이냐에 따라서, 거기에 상응하는 법률·정치제도, 과학·기술의 발달, 경제생활의 생산소비 패턴과 금융제도, 문예활동과 대학의 아카데미즘의 형태가 영향을 받게 된다.

줄여 말하면, 틸리히의 문화신학 지론에 의하면 모든 문화의 밑바탕에는 그 시대 문화를 형성해가며 삶을 살아가는 구성원들의 '궁극적 관심'이 때로는 은폐된 형태로, 때로는 지극히 세속적 형태로, 때로는 마성적으로 왜곡되고 굴절된 형태로, 때로는 지극히 반종교적 형태로 나타나지만, 그러한 궁극적·준궁극적 관심들은 문화의 '실체'로서 그 사회의 삶의 질과 내용을 결정짓는다.

만약 마르쿠제가 말하는 바대로 현대 산업사회, 후기 산업사회, 혹은 정보화 사회가 평면적이고도 일차원적 인간 집단을 양산하는 사회라고 한다면, 이는 근현대사회가 삶의 능률성, 실용성, 편의성, 합리성, 감각적 욕망충족성을 문화활동의 가치지향성으로 삼기 때문에 나타난 당연한 결과이다. 거기엔 삶의 숭고함, 자기초월 체험, 정신의 승화, 자유로운 희열, 만유동체의 우주적 일체감, 영성의 고양감 같은 것이 없거나 지극히 미약하다. 삶은 파편화되고, 소외감에 시달리며, 집단과 조직의 거역할 수 없는 힘의 메카니즘에 예속된다.

틸리히의 문화신학 지론에 의하면, 현대는 무종교 시대가 아니라 각자가 은밀히 개인의 자기종교를 무의식적으로 갖는 다종교 시대이다. 한 문명사회를 통제하는 제도적, 권위적 종교는 사라진 대신, 다양한 유사종교적 운동들(pseudo-religious movements)이 발호하는 시대이다. 국가·민족·인종주의, 마르크시즘 · 주체사상 · 반공주의, 과학주의 · 경제제일주의, 팍스 아메리카 · 세계화 등 거대한 유사종교 형태들도 있지만, 지극히 사적이고 개인적인 작은 '유사종교들' 도 있다. 보통 사람들은 '준궁극적 관심' 들이 종교를 대신하는 것이 아니라 바로 현실적 자기종교임을 모른 채 살아간다. 건강과 미모, 아무도 모르는 단둘만의 연애, 핵가족 단위의 행복한 가정, 돈과 스포츠와 섹스, 출세를 보장하는 엘리트코스 자녀교육, 사이버세계의 가상현실에의 몰입과 자기외화 및 전자기적 몸으로서의 자기 확장 등이 그것이다.

문제는 집단적 힘과 매력과 보람을 갖고 등장하는 다양한 집단적 형태의 유사종교들과 개인들의 사사로운 '준궁극적 관심' 들이 인간의 자기실현을 담보해주는 것이 아니라, 결국에는 기만하고 절망과 죽음과 자기파멸에 이르게 한다는 점이다.

이제 틸리히의 문화신학 틀 안에서 현대인들의 '명목적 종교' 가 아니라 '실질적 종교' 인 '궁극적 관심' 의 허와 실을 분석하고, '궁극적 관심' 의 진정성과 그 특성이 무엇인지 성찰해 볼 차례가 되었다.

4. '궁극적 관심' 의 분석

틸리히는 그가 서거하기 2년 전인 1963년 봄, 산타바바라 켈리포니아대학교 캠퍼스에서 각각 전공이 다른 18명의 대학원 학생들과 의미 깊은 세미나를 가졌다. 그리고 그 세미나의 중심 화두는 '궁극적 관심' 이었다.[4] 틸리히의 주저 『조직신학』을 비롯한 다양한 저작물 속에 나타는, 그의 문화신학의 기초개념인 '궁극적 관심' 이란 무엇인가를 아래의 몇 가지 현상학적인 특성을 분석 정리하면서 이해해 보려고 한다.

---

4) D.M. Brown, 이계준 역, 『궁극적 관심』(대한기독교서회, 1971).

(1) '궁극적 관심'은 히브리적 영성의 문화신학적 표현이다.

　이미 지식인 사회에서 대중화된 '궁극적 관심'이라는 표현구는, 특히 현대인이나 동아시아의 종교적 전통에서 삶을 누려온 지성인들에게는, 성공적인 '표현구'라고 생각되지는 않는다.

　'궁극적 관심'은 '궁극적'(ultimate)이라는 단어와 '관심'(concern)이라는 두 개의 단어로 구성되어 있다. 우선 일상 생활인에게나 '공(空)과 무(無)의 존재론'에 친숙해 온 동아시아 문화권 지성인에게, 그리고 특히 무제약적 심각성이나 절대적인 것을 요청하는 일체의 것에 대하여 거부반응을 일으키는, 포스트모던 시대를 살아가는 현대 젊은 세대에게 '궁극적'이라는 단어는 무언가 정신적 압박감, 권위주의, 형이상학적인 본질주의, 배타적 경직성 등등의 어감을 풍길 수 있다. '관심'이라는 단어는 다분히 관계론적 · 심리학적 개념으로 들려서 종교를 말하기엔 다소 경박하거나 가치중립적 어휘로 여겨질 수 있다.

　그럼에도 틸리히는 "종교란 궁극적 관심이요, 신앙이란 궁극적 관심에 붙잡힌 상태"라고 말한다. 그는 대화 가운데서 '궁극적 관심'이란 히브리인들이 모세종교의 쉐마라고 말하고 예수가 모든 율법과 예언자 가르침의 총괄적 요체라고 말하는 것, 곧 "너희는 마음을 다하고 뜻을 다하고 성품을 다하여 주 너희 하나님을 사랑하고, 또 네 이웃을 네 몸처럼 사랑하라"는 히브리적 경건과 영성의 핵심 요체에서 "마음을 다하고 뜻을 다하고 성품을 다하여" 사랑하는 그 마음의 태도이며, 전인적 인간 존재의 의지 지향성과 진지하고 성실한 마음 상태를 표현하는 말이 '궁극적'이라는 단어가 지시하는 의미라고 했다.

　'관심'은 이미 관심하는 자와 관심되는 것과의 '주객구조의 틀'을 전제하는 듯이 들리기 때문에, '주객구조'의 분별지(分別智) 상태를 초극하여 무념 · 무상 · 무아 상태를 깨달음의 필요조건이라고 경험하는 불교적 해탈체험에서 본다면 '관심'이라는 어휘가 맘에 걸릴 수 있다. 물론 틸리히는 기독교 종교사 속에 면면히 흐르는 신비주의 전통의 '부정의 길'(via negativa)의 중요성을 깊이 알고 있다. 그럼에도 틸리히는 '궁극적 관심'을 통하여 '부정신학'과 '적극신학'

은 양자택일 관계가 아니라 상호보완 관계여야 한다고 보는 것이다. 신앙에서 중요한 신앙 대상에 대한 신뢰, 고백, 헌신, 경외 등도 모두 '관심'의 형태라고 보는 것이다.

(2) '궁극적 관심'은 실존적 체험과 무한한 열정을 동반하는 '존재로의 용기' (courage to be)이다.

틸리히가 말하려는 '궁극적 관심'은 키에르케고르가 언급한 '무한한 열정' (infinite passion)을 연상케 하는데, 이는 열정과 진지성이 동반된 매우 실존적 체험의 성격을 지닌다. 살아 숨쉬는 역동적 신앙은 '축적된 종교전통'의 결과물인 종교적 상징체계, 교리적 명제, 정교한 전례(典禮)의식 등을 상투적으로 수용, 동의, 참여하는 행위와 다르다.

'궁극적 관심'은 나의 생명이 '존재냐 비존재이냐'(to be or not to be)가 결정되는 중요한 일에 관여함을 뜻한다. 물론 여기에서 '존재인가 비존재인가'의 물음은 실존적 의미에서이지 형이상학적인 관념론이나 생물학적 의미에서 삶과 죽음의 문제가 아니다.

살아 있으나 실제로는 죽은 것과 다름없는 무의미한 존재, 곧 의미상실의 삶이 되느냐, 혹 생물학적으로는 생존박탈의 경우가 되는지 모르지만 실존적으로는 참으로 사람답게 살고 영원히 사는 존재 긍정, 존재 실현, 존재 향유의 삶이 되느냐 못되느냐의 문제이다. 예를 들면, 자기에게 상속될 천문학적 부와 명예를 몰수당하고 심지어 생명 위협에도 아랑곳하지 않는 순수한 연인들 상호 간의 진솔한 사랑의 열정 속에서, 그리고 독재정권의 사악한 위선에 맞선 4.19나 5.18 민주혁명 때, 청년열사의 '정의와 진실'을 요청하는 꺼버릴 수 없는 열정 속에서 우리는 죽음보다 강한 '궁극적 관심'의 무한한 열정을 본다. 사랑하는 연인에게서 '사랑'이, 민주열사에게서 '정의'가 단순히 당위적 윤리덕목이 아니라 실존적으로 그들의 '궁극적 관심'이 되면서 거룩한 열정으로 불타올랐을 때, 그들은 알든 모르든 가장 '종교적'인 것이다. 그들은 몸은 죽었으나 '존재'를 잃지 않고 '본래적 인간'으로서의 생명 영글음에 도달했기에 비존재인 죽음이 그들을 건드리거나 지배하지 못한다. 그러나 같은 시간, 같은 시대 속에서 살지만 당시 정치적 상황을 알면서도 침묵한 지식인, 언론인은 생물학적 의미에서 살았으나 실은 죽은 자, '비존재'가 되었다.

(3) 개인적, 공동체적 삶에서 일상사의 모든 소재가 '궁극적 관심'의 실재가 될 수 있으나, 악마화(demonization)와 속화(profanization)의 위험을 견뎌내고 인간을 자유하게 하고 자기초월을 경험하게 할 때만 '궁극적 관심'의 실재로서 그 진위성이 판명된다.

틸리히의 문화신학에서 '종교적 소재'는 반드시 제도적, 전통적 종교범주에 속하거나 관련된 것만이 아니다. 도리어 제도적 종교가 속화되거나 악마화되었을 때, 인간 삶의 자기통전운동, 자기창조운동, 그리고 자기초월운동은 '진정한 궁극적 관심'에 목말라하며 그것을 추구한다. 문명사회가 실존적 의미 차원에서 공허감을 안겨주고 일차원적 존재방식만을 강요할 때, 인간은 무엇인가 '무조건적이고 궁극적인 가치'를 담지한 듯한 실재에 끌리고 거기에 몰입한다. 그런 실재는 대개 힘과 의미, 가치나 삶의 보람, 사명감과 긍지를 부분적으로 제공한다. 국가주의, 민족주의, 사회주의나 공산주의, 배타적 광신주의, 경제성장 제일주의, 조국근대화 경제건설 제일주의, 제3세계 독립운동 등은 언제나 유사종교적 열정(pseudo-religious passion)을 추종자에게 불러일으킨다. 그러나 그런 관심은 '준궁극적 관심'일 수는 있으나 진정한 궁극적 관심이 되지 못하기에 마침내 악마화, 속화를 거치게 되고, 인간의 곤궁과 소외를 해결해주지 못한다.

개인적 차원에서도 마찬가지 위험이 언제나 도사리고 있다. 예를 들면 자식사랑의 지극한 모성애, 부모에 대한 지극한 효, 잊을 수 없는 전우애와 동문애, 고향사랑의 향토애, 예술에 대한 사랑, 몸담고 있는 기업체의 사업 번창, 전공하는 학문과 학과 이론에의 절대적 참여 등은 어느 경우엔 한 인간의 '궁극적 관심'처럼 생각되고 그렇게 살아갈 수 있다. 그러나 그런 관심들은 진지하고, 중요하고, 가치 있는 '준궁극적 관심들' 일 수는 있어도 '궁극적 관심' 이 될 수는 없다. 세월이 변하고 상황이 변하면 '궁극성' 을 상실해버리는 것들이며, 더 나아가서 진정한 인간의 자아실현과 자아성취를 저해하는 부정적 힘과 마성적(demonic) 속성을 노정하고 말기 때문이다.

그러한 가치들이 종교적 범주의 것이 아니고 세속적인 것이기에 '궁극적 관심' 이 되지 못하는 것이 아니라, 일상적인 것과 세속적인 것들이 그것들을 통해 '궁극적인 것' 이 현현(顯現)되는 매개체로서 기능하도록 자신의 투명성과 자기 부정 정신을 견지하지 못하고, 곧바로 자기 자신을 절대화하는 우상화의 길을 내디딤으로써 마침내 인간을 비인간화시키기 때문이다.

(4) '궁극적 관심' 은 자기초월운동을 하는 인간정신의 적극적 참여행위이면서, 동시에 궁극적 관심에 붙잡히는 '피동적, 수동적 측면' 을 내포한 역설적인 '신율적 체험' 이다.

틸리히의 '궁극적 관심' 의 분석에서 유의해야 할 점은, 그것은 인간정신이 주체적으로 찾고, 소유하고, 자기 것으로 전유하면서 자기를 그 '궁극적 관심' 에 일치시키고 귀의하는 능동적 의지의 지향과 주체적 자의식의 행위만이 아니라는 점이다. 도리어 그와는 반대로 '궁극적 관심' 에 의해 붙잡히는 경험이요, 주어지는 것을 수동적으로 받는 경험이라는 역설적 성격을 지닌다.

제임스가 종교적 신비체험의 네 가지 특성으로 언표불가능성(ineffability), 이지적 특성(noetic quality), 일시성(transiency), 그리고 수동성(passivity)을 언급한 바 있다.[5] 틸리히의 '궁극적 관심' 의 성격을 현상학적으로 분석할 때, '궁극적 관심' 은 홀연히 인간의 정신적 삶을 사로잡아 거기에로 몰입하게 하거나, '수용적·책임적 관여'(commitment)를 하도록 인간의 전 실존과 인격을 추동하는 힘이다.

그 힘은 낯설고 강제적인 타율적(heteronomous)인 것도 아니고, 인간 이성

---

5) W. James, *The Varities of Religious Experience*(New American library, 1958), 292~328.

의 자율적(autonomous)인 주체적 · 합리적 쟁취 행위도 아니다. 자율과 타율이 변증법적으로 지양된 것이 아니라 역설적으로 '반대의 일치'의 경험 안에서 통전될 때, 그것은 인간에게 진정한 신율적 체험으로 다가온다.

여기서 틸리히가 말하는 '신율적'이란 개념은 시내산에서 모세에게 신이 내려준 신적 계율과 같은 것이 아니라(그것은 타율적인 계명이다), 이성의 합리적 구조가 파괴당하지 않으면서 이성의 깊이, 존재의 깊이 차원, 곧 초월과 통전되는 경험이다. 이 때 인간 정신은 지복감정, 희열과 자유로운 해방감정, 유한실존의 모호성이 돌파되는 창조적 통전경험을 갖는다. 존재 지반과 분리되었던 실존이 그것과 화해되는 경험과 동시에 치유의 감정을 맛본다. 진정한 '궁극적 관심'은 인간 실존으로 하여금 '지금 · 여기'에서 짧은 시간이나마 신율적 상태에로 고양되는 체험을 가져다준다. 시간적으로는 카이로스 의식으로 팽배하게 하고, 심리적으로는 역설적 진리체험 가운데서 분열된 소외감정이 치유되는 기쁨을 향유하게도 한다.

(5) 틸리히의 '궁극적 관심'은 종교적 상징이나 신학적, 종교적 언설로서만이 아니라, 시각예술과 시, 문학, 연극 등에 의해 더 설득력 있게 표현되고, 현대인들에게 회피할 수 없는 인간의 곤궁성을 제시한다. 진정한 '궁극적 관심'만이 인간 실존의 '모호성'(ambiguity)을 잠정적으로 극복한다.

틸리히의 문화신학이 20세기 전반기에 태동하였음에도 불구하고, 여러 예술 장르와 문학에서 관심을 지속적으로 끄는 것은 주지의 사실이다. 틸리히 자신이 자기의 '기독교신학'이 말하려는 상징적 진리 내용, 특히 '궁극적 관심'으로서 인간의 실존의 곤궁, 신비, 그 창조적 돌파를 시도하는 '존재로의 용기' 등을 문학적 장르에서 성공적으로 시도한 작가로서 엘리엇(T.S. Eliot)을 언급하고 있다. 한국 '문학과 종교 학회' 회원이신 이준학의 여러 논문들 가운데 엘리엇의 문학작품 세계와 틸리히의 문화신학, 특히 '궁극적 관심'과의 비교연구에 관한 연구 논문들은, 본인이 엘리엇의 문학 분야는 문외한이기에 논외로 하더라도,

틸리히의 신학 내용에 대한 것은 영문학자의 심층적 이해를 보여주는 것으로서 단순히 학제 간의 연구를 넘어 세계적 수준의 지적 산물이라고 평가된다.[6]

이준학은 엘리엇의 시와 시극 속에 흐르는 '궁극적 관심'의 본질적 성격을 두 가지 점에서 지적하고 있는데, 그 하나는 "지고(至高)한 것에 도달하기 위한 모든 노력의 단계에서 고통은 필수적이라는 것", 그리고 다른 하나는 인간의 연약함에 대한 절실한 인식과 그럼에도, 회의와 사랑과 고통을 통해 인간 실존이 자신의 곤궁성을 초극하려는 비극적인 성실성이라고 보았다.[7]

틸리히는 인간 실존상황의 곤궁성 또는 소외현상을 모호성으로 규정한다. 여기에서 말하는 '모호성'이란 불분명하게 흐릿하다는 의미보다는 인간 실존이 처한 존재양식의 중층적 이중성의 불안의식과 갈등상황을 말한다. 그 이중성은 모든 존재하는 것들의 존재방식으로서 '개체화와 참여'(individualization and participation), '형태성과 역동성'(form and dynamics), 그리고 '자유와 운명'(freedom and destiny)이라는 이중구조의 비통전성에서 온다. 인간 실존은 본질과 실존, 무한의식과 유한의식, 원죄의식과 원축복의식, 존재 부정의 겸허와 존재 고양의 휴브리스, 그 양자의 긴장 갈등 속에 있다.

인간 실존상황에서는 위에서 말한 세 가지 존재의 기본구조에서 항상 어느 한쪽을 성취하려 하면 다른 한쪽이 희생되거나 약화된다. 거기에서부터 실존적 삶의 모호성은 발생되고 있다. 존재의 존재론적 원리는 자아 개체의 완전한 실현과 사회적 연대성 및 공동체성의 성취가 동시적이고 상호 공속적이라는 것을 알려준다. 그러나 현실사회에서 그리고 개인의 실존적 삶 속에서 개인주의와 집단주의는 갈등구조 속에서 시달린다.

인간의 삶에는 어떤 형태이든지 법·제도·조직, 도덕률, 관습법 따위의 질서를 틀 지우는 형식이 요청된다. 그러나 그것들은 곧바로 생명의 창조적 역동성과 창발적 자유를 억압하는 억압기제로 작동한다. 인간실존은 무한한 자유와 단

---

6) 이준학, 『'그립고 두려운 것'에 대한 인문학적 고찰』(전남대학교출판부, 2001), 특히 「T.S. 엘리엇과 폴 틸리히」, 95~129, 「T.S. 엘리엇의 시와 시극에 나타난 '궁극적 관심'」, 194~221 참조.
7) Ibid., 217~218.

절 없는 자기실현을 원하지만, 삶은 역사적 제약과 고난과 죽음 등 운명으로 한정된다. 그러나 동시에 운명적 제약 없는 자유는 공허하고 추상적이다.

위와 같은 실존적 인간상황을 틸리히는 소외현상, 삶의 모호성이라 부른다. 이 삶의 모호성 속에서도 '궁극적 관심'에 붙잡히는 때, 먹구름 사이로 맑고 청명한 하늘과 햇빛을 보듯이 인간은 모호성이 극복되는 '존재의 은총 체험', '새로운 존재 체험'을 일시적이지만 하게 된다. 그 순간을 종교는 구원 체험, 은총의 현존 체험이라 부른다.

(6) '궁극적 관심'의 존재론적 가능성과 현실성은 인간 실존을 포함한 모든 존재자들이 '존재 자체'이신 자기존재의 원근거와 원능력에 뿌리박고 있다는 사실, 더 나아가서 이 신비로운 '무제약적 포괄자'가 능동적으로 인간에게 '초월경험'을 하도록 자기를 내어 주며 존재로 불러내는 인간의 동반적 유인자라는 사실 속에 정초하고 있다.

틸리히는 '궁극적 관심'에 인간이 사로잡힐 때, 분열된 자아는 통전되고, 상처 난 마음은 치유되는 경험을 하게 되는데, 소외되고 분열된 것을 '재결합시키고 치유하는 존재의 능력'을 '사랑'이라고 부른다. 신을 가장 비상징적으로 언표하면 '존재 자체'라고 말하지만, 가장 깊이 상징적으로 말하면 '하나님은 사랑이시다.'

틸리히의 문화신학의 원리나 구조적 틀은 철저하게 '프로테스탄트 정신'으로 관철되어 있지만, 그 내용으로 심도 있게 들어가 보면 가톨릭의 상징주의와 성례전주의에 깊이 가 닿아 있다. 그래서 틸리히의 '존재론적 신학'은 20세기 가톨릭신학의 대표적 사상가인 라너(K. Rahner)의 '초월론적 경험신학'과 깊은 공명을 이룬다.

마지막으로 강조하고자 하는 것은, 틸리히의 문화신학에 있어서 이 '궁극적인 것', '무제약적인 것', 또는 '무조건적인 신비'는 존재라는 피라밋의 맨 꼭대기 정상에 있는 그 무엇이 아니라 그 피라밋의 맨 밑바닥에도 있고, 피라밋 몸체의 구성체 한 가운데 '없이 계신 하느님'(유영모)으로 현존하는 우리 '존재의 지반, 존재의 능력'이라는 것이다.

틸리히의 문화신학의 구조 틀 안에서 '궁극적 관심'이 중세 가부장적 존재 위계질서의 흔적, 포스트모던 시대엔 걸맞지 않는 권위주의적 종교관, 다중심·다양성·차이를 용납하지 않고 통일성을 지향하는 문화제국주의 종교관이 아닌가 하고 오해도 하지만, '궁극적 관심'의 문화신학은 모든 시대에 모든 우상을 파괴하고, 인간을 "자유하고 사랑하는 가운데서 자기초월을 경험하게 하려는" 프로테스탄트 정신의 드러남이라는 것이다.

궁극적 실재에 대한 불교와 기독교의 유형론적 특성 비교

1. 비교방법론으로서 역동적 유형론

　이 글에서 필자는 한국 현대사회에서 가장 큰 영향을 미치고 있는 두 가지 서로 다른 유형의 종교, 곧 불교와 기독교 사이의 상호 심층적 대화와 협력을 위하여, '궁극적 실재'에 대한 두 종교의 유형적 특징에서 유래하는 차이/통함을 밝혀 보려 한다. '궁극적 실재'(Ultimate Reality)라는 용어 자체가 서구 신학의 전통에서 주조된 어휘이므로 불교 전통에서 말하는 '진여'(眞如) 혹은 '진리 그 자체'(Darma in-itself)와는 풍기는 맛이 다르지만, '궁극적 실재'라는 어휘가 기독교 전통의 '초월적 인격신'을 전제로 하는 철학적 언표가 아니라는 점만은 분명하게 해두고자 한다.

　20세기 개신교 신학의 거장 틸리히(P. Tillich)는 기독교와 불교를 서로 비교하되 역동적 유형론(Dynamic Typology)에서 비교한 바 있다.[1] 필자의 논제 서술도 방법론적으로는 틸리히의 '역동적 유형론'의 입장을 견지할 것이다. 불교와 기독교를 비교 연구할 때, '역동적 유형론'의 관점에서 연구한다는 것은 다

---

*본 원고는 '한국 기독자 교수협의회 주최 학술대회'(2003년 12월 26일)에서 발표했던 내용임.
1) P. Tillich, *Christianity and the Encounter of the World Religions*(Columbia University Press, 1963), 53~75.

253

음과 같은 입장을 함의한다.

첫째, 어떤 실재가 어떤 유형(類型, Type)에 속한다고 말할 때, 이는 개별적으로는 다양한 속성, 외형, 특징을 드러내는 어떤 실재들의 외적 현상들 사이에 보다 고차원적인 관계성이 파악되어 포괄적인 범주적 속성이 드러남으로써 다른 실재들과 구별되는 유형이 구성됨을 전제한다.

둘째, 유형들이란 다양한 현상 실재들을 그것들과 다른 실재들과 식별(분별)하여 이해하기 위해 인간 마음(정신)이 만들어내는 '논리적 이상형들'(logical ideals)이므로, 유형은 시공간적으로 존재하는 구체적 실재물은 아니다.

셋째, 현실적으로는 서로 상이한 유형적 특징들의 합성체로서 구체적 실재들만이 존재한다. 인간 정신은 그럼에도 그들 속에서 다른 것과 구별되는 유형적 특징을 식별해 낼 수 있다. 그런데 유형론의 약점은 개별자가 지닌 역동성 및 개별자 사이에 존재하는 관계성을 간과함으로써 경직화되거나 '스테레오타입' 식으로 사고를 단순화시키는 오류를 범할 위험성에 있다.

넷째, 역동적 유형론은, 유형론적 사고를 하되 특정 유형 안에 내재하는 정태적 경직성(static rigidity)을 극복하고 드러나는 유형과 긴장·충돌을 유발하는 다른 대극(polarity)이 자신이 속하는 유형적 구조 안에 내재해 있음을 깨닫는다. 그리하여 자신을 동일률에 유폐시키지 않고 다른 것에 귀 기울이며, 유형을 넘어서려는 자기초월적 용기와 개방성을 지닌다. 역동적 유형론은 마치 분석심리학에서 남성과 여성은 각각의 퍼스낼리티 안에 아니마와 아니무스를 대극적 실재로서 지니면서 대극을 초월 통전하려는 전일성을 지향한다는 융의 이론과 흡사하다.

다섯째, 그러므로 역동적 유형론에서는, 특히 종교적 유형론에서는, 어느 유형의 종교가 다른 유형의 종교보다 더 우월한가라는 '우월성 논쟁'이나 '진정성 논쟁'은 의미가 없게 된다. 각 종교는 유형적으로 서로 다른 고유한 특성을 지닌 '궁극적 실재'에 대한 응답이며, 체험·이해의 표현적 양식들이기 때문이다.

여섯째, 틸리히는 불교와 기독교의 유형적 특징 안에는 모든 인간의 '궁극적 실재' 체험의 기본적 대극요소들이 가장 범례적으로 표현되고 있다고 생각한다. 불교는 '존재로서 신성 체험'(the experience of the holy as being)을 강조하는, 신비적 요소가 강한 유형의 종교이고, 기독교는 '존재해야 할 신성 체험'(the experience of the holy as what ought to be)을 강조하는, 윤리적 요소가 강한 유형의 종교라고 양자를 대비시킨다.[2]

일곱째, 그 결과 전자에게서는 무명을 벗어난 해탈자에겐 삼계가 그대로 '니르바나'가 되는 초시간적 영원한 현재를 강조하는 '동일성의 원리'가 지배한다. 반면에 후자는 되어감과 되어감의 과정으로서 시간성을 강조하는 종교, 현재를 변혁해가는 미래지향적 종교, '참여의 원리'가 주도하는 종말론적 '하나님 나라' 대망의 종교가 된다. 그러나 그 유형적 특성이 상대 종교 안에는 전무하다는 말이 아니고 다만 지배적 특성이라는 것뿐이다.

이상과 같은 기본입장을 전제로 하여, 두 종교의 유형론적 특징을 무의 존재론과 유의 존재론, 삼신불론과 삼위일체론, 니르바나와 하나님의 나라 등 세 가지 주제로 비교 검토함으로써 틸리히의 두 종교에 대한 역동적 유형론에 입각한 비교연구 논지를 부연설명하고 확인하고자 한다.

2. 유의 존재론과 무의 존재론: 기독교의 존재 자체로서의 하나님과 불교의 공(空)

궁극적 실재를 이해하는, 기독교와 불교라고 부르는 두 가지 패러다임을 비교할 때, 첫 번째로 부딪히는 문제는 '실재'를 파악하는 근본 발상법이 유형적으로 다르다는 것이다. 굳이 이름을 붙이자면 하나는 무의 존재론이요, 다른 하나는 유의 존재론이다.

인류의 사유패턴에는 두 가지 뚜렷이 다른 패러다임이 존재한다. 그 한 가지를 '실체론적 패러다임'이라 부르고 다른 한 가지를 '관계론적 패러다임'이라고

2) *Ibid.*, 58.

부르기로 한다. 실체론적 패러다임은 전통적 기독교 사유체계와 신론에서 유형적 특징을 드러내고 있으며, 관계론적 패러다임은 불교적 사유세계에서 두드러진 유형적 특성으로 드러나고 있다. 그러나 틸리히의 '역동적 유형론'에서 보면, 기독교의 실체론적 패러다임의 아니마로서 관계론적 패러다임이 신비주의 전통 속에 끊임없이 병존해왔고, 불교의 관계론적 패러다임의 아니무스로서 실체론적 패러다임이 부파불교의 하나였던 설일체유부(說一切有部)의 실유론(實有論)이나 대승불교의 삼신불 사상 속에 병존해왔다.

실체론적 사유체계에서 '실체'(substance)란 생성 · 소멸 · 변화 · 운동에 휩쓸리거나 매몰되지 않고 변화와 생성을 가능케 해주면서도 그 자신은 변화하지 않는 모든 존재의 기체(基體)를 의미한다. 자신이 존재하기 위하여 다른 존재자의 도움을 필요로 하지 않고 자족, 자존하는 것이며, 상대적인 '있음'이나 '없음'을 넘어서 있는 존재 그 자체, 순수존재로서 하나님이 바로 진정한 의미에서의 실체였다. 실체론적 사유체계에서 '궁극적 실재'는 영속성, 자존성, 절대주체성, 영원무궁성 등을 핵심적 속성으로 지닌 것이었다.

실체론적 사유체계 속에서, 그리스의 존재철학, 특히 플라톤의 이데아론, 네오플라토니즘의 일자(一者)철학이, 어거스틴을 비롯한 교부들과 위디오니시우스 신비신학을 통해 기독교에 깊숙이 도입됨에 따라, 역사적 사건과 구원사를 통해 자기를 계시한다는 히브리적 사유는 많이 헬라화 되었다. 20세기 신학의 거장들의 신관 속에서, 헬라화 된 신론은 성서적 · 히브리적 사유방식으로 많이 회복되었지만, 기독교적 하나님의 자존성, 절대주체성, 영원무궁성은 지속되었다. 20세기의 대표적인 기독교 신학자들 중에서, 예를 들면 바르트(K. Barth), 틸리히, 그리고 라너(K. Rahner)에게 있어서 그들의 신론이 정태적이고 군주론적인 단일 실체론적 하나님 이해가 아니라 매우 역동적이고 관계적인 하나님 이해로 재해석되어 성서가 증언하는 '살아계신 주 하나님' 신앙으로 복귀했지만, 여전히 세계현실 또는 피조세계 전체와 구별되는 절대주체자요, 절대자존자요, 절대영원무궁자로서의 '하나님 자신'이 신앙적으로 고백된다. 그런 의미에서 기독교의 궁극적 실재는 태초에 만물이 형성되거나 창조되기 전에 계신 하나님이다. 기독교의 신관은 철저히 '유의 존재론'이 '무의 존재론'을 압도하는 유형을 지니게 된다.

바르트에게 '높은 데 계신 하나님'이란 말은 하나님은 인간의 가장 높고 깊은 감정 · 노력 · 직관을 다 초월해 있고, 인간의 성향이나 가능성에 일치하는 일이 없고, "바로 자신 속에 근거를 두고, 그같이 현실 존재하시는 분"이라는 것을 의미한다. 하나님은 주(主)이시며, 진리이다. 전능하신 하나님이요, 창조주이시다. 바르트에 의하면 창조는 은총이다. 하나님은 자신과 구별되는 현실적 존재를 존재하게끔 허락하셨다.[3]

바르트 신학에서 다시 한번 두드러지게 나타나는 성서적 종교의 특징, 곧 창조주와 피조물의 질적 차이는 '피조물의 현실'이란 '무로부터의 창조'(Creatio ex Nihilo)에 근거한 현실이라는 것을 고백하는 것이다. 세계 현실은 시간, 공간, 인과율에 제한되는 우연성을 지니지만, 창조주 하나님은 절대자유와 절대능력과 절대자존함 가운데서 오로지 당신의 사랑, 은총, 영광 안에서 세계를 '하나님의 영광이 무대'로 창조하셨고, 창조하고 계시며, 종말론적으로 영화시키실 것이다.

틸리히에게 하나님은 비존재(nonbeing)를 무한히 극복하시는 존재 자체(being itself)로서 존재의 지반(the ground of being)이자 존재의 능력(the power of being)이다. 틸리히에 있어서 신은 '하나의 최고 존재'도 아니며, 본질과 실존 사이 또는 가능태와 현실태 사이에서 긴장 갈등하거나 유동하는 그런 존재가 아니다. 틸리히의 조직신학체계에서 볼 때, '무로부터의 창조' 교의에서 기독교 정통신학이 말하는 무(無, nihil)란 '형상이 결여된 단순한 질료로서의 가능태' 같은 '상대적 무'(me on)가 아니라, 글자 그대로 '절대적 무'(ouk on)이다.[4]

틸리히가 말하는 궁극적 실재는 '존재 자체'로서의 하나님인데, 그 하나님은 논리적으로나 존재론적으로 '비존재'(nonbeing)보다 더 근원적이다. 모든 존재

---

3) K. Barth, 전경연 역, 『바르트교의학 개요』(대한기독교서회, 1971), 52. 77.
4) P. Tillich, *Systematic Theology*, vol. 1(The University Chicago Press, 1951), 188.

하는 것들은 유한성과 우연성으로 한정되기 때문에 '비존재의 충격'을 벗어날 수 없다. 오직 존재 자체이신 하나님만이 시간, 공간, 인과율에 매이거나 비존재의 충격을 받지 않는다. 존재 자체이신 하나님은 도리어 시간, 공간, 인과율, 있음 체험과 없음 체험, 인격성과 책임성, 자유와 필연의 존재론적 지반이요 탯집이 된다. 비록 틸리히가 현대 신학자 중에서 가장 많이 '부정신학'(the theology of the via negativa)[5]의 영향을 받았을 지라도 '무의 존재론'에 우선하는 '유의 존재론'을 강조하는 서구 철학과 신학의 전통을 벗어나지 않았다.

20세기 가톨릭신학계를 대표하는 라너의 신론도, 비록 그가 바르트나 틸리히보다 '존재의 유비'나 '자연의 빛'을 더 많이 포용하여 "유한은 무한을 포용할 수 있다"라는 명제를 긍정하는 신학 전통에 서 있지만, '유의 존재론'을 강조하는 사유의 패러다임에 속한다는 것은 동일하다. 라너에 의하면 하나님은 아무 조건 없이 인간성 안에 스스로를 내어 주면서 인간성을 존재론적으로 신과 관계 맺는 존재로 고양시킴으로써, 인간을 세계 안에 갇히지 않고 자기초월을 경험하게 하는, 존재 자체로서 신비자이시다.[6]

이찬수가 요약한 대로 라너에 의하면 "인간의 정신은 '무'(Nothingness)가 아닌 절대존재에 근거해 있고, 그 절대존재를 지향하고 있다고 말한다. 이 절대존재로서의 하나님이 인간초월의 지향점이다. 이 지향점은 개념화될 수 없고, 불가해한 '무한한 충만'이자 '무제한의 존재'인 까닭에 그것은 그 무엇에게도 포위당하지 않고 얽매이지 않는다".[7] 라너도 궁극적 실재가 피조물에게 자기 자신을 무조건적으로 무한히 내어줌으로써 피조물 인간이 초월을 경험하고, 비존재의 위협을 넘어 궁극적 실재를 지향한다는 '유의 존재론' 계열에 서있음을 보았다.

---

5) 길희성, 『마이스터 엑카르트』(분도출판사, 2003). 최근에 출판된 길희성 교수의 엑카르트 연구는 서구 기독교전통에서 발전해온 '부정신학'의 백미를 보여주는 작품이며, 그동안 서구나 일본 학계의 엑카르트 연구를 모두 섭렵하고, 아시아 영성의 눈에서 엑카르트의 새로운 면을 펼쳐 보이고 난제를 새롭게 해명한 책으로서 주목받을 만 하다.

6) K. Rahner, 이봉우 역, 『그리스도교신앙 입문: 현대 가톨릭신앙 기초론』(분도출판사, 1962), 제2과정, 절대적 신비 앞에 있는 인간, 참조. 이찬수, 『인간은 신의 암호』(분도출판사, 1999), 제3장, 하느님 체험과 초월론, 61~76 참조.

7) 이찬수, 『인간은 신의 암호』, 66.

역동적 유형론의 관점에서 볼 때, 기독교의 궁극적 실재관이 실체론적 패러다임이라면, 불교는 전형적으로 그에 대비되는 관계론적 패러다임 안에서 궁극적 실재를 이해한다. 관계론적 패러다임은 실재를 창발성, 생성, 유기적 관계망, 그리고 비움에서 파악하는 패러다임이다. 불교의 관계적 실재관은 '무 또는 공의 존재론'을 발전시키는데, 결국 그 모든 것들은 불교의 기본적인 제1원리인 '인연생기법'(因緣生起法, Pratityasamutpada)의 당연한 결과이다. '인연생기법'은 불교의 여러 가지 명제적 진리들 중 하나가 아니라, 모든 불교적 실재관과 사유와 논리의 밑바탕에서 그 모든 것들을 규정하는 '다르마 자체'이다. 그러므로 "연기를 본 자는 법(다르마)을 본 자요, 법을 본 자는 연기를 본 자이다"라는 말이 성립한다.[8]

고타마 싯달타가 보리수 아래에서 정각했을 때, 그가 깨달아 해탈을 하고 진리의 수레바퀴를 굴렸을 때, 그가 깨닫고 본 진리는 기독교적인 의미에서의 천계적 진리, 곧 어떤 초자연적 구원 계시가 아니라 바로 인연생기법, 곧 존재하는 모든 실재들은 그 자체의 불변하고, 자존하고, 영속적인 '실체'를 지닌 것이 아니고 상의상자(相依相資)하는 관계구조망 속에서 현성(現成)하는 일시적 실재라는 것이다. 그것을 확철할 때, 원시불교의 네 가지 기본 명제인 제행무상(諸行無常), 제법무아(諸法無我), 일체개고(一切皆苦), 열반적정(涅槃寂靜)이 연역된다.

고타마 싯달타가 가르친 불교적 진리의 핵심이자 초기불교 교리의 근본 명제인 '인연생기법'은 시공 속에 존재하는 유한한 물질적·심리적·정신적 존재자들에게만 해당하는 것이 아니고, '궁극적 실재'에게도 해당되는 근본법이다. 다시 말해서 한 송이 국화꽃, 미움과 사랑의 심적 상태, 천상의 보살들과 제신(諸神)들에게도 예외 없이 해당되는 절대 기본법이다. 따라서 '궁극적 실재'라는 언급도 불교에서는 '인연생기법'의 패러다임에 의해 말해질 때라야만 의미를 지닌다. '궁극적 실재'에 대한 불교적 표현을 '공'(空, Emptiness/ Sunyata)이라고 했을 때, 그것은 다름 아니라 '궁극적 실재'를 실체론적 사유 패러다임으

---

8) 국민서관 편집부, 『우리말 팔만대장경』(국민서관, 1987), 제2편, 아함경법문, 제1장, 근본교리, 87~131.

로 언표한 것이 아니라, 관계론적 사유 패러다임으로 언표한 것에 다름 아니다. 그것은 '진리 자체'를 언어·문화적 맥락에서 볼 때, '무의 존재론'이 발전한 힌두교, 불교, 노장사상, 신유학의 형이상학에서 거듭거듭 새로운 이름으로 나타내는 현상이다.

흔히 반야공사상(般若空思想)과 유식론적(唯識論的) 여래장사상(如來藏思想)을 대승불교의 두 가지 특징이라고 강조하지만, 초기불교에 없던 사상이 문득 1세기 전후의 대승불교 발흥과 함께 주조된 것은 아니다. 주후 2세기 전후 시기에 활동했다는 천재적 불교 학승 나가르쥬나(龍壽, Nagarjuna)는 그의 명저 중론송(中論頌, Madhyamika-Karika)에서 저 유명한 팔불게(八不偈: 不生, 不滅, 不去, 不來, 不一, 不異, 不斷, 不常)를 말함으로써 모든 형태의 실체론, 모든 형태의 이원론, 모든 형태의 정태적 사고를 희론(戲論)이라고 비판하고, 진리 자체는 오로지 인연생기법 그 자체요, 공(空)인 것이고, 그 진리를 깨닫는 참 지혜를 일컬어 분별지(分別智)와 구별하여 반야(般若, Prajna)라 한다. 그러므로 나가르쥬나의 철저한 '부정의 정신'은 대승불교가 말하려는 진리를 인식론적 측면에서 강조하여 파사현정하려는 우상타파 정신이라 말할 수 있다. 대승불교의 반야공사상에서 보면, 진리의 본래 모습(眞如)·인연생기법·공(Sunyata)·프라쥬나(般若) 등은 모두 궁극적 실재를 다른 각도에서 언표한 것들이다.

주후 제4세기에 활동했던 무착(無着, Asanga)과 세친(世親, Vasubandhu) 형제는 나가르쥬나의 철저한 반야공사상이 논리적으로 집착이나 아집을 끊는 데는 장점이 있고, 공(空)이나 무(無)사상은 만물의 실체성(substance)을 부정하는 데는 능하나, 이것이 지나칠 때에 만물의 실재성(reality)까지를 부정하는 듯한 오해를 일으킨다는 사실에 주목하였다. 공(空)은 단순히 부정의 논리만이 아니라, 묘공(妙空) 또는 충만공(充滿空)으로서 만물을 형성케 하는 존재론적 힘과 의미의 탯집으로 보려고 했다. 거기에서 대승불교의 유식사상(唯識思想) 및 여래장사상(如來藏思想)이 꽃을 피우게 되었다. 삼라만상은 일심진여(一心眞如)의 나타남에 불과하며 오로지 실재하는 것은 '하나의 근원적인 마음', 곧 일심(一心)이기에 '오직 마음만 실재'(唯識)하며, 마음은 수많은 선악을 창발시키는 잠재적이고도 가능태인 만유의 종자를 간직하고 있다(如來藏)고 봄으로써, 불교사상을 허무주의나 단순한 부정의 논리 체계에서 구원하려 했다. 불교의 종파에서 법상종(法相宗)이 바로 이 유식종(唯識宗)의 대표적 종파이지만, 화엄종이나 연기론이 모두 이러한 입장을 나타낸다.

한마디로 말하면 불교적인 의미에서 궁극적 실재인 진여(眞如)는 그 체(體)는 공적(空寂)하지만, 그 상(相)과 용(用)은 진여가 지닌 진공묘유(眞空妙有)의 실재성을 가지기에, 일체 만유는 단순히 허망한 것, 타락한 것, 무가치한 것이 아니다. 진실로 반야심경이 말하는 '색즉시공, 공즉시색'(色卽是空, 空卽是色)이며, 대승기신론이 갈파한 대로 일심이문(一心二門)이다.[9] 대승불교 기신론 저자 마명의 설명과 원효의 주석에 의하면, 궁극적 실재 진여일심(眞如一心)은 두 측면 또는 양극성이 있는데, '실재의 측면에서 파악되는 마음'(心眞如門)과 '현상의 측면에서 파악되는 마음'(心生滅門)이 그것이다. 이 두 측면은 각각 개념상으로 구분될 뿐 별도로 존재하는 것도 아니고, 독립적인 것도 아니다. 여래장은 현상계와 경험적 자아를 형성시키는 그 탯집이기에, 진여 그 자체는 아니지만 진여여래(眞如如來)를 가능태로서 감추고 있으며 종자씨앗처럼 간직하고 있다.[10] 그러므로 일심이란 여래장이라 이름하는 것도 가능하다.

우리는 지금까지 실재를 파악하는 사유의 패러다임으로 불교의 유형적 특징인 '무의 존재론'에서 진리 또는 궁극적 실재를 어떻게 이해하고 있는가를 간략하게 일별했다. 그것은 기독교의 절대자존자, 절대초월 창조자, 초인격적 유신론적 하나님 이미지와 유형론적 특성이 달라서, 비신론적 · 비인격적 · 인연생기적 · 진공묘유적 실재로 파악되었음을 살폈다.

이상의 비교는 학자들의 교의학적 비교인데, 종교는 학자들의 머릿속에서 숨쉬고 있지 않고 각 종교에 귀의하는 신도들의 심령 속에서 살아 숨쉬고 있다. 교

---

9) 마명, 이홍우 역, 『대승기신론』(경서원, 1991), 제10-제16, 71~84. 은정희, 『원효의 대승기신론 소 · 별기』(일지사, 1991), 86~87.
10) 마명, 『대승기신론』, 84. 은정희, 『원효의 대승기신론 소 · 별기』, 87.

의학적 측면에서 보이는 불교와 기독교의 상이점은 삼신불사상과 삼위일체론이라는 보다 신앙적 차원에서는 놀라울만한 상응성을 나타내 보인다. 아베 미사오(阿部正雄)도 이 점에 주목하였다.[11]

3. 삼위일체론과 삼신불론

셈족계 종교인 유대교, 이슬람교, 기독교가 모두 유일신사상을 공유하지만, 기독교가 다른 나머지 두 종교로부터 구별되는 뚜렷한 특징은 '궁극적 실재'를 삼위일체 하나님으로 신앙한다는 점이다. 삼위일체 교의는 정통 기독교의 가장 핵심적인 교의 중 하나이다. 그런데 기독교의 삼위일체론은 예수의 가르침에나 원시 기독교의 케리그마에는 없는 교의이다. 물론 주후 80년 전후에 형성된 공관복음서나 그 이전에 씌어져 회람되던 바울 서신 속에 예배의식 용어로서의 삼위일체적 축복형태가 나타나 보이지만, 세부적인 교의적 확정은 4세기 제1차 니케아 공의회(325년)와 제2차 콘스탄티노플 공의회(381년) 이후였다. 3세기 초 이미 터툴리안 교부는 삼위일체론의 기본 골격을 정립하였다. 한 분 하나님은 그 자신 안에 세 가지 위격으로 구별되지만, 한 실체 세 인격(una substantia-tres personae)이며, 구분되나 나누이지 않고, 구별되어 있으나 분리되지 않으며(distincti, non divisi, discreti, non separati), 삼위가 일체되신(trinitas) 분이라고 표현했다.[12]

바르트에 의하면 기독교의 삼위일체론은 기독교가 발생한 이후 신학자들이 만든 교의학적 산물이 아니라, 하나님이 자기 자신을 주(主) 하나님으로 스스로를 계시하신 계시적 사건에 기인한다. 삼위일체론은 그 근거와 출발점과 대상을

---

11) 야기 세이이치/레너드 스위들러, 이찬수 역, 『불교와 그리스도교를 잇다』(분도출판사, 1996), 46. M. Abe, "A Dynamic Unity in Religious Pluralism: A Proposal from the Buddhist Point of View", J. Hick & H. Askari, eds., *The Experience of Religious Diversity*(Gower, 1985), 163~190.
12) 김균진, 『기독교조직신학』, 제1권(연세대출판부, 1984), 238.

하나님의 자기계시 안에 둔다는 말이다.[13] 다시 말해서 초대 기독교 신앙공동체는 예수의 말씀과 고난, 그의 죽음과 부활, 그리고 부활한 그리스도의 영적 현존을 체험했다. 동시에 성령의 강림 체험 속에서 그들은 조상대대로 신앙하던 하나님의 현존과 부활하신 그리스도의 영적 임재를 체험했다. 초대 기독교 신앙공동체는 세 가지 종류의 '궁극적 실재'와의 만남의 체험이 상호 이질적인 것이 아니라, 무엇인가 본질은 동일하면서 나타나는 양식이 다른 초월자 경험임을 간파하고, 그 상호관련성을 신학적으로 해석하고 설명해야 하는 과제에 봉착하였다. 그래서 기독교는 신론, 그리스도론, 성령론을 구별하면서도 삼위일체론이라는 통전적 이해 속에서 삼위일체론적 유일신론을 정립하게 되었다.

삼위일체론이 말하려는 진리는 성서종교가 경험하는 '궁극적 실재' 하나님은 군주 같은 절대 초월적인 고독한 단독자이거나, 인격성이 완전히 탈색된 만물의 이법(理法)·원리·철학적 근원 본체 같은 존재가 아니라, 스스로 영존하시는 살아 계신 하나님으로서 자기를 창조주·구원주·속량주로서 계시하시는 주(主) 하나님이라는 것이다. 하나님은 자신의 신적 생명 안의 영원한 자유·사랑·영광 가운데서 상호 충만, 상호 순환, 상호 내주하는 사귐을 갖는 하나님이라는 고백이다. 삼위일체론은 성경이 경험하고 고백한 유일하신 하나님의 '신적 존재양식'(Seinsweise Gottes)을 나타낼 뿐만 아니라, 그에 상응하여 역사속에서 세 가지 구원론적 방식으로 자기를 계시하시는 하나님을 고백하고 있는 것이다.

삼위일체론의 신앙적-신학적 의도는 무엇인가? 첫째, 삼위일체론은 예수 그리스도의 신성을 고백함으로써, 그리스도 사건을 하나님 자신의 구원사건으로 고백하려는 것이다. 둘째, 성부와 동일한 성령의 신성을 고백함으로써, 성령의 사건을 단순한 초능력사건으로 이해하지 않고 하나님 자신의 구원사건으로 고백하려는 것이다. 셋째, 삼위일체론은 기독교 공동체의 종말론적 비전과 하나님 나라의 대망신앙과 연결되는데, 역사적 인물 예수 그리스도 안에서 오셨음

---

13) K. Barth, *Kirchliche Dogmatik*, I/1(Zollikon, 1952), 404.

(Gekommensein)·성령의 현존 안에서의 현재적 오심(Kommen)·미래종말적 오심(Kommen-werden)이라는 시간적 세 양태 속에서 구원체험이 통전되고 통일된다는 신앙고백이다.

A.D. 325년 제1차 니케아 공의회와 381년 제2차 콘스탄티노플 공의회에서 삼위일체론이 교의로 확정되었는데, 제1차 공의회 때 예수 그리스도의 신성이 공인되고, 제2차 공의회에서 성령의 신성이 공인된 것이다. 그 속뜻은 기독교 신앙공동체가, 초기부터 예수라는 역사적 인물을 통하여 그분의 행태(行態)와 존재가 지닌 계시의 투명성(transparency)을 느꼈고, 신성의 충만이 그의 존재 안에 현존함을 체험했기에, 그는 사람이긴 하되 하나님과 인간을 다리 놓는 접촉점이자, 중보자이고, 로고스가 육화되신 분이라고 교의로서 표현한 것이다. 삼위일체론의 일차적 동기가 예수 그리스도의 존재의 신비를 해명하려는 것이었다는 말이다. 그리스도의 부활승천 이후, 예수 공동체가 성령의 임재체험 안에서 병 치유, 축귀, 예언, 방언 등을 경험했을 때, 이런 능력을 일으키는 영이 유일신과 그리스도와 어떤 관계가 있는가를 질문하게 된 것이다.

그러한 교의형성의 역사적 동기와 진행사정은 불교의 삼신불사상의 경우에도 매우 유사점을 보인다. 불교의 삼신불사상은 특히 대승불교가 발달하면서 정립되었는데, 역사적 인물 고타마 싯달타가 단순히 인간 부모의 생물학적 소생으로서, 그 자신의 수행에 의하여 십력(十力)·사무외(四無畏)·삼념주(三念住)·대비(大悲)를 갖춘 부처가 된 것이 아니라, 본디부터 영원한 진리 자체가 역사적 몸을 입고 나타난 것이라는 믿음이 발생한 것이다. 뿐만 아니라 고타마 싯달타가 입멸한 후에, 독실한 불자들의 신행과정에서 경험하는 초자연적 종교체험들은 자연히 시공을 초월하여 자유자재로 신도들의 신행에 감응해 오시는 부처가 있다는 믿음을 갖도록 한 것이다.

삼신불사상이란 불신(佛身)에 세 가지 존재양태가 있다는 교설인데 법신(法身, dharma-kaya), 보신(報身, sambboga-kaya), 응신(應身) 또는 화신(化身, nirmana-kaya)이 그것이다. 법신불이란 우주에 편만한 진리와 빛 그 자체 또는 그것의 인격화로서 이불(理佛)인데, 진언종의 대일여래불이나 선종의 비로자나 불이 법신불의 범주에 속하는 부처이다. 본래 법신불은 모든 빛깔, 형상, 속성 등을 초월한 언표 불가능한 부처이지만, 대중은 그 법신불을 인격화하여 온 세상에 진리의 빛을 비추는 부처로 형상화한다. 법신(dharma-kaya)이라는 호칭의 법(dharma)은 영겁토록 변치 않는 만유의 본체라는 의미이고, 신(身, kaya)은 본래 적취(積聚)의 의미로서 진리 말씀의 총체인데, 우주에 편만한 진리를 인격화하고 체현하는 부처로서 법신불 신앙을 형성한 것이다. 이는 마치 기독교 삼위일체론 중에서 성부 하나님은 아버지로서의 메타포를 지니지만, 동시에 엑카르트가 말하는 바, 신성(Godhead)과 동일하다.[14]

보신(報身)은 보살로서의 바라밀의 수행을 완성한 후 그 보과(報果)로서 얻어진 완전·원만한 이상적인 붓다이다. 보신은 뛰어난 법문, 공덕, 선근, 초능력 등을 범부 중생들을 제도하고, 교화하고, 치유하는 데 아낌없이 사용한다. 불자들이 실제로 신앙대상으로서 존숭하는 보신불로는 아미타불과 관세음보살과 약사여래불이 그 대표적인 부처이다. 불교의 신앙전승에 의하면, 아미타불은 법장보살이라는 분이 48서원을 세우고 오래 세월동안 수행한 후에 서방 극락세계에 시 싱불하였는데, 그의 보과가 삼세시방(三世十方)에 걸쳐 무한하여 중생을 진리의 빛으로 제도한다는 부처이다. 약사여래불 또한 그의 선근공덕의 수행보과로 중생들의 고뇌와 병고를 구제하는 부처로 숭앙된다.

화신(化身)은 일명 응신(應身)이라고도 호칭하는데, 진여로서의 진리 자체가 역사적 인간의 몸을 입고 성육한 부처이다. 석가모니불이 대표적인 화신이다. 불교의 신앙전승에 의하면 고타마 싯달타 안에서 성불한 화신불 이전, 과거 역사 속에 여섯 분의 부처가 있었다고 전하며, 미래에 오실 민중 메시아 부처로서 미륵불도 화신불의 범주에 속한다. 법신·보신·화신이라 호칭되는 대표적 삼신불은 종파에 따라서 다르게 이름 불리기도 하는데, 예를 들면 법상종에서는 자성신(自性身)·수용신(受用身)·변화신(變化身)이라고 부르기도 한다.[15]

---

14) 길희성, 『마이스터 엑카르트의 영성』, 75.
15) 운허 용하, 『불교사전』(한국역경원, 1995), 301. 334. 410. 699. 무진장 편, 『불교개론』(홍법원, 1980), 111~119.

불교의 삼신불론과 기독교의 삼위일체론은 구조적 유사성보다는 차이가 더 많지만, 가장 공통적인 특징은 역사적 인물인 예수와 고타마 싯달타를 진리 자체의 역사적 화육체라고 보는 점이다. 말하자면 역사 속에 인간의 몸을 입고 성육한 진리체인데, 불교에서는 군이 그러한 성육신한 부처가 고타마 싯달타 한 분이어야 한다는 제한성이 없다. 그러나 기독교는 유일회성을 강조한다. 기독교의 성령은 보혜사이며, 성도들을 감화·교화·치유·인도하는 역할을 하는데, 이에 상응하는 것이 불교에서는 보신불이다. 그러나 보신불 역시 아미타불, 관세음보살불, 약사여래불 등 다수이다. 한국 불자들의 염불신앙에서 유독 "남무 아미타불·관세음보살"이라고 염불함으로써 아미타불과 관세음보살(불)을 동등한 또는 동일한 보신불로 신앙하는 민중 불자들의 마음이 나타나 보인다.

성부 하나님과 법신불은 본래 언표 불가능한 '진리 그 자체'·'존재 그 자체'로 이해하되, 본체에 인격적 의의를 붙여 법신, 성부 하나님이라 부르는 메타포는 서로 상응한다. 삼신불론과 삼위일체론이 닮은 구조를 지니면서도 고유한 특징을 담지한 것은 두 종교의 유형적 특징에 기인한다. 유일신 신앙의 탯집에서 탄생한 기독교는 삼위의 일체성(Unity)을 강조하지만, 인연생기설에 기초한 불교에서는 아예 삼신불론만이 존재하지 군이 삼신의 일체성을 강조할 필요를 느끼지 않는다.

두 종교의 차이성이 가장 두드러지게 나타나는 것은 두 종교의 구원 표상인 니르바나와 하나님의 나라 상징의 대비에서이다.

4. 하나님의 나라와 니르바나

역동적 유형론을 주장한 틸리히는 불교와 기독교의 유형적 특성이 가장 잘 드러나는 두 가지 상징으로서, 두 종교의 궁극적 목표를 상징하는 니르바나와 하나님의 나라를 심도 깊게 분석하였다.[16] 그리스어 텔로스(telos)란 실재와 실존의 존재와 생성운동 속에 본래 갖추어진 고유하고도 본질적인 가치 지향적 목표를 의미한다. 텔로스란 단순히 물리적 운동의 최종 목표라는 의미도 아니고, 외부로부터 첨가되거나 부대적인 어떤 목적 가치도 아니다. 그런 의미에서 불교의 텔로스는 니르바나이고, 기독교의 텔로스는 하나님의 나라이다.

두 종교의 유형적 특징을 텔로스 명제정식(telos formulars)으로 표현하여 틸리히는 다음과 같이 총괄적으로 요약하였다. "기독교에서는 만인과 만물의 텔로스가 하나님 나라 안에서 통일되고, 불교에서는 만물과 만인의 텔로스가 니르바나 안에서 성취된다."[17]

위에서 틸리히가 '텔로스 명제정식'으로 갈파한 두 종교의 상징적 특징은 다름 아니라 두 종교의 유형적 특징을 잘 나타내는 것이다. 주목해야 할 점은 기독교에서는 '만인과 만물의 통일', 불교에서는 '만물과 만인의 성취'라는 표현이다. 하나님의 나라 상징은 사회적 · 정치적 · 인격적 상징(social-political-per-sonalistic symbol)인데 반하여 니르바나는 존재론적 상징(ontological symbol)이다. 하나님의 나라 상징은 '정의와 평화의 다스림'을 갈망하는 공동체의 희망의 상징이고, 니르바나는 존재의 궁극적 지반 안에서 유한성, 소외, 무명(無明), 고(苦)가 극복된 상태를 갈망하는 인간 실존의 구도적 상징이다.

하나님의 나라 상징은 기독교 신앙으로 하여금 무엇인가 아직 실현되지 않은 미래의 유토피아적인 나라, 특히 억압받은 자들과 소외된 자가 모두 함께 자유 · 정의 · 평화 · 해방을 체험하는 샬롬의 생명공동체를 지향케 한다. 그러므로 하나님 나라 상징 안에는 현재의 존재상태에 '저항'(protesting)하면서 아직 실현되지 않은 미래적 현실, 곧 '마땅히 그러해야 할 성스러움'을 지향하는 사회윤리적 파토스가 강하다. 시간은 불가역적 특성을 지니고, 미래를 지향하면서 앞으로 흘러간다. 기독교의 아가페 모티브는 용납할 수 없는 것을 용납하면서, 인간 실존과 사회구조를 변혁해가는 '거룩한 분노'와 '숭고한 광기'를 수용하는 역동성을 지닌다. 하나님의 나라에서는 '참여의 원리'가 주도한다. 기독교의 하

---

16) P. Tillich, *Christianity and the Encounter of the World Religions*, 63~75.
17) *Ibid.*, 64.

나님 나라 상징에서는 역사가 중요한데, 역사 안에서 새로움이 창조되면서 궁극적으로는 '새 하늘과 새 땅'의 비전이 말하는 바처럼 피조세계 전체가 하나님의 영광에 참여한다.

그러나 니르바나 상징에서는 만유 실재가 타락해 있거나 아직 목표에 도달하지 못한 미완성의 그것이 아니며, 만물 자체가 이미 깨달음의 맑은 눈으로 보면 원융회통하고 원만온전한 '존재의 성스러움'이다. 만물은 그 자체로서 이미 목적에 도달해 있는 것이고 '신성한 것'(sacramental)이기에 문제는 오로지 무명(無明)에 휩싸여 고해(苦海) 속에 허덕이는 인간 실존의 관점이 해탈로써 바꾸어져야 한다. 시간은 미래로 달려가는 직선적인 그 무엇이 아니라, '영원한 현재'라는 호수 위에서 동그라미 파동을 일으키는 물결파와 같을 뿐이다.

니르바나 상징에서는 '동일성의 원리'가 주도하여 언제나 '여기·지금'(Here & Now)이 중요한 것이지, 역사의 미래목표나 목적이 중요한 것은 아니다. 불자들도 자비행(慈悲行)을 강조하지만, 불교의 핵심은 참 지혜(般若智,prajuna) 안에서, 그것과 더불어 해탈하는 데 있지 현실세계의 구조적 변혁이 일차적 관심이 되지 않는다. 불교의 자비행은 해탈자가 무명 속에 헤매는 인간 실존의 고(苦)에 즉하여 동병상련함으로써, 아직 깨닫지 못한 자를 깨닫도록 돕는 자비행이다.

위에서 간략하게나마 두 종교의 '텔로스 명제정식'을 통해 그 유형적 특성을 대비해 보았다. 그러나 두 종교는 상대 종교가 지닌 유형적 특성을 조금도 지니지 않았다는 말이 아니다. 예를 들면, 기독교가 역사변혁적 해방 모티브가 강하다고 해서 사회구조적 변화, 곧 '외면적 해방'으로 문제가 해결된다고 보지 않고 '내면적 해방'과 '지금·여기'를 강조하는 존재의 성스러움에 눈뜸을 소홀히 하는 것은 아니다. "하나님의 나라는 네 맘속에 있다"고 예수는 말하기도 했다는 사실을 잊지 않는다. 불교 역시 계(戒)·혜(慧)·정(定) 삼학을 동시에 강조하고, 연기설(緣起說)에 기초하고 있는 한, 인간사회와 만물의 유기체적 관계성을 한시라도 간과하지 못하기에 사회윤리적, 사회구조적 변화에도 참여하는 민중불교운동이나 생태환경운동이 활발하게 일어나는 것이다.

두 종교 안에서 발견되는 유형적 특성들은 서로 평행선을 그으면서 영원히 병진하거나 서로 대립되는 것인가? 아니면 한 종교 안에서 주도적인 유형적 특성이 다른 종교 안에서는 보이지 않거나 안으로 숨겨져 있는 대극구조로 상존한다고 보아야 하는가? 두 종교의 유형적 특성은 대립적 배타관계인가 상보적 수용관계인가? 필자의 견해는 후자의 입장이다. 그 점을 본 에세이의 나가는 말로서 간략히 진술해 본다.

5. '상보성의 원리'와 '개성화'에서 본 역동적 유형론의 의미

앞에서 우리는 기독교와 불교의 궁극적 실재관의 특징과 차이성을 '하나님과 공', '삼위일체론과 삼신불론', 그리고 '하나님의 나라와 니르바나'라는 작은 주제로써 일별하였다. 서로 다른 궁극적 실재관을 어떤 해석학적 관점에서 이해해야 할까? 일단 발제자는 물리학자 보어의 '상보성의 원리'와 심층심리학자 융의 '개성화 지향 원리'를 원용하여 설명해보려고 한다.

물론 물리학에서 말하는, 자연현상의 설명이론의 하나인 '상보성의 원리'를 '궁극적 실재탐구'라는 고차원의 정신적, 영적 체험에 적용한다는 것은 무리가 되는 것이 사실이다. 그러나 의미 있는 은유적 시도일 수 있다. '상보성의 원리' (complementary principle)란 물리학에서 원자 차원의 현상이나 빛과 전자 같은 극미적 물리현상에서 그 현상을 완전히 이해하고 정합적으로 설명하려면, 파동성과 입자성을 동시에 서술해야 하고 그 양 성질이 상호 보완적 관계임을 주장하는 원리이다. 빛이나 전자는 실험조건에 따라 파동처럼, 입자처럼 행동하는 파동입자 이중성을 가지고 있다는 것이다.[18]

여기에서 중요한 점은 세 가지 점이다. 첫째, '실험조건'에 따라 입자성 혹은 파동성이 나타나므로, 본질규명이 실험조건에 의해 영향을 받는다는 점이다. 둘

---

18) W. Heisenberg, 구승회 역, 『물리학과 철학』(온누리, 1993), 14~28.

째, 빛이나 전자의 파동측면과 입자측면을 동일한 실험조건에서 동시에 관찰하기는 불가능하다는 점이다. 셋째, 파동측면과 입자측면을 상호보완적으로 합쳐 이해하면, 어느 한 가지 측면만을 취하는 것보다 빛과 전자현상을 설명하는 데 보다 완전한 설명이 가능하다는 점이다.

불교와 기독교는 '궁극적 실재'를 이해, 설명하거나 체험하는 방식에서 빛의 입자파동 이중성처럼, 두 가지 측면을 대표한다고 볼 수 있다. 굳이 말한다면, 불교를 '궁극적 실재'에 대한 파동적 측면이라 보고 기독교를 그것에 대한 입자적 측면이라고 볼 때, 물리학에서 '실험조건'이란 종교에서 '궁극 실재'를 체험하거나 이해하는 '해석학적 패러다임'인 것이다. '실험조건'이 실험도구나 실험방법 등 다양한 요소로 구성되듯이, '해석학적 패러다임'은 궁극적 실재를 경험하고 이해하는 개인이나 공동체의 삶의 근본 조건들, 곧 기후 지질 풍토, 역사적 경험, 언어, 문화, 정치사회적 조건 등등 다양한 것으로 구성되는 해석학적 안경 렌즈와 같다.[19]

물리 실험에서 빛의 파동성과 입자성을 단일한 실험조건 아래에서 동시에 관찰할 수 없는 것처럼, 불교적 패러다임과 기독교적 패러다임을 동시에 가질 수는 없다. 그러나 파동성과 입자성을 인정하고 상호 보완적으로 이해할 때, 빛의 현상을 보다 총체적으로 이해할 수 있는 것처럼, 궁극적 실재에 대한 두 종교의 유형적 특징을 상호 보완적으로 이해할 수는 있다. 불교와 기독교가 지녀 왔던 '궁극적 실재관'을 상보성의 원리에서 파악한다는 해석학적 은유의 뜻은 두 종교의 유형적 특징을 피차 존중하고, 자기에게 없거나 부족한 면을 상대로부터 배워 자신의 것에다 보완하겠다는 자세를 말한다.

불교의 무의 존재론과 기독교의 유의 존재론, 공(空)과 하나님, 니르바나와 하나님의 나라 등의 대비는 비유하건대 조각기법에 있어서 양각기법과 음각기법에 상응한다. 양각(陽刻)이란 글자나 그림 따위를 도드라지게 새기는 것이고, 음각(陰刻)이란 평면에 글씨나 그림 따위를 움푹 들어가게 새기는 기법이다. 양

---

19) G.A. Lindbeck, *The Nature of Doctrine: Religion and Theology in a Postliberal Age* (Westminster John Knox Press, 1984), 16~18.

각된 도장이 글씨를 드러내는 이유는 움푹 파헤쳐 없애버린 무 때문이다. 무(無)가 유(有)를 드러나게 한다. 반대로 음각도장을 보면, 글씨가 드러나는 이유는 글씨 부분이 움푹 파 들어가게 조각되었기 때문으로 나머지 평면(有)이 글씨(無)를 드러낸다. 도덕경 첫머리에서 말하듯이 "차양자동출이이명"(此兩者同出而異名)이다.

그러나 두 종교의 유형적 특성을 물리학의 상보성의 원리를 원용하여 이해하는 방법과는 달리, 융의 심층심리학의 '개성화의 과정'(the process of individuation)을 은유로 삼아 이해하는 접근법이 있겠다. 개성화란 인간정신의 궁극적 목표를 '자기실현'이라고 보고, 자아(the ego)와 자기(the Self)의 통합, 의식과 무의식의 통합, 남성 또는 여성의 자신 속에 있는 아니마 또는 아니무스와의 통합을 이루어가듯이, 더 이상 분리되지 않은 인격의 전일성(全一性) · 통전성(通全性)을 실현해가려는 삶의 지향성을 일컫는다.[20]

불교와 기독교의 궁극적 실재에 대한 체험과 이해를 '개성화의 과정'이라는 심층심리학적 은유로써 이해한다는 것은 무슨 뜻을 지니는가? 그 가장 핵심적 의미는 불교 · 기독교 사이의 대화가 아니라, 자기 안에 이미 존재하는 다른 극성(極, polarity)과 자기 안에서의 심층대화를 통한 전일성 회복, 통전성 회복에 있다. 소위 말하는 '종교 간의 대화'(inter-religious dialogue)가 아니라 '종교 내의 대화'(intra-religious dialogue)로 전환하는 태도가 발생한다.

기독교 입장에서 볼 때, 불교적 유형의 특징은 타종교에만 있는 낯선 어떤 것, 이질적인 것이 아니라, 기독교의 저 깊은 곳에 '아니마' 같이 은폐되어 있거나 억압되어 있었던 것이다. 역으로 불교 안에도 기독교적 실재관이 두드러지게 나타내는 특성 같은 '아니무스' 요소가 존재하는 것이다. 그래서 불교학자들과 기독교학자들의 이론적 틀 안에서는 도저히 이해되기 어려운 삼신불론이나 삼위일체론이 종교를 이론체계로서가 아니라 구원체험과 삶의 길로서 살아가는 신도들의 마음 안에는 스스럼없이 형태구조적 유사성을 지니고 나타나는 것이다.

---

20) 이부영, 『분석심리학: C.G. Jung의 인간심성론』(일조각, 1984), 103. 106.

기독교의 신비주의 전통과 부정신학의 전통 속에서 체험하고, 깨닫고, 이해하는 '하나님'이 불교의 '공'(空)과 똑같은 것은 아닐지라도 전혀 관계없는 다른 것도 아닌 것이다. 여기에서 한국 기독교의 토착신앙의 한 형태로서 다석 유영모의 '없이 계신 하느님'이라는 신앙유형이 가능하게 된 것이다.[21]

필자는 이 글 서두에서, 불교와 기독교의 '궁극적 실재'에 대한 체험과 이해의 특징을 틸리히가 제시한 '역동적 유형론'의 관점에서 파악해 보자고 제안하였다. '역동적 유형론'은 위에서 언급한 '상보성의 원리'나 '개성화의 과정'이 지닌 실재 파악의 해석학적 눈을 두 종교의 상호관계성 패러다임에 적용하는 것이라고 말할 수 있겠다. 이 때 보다 심층적인 역동적 유형론으로 접근한다면, 불교와 기독교의 궁극적 실재에 대한 두 견해가 '상보성'을 넘어 개성화론에서 보았던 것처럼 자기 안에 있는 또 다른 진리체험 또는 진리이해의 모습임을 깨달아가는 과정이다.

그 점을 이해하고 받아들일 때, "종교 간의 대화를 넘어서 창조적인 변화로"[22]라는 캅의 화두가 바르게 이해될 것이다. 거기엔 두 종교의 위대한 특성이 약화되는 조잡한 종교혼합주의가 자리 잡을 틈이 없고, 각각 자기만족적인 과거 전통유산 안에 고답적으로 칩거하면서 은폐된 우월감에 사로잡힌 배타적 입장도 자리 잡을 수 없다. 오직 포용적이고 개방적인 열린 자세, 상대방의 진리체험과 이해에 대하여 겸허한 경청자세, 지구촌의 고난과 죄를 극복하려는 연대와 협동자세, 그리고 진리의 무궁성과 신비로움이 새 시대에 던지는 미세한 소리를 새롭게 들으려는 빈 마음 등이 더욱 요청되는 문명 단계에 우리는 이미 들어선 것이다.

---

21) 이기상, 『다석과 함께 여는 우리말 철학』(지식산업사, 2003), 260 이하.
22) J.B. Cobb, Jr., *Beyond Dialogue: Toward a Mutual Transformation of Christianity and Buddhism*(Fortress Press, 1982).

신천 함석헌의 나선형 역사 이해

1. 들어가는 말: 논제의 목표

이 글은 신천(信天) 함석헌 선생의 역사 이해의 한 단면을 파악해보려는 것이다. 특히 그의 방대하고 중층적인 역사 이해의 여러 가지 요소들과 측면들 중에서 역사철학의 독특한 특징으로 보이는 '나선형 진보사관'이 함의하는 바를 신학적 입장에서 조명하고 그 의미를 21세기 시작점에서 되새김하려는 것이다.

한국 현대사 속에서 신천 옹의 독특한 모습은 종교사상가, 시인, 언론인, 고전연구가, 민권운동가, 비폭력 평화운동가 등 다양한 모습이 있지만, 학문적으로 가장 두드러진 공헌은 역사철학자로서의 공헌이다.[1] 함선생의 『뜻으로 본 한국역사』가 한국 근현대사 속에서 고전으로 평가받을만한 작품이 된 데는 그럴만한 이유가 있다 할 것이다. 그가 동경고등사범학교 유학 시절(1924~1929) '역사'를 주전공으로 공부했기에 역사학에 대한 기초 토대 위에 그의 뜨거운 민족애, 그의 정직한 과학정신, 독실한 기독교 신앙, 그리고 그만이 해낼 수 있는 깊고 고독한 사색이 한데 어우러져서 만들어진 불후의 명작이기 때문이다.

---

* 본 원고는 『씨올의 소리』 2003년 5,6월호에 실렸던 내용임.
1) 함선생의 역사 이해에 대한 필자의 총론적 견해는 다음 논문에서 피력한 바 있다. 김경재, 「함석헌의 역사 이해」, 함석헌 기념사업회 편, 『함석헌사상을 찾아서』(삼인, 2001), 123~139.

그 책이 단행본으로 출판된 1950년대 이후, 한국의 수많은 젊은이들과 지성인들에게 미친 영향력에 있어서, 그 책과 비교할 만한 한국인이 쓴 책은 드물 것이다.[2] 그 책 속에 담겨진 탐구되어야 할 다양한 주제들 중에서, 함선생의 독특한 역사관을 중점적으로 조명하려는데, 특히 다음의 3가지 테마를 중심으로 생각해 보려고 한다.

1. 역사를 '뜻의 실현과정'으로 파악하는 함선생의 '종교사관'에서 성서적 요소와 동양사상과의 지평 융합의 문제
2. 역사과정을 생명 창발적 나선운동과정으로 비유하는 나선형 진보사관이 지닌 상징적 의미문제
3. 역사과정을 '하나님-역사-씨알'의 불가분리적 통전성에서 파악할 때, 역사 담지자의 고난의 의미와 신정론 문제

2. 역사는 '뜻의 실현과정'인가, '하나'로서의 '진리'가 밝혀져 가는 '이해의 과정'인가?

우리가 아는 대로 함선생의 명저 『뜻으로 본 한국역사』는 3단계의 중요한 간행 단계가 있다. 첫 번째, 맨 처음 활자로 간행된 것은 '성서조선 동기집회'(聖書朝鮮 冬期集會)에서 신앙동지들 앞에서 이야기한 내용을 김교신이 주관하는 『성서조선』에 1934년 2월부터 1935년 12월까지 '성서적 입장에서 본 조선역사'라는 주제로 연재한 것이다. 여러 번 일제당국의 검열, 삭제, 인쇄금지를 당한 문제의 글이었는지라 맨 처음 활자화된 분량은 200자 원고지 800장 분량이었다고 지명관은 밝히고 있다.[3] 일제 말기에 이 책의 '고난사관'이 문제가 되어

---

2) 함선생과 20세기의 석학 토인비의 역사관을 비교 연구한 노명식 교수의 다음 논문은 매우 중요한 통찰력을 보여준다. 노명식, 「토인비와 함석헌의 비교는 가능한가?」, 『함석헌사상을 찾아서』, 141~201.

함선생은 옥고를 치르게 된다.[4] 두 번째 간행은 해방 후, "일제시대에 쓴 바로 쓰지 못하였던 글귀를 고쳐서 썼을 뿐, 내용은 별로 다름이 없었다"라고 저자가 말하는 『성서적 입장에서 본 한국역사』가 그것이다. 여기에서 둘째 판이라 부른 책 서문에서(1950년 3월 28일자) 저자는 이렇게 적고 있다:

> '성서적 입장에서 본' 이라는 제목의 구절이 일반 사람에게는 걸림이 될 듯하니 빼면 어떤가 하는 의견이 잠깐 나왔으나 그것은 사슴에게서 뿔을 자르는 것 같아 그대로 두기로 하였다. 이 글이 이 글되는 까닭은 성경에 있다. 쓴 사람의 생각으로는 성경적 입장에서도 역사를 쓸 수 있는 것이 아니라, 성경의 자리에서만 역사를 쓸 수 있다. 똑바른 말로는 역사철학은 성경 밖에는 없기 때문이다. 서양에도 없고 동양에도 없다. 역사는 시간을 인격으로 보는 이 성경의 자리에서만 될 수 있다.[5]

셋째 간행본은 일제 말 서대문 형무소 감옥생활 1년을 겪으면서, "생각을 파는 동안에 사상의 테두리는 조금 넓어지고 깊어지고 조금 더 멀리 내다보이는" 자리로 확장 심화되어 오다가 특히 6.25 한국전쟁을 겪으면서, 함석헌의 믿음, 사관, 실재관이 "아주 결정적으로 달라지게 된" 결과이다.[6]

함선생은 『성서적 입장에서 본 조선역사』라고 붙인 본래 책 이름을 『뜻으로 본 한국역사』라고 세 번째로 고쳐내는 수정증보판 서문에서 다음과 같이 매우 중요한 말씀을 했다.

---

3) 지명관, 「함석헌의 조선사관에 대한 고찰」, 『함석헌사상을 찾아서』, 203~234 참조. 『성서적 입장에서 본 조선역사』의 내력과 수정증보판의 발간에 대한 이야기는 1973년 5월 21일 『뜻으로 본 한국역사』에 관한 함석헌 선생과 김동길 교수와의 공개대담을 참조. 제4판 말미에 '한국역사의 의미' 라는 주제로 전문이 실려 있음.
4) 함석헌, 『뜻으로 본 한국역사』, 『함석헌전집』, 제1권(한길사, 1992), 16~17.
5) 함석헌, 『성서적 입장에서 본 한국역사』(1950년 3월), 서문 중에서. 이것은 함석헌, 『뜻으로 본 한국역사』, 4판 증보판 서문 앞 12쪽에 실려 있다.
6) *Ibid.*, 18.

그랬기 때문에 내 역사에 대한 사회의 요구가 차차 늘어가서 1961년에 그 셋째 판을 내려 할 때에 나는 크게 수정을 하기로 하였다. 고난의 역사라는 근본 생각은 변할 리가 없지만, 내게는 이제 기독교가 유일의 참 종교도 아니요, 성경만 완전한 진리도 아니다.

모든 종교는 따지고 들어가면 결국 하나요, 역사철학은 성경에만 있는 것이 아니다. 나타나는 그 형식은 그 민족을 따라 그 시대를 따라 가지가지요, 그 밝히는 정도의 차이는 있으나, 그 알짬되는 참에 있어서는 다름이 없다는 것이다. 여기 곁들여서 내 태도를 결정하게 한 것은 세계주의와 과학주의이다. 세계는 한 나라가 되어야 한다는 것, 그래서 국가주의를 내쫓아야 한다는 것이요, 독단적인 태도를 버리고 어디까지 이성(理性)을 존중하는 자리에 서서 과학과 종교가 충돌되는 듯한 때는 과학 편을 들어 그것을 살려주고 신앙은 그 과학 위에 서서도 성립이 될 수 있는 보다 높은 것을 찾아야 한다는 것이다.[7]

1950년 둘째 판을 내던 때의 서문과 10년 뒤 1961년 셋째 판을 내던 때의 서문에서 저자가 밝히는 사관은 격세지감이 있을 정도로 큰 것이다. 어떤 점이 달라졌는가, 그 달라진 의미가 무엇인가를 좀더 깊이 심사숙고해보는 일이 이 글 첫째 테마의 과제이다.

첫째, 함석헌의 종교관이 확대 심화되었다. '성서조선 동기집회'에서 그의 조선역사에 대한 처음 생각을 신앙동지들에게 도란도란 이야기할 때, 곧 '오산 시절'의 함석헌의 신앙은 크게 말하면 전통 기독교신앙의 테두리에 머물고 있었는데, 좀더 구체적으로는 그의 고백대로 "아직 우찌무라(內村)의 '무교회 신앙'을 믿고 있었지, 내 종교를 가지지 못하였다"[8]는 것이다. 셋째 판에서 보이는 변화의 의미는 함석헌이 '무교회 신앙' 테두리를 완전히 벗어남과 동시에, 한 걸음 더 나아가서 전통적 기독교의 독단적 계시종교의 테두리를 벗어남을 의미한다.

---

7) *Ibid.*
8) *Ibid.*, 17.

둘째, 함석헌은 세계문명사와 우주정신의 진화사에서 국가주의를 넘어서서 세계주의, 우주적 보편주의로까지 의식의 문명사적 전환의식을 가지게 되었고, 이 때 과학과 종교의 화해 및 통전의 중요성을 절감하게 된 것이다.

셋째, 그의 역사철학이 종파사나 계급사관, 유물사관이나 유심사관, 실증사관이나 민족사관, 유럽 또는 제3세계의 특정 문명을 중심으로 삼는 문명사관을 넘어서서, "뜻으로 본"이라는 말로 바뀌었을 때, 이는 단순한 용어 변화이거나 보다 광범위한 독자층을 겨냥한 기술상의 용어 채택이 아니다. 뜻은 '만인의 종교'라고 까지 말한다.

> 하나님을 못 믿겠다면 아니 믿어도 좋지만 '뜻'도 아니 믿을 수는 없지 않으냐? 긍정해도 뜻은 살아 있고 부정해도 뜻은 살아 있다. 져서도 뜻만 있으면 되고, 이겨서도 뜻이 없으면 아니 된다. 그래서 뜻이라고 한 것이다. 이야말로 만인의 종교다. 뜻이라면 뜻이고 하나님이라면 하나님이고 생명이라 해도 좋고 역사라 해도 좋고 그저 하나라 해도 좋다. 그 자리에서 우리 역사를 보자는 것이다.[9]

이상에서 논자가 지적한 세 가지 의미심장한 변화가 지닌 의미는 함석헌 사상과 그의 역사철학을 이해하는 데 짚고 넘어가지 않으면 아니 되는 중요한 해석학적 전회의 문제가 된다. 독자는 여기에서 다소 혼란스럽게 된다. 함석헌이 초기에 지녔던 그의 사관의 등뼈요 '사슴의 뿔'이라고 본 '성서적 사관', 곧 "시간을 인격적으로 본다"는 말과 "뜻으로 역사를 본다"는 말 사이에 과연 본질적인 차이가 있는 것인가의 물음이 대두된다.

함석헌의 역사철학은 성 어거스틴이 말하는 신의 목적론적 시대경륜론과 기독교의 종말론적 목적사관과 같은 교리적 역사신학이나, 초월적 인격신의 일방적인 역사섭리나 예정조화설 따위 같은 견해를 철저하게 거절한다. 그렇지만 하나님, 생명, 하나, 역사를 모두 '뜻'이라는 개념과 공명하거나 상응하는 의미로

---

9) *Ibid.*, 19.

파악할 때, 과연 함석헌의 역사철학은 성경적, 히브리적, 기독교적 실재관을 완전히 벗어나서 자유하게 되었는가 묻게 된다. 왜냐하면 '성서적 입장에서' 라는 어휘를 '뜻' 이라는 어휘로 바꾸더라도 '뜻' 이란 의미와 가치를 추구하는 '지향성' 과 '실현과정' 을 중시하는 '열려진 실재관', 아직 완결되지 않은 우주와 지구생명과 인간본질 이해를 암시하고 있기 때문이다.

좁게 인간의 단위 문명사를 볼 때나, 한 사회 공동체 및 인간 개인의 삶의 활동을 볼 때는, 가치와 의미를 추구한다는 점에서 함석헌의 말대로 "역사철학은 성경에만 있는 것이 아니다." 그러나 존재 전체, 실재 전체라는 형이상학적 관점에서 보면, 노장사상이나 신유학이나 힌두교와 불교사상에서 '실재' (Reality)는 자기완결적인 영원한 실재로서 아직 실현되지 아니한 미래지평과 과제를 지닌 그 무엇이 아니다. 힌두교, 불교, 신유학, 노장철학의 실재관에서 보면 '실재' 는 완전한 원이나 구형(球形)처럼 그 자체가 이미 자기완결적인 온전함 안에서의 '역동적 충만' 일 뿐이다. 물론 그 사상체계에서도 실재는 정태적(靜態的)인 실재가 아니고 무한히 역동적인 생명 창출의 동태적(動態的) 실재이다.

그럼에도 히브리적 성경적 실재관과, 위에서 언급한 고등 종교철학 사상세계와의 결정적 차이점은 역동적, 동태적 실재과정을 꿰뚫는 '뜻' 이 있다고 보는 견해에서 나타난다. 다른 말로 하면, 히브리적 성경적 실재관은 '시간' 이라는 실재를 '순환' 이나 '영원한 현재성' 에서 파악하는 것과 구별되는 관점, 곧 시간의 '불가역성' (不可逆性)을 핵으로 하기 때문에, 역사적 삶의 유일회적 성격과 우주생명이 보다 더 높아지고 깊어 간다는 '새로움의 창발적 과정' 을 나선형의 운동으로 파악하는 함석헌의 독특한 사관이 가능한 것이다. 힌두교, 화엄철학, 주염계의 태극도설이나 주역 속에서, 생명은 충일하는 창발사건으로 파악될 수 있지만, 함석헌에게서처럼 '나선형의 목적 지향적 기하학적 모형' 으로 이미지화될 수는 없는 것이다.

따라서 함석헌의 역사 이해가 『뜻으로 본 한국역사』에서 탈기독교화 했다고 하지만, 그의 역사 이해의 근간에는 '뜻' 이라는 주제를 통해 성경적 역사 이해의 핵심 본질이 없어진 것이 아니라, 보다 종파적, 교파적 제한성을 돌파한 형태로 심화된 것으로 이해된다. 도리어 동양사상과의 심층적 만남을 통해, 단순한 아날로그형의, 단순 직선형의, 공간적 실재차원이 시간적 실재 속에서 해소되어 버린 시간 중심형의 역사 이해가 지양(止揚)되어, 생명창발적 사건들이 나선형 으로 발전해간다는 독특한 이해가 나타나게 된 것이다.

3. 함석헌의 역사 이해에서 생명창발적 나선형의 입체기하학 모델이 지닌 상징성

함석헌의 종교 이해와 역사 이해가 한 점에서 만나면서, 그의 사상은 현대 서구사상에서 최첨단의 과정철학이라 일컬어지는 화이트헤드나 샤르뎅의 사상과 너무나 흡사한 이해를 만들어 냈다. 원형반복적 또는 영원회귀의 역사관으로 표상되는 고대 아시아적 종교들의 원형(圓形) 모델과 셈족계 종교, 특히 기독교의 알파와 오메가 두 점을 잇는 선형(線形)모델이 한데 어울려 통전되면, '되풀이 하면서도 자란다'는 나선형(螺旋形) 모델의 역사관이 나타나게 되는 것이다. 함석헌의 역사 이해에서 두 번째의 파격적 이해가 여기에 나타난다.

> 역사는 영원의 층계를 올라가는 운동이다. 영원의 미완성이다. 하나님도 죽은 완성이라기보다 차라리 영원의 미완성이라 하는 것이 참에 가깝다. 그렇기 때문에 만물이 쏟아져 나오는 것이요, 그렇기 때문에 역사의 바퀴가 구르는 것이다 …… 그러므로 역사의 시대는 되풀이하는 것 같지만, 그것은 또 우리가 그 끝을 알 수 없는 무한의 바퀴를 돌고 있다. 그것은 아마 한번만의 바퀴일 것이다. 그러므로 역사의 운동은 차라리 수레바퀴나 나선의 운동으로 비유하는 것이 좋다. 수레의 바퀴는 밤낮 제자리를 돈 것 같건만 결코 제자리가 아니라 나간 것이요, 나사는 늘 제 구멍을 돌고 있는 것 같은데 사실은 올라가는 것이다. 그러므로 우리가 역사를 이해하는 데 있어서 그 근본생각은 영원히 앞으로 나가는 혹은 위로 올라가는 단 한 번의 운동, 곧 뜻을 이루기 위한 자람이라는 것이

지만, 그것을 이해하기 위하여는 아무도 본 자가 없고 볼 수도 없는 그 영원의 바퀴를 이 인생의 일생으로 비유하여 보는 수밖에 없다.[10]

신학자 틸리히(P. Tillich)는 생명의 운동을 세 가지로 총괄하여 설명한 바 있다. 모든 존재하는 것들, 특히 생명 있는 것들은 자기 중심을 가지려는 원형적 '자기통전운동'(self-integration movement)을 하며, 인간생명단계에 이르러 생명의 자기통전운동은 인격의식, 도덕의식으로 영글었다. 모든 존재하는 것들, 특히 생명 있는 것들은 앞을 향하여 전진하려는 '자기창조운동'(self-creation movement)을 하는데 인간생명단계에 이르러 생명의 자기창조운동은 문화를 창조한다. 모든 존재하는 것들, 특히 생명 있는 것들은 대각선적 비상운동으로서 '자기초월운동'(self-transcendence movement)을 하는데 인간생명단계에 이르러 생명의 자기초월운동은 종교 또는 영성체험으로 나타난다.[11]

위에서 인용한 함석헌의 역사 이해는 현대 서구 기독교사상가 틸리히, 샤르댕, 화이트헤드가 이해하는 바와 너무나 흡사하다. 특히 화이트헤드와 샤르댕으로 대표되는 과정사상의 실재관과 공명을 한다. 사실 한국에서 함석헌의 역사 이해가 진화론과 지평 융합을 이루면서도, 우주만물의 변화가 무수하게 반복되는 '원형반복적 영원회귀 과정'이 아니라 "영원히 앞으로 나가는 혹은 위로 올라가는 단 한번의 운동"이라고 보는 것은 지극히 과정사상적 실재관인 것이다. "단 한번의 운동"이라고 함석헌이 강조하는 것에 주목해야 한다. 역사는 반복되지 않는다. 단 한번의 과정으로서 '뜻'을 실현해가는 창발적 운동이 있다는 생각은 여전히 기독교적이다.

샤르댕은 우주생명의 진화과정, 지구생명의 진화과정은 "의식-복잡화 법칙"(law of complexity-consciousness)에 따라서 실재(reality)의 외면기구(外面機構, Without)의 구조와 조직이 점점 더 복잡화해 가는 데 상응하여 실재의 내면

---

10) *Ibid.*, 57~58.
11) P. Tillich, *Systematic Theology*, vol. 3(The University of Chicago Press, 1963), 30~106.

기구(內面機構, Within)의 심화가 더욱 가속화해 가는 과정으로, 지구 진화단계는 지질권 형성단계, 생명권 형성단계, 정신권 형성단계를 거쳐 이제 막 영성권 형성단계로 진입해 들어갔다고 보는데, 한국의 사상가 중에서 함석헌은 아마 가장 먼저 샤르뎅의 진화론적 유기체 철학에 접하여, 평소 그의 사색의 심화과정에서 스스로 이룬 '나선형의 역사 이해'에 대한 확신을 더하여 갔을 것이라고 생각할 수 있다.

20세기의 대표적인 기독교 사상가 틸리히와 샤르뎅의 실재관을 함석헌의 역사 이해에서 찾아볼 수 있거니와, 특히 함석헌의 역사 이해에 대한 기하학적 모델이 '나선형의 진보사관'이라고 말할 수 있으므로, 자연 속에 나타나는 나선형의 구도에 대한 이해를 좀더 깊이 살피기로 한다. 슈나이더(M. Schneider)는 다음과 같이 말한 바 있다.

> 나선형은 움직이는 에너지가 가장 순수하게 표현된 형태이다. 에너지를 스스로 움직이도록 내버려두면 그것은 이디시나 나선형을 이룬다. 우주는 나선형으로 움직이고 변하며, 절대로 직선으로 움직이거나 변하지 않는다. 나선형은 움직이는 원자들과 대기의 경로로서 나타나며, 분자와 광물 속에서, 흐르는 물의 형태로, 식물과 동물과 인간과 외부 우주의 몸으로 나타난다. 나선형의 우주적 통일성은 모든 창조물을 통합한다 …… 자연에서 나선형의 역할은 변환에 있다. 이와 비슷하게, 신화와 종교에서 나선형은 영적 변환과 신비적 변환의 경로이다 …… 자연의 나선형의 세 원리는 우주의 건설에 대한 자신의 비밀을 우리에게 알려 준다: 나선형은 자기누적을 통해 성장한다. 모든 나선형은 '조용한 눈'을 가지고 있다. 반대되는 것끼리 충돌하면 나선형의 균형으로 귀결된다.[12]

위에서 말한 대로 나선형은 첫 번째 특징으로서 '자기누적을 통한 성장'이라는 자연과 생명체의 원리를 기하학적 모형으로 나타내 보인다. 함석헌의 역사

---

12) M. Schneider, 이승호 역, 『자연, 예술, 과학의 수학적 원형』(경문사, 2002), 139.

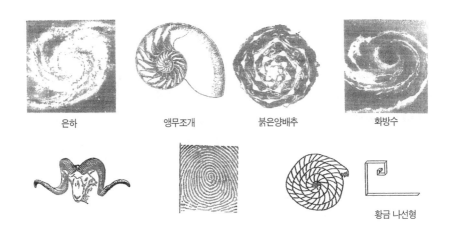

| 은하 | 앵무조개 | 붉은양배추 | 화방수 |

황금 나선형

[여러 나선형 모양들]

이해에서 역사는 단순한 반복이거나, 일방적 직선행로가 아니라 "되풀이와 자람"이라는 운동을 한다고 강조하는 바가 그것이다. "그것(역사)은 어디까지나산(生) 것이기 때문에 그 운동은 그저 되풀이 되풀이 끝없이 하는 운동이 아니요, 자람이다. 생명은 진화한다"[13]고 말하는 이유가 거기에 있다. 그런데 역사에있어서 "되풀이와 자람", 즉 '자기누적을 통한 성장'은 기계적인 물리화학적 에너지의 축적이 아니라, 역사의 과정을 통해 이어져 내려오는 역사의 의미, 뜻, 의지를 '해석'을 통해서 오늘에 재생시키며 그 의미와 뜻을 확장 심화해가는 일이라는 데 인간적 삶으로서의 특징이 있다. 흔히 우리 주위에서 발견되는 나선형의 자연과 생명현상을 예로 들면, 수양의 뿔, 앵무조개껍질의 성장, 엄지손가락의 지문무늬, 물의 소용돌이, 양배추의 자람, 은하성군의 소용돌이, 달팽이집, 척추동물 태아의 꾸부린 자세 등등은 모두 '자기누적과 자기재생'을 반복하면서, 되풀이되면서 자람이라는 모습을 보인다. 함석헌의 역사 이해도 그렇다.

나선형의 두 번째 특징으로서 모든 나선형의 운동체는 '태풍의 눈'의 예처럼 '고요한 눈' 또는 '텅빈 공간, 또는 움직이지 않는 균형과 조화의 중심'을 가지

---

13) 함석헌, 『뜻으로 본 한국역사』, 57.

고 있다는 점이다. 격렬한 대기의 소용돌이가 그 주위에 휘몰아치지만 태풍의 중심, 태풍의 눈 그 자체는 믿을 수 없으리만큼 고요하고 평온하다. 그러나 이 '고요한 중심, 빈 공간'은 의미 없는 것이 아니라 모든 자연과 생명운동이 균형을 이루며, 중심을 지니며, 변화하면서도 자기동일성을 유지하게 하는 '존재의 무게중심'이다. 이 자리는 종교적으로 말하자면, 거룩한 지성소이며, 영혼의 심처이며, 하나님의 임재 자리이다. 역사를 소용돌이치면서 회전하는 나선형의 태풍운동에 비유할 때, 하나님과 깨어있는 영혼은 태풍 밖에 있는 것이 아니라 그 한복판에 있다.

나선형의 세 번째 특징으로서 모든 나선형의 모양은 반대되는 것끼리 충돌할 때 나타나는 모습이라는 점이다. 원운동을 하려는 존재자들(생명체)의 자기통전운동과 새로운 것을 창출하려는 전진형의 직선운동이 긴장 갈등을 이룰 때, 생명의 자기초월운동이라고 부르는 대각선적 방향의 나선운동이 발생한다는 것을 틸리히의 신학적 존재론에서 살핀 바 있다. 그처럼, 운동과 정지, 음과 양, 사랑과 증오, 개체아 전체, 내면적인 것과 외면적인 것, 물질과 정신, 남성적인 것과 여성적인 것 등등 상호 대조되거나 긴장되는 두 원리가 부딪힐 때 나선형으로 나타난다.

한마디로 말해서 "나선형은 저항을 통한 성장과 변환의 징후이다."[14] 함석헌의 나선형적 진보사관이 헤겔류의 '절대정신의 변증법적 발전론'과 차이가 나는 점은, 역사 속의 모순들과 '부정성'(negativity)이 '이성의 간계'에 의해서 변증법적으로 지양되는 것이 아니라, 씨알들의 주체적 저항과 불의에 맞서는 행동, 즉 고난을 정면 돌파하는 거룩한 자기희생을 치르고서만 역사는 한 단계씩 더 깊고 넓은 '황금나선형의 원둘레' 나이테를 그려내면서 전진될 수 있다는 데 있다.

---

14) *Ibid.*, 155.

4. 하나님 · 역사 · 씨알의 불가분리성, 역사담지자의 고난과 신정론 문제

함석헌의 역사 이해를 나선원추형(螺旋圓錐形)으로 소용돌이치고 오르는 대기 기류의 입체모형으로 비유한다면, 원추형 소용돌이의 맨 꼭대기를 '하나님', 몸체 회오리바람의 측면을 '역사', 흙먼지 돌개바람 일으키면서 맨 밑 땅바닥을 휩쓸고 지나가는 바닥을 '씨알'이라 부를 수 있다. 그러므로 함석헌의 역사 이해에서 하나님, 역사, 씨알은 상호 공속적 실재이다. 셋은 상호 구별되어야 하지만 서로 분리되지 못한다. 함석헌은 이렇게 말한다.

> 한국역사는 오직 한국사람, 한국씨알의 역사이다. 그렇기 때문에 한국역사가 고난의 역사라면 우리는 그 '우리'를 지리에서만 아니라 그보다 더 깊이 한국 사람에게서 찾지 않으면 안 된다. 하늘과 땅 사이에서 찾을 것이 아니라, 가슴 속에서 찾아야 한다. 하늘과 땅은 가슴의 껍질일 뿐이요, 거기 가는 길일뿐이다.[15]

> 하늘이 무한 망막한 허공에 있지 않고 땅에 와 있다. 땅 중의 땅, 흙 중의 흙이 어디냐? 네 가슴이요, 내 가슴 아닌가?[16]

함석헌의 종교적 역사철학은 통속적 섭리사관과는 근본적으로 다르다. 역사는 단순히 자연의 이법에 따라 발생하는 것이 아니고, 신의 섭리에 따라 되어지는 것도 아니며, 사람에 의해 이뤄지고 만들어져 가야 하는 것이기에 역사란 차라리 '하나님, 우주, 인간'이 함께 짜 가는 융단짜기 과정이라 해야 할 것이다. 아름다운 문양이 수 놓여진 카페트를 짠다는 것은 단순히 양모의 원료 집적(集積)만으로 아니 된다. 단순한 기계적 북놀림만으로도 아니 된다. 의미 있는 문양

---

15) *Ibid.*, 85.
16) 함석헌, 『함석헌전집』, 제3권, 10.

이 수놓여지려면 양모나, 씨줄 날줄 실오라기를 촘촘히 박아 넣으면서 융단을 짜는 기능공의 노동행위를 넘어서 예술적 이미지가 있어야 한다.

한 폭의 카페트를 짜 가는 과정을 역사라고 한다면, 양모의 원자료는 시공적 현실재들(actual entities)이요, 수공업자는 씨알이요, 역사과정 속에서 새로움과 창조성과 진선미 이데아들의 문양을 이루는 이는 하나님이라고 할 수 있지만, 사실은 그렇게 물과 기름 가르듯이 역할분담이 분리되는 것은 아니다.

함석헌의 생명철학에 있어서 생명은 '스스로 하는 것'이며 '고난은 생명의 원리'(간디)이기 때문에, 역사의 마지막 담지자, '씨알'의 고난과 영광은 곧 하나님 자신의 고난과 영광이 된다. 함석헌에 의하면 하나님의 다스리는 섭리는 "간섭을 하는 것이 아니라 기르고 보호하고 이끈다 …… 하나님은 그 우주완성을 반드시 사람을 통하여 하신다."[17] 화이트헤드의 말대로, "하나님이 세계를 구원한다는 말이 진실이듯이, 세계가 하나님을 구원한다"는 말도 진실이 된다.[18] 하나님과 인간은 역사 구원의 동역자요 역사 완성의 공동책임자가 된다. 하나님의 아가페 속성과 인카네이션 신앙이 빈말이 아니라 진실이라면 그렇게 말할 수밖에 없게 된다.

함석헌은 역사 이해에 있어서 고난사관에 대해 말하지만, '왜' 역사엔 고난이 있으며 '어떻게' 역사 속에서 고난을 극복하여 유토피아를 실현시킬 것이냐는 질문에 대하여 고난의 원인엔 '왜'가 없고 고난의 극복에도 '어떻게'란 없다고 강조한다. 고난은 생명의 원리이기 때문에 의미 있는 역사의 융단을 짜 가는 데 고난 없이는 불가능하다.

함석헌은 간디의 말, "고난은 생명의 한 원리다"라는 진리의 소리를 굳게 붙잡고 그 주제를 가지고 한국역사와 우주사를 꿰뚫어 재해석한다. 고난이 왜 출현했는가의 형이상학적 문제에 관심하지 않고 고난이 생명 속에서 어떤 기능을 하는가에 주목한다. 고난은 생명의 피할 수 없는 한 조건임을 받아들이는 피동

---

17) *Ibid.*, 49.
18) A.N. Whitehead, 오영환 역, 『과정과 실재: 유기체적 세계관의 구상』(민음사, 1991), 597~598.

적 자리에서 더 나아가서 고난을 정신적 삶을 낳는 용광로의 불로 이해한다. "고난은 죄를 씻는다…… 고난은 인생을 깊게 만들고 위대하게 만든다 …… 고난은 인생을 하나님께로 이끈다"고 말한다.[19] 특히 한민족의 종교생활에서 고난은 종교를 정화시키는 필수 불가결한 것이라고 본다.

> 이 백성에게 참 종교를 주기 위하여 고난을 받을 필요가 있다. 생명의 한 단계 더 높은 진화를 가져올 새 종교를 찾아내기 위하여, 낡은 종교의 모든 미신을 뜯어 치우는 고난이 필요하다. 세계를 하나로 만드는, 모든 부족신, 계급신, 주의신(主義神)을 다 몰아내는, 새 믿음을 얻기 위하여 우리의 가슴에서 모든 터부, 모든 주문, 모든 마술적인 것, 모든 신화적인 것, 모든 화복주의적(禍福主義的)인 것을 다 뽑아내는 풀무 같은 엄격한 핵분열적인 고난이 있어야 한다.[20]

함석헌이 고난을 적극적으로 받아야 한다고까지 말하는 것은 인간 개인과 민족공동체의 영혼이 자신의 본바탕을 찾아 그 순일성과 단순성에 이르기 위하여 그리해야 한다는 것이다. 고난을 참으로 극복할 힘을 얻기 위하여 고난을 받고 고난으로써 연단되어야 한다는 것이다. 그는 삶과 역사 속에서 '뜻'을 찾지 않고 '이'(利)만을 찾는 것, 이기심과 당파심에 깊이 물들어 전체와 공의를 묻지 않는 것, '소유'에만 관심하고 '존재'엔 관심하지 않는 것, 채우기에만 관심하고 비우기엔 관심하지 않는 것이 죄의 본질이라고 본다. 그러한 삶의 모습이 '죄된 삶'이다.

진정한 씨알은 단순히 사회학적으로 사회계층의 맨 밑바닥에서 고생하고 천대받는 무지렁이를 두고 일컫는 말이 아니다. 정치적으로 억압받고, 경제적으로 수탈당하고, 문화적으로 소외된 계층이라고 해서 다 씨알이 아니다. 그들은 역사의 마지막 담지자가 아니다. 씨알은 '씨알'이라는 메타포가 상징하듯이, 적어

---

19) 함석헌, 『뜻으로 본 한국역사』, 315~316.
20) *Ibid.*, 317.

도 사회신분, 빈부, 교육, 남녀, 직업 여하를 막론하고 씨알생명의 본바탕을 고난 속에서도 지켜 나가고, 자신의 영혼의 순일성과 단순성을 잃지 않으려 노력하며, 생명의 유기체적 연대성에 민감하게 반응하며, 우주의식에 성성(惺惺)하게 깨어 있어서 정상배들의 술책에 놀아나지 않으며, 무엇보다도 역사의 쓰레기를 더 이상 남에게 미뤄버릴 수 없는 자리, 곧 자기가 나선형 역사의 입체적 구조물의 맨 마지막 기층임을 자각하는 생명체를 말한다.

여기에서 씨알은 역사에 대한 진정한 주인의식과 역사에 대한, 핑계 없는 무한 책임의식을 지니게 된다. 이 자리에서 신학적으로 보면, 마침내 씨알은 불교적 '보디사트바'와 하나가 되고, 기독교적 '그리스도'와 일심동체(一心同體)를 이룬다. 그리고 마침내 중세의 신비가 엑카르트가 말하는 바, 자기 생명 속에서 '아들의 탄생'을 경험한다. 아들의 탄생경험은 곧 예수의 이른바 "나와 아버지는 하나다"라는 의식의 자리에 이른다.

5. 나가는 말

함석헌의 역사 이해는 역사 전체를 '뜻'의 이어받음, 뜻의 실현과정으로, 뜻의 추구라는 지향성을 역사관의 중심축으로 삼고 있기 때문에, 그가 초기의 『성서적 입장에서 본 조선역사』에서 지녔던 기독교 종파주의는 초극했을지라도 여전히 성서적, 기독교적, 히브리적 요소를 깊이 간직하고 있다고 보여진다. 그의 역사 이해는 동서 역사관의 두 전형적 모델인 원형반복적이고 회귀적인 모델(힌두교, 불교, 유교, 노장철학, 고대 그리스철학)과 전통적 기독교의 직선적 시대경륜론 구원사 이해, 근대 부르주아 서구문명의 선형적 진보사관을 동시에 부정하면서 역설적으로 통전시켜 '되풀이하면서도 자란다'는 나선형의 진보사관을 확립함으로써 동서 철학과 동서 문명론적 실재관을 통전시키는 선구자적 사례를 나타내 보였다. 그럼에도 그의 역사 이해가 헤겔적인 또는 계급사관적인 관념론이나 유물론에 빠지지 않은 것은, 역사의 주체를 씨알로 삼고 '고난은 생의 원리'

라는 간디의 신념을 자기 종교철학의 한 주춧돌로 삼음으로써 실존적 긴장 및 구체성을 우주적 보편성과 동시에 붙잡을 수 있었기 때문이다. 그러므로 함석헌의 역사 이해의 눈은 21세기 새로운 문명의 전환기에 지구촌 문제를 "뚫어보고, 내다보고, 맞춰보고, 펴보는 능력",[21] 곧 귀중한 역사의식을 제공하는 것이다.

21) *Ibid.*, 37.

상징수학으로서의 수비학이 영성 수련에 갖는 의미

1. 들어가는 말

우리 시대는 범지구적 차원에서 종교의 근원적 개혁과 교회의 역동적 혁신을 요청하는 문명사적 전환기이다. 개혁과 혁신은 신학, 예배, 기독교 교육, 성례전, 종교 건축이나 예술적 표현 등에서 보다 깊고도 새로운 영감이나 직관을 체험하고자 하는 현대인들의 '영적 갈증' 을 나타내는 증좌이다.

특히 개신교 신학전통에서 종교개혁 이후 지난 20세기까지 일반적으로 텍스트 중심의 말씀의 신학, 구원사 중심의 직선형의 역사신학, 주체적 자의식에 기초한 윤리적 해방신학, 그리고 최근엔 경쟁과 무한성장을 정당시하는 듯한 자본주의적 축복신학이 큰 흐름을 형성해왔기 때문에, 물질계와 생명계와 인간의 정신적 삶 속을 관통하고 그 세 가지 범주영역의 연대성과 공명성, 존재의 근원적 원형과 패턴, 그리고 존재질서의 균형과 조화를 가능케 해주는 수학적이고도 기하학적 통찰력에 대하여 소홀히 해온 것이 사실이다.

전통적으로 수비학(數秘學, Numerology)은 부정적 평가를 받아왔는데, 왜냐하면 수비학이 우주자연과 수학적 원리와 인간의 마음과 실재의 신비 상호간에

---

* 본 원고는 '한신대 2003년 봄학기 개학강연' (2003년 3월)에서 발표했던 내용임.

는 상통하고 감응하는 구조적 패턴과 원리가 있다고 보는 신념을 넘어서서, 그 관계법칙을 이해하고 활용하면 정상적이고 자연스런 사건이나 운명을 변화시킬 수 있다고 생각하는 운명론적, 예언적 점성술이나 마법적 사기술로 전락할 위험성을 내포하고 있기 때문이다.

그런 위험한 수비학이 아닐 지라도 '신성한 수학'에 대한 관심은 '자연신학'을 인정하는 비정통적 신학이나, 일부 소종파 신비주의 계열에서 발견되는 주관적이고 비학문적인 신비가들의 관심거리라고 치부하여 경계하거나 진지한 관심을 기울여 오지 않았다. 이 글에서 필자는 문화신학적 관점에서 영성수련의 탐구주제의 일환으로, 모든 숫자의 기본 수인 1에서 10까지의 숫자의 상징성을 살펴보고, 그것이 영성수련을 위한 신학교육 과정에서 갖는 의미와 종교건축, 종교예술, 예배의식이나 성례전, 그리고 새로운 창발적 우주관 형성에 갖는 의미를 생각해보려고 한다.

2. 실재를 탐구하는 기본학문으로서 수학과 기하학의 본래 의미

아인슈타인(A. Einstein, 1879~1950)은 "우주에서 가장 이해할 수 없는 일은 우주를 이해할 수 있다는 사실이다"라고 매우 역설적으로 말한다.[1] 이러한 짧은 말 속에는 현대 양자물리학자들 중에서도 자연이란 어떤 합법칙적 질서와 원리를 지니고 있다고 확신하는 그의 '과학철학적 신념'이 나타나 있지만, 이는 이미 플라톤이 말한 바, "수는 가장 높은 수준의 지식이다. 수는 지식 그 자체이다. 기하학은 영원히 존재하는 것들에 대한 지식이다"는 것과 상응하는 말이다.[2] 수학의 신비와 매력과 효능성은 다름 아니라 수학적 원리가 자연현상의 구조를 지

---

1) 장 피에르 상제 & 알렝콘느, 강주현 역, 『물질, 정신, 그리고 수학』(경문사, 2002), 88.
2) 마이클 슈나이더, 이충호 역, 『자연, 예술, 과학의 수학적 원형』(경문사, 2002), 서론 참조.

배한다는 것과, 수학의 원리를 이해함으로써 우리는 자연계를 이해할 수 있다는 사실이다.

플라톤은 B.C. 387년에 '아카데미아'를 설립하고 그 학예의 전당에 들어오는 입구에 "기하학을 모르는 자는 들어오지 말라"는 경고문을 써놓았다고 전해온다.[3] '지혜에 대한 사랑'과 '영혼을 고양시키는 것'을 궁극 목적으로 삼는 철학(philosophia)의 전당, 아카데미아의 필수과목으로 수학을 지정했을 때, 그 때 말하는 수학이란 근현대 제도교육에서 가르치는 계량, 측량, 계산의 법칙과 공식을 깨닫게 하고 반복훈련 시켜 숙지케 하는 '기술적 이성 기능'(function of the technical reason)[4]을 의미하는 학문분과로서의 세속화된 과목이 아니었다. 고대 그리스 피타고라스 학파에서 말하는 '수학하는 사람들'(mathematikoi)이란 '모든 것을 연구하는 사람들'이라는 뜻이며, 자연의 구조와 우주의 과정과 그 일부인 인간 본성의 구조를 탐구하는, 전체적 깨달음과 통찰력을 추구하는 근원적 학문이었던 것이다. 음악, 천문학, 기하학 등은 모두 수와 관련되고 수에 기초한 학문이었던 것이다.

오늘날 수학의 영역은 세 가지 차원으로 대별할 수 있겠다. 첫째는 일반적으로 초등학교부터 대학의 수학과에 이르기까지 가르치는 일반수학의 영역이 있다. 계산, 측정, 측량, 정량분석, 수학적 추론, 뉴톤역학과 양자역학의 합리적 법칙들을 수학적 정식으로 표현해내는 일들이 여기에 속한다. 근대 과학문명과 현대 전자정보문명의 정확성, 능률성, 실용성은 모두 이 일반수학의 영역에서 인류의 지성이 쌓은 결실물이다. 그러나 여기 일반수학의 세계는 능률성, 실용성, 합리성이라는 축을 토대로 하여 발전하는 것이어서, 소위 틸리히(P. Tillich)가 말하는 존재의 '깊이의 차원'을 드러내지 못한다.

---

3) 존 킹, 김랑국 역, 『수와 신비주의』(열린책들, 1996), 31.
4) 폴 틸리히는 그의 조직신학에서 이성개념의 두 가지를 구별하였다. 존재론적 이성(ontological reason)과 기술적 이성(technical reason)이 그것이다. 그리스 고전철학이 말하는 이성이란 기술적 이성을 포함하지만 더 근원적인 로고스로서의 '존재론적 이성'을 의미했다. 그러나 근대 산업혁명 이후, 이성의 개념은 수학적이고 계량적인 좁은 의미의 '기술적 이성' 개념으로 축소되는 퇴행을 밟아왔다. P. Tillich, *Systematic Theology*, vol.1(University of Chicago Press, 1951), 80~81.

둘째는 상징수학 혹은 철학적 수학이라고 부르는 범주가 있다. 상징수학은 눈으로 보이지 않는 우주자연의 수학적 원리가 가시적인 형태로 표현되는 데 징검다리가 되는 기하학과 연관된다. 자연은 기하학적 문자로 쓰여 있는 '신의 자연계시 텍스트'와 같은데 그 텍스트의 문법은 수학적 원리이다. '자연의 책'의 문법은 수학적 원리이고, 그 문법에 따라 기하학적 그림문자로 나타날 때 자연은 일정한 반복적 패턴을 통한 주기적인 모형 형태, 균형과 조화, 그리고 깊은 공명성을 동반하는 미학적 정서를 드러낸다. 자연 자체는 무질서나 돌연변이적 형태의 창조 과정이 아니라 산술적이고 동시에 기하학적인, 만물의 '원형적 원리'에 따라 생성되고 지속하다가 소멸되는 법칙적 과정으로 파악된다.

자연은 아원자의 입자세계로부터 은하계의 생성운동에 이르기까지, 세포구조에서부터 식물의 잎과 꽃 그리고 동물의 신체 기관구조와 몸의 형성에 이르기까지 일정한 원리와 법칙 그리고 패턴에 의해서 움직이고 형성된다. 1에서 10까지의 기본 숫자가 점, 선, 면, 원추체, 구형 등 기하학적 모형이나 입체로서 나타날 때, 전체성이나 양극성, 균형이나 주기성, 리듬이나 조화성을 드러내므로 숫자나 기하적 도형은 '상징' 기능을 지니게 된다.[5]

상징은 단순한 기호나 표식이 아니고, 자신을 넘어서 실재의 '깊이의 차원과 신성한 전체성'을 드러내기에, 수학과 기하학은 인간 정신에게 기쁨과 영감을 줄 뿐만 아니라 영혼을 정화시키는 힘을 지닌다. 이 논문에서 필자가 관심하는 수학은 바로 이러한 '상징수학 또는 철학적 수학'이 지닌 신학적 의미이다. 그리고 진정한 의미에서 '신성한 수학'이란 '상징수학'이 종교적 차원과 관련되어 작동하는 신성한 기능을 발하는 것이다. 왜냐하면 상징은 외부 실재의 깊이의 차원이나 구조를 드러낼 뿐 아니라 결과적으로는 인간 마음의 심리적 구조와 영혼의 깊이와 구조를 드러내 보여주는 기능을 하기 때문이다.

셋째는 신비수학 또는 비의적(esoteric) 수학의 영역이 있다.[6] 이것은 각 종교

---

5) 종교의 상징에 관하여 김경재의 논문 「종교적 상징의 본질과 기능」, 『폴 틸리히의 신학연구』(대한기독교서회, 2001), 124~150 참조.

단체 중 신비주의 종교단체에서 면면이 이어져 내려오는 것으로 흔히 수비학이라는 전문 학문분과가 신비주의적 경향으로만 흐를 때 발생한다. 유대교 신비주의 전통에서의 게마트리아(Gematria), 노타리콘(Notarikon), 그리고 테무라(Temura)가 그 대표적 예이다.[7]

게마트리아는 그리스어, 히브리어, 아랍어, 시리아어, 이집트어, 라틴어들의 알파벳이 각각 일정한 수의 값어치를 상징하는 것으로 보고, 각 단어나 어구나 문장의 알파벳이 담지하는 숫자 값어치의 총량이 어떤 상징적 의미를 나타낸다고 보는 신비수학을 말한다. 한 가지만 예를 들면 요한계시록 13장 18절, "지각이 있는 사람은 그 짐승의 수를 풀어보시오. 그 수는 사람을 가리키는데 그 수는 육백육십육입니다"의 주석이다. 라틴어로 네로 황제는 NERON인데, 다섯 문자 라틴어 알파벳 수 값은 각각 50 + 6 + 500 + 60 + 50이므로 그 수의 총합은 666이 되어 박해자 네로를 의미한다는 것이다.[8]

노타리콘은 단어나 단어들의 첫 문자와 끝 문자를 취하여 합성시켜서 하나의 단어를 만들기나 문장의 축약형을 통하여 송교적 비의 또는 비밀회원을 지켜나가는 상징적 '암호'와 같은 것이다. 헬라어로 물고기라는 단어는 '익스투스'(ICHTHUS)인데 잘 알려진 대로 그것은 "예수 그리스도, 신의 아들, 구세주"(Iesous CHristos THeou Uios Soter)의 노타리콘 형태이다.

테무라는 야훼 같은 신비한 이름이나 히브리어, 그리스어 알파벳 문자를 보다 복잡한 법칙에 따른 상호 치환과 결합을 통해 그 상징적 의미를 읽어내는 신비수학을 말한다.

이러한 신비주의 전통에서 흔히 발견되는 신비수학으로서의 수비학은 닫힌 신앙결사단체의 종말론적 위기의식과 묵시문학적 '삶의 자리'를 가지고 있어

---

6) 유대교 카발리스트의 신비수학에 관하여 찰스폰스, 조하선 역, 『카발라』(물병자리, 1997), 제2장: 숫자, 이름, 문자 그리고 신에 대한 계산, 181~213 참조.
7) 카발라 신비주의전통에서 발달한 세 가지 흐름, 곧 게마트리아, 노타리콘, 테무라에 관하여는 다음 자료에서 자세하게 소개받을 수 있다. 존 킹, 『수와 신비주의』, 제5장 카발라, 제6장 게마트리아, 159~242.
8) 김재준, 『김재준전집』, 제6권(한신대학교출판부, 1992), 472~473.

일반적 상징수학으로서의 기능을 살려낼 수 없다. 이러한 신비수학은 마치 군대들이 전장에서 아군과 적군을 가리려는 '암호'와 같은 기능을 할 뿐, 모든 사람이 접근할 수 있는 열려진 상징기능을 가질 수 없다. 이 논문에서 신비수학으로서의 수비학은 논외로 한다.

3. 1에서 10까지 기본 숫자의 상징성과 성서 신앙전통과의 의미 연관성

3.1. 전체성, 통일성, 완전성의 상징으로서 '모나드'(Monad, 1)의 신비

원으로 표현되는 '하나'를 그리스어로 'monad'라고 하는데, 그 어원은 '안전하다'는 뜻의 'menein'과 '단일성'(oneness)이라는 뜻의 'monas'이다.[9] 1은 하나의 '수'라기보다는 모든 수의 공통분모요, 모든 수의 기본이며, 모든 수 안에 들어있고, 모든 수를 수되게 하는 독특한 수였다. 그리하여 1은 언제나 존재의 근원, 통일성, 전체성, 온전성, 충만성의 상징이었으며, 원이나 점으로 표현되었고 우주적 신성성을 지니게 되었다.

1이라는 숫자를 점과 원으로 상징하는 것을 음미하면 그 종교적 신성성을 깨달을 수 있다. 백지 위에 연필, 컴퍼스, 잣대라는 세 가지 도구를 가지고 점이나 원을 그린다고 생각해보자. 점은 길이, 폭, 넓이, 높이가 없는, 단지 위치만 나타내는 0차원이므로 실제로 가시적인 점을 표현한다는 것은 불가능하다. 다만 눈에 보이지 않는 이데아적 '중심, 시원, 기점의 상징'으로서 백지 위에 연필로 점을 찍는 것이다. 그 점 위에 컴퍼스의 축점을 일치시키고 한바퀴 돌리면 원이 그려진다. 점이 팽창, 확장, 발전하면 원으로 나타난다. 점은 보이지 않는 원이요, 원은 보이는 점이다.

---

9) 마이클 슈나이더, 『자연, 예술, 과학의 수학적 원형』, 3.

[수, 기하학적 모형, 종교적 상징 형상 사례들]

1이라는 숫자 개념, 곧 'monad'는 상징수학적으로 세 가지 원리를 나타내는데, 첫 번째 원리는 창조적 확산의 원리이다. 원은 종교예술과 건축물의 축조과정에서 언제나 빛, 공간, 시간, 힘이 모든 방향으로 펼쳐나가는 원리를 상징한다. 두 번째 원리는 원의 원주가 지니는 주기적 운동성, 규칙성, 리드미칼한 진동성을 상징하는 원리이다. 이 두 번째 원리는 우주와 생명을 정지된 고요가 아닌 움직이고 창발하는 역동성으로 체험하게 한다. 불교나 힌두문화의 수레바퀴 상징은 그것을 단적으로 나타낸다. 모나드의 세 번째 원리는 최대효율성의 원리인데, 원은 같은 길이의 곡선으로 확보할 수 있는 최대 공간면적을 만들어 낸다.

성경에서 "하나님도 한 분이십니다. 하나님은 모든 것의 아버지시요, 모든 것 위에 계시고, 모든 것을 통하여 계시고, 모든 것 안에 계십니다"(엡 4:6)라고 말할 때, 기독교의 유일신 신앙전통에서 말하는 '하나'가 단순히 둘이나 셋과 구별된 수량개념적인 '하나'가 아니라는 진리를 분명히 나타내고 있다. 하나님의 단일성(oneness)은 존재의 시원(origin), 통일성(unity), 온전성(wholeness), 전일성(oneness), 충만성(fullness), 그리고 만유의 지탱자와 궁극적 완성자로서 만유 가운데 일하고 계시는 분을 뜻하기 때문이다. 개신교의 성전 건축의 기하학적 모형에서 원이나 궁형이 많지 않고 직사각모형이 지배적인 것은 건축비의 제한에서 오는 경제적 이유가 주된 원인이지만, '하나'(monad)가 상징하는 바에 대한 몰지각성에도 큰 이유가 있다 할 것이다.

3.2. 긴장 갈등의 뿌리이면서 온갖 창조의 문(門)인 '디아드'(Dyad, 2)의 역설

통일성, 단일성, 온전성, 단순성의 상징인 'monad'(1)에서 왜, 어떻게 분리, 차이, 거리, 구별의 실재인 둘(dyad, 2)이라는 현실세계가 출현할까? 근래 신학전통에서는 소위 이원론적 사고, 이분법적 사고의 폐해가 주는 역기능을 뼈저리게 느끼기 때문에 이중성(duality) 또는 양극성(polarity)이 지니는 창조적 역설성을 간과하기 쉽다. 슈나이더는 디아드의 역설을 다음과 같이 잘 표현하고 있다.

> 디아드의 원리는 양극성(polarity)이다. 양극 사이의 긴장은 서로 반대되는 관계, 대조, 차이의 형태로 모든 자연사와 인간사에서 일어난다 …… 디아드가 통일성으로부터 분리해 나가려는 것처럼 보이는 반면, 서로 반대되는 극들이 자신의 근본을 기억하고, 서로 결합해 원래의 통일 상태로 돌아가려고 서로를 끌어당긴다는 사실은 디아드의 역설이다.[10]

---

10) *Ibid.*, 24.

기원전 5세기 그리스 철학자들은 '2' 또는 '다른 것'의 원리를 디아드(Dyad)라 불렀는데, 이는 '1', 곧 '모나드'가 지닌 통일성이나 전일성이 깨어지면서 거기로부터 갈라져 나가는 대담성, 용기, 거기에 따르는 번민과 고뇌를 동반하고, 그렇기에 '디아드'의 한쪽은 언제나 무엇인가의 모자람과 갈망을 담지한다. 따라서 매우 역설되게도 디아드(2)는 모든 창조과정의 기초를 이룬다. 지식이나 인식행위는 일단 흔히 말하는 '주객구조'(subject-object structure)를 피할 수 없다.

고대 미술과 건축물에서 수없이 발견되는 기하학적 모형에 '베시카 피시스'(vesica piscis, 물고기 부레)가 있다. 기하학적 작도법에서 '베시카 피시스'는 두 개의 원이 원의 반지름을 거리로 두고 포개질 때, 두 원이 겹치는 공간 형태로 눈앞에 나타난다. 그런데 놀랍게도 이 '베시카 피시스'는 모든 창조의 문의 '원형'을 나타낸다. 모든 나뭇잎의 공기구멍은 한 쌍의 공변세포로서 베시카 피시스를 이룬다. 생명을 잉태하는 자궁으로 들어가는 모든 생물 암컷들의 입문(요니, yoni)도 베시카 피시스를 이룬다. 해탈과 구원을 경험하는 불교사원에 들어가는 일주문(一柱門) 구조, 노틀담 성당의 입구 문 구조, 이슬람 모스크의 출입문 구조는 모두 원의 형태와 두 개의 원이 겹침으로 생기는 '베시카 피시스'의 기하학적 모형을 지닌다. 왜냐하면 그러한 공간 입구는 분열, 대립, 소외, 다자 상태로 떨어져버린 인간이 다시 전일성과 통일성을 회복하는 진리, 하나님, 절대자에게로 들어가는 통로의 문이요, 그런 의미에서 '영적으로 다시 낳는 창조적 문'이기 때문이다.

여기에서 기억해야 할 중요한 점은, '2'라는 수의 상징성은 '1'의 분리이며, 갈라짐이며, 차이이면서도 동시에 '다자'(多者), 곧 다양한 생명이 창조되는 창조의 계기요 창조의 문이자 매개라는 점이다. '1'이라는 수가 지닌 기하학적 상징이 점이요 원이라면, '2'의 그것은 선(線)이다. 그런데 기하학적 작도(作圖) 행위를 회상해보면, 모든 형태의 기하학적 모형들은 점과 선의 움직임으로 형성된다. 상징적으로 말하면 '2'는 '모나드'(1)와 나머지 다른 무수한 수들 사이의 중개자이다.

베스터만(Cl. Westermann)은 그의 매우 인상 깊은 작은 책 『창조』(Schöp-fung)에서 "갈라놓음에 의한 창조 모티브"에 주목하였는데, 이것은 성서에서의 '디아드'의 신비를 잘 나타내고 있다.[11] 창세기의 창조는 고대 창조신화인 신적 본성의 유출(流出)의 결과도 아니고, 페르시아의 선악이원론처럼 선신과 악신의 투쟁 결과도 아니다. 빛과 어둠을, 땅과 하늘을, 육지와 바다를, 시간과 영원을 갈라놓는 계기를 통해 창조의 세계와 그 기틀이 마련된다. 이러한 '갈라놓음에 의한 창조 모티브'는 빛과 하늘과 육지가 어둠이나 땅이나 바다에 비하여 실존적 체험상으로는 더 가치론적으로 우위일 수 있으나 존재론적으로는 더 우위일 수 없고, 후자를 '악' 그 자체라고 규정할 수도 없으며, 도리어 양자는 전일적인 창조세계의 두 질서로서, '베시카 파시스'의 쌍벽을 이루는 창조의 문으로서 기능함을 보여준다.

인간 이해에 있어서 '디아드'의 역설적 신비는 인간창조 설화 속에도 나타난다. 소위 창세기 1장 26절의 '하나님의 형상론'을 어떻게 주석학적으로, 교의학적으로 이해하든 간에 "하나님이 당신의 형상대로 사람을 창조하셨으니, 곧 하나님의 형상대로 사람을 창조하셨다. 하나님이 그들을 남자와 여자로 창조하셨다"(창 1:27)는 구절에서 남자와 여자라는 이중성, 양극성, 대위성, 관계성은 곧 '디아드'가 창조의 문이며 창조의 계기이기 때문에, 그것은 신성한 것이기도 하고, 어느 한 켠이 다른 한 켠을 지배하거나 우위성을 주장할 수 없는 것임을 말한다. '베시카 파시스'가 두 개의 원이 반지름을 사이에 두고 겹칠 때 나타나는 기하학적 공간이라는 상징은 예수 그리스도가 '참 하나님–참 사람'으로서 창조와 구원의 문이 되심을 상징하는 것이기도 하다.

3.3. 완전성의 상징이자 상호 침투 회통하는 첫 탄생자 '트리아드' (Triad, 3)

상징수학에서 가장 놀랍고 흥미로운 것은 '3'이라는 수가 지닌 다양한 상징

---

11) 클라우스 베스트만, 황종렬 역, 『창조』(분도출판사, 1991), 66.

성이다. 우리의 일상생활 속에서 어떤 전체를 세 부분으로 나누면서, 동시에 통일성과 완전성을 열망하는 무의식적 언어행위나 개념을 무수히 찾을 수 있다. 예를 들면, 탄생과 삶과 죽음, 길이와 폭과 높이, 과거와 현재와 미래, 파종기와 추수기와 휴농기, 아버지와 어머니와 자녀, 삼원색, 만세삼창, 몸과 마음과 영혼 등이다. 종교적 상징의 최고 형태는 두말할 것도 없이 기독교의 삼위일체신론, 불교의 삼신불 신앙, 힌두교의 브라만·비슈누·쉬바, 계(戒)·혜(慧)·정(定), 빛·에너지·질량, 정·반·합의 변증법 등이다. 종교적 아이콘이나 상업광고의 로고에서도 삼각형은 시각적으로 일체성, 강함, 안전성, 신뢰성, 과정성을 암시하는 심리적 효과를 불러일으킨다.

셋이라는 수가 지닌 이러한 상징성은 어디에서 유래하는 것일까? 그것은 문화적 관습에서 습득된 후천적 감정이라기보다는 보다 존재론적인 뿌리와 연계된 것이다. 그리하여 3세기 신플라톤 철학자 얌블리코스(Iamblichos)는 "트리아드는 모든 수를 능가하는 특별한 아름다움과 공정함을 가지고 있는데, 그 주된 이유는 트리아드는 모나드의 잠재성이 최초로 현실화된 것이기 때문이다"고 했다. 노자의 도덕경에도 "도는 하나를 낳고, 하나는 둘을 낳고, 둘은 셋을 낳고, 셋은 만물을 낳는다"(道生一, 一生二, 二生三, 三生萬物, 도덕경 42)라고 했다.

여기서 우리가 명심해야 할 것은 기독교의 삼위일체 신론 형성이 수학적 상징에서부터 시작한 것이 아니라, 초대 기독교공동체가 경험한 하나님의 '자기계시'에 대한 반성적 사유에서부터 시작했다는 것, 다시 말해서 삼위일체론은 인간의 사유의 결과물이 아니라 하나님의 자기계시의 응답으로서의 신앙고백이며, 계시적 지식이라는 것이다. 그럼에도 우리는 상징수학에서 말하는 대로, "셋은 하나가 그것을 알 수 있는 조건으로 펼쳐진 것"(융)이라는 지혜의 말처럼, 하나와 셋의 관계가 지닌 상징수학적 혜안에 눈뜰 때, 우리는 삼위일체의 비의를 좀더 깊게 이해할 수 있다. 왜냐하면 자기를 계시하시는 삼위일체 하나님은 그의 신성과 완전성과 통일성을 삼라만물이 존재하는 어느 곳, 어느 시간을 통해서도 그 흔적을 각인시키고 있기 때문이다.

트리아드의 원리와 속성이 우리에게 말해주는 진리는 모든 피조물은 '트리아드'의 원리와 신비적 힘에 의하여 다양성 속에서 일치, 특수성 속에서 조화, 대립성 속에서 관계성, 지속성 속에서 창조적 변환을 이루며, 페리코레시스적인 순환적 회통 속에서 우리가 창조주 "하나님 안에서 살고, 움직이고, 존재하고 있음"(행 17:28)과 종말의 날에 "하나님은 만유의 주님이 되실 것"(고전 15:28)이라는 점이다. 성경에서 '3'의 상징은 무수히 많다. 성부와 성자와 성령의 이름으로의 축복, 3일만의 그리스도의 부활, 완전수 3의 배수로서 이스라엘 12지파, 구원받은 사람들의 총회를 상징하는 144,000(지파*1000*12), 12사도의 수제자 요한과 야고보와 요한, 그리스도의 삼중직 왕 · 제사장 · 예언자 등등이다.

3.4. 공정함과 어머니, 대지, 물질의 상징인 '테트라드'(Tetrad, 4)

'4'라는 수는 우리에게 어딘지 쉽고도 가깝고, 미쁨과 신뢰감을 주는 수이다. 4는 우선 똑같은 수를 곱하거나 더했을 때 같은 값이 나오는 최초의 짝수이다. 2에 2를 곱하거나, 2에 2를 더하거나 값은 공평하게 동일하다. '4'라는 테트라드는 우선 기하학적 모형으로서는 반듯한 정사각형과 정사면체를 마음에 떠오르게 한다. 정사각형이나 정사면체는 평등, 신뢰, 공정, 단호함, 견고함을 연상케 한다.[12]

문명의 다양성을 초월하여 '4'라는 수는 어머니, 물질, 대지, 지구를 상징했다. '어머니'를 뜻하는 라틴어 'mater'로부터 영어단어 '물질'(matter), '측정하다'(meter), '모체 또는 기반'(matrix) 등이 유래되었다. 대지에 밀착하여 살아가는 인류는 최초로 집을 짓거나 궁궐이나 도성을 건축할 때 사각형의 대지 위에 사면의 벽을 세운다. 축구, 농구, 배구, 테니스, 권투 경기장은 모두 공정한 게임을 무의식적으로 상징하여 사각형 형태의 선으로 둘러쳐진 공간을 이루고 선수들은 그 안에서 경쟁한다.

'4'라는 수가 공정, 평등, 신뢰, 단호함과 견고함을 상징하듯이, 성경에서 "강

---

12) 마이클 슈나이더, 『자연, 예술, 과학의 수학적 원형』, 66.

하나가 에덴에서 흘러나와서 동산을 적시고, 에덴을 지나서는 네 줄기로 갈라져서 네 강을 이루었다"(창 2:10)는 이야기, 하나님 보좌 앞의 네 생물(계 4:6)과 네 개의 복음서, 하나님 앞에 있는 금제단의 네 뿔에서 울려나오는 음성(계 9:13) 등이 '테트라드'의 상징성을 드러낸다.

종교적 상징에서 '4'의 중요성은 '4', 곧 테트라드가 자연, 대지, 물질, 어머니를 상징하는 데서 한 걸음 더 나아가서, 자연과 어머니 모태 안에서 일어나는 '창조적 변환'을 상징한다는 데 있다. 곡식 낟알은 대지의 어두운 흙 속에 떨어져 움트고 자라 새로운 생명으로 결실 맺는다. 수정된 배아는 세포분열과 여러 번의 형태변화를 거쳐 '새 아기'로 탄생한다. 사람은 임신 40일 만에 배아가 태아로 변환한다. 성경에서 40주야의 노아홍수(창 7:17), 시내산에서 40일간 금식하며 십계명 판을 받는 기사(출 34:28), 이스라엘 백성의 40년 광야생활, 예수님의 40일간 광야시험은 시련을 통한 창조적 변환의 상징들이다.

3.5. 우월성과 권위와 생명의 재생을 상징하는 '펜타드'(Pentad, 5)

지금까지 우리는 4까지의 수가 상징하는 기하학적 모형을 살펴보았다. 모나드(1)가 점이라면, 디아드(2)는 분할하는 선이었고, 트리아드(3)가 삼각형으로서 최초의 면이라면, 테트라드(4)는 정사면체로서 최초의 입체를 조성하였다. 그렇다면 '5'라는 수, 곧 펜타드는 무엇을 상징하는가? 그것은 생명과 깊이 관련되면서 생명이 지닌 힘, 우월성, 권위 그리고 재생을 상징한다.

우선 우리 주위에 가장 낯익은 5각형의 모형으로 중국, 미국, 북한 국기 등에서 발견되는 별들, 군대 장성의 계급장의 별 모습과 군 계급서열의 최고단계 오성장군, 미국 펜타콘(Pentagon) 건물 배치모형, 물질적 부와 번성의 상징인 석유회사 텍사코의 로고 등이 있다. 먹을 수 있는 모든 과일의 꽃잎은 다섯 장이며, 사과나 배를 절단해 볼 때 생명의 배아 씨 모양은 별 모양 5이며, 사람의 장기를 나타낼 때 오장육부라 하듯이 다섯 가지 신체의 장기(간장, 심장, 비장, 폐장, 신장), 동양철학에서 오행(금, 목, 수, 화, 토)이 모두 5라는 수와 관련되어 있다.

'5'의 기하학적 상징인 정오각형 별 모습은 생명을 정태적으로 정지시켜 놓고 볼 때의 모습이다. 그런데 사실은 생명은 정지한 상태로 있지 않고 운동과 변화 중에 있다. 생명은 태어나고, 자라고, 변화하면서 확대, 심화된다. 이러한 생명의 모습은 '펜타드'(5)의 상징인 별이 바람개비처럼 움직일 때, 자연의 생명계 속에서는 나선형으로 나타난다. 나선형의 상징은 종교에서 특히 영적 변환, 신비적 변환의 상징으로 중요하다. 은하계나 태풍의 소용돌이, 나팔꽃 줄기의 휘감고 올라가기, 인간 태아가 자궁 속에서 웅크린 나선형의 자세, 지문의 둥근 원의 소용돌이, 숫양 뿔이나 조개껍질의 성장 등등은 우리 주위에서 발견되는 나선형 구도이다.

'펜타드'(5)의 기하학적 상징인 오각형이 움직여 나선형으로 형태 변화를 일으킨다면, 나선형의 생명운동이 상징하는 기본원리는 생명은 반복하면서 자란다는 것, 자기누적을 통해 성장한다는 것, 단순한 반복동작의 연속이 아니라 반복을 통한 재생과 더 높은 생명차원으로의 성숙이라는 것이다. 한마디로 생명은 창발적인 것이고, 창조적 변환의 과정이라는 것이다.

아마 '펜타드 5'와 관련된 가장 중요한 성경의 상징수는 오순절과 희년일 것이다. 오순절과 희년은 앞으로 고찰할 성수 '7'의 7배수 다음날과 다음해이지만, 펜타드 5의 10배수로서 이것이 갖는 '창조적 변환'과 '재생'의 상징성이 더 중요하다. 오순절과 희년은 옛 사람과 옛 질서가 변화되어 새로운 재생과 변환의 경험을 해야 하는 절기인 것이다.

3.6. 존재와 생명의 구조, 질서, 작용을 상징하는 '헥사드'(Hexad, 6)

상징수학에서 볼 때, 6이라는 수는 3의 배수이므로 3(트리아드)의 근본 속성에 간접적으로 참여하면서 3이 지닌 완전성에 가까운 균형 잡힌 구조와 질서와 작용의 원리를 나타낸다.

우주만물은 공간, 시간, 힘의 상호연관적 함수관계 속에서 발생하고 지속하다가 소멸하고 재발생한다. 그러한 존재의 운동과 생명의 창발적 형태가 혼돈과 무질서 가운데서 일어나지 않고 일정한 공간적 구조와 시간적 질서와 힘의 작용 속에서 발생하는데 그 총체적 상징이 '6'이라는 수의 상징성이다.

'6'이라는 수가 기하학적 형태를 띠고 나타날 때 정육각형이 되는데 우리 주위에서 많은 예를 볼 수 있다. 예를 들면, 물 분자 결빙결과인 눈송이의 육각형 결정체, 가장 효율적 공간배치를 한 벌들의 육각형 벌집, 계절의 순환질서를 태양과 별자리로 나타내는 12황도가 대표적 상징사례들이다. 12라는 수는 6의 배수이므로 '6'의 상징인 가장 이상적인 구조와 질서와 힘의 작용을 나타낸다.

성경에서는 창조의 질서와 구조, 힘의 작용이 6일째 되는 날에 완성된다(창 1:31). 여섯째 달이 되었을 때 천사 가브리엘이 마리아를 방문한다(눅 1:26). 계시록의 새 예루살렘 도성의 비전으로 사방이 12,000스타디온이며, 12종류 보석으로 치장되었고, 12대문이 있고, 생명수 강 옆에는 12종류 열매를 맺는 생명나무가 있다(계 21:15~22:2). 열두 영 더 되는 천사(마 26:53), 열두 지파와 열두 제자 등 6은 창조세계의 구조와 질서와 힘의 상징수이다.

3.7. 매혹적인 처녀 수, 신성한 완전수 '헵타드'(Heptad, 7)

1부터 10까지의 수 중 7이라는 수는 매우 특이하다. 우선 '7'은 연결, 단절, 균형의 역할을 한다. 1부터 7까지 수를 순서대로 곱하면 결과는 5,040이 되는데, 7부터 10까지의 수를 곱해도 그 값이 같으므로 이 경우는 연결의 상징이다. 1부터 10까지의 수 중 7을 제외하고 1부터 6까지의 수를 곱하거나 8부터 10까지의 수를 곱하거나 값은 똑같이 720이 되는데 이 경우 7은 단절의 상징이다. 다시 말해서 7이라는 수는 1부터 10까지의 자연수 중에서 7의 값이 존재할 때나 존재하지 않을 때나 그 위치는 10의 균형을 이룬다.

고대인들은 '7'의 수를 처녀수라 불렀는데, 이유는 1부터 10까지 자연수 중에서 7보다 작은 어떤 수로도 7을 나눌 수 없으므로 손상당하지 않고 그 순결성을 유지하며, 또한 7은 10 안에 있는 다른 수를 낳지도 않기 때문이다. 그리하여 7이라는 수는 상징수학에서나 신비수학에서나 가장 신성하고 의미심장한 수로 고대시대부터 주목을 받아 왔다.

우선 '7'이라는 수가 자연계 안에서나 우리 일상생활 속에서 지니는 신성한 의미로서의 상징성을 생각해보자. 빛은 백색 광선인데 물방울이나 프리즘을 통해 분광할 땐 일곱 가지 무지개 색상으로 나타난다. 백색 광선은 신성한 '모나드'(1)의 빛이요 통일성(Unity)의 빛이므로 하나님의 영광의 광채로 묘사되고, 신비가는 하나님을 눈부신 백색광휘로서 체험한다. 중세기 스콜라신학(철학)의 '교양필수 과목'은 7가지 과목이었다(문법, 수사학, 논리학, 산술, 기하학, 음악, 천문학). 고대 바벨론의 '지구라트탑'은 7층 탑으로 7단계를 거쳐야 하늘의 신성에 도달한다는 상징이었다. 고타마 싯달타는 7년간의 고행 명상수련 후에 해탈을 경험한다. 시간의 흐름은 7일 주기로 달력을 구성한다. 이슬람교도들은 라마단 순례기간 절정에 메카의 카바 신전 둘레를 7바퀴 돈다. 백설공주를 마법에서 풀어내는 도우미 난쟁이들의 수는 일곱 명이다.

성경에 나타나는 '7'(헵타드)의 상징은 너무도 많아서 셀 수 없을 지경이다. 6일간의 창조 후에 하나님은 7일째 안식하시고 그날을 복되고 거룩하게 하셨다(창 2:3). 야곱은 라반의 집에서 7년 단위 데릴사위 계약으로 라헬과 레아를 얻는다(창 29:16~20). 여호수아는 일곱 명의 나팔수로 하여금 여리고성을 일곱 번 돌게 하여 함락시킨다(수 6:6~17). 일곱 가닥으로 땋은 삼손의 머리털을 자르니 삼손은 힘을 잃어버린다(삿 16:19). 오순절과 희년은 7의 7배수 다음날과 다음해로 거룩한 날이요, 해방의 해이다(레 25:8~10). 예수 그리스도는 십자가에서 일곱 마디 말씀을 남긴다. 출애굽 과정에서 이스라엘 장로는 70명이고(출 24:1), 처음 예루살렘 사도교회가 최초로 일곱 집사를 뽑아 안수한다(행 6:5~6). 요한계시록에서 주님 보좌 앞엔 일곱 영들이 있고, 일곱 금 촛대가 있다(계 1:4,12).

유념해야 할 것은 '7'이라는 거룩한 완전수는 반드시 긍정적인 의미나 선하고 진리를 드러내는 상징수로만 사용되지 않는다는 점이다. 왜냐하면 '7'은 앞에서 언급한 대로 단절, 연결, 균형을 나타내는 수이기 때문이다. 박두환은 그의 요한계시록 13장 연구에서 '7'이라는 숫자는 요한계시록에서 하늘의 존재뿐만 아니라 용과 첫 번째 짐승같이 하나님의 적대적인 세력들을 묘사하는 데 사용된다"[13]고 정당하게 지적하고 있다. 성경에서는 일곱 수가 부정적 용례로 사용될 때도 많다. 가인을 해친 벌이 7갑절이면 라멕을 해치는 벌은 77갑절이다(창 4:24). 야곱의 상례를 위해 70일 애도하였다(창 50:3). 야위고 흉측한 암소 일곱과 마른 이삭 일곱은 불길한 7년 흉년의 예고다(창 41:27). 계시록에 나오는 짐승 두 마리는 뿔 10개와 머리 7개를 지녔다(계 13:1).

3.8. 주기적인 반복패턴의 상징수 '옥타드' (Octad, 8)

'8' 이라는 수는 1과 2와 4의 배수이므로 모나드(1), 디아드(2), 테트라드(4)가 지닌 수의 상징적 성질을 고루 종합하여 갖는다는 특징을 지닌다. 모나드가 통일성과 완전성의 상징이고, 디아드가 차별과 분별과 나눔과 겨룸의 상징이고, 테트라드가 대지와 모성적인 것과 물질의 상징이라면, 옥타드(8)는 바로 하늘과 땅 사이에서 일어나는 자연과 생명체 운동이 주기적으로 반복하는 패턴을 보여주는 수이다.

음악에서 음계 옥타브는 '도레미파솔라시도' 를 반복한다. 특히 반복과 회귀 패턴을 강조하는 동양적 사고 틀, 곧 노장사상이나 유교나 불교에서 8이라는 수가 지닌 상징성은 성서에서의 그것보다 강하다. 불교는 해탈의 구체적 방도로서 삼학팔정도(三學八正道)를 제시한다. 타일과 벽지의 문양에는 반복패턴과 조화 및 통일을 나타내는 8각형이나 8면체 문양이 서로 맞물려 연속된 형식이 많다. 하나의 세포가 유사분열 과정에서 8단계의 옥타브를 따라 변환하면서 마침내 두 개의 독립된 세포로 분열된다. 화학의 원소주기율에서 전자배열의 법칙이나 생명공학에서 DNA가 64가지의 여섯 부분으로 이루어진 코돈(codon), 즉 유전 단어로 이루어져 있다는 사실도 '8' 이라는 수가 우주적 반복 및 재생의 상징수임을 나타낸다.

---

13) 박두환, 「하나님의 종말적인 적대자: 바다에서 올라온 테리온(계 13:1~9)에 대한 연구」, 『신약논단』, 제9권 제2호(한국신약학회, 2002), 563.

'옥타드'(8)의 상징수학을 가장 정교하게 발전시킨 민족은 중국인과 한국인이다. 주역의 태극팔괘의 수리적 결합구조가 그것이다. 주역이란 우주만물의 변화논리를 음양의 두 가지 원리가 서로 교차되고 상응상자 하는 것으로 보고, 변화양태의 범주적 패턴을 64가지 패턴으로 나타낸 것이다. 양과 음을 각각 끊어지지 않은 막대기와 가운데가 끊긴 막대기로 기표하여, 세 개의 막대 배열로 표현할 때 기본형태가 8가지이다. 태극기는 그 중 가장 중요한 네 가지 패턴을 태극 주위에 배열한 것이다. 8가지 기본패턴이 두 겹으로 겹치면서 만날 때 64가지 변화패턴이 나타나며, 각각의 라인(효라 부른다)은 상징적 의미를 지니게 된다. 64괘 각 괘의 6효는 사물의 변화, 조화, 갈등, 균형, 예기, 전조, 성취, 위기 등 운동과 사건의 원형적 패턴을 드러내는데, 여기에는 자연변화와 인간심성과 역사변천은 상응하고 공명한다는 전일적 우주관이 표현되어 있다. 성경에서 8일 만에 할례를 받는 것은 새로운 생명주기의 시작이라는 상징도 된다.

3.9. 최상의 완전과 한계로서 지평선의 상징수 '엔네아드'(Ennead, 9)

1에서 10까지의 수 중, 수 값이 하나의 숫자 표시로서 가장 큰 수는 9이다. 고대 수학자들은 9라는 숫자 속에서 '종점', '지평선', '한계'를 읽었다. 9는 완전수 3의 3배수이므로, '최상, 완전, 균형'을 상징하고 그리하여 매우 상서롭고 거룩한 좋은 수로 생각하게 되었다. '9'는 노력과 운동변화의 마지막이므로 그 이상을 넘어가면 전혀 다른 차원이 나타나든지 아무것도 없는 무가 나타나든지, 새 창조를 위한 파괴가 시작되는 임계점이 되는 수이기 때문에, 상서로운 수이기도 하지만 조심하고 경건하게 몸가짐을 해야 할 수이기도 했다.

종교적 상징으로 보면 아멘기도나 찬송가사, 만세함성을 3번 반복하는 것은 완전과 꼭 이뤄지기를 염원하는 무의식적 심성의 나타남이다. 베토벤 교향곡 9번의 예처럼 교향곡에 9번 이상의 번호를 붙이는 법은 없다. 예수님은 제 9시 (오후 3시)에 운명하신다. 아브라함의 나이 99세 때 하나님께서 그에게 나타나셔서 말씀하시고, 아브라함은 여러 민족의 조상이 될 것임을 소명 받는다(창

17:1). 사라는 임신이 불가능한 90세 때 수태의 약속을 받는다(창 17:17). '9'는 속세와 거룩의 경계선이요, 시간과 영원의 임계점이며, 인간의 한계성이 끝나고 하나님의 계시가 시작되는 카이로스이다.

3.10. 수를 넘어선 수, 새로운 시작의 수 '데카드'(Decad, 10)

우리는 마지막 수 10에 도달했다. 그런데 10이라는 수의 표기는 1과 0의 두 가지 숫자 표기의 합성물이다. 1과 0이 숫자이면서도 수가 아닌 그 이상의 무엇이듯이, 10(데카드)은 단순한 수의 개념 이상이었다. 그것은 1부터 9까지의 모든 수가 지닌 상징성이 융합되어 나타나는 '완전수'이며 새로운, 더 높은 차원의 '1'(unity)이었다. 양손 손가락 합이 열 개인 것은 열 개 손가락 안에 모든 것을 쥐듯이 10은 모든 것의 완성이다. 체조경기 점수는 10점 만점으로 계산한다. 수학시험이나 초등학교 시험에서 100점은 더 이상 점수가 없기에 만점이라는 말이다.

종교적 상징수학으로 볼 때, 10이라는 수는 완전한 것과 새로운 시작을 상징한다. 하나님의 거룩한 계명은 열 가지 계명으로 판에 기록되었다(출 34:28). 아담부터 10번째 세대에 새로운 계약 갱신자 노아가 등장한다(눅 3:37). 자식이 없던 사라가 가나안 땅에 거주한 지 10년 만에 여종 하갈을 아브라함에게 주어 동침, 임신케 한다(창 16:3).

4. 나가는 말

1부터 10까지의 수와 그 수를 기하학적 도형으로 표현한 시각적 도형이 지닌 상징적 의미를 '상징수학'의 관점에서 간단하게나마 고찰하였다. 다음과 같은 몇 가지 잠정적 종합 결산에 이르게 된다.

첫째, 수와 관련된 신학적 고찰에 있어서 한국 교계의 일반신도들은 주로 요한계시록이나 에스겔서 같은 묵시문학적 경전 속에 나타난 수의 상징성을 풀어보려는 관심에 경도되어 있다. 666이 무엇인지 144,000 속엔 누가 포함되는지 등이 대표적 사례이다. 그러나 서론에서 살펴본 대로 게마트리아, 노타리콘, 테무라 등 신비수학은 히브리어, 헬라어, 이집트어, 아랍어, 라틴어 등 고대 언어와 그 알파벳을 잘 알고 그 알파벳이 지닌 수 값에 정통한 후, 그것들의 연관, 치환, 조합 등을 통하여 상징적 의미를 해석해내는 것으로, 박해받는 신앙공동체의 암호 같은 것이다. 그 연구는 전문학자들에게는 중요한 일일지 몰라도 일반 신도들에게는 그렇지 않고, 또한 시대상황이 달라짐에 따라 그러한 신비수학은 보편적 상징성을 결여하게 된다. 따라서 설교에서는 수 자체가 지닌 보편적 상징성에 더 주목함이 유익할 것이다.

둘째, 1에서 10까지의 수가 지닌 상징성이 기하학적 도형으로 나타날 때, 건축, 미술, 실내장식, 아이콘 등을 통해 시각적으로 커다란 영향을 미치며, 영성 함양에 매우 유익함을 알게 된다. 그러나 대체로 한국 개신교 교회의 예배양식, 건축물 축조기술, 종교미술 등에서 1에서 10까지 상징수가 함의하는 풍부한 영성개발의 매체가 초보단계이거나 거의 무시되고 있다는 점을 반성해야 하겠다. 창조세계와 인간의 마음구조와 하나님의 세계경륜 사이엔 어떤 공명과 유사한 구조적 상응성이 있다는 깨달음으로 인해 '생태학적 영성시대'를 열어가는 21세기에 상징수학의 강조는 필요불가결한 일이 되어가고 있다.

셋째, 상징수학은 기본적으로 창조세계의 대자연 안에서 피조물의 존재방식과 생성, 발전, 운동 속에 어떤 원형과 구조적 패턴이 존재함을 전제하고 그것을 밝혀내어 삶을 대자연과 사물의 변화 속에 조화롭게 적응시켜 가려는 시도라고 볼 수 있다. 그러한 관점을 부정할 수는 없지만, 성서적 실재관이 세계를 보는 눈, 곧 이전에 없던 것, 전혀 새로운 것, 반복과 재생을 넘어선 새 하늘과 새 땅의 가능성을 제시하는, 한마디로 희망의 존재론이 말하려는 신학적 관점을 더욱 강조함으로써, 세계는 "태고의 원형을 반복하는 순환세계"만이 아니라 "이전에 없던 새로운 구조와 패턴도 창발되는 창조적 과정"이라고 이해하는 새 창조신학, 새 자연의 신학이 한신에서 연구되어야 한다. 신학적 과제로서 '창조성'에

대한 진지한 신학적 성찰이 요망된다.[14]

넷째, 상징수학은 과학과 신학의 깊은 대화를 요청한다. 갈릴레오는 우주라고 부르는 거대한 책은 수학의 언어로 씌어졌다고 갈파했다. 플라톤은 그의 이데아론에서 수학과 기하학의 대상들은 눈에 안보이고 시간의 틀 밖에 있는 이데아의 영역에 있다고 보았다. 피타고라스 학파에서는 물리적 세계란 수와 기하 그리고 조화가 직접적으로 현현한 것이라고 보았다. 이상의 대표적 견해들은 "신은 주사위놀음을 하지 않는다"는 아인슈타인의 말로써 다시 한번 20세기에 표현되는데 그 말은 자연세계가 이미 일정한 법칙성과 초자연적인 지성에 의해 질서지워져 있음을 의미한다. 그러나 현대 과학은 자연의 질서도 형성되는 것이며, 자연은 우연과 필연의 종합이며, 불확정성과 창조성과 우연성의 복합물이라고 본다. 상징수학이 밝혀내는 자연의 패턴들과 체계들은 빅뱅사건 이후 기나긴 세월동안 '우주자연의 자기조직화의 과정'을 거쳐 등장하게 된 것이며, 물리적 체계들은 더 복잡하고 더 조직화된 체계와 패턴을 형성하려는 경향성을 나타낸다고 보기 때문이다.[15] 간단하게 단순화시켜 말한다면, 수학의 실재성에 대한 인식론적 철학의 문제로서 합리주의 전통의 '실재론'과 경험주의 전통의 '구성론'의 대립이 그것이다. 그 두 입장의 종합은 불가능한가? 칸트가 인식론에서 대륙의 합리론과 영국의 경험론을 화해시켜 종합했듯이 수의 존재론적 본질성격에 대한 실재론과 구성론의 통전도 가능할 것이다. 상징수학은 새로운 '자연의 신학'(Theology of Nature) 혹은 새로운 시대의 과학과 종교 간의 대화를 촉구하는데, 그것은 21세기 신학의 한 과제가 될 것이다.

---

14) '창조성'에 관한 철학적, 신학적 담론으로서 과정철학의 사유는 학계의 주목을 받고 있다. 한국 화이트헤드학회는 첫 창간호를 『화이트헤드연구: 창조성의 형이상학』(동과서, 1998)으로 삼았다. 위 창간호 논문집 중에서 특히 다음 3논문을 참조하라. 최종덕, 「창조를 낳는 연속성의 철학적 상상력」, 문창옥, 「창조성과 궁극자의 범주」, 이태호, 「창조성, 다자, 일자와 사물, 있는 것, 존재자의 관련성」.

15) *Science and Theology: The New Consonance*(Westview Press, 1998), edited by T. Peters, 테드 피터스 편, 김흡영 외 역, 『과학과 종교: 새로운 공명』(동연, 2002), 124~125. 과학과 신학의 대화에 관하여 다음 책을 참조. I. Barbour, 이철우 역, 『과학이 종교를 만날 때』(김영사, 2002), S. Kauffman, *At Home In the Universe: The Search for Law of Self-Organization and Complexity*(Oxford University Press, 1995), 스튜어드 카우프만, 국영태 역, 『혼돈의 가장자리: 자기조직화와 복잡성의 법칙을 찾아서』(사이언스북, 2002).

제5부

생명, 평화, 그리고
종교신학의 대두

종교 간의 갈등 현황과 그 해소 방안에 대한 연구

한국 개신교와 불교의 상호관계성을 중심으로

1. 연구의 목적, 범위, 방법

이 논문은 한국사회에서의 종교 간의 갈등현상을 파악하고, 그 원인분석을 통하여 갈등해소를 위한 합리적 방법을 제시하여, 보다 적극적으로 한국의 다양한 종교들이 열린 태도로 전환토록 촉매해 종교 간 대화와 협력을 통한 대승적 생명공동체 창조에 공헌하도록 방향성을 제시하려는 종교신학적 연구에 그 목적을 두고 있다.

한국은 전형적인 종교다원사회여서 세계 학계의 주목을 받고 있다. 전통적 무교는 논외로 하더라도 유교, 불교, 천도교, 원불교, 가톨릭교, 개신교, 대종교를 비롯한 민족종교들이 한국 역사와 문화 형성에 지대한 영향을 끼쳐왔다. 그런데 20세기 후반에 들어와, 종교사회학자 피터 버거가 말하는 종교적 '시장상황'이 한국사회 속에서도 나타나면서, 종교 간의 경쟁, 대립, 갈등, 협동 등 다양한 반응들이 발생하고 있다. 이 논문에서는 종교 간의 갈등문제를 논하되, 특히 불교와 한국 기독교 간의 갈등문제를 중점적으로 검토하여, 타종교들과의 바람직한 관계설정에도 참고가 되도록 하려는 것이다. 다시 말하면, 연구범위

* 본 원고는 『한국여성신학』 2002년 가을호에 실렸던 내용임.

를 시대적으로는 20세기 후반에 국한하고, 연구종교는 개신교와 불교의 상호
관계성에 집중하며, 연구방법은 문헌연구와 사례연구와 종교사회학적 조사연
구방법을 필요에 따라 병행한다. 특히 종교사회학적 연구는 그 분야의 연구결
과를 참고할 수밖에 없다. 이 논문은 신학의 한 전문분과로서의 종교신학 영역
의 연구 성격을 지닌다.

2. 한국의 종교현황과 그 갈등현상

한국사회는 전형적 종교다원사회이며, 비록 부분적으로는 종파 간의 갈등이
있었고 정치적 지배권력의 교체기에 국가정책적으로 특수 종교에 대한 억압 사
례가 있지만 서구의 갈등 상황에 비하면 매우 평화공존적임이 특징이다. 1919
년 3.1 만세사건에서 보거나, 민족통일운동, 인권운동, 생태환경운동에서 그 예
를 보듯이 한국의 다양한 종교들은 협력하고 공동대책하는 지혜와 마음을 근본
적으로 지니고 있다.

한국사회에서 일부 극단적 종파주의자들이 종교 간의 갈등을 야기하고 있는
것은 여러 가지 복합적 이유가 작용한 결과이며, 이 연구는 그 이유들을 심층적
으로 밝혀내고 갈등해소 방안을 제시하는 데 있지만, 종파 간의 갈등이유 중 하
나가 교세확장에 관련된 이해충돌과 경쟁관계에 있는 종파에 대한 경계심 등이
작용한 때문이라고 보아도 틀린 것이 아니다. 먼저 한국 종교현황을 객관적 자
료에 의해 분석, 검토해보기로 한다.

한국 종교들의 교세에 관해 각 종파가 제시하는 현황자료는 그 객관성을 확증
할 길이 없다. 각 종단의 통계자료를 불신해서가 아니라, 통계학적으로 수치의
중복, 누락, 전문기술의 부족 등으로 인해서 그 진실한 실체에 접근하기 어렵
다.[1] 한국 개신교의 경우 통상적으로는 1,000만 성도 혹은 1,200만 성도라고 대

---

1) 실지로 일본의 경우, 1974년 통계에 일본 인구는 1억 1천만 명인데 종교인 숫자는 1억 6천만 명으로
나타났다. 불교가 6,300만 명, 신도(神道)가 6,700만 명, 기독교가 100만 명, 기타종교가 1천만 명이

형집회에서나 기독교계 신문지상에서는 말한다. 그런데 구체적으로 보면 각 지 교회의 교적부(敎籍簿) 관리방식에 있어서, 로마 가톨릭처럼 철저한 교구중심 제가 아니므로, 교인의 잠정적 생활주거지 이동상황이 있을 때 교인수 파악에서 숫자 계산의 중복현상이 발생할 경우가 있다. 예를 들면, 지방 중도시 A에 현주 소를 두고 동네 A′교회의 교적부에 등록한 열심있는 신도 김 집사는 자녀의 서 울유학 뒷바라지를 위해 서울의 B동네에 전세방을 내어 자취생활을 하게 되면 서 B′교회를 자주 출석하는 경우 서울의 B′교회에서도 교인 숫자에 포함시키는 경우이다. 따라서 이 논문에서는 한국 종교의 각 종단이 발표한 교세현황 수치 를 택하지 않고, 국가 통계청이 객관적으로 실시한 '1995년 인구주택 총조사' 결과를 가지고 논하기로 하겠다.[2]

1995년 현재, 남한의 총인구수 44,553,710명 중 50.7퍼센트인 22,597,824 명이 어느 한 종교에 귀의하여 종교생활을 하고 있다고 응답했으며, 49.2퍼센트 인 21,953,315명은 종교가 없다고 응답했고, 나머지 2,571명은 '미상' (Unknown)으로 나타났다. 이 통계에 의하면 한국은 다양한 종교들이 활발하 게 활동하는 사회요 한국 역사와 문화 속에서 종교의 역할이 지대하였기에, 국 민의 대다수가 종교에 귀의하고 있을 것으로 속단하기 쉬우나 국민 숫자의 절반 정도가 '종교 없음'으로 응답했다는 사실이다.

그러나 과연 한국민의 49.2퍼센트라는 통계수치가 말하는 대로 국민의 절반 이 글자 그대로 '종교 없음'의 무종교인으로서 철저한 세속주의적 세계관이나 무신론적 실재관을 가지고 살고 있느냐의 문제는 다른 문제이다. 왜냐하면 다음 의 구체적 한국 종파별 교인 통계숫자에서 나타나겠지만, 국민 총인구수 대비 종교인의 백분율 50.7퍼센트 속에 무교는 질문 항목 속에 포함되지 않았고, 자

다. 이러한 현상은 정확성을 자랑하는 일본정부 통계청의 오류가 아니라, 일본인들의 종교관 때문이 다. 일본인은 기독교계 학교에서 세례를 받고, 신도(神道)의식으로 결혼식을 하고, 불교의식으로 장 례를 치러도 그 누구도 이상하게 생각하지 않는다. 사와 마사이꼬(澤正彦), 『일본기독교사』(대한기 독교서회, 1969), 9. 이자야 벤다산, 『일본인과 유대인』(스노카와, 1971), 122.
2) 통계청, 『한국통계연감』, 47호(통계청, 2000), 98~99.

기의 종교가 '유교'라고 응답한 숫자는 210,927명으로 나타났는데 이 수치는 한국 국민수 대비 백분율로 보면 0.05퍼센트 미만인 것이다. 다시 말하면 유교를 종교라고 생각하는 국민보다는, 유교적 가치관에 의해 상제례 등 전통적 종교의례 속에서 살고 있지만 유교를 종교라고 생각하지 않는 사람들이 많이 존재한다는 사실을 알 수 있다. 유교의 종교성 여부 논쟁은 종교학계의 뜨거운 논쟁이지만 여기서 그 문제를 다룰 자리는 아니다.[3]

'1995년 인구주택 총조사' 통계자료에 의하면 한국사회에서 활동하는 각 종단의 교세현황과 신도수 통계는 아래와 같다[4](국민총수 대비 백분율, 종교인총수 대비 백분율은 필자의 계산수치임).

구 분	신도수(남자/여자)	국민총수 대비 백분율	종교인총수 대비 백분율
불 교	10,321,012 (4,870,853/5,450,159)	23.16%	45.67%
개신교	8,760,336 (4,087,356/4,672,980)	19.66%	38.76%
천주교	2,950,730 (1,339,295/1,611,435)	6.62%	13.05%
유 교	210,927 (113,951/96,976)	0.47%	0.93%
원불교	86,823 (39,555/47,268)	0.19%	0.38%
천도교	28,184 (13,215/14,969)	0.06%	0.12%
대종교	7,603 (3,642/3,961)	0.01%	0.03%
대순진리회	62,056 (28,916/33,140)	0.14%	0.27%
기 타	170,153 (76,645/93,508)	0.38%	0.75%
종교인 총수	22,597,824 (10,573,428/12,024,396)	50.72%	
무종교인 총수	21,953,315 (11,782,401/10,170,914)	49.27%	
미 상	2,571 (1,523/1,048)	—	
국민총수	44,553,710 (22,357,352/22,196,357)	100.00%	

---

3) 유교의 종교성 논쟁에 관하여 다음 논문을 참조하라. 김승혜, 「20세기 한국 유교의 다섯 가지 쟁점」, 『한국종교연구』, 제3집(서강대학교 종교연구소, 2001), 1~66.
4) 통계청, 『한국통계연감』, 제47호, 98~99.

종교의 가치와 그 사회적 영향력을 계량적 수치로써 가늠하는 것은 어불성설이며 극단적으로 말하면 의미 없는 일이다. 초창기 기독교나 불교의 역사에서처럼 예수 공동체와 석가모니 부처 주위에 모인 원시 불교공동체가 숫자적으로 당시 사회를 지배하던 종교들에 비하여 미미했지만 제국과 역사를 변혁하고 문명사를 바꿔놓은 일을 우리가 잘 알기 때문이다. 그러나 현실적으로, 종교인의 숫자는 그 나름대로 의미가 충분히 있다. 위의 통계숫자가 보여주는 대로, 1995년 당시에 한국인이 귀의하고 있는 3대 종교는 불교, 개신교, 천주교이며 그 각각의 국민총수 대비 백분율은 불교가 23.16퍼센트, 개신교가 19.66퍼센트, 천주교가 6.62퍼센트로서 국민 총수의 49.44퍼센트가 세 종파에 귀의하고 있다는 것을 알 수 있다. 이 세 종파는 한국 종교인 총수의 97.48 퍼센트를 차지하고 있어서 그 사회적 영향력과 책임성이 지대하다는 것을 예상할 수 있다.

이 논문에서는 특히 불교와 개신교 사이의 갈등문제가 중심주제로 논의될 것이므로, 그 점을 염두에 두고 위의 통계수치가 함의하는 바를 몇 가지 생각해 보기로 한다. 한국 종교사나 문화사 속에서 넓은 의미에서의 기독교(Christianity)의 전래역사는 다른 종파와 비교할 때 짧다. 천주교의 전래역사는 1785년 서울 진고개의 김우범 교인 집에서 있었던 최초의 자발적 천주교회의 회집사건을 주체적인 한국 천주교 창립년도로 본다면 지금부터 216년 전 일이요, 개신교의 전래역사는 그 사건 이후 꼭 100년 만인 1885년 언더우드와 아펜젤러 선교사의 입국을 기점으로 계산한다면 116년에 불과하다.[5]

다시 말하자면, 근현대 한국사회의 변화와 역사문화 창조에 있어서 기독교의 영향은 그리 길지 않은 역사에도 불구하고 실로 막대하다는 사실이다. 사실 천주교와 개신교는 그 뿌리와 중심 교리와 공유하는 종교전통 유산의 측면에서 볼 때, 상이한 종파라기보다는 같은 기독교 종파에서 분지(分枝)해 나간 두 개의 큰 가지라는 것을 감안하면, 기독교 전래 200여년 만에 기독교는 한국사회의 최

---

5) 민경배, 『한국기독교회사』(대한기독교서회, 1981), 63. 502~503. 유홍렬, 『한국천주교회사』, 상권 (가톨릭출판사, 1994), 89.

대 종교로서 그 위치를 갖게 되었다.

개화기 이후만 생각하더라도 한국 개신교가 한국사회에 끼친 긍정적, 부정적 영향을 언급함 없이 한국 현대사를 서술한다는 것 자체가 거의 불가능할 것이다. 따라서 한국 국민 총수의 19.66퍼센트를 신도수로 확보하고 있으며, 한국 종교인 총수의 38.76퍼센트를 차지하고 있는 한국 개신교가, 여타의 기존 한국 종교들, 특히 불교에 대하여 어떤 태도를 지니는가의 문제는 단순히 불교계와 기독교계 양자 간의 문제만이 아니라 한국사회 전체에 심각한 영향을 미칠 수 있는 중대 문제가 되는 것이다. 그럼에도 불구하고 매우 유감스럽게도 한국 개신교가 불교와의 관계에서 빚어내는 갈등사례는 매우 우려할 만한 점이 있는 것이다.

1998년 6월 26일 제주 원명선원에서 종교계만이 아니라 한국사회를 놀라게 한 훼불사건이 발생했는데, 대웅전에 안치되어 있던 천불상 중 750개 불상 두부와 삼존불이 무참히 파손되었다.[6] 범인은 놀랍게도 도주하지 않고 현장에서 붙잡혔는데, 그 사람은 정신이상자가 아니라 제주 삼양교회 교인 김수진이라는 열심 교인이었으며, 자신의 신앙적 신념에 의하여 정당한 일을 했다고 자부하였다. 삼양교회는 한국기독교교회협의회(KNCC) 회원교단인 '대한 예수교 장로회'(통합)에 소속한 교회였으므로, 불교계의 강력한 항의를 받은 KNCC 대외협력위원회는 사건의 전말을 조사하여 삼양교회 김수진 신도가 이 사건을 저질렀음을 공식적으로 확인하였다. 동년 8월 7일 KNCC 총무 김동완 목사는 대한 조계종 총무 송월주 스님에게 이 사건에 대한 깊은 유감의 뜻을 담은 공식 사과공한을 보냈고, KNCC 산하 전 교단장에게 다시는 이러한 종교 간의 갈등과 불상사가 발생하지 않도록 각 교단 산하 신도들을 교육지도 해줄 것을 부탁하는 협조공문을 발송했다.

1980년 이후만 하더라도 크고 작은 불교사찰 방화, 불상파괴, 불교에 대한 공개적 비방사건 등이 30여건 발생했으나, 그동안 기독교 광신도들이나 정신이상

---

6) 『기독교사상』 1998년 11월호는 '불교와의 성숙한 관계, 익은 신앙'이라는 주제로 훼불사건을 특집으로 다루고(9~67쪽), 원명선원의 훼불현장을 사진으로(56~64쪽 참조) 독자들에게 보도했다. 말로만 들리던 부끄러운 훼불사건 현장 사진을 기독교 독자들에게 공개한 것은 처음 있는 일이었다.

자들의 무책임한 행위로 사건들을 축소 해석해 왔다. 범인의 색출이 쉽지 않았고, 붙잡힌 경우일지라도 범인이 이단적 기독교 소종파 신도로 흔히 판명되곤 했기 때문에, KNCC나 교회의 지도층이 불교와 기독교 간의 종교 갈등문제에 대하여 심각하게 대응하지 않았었던 것이 사실이었다. 그러나 제주 원명선원 훼불사건으로 인하여 불교와 기독교 간의 갈등문제가 위험 수위에 도달했고, 이단적 광신도들만의 문제가 아니라는 것이 노정되었으며, 종교 간의 갈등문제를 더이상 방치할 경우 두 종단의 관계만이 아니라 한국에 큰 사회문제가 될 것임이 분명해졌다.

월간 『기독교사상』(1998년 11월호)에 실린 훼불일지 중 범인이 기독교 신자로 판명된, 아래에 열거하는 구체적 사례만 보더라도, 불교와 기독교 간의 갈등현상이 얼마나 심각한 지경에 이르고 있는지 경각심을 가지고 대처할 필요가 있다.

> 사례 1 1982년 5월, 명진홍은 불교를 공공연하게 비난하는 종교모임을 서울에서 열었다. 그는 "예수 천당, 불교 지옥"이라는 기치를 내걸고 불교계를 심히 자극시켰고, 양식있는 시민들의 비판을 받았다.
>
> 사례 2 1884년 2월, 서울 삼각산에 소재한 무량사와 일선사의 법당 벽화에 빨간 십자가가 그려져 있었다. 벽화와 절 밖에 있는 불상에 오물이 칠해졌고, 마애불이 훼손되었다.
>
> 사례 3 1987년 12월, 제주 탐라교회 신도 양산하는 관음정사와 대각사에 불을 질러 전소시켜 체포되었다.
>
> 사례 4 1989년 4월, 서울 삼각산 바위에 새겨진 마애불에 빨간 십자가를 칠하고 불상을 파괴하였다.
>
> 사례 5 1991년 부산 베델교회 신도 표차종은 석굴암의 불상이 '우상숭배' 대상이고 이단종교의 산물이라고 공언하면서 석굴암 불상을 훼손시키려 접근했으나 차단당했다.
>
> 사례 6 1995년 6월, 한 기독교 광신자가 광주의 미륵정사에 침입하여 불상과 법당을 손상시켰다.

사례 7 1995년 9월, 기독교 광신자 박오순이 제주도의 다섯 군데 불교사찰에 들어가 불상을 불태우거나 큰 손상을 입혀 체포되었다.

사례 8 1995년 한 개신교 목사라는 신분의 인물이 전남 강진 무위사에 들어가 후불탱화에 빨간 십자가를 그린 뒤 체포되었으나 풀려났다.

사례 9 1996년 서울 삼각산 화계사 위쪽 약 100미터 지점에 위치한, 참선을 위해 건축된 콘크리트 건물에 빨간 십자가가 그려졌다. 5월엔 화계사 대적 광전 본존불에 방화사건이 일어났다.

사례10 1998년 8월, 충북 청주 보현사에 훼불사건이 발생했다. 현장에서 잡힌 범인은 근처 청북교회 신도였는데, 평소 절이 늘어나는 데 불만을 품어 불상을 파괴하였고, 자신의 행동이 옳았다고 확신한다고 주장했다.

위에 열거한 사례에서 감지하듯이, 비록 훼불사건을 행동으로 옮긴 극단적 기독교 보수신자나 광신적 신자의 수는 전체 개신교 신도숫자에 비하여 극소수에 불과하지만, 타종교에 대하여 '배타적 태도'를 가진 개신교 신도수는 전체 신도 숫자의 44퍼센트 이상을 차지하고 있다. 종교사회학자 이원규의 통계조사에 의하면, "귀하는 다른 종교를 어떻게 생각하십니까?"라는 설문에 대하여 배타적 태도를 취한 비율은 44.3퍼센트, 중도적 태도는 33.1퍼센트, 수용적 태도는 22.6퍼센트로 나타났다.[7] 이원규는 타종교에 대한 기독교인들의 태도에 대한 조사연구를 분석하고 다음과 같이 말한다.

타종교에 대한 배타성은 성별로는 여성의 경우 더 강하고(남 38.0%, 여 48.7%), 나이로는 40대의 경우 가장 강하며(20대 36.0%, 30대 41.4%, 40대 55.4%, 50대 43.5%, 60대 41.7%), 교단별로는 소위 보수교단일수록 강하고 (성결교 68.3%, 예장 합동 58.5%, 침례교 56.1%, 예장 통합 46.6%, 감리교 40.0%, 기장 13.5%), 교회직분이 높을수록 강하다(장로 55.0%, 권사 51.3%,

7) 이원규, 『한국교회의 현실과 전망』(성서연구사, 1994), 272.

집사 49.6%, 평신도 35.8%).[8]

위에 나타난, 종교사회학자 이원규 교수의 연구결과는 타종교에 대해 배타적 태도를 보이는 경향성이 개신교도 중에서도 다소 진보적인, 사회참여와 개방성을 강조하는 KNCC에 가입한 교단 소속 교인들과 한국기독교 총연합기구에 참여한 보수교단 소속의 교인들 사이에 상당한 편차를 나타내 보이고 있다는 사실을 보여준다. 이러한 편차는 교회를 지도하는 교역자들의 신학적 입장에 의해 교인들이 설교나 교육을 통해 큰 영향을 받고 있음을 나타내는 증거이며, 개신교 교역자들의 신학적 입장이 그만큼 종교 간의 갈등을 증폭시키거나 감소시키는 데 큰 변수로 작용할 것이라는 예측을 가능케 한다.

한국갤럽조사연구소의 '한국인의 가치관' (1990)과 '한국인의 종교와 종교의식' (1998) 앙케이트 조사분석 결과에 따르면 한국 종교인의 숫자 대부분을 차지하고 있는 불교, 개신교, 천주교 3대 종교 중에서, 배타적 성향을 나타내는 종교단체가 개신교임을 보여주고 있다. 설문지는 부정적 질문형태로서 응답자의 견해를 알아보고, 반대로 긍정적 질문형태를 통해 반응자의 태도를 조사했다. 예를 들면 종교인의 배타적 성향을 알아보기 위해서 던진 질문, "진정한 종교는 하나뿐이다"에 찬동하는 종교인 비율은 불교가 19퍼센트, 천주교가 23퍼센트, 개신교가 45퍼센트로 나타났다. 타종교에 대한 포용적 태도의 비율을 알아보는 질문, "여러 종교의 교리는 서로 틀린 것같이 보이지만 결국 같거나 비슷한 진리를 말하고 있다"는 생각에 찬성하는 비율은 불교 87.0퍼센트, 천주교 85.4퍼센트, 개신교 61.7퍼센트로 나타났다.[9] 현대사회연구소가 행한 '우리나라 종교지도자들의 의식에 대한 조사연구' (1990)에 의하면 자기가 귀의하고 있는 종교 이외의 타종교는 "철저히 배격해야 할 대상"이라고 보는 성직자들의 응답 비율이 승려가 3.0퍼센트임에 비하여 개신교 목사는 30.5퍼센트로 나타났다.[10]

---

8) *Ibid.*, 273.
9) 이원규, 「한국교회의 종교적 배타성 문제」, 『기독교사상』(1998년 11월호), 42~43에서 간접인용.
10) *Ibid.*, 43에서 간접인용.

이상에서 살핀 대로, 한국사회에서 종교 간의 갈등, 특히 불교와 개신교 간의 갈등은 상당히 심각한 문제점을 안고 있으며, 그 갈등해소를 적극적으로 도모하지 않으면 갈등관계가 상당히 오랫동안 지속될 수도 있다는 우려를 갖지 않을 수 없다. 왜냐하면 한국 개신교의 경우 전체 신도수 876만 명 중에서 약 절반 정도가 타종교에 대하여 배타적 태도를 견지하고 있다는 것이 통계조사 수치로 확인되고 있기 때문이다. 물론 개신교도들 50퍼센트가 모두 사회에 물의를 일으키면서 타종교에 대하여 공격적 언행을 직접 나타내는 것이 아니고 또한 공격적, 파괴적 행동 자체에 대해서는 반대의견을 가질 수 있지만, 타종교, 특히 불교에 대해서 공격적이거나 파괴적 행태를 보이는 극단적 보수신앙자 및 광신적 신앙자들이 한국 개신교의 보수적 배타주의 성향이라는 정신적 토양 속에 그 뿌리를 내리고 있다는 점만은 부정하기 어렵다.

그러면 왜 한국 개신교는 같은 기독교 신앙전통을 물려받은 한국 천주교에 비하여 타종교에 대해 배타적 태도와 보수적 태도를 갖게 되었는가? 왜 한국 개신교는 한국사회에서 종교 갈등을 야기하는 문제의 종파로 사회인들에게 인식될 만큼 보수적 배타주의 태도가 큰 주류를 차지하게 되었는가? 모든 결과에는 그 원인이 있게 마련이다. 종교 간의 갈등의 원인분석과 20세기 후반의 세계 종교계의 동향을 살펴보기로 한다.

3. 한국 개신교의 배타주의적 성향에 대한 원인 분석

개신교의 배타적 태도에 대하여 정치문화사적, 선교신학적, 사회경제사적 측면에서 좀더 자세한 원인 분석이 요망된다. 첫째, 정치문화사적 고찰이란 개신교가 한국사회에 전파되었을 때 개화기의 바람을 타고 들어오면서 '전통가치 부정'이라는 시대적 분위기에 무비판적으로 휩쓸린 경위를 살피자는 것이다. 둘째, 선교신학적 측면에서의 고찰은 한국에 개신교를 전파하고 한국 개신교 성직자들의 양성을 독점했던 19~20세기 선교사들의 근본주의적 보수신학의 핵심본질을 분석하자는 것이다. 셋째, 사회경제사적 고찰은 한국 개신교의 교파주의 및 개교회 중심적 교회론이 지닌 현실적 역학관계가 종교 간의 갈등을 부채질할 수밖에 없는 경쟁지향적 상황으로 내몰고 있다는 선교현장의 이해관계 문제를 검토하자는 것이다.

3.1. 정치문화사적 원인 분석: 개화열풍이 지닌 전통적 가치의 파괴와 억압적 전통으로부터의 해방의식

18~19세기 기독교 선교사들의 선교과정에서 대표적 인물들, 예를 들면 가톨릭의 달레(C.C. Dallet), 미 국무성의 동양통 록힐(W.W. Rockhill), 매켄지(F.A. Mekenzie), 민비와 친했던 영국의 저명한 여행가 비숍(I.B. Bishop) 등이 당시 조선의 종교문화 상황에서 받은 인상은 '조선엔 종교 부재'라고 판단하는 매우 부정적인 것이었다.[11] 물론 동북아시아 문명권에 사는 민중의 밑바닥에 흐르고 있는 종교적 영향력이나 대부분 한자어로 기록, 전승된 종교문화적 보화를 그들이 깊이 이해하지 못한 한계성을 감안해야 하고, 서구 종교의 판단깃대를 가지고 평가하는 평면적 인상기록이라는 것을 염두에 두어야 한다.

그럼에도 유불선 삼교로 흔히 통칭되는 전통종교들은 민중의 삶 속에서 생명력 있는 힘과 위로와 도움이 되지 못하고, 그 본래적 힘을 상실한 종교적 형식주의와 권위주의 또는 무교와의 습합형태로 변질되어 길흉화복이나 점쳐주고 액땜질 해주는 기복종교로 변질해 있었다. 일종의 종교적 진공상태가 지속되고 있는 상황에서 민중들은 동네의 무당종교나 잡귀숭배에 의해 지배되었고, 유불선 삼교는 "그 운을 다했다"고 동학도들이 표현할 만큼, 상층지배계급 일부에겐 의미 있을지 몰라도 대부분 민중에게는 버림받은 형국이었다.

이러한 종교문화적, 정치사회적 상황 속에서 기독교, 특히 한국 개신교는 개화라고 부르는 시대적 카이로스에서 수용되었고 그 기초 뿌리를 민중들 속에 깊

---

11) 민경배, 『한국기독교회사』, 120~121.

이 내렸다. 1876년 일본과의 강화수호조약 체결 이후 계속해서 미국(1882), 영국과 독일(1883), 프랑스(1886) 등과 국교를 트면서 동양의 은둔국은 세계에 그 모습을 무방비 상태로 노출해야만 했었다. 당시 집권층인 유교 세력과 정치 집단은 '위정척사론'과 '동도서기론'으로 외국의 이질문화, 특히 이질적 종교의 조선 전래를 초창기엔 강력히 금지시키려고 모든 조처를 강구했다.

한국에 개신교가 전래될 무렵인 19세기 후반, 한국은 개화라고 하는 '시대적 요청'에 직면하고 있었으며, 개신교의 선교전략은 당시 조선왕조의 정책과 민중들의 요구를 동시에 잘 파악하고 있었으므로, '개화'를 방편으로만이 아니라 목적으로 삼으면서 자연스럽게 종교적 선교사업을 이루어 나갔던 것이다. 19세기 말 교계신문은 그러한 당시 분위기, 곧 개화와 교회선교가 일심동체처럼 진행되고, 그렇게 인식되고 있었다는 사실을 잘 전하고 있다. 기독교인들은 당시 "우리의 교리가 경향에 더욱 흥왕하여, 나라가 개화하기를 간절히 바라노라"[12]고, "차차 우리 교회가 흥왕하여서 조선이 속히 개화에 진보가 되기를 간절히 바라노라"[13]고 했다. 그리하여 조선의 개신교 선교는 사립학교 설립을 통한 교육운동, 서양 의학에 기초를 둔 병원설립, 민중에 파고드는 복음전도라고 하는 3박자 선교정책을 훌륭하게 수행했던 것이다.[14] 이러한 당시 상황을 한국사학자 이만열 교수는 다음과 같이 말했다.

> 사실 기독교는, 한국의 사회변화와 민족운동에 깊이 관여하기에 앞서서, 기독교적 가치관과 서구의 기독교적 문화를 한국에 소개하였다. 그러한 문화가 단순히 한국에 이식되었다기보다는 한국의 개화의 욕구에 부응하면서 한국에서 새로 일어나고 있던 자생적 근대요인과 접맥하여 사회의 변화에 기능하고 있었다.[15]

---

12) 『대한 그리스도인 회보』, 1898년 1월 19일자 사설.
13) 『조선 그리스도인 회보』, 1896년 6월 2일자 사설.
14) 1909년 당시 기독교계 사립학교 총수는 장로교 605개교, 감리교 200개교, 천주교, 침례교, 안식교가 세운 학교까지 합하면 950여 개 학교, 학생 총수 22,000여 명이었다. 민경배, 『한국기독교회사』, 238.
15) 이만열, 『한국기독교문화운동사』(대한기독교출판사, 1986), 6.

이만열 교수의 말대로 맨 처음 개신교가 한국사회에 접촉하면서 일으킨, 누룩과 같은 변화력은 정치사회사상이나 민족문제에 앞서서 전통문화 속에 깃들어 있는 인간억압의 '부정적 쇠사슬'로부터 '개화' 운동을 통해 인간을 해방시키는 일이었다. 곧바로 이어서 민족운동과 개신교는 접맥되어, 종교운동, 민족독립운동, 개화교육운동이 함께 이뤄지지만 최초의 모습은 '개화'라는 시대적 정신에 적절하게 적응했던 것이다. 조혼, 주초, 밀주 등 각종 구습타파, 사주팔자론과 잡귀숭배의 미신타파, 유교적 상제례 의식의 간소화 및 폐지, 여권신장, 한글보급을 통한 문맹퇴치, 병원과 학교교육을 통한 합리적 사고의 보급 등 조선사회의 근대화 개화과정에 개신교의 역할은 눈부신 바 있었다는 것은 주지의 사실이다.

그런데 오늘에 와서 뒤돌아볼 때, 19세기 한국의 '개화운동'과 개신교의 교세 확장과의 함수관계에 있어서 이제는 그 공과를, 빛과 그림자를, 긍정적 공헌과 전통문화 파괴라는 과오를 동시에 냉정하게 재평가해야만 하는 시점에 도달하고 있다. 특히 왜 20세기와 21세기에 들어와서도 한국 개신교가 전통종교들, 특히 불교에 대하여 배타적 태도를 취하게 되었는가를 그 역사적 뿌리에까지 캐고 들어가면 '개화기'에 개신교가 취했던 무분별한 '전통파괴'와 '개화'를 '복음화'와 평면적으로 동일시했던 과오와 지도력 부족에 기인함을 알게 된다.

특히 1901년 전후, 조선사회에서 불교는 조선왕조의 숭유억불 정책 하에서 끈질기게 그 명맥을 이어갔지만, 통일신라기나 고려조 시기는 왕실의 번영을 비는 호국적, 국가 종속적 성격을 띠고 기복적 성격이 강했고, 조선조 말기엔 불교가 본래적인 우주적 종교로서의 위대성보다는 기복주의로 흘러 '개화파'들에게 극복의 대상으로까지 보였던 것이다. 1901년경, 조선 기독교 신문에 비친 불교나 유교의 제사제도 폐해는 다음과 같았다.

지금 대한(大韓)에 부처를 경신(敬神)하며 마귀를 숭봉하는 풍속이 성하여 온 나라 사람들이 다 크게 병이 들었는지라.[16]

---

16) 『그리스도신문』, 5권, 11호(1901.3.14).

슬프다 세상 사람의 우상을 숭배함이여, 당장에 살아있는 부모의 뜻을 순종치 아니하고 근심을 끼치다가 부모가 죽은 후에 그 신주(神主)에게 제사를 지내며 효도를 다한다하는 사람은 재주있는 장색에게는 절하지 않고 그가 만든 우상에 절하는 것과 무엇이 다르리오.[17]

위에 인용한 신문기사에서 살필 수 있는 것은, 이미 1901년 조선 개신교는 불교인들이 불상에 예불 올리는 것이나, 유교식 제사의례에서 절하는 예식을 '우상에게 절하는 행동'으로 간주하여 비판하고 있다는 사실이다. 아무리 당시 불교가 민속신앙과 습합하였을지라도, 그리고 아무리 당시 유교적 제사가 허례허식에 치우쳐 종교적 감동을 주지 못했을지라도, 한국 개신교가 그러한 종교행위 자체를 '우상숭배'로 규정하여 비판하고 있다는 것은, '개화운동'의 명분 아래서 일체의 전통적 가치나 종교행위를 철폐해야 할 비판적 대상으로 보고 있음을 말해준다.

한국의 개신교는 전통적 종교형식들, 특히 상제례 행위나 추석 등 명절에 성묘나 가정에서의 다례에서 '절하는 예법'까지를 '우상에게 절하는 행동'으로 비약 해석하는 교리적 경직화를 노정하고 있었다. 그 결과 한국 개신교는 아직도 문화적으로 한민족의 심성에 토착하지 못하고 다분히 외래종교로 이해되고 있는 것이다.

3.2. 선교신학적 측면: 근본주의적 보수신학이 주장하는 성서무오설과 타종교 간의 갈등

한국 개신교가 '개화' 열풍을 타고 전래해 왔기 때문에, 당시 조선인들을 빈곤, 무지, 억압, 미신, 불평등, 질병, 타국에의 예속과 굴종으로 몰아간 근본 원인이 정치적 통치권자들의 부패 타락 못지않게 전통문화 속에 깃든 비합리적이

---

17) 『조선 그리스도인 회보』, 11호(1897.4.14), 우상론.

고 미신적인 요소 때문이라는 단순사고가 초기 개신교도들 사이에 팽배해 있었다. 실상 그런 점이 있었던 것도 사실이었기 때문이다. 더욱이 개신교라는 기독교 종파에 귀의한 대부분의 민중들은 일부 예외를 제외하고서는 한자로 표현된 불경이나 사서삼경 같은 전통종교의 경전이나 고전에 쉽게 접할 수 없는 평민들이었다. 그리하여 초기 한국 개신교도들에게 '예수를 믿는다는 일'은 '전통 종교문화와 그 유산과 풍속'을 아무 미련 없이 버리고 떠난다는 것을 의미하기도 했다. 그러한 전통문화와의 갈등문제는 '상제례' 문제에서 가장 예민하게 노출되었고, 그 문제는 지금까지도 목회현장에서 큰 숙제가 되어있는 것이다.

그런데 한국 개신교가 한국의 전통종교들, 특히 불교와 갈등관계에 들어가게 된 더 근본적인 이유는 초기 한국에 기독교를 전해준 미국 선교사들의 근본주의적 보수신학, 특히 성경무오설에 입각한 성경권위의 절대화에 있다고 보아야 한다. 기독교 근본주의(Fundamentalism)는 그 본질에 있어서 계몽주의 이후 현대주의 지성이 전통 기독교의 진리를 훼손한다고 염려하는 보수적 기독교인들이 일으킨 운동이요, 더 정확하게 그 특징을 말한다면 성경영감설을 기초로 하여 성경무오적 권위를 가장 근본적이고 기독교 진리의 사활이 달린 핵심교리라고 믿는 교회운동 및 신학운동을 말한다. 박아론 교수는 베이커 신학사전(Baker's Dictionary of Theology)과 웨스트민스터 교회사사전(The Westminster Dictionary of Church History)을 적절하게 인용하여 근본주의 신학의 본질을 아래와 같이 정의하고 있다.

> 근본주의는 기독교의 기초적 신앙원리들을 보존하며 현대주의라는 신학운동에 존재하는 위험스러운 신학적 경향성들을 저항하며 저지하는 목적으로 근래에 일어난 신학운동이다.[18]

근본주의란 19세기적 성경영감론을 회의하는 자들에 대한 반항적 운동이다.

---

18) *Baker's Dictionary of Theology*(Baker House, 1975), 233.

이 운동의 2대 산맥으로서 프린스톤 신학교를 중심으로 하는 구파 칼비니스트(the Old School Calvinist)가 있고, 세대주의자들(the Dispensationalists)이 있다.[19]

근본주의 신학운동은 장로교 신학운동만이 아니라, 칼비니스트와 알미니안주의자들, 침례교도들, 개혁주의자와 세대주의자들, 성령운동가 등 다양한 집단이 참여한 보수적 신앙운동이다. 그들이 내세운 근본주의 신앙의 근본 교리들은 성경무오성, 예수 그리스도의 동정녀 탄생, 예수 그리스도의 대속적 죽음, 예수 그리스도의 육체적 부활, 예수 그리스도의 육체적 재림이라는 다섯 가지였다. 그들은 대체적으로 성경연구에 있어서 비판적 연구방법, 곧 고등비평을 용인하지 않으며, 생물학에서 가르치는 진화론, 일체의 합리주의적 이성주의나 인간의 책임성을 강조하는 사상을 용납하지 않는다.

근본주의 신학운동은 나이아가라 모임(1895), 근본주의 진리증언 총서 발간(1909~1912), 웨스트민스터신학교 설립(1929), 신복음주의 운동본부 풀러신학교 설립(1948) 등 분열과 분파운동을 끊임없이 지속해갔다. 한국에 미국의 장로교 선교사들이 대대적으로 파송되어 평양신학교를 창설, 운영하던 무렵은 근본주의 역사 중에서 가장 활발했던 '자유주의와의 투쟁시기'(1900~1930)로, 대부분의 선교사들의 기본 신학적 노선이 근본주의였으며, 그들의 지도를 받았던 대부분의 한국 장로교 목사들 또한 근본주의 신학으로 훈련되었다. 한국의 보수신학의 거두 박형룡 박사와 그 제자들은 그들의 보수신학을 '근본주의 신학'이라고 부르지 않고 굳이 '청교도 개혁주의 신학'이라고 부르지만 '성경무오설'을 근본적 교리로 삼는다는 점에서 근본주의 신학과 아무 다른 점이 없다.[20]

---

19) 박아론, 『보수신학은 어디로 가고 있는가?』(총신대출판부, 1985), 13. *The Westminster Dictionary of Church History*(the Westminster Press, 1971), 348.

20) 예수교장로교(통합)의 신학적 기초는 본래 근본주의 신학이었으며, 장로교 개혁신앙전통을 강화하여 다음과 같은 다섯 가지 근본교리를 특히 강조한다. 성경무오성(the Infallibility of the Scripture), 하나님의 주권성(the Sovereignty of God), 속죄의 제한성(the limited Atonement), 단회적 중생(the unrepeatabity of Regeneration), 성도의 견인성(the preserverance of the saints).

한국 개신교에서 속칭 '보수주의 교회' 또는 '복음주의 교회' 라고 하는 부류에는 장로교(합동), 침례교, 순복음교회, 성결교, 감리교(예감), 오순절교회 등 다양한 교파들이 보수진영을 구성하고 있으나, 그들 다양한 교파들을 동질의 보수적 개신교 진영으로 묶는 단 하나의 공통 교리가 바로 '성경의 무오성'(the Infallibility of the Scripture)인 것이다. 여기에서 말하는 '성경의 무오성' 은 성경의 모든 문자가 계시적 영감에 의해 쓰여진 계시적 경전이기 때문에, 문자적으로 오류가 없고 절대적 진리를 계시해주고 있다는 교리를 말한다.

　사실 신구약 성경은 엄청난 종교적 보화의 바다이며 영감의 진리증언 집대성물이고, 교회를 부흥하게 하며 인간의 심령과 사회를 능히 변혁시킬만한 능력을 그 안에 담지하고 있는 인류의 보고이다. 그러나 성경이 아무리 계시적 영감성을 지닌 경전이라 해도, '성경문자무오설' 은 엄청난 혼란과 독단을 신도들에게 심어주며, 특히 타종교에 대한 배타적 태도를 갖게 하는 데 결정적 영향을 미치는 것이다. 그러므로 오늘날, 한국 개신교도들이 타종교들에 대하여 그렇게 배타적 태도를 견지하는 원인 중 가장 중요하고 핵심적 이유가 성경에 대한 사랑, 신뢰, 그리고 교리적으로 그렇게 배운 성경문자무오설 때문이라는 점을 인지하는 것이 중요하다. 성경을 계시적 영감의 경전으로 사랑하고 신뢰하며, 열심히 읽고 은혜를 많이 받은 신자일수록, 타종교에 대하여 배타적인 태도를 갖기 쉬운 것이다.

　따라서 성경해석의 태도에 있어서, 바른 경전이해의 '해석학적 성숙' 을 이뤄내기 전에는 개신교도들의 타종교에 대한 배타적 태도를 해소시키기가 지극히 어려운 것이다. 고등교육을 받은 지식인들도, 그가 성경 안에서 말할 수 없는 영적 은혜와 변화의 감동을 받아, 성경을 존중하고 사랑하게 되면 다음과 같은 성경구절에 직면할 때 당황하게 되고 보수적 태도를 지니게 되는 것이다.

　　나 외에는 위하는 신들을 네게 있게 말지니라. 너는 자기를 위하여 새긴 우상을 만들지 말고 위로 하늘에 있는 것이나 아래로 땅에 있는 것이나 땅 밑 물 속에 있는 것의 아무 형상이든지 만들지 말고 그것들에게 절하지 말라(신 5:7~8).

예수께서 이르시되 내가 곧 길이요 진리요 생명이니 나로 말미암지 않고는 아버지께로 올 자가 없느니라(요 14:6).

하나님은 오직 한 분이시며, 하나님과 사람들 사이의 중보도 한 분이시니 곧 사람이신 그리스도 예수시라(딤전 2:5).

다른 이로써는 구원을 얻을 수 없나니 천하사람 중에 구원받을 만한 다른 이름을 우리에게 주신 일이 없음이라(행 4:12).

이상의 인용구들은 한국 개신교의 보수적 신도들이 타종교에 대한 그들의 배타주의적 태도를 정당화하는 데 끌어들이는 대표적 성경구절들이다. 그런데 성경의 문자무오설을 굳게 믿는 근본주의적 기독교 신도들은 위에 인용한 성구들의 해석에 있어서 현대 성경연구방법의 다양한 해석학적 분석이해 능력을 가지고 있지 않다. 양식사적 비평방법, 편집사적 비평방법, 전승사적 비평방법, 문학비평적 연구방법 등을 알지도 못하고 용납하지도 않는다. 성경은 문자 그대로 계시적 진리의 경전이라고 굳게 믿기 때문이다.

결론적으로 말해서, 한국 개신교 중 보수적 개신교 교단 소속이 60퍼센트 이상인 현실에서 타종교, 특히 불교를 배타적으로 대하면서 불상을 우상의 한 형태라고 생각하는 단순사고는 종교적 경전을 단지 '문자적'으로 이해하게 하는 경직된 율법주의적 경전관 때문인 것이다.

3.3. 개신교의 배타주의적 태도의 사회경제사적 고찰: 자본주의 사회에서 경쟁원리에 노출된 개교회 중심적인 교회론의 문제

한국 개신교도들이 천주교에 비하여, 그리고 유럽이나 영미의 개신교에 비하여 이웃 종교들에 대하여 배타적이고, 특히 불교를 경쟁적 갈등관계에서 파악하는 세 번째 이유로 교회론의 변질을 들 수 있다. 개신교신학 역시 이론상으로는 교회란 '그리스도의 몸'으로서 하나의(Una), 거룩한(Sancta), 보편적(Catholica), 사도적(Apostolica) 교회라고 신앙고백한다. 그러나 현실적으로 한국 개신교는 자본주의사회 속에서, 다종교사회 상황 가운데서, 개별 교회공동체가 스스로 존립을 지탱해가야 하는 '시장상황'(Market Situation)에 처하게 되었다.

통계에 의하면 크고 작은 개신교 교회 총수는 2000년 현재 약 50,000 교회이고, 개교회 평균 교인수는 도시교회는 346명, 농촌교회는 44명에 불과하다. 이러한 '시장상황' 속에서 한국 개신교 교회들은 종파 간, 교파 간, 개별 교회 간에 치열한 경쟁을 하게 되고, 교인 확보를 위해 모든 수단을 동원하는 선교전략을 모색한다.[21]

일정한 동일지역을 포교나 선교활동 대상으로 삼고 있는 종교단체들은 종파나 교파를 초월하여 같은 종교인으로서 서로 교제하고 선한 지역사업에 협동하면서 지내는 것이 아름답고 바람직한 것이다. 그러나 현실은 그렇지 못하다는 데 한국사회 종교 갈등의 현주소가 있다. 다른 종파 간의 대화 협력은 그만두고서 동일한 개신교 교파들의 경쟁적 교회설립은 교파가 다른 경우 상호경쟁과 견제의식으로 치닫기 십상이다. 이런―피터 버거가 말하는―종교기관들의 '시장상황' 속에서는 종교 간의 대화와 협력보다 상호 견제, 경쟁과 갈등 상황으로 치닫기 마련인 것이다.

1970년대부터 한국 개신교에 크게 불어온 미국 보수적 복음주의 선교신학의 '교회성장론'은 한국사회에서 종교 간의 갈등을 해소시키기보다는 갈등을 가속화하고 증폭시킨 부정적 역기능을 수행했다. 그것은 미국 풀러신학교를 중심으로 한 풀러학파(Fuller School)가 주장하는 선교신학의 기초이념 속에 종교 간의 대화나 협력을 부정하게 하는 보수적, 배타적 신학이 내재해 있기 때문이다. 1960년대 중반부터 고도의 산업화, 공업화, 도시화, 경제성장제일주의 정책을 추진한 한국사회 속에 사회윤리적으로 '고독한 군중 집단'이 생겼다. 물질적, 정신적 축복을 갈망하는 심리적 분위기가 조성되고 전통적 공동체가 붕괴되면

---

21) 이원규, 『한국교회의 현실과 전망』, 205.

서, 새롭게 자기정체성을 확보해줄 강력한 소속감을 보장해주는 보수적 교회공동체, 그리고 '적극적 사고방식'과 선택받은 자들의 '물질적 축복'을 보장해주는 '교회성장론'이 급속히 확산되었다.

교회성장론의 대표적 신학자들로서 와그너(P. Wagner), 맥가브란(D. McGarvran), 헌터(G. Hunter), 마일즈(D. Miles), 켈리(D. Kelley) 등을 열거할 수 있는데, 신학적으로 그들은 소위 말하는 '복음주의'(Evangelism)와 '성경의 절대권위'를 강조하는 보수주의 신학자들인 것이다. 보수적 교회성장론자 켈리의 선교신학에 의하면 특정 개교회나 교파는 강하거나 약할 수 있는데 강한 교회는 성장하고 약한 교회는 쇠퇴한다. 그는 성장하는 강한 교회와 교파가 되려고 하면 다음과 같은 특징을 지녀야 한다고 본다.

> 강한 교회들의 특징은 교인들에게 전적인 충성심과 사회적 연대감과 강한 위탁(commitment)을 요구하고, 교인들에 대하여 믿음과 생활방식에 대한 엄격한 훈련을 하며, 사람들에게 복음을 전하는 열성과 함께 선교적 열정을 지니며, 믿음에 대하여 절대적이며, 생활방식에 있어서 같은 멤버들과의 동체감(conformity)을 요구하는 대신 다른 멤버들과의 관계를 회피한다. 약한 교회는 믿음에 있어서 상대주의적이거나 개인주의적이고, 내적인 다양성과 다원주의에 대하여 관용적이며, 경전이나 교리에 대하여 강요하지 않고, 개종시키기 보다는 외부인들과 대화하는 태도를 가지며, 교회에 대해서는 제한된 위탁만 나타내 보이고, 집단 안에서의 확신이나 영적 통찰을 효과적으로 공유하지 않는다.[22]

위와 같은 교회성장론의 선교신학적 오리엔테이션은 1970~1980년대 한국 개신교의 양적 성장에 큰 영향을 미쳤다. 동시에 부작용과 역기능이 뒤따르게 되었다. 무리한 '성장신화', 가시적 대형 교회건물에 의존하는 '교회지상주의', 배타적 집단의식과 집단이기주의의 팽배, 사회윤리의식의 부재 등이 그것이다.

---

22) *Ibid.*, 188~189.

그러나 그 중에서도, 본 논문과 관련되는 결정적 문제점은 1970~1980년대 한국 개신교를 주도했던 교회성장론자들이 타종교에 대한 관용과 열린 자세를 매우 비판적으로 보았으며, 종교다원현상에 대한 진지한 선교신학적 성찰을 포기하고 타종교와의 대화, 관용, 협동의 태도는 곧 교회를 약화시키는 결정적 질병이라고 생각했다는 점이다.

교회를 강하게 하고 성장시키기 위해 복음주의적 보수 신앙공동체에 대한 전적인 충성과 헌신을 요청했으며, 보수적 교회공동체의 동질성을 강화하기 위하여 '다름'과 '차이'를 용납하지 못할 뿐만 아니라 이를 정복해야할 '적'으로 간주하도록 교육시켰던 것이다. 결론적으로 말해서, 한국 개신교가 1970~1980년대를 거쳐 1990년대와 2000년대로 진입하면서도, 한국과 같은 종교다원사회에서 여전히 타종교에 대한 배타주의적 태도와 종교적 갈등을 조장시키는 그 세 번째 이유가, 교회성장론에 입각하여 자본주의 사회 속에서 경쟁과 성장을 최고 관심으로 삼는 복음의 변질, 개교회중심과 교파중심의 왜곡된 교회론이 크게 작용했기 때문임을 알 수 있다.

총괄적으로 지금까지의 이야기를 정리하면, 한국 개신교가 이웃 종교에 대히여 배다직이거나 석대적인 태도를 견지하는 성향을 지니게 된 핵심원인은 세 가지로 요약된다. 첫째로 개신교가 개화물결을 타고 전래되면서 전통문화와 전통문화의 핵심인 전통종교들을 극복대상으로 보았다는 점, 둘째로 미국에서 파송된 개신교 선교사들은 보수적 근본주의 신학으로 무장한 사람들이었고 근본주의 신학의 핵심은 '성경무오설'이므로 성경을 많이 읽고 사랑하는 개신교 교인들은 '성경문자주의자'들로 훈련되어 타종교에 대한 배타적 태도를 견지하게 된다는 점, 셋째로 1960년대 이후 근대화, 산업화 과정에서 자본주의사회의 시장경쟁 상황을 밑바닥에 간 보수적 선교신학자들의 '교회성장론' 신학 자체가 종교 간의 대화나 협력을 용납하지 않았다는 점이다.

그러나 1960년대 이후, 세계 종교학계나 신학계는 지구촌 시대가 현실화되면서 종교적 다원사회에 직면한 인류 정신문명의 카이로스를 창조적이고도 생산적으로 대처하기 위하여 진지한 학문적, 실천적 노력들을 진행시켜 왔다. 다음장에서는 그러한 노력과정에서 나타난 일련의 견해들과 문제점을 고찰하기로 한다.

4. 종교 간 대화와 협력태도에 관한 세 가지 모델과 평가

역사가 토인비는 20세기 문명사에서 가장 의미 있는 사건은 기독교와 불교가 심층적으로 만나 대화하기 시작한 일이라고 지적했다. 그러한 구체적인 역사적 이정표가 제2차 바티칸 공의회(1962~1965)에서 채택한 '비기독교에 관한 선언'(Nostra aetate)[23]이라 할 수 있다. 기독교권 밖에서는 이 문서가 제2차 바티칸 공의회 기간 중 논의하고 채택한 수많은 선언문 가운데 하나요, 그 분량이나 내용면에서 크게 주목을 끌 만한 문서가 아니라고 말할 수 있을 것이다. 사실 그렇다. 힌두교, 불교, 유교, 도교 등 비셈족계 종교들의 입장에서 보면 제2차 바티칸 공의회의 'Nostra aetate'는 당연한 내용을 담고 있는 문서이다.

그러나 14세기 포르투갈과 스페인의 라틴아메리카 선교 이후, 그리고 17~20세기 기간 동안 유럽 기독교 국가들의 아시아 및 아프리카 식민침탈과 더불어 이뤄진 기독교 선교신학과 역사철학 이론에서 본다면 획기적 변화가 기독교 자체 안에서 공식적으로 제기되고 반성적으로 성찰되었다는 데 역사적 의미가 있는 것이다. 한마디로 말하면, 20세기 초까지 공식적으로는 기독교 이외의 다른 문명권 안에 존재하는 비기독교 종교들은 단순히 이교(異敎)가 아니라 정복하고 개종시키고 심판해야 할 '거짓종교', '우상종교', '자연종교', '인본주의적 종교'라고 단정해 왔기 때문이다. 1965년 이후 분명해진 지구촌의 문명전환기에 처하여 인류가 당면한 종교다원현상을 어떻게 이해해야 할 것인가에 대한 지성적 연구문헌들이 많이 쏟아져 나왔다.[24]

---

23) 한국천주교중앙협의회, 『제2차 바티칸 공의회 문헌』(한국천주교중앙협의회, 1969), 605~612.
24) 종교다원현상에 대한 도서목록을 참조하려면 한일철, 『종교다원주의의 유형』(한국기독교연구소, 2000), 권말의 참고도서 목록을 보라.

종교 간의 만남에서 취하는 다양한 태도를 배타주의(Exclusivism), 포용주의(Inclusivism), 다원주의(Pluralism)로 나누어 설명했던 레이스(A. Race)[25]의 3가지 모델 분류법에 따라 한국의 종교인들, 특히 기독교인들의 타종교에 대한 태도가 지닌 강점과 약점이 무엇인지 분석 평가하기로 한다.

타종교에 대한 배타주의 입장은 글자 그대로 자기가 귀의하고 있는 종교 이외의 모든 타종교들을 참 종교로 인정하지 않을 뿐만 아니라, '거짓종교'로 단정하여 그 존재성 자체를 거절하고 배척하는 입장이다. 극단적으로는 타종교를 멸절시키고 약화시키는 것이 진리를 위해 옳은 일이며, 가능하다면 타종교인들을 자신이 신봉하는 종교로 개종시켜야 한다고 생각한다.

극단의 배타주의적 종교인들은 기독교, 유대교, 이슬람교 등 셈족계 종교들에서 특히 두드러지게 발견되지만, 극소수일지라도 어느 종교에든지 이런 배타주의적 태도를 가진 신도들이 있을 수 있다. 기독교 안에서 배타주의적 태도를 가진 신도들, 목회자, 신학자들의 확신은 대체로 성경무오설의 교리를 신봉하여, 계시적 유일경전인 성경에 씌어진 대로 기독교만이 유일한 계시종교, 대속적 구원종교, 오직 유일한 참종교라고 확신하며, 결과적으로 타종교는 자연종교, 인본주의적 종교, 거짓종교라고 단정한다.[26]

배타주의적 태도를 갖는 신도들은 자기가 귀의하는 종교에 대한 '신앙적, 신학적 확신'이 강하며, 그 중에서는 '구원체험적 신앙'을 가진 사람들도 많아서 종교심리학적으로 강력한 정동적(情動的) 에너지를 동반하는데, 일부는 광신적으로까지 치닫게 된다. 종교란 틸리히(P. Tillich)가 말하는 대로 '궁극적 관심'(Ultimate Concern)이기 때문에, 배타주의적 태도를 견지하는 종교집단은 자기 종교에 대한 전적인 충성, 강렬한 전도열, 교세확장을 위한 물심양면적 헌신, 동류집단에 대한 강한 연대감, 성경경전에 대한 뜨거운 사랑 등 강점을 갖고 있다.

25) A. Race, *Christians and Religious Pluralism: Patterns in the Christian Theology of Religions*(Orbis Books, 1982).
26) P. Knitter, *No Other Names?: A Critical Survey of Christian Attitudes toward the World Religions*(Orbis Books, 1986), 75~96.

'교회성장론자' 들이 말하듯이 배타주의적 태도를 갖도록 교인을 교육 훈련하면 결과적으로 교회가 강해지고 수적으로 성장하게 되는 결과를 낳기도 한다.

그러나 문제는 배타주의적 태도 자체가 현실적으로나 이론적으로나 바람직하지 않을 뿐 아니라 그 철저한 준행은 사실 불가능하다는 점이다. 현실적으로 보면 현대인의 삶의 양식 자체가 인간 상호간의 관계망이 보다 유기적으로 복잡하게 연계되면서 생활하는 삶이기 때문이다. 만약 배타주의적 태도를 가진 종교 집단원들이 자기 신념에 철저하려 할 때, 별도로 은거하여 집단적 생활공간을 영위하면서 의식주와 문화, 교육, 의료 문제 등을 독자적으로 해결하는 중세 수도원적 생활을 하기 전에는 이는 자가당착적이 된다. 왜냐하면 현대인은 타종교 인이 생산한 음식물을 먹고, 타종교인이 경영하는 교통통신 수단에 의존하며, 내 생명이 위급할 땐 타종교인 의사의 도움으로 생명을 구할 수 있다. 뿐만 아니라 현실적으로 만약 배타주의적 기독교인들이 한국사회 속에서 타종교를 '거짓 종교, 우상종교' 라고 매도하면서 정복적 태도를 취하거나 박해한다면, 세계 타지역 소수기독교 집단은 그 곳 다수 종교인들로부터 보복적 대접을 받아 세계는 걷잡을 수 없는 '종교분쟁' 으로 치닫게 된다.

타종교에 대한 배타주의적 태도가 이론적으로 바람직스럽지 않은 이유는, 그들이 지닌 배타적 진리관, 해석학적 독단성, 인간의 유한한 역사성과 상대성에 대한 무지, 다양성의 축복에 대한 불감증 등 때문이다. 배타주의자들은 '참종교 는 오직 하나만 있을 뿐이고, 그렇다면 나머지는 모두 참이 아니다' 는 단순 배중률 논리에 사로 잡혀 있다. 종교가 추구하는 진리 자체는 영원할지 모르나, 그것의 역사적 실현과 구체적 응답 형태는 지질과 기후풍토, 역사체험, 언어와 문화 전통 등에 따라 제한되고 성격적으로 규정된다는 사실을 배타주의자들은 모르거나 알면서도 외면한다. 한국에서는 박형룡의 보수신학이나 조용기 목사의 순복음교회 선교신학을 배타주의적 태도의 대표사례로서 언급할 수 있다.[27]

---

27) 박형룡, 『박형룡저작전집』, 제VIII권(한국기독교교육연구원, 1983), 359~371. 조용기, 『말씀과 믿음』, 하권(순복음교회 평신도교육연구소, 1997), 301~302.

포용주의 태도는 '포괄주의' 또는 '성취설'이라고도 부르는데, 자기가 귀의하는 종교 이외의 이웃 종교들 안에서도 진리체험, 고상한 윤리와 예술, 영적 진리와 불완전하나마 구원체험이 가능하다고 믿으며, 타종교들도 하나님의 세상구원 경륜 속에서 이루어진 것으로 생각하고 타종교의 좋은 점을 포용하되 보다온전한 기독교 안에서 온전하게 될 것이라고 확신하는 입장이다. 넓게 보면 로마 가톨릭교회의 제2차 바티칸 공의회가 천명한 타종교에 대한 포용과 대화 정신, 세계교회협의회(WCC) 종교대화국의 에큐메니칼 선교신학 입장이 포용주의 태도라고 말할 수 있다.[28]

기독교 안에서 포용주의 태도를 지니는 사람들은, 고대 로마교회의 클레멘트나 알렉산드리아의 오리겐이 생각한 것처럼, 하나님의 말씀, '로고스'는 유대민족이나 이스라엘 역사에 제한되지 않고 보편적이며 전 우주적으로 임재하시고 활동하신다는 신학적 입장을 현대적으로 확대, 심화시킨다. 이들은 성경이 증언하는 삼위일체 하나님을 '기독교 문명권의 신'이나 '기독교 종교집단의 신'으로 국한시키려는 전통적 기독교의 좁은 시야를 비판한다. 포용주의적 태도의 최대덕목은 관용성과 개방성이라고 말 할 수 있다. 이들은 성경이 증언하는 하나님은 기독교 선교사들의 뒤를 따르면서 예배 받는 피동적 신이 아니라, 선교사들보다 앞서서 모든 민족의 역사, 만민들의 생명, 성인들과 현자들의 지혜와 가르침들 속에서 당신의 세계구원 경륜을 이뤄가고 계신다고 신앙고백 한다. 한마디로 말해서 소위 '하나님의 선교'(Missio Dei)를 받아들인다. 신학적으로 말하면 타종교 안에도 계시와 구원체험이 불완전하게 또는 부분적으로 존재하는데, 그모든 타종교를 완성시켜 온전하게 하며 타종교의 참 종교성의 진위를 판단하는 판단척도와 규범은 예수 그리스도 안에 나타난 '온전한 계시적 진리'라고 주장한다.

포용적 태도는 기독교 안에서만이 아니라 교양 있는 종교인들이 취할 수 있는

---

28) P. Knitter, *No Other Names?*, 제6장 The Mainline Protestant Model과 7장 The Catholic Model이 같은 포용주의적 입장으로 대별될 수 있다.

건전한 태도이다. 왜냐하면 종교에는 '궁극적 관심'으로서의 성격이 있으며, 아무리 타종교에 대하여 관용적 태도를 당연시하는 힌두교, 불교, 도교인들일지라도 자기가 구체적으로 귀의하는 종교가 최고, 최선의 진리라고 확신하는 '자기 종교의 우월의식'을 무의식적으로나마 갖기 마련이기 때문이다.

포용주의적 태도는 두말할 것도 없이 배타주의적 태도보다는 성숙한 태도이다. 자기가 귀의하는 종교에 대한 충성과 헌신을 약화시키지 않으면서 동시에 타종교인이 경험한 진리체험과 구원체험의 증언을 경청하고, 현실 문제를 해결하기 위한 대화와 협력 자세를 견지하기 때문이다. 그리고 성숙한 포용주의가 지닌 가장 큰 공헌은 '역사적 종교로서의 기독교'와 기독교를 발생시킨 원점으로서의 '그리스도 예수를 통해 드러난 복음 그 자체'를 동일시하지 않고 분별하는 지혜인 것이다.

포용주의 태도가 기독교 교회의 주류적 입장이긴 하지만 학문이론상으로는 여러 가지 도전과 비판에 직면하고 있다. 그 가장 핵심적인 비판은 포용주의적 태도가 은폐하고 있는, 검증되지 않고 객관성이 결여된 그리스도를 통한 계시의 궁극적 규범성 주장, 기독교를 최종 수렴자로 보는 완결적 신앙 확신, 타종교 안에 나타난 계시체험과 구원체험을 불완전하거나 부분적인 것이라고 보는 견해 등이 무지의 소치이거나 단순한 주관적 확신, 아니면 은폐된 기독교 '우월의식'의 표현이기 때문에, 진정한 종교 간의 대화와 협력을 방해한다는 점에 있다. 그러나 한국같이 종교 갈등의 소지가 있는 사회에서 기독교 지도자들과 신학자들과 평신도들이 배타주의로부터 포용주의로 성숙해 간다면 단계적으로는 가장 바람직한 일이 될 것이다. 한국 개신교 안에서 포용주의 태도의 대표적 인물로서 탁사 최병헌과 장공 김재준을 들 수 있다.[29]

마지막으로 종교다원주의 태도는 20세기 후반에 나타난 종교신학의 중심 '화두'로서, 대부분의 기독교 신자들이나 목회자들보다는 현재는 일부 기독교인들

---

29) 유동식, 『풍류도와 한국의 종교사상』(연세대출판부, 1997), 182~205, 240~275. 김경재, 『해석학과 종교신학』(한국신학연구소, 1994), 200~209.

과 학자들 중심으로 서서히 확산되어가는 포스트모던 시대의 종교관이라 할 수 있다. 종교다원주의 논쟁은 학자들의 사변적 이론놀음이 아니라, 진리 추구와 더불어, 지구촌이 당면한 문명사적, 정치사회적, 생태학적 위기의 극복이라는 절실한 생존문제가 계기가 되어 촉발된 기독교계 지성인들의 고민이었다는 점을 기억할 필요가 있다. 세계적으로 종교다원론의 진전에 큰 공헌을 한 학자는 힉(J. Hick), 스미스(W.C. Smith), 캅(J. Cobb. Jr.), 파니카(R. Panikkar), 레이스(A. Race), 니터(P. Knitter), 린드백(G. Lindbeck) 등이다.[30]

종교다원론자들의 입장에도 다양한 차이와 특성이 있지만, 여기에서 대체로 공통적인 입장을 요약하여 그들의 입장이 무엇인지 이해하기로 한다. 종교다원주의 태도는 배타주의는 물론이요 포용주의가 내포하고 있는 문제를 과감히 극복하려는 '지성적 용기'로부터 촉발된다. 그들은 인간 존재의 역사적 상대성과 해석학적 제약성을 철저히 자각한다. 다시 말하면, 지구상에 나타난 의미 있는 역사적 종교들은 '진리' 또는 '진리의 자기계시'에 대한 인간학적, 역사적, 언어문화적 응답형식에 의해 제한된 '상대적 절대체험들의 형식'이기에, 자기 종교만이 최종적, 절대적, 규범적 진리라고 주장하는 것은 독단적 우월주의라고 본다.

동시에 포스트모던 사회가 경험하는 '다양성의 축복'과 '차이의 중요성'을 놓치지 않고 간직하려 한다. 그러므로 흔히 종교다원주의 태도가 세간에 오해되듯이, 종교다원주의자들이 종교종합주의나 종교혼합주의를 지향한다는 오해는 바로 잡아져야 한다. 도리어 현대 성숙한 책임적인 종교다원론자들은 현존하는 세계 종교들이 지닌 고유의 특성을 간과하거나 약화시켜서 획일적인 세계종교를 꿈꾸는 단순사고와 종교혼합주의를 가장 위험한 발상이라고 경계하고 그런 태도에 대하여 비판한다. 또한 종교다원론자들은 종교를 교리적인 이론체계라기 보다는 신성한 '초월경험의 삶 자체'로 이해한다. 무엇이 '바른 교리'(Ortho-

---

30) 여기에서 언급한 대표적 다원주의 종교신학자들의 저술 목록은 다음 자료 참조. 한일철, 『종교다원주의의 유형』, 참고문헌, 294~299.

doxy)냐의 문제가 중요한 것이 아니라 어떻게 살고 실천하는가의 '바른 실천' (Orthopraxis)이 더 중요한 문제라고 본다.[31]

　다원주의적 태도는 '종교 간의 대화를 통한 상호 성숙과 창조적 변화'를 지향하는 용기를 지니려 하며(J. Cobb. Jr.), 인류가 당면한 현실적 고통과 위험을 감소시키는 구원 행동에 동참할 것을 강조한다(P. Knitter). 이론상으로 종교적 다원주의 태도는 가장 성숙한 태도라고 말할 수 있지만, 현실적으로 '종교다원주의 태도'는 상대주의에 떨어질 위험을 늘 안고 있다. 또한 '궁극적 관심'으로서 종교가 지닌 매우 중요한 '정동적 열정'을 대중들은 상실하기 쉽다. 무엇보다도 한국 기독교계같이 해석학적 이해이론이 충분하게 습득되지 않은 지적 미성숙 상태에서는 종교다원주의 논쟁은 생산적 대화가 되지 못하고, '독단과 오해의 악순환'이 계속된다. 예를 들면 "타종교에도 구원이 있는가?"라는 질문은 질문자가 이미 '구원'이란 이런 저런 내용을 함의해야 하는 것이라는 '구원에 대한 전이해'를 전제하고 있기 때문에 감리교 교단 안에서 일어난 것 같은 변선환 교수의 '종교재판'이 발생하게 된다.

　지금까지 우리는 종교 간의 대화나 만남의 태도로서 배타주의, 포용주의, 다원주의의 근본입장과 그 장단점을 간단히 살펴보았다. 한국사회에서 종교 간의 갈등, 특히 개신교와 불교 사이의 갈등문제는 위 세 가지 태도 중에서 극단적 배타주의를 가진 개신교 신도들로 인하여 발생하는 경우가 대부분인 것이다. 그들 배타주의 태도를 지닌 개신교 집단을 비난하거나 정죄하기 전에, 사실 그들은 잘못된 지도와 교육, 훈련으로 인해서 인식론적, 해석학적 독단론에 희생된 피해자들이기도 하다는 것을 인정해야 한다. 그러므로 인내심을 가지고 바른 교육과 훈련을 통해 보다 성숙한 포용주의 태도나 다원주의 태도로 변화하도록 그들을 성숙시켜 가는 일이 중요하다. 그것이 한국사회의 종교 갈등을 해소시키는 구체적이고도 합리적인 대안이 될 수 있을 뿐이다. 그 갈등해소를 위한 현실적

---

31) P. Knitter, "Toward a Liberation Theology of Religions", *The Myth of Christian Uniqueness*, Ed. J. Hick and P. Knitter(Orbis Books, 1988), 178~202.

대안들을 다음에서 생각해보기로 한다.

5. 종교 간 배타적 태도와 갈등관계의 극복방안

한국사회의 종교 간 배타주의 태도는 개신교도들 가운데서 주로 많이 발견되며, 그로 인한 종교 간의 갈등관계는 일부 개신교도의 훼불사건이나 타종교 비방 등 바람직하지 않은 종교 간 갈등현상을 노출시켜 왔다. 그런데 서론에서 말한 대로, 종교 간의 갈등은 갈등관계 속에 있는 당사자 종교 신도들만의 문제가 아니라, 한국사회 전체를 갈등적 상황으로 몰고 갈 수 있는 매우 위험스러운 요소인 것이다. 종교 간의 갈등을 해소시켜 갈등관계를 상호이해와 협동관계로 전환시키며, 한 걸음 더 나아가서 상호 '대화를 넘어 창조적 변화'(Beyond Dialogue toward the Creative Transformation)[32]로까지 진전하는 성숙한 대화가 요망된다. 그 구체적 대책과 방법을 몇 가지 생각해 보기로 한다.

5.1. 종교 및 종교문화사 교육을 통한 이해지평의 확장

종교 간의 갈등을 일으키는 배타주의적 신도들이나 종파는 제한된 경험과 지식으로 인한 편협한 사고가 독단적, 독선적 종교인을 양산하게 된 결과이다. 그러므로 한국의 종교사 및 세계 문화사에 대한 통시적 교육을 통해 이해지평을 넓게 해줘야 한다. 예를 들면, 매우 독실한 개신교 신자는 한국 불교사, 불교사찰의 가람배치의 의미, 불교예술의 상징성, 불상이나 불교석탑, 탱화나 불상들의 다양한 의미 등에 대하여 아무런 예비지식이 없을 수 있다. 초중등학교 시절 집단 수학여행기간 동안 잠깐 들른 한국 불교사찰들의 생경한 인상이 불교에 대

---

32) J. Cobb. jr., *Beyond Dialogue: Toward a Mutual Transformation of Christianity and Buddhism*(Fortress, 1982). 이 책에서 캅은 단순한 상호대화단계를 넘어서서 상호창조적 변화의 단계로까지 진행하려는 보다 적극적이고 창조적 자세가 요청된다고 주장한다.

한 예비지식의 전부일 수 있다. 불교사찰 입구에서 그들을 맞이하는 사천왕의 부릅뜬 눈, 대웅전 지붕의 단청이 각인시킨 원색적이고 강렬한 인상, 온갖 한자로 기둥마다 씌어져 있는 낯선 불경 구절 등이 불교에 대하여 따뜻한 인상을 가지게 할 순 없다.

그러나 사람은 아는 만큼 가까워지고 친밀해진다. 한국 개신교도들이 기초적인 한국 불교사 및 사찰 소개, 불교미술, 불상과 석탑 연구논문 등을 일부 읽기만 해도 종교적 교리를 떠나서 불교에 대한 친밀감을 갖게 된다. 한국 불교도들에게도 개화기에 개신교가 한국의 교육, 의료, 종교사상에 눈부시게 공헌한 업적들과, 기독교 종교예술의 걸작들을 보다 심층적으로 이해시킴으로써 타종교에 대한 이해의 문을 더 넓힐 수 있다. 문제의 요점은 직접적인 종교교리, 종교의식, 신학의 비교 연구보다는 종교문화 또는 종교예술 이해라고 하는 간접적 방법을 통하는 것이 더 유익하다. "종교는 문화의 실체이고, 문화는 종교의 형식이다"[33]라고 말한 틸리히의 문화신학 명제는 여전히 유효하기 때문이다.

만약 각 종단의 교육부에서 보다 적극적인 교육방법을 시도한다면, 각 종파의 교리교육이나 각 종파의 발전사를 가르치는 교과목 과정에, 이웃 종교들에 대한 이해를 목적으로 하는 간단한 종교입문 커리큘럼을 실시하는 것이 유익할 것이다. 그러한 인문학적인 교양교육 과정은 일반학교의 공교육과정에서 마땅히 이뤄져야 할 일이지만 입시위주의 파행적 교육과정이 지배하는 현실 속에서는 기대하기 어려운 실정이다. 국가 교육정책상으로는 사회과 교육과정이나 국민윤리 교육과정 속에 '한국의 종교들'이라는 항목을 넣고 한국종교들이 한국 문화 창달과 예술발달에 미친 영향이나 고귀한 업적을 충분히 납득시켜야 한다.

특히 각 종단의 성직자 양성과정의 교과과정 속에서, 종교학과 세계종교사에 대한 기초교육을 철저히 하는 것은 더욱더 중요한 일이 된다. 지식으로서의 앎과 지혜로서의 이해는 차원이 다르지만 "아는 것만큼 이해된다"는 해석학적 원리는 한국 종교 간의 갈등해소 방안으로서 기초적인 종교학 및 종교문화사 교육

---

33) P. Tillich, *Theology of Culture*(Oxford Press, 1959), 42.

을 통한 종교인들의 이해지평의 확대가 얼마나 중요한 것인가를 지시한다.

5.2. 종교적 진리이해에 있어서 인간의 역사성과 해석학적 패러다임 의존성을 깨닫도록 돕는 일

좀더 심화된 단계에서의 종교 간 갈등해소를 위해서는, 모든 종단의 지도자들과 종교인들로 하여금 자기가 귀의하는 종교에 대한 깊은 애정과 충성 및 헌신을 철저히 하면 할수록 동시에, 인간의 종교경험과 진리표현 자체도 역사적, 문화적 제약 속에 있음을 깨닫게 하는 인식론적인, 또는 해석학적인 눈뜨임이 필요하다.

종교란 '궁극적 관심'이자 최고 진리파지의 확신과 희열이 동반되는 초월적인 실재, 거룩한 실재에 대한 경험의 표현이거나 그 상징체계이기 때문에, 흔히 종교인들은 그러한 경험된 것 또는 종교적 상징체계 자체를 '진리 그 자체' 또는 '실재 그 자체'와 직접적으로 동일시하려는 유혹에 흔히 빠지게 된다. 그런데 힉의 표현대로 말한다면 '실재 그 자체'(Reality itself)와 '인간적으로 이해되고 사유된 실재'(Reality as humanly experienced and thought)는 공통요소를 지니면서도 구별되어야 한다.[34] 구체적으로 예를 든다면 각 종단의 경전이나 교리는 계시체험과 신비체험을 통해 절대자로부터 전수받고 전승되었다 할지라도, 경전이나 교리 그 자체를 절대자와 곧바로 동일시하면 우상숭배가 되어버리고 만다.

종교인으로 하여금 종교체험과 그 상징체계의 역사성과 해석학적 패러다임 의존성을 이해시킨다는 것은 자기가 귀의하는 종교진리에 대해 회의론자나 불가지론자로 만들지 않으며 도리어 진리에 대해 겸허한 종교인이 되게 하고, 이웃 종교의 진리체험과 표현에 귀 기울이게 한다. 하나님 또는 진리 자체는 어떤

---

34) J. Hick, "Seeing-as and Religious Experience", *Problems of Religious Pluralism*(St. Martin's Press, 1985), 16~27.

특정종교의 접근방법과 상징체계만 가지고서는 충분히 포착할 수 없는 것이고, 삶 그 자체도 심원한 복잡성을 내포한 것이기에 특정문화나 종교가 복잡한 생의 문제에 대한 유일한 대답을 가지고 있다고 주장할 수 없는 것이다.[35]

인간 존재가 해석학적 존재임을 분명하게 보여준 학자는 가다머이다. 그는 『진리와 방법』에서 인간실존은 해석학적 존재요, 역사적 존재로서 '영향사적 의식'에 의해 늘 인도되고 있음을 설파했다.

> 이해란 항상—자연과학에 있어서나, 정신과학에 있어서나, 부엌살림에 있어서나—하나의 역사적, 변증법적, 언어적 사건이다. 해석이란 이해의 존재론이요 이해의 현상학이다. 이해란 전통적으로 생각하듯이 그렇게 인간 주체성의 행위로서 파악해서는 안 되고 세계 안에 있는 현존재의 기본적 존재방식으로서 파지되어야 한다.[36]

위 말을 쉽게 일상적인 언어로 설명한다면, 인간은 역사를 만들어가는 주체자이면서도 사실 알고 보면 훨씬 더 많이 역사에 의해서 만들어져가고 있는 존재이며, 역사가 인간의 주체적 의식에 속한 것이라기보다 인간이 역사에 속한 것이라는 말이다. 한 인간은 기독교 문명권, 회교 문명권, 또는 태국 같은 불교 문화권에서 자기가 선택하기 전에 운명적으로 부모에 의한 인연으로 태어나게 되어, 그들이 태어난 문명사회의 언어, 가치관, 상징체계, 세계관, 우주관을 습득하면서 세상을 읽고 진리를 이해하고 신 체험(거룩 체험)을 하게 되는데, 그의 체험을 규정하는 방식의 총체적 체계를 역사 또는 세계관의 패러다임이라 부른다.

그런데 과학사가 쿤(Th. Kuhn)의 연구에 의하면, 과학자에게 있어서 자연을

35) E. Klootwjik, *Commitment and Openness: The Interreligious Dialogue and Theology of Religions in the Work of Stanley J. Samarta*(Boekencentrum, 1992), 89.
36) R. Palmer, *Hermeneutics: Interpretation Theory in Schleiermacher, Dilthey, Heidegger, and Gadamer*(Northwestern University Press, 1969), 215.

연구하는 한 가지 패러다임은 그 자연과학자로 하여금 자연을 어떻게 볼 것인가를 규정할 뿐만 아니라, 자연에서 무엇을 볼 것인가도 규정한다. 종교적 패러다임에 있어서도 마찬가지라고 생각한다. 그러므로 21세기 건전한 종교문화 창달과 종교 간의 갈등해소를 위해서는, 종교지도자들만이 아니라 일반신도 모두에게 귀의하는 종교에 대한 헌신(commitment)과 동시에 인간 존재의 역사성과 해석학적 상대성에 대한 성숙한 눈뜨임이 요청되는 것이다.

5.3. 종교인의 상호 체험교류와 실천적 정행(正行)에 동참함으로써의 이해와 협동

종교 간의 갈등을 해소하기 위한, 위에서 언급한 대책은 체계적 교육과정, 연구 세미나 실시, 독서, 강의, 학술적 토론대화 등을 통해서, 불교식으로 말하자면 인간의 '무명(無明)과 집착'을 깨치게 하자는 말이요, 기독교식으로 말하자면 '교만과 이기심'을 벗어나도록 '인식론적 중생체험'을 하게 하자는 말이다. 그런데 20세기 후반 종교학계와 종교신학계에서 깨닫게 된 경험적 사실은, 실질적으로 종교 간의 이해와 협동은 이론적, 지식적 대화보다는 인격적 교류와 실천적 정행(正行)에 동참함으로써 증진된다는 것이다.

사실 종교의 진면목은 이론이 아니라 삶 그 자체이며, 설명이 아니라 체험이며, 교리체계의 우월성 논쟁문제가 아니라 사랑과 자비의 실천적 힘의 문제이다. 20세기에 들어와서 각 종단의 종교인들은 여러 가지 기회를 통해 깊은 인간적 만남의 체험을 하게 되었다. 뿐만 아니라 인류와 지역사회가 당면한 각종 시급한 문제들을 공동으로 해결하는 데 협동하는 경험을 했다. 한국에도 '한국 종교인 평화회의'(KCRP), '크리스챤 아카데미 대화프로그램', '가톨릭 종교연구소', '한국종교연합선도회'(KURI), '한국신학연구소', 각 대학의 종교학 연구소들이 주관하는 각종 학술협의회가 꾸준히 지속되어, 한국 종교문화의 창달에 공헌해온 것이 사실이다.

그러나 실질적으로는 1970~1980년대 군부독재시절의 인권운동, 노동운동, 1980~1990년대 통일평화운동, 북한돕기운동, 생태계보전운동, 언론정화운동,

민주주의 창달과 정치문화 정화운동 등에서의 실질적 연대활동을 통해 각 종단 지도자들 간의 인격적 만남의 기회가 많아졌다. '삼소회' 등 여성 성직자들의 음악을 통한 사귐과 봉사, 불교 사찰 선(禪)수련 도량을 일반인에게 공개함으로써 타종단의 지도자들도 참여하게 된 경험 등은 종교 간의 이해증진에 보다 큰 공헌을 해왔다. 이러한 실천과 경험을 통한 종교 간의 대화와 협력의 증진방법은 종단 지도자들만이 아니라 일반 신도들 사이에 더욱 확장되어야 할 것이다. 왜냐하면 각 종단 사이에는 교리, 종교의식, 상징체계, 구원론에서 있어서 차이와 다양성이 존재하지만, 고통당하는 생명과 인간을 제도하여 다함께 평화로운 생명공동체, 대동세계를 이루어 나가려는 궁극적 목표는 서로 통하고 동일하기 때문이다.

5.4. 대중매체를 통한 정보교류와 종단 간 상호 교환방문 프로그램

현대사회가 전파매체를 통한 정보화시대이기에, 종교 간 갈등해소를 넘어 종단 간 대화와 상호이해, 상호협력을 도모하기 위해 대중 전파매체를 사용하는 것도 매우 큰 효과를 기대할 수 있겠다. 현재 라디오 전파 방송국으로서는 가톨릭의 평화 방송, 불교 방송, CBS 기독교 방송, 원불교 방송 채널이 각 종단에 의해 운영되고 있으며, 일부 종단에서는 TV 방송 채널도 운영하고 있다.

현재 각 종단의 대중 전파매체는 각 종단의 선교나 포교 및 교육 방송의 기능만을 제한적으로 담당한다. 그러나 좀더 적극적으로 불교 방송이나 TV 채널에 가톨릭 신부, 수녀나 기독교 목회자, 신학자, 평신도들이 초청받아 '이웃 종교의 이해'(가칭)라는 주제로 유익한 교육프로그램을 마련할 수 있으며, 그 반대 역순으로 프로그램을 서로 교환할 수 있겠다. 물론 현재 상황으로서는 개신교의 CBS 기독교 방송이나 TV채널에서 그러한 파격적인 프로그램을 기획한다는 것은 개신교 보수교단의 반발에 부딪혀 어려움이 많을 것이지만, 언젠가는 실현되어야 할 일이다.

종단 간 상호방문 교환프로그램도 큰 도움을 가져다 줄 것이다. 우선은 각 종단의 성직자 양성 프로그램의 일환 속에, '이웃 종교의 이해'라는 프로그램을 개설하고 각 종단의 대표적 사찰, 성당, 성지, 교회 및 박물관을 하루 일정으로 약 5~6곳을 방문할 수 있는 프로그램을 마련한다. 물론 방문할 이웃 종단의 기관 책임자와 긴밀한 협조가 미리 있어야 하겠다. '1일 종교문화 체험 Bus Tour' 형식으로 약 40명 단위의 종교문화 탐방단을 조직하여, 방문지역의 성직자나 전문가의 안내와 설명을 듣거나 종교행사에 참여할 기회를 얻도록 한다. 예비성직자가 먼저 실천에 옮겨보고 결과가 좋으면 일반 신도들에게 참여기회를 확장시킨다. 본 연구자의 신학교육기관(한신대학교 신학대학원)에서의 작은 실험결과는 매우 긍정적인 반응으로 나타났다.

6. 나가는 말: 열린 종교와 생명공동체를 지향하여

이 연구는 한국사회의 종교적 갈등을 해소하는 해법을 모색하기 위하여, 논의의 구체성과 집중도를 고려하여 한국사회에서 현실적으로 종교 갈등 사례가 가장 빈번한 개신교와 불교 간의 갈등문제를 연구대상으로 삼아 연구범위를 한정했다.

먼저 이 연구논문의 2장과 3장에서, 한국사회의 종교현황과 개신교와 불교 간의 갈등사례를 통계청의 통계자료와 사건위주로 살펴보고 문제의 중대성과 심각성을 파악하였다. 갈등해소 방안을 모색하기 위해서 먼저 국민 총수 중 각각 23.16퍼센트와 19.66퍼센트를 신도수로 거느리는 한국사회의 가장 큰 두 종단, 불교와 개신교 사이에 바람직하지 않은 갈등사례가 빈번하게 일어나게 된 원인을 여러 가지 측면에서 검토했다. 특히 한국 개신교의 배타주의적 성향의 원인을 찾아내기 위해, 역사적 관점에서 개화과정의 역기능을, 신학적 관점으로는 보수적 개신교단의 성경무오설을, 현실목회와 현장상황에서는 종교의 '시장상황'의 문제점을 분석하였다.

이 연구의 3장과 4장에서, 개신교와 불교 간의 갈등문제를 신학적으로, 종교학적으로 심도 깊게 연구하기 위하여, 오늘날 세계 종교문화계와 학계에서 논의되는 종교 간의 만남의 세 가지 유형, 곧 배타주의 태도, 포용주의 태도, 그리고 다원주의 태도의 기본입장과 그 의미를 평가하였다. 그리고 본 연구의 구체적 결론으로서 종교 간 갈등해소 방안을 4가지 범주로 대별하여 제시하였다.

종교는 크게 닫힌 종교와 열린 종교로 대별할 수 있다. 닫힌 종교는 과거에 아무리 위대한 업적을 인류문화사 속에 남겼을지라도 이제는 유연성과 탄력성을 잃고 경직되어 창조적 변화와 성장을 중지해버린 교리적 종교, 율법적 종교, 종교의례중심의 종교, 교권주의에 의해 지배되는 종교, 이웃과 대화협력을 중지하고 배타적 우월의식에 사로잡힌 종교, 지극히 독선적이고 광신적 종교행태를 노정시키는 종교를 말한다.

다른 한편 열린 종교란, 종교가 지닌 초월의식과 '궁극적 관심'에 동반하는 열정과 헌신을 동반하면서도 고도의 윤리성과 사회정화 능력을 보유한 생동하는 종교를 말한다. 종교가 지닌 '절대적 신념'을 약화시키지 않으면서도 인식론적으로, 해석학적으로 역사 내 종교들은 상대적임을 충분히 이해하는 성숙한 자세를 지닌 종교가 열린 종교이다. 열린 종교는 대화와 협력을 두려워하지 않으며, 이웃 종교들의 거룩 체험과 영성의 풍요로움을 배우며 자신의 종교 속에 창조적 변화의 촉매로 받아들이기를 두려워하지 않는다. 무엇보다도 열린 종교는 진리 자체이신 절대를 향해 열려있고, 사회와 미래 역사를 향해 열려있고, 인간성의 미래를 향해 열려있으며, 종교의 미래를 향해 열려있다. 그리고 열린 종교는 종교의 구경의 목적을 생명을 치유하고 건강하게 하는 데 두고, 억압과 불의의 세력으로부터 인간과 생명들을 해방시키려는 정행(正行)을 향한 열정을 지닌다.

한국 개신교와 한국 불교는 각각 닫힌 종교가 되기엔 그 두 종교가 지닌 영적 에너지와 전통의 유산이 너무나 위대하고 풍요롭다. 두 종파의 크기와 넓이와 높이는 세계적이고 우주적이기 때문에, 한국사회 속에서 어느 한 종파가 다른 종파를 무시, 정복, 폄훼한다는 일은 불가능한 일이며, 만약 그런 일이 계속 벌어진다면 그런 행위를 하는 종파의 자멸을 초래할 뿐이다. 그러므로 한국 개신교의 일부 보수적 교회지도자들과 신도들은 자신들의 배타주의적 태도를 더 이상 오래 지속시키지 말아야 한다. 기독교는 끊임없이 인내심을 가지고 교육과 실천을 통해 이들을 계몽시키고 성숙시켜, 우주적 보편종교답게 변화되어야 한다. 그리하여 토인비가 예견하듯이, 진정한 인류미래의 찬란한 영적 문명시대를 열어가기 위해서, 그리고 정의, 자비(사랑), 평화가 숨쉬는 대동적 생명공동체의 실현을 위해서, 한국 개신교와 불교는 서로 협력하고 상호 배움을 통한 '창조적 변화'(Creative Transformation)를 이뤄가는 용기를 가져야 할 것이다.

파니카의 우주신인론적 체험과 최제우의 시천주 체험의 비교 연구

1. 들어가는 말

이 글은 이번 기독교 학회의 공동주제인 '성령과 새로운 천년시대를 향한 문명창조'를 염두에 두면서 21세기로 시작되는 제3천년 시대(The third millenium) 인류의 영성이 어떤 형태변화 또는 패러다임 전환을 할 것인가를 문화신학적 영역에서 성찰하려는 목적으로 쓴 것이다. 이 목적을 위하여 필자는 현대 가톨릭신학의 영성가 파니카(R. Panikkar) 신학의 핵심주제인 '우주신인론적 체험'(Cosmotheandric Experience)과 수운 최제우의 '시천주 체험'(侍天主 體驗)을 비교, 연구함으로써 우리의 공동주제를 추구하려고 한다.

우리의 주제와 관련하여 파니카와 최수운을 비교, 연구하는 데는 몇 가지 이유가 있다. 첫째, 두 사람은 문명전환기의 위기의식을 느끼면서 동양적 실재관과 서구적 실재관을 통전시키려는 제3카이로스 의식을 공유하고 있다. 파니카에 있어서 그 카이로스 의식은 서구문명을 근본적으로 규정했던 '역사의식의 시대'가 끝나가고 있다는 자각으로, 최수운에 있어서는 '후천개벽' 시대가 도래했다는 시대 의식으로 나타난다. 둘째, 제3카이로스 의식이라는 단어는 신 체험에 있어서 초월성과 내재성, 영원성과 시간성, 정신성과 물질성, 거룩과 세속을 이원론적으로 분할 파악하지 않고 통전시키려는 영성체험을 암시한다. 셋째, 위

두 사람의 공통점은 절대자인 궁극적 실재와 우주자연을 통전시키되 그 매개 고리 및 매개적 계기로서 인간의 의식 및 역할을 매우 중요시한다는 점이다.

그들의 실재관은 그러므로 二元論(Dualism)적이라기보다는 不二論(Advaita) 적이요, 양극적 사유구조(dipolar structure of thought)라기보다는 삼태극적 사고구조(tripolar structure of thought)를 지니되, 실재를 구성하는 세 가지 차원이 각각 불상잡(不相雜), 불상리(不相離)하면서 상호의존, 상호침투, 상호순환, 상호인대(相互因待), 상호충만하는 관계라는 것이다. 넷째, 두 사람의 영성은 매우 생태친화적이며, 유기체적 생명론적이며, 과거나 미래에 역점을 두는 것이 아니라 '현재 여기에서의 삶의 충만'을 강조한다는 것이다.

연구 자료로서 최근 출판된 파니카의 저서들을 참조하되 특히 *The Cosmotheandric Experience*를 집중적으로 분석 연구하고, 최수운의 사상 연구에는 『동경대전』을 기본 자료로 삼을 것이다. 먼저 제2장에서 파니카의 종교신학 사상의 일반적 특성과 그의 신학적 사상의 중심개념인 '우주신인론'을 소개하고 제3장에서 최수운의 '시천주' 체험을 종교현상학적 입장에서 분석해 볼 것이다. 그러고 나서 제4장에서 양자를 비교하면서 두 사람의 영성신학이 오늘과 미래의 성령운동과 종교쇄신에 어떤 긍정적 의미를 가지고 있으며, 성서적 신앙전통의 관점에서 그들 사상 속에 담기어 있는 신학적 문제점은 무엇인가 평가할 것이다.

2. 파니카의 우주신인론적 체험과 그 영성

2.1. 파니카의 생애와 그 사상적 배경[1]

파니카는 스페인 바로셀로나에서 인도 독립운동 지도자로 활동했던 힌두교인 아버지와 독실한 가톨릭 신자인 어머니 사이에서 태어났다(1918). 태어난 배경 자체가 이미 파니카로 하여금 다양한 종교, 다양한 문화의 영향을 받으면서 자라도록 했기 때문에, 자기정체성의 동일성을 지키면서도 자기와 다른 문화와 종교를 만나 이해하면서 하나의 동일한 인격 안에서 통전시키는 훈련을 하면서 자란 셈이다. 성장기에 힌두교와 기독교 전통만이 아니라, 불교와 세속적인 과학사상에서도 깊은 영향을 받게 된다. 파니카는 다문화 전통을 한 몸 안에 이해하고, 통전시키고, 향유하는 놀랄만한 능력을 지닌 만큼, 그의 언어능력도 유달리 뛰어나다. 그는 11가지 언어로 불편 없이 대화할 수 있으며, 6가지 언어로 그의 사상을 정확하게 집필할 수 있다. 언어는 한 문화의 혼이고 혈액이라는 것을 감안하면 파니카의 정신세계의 지평이 얼마나 넓고 심원한가를 짐작할 수 있다. 그는 그의 일생의 3분의 1에 해당하는 25년 동안 인도 시민권을 가지고 인도에서 보냈고, 하바드대학과 산타바바라의 캘리포니아대학 종교학 교수로 23년간 봉사하고 은퇴한 후(1987), 그의 남은 생애 후반부를 스페인 바로셀로나에서 보내면서 집필과 강연 등에 몰두하고 있다. 그는 30여 권의 단행본을 써냈고, 300여 편의 논문을 집필했으며, 기타 강연과 백과사전 등을 위한 원고를 썼다. 그의 학문적 활동과 남긴 저작의 질량 면에서 볼 때, 그는 평범한 사람을 능가하는 비범한 능력자임에 틀림없다.

그의 놀라운 창작 활동과 연륜을 더해갈수록 깊어가는 그의 학문세계와 영성세계는 젊은 시절 그가 탄탄하게 쌓아둔 학문적 기초훈련의 결과이기도 하다. 그는 맨 처음 독일 본대학과 바로셀로나대학에서 철학을 공부하였고 2차대전 때문에 독일로 돌아가 학위를 마치기 어려워지자 마드리드대학에서 철학박사(Ph.D.) 학위를 받았다(1946). 그 뒤 12년이 지난 후에, 마드리드대학에서 화학

1) 라이몽 파니카의 생애, 그 사상에 관해서는 다음 자료를 참고 했다.

    S. Eastham, "Introduction" in *Cosmotheandric Experience*(Orbis, 1993), v~xv.

    H. J. Cargas, "Introduction" in *Invisible Harmony*(Fortress Press, 1995), vii~xiv.

    김진, 『우리가 하느님에 대하여 말할 수 있는가?』(한들, 1998), 57~78.

    R. Panikkar, *Cosmotheandric Experience*(Orbis, 1993).

    ————. *Invisible Harmony*, ed. by H. J. Cargas(Fortress Press, 1995).

    ————. *Cultural Disarmament: The Way to Peace*(John Knox Press, 1995).

    ————. *The Scilence of God*(Orbis, 1990).

    ————. *A Dwelling Place for Wisdom*(John Knox Press, 1993).

    ————. 김승철 역, 『종교 간의 대화』(서광사, 1992).

전공으로 박사(D.Sc.) 학위를 받았고, 마침내 신학을 전공하여 이탈리아 라테란 대학에서 신학박사(Th.D.) 학위를 받았다(1961). 철학, 자연과학, 신학으로의 연이은 학문여정은 그의 인생에서 방황의 흔적이 아니라, 진리를 추구하는 일련의 연속적이고, 내적으로 유기적 연관성을 가진 학문적 추구였다. 이러한 그의 탄탄한 학문적 기초훈련은 후일 그의 종교신학 사상에서 실재를 분할하거나 환원주의적 태도로써 일원화할 수 없는 통전적인 것으로 파악하는 토대가 되었다. 파니카는 하바드대학, 유니온신학교, 로마 사회과학원대학, 인도 방갈로연합신학교, 마드리드신학교, 그리고 앞서 말한 산타바바라 캘리포니아대학 등에서 교수로서 강의하고 연구했으며, 전세계적으로 100여 개 대학에서 초청강사로 강의하고 그의 사상을 전달하였다.

그러나 그는 강단의 학자이기 전에 성직 서품을 받은 사제였다. 파니카는 첫 학위취득 이후, 인도 바라나시 교구의 사제로 서품 받아 임직하게 되는데, 사제 서품을 받는 파니카를 일컬어 동료 사제들이 '멜기세덱 제사장'이라는 별호를 붙여주었다는 것이다.[2] 멜기세덱 제사장이라 별호를 얻게 된 것은 파니카가 이미, 비유컨대 멜기세덱처럼 "의의 왕 평강의 왕으로서 아비도 없고 어미도 없고 족보도 없고 시작한 날도 없고 생명의 끝도 없어 하나님 아들과 방불하여 항상 제사장으로 있기 때문"(창 14:18, 히 7:1~4)이다. 다시 말해서, 파니카의 신학적 사유가 당시 이미 전통적 가톨릭 신학체계에서 보았을 때 규범적 틀을 벗어나서 자유롭고도 심원하며 문화적 혈통에 매이지 않는 영원한 제사장의 기질을 나타내 보였다는 것을 의미한다.

파니카의 두 부모로부터 물려받은 배경의 영향으로 형성된 그의 사상적 특성 몇 가지를 열거하면 다음과 같다.

첫째, 그의 사상의 기초 중에서 전체를 관통하는 특징은 '베단타'(Vedanta)[3]가 가르치는 '아드바이타'(Advaita, 不二論)의 진리, 곧 모든 실재는 불이론적

---

2) 김진, 『우리가 하느님에 대하여 말할 수 있는가?』, 59.
3) 베단타(Vedanta)란 인도철학의 정통 육파철학 가운데 하나로서, 가장 근대적인 힌두교 학파의 대표자 샹카라철학의 근간을 이루는 사상이다. '베단타'라는 단어는 "베다(Veda)의 결론(anta)"이라는

통전성(不二論的 統全性) 가운데 진리 혹은 실재의 현전(現前)으로 파지되어야 한다는 실재관이다. 불이론(不二論)은 우파니샤드 베다철학의 결정체로서 주후 8세기 힌두사상가 샹카라에 의해 더욱 섬세하게 재천명되는 철학적 실재관이지만, 본시는 힌두이즘에서 궁극적 실재인 브라만과 인간 존재의 내면적 참 실재인 아트만이 둘이 아니고 하나라는 존재론적 동일성의 철학으로부터 나왔다. 베단타의 불이론(不二論)은 본질과 현상, 거룩과 속, 영원과 시간, 무한자와 유한자의 존재론적 이원론을 극복하고 그 둘이 둘이 아니고 통전적 '하나'라는 깨달음이지만, 불이론을 단순한 단일론(單一論, Monism)과 혼동해서도 아니 된다. 다름은 다름으로서 구별되어야 하지만 다만 분리되거나 혼동되어서는 아니 되는 것이다. 이러한 불이론적 '베단타 철학'은 파니카 사상의 중심주제인 '우주신인론'에서도 그대로 살아나게 된다. 파니카에 의하면 우주, 신, 인간의 본질은 혼동되거나, 어느 것 하나에 종속되거나, 그 셋이 따로 분리되어 독립적으로 존재하거나, 그 공능과 기능이 혼잡하게 되거나 해서는 안 되는데, 이러한 사고 발상법은 그가 인도사상으로부터 물려받은 정신적 유산인 것이다.

둘째, 파니카의 종교철학을 관통하는 또 다른 원리적 특징으로 관계론적 다원론(Relational Pluralism)을 지적할 수 있다. 파니카는 '실재'는 신비인데 그것 자체가 다원적이라고 본다. 파니카의 실재관은 '존재론적 다원론'(Ontological Pluralism)에 가깝고, 이점은 항상 파니카의 사상이 전통적 기독교 신앙에 대하여 날카롭게 충돌되는 부분이다. 그런데도 그의 다원론이 가톨릭 사제로서의 그의 신앙과 신학에 함께 공존할 수 있는 것은 그의 다원론이 매우 역동적이고도 관계론적이라는 특성 때문이다. 파니카는 우주, 실재, 하나님 등 궁극적 실재를 단일적 요소나 원리로 설명하고 환원시키려는 일체의 단일체제적(monolithic) 실재관이나 이원론적(dualistic) 실재관을 거절한다. 파니카는 "다원주의가 궁극적 실재의 바로 핵심까지 관통한다"[4]고 말한다. 그의 종교신학이 다원주의적

뜻으로, 베다문헌의 마지막 결정체 우파니샤드를 의미하기도 하고, 우파니샤드 연구에서 생겨난 학파를 의미하기도 한다.

이 되는 이유도 모든 위대한 종교들은 진리의 어떤 특징을 다원적으로 나타내고 강조하는, 진리의 드러남이라고 믿기 때문이다.[5]

뿐만 아니라 그의 실재관은 매우 관계론적인데, 그것은 일체의 경직된 실체론적 사고를 거부한다는 것을 의미한다. "세계 안에 존재하는 모든 것들은 서로 관계 속에 있으며, 존재자들 자체가 곧바로 관계들과 다름 아니다."[6] 세계 안에 존재하는 가시적, 불가시적 삼라만물이 개별적으로 존재하고 난 연후에, 그들 사이에 물리적, 사회적 ,정신적 관계가 맺어진다는 말이 아니라, 관계가 곧 만유를 생성, 현전시킨다는 말이다. 실재관으로 말하자면 불교의 '인연생기설'(因緣生起說, pratityasamutpada)에 매우 가까운 것이다. 다만 불교의 인연생기설과 파니카의 실재관 사이에 다른 점은 전자는 만유를 철저하게 인연생기적 관점에서 보기 때문에 '궁극적 실재' 는 중도(中道), 곧 공(空)이지만, 후자는 신, 우주(물질), 정신 등 다원적 궁극실재를 인정한다는 점이다.[7]

셋째, 파니카의 종교신학을 관통하는 또 다른 관점으로서 삼위일체적(trinitarian) 발상법을 들 수 있다. 물론 파니카는 기독교 사제로서 기독교 신관의 삼위일체론을 매우 의미 깊고 신비한 신적 본성과 그 계시적 현실성을 나타내는 중요 교리로 본다. 그러나 파니카의 종교신학에서 말하는 삼위일체론적 발상법이란 굳이 기독교 신론의 영역에 제한되거나 독점되는 교의가 아니다. 파니카는 모든 창조세계의 존재론적 구조가 '삼위일체론적 구조' (trinitarian structure)를 지니고 있다고 보며, 아무리 미미한 실재일지도 그 안에는 삼위일체론적 구조가 각인되어 있다고 보는 것이다.[8]

파니카의 실재론에서 삼위일체론적 구조론은 동양에서 말하는 삼태극적 구조

---

4) R. Panikkar, "Religious Pluralism: The Metaphysical Challenge", *Religious Pluralism*(The University Notre Dame Press, 1984), 110.

5) Ibid., 98.

6) R. Panikkar, *Worship and Secular Man*(Orbis, 1973), 1.

7) 불교의 공(空)에 대하여는, 한스 발덴 펠스, 김승철 역, 『불교의 空과 하느님』(대원정사, 1993)을 참조하라.

8) R. Panikkar, *Invisible Harmony*, x.

론(三太極的 構造論)과 도리어 유사하다고 보아야 한다. 천지인(天地人) 삼재(三材)의 역동적 관계구조, 법신·응신·보신의 불교 삼신불(三身佛) 사상, 혜(慧)·계(戒)·정(定) 등 삼학(三學), 태극 이기(太極 理氣)라는 신유학의 우주론, 믿음·소망·사랑으로서의 기독교 신앙의 3덕목, 이해·논리·의미의 해석학적 순환구조, 과거·현재·미래로서 시간의 세 양태 등이 모두 실재가 본구적으로 지닌 삼위일체론적 존재구조의 표현이라고 본다. 파니카가 존재의 삼위일체론적 구조를 강조하는 것은 실재에 대한 일원론적 이해나 이원론적 대립구조를 극복하고, '원·원주·원중심'의 삼자 관계에서 범례적으로 보여지듯 원(圓)이라는 만다라가 상징하는 원만성, 충만성, 상호관계성, 상호침투 순환성을 모든 실재 안에서 보려고 하기 때문이다. 파니카의 실재론에서 삼위일체론적 구조론이 그의 우주신인론의 존재론적 토대가 된다는 것은 당연한 논리적 귀결이다.

넷째, 파니카의 종교신학이 지닌 특징으로 존재 신비주의를 말하지 않을 수 없다. 여기에서 말하는 '존재 신비주의'란 존재 또는 존재자 자체가 신비하다는 근원적 체험이며, 존재를 합리적 이성이나, 능률적 효율성이나, 경제적 생산성으로 획일화하려는 근대정신의 병리현상을 경고한다. 현대문명은 존재함(being)보다도 소유함(having)과 행동함(doing)에 더 큰 관심을 보이는 병적이고도 분열적 현상을 나타내는 문명이다. 자유롭기 위하여 현대인간은 자유의지와 기획을 통해 무엇인가 행동하고 소유하는 가운데서 자기 존재의 확실성과 자유로움의 사실성을 확인하려고 드는데, 파니카에 의하면 인간의 가장 자유로운 행위는 도리어 기도, 명상, 예배 등에서 실현된다. 기도, 명상, 예배는 비행위가 아니라 존재의 가장 충만한 총체적 행동이라고 본다.[9] 왜냐하면 진정한 자유란 내가 주체적 자아로서 자아의식을 가지고 이런 저런 어떤 가능성을 선택하는 행위 속에 있지 않고, 매우 역설적이게도 '선택의 부재'(an absence of choices) 가운데서 현재하기 때문이다.

다섯째, 마지막으로 파니카의 종교신학의 중요한 특징은 창조성, 자발성, 응

---

9) *Ibid.*, xiv.

답성을 바닥에 깔고서 일어나는 창조적 현실세계를 '희생의 신비'(mystery of sacrifice)가 관통하고 있다는 것이다. 파니카에 의하면 창조란 본질적으로 희생의 사건이며, 희생의 현실적 창발사건이다. 기독교 교회가 '무로부터의 창조' 교의를 고백하고 받아들인다는 의미는 결국 창조란 하나님의 자기제한, 자기비움, 자기양여, 자기희생의 사건이라는 것을 고백한다는 말과 다름 아니다. 그렇다면 창조란 하나님이 자기 자신을 내어주는 희생이며, 창조적 자기양여 사건이다.

존재세계가 '희생의 신비'로 창조되고, 보존되고, 완성되는 것이라면, 그것은 태초의 신적 사건일 뿐만 아니라, 우주만물의 모든 존재자들이 생명을 누리고 존재한다는 사실 자체가 끊임없는 '희생의 신비' 사건을 창조적으로, 응답적으로 반복함으로써만 가능하다. 그렇게 볼 때, 존재한다는 사실 자체는 나의 소유물이거나 성취물이거나 쟁취물이 아니라, 거룩한 희생의 신비적 사건들 속에서 발생하는 하나의 놀라운 은혜요 기적이다. 이러한 파니카의 발상법, 곧 구체적 생명현실을 내가 아닌 다른 그 누군가의 희생의 과정과 희생의 결과로 이해하는 실재관은 그의 사상의 뿌리인 베다철학적 생명관에 기초하지만, 기독교 창조신학을 새롭게 접목시킴으로써 새로운 시대의 영성신학의 토대를 이룬다. 내 생명과 내가 소유하고 있는 것들과 더 나아가서 나를 이루고 있는 모든 물질적, 정신적, 영적 구성물들이 내가 주체적으로 획득한 소유물이거나 쟁취물이 아니고 '희생의 결과물'이라는 통찰은 생을 근본적으로 겸허와 자기비움과 감사와 은혜로 대하도록 우리의 발상법을 전환시킨다.

지금까지 우리는 파니카의 종교신학 밑바닥에 흐르는 기본적 사상을 다섯 가지로 간추려 개관하였다. 이제 우리는 그의 중심주제인 '우주신인론'의 의미를 좀더 정확하게 이해하기 위하여 '우주신인론적 비전'(Cosmotheandric vision)이 출현하게 된 파니카의 문명사적 카이로스 시대 경륜론을 일별하기로 하자.

2.2. 인간 시간의식의 삼중구조와 의식의 삼시대적 계기론

파니카의 '우주신인론적 체험'은 그의 깊은 문명사론적 시대경륜 의식, 곧 "때가 찼다"는 카이로스 의식에 근거하고 있다. 파니카는 인간이 지구에 출현한 이래로 세 단계의 근본적인 의식의 전환계기를 거쳤다고 보는데, '비역사적 의식'(Nonhistorical Consciousness)으로부터 '역사적 의식'(Historical Consciousness)을 거쳐 이제 인류의 영성은 '초역사적 의식'(Transhistorical Consciousness) 단계로 진입하고 있다는 것이다. '비역사적 의식', '역사적 의식' 그리고 '초역사적 의식'은 인간의 의식을 시간의식과 관련된 삼중적 차원으로 구별하여 표현한 것인데, 각각에 상응하여 역사이전시대, 역사시대, 역사종언시대로 나눌 수 있다. 여기에서 우리는 파니카가 이러한 인류문명사의 카이로스적 구분론을 직선적 역사 발전단계로 본다거나 인간의식 발전단계로 보려는 진화론적 태도를 비판하고 있다는 점을 특별히 주목해야 한다. 어떻게 보면 세 유형은 인간의식과 문명의 패러다임이라고 보면 될 것인데, 그 세 가지 패러다임은 중층적일 수도 있고, 한 사람의 의식 안에서 복합적으로 살아 작동할 수도 있다. 야스퍼스가 말하는 인류문명의 차축시대에 출현한 우파니샤드의 불이론, 불교의 인연생기설, 노자·장자의 도덕경, 플라톤의 티마이오우스, 공자의 주역해설 등이 모두 아브라함의 종교 이후에 출현한 것만 보아도 세 가지 문명의 패러다임을 진화론적 일직선상에 놓고 볼 수 없다는 것이 자명해진다.

'역사의 종언' 시대로 인류의식이 도약하고 있다는 파니카의 문명론은, 현실적 역사가 끝나고, 한국 시한부 종말론자들이 말하는 것 같은 마지막이 가까워 왔다는 그런 의미의 '역사의 종말'을 뜻하지 않는다. 그가 말하려는 '역사의 종언'(the end of history)은 넓게 말하면 아브라함의 종교로부터 시작하는 셈족계 종교의 역사적 실재관, 곧 역사적 지평 안에서 일어난 일들이 참으로 실재하는 참실재라고 보는 역사적 실재관, 좁게 말하자면 기독교, 특히 근대 기독교의 역사주의적 실재관이 그 효용성을 끝마치고 용도폐기 되는 시점에 도달했다는 문명사관이다. 따라서 진보, 발전, 유토피아, 미래지평, 시간성의 절대적 우월성, 계약론적 구원사관 등의 기독교적 세계관을 넘어서야 한다고 보는 것이다.

아브라함은 신화, 전통, 혈연, 지연으로 구성된 '본토 친척 아비집' 하란을 등지고 낯선 미지의 세계를 향하여 하나님의 소명과 약속만을 의지하고 길을 떠난 존재이다. 아브라함의 존재는 '길 위의 존재'이다. 그는 '약속-성취'의 구조 속에 들어온다. 그 때부터 인류사는 전혀 새로운 '역사'라는 지평의 중요성을 자각하게 된다. 그러나 아브라함의 종교 이전의 보다 길고 긴 인류종교사는 시간의 변화나 역사의 중요성은 아주 미미한 가치를 지닌 것으로 간주되던 시기였다.

제1차 카이로스적 인류문명 시대는 '비역사적 의식의 시대'이며, '우주적 종교시대'이다. 거기에서는 근본적으로 실재라는 것은 '역사'(history)라는 범주로서가 아니라 '우주'(cosmos)라는 범주로서 인식된다. 삼라만물은 시간의 선상에 질서 있게 놓여져서 새로움을 더해가는 과정으로 이해되는 것이 아니라, 공간 속에 놓여져서 조화롭게 태고의 원형을 반복하면서 존재하는 것으로 이해되었다. 신화적 존재들로서의 신들과 우주자연과 인간은 모두 살아 있으며, 상호 긴밀하게 관련되어 영향을 주고받는다. '비역사적 우주신화론적 세계관'에서 보면 세속적인 것은 거룩한 것과 철저하게 구별되는데, 속(俗)은 본질적으로 시간적이고 역사적 실재로서 덧없고 궁극적 실재성을 결여한 것이다. 그러므로 속(俗)은 제의나 신화반복을 통해 주기적으로 성(聖) 그 자체와 접촉함으로써 결여된 존재성을 재충전 받아야 된다. 우주로서의 세계 안에서 인간은 자연을 자신의 몸의 연장으로서 이해하는 것이지 결코 자연을 '대상'으로서 관조하거나 분석하지 않는다. 우주자연 자체는 '所産的 자연'(natura naturata)만이 아니라 '能産的 자연'(natra anturans)이요, 살아있는 자연이었다. 전체 우주가 '살아있는 유기체'(a living organism)였는데, 이렇게 우주를 살아 있는 유기체적 자연으로 보는 견해는 태고 원시시대만이 아니라 중세 자연신비주의, 르네상스 시대, 낭만주의 철학, 생의 철학에서도 발견되는 패러다임이다. 그러나 본질적으로 제1차 카이로스적 문명 시대의 '우주적 세계관'은 엘리아데나 틸리히(P. Tillich)가 적절히 표현한 대로,[10] 고대 '원형반복의 신화'(Myth of Eternal Repetition) 또는 "태고 원형으로 회귀하는 신화"(Myth of Return)였으며 다른 제2

차 카이로스적 문명의식, 곧 '기대의 신화'(Myth of Expectation), '역사의 신화'에게 그 주도권을 내어 놓게 되었다.

제2차 카이로스적 문명 시대는 '인간이 만물의 척도'(프로타고라스)라는 신념이 강한 시대요, 그래서 인간중심주의 시대, 합리적 이성중심 시대, 과학중심주의 시대, 역사라는 실재만이 참으로 실재하는 리얼한 것이라고 확신하는 '역사의식의 시대'를 말한다. 인간의 자의식은 '자연 위에 군림하는 인간'이며, 신도 인간의 지배권 주장에 침묵하는 시대이다. 중심 화두는 우주만물을 지배하는 '원리, 법칙'을 발견해내고 그것을 응용하여 능률성, 효율성, 편의성을 극대화하자는 것으로 경제적 이윤동기가 지배하는 시대이다.[11] 역사가 중심적 범주로 등장하는 이 시대는 곧 실재를 인간중심주의적으로 바라보는 시대를 말하며, 자연의 소외와 생태계파괴가 자행된다. 절대자 신(神)마저도 역사현장에서 퇴위당하고 세계는 신 없는 세계이며, 신은 세계 없는 관념적 타자로서 초월성이나 실존 내면성으로 내몰려 쫓겨난다. 아니면 신(神)도 인간이 추구해가는 역사적 이상향을 실현하기 위한 방편적 도구로서 이념으로 기능하거나, 주술적 힘으로 조역자 역할을 하는 '하찮은 신'이 된다. 그러나 파니카는 이러한 제2차 카이로스적 문명 단계는 실패했고 그 시대가 지나가고 있다고 보는데, 그러한 상징적 조짐을 '역사의 종언'이라고 말하는 것이다.

제3차 카이로스적 문명 시대는 '초역사적 의식'(Transhistorical Consciousness)의 시대인데, 초월적 신성(transcendent Godhead)이나 우주(the Cosmos)나 인간(Man) 그 어떤 것도 존재의 배타적 중심이 될 수 없고, 상호침투, 상호의존, 상호순환, 상호협동함으로써 존재를 창발시킨다는 제3의식의 출현기이다.[12] 그 가장 중심적인 특징이 '실재의 통전성'(integrity of reality)인바, 모든 실재하는 것들은 신적인 것, 우주적인 것, 인간적인 의식의 통전적 창

---

10) M. Eliade, 정진홍 역, 『우주와 역사』(전망사, 1972) 참조. P. Tillich, *Protestant Era*(University of Chicago Press, 1962), 20~25.

11) R. Panikkar, *Cosmotheandric Experience*, 33~45.

12) *Ibid.*, 46~53.

발현상이라는 직관적 의식이 곧 '우주신인론적 비전'이다.[13] 카이로스적인 제3
의식의 출현과 그 목적지향은 결코 고대 제1차 카이로스적 문명 시대의 낙원의
회복을 추구하거나 태초의 '순결상태'로 복귀하여 낭만적 자연신비주의로 다시
돌아가자는 것이 아니다. 그것은 바람직하지도 않고 가능하지도 않다. 왜냐하면
제1차 카이로스적 문명 시대, 곧 '우주적 시대'에서는 신적 실재, 우주적 실재,
인간적 실재가 모두 미분화된 상태에서 혼재하고, 투명한 반성적 자의식에 이르
기 전의 통합과 통전 상태에 있기 때문이다. 그러나 제3차 카이로스적 문명 단
계에서 신적 차원, 우주적 차원, 인간적 차원은 분명하게 구별되면서 동시에 분
리되지 않는 매우 신비적이고도 역설적 통전경험을 이룩한다. 동일성과 차이성
이 함께 숨쉬며, 초월성과 내재성이 동시에 이뤄지며, 자율과 타율이 존재율 안
에서 함께 작동하는 구조이다. 이제 우리는 본격적으로 파니카의 '우주신인론'
의 본질을 언급할 차례이다.

2.3. 파니카의 '우주신인론적 체험'의 본질

파니카에 의하면 '우주신인론적 비전'은 의식의 "근원적이고도 원초적인 형
태"이다.[14] 사물을 비분할적인 통째로 이해하고 파악하는 인간의 자의식이 지구
상에 출현한 이래로 줄곧, 인류는 사실 이러한 '우주신인론적 비전'을 어렴풋이
나마 자각하고 있었던 것이다. 종교적 경전의 천지시원 설화에서 말하는 하늘,
땅, 인간의 삼차원적 발상법이 그 예이다. 인간론에서 인간을 몸(corpus), 정신
(anima), 영(spiritus)의 통전적 존재로 이해할 때, 흔히 인간 삼분설론이라는
어휘가 오해를 불러일으키듯이, 육체와 정신과 영은 인간이라는 구체적 실재를
구성하는 분립된 구성인자이거나 구성성분이 아니다. 육체가 육체로서 유기적
질서와 조화와 기능을 하려면 정신과 영의 차원과 긴밀한 관계없이 불가능하다.

---

13) *Ibid.*, 47.
14) *Ibid.*, 55.

정신의 활동도 그렇고 영적 기능도 그렇다. 우주론적 비전의 특징은 바로 신적인 실재의 차원, 우주적 실재의 차원, 인간적 실재의 차원이 전일성에서 통전된다는 사실이다. 파니카의 우주신인론적 비전에서 볼 때는 유물론, 유심론, 정신/물질 이원론, 범신론, 초월적 유신론(transcendent Theism), 이신론(Deism) 등이 용납될 수 없다.

> 우주신인론적 원리는 신적, 인간적, 지구적인 것—그것을 우리가 어떻게 다른 이름으로 부르든지 간에—그 삼자는 모든 실재를 구성하는 비환원적 차원들이라고 말함으로써 정식화할 수 있다.[15]

위의 인용 문장에서 중요한 점은, 신적인 것, 인간적인 것, 지구적인 것을 여러 가지 다른 이름으로 명명하거나 상징화할 수 있다는 것이다. 하나님, 인간, 우주라고 말할 수도 있고, 창조원리, 불가시적인 것, 가시적인 것이라고 말할 수도 있고, 창조성, 사물의 내면성, 외면성이라고 말할 수도 있고, 자유, 의식, 물질이라고 표현할 수도 있다.

인용 문장에서 더욱 중요한 것은 그 삼자가 서로 통전성 가운데서 '페리코레시스'(perichoresis)하는 관계이지만, 결코 어느 것 하나에 환원시켜 버릴 수 없는 고유성과 독자성과 자신의 공능을 담지한다는 사실이다. 여기에서 우리는 파니카의 철저한 비환원주의적 다원론을 확인하는 것이다. 그리고 마지막으로 위 인용 문장에서 중요한 점은, 신적, 인간적, 우주적 차원의 세 가지 실재들의 통전적 어울림으로써 일어나는 존재의 창발적 현현은 인간과 같은 고등 존재자에게만 해당되는 원리가 아니라, 참으로 실재하는 모든 실재자들 안에서 확인되는 현실이라는 점이다. 한 포기의 풀과 꽃 한 송이, 바위 같은 산과 모래알, 미물인 벌레 한 마리와 유충 그리고 사랑, 정의, 아름다움 같은 정신적 실재에서도 마찬가지이다.

---

15) *Ibid.*, 60.

다시 강조하거니와 신적인 것, 인간적인 것, 우주적인 것의 비환원적 통전성을 강조하는 파니카의 우주신인론은 "단일적인 미분화된 실재의 세 가지 존재양태"(three modes of monolithic undifferentiated reality)라는 의미도 아니고, 복합체계를 구성하는 독립적이고도 실체적인 존재자의 구성요소라는 의미도 아니다.

파니카는 우주신인론적 비전에서 이해하는, 실재를 실재이게 하는 '신적인 것'(the divine)이란 반드시 기독교적인 창조주 하나님일 필요는 없다고 본다. 이 '신적인 것'이란 모든 진정한 실재의 중심 속에 현존하는 무한한 무궁성, 그 신비한 깊이, 자기초월적인 초월성, 자유, 일체의 규정을 거부하는 비규정적 개방성과 창발성, 새로움을 가능하게 하는 계기, 존재자들을 구체적 존재자로 드러나게 하는 구체성의 원리 등을 의미한다. '인간적인 것'이란 인간의 반성적 사유능력에서 분명하게 꽃피어난 정신적인 것, 보편적 의식으로서의 정신성을 의미한다. 파니카에 의하면 정신은 물질 그 자체는 아니다. 정신, 의식은 물질적 구조와 기능과 깊이 관련되어 있지만, 물질로 환원할 수 없고 그 반대도 그렇다. 그러므로 파니카는 물질 진화의 극점에서 정신이 꽃피었다거나, 정신의 굳어진 형태나 퇴락의 결과물이 물질이라는 환원주의적 실재관을 거부한다. '인간적인 것'이라고 상징하는 '의식 또는 정신'은 모든 실재하는 것 속에 스며들어 있다.

다른 한편, 실재의 제3차원, '우주적인 것'이란 시공차원 속에서 물질과 에너지로서 체험되는 실재의 차원이다. 파니카가 '우주적인 것'이라고 명명하는 이 실재의 차원은 우리가 시공 4차원의 세계에서 경험하는 물리학적인 '물질형태'만이 아니다. 우리가 우주적 신비체로서 부활의 몸을 말할 때도, 그 부활체가 몸인 이상, 독특하고 수준이 다른 몸이고 그래서 질적으로 다른 차원의 몸으로 이해되지만, 결국은 파니카가 '우주적인 것'이라고 부르는 궁극적 실재의 한 드러난 모습인 것이다. 그 말은 지상의 몸이나 천상의 몸이나 '우주적인 것'의 다양한 변용형태이지, 존재론적으로 제4의 어떤 다른 것이 아니라는 말이다. 그러므로 파니카에 의하면 '벌거벗은 영혼'(disembodied soul)이나, '탈육화적인 신'(disincarnated God)을 생각할 수 없듯이, 신적이고 의식적 차원을 지니지 않는

'시공세계'(spatio-temporal world)도 존재하는 것이 아니다.

우리는 파니카가 '신적인 것', '인간적인 것', '우주적인 것'으로 표현되는 비환원적인 궁극적 다원실재를 군이 실재의 '차원'(dimensions)이라고 부르는 이유를 주목해야만 한다. 그 목적은 두 가지인데, 첫째는 세 가지 궁극실재의 비환원주의적이고도 내적인 관계성을 강조하여 일원론적 실재관이나 평면적 양태론을 극복하려는 것이다. 둘째는 이 세 차원은 모든 실재하는 존재자들 속에 스며 있고 그들의 존재론적 구성요소로서 실재를 현성시키고 있지만, 각각의 차원들 속에서도 존재의 질서가 있고, 삼자요소의 구성방식 또는 융합방식에 있어서 다양성과 심도와 수준이 있기 때문에 다양한 존재자들의 세계가 출현한다는 것을 제시하려는 것이다. 그러므로 존재하는 모든 실재들이 공통적으로 세 가지 차원들로 구성되고 현성된다고 해서, 한 마리의 토끼와 한 그루 나무의 값어치나 그 존재 의미가 동일한 값으로 평가되어야 한다는 이론은 성립되지 않는다. 뿐만 아니라, 신도 의식과 우주적인 몸을 가지고 있어야 한다는 비환원적 통전성 원리를 비약시켜서, 지구라는 물리-화학적 실체 자체가 곧 '신의 몸'이라고 보는 범신론이나 '가이아' 이론과도 구별되어야 한다.

파니카의 '우주신인론적 비전'은 근대 기독교의 발전론적 세계관이나 구원사관과는 확실하게 구별된다. 왜냐하면 근대 진화론의 영향을 받아 만물의 '창조적 진화'를 받아들이면서 우주발생과정은 '우주생성' - '생명생성' - '정신생성'의 단계를 거쳐 마침내 "하나님이 만유의 주로서 만유 가운데 계시는 종말의 때"(고전 15:28) 창조를 완성하신다는 발생론적이고 진화론적인 기독교 세계관과는 다음 몇 가지 점에서 다르기 때문이다.[16] 이 모델의 특징은 시간의 불가역성을 기조로 삼고, 후기로 갈수록 신성이 더욱 드러난다는, 물질성에 대한 정신성의 우위를 강조하는 세계관이며, 마침내 모든 것은 신 안에 수렴된다는 하나님 중심적 실재관이다.

---

16) 김진, 「라이문도 파니카 종교신학의 기독론」, 한국문화신학회편, 『한국종교문화와 문화신학』(한들, 1998), 221~224.

다른 한편, 파니카의 '우주신인론적 비전'은 전통신학의 초월론적 유신론 모델과도 첨예하게 구별된다. 전통적인 초월론적 유신론 모델에서는 창조주와 피조물 사이의 '질적 차이'가 강조되기 때문에, 창조주 하나님의 피조세계 속으로의 관계맺음은 언제나 '밖에서 안으로, 위에서 아래로'라는 도식을 취하게 된다. 창조, 화육, 재림, 만물의 회복 등은 신의 전능한 돌발적 개입과 은총에 기초한 전능자의 의지적 개입으로 이뤄지기 때문에, 곧 신의 세계 연관성이 외부로부터, 임의적으로 이뤄지기 때문에 세계와 인간구원에서 우주와 인간의 참여 및 자기책임의 몫은 거의 부정된다.

그러므로 파니카의 '우주신인론'은 힌두교적인 세계관과 기독교적인 세계관의 '지평융합'(가다머)이라고 볼 수 있다. "우리는 하나님의 동역자"(고전 3:9), "여러분의 몸은 성령의 집"(고전 6:19), "우리는 하나님 안에서 살고 움직이고 존재하고 있다"(행 17:28), "그분은 만유 위에 계시고, 만유를 통일하시고, 만유 안에 계신다"(엡 4:6), "주께서 주의 영을 불어 넣으시면 그들이 다시 창조됩니다. 주께서는 땅의 모습을 새롭게 하십니다"(시 104:30) 등의 성구에서 보는 바처럼, 성경은 창조주 하나님, 인간, 자연을 상호 구별하면서도 발생론적, 진화론적 모델도 초자연주의적 유신론적 모델도 적절하지 않다고 주장하는 것이다. 왜냐하면 앞선 성구들은 신 · 우주 · 인간 그 삼자 상호 간의 질적 차이를 강조하기는 하되, 결코 일순간이라도 분리시키는 발상을 하지 않고 도리어 상호불가분리적인 상호관계성을 강조하고 있다고 보기 때문이다. 여기에 우리가 파니카의 '신인우주론적 비전'의 영성을 주목하는 이유가 자리 잡게 되는 것이다.

파니카의 '우주신인론'은 먼저 '신인론'(theandrism)에서부터 시작한다. 신인론은 신인협동론(synergism)이라고도 부르는 펠라기아니즘 또는 5세기의 세미펠라기아니즘(semi-pelagianism)의 전통을 오늘에 다시 되살리려는 시도인바, '우리는 하나님의 동역자'(고전 3:9)라고 바울이 말하는 영성을 적극적으로 재해석하고 재수용한다. '우주신인론'은 거기에다가 제3의 요소, 곧 총체적 우주(the entire kosmos)라고 하는 새롭게 각성된 제3의 영성차원을 유기적으로 통전시킨 것이다. 펠라기아니즘과 세미펠라기아니즘은 어거스틴의 '오직 은총만의 정통신앙'과 '인간본성의 타락론'에 의거하여 비정통적 사상 또는 이단적 사상으로서 규정된 바 있다. 그런데 파니카는 이미 비정통적 기독교 신앙이라고 규정된 과거의 조잡한 신인협동설을 그대로 다시 복원시키려는 무모한 신학자는 아니다. 그럼에도 우리는 파니카의 신학에서 '세미펠라기아니즘'의 재해석과 그것이 말하려는 본래적 의미를 성숙한 인간의식과 지구의식 안에서 제3천년시대를 바라보면서 새로운 방식으로 다시 이야기해보려는 신학적 시도를 읽을 수 있다. 그 중심적 사상은 '함께 유기적으로 성장해 간다'는 것이다.[17]

파니카의 우주신인론적 실재체험의 관점에서 보면, 참으로 현실적이고도 참으로 중요한 것은 분할된 과거도 아니고, 현재도 아니고, 미래도 아니다. 그는 과거와 미래가 현재 속에 통전되는 '여기 지금'이라는 '영원한 현재'(hic et nunc)를 강조한다. 이 점에서도 파니카는 전통적인 삼위일체론에서의 '경륜적 삼위일체론'과 '내재적 삼위일체론'을 통전시키되, 신적 생명 안에서만이 아니라 모든 실재 안에서 삼위일체론적 신적 생명의 존재방식을 닮아서 자유로운 선택과 결의에 기초한 '근원적 창조성', 물질적이고도 시공적 차원을 덧입는 '과정적 화육', 그것을 의식하고 재통합시키는 '참여적 응답'이라는 세 차원을 통전시키려는 새로운 영성을 지향하는 것이다. 여기에서 우리는 파니카의 우주신인론 속에는 '종말론적 성취'라는 전통적 신앙이 약화되어 있음을 본다. 그 대신 현재(오늘) 속에는 전체의 과거와 다가오는 미래의 가능성이 새로움을 창발시키고 수렴되면서 동시에 미래로 개방되고 있음을 본다. 현재는 단순히 과거와 미래를 연결하는 연결고리가 아니라 과거를 모두 총괄적으로 수용하고 미래의 모든 가능성과 희망을 현재화시키면서 앞당겨 육화시키는 '새로움의 자궁'이다.

역사이전 단계의 인간에게 있어서 실재란 '신적 우주'(theocosmos)였고 인간은 신성으로 가득 찬 우주 속에 각성되지 않은 채 잠겨 있었다. 이 때 인간의 시간성은 오로지 과거 지향적이며, 과거가 그를 지배한다. 역사시대의 인간은

---

17) R. Panikkar, *Cosmotneandric Experience*, xiv~xv.

전적으로 역사지평 속에서 실재를 기획하고 기투하며, 설계하고 쟁취하는 미래 지향적 존재가 된다. '역사의식'이 인간을 지배한다. 그러나 파니카가 강조하려는 초역사적 문명단계, 곧 우주신인론적 시대에서는 현재를 주목하게 되는데, 우주적인 것, 인간적인 것, 신적인 것이 상호 비환원성 안에서 통전되고 수렴되지만, 그 시간성은 과거나 미래가 아니고 현재인 것이다. 역사이전 단계에서 인간은 삶을 우주적 운명 속에서 받아들이고 자연과 미분화된 조화 속에서 살아갔으며, 역사시대에서 인간은 기획하고 성취하는 행동 안에서 자신을 만물의 척도요 중심자로 자각하면서 자기정체성을 발견했다면, 우주신인론적 시대에서 인간은 '창발적 현실재' 속에서 자기의 몫과 분깃과 책임성을 자각하면서 성숙한 자세로 사랑하고 참여한다.[18]

파니카의 구원의 이미지는 그가 불교적인 '니르바나'(nirvana)와 기독교적인 '구원'(soteria)을 통전시키는 개념으로 생각하는 힌두전통의 '모크샤'(moksa)를 지향한다. 모크샤는 완전한 내면적 해방으로서 진리 안에서의 자유의식 그리고 외면적 해방으로서 사회역사 차원의 구조적 해방을 통한 평등과 정의가 어우러져 나타나는 '생명의 건강한 충만 상태', 곧 성서적 전통의 '샬롬'인 것이다.

3. 최제우의 '시천주' 체험

파니카가 20세기에서 21세기로 바뀌는 문명 전환기에서 새로운 종교적 영성의 쇄신을 강조하고 그 자신 스스로 그런 종교체험을 했다면, 수운 최제우 (1824~1864)는 동아시아 질서 속에서 19세기에서 20세기로의 세기 전환점에서 비슷한 영성체험을 한 사람이다. 파니카와 최수운 사이에 100년의 시간 차이가 있지만 두 사람은 새로운 문명전환기의 인간의 종교체험, 영성이 비이원론적이며, 비환원적이며, 생태친화적이며, 신·인·자연의 상호 통전성 안에서 유기

---

18) *Ibid.*, 127~131.

체적이어야 한다는 데 놀랍게도 일치한다. 지구 생기(anima mundi), 인간 생명 (vita hominis), 하나님 영(spiritus Dei)의 상호 불가분리적인 관계성과 상호침투 순환성을 강조한 점에서 매우 유사한 점을 나타내고 있다. 필자는 수운의 생애나 시대적 배경을 생략하고 곧바로 그의 '시천주 체험'의 분석으로 들어가려고 한다.[19]

3.1. 최제우의 '시천주 체험'에서 '모심'의 의미

수운은 그의 『동경대전』에서 '시천주' 해설을 직접 시도한다. '시천주'(侍天主)에서 특히 '모신다'(侍)는 말이 어떤 종교적 체험현상을 의미하는 한자 단어인가 하는 것이 중요하다. 수운은 세 마디 어구로서 '모심'의 종교현상학적 특징을 서술하는데, 곧 '내유신령'(內有神靈), '외유기화'(外有氣化), 그리고 '일세지인각지불이자야'(一世之人各知不移者也)가 그것이다.

본래 '시천주'라는 말은 동학을 동학되게 하는 핵심적 종교체험이지만, 본시 동학의 '강령주문'이라는 23자 속에 들어있는 한 구절이다. 동학도들이 기독교인들의 '주기도문'처럼 가장 중요하게 생각하는 그 주문과 시천주 해설 원문은 다음과 같다.

至氣今至 願爲大降 侍天主 造化定 永世不忘 萬事知[20]
지극하신 氣, 지금 여기 강림하시기를 비옵니다. 한울님을 모실지라 그리하면 만사가 형통하고, 한울님을 항상 잊지 않을지라 그리하면 만사를 알게 되리라.

侍者 內有神靈 外有氣化 一世之人 各知不移者也. 主者 稱其尊而與父母同事者也.

---

19) 최제우의 생애와 시대적 배경에 관하여는, 1994년 동학혁명 100주년 기념사업회가 발간한 『東學革命 100年史』, (上)을 참조하라.
20) 『東經大典』, 布德文 六, 論學文 十三.

모신다는 것은, 몸 안으로는 신령한 기운이 있고, 몸 밖으로는 기화가 있는데, 세상 모든 사람들은 옮겨놓지 못할 것임을 아느니라. 主라는 것은 존경함을 이름이며 부모님 모시듯 그처럼 섬긴다는 뜻이니라.

동학에서 말하는 '지기'(至氣)란 우주의 궁극적 실재로서 단순히 기 수련자들이 말하는 '일반적 기'가 아니다. '지기'는 우주를 구성하고 생명을 생명되게 하는 것으로서 물질성과 정신성으로 구체화되기 전의 실재의 원초적 질료이며, 창조적 에너지이며, 영적 신령체이기도 하다. '지기'는 동학이 말하는 '한울님'을 형이상학적 언어로 존재론적 궁극자로서 언표한 것이다. '지기'는 피동적인 물질적 에너지가 아니고, 스스로 능동적 운동성이 있고 신령성이 있어서 지극한 심정으로 비는 신도들에게 강림할 수 있다. '지기'는 신령한 인격존재이기도 하기 때문에 영험성이 있어서 인간의 몸에 임재하여 인간으로 하여금 우주 안에서 조화, 평화, 형통, 예지, 예언, 치유기능 등을 갖게 한다.

이러한 '至氣'는 두뇌로 이해하고 인간이 자기문제를 해결하기 위한 초자연적인 도구적 수단으로 부릴 수 있는 존재가 아니라, 전 생명으로 구체적 몸으로 모시고 경외해야 할 대상이다. '모심'의 종교현상학적 특징으로 첫 번째 '지기', 곧 '한울님'을 모시는 당사자는 생명체 몸 안에 우선 '신령'이 내주하는, '초월자의 내주경험'을 하게 된다. 동학의 초월경험은 철저하게 내재적 초월경험이다. 엑스타시가 동반되기도 한다. 동학이 말하는 '내유신령'은 단순히 '사람이 곧 하늘'이라는 철학적 '人乃天' 사상이 아니다. 손병희 때 이르러, '시천주'는 '인내천'과 동의어로 대치되거나 언표되지만, 『동경대전』 그 자체 안에는 '인내천'이라는 말은 없다. '내유신령'의 체험은 단순한 지적 인식이거나, 도덕적 정언명령의 복종이거나, 감상적 심리 흥분이 아니다. 그것은 본질적으로 슐라이어마허가 말하는 '초월적인 것의 임재경험'이다.

'시천주'의 두 번째 특징으로 최제우는 '외유기화'를 언급했다. 한울님이 몸 안에 내주하시는 내재적 초월경험을 한다고 해서, 초월자가 몸 안에 유폐되거나 동학도들의 내면성 속에 안주하는 '객관적 실체'로서 파악되지 않는다. 도리어 그 초월은 인간을 둘러싼 온 우주자연과의 유기체적 관계성, 소통성, 감화성, 상호내주 침투성, 상호순환성을 담보하는 체험을 일으킨다. 모신다는 의미는 인간의 내면성 속에 인간이 주체적으로 신을 '소유'하는 형태가 아니라, 반대로 인간의 생명이 우주자연의 전체성을 향하여 개방적이 되고 유기체적 상호 소통관계 속으로 들어가게 된다는 것이다. 이러한 종교적 현상을 '외유기화'라고 한다.

'시천주' 체험의 세 번째 특징으로 수운은 '일세지인이 각지불이자'라고 했다. 이 어구해석은 다양하지만, 근본적으로 두 가지 종교체험의 특징을 말한다. 첫째는 우주자연, 한울님, 인간을 어느 하나에 일원적으로 환원시킬 수 없는 환원불가능성을 말한다. 그것을 '옮기지 못하는 것'이라고 표현했다. 둘째는 자연, 신, 인간 삼자의 불연속적인 연속성, 혼동할 수 없고 분리시킬 수 없는 관계에서의 '不然其然'을 말한다. 여기에서 논자는 파니카의 '우주신인론'과의 형태론적 유사성을 본다. 그 유사성은 동학의 삼경사상(三敬思想)에서 더욱 분명하게 드러난다.[21]

시천주 사상은 동학의 2대 교주 해월 최시형에 이르러 삼경사상으로 더욱 발전해 간다. 삼경사상이란 본래 동학의 '시천주'에 기초하여 '사람 섬기기를 한울님 섬기듯 하라'(事人如天)는 사상을 우주자연과 물질에까지 확장한 것이다. 동학의 신관에 의하면, 한울님은 만물을 '무위이화'(無爲而化)시키는 '범재신론적 내재적 초월자'[22]이기 때문에 삼라만물의 창발적 과정 속에 내재하며, 간섭하지 않음이 없고(無事不涉), 명령하지 않음이 없는(無事不命), 만물의 조성적 초월자가 된다. 그러므로 동학은 자연의 만물, 식물과 동물 같은 생명체만이 아니라 흙, 물, 바람 ,공기가 모두 존경되어야 한다고 본다. 물질계라고 부르는 자연을 공경하고(敬物), 사람을 한울님 대하듯 공경하고(敬人), 지극히 신령한 한울님을 공경하는 것(敬神)이 삼경사상인데, 이들 삼자는 논리적으로는 구별

---

21) 최수운의 시천주와 삼경사상에 관하여 다음 자료를 참조하라. 이돈화,『수운심법강해』(천도교중앙본부, 1965), 38 이하. 김지하,『생명』(입장총서, 1992). 최동희,『동경대전 해설』(대양서적, 1073), 273 이하. 김경재,「시천주사상과 창조적 과정 안에 계신 하나님」,『문화신학담론』(대한기독교서회, 1997).

22) 김경재,「동학의 신관」,『東學革命 100年史』(上), 176~175 참조.

되지만 현실적 실재 안에서는 불가분리적이다.

4. 우주신인론적 체험과 시천주 체험의 상통성 및 그 영성사적 의미

우리가 지금까지 살펴본 대로 파니카와 최제우는 다음 몇 가지 점에서 공통점을 지닌다. 그러나 그 공통점이 두 사상가의 동일성을 의미하지 않으며, 양자 사이의 차이성을 무효화하지 않는다. 우선 양자의 공통성을 몇 가지 열거해 보면서 그 공통성이 지닌 영성적 의미를 음미해보자.

첫째, 양자는 그들의 신 체험과 신관에서, 자연/초자연의 이원론에 기초한 초월신론을 거부한다. 신은 우주자연이나 인간생명을 초월하여 초자연계에 자신의 위치를 설정하는 '전적 타자'가 아니기 때문에, 자연과 신이라는 이원론을 용납하지 않는다. 그렇다고 해서 "우주자연이 곧 신이다"라는 소박한 범신론적 일원주의로 돌아가지도 않는다. 이러한 실재관의 통전적, 전일적 사고는 21세기를 살아가는 인간에게 '내재적 초월경험'을 담보하면서 자연/초자연, 물질/정신, 거룩/세속, 창조자/창조세계라는 이원론적 분리의 극복과 '전일적 영성 함양'(Spiritual formation of wholistic view)을 가능케 한다.

둘째, 파니카와 수운은 모두 자연과 초자연, 또는 신과 세계라는 양극성적 구조에서 벗어나 우주·신·인간이라는 삼태극적 구조를 제시하고, 신과 우주자연 못지않게 인간의 분깃과 책임성을 강조한다. 양자는 신의 절대적이고도 돌연한 역사 개입을 통한 신천신지의 실현이라는 타율적 종말론을 거절한다. 인간의 참여와 인간의 책임성은 물론이요, 우주자연과 신의 분깃이 요청된다. 이러한 실재관은 '우주적 그리스도의 몸'을 형성해가는 '성육신적 영성'(Incarnational spirituality) 함양에 공헌한다. 기독교인의 영성은 역사 현실과 우주자연 현실을 도피하거나 과객처럼 지나가는 영지주의적 영성이 아니기 때문이다.

셋째, 파니카와 수운은 시간성의 이해에 있어서 과거, 현재, 미래라는 시간체험의 삼중적 양태를 통전시키되, 과거나 미래보다는 현재 안에서 과거를 수렴하고 미래를 앞당겨 통전시키는 '지금 그리고 여기'(Here and Now)를 강조한다. 파니카와 수운의 역사관이나 실재관은 선형적(線型的)이라기보다는 나선형적(螺線型的)이다. 나선형의 특징은 원형적 순환성과 전진적 발전형이 통전된 것이다. 이러한 실재관은 그동안 기독교가 지나치게 직선적이고도 구원사적인 사유패러다임에 유폐당하여, 우주자연의 순환성과 우주자연의 모성적 창조성을 소홀하게 취급했던 단점을 보완할 수 있다. 자연은 그 자체로 자기의 창조적 생산성과 풍요성과 생명성을 향유하고 지속한다. 기독교는 종말론적 성취사관에 너무나 경도되어, 현재의 의미를 소홀히 해왔다.

넷째, 우주 · 인간 · 신이라는 실재의 삼극적 구성자는 시원적으로 항상 함께 있었으며, 그 어느 한 가지에 나머지 두 가지가 환원되지 않는다고 본다. 힌두사상의 영향을 받은 파니카나 동양 유불선 삼교의 영향을 받은 수운에게 있어서 인간에게서 온전히 꽃피어난 정신적 의식(Consciousness)이 우주자연과 한울님에게 부재한 때는 없었다. '의식'이 스스로를 반성적 사유형태로 꽃피어난 것은 인간생명에게서지만, 다른 존재자에게도 의식은 항상 거기에 있었다. 지구가 의식을 가지고 있다는 의미라기보다는 "지구 자체가 아니마적인 것"(ANIMA MUNDI)이다. 이러한 실재관에 있어서 인간의 자연파괴나 생태파괴란 어머니 가슴을 황폐화시키는 행위와 다름없는 생태윤리학적 패륜행위로서 인지된다. 기독교 창조주 신앙에서와는 다르게, 파니카와 최수운에게 있어서 하나님은 영원부터 영원까지 계시며 새로움을 가능케 하는 '창조적' 존재이지만, 우주자연 없이 그리고 '의식'이라는 인간성 없이 홀로 고독하게 존재한 적이 없었다. 그런 의미에서 파니카와 수운은 다원론자이다. 이 점에 있어서 파니카와 수운은 전통적 기독교 신앙과 날카롭게 대조된다.

기독교 신앙에 의하면 만유는 하나님에게서 나와서 하나님에게로 돌아간다. 기독교는 파니카나 수운이 담지하고 있는 존재론적 다원주의를 용납할 수 없다. 기독교 신앙에 의하면 우주자연과 인간의식이 창조주 하나님과 불가분리적 관계성 속에서 현존하고 그 창조적 과정을 지속하는 것은 창조주 하나님의 은혜로운 '자기양여'와 '임마누엘' 때문이다. 존재론적 필연 때문이 아니고, 전능하신 창조자의 은혜로운 '자기 내어줌'이며 '자기제한'을 통해 하나님의 영광에 참여하도록 허락하시는 은혜로운 영원한 선택, 초청, 경륜, 허락 때문이다. 그러므로 기독교 신앙에는 창조주 하나님을 향한 감사, 찬양, 경외, 응답, 책임성의 윤리와 경건이 언제나 있어 왔다.

새로운 시대에 기독교 영성이 기억해야 할 성구는 "우리가 믿는 하나님도 한 분이시니, 그는 만유 위에 계시고, 만유를 통하여 일하시고, 만유 안에 계십니다"(엡 4:6)이다. 이 성구는 전통적인 창조주 하나님의 세계 초월성만이 아니라 창조적 과정성과 만물 안에 임재하시는 내재성, 그리고 그 세 차원을 통전하시는 창조주 하나님을 명백하게 증언, 고백한다. 파니카의 '우주신인론적 체험'과 수운의 '시천주 체험'은, 위의 에베소서 성구가 증언, 고백하는 대로 기독교 신앙의 관점에서, 비판적으로 수용해야 한다. 파니카와 수운의 실재관 안에 스며들어 있는 그 존재론적 다원론의 이교성을 경계하면서 그 통전성만을 창조적으로 수용한다면, 이는 오늘날 지구촌이 앓고 있는, 치유되어야 할 잘못된 영성, 곧 물질/정신/영의 분리, 무한경쟁 및 무한성장 진보의 신화, 인간중심주의적 세계관 등 잘못된 실재관을 극복하게 하고, 제3천년 시대에 새로운 기독교적 영성의 정립을 위한 기초 신학적 담론으로서 공헌할 수 있을 것이다.

창조적 과정 안에 계신 하나님

1. 들어가는 말

　이 글에서 필자는 최근 대두되고 있는 기독교의 신자연신학 이론, 특히 과정
신학적 창조론과 전통적 창조론의 접목을 추구해 보려고 한다. 과정신학적 창
조론의 근거로서 화이트헤드(A.N. Whitehead)를, 전통적 창조론의 근거로서
바르트(K. Barth), 틸리히(P. Tillich) 그리고 몰트만(J. Moltmann)의 견해를
많이 참조할 것이다.[1] 자연 생태계의 위기를 초래한 근대 서구 기계기술문명,
인간중심적 자연관, 그리고 정복의 대상으로만 정위된 비생명적 기계론적 자연
관이 모두 기독교의 창조 설화에 그 역사적 뿌리를 두고 있다는 견해가 있다.
그러한 주장을 대표하는 과학사가 화이트(L. White)의 문제의 논문,「환경위기
의 역사적 기원」이 발표된 이후, 창세기 경전연구 분야에서 철저한 성서신학적

---

1) 이 논문을 위한 기본 자료로서 다음을 참고하였다. A.N. Whitehead, *Process and Reality: An Essay in Cosmology*, corrected edition edited by David Griffin & Donald Sherburne(The free Press, 1978), 오영환 역,『과정과 실재: 유기체적 세계관의 구상』(민음사, 1991). Teilhard de Chardin, *Christianity and Evolution*(Harper & Row, 1971). K. Barth, *Church Dogmatics*, III/1(T. & T. Clark, 1958). P. Tillich, *Systematic Theology*, vol. 1/vol. 3(The University Chicago Press, 1951/1963). J. Moltmann, *Gott in der Schöpfung: Ökologische Schöpfungslehre*(München, 1985), 김균진 역,『창조 안에 계신 하나님』(한국신학연구소, 1987).

검토, 이론신학 분야에서 신자연신학의 대두 및 창조신학에 대한 관심이 고조되고 있다.[2]

필자가 이 글에서 주장하려는 논지는, 21세기를 앞두고 구원종교로서 기독교가 새로운 문명시대의 인간들에게 자신의 창조주 신앙을 고백하기 위하여 창조주가 만유 위에 초월하신 분으로만이 아니라, 만유 안에 창조적 지탱자로 계시며, 만유의 창조적 과정을 통하여 일하고 계시는 삼위일체적 하나님이시라는 것(엡 4:6)을 다시 한번 확연하게 고백해야 한다는 것을 강조하려는 것이다. 조직신학은 그러한 창조주의 삼중적 존재양태를 일컬어 말하기를 원창조, 계속적 창조, 종말적 창조라고 표현하기도 하고, 하나님의 창조적 초월성, 내재성, 과정성이라고 표현하기도 한다. 하나님의 초월성 못지않게 내재성과 창조적 과정성이 제대로 정당하게 균형을 지니며 강조될 때라야만, 비로소 인간, 자연, 창조주 하나님 삼자 간의 바른 위치와 그 공능관계가 정립될 수 있으며, 새로운 자연신학의 가능성도 열릴 수 있다.

우리의 논제를 세 가지 단계를 거쳐 검토하여 보려고 한다. 첫째, 기독교 신앙과 세계관의 근원적 기초를 제공하는 성서가 과연 화이트의 지적처럼 비판받아야 할 만큼 반생태적이고, 자연에 대한 인간의 지배와 정복을 정당화하는 종교적, 형이상학적 이념을 제공하고 있는가를 주석학적 분석을 통하여 검토할 것이다. 이 검토를 위하여 특히 20세기 구약성서 학계에 탁월한 시계지평을 열어놓은 베스터만(C. Westermann)의 입장을 폰 라트(G. von Rad)의 견해와 대비시켜 볼 것이다.[3] 둘째, 우리의 논제를 기독교사상사 속에서 검토하되, 특히 서방

---

2) L. White Jr., "The Historical Roots of Our Ecological Crisis", *Science*, no. 155 (1967), 1203~1207. Cl. Westermann, *Schöpfung* (Stuttgart, 1971), 황종열 역, 『창조』(분도출판사, 1991). 김균진, 『생태계의 위기와 신학』(대한기독교서회, 1992). 한국기독교학회, 『창조의 보전과 한국신학』(대한기독교서회, 1992).

3) 20세기 구약성서학자 폰 라트는 구약성서의 중심주제는 역사를 통하여 일하시는 하나님으로 그의 관심과 활동영역은 '역사'이지 '자연'이 아니라고 말한다. 다시 말하면 창조 신학은 구원사 신학에 종속되어 있다고 본다. 그러나 클라우스 베스터만은 구원사 일변도의 기독교 경전 해석학은 19~20세기 역사주의와 그 시대의 이념적 편견이었다고 보며, 성경 속에는 자연, 곧 창조에 대한 보다 근원적인 신앙고백 전승층이 존재한다는 것을 밝힌다. G. von Rad, "The Theological Problem of the Old Testament Doctrine of Creation", *The Problem of the Hexateuch and Other Essays* (Oiver

376 | 제5부 생명, 평화, 그리고 종교신학의 대두

기독교의 기틀을 놓은 어거스틴의 "무로부터의 창조" 교의와 20세기 개신교의 대표적 신학자 바르트의 "창조와 계약의 상호 존재론적 공속성" 이론에서 파악해 볼 것이다.[4] 셋째, 그러한 고찰 이후, 20세기 후반 특히 1980년대 이후 기독교 신학계에서 일어나고 있는 신자연신학운동, 특히 창조(자연) 안의 신의 내재적 초월을 강조하는 몰트만의 창조신학과 틸리히의 조직신학을 그 대표적 예로서 택하여 살펴볼 것이다. 그리고 끝으로 화이트헤드의 과정신학적 신론을 고찰할 것이다.

2. 기독교 경전 속의 '창조 설화'와 '원역사'에서 본 자연과 인간 이해

2.1. 창세기의 '시원기 설화'(창 1~11장)의 집필 의도는 우주 기원론이나 생명발생 이론을 제시하려는 것이 아니고, 존재계와 생명계의 진실한 모습을 들려줌으로써 고난 속에서도 '존재로의 용기'를 잃지 않게 하려는 것

구약성경 창세기 처음 부분(1~11장)을 구약학자들은 '원역사' 또는 '시원기 설화'(始原期 說話)라고 부른다. 말하자면 그것은 역사과학의 탐구로써 밝혀지는 사실적 역사라기보다, 우주, 자연, 인간, 죄, 투쟁, 살인, 죽음, 구원 등 근원적인 삶의 원형들을 알려주는 '설화'(Saga)이다.

전통적으로 특히 서방 라틴적 기독교전통에서는 '시원기 설화' 중에서도 창세기 1~3장을 그 나머지 후반부(창 4~11장)와 분리시켜 독립적으로 이해함으

& Boyd, 1966, rpt. SCM Press, 1984), 131~143. G. von Rad, *Old Testament Theology*, vol. 1~2(Harper & Row, 1962), 허역 역, 『구약성서신학』, I~II(분도출판사, 1976). G. von Rad, 한국신학연구소 역, 『창세기』(한국신학연구소, 1972)를 참조할 것.

4) 어거스틴, 선한용 역, 『고백록』(대한기독교서회, 1990). 선한용, 『어거스틴에 있어서 영원과 시간』(성광문화사, 1986).

로써, "부분을 전체의 빛에서, 전체를 부분의 빛에서 이해하라"는 해석학적 순환법칙을 위반하였다. 그 결과는 심각한 것이었는데, 원래 구약 창세기 편집자가 그 책을 편찬할 때 전달하려던 우주와 생명과 인간에 대한 총체적이고도 유기체적인 통찰력과 구원의 지혜를 잃어버리게 되었다. 그 결과 창세기는 신의 전지전능을 과시하는 '무로부터의 창조' 교리 및 인간의 자연지배 정복론(창 1장), 여성에 대한 남성우위론과 물질에 대한 정신의 우위론을 구축하는 '이원론적 사고'(창 2장), 만인의 구원이 요청되는 '원죄 교리'(창 3장)의 출처로 경전 본문내용들이 오용되거나 호교론적인 교리 증빙자료로 남용되곤 하였다.

전통적으로 서방 라틴적 기독교가 창세기 1~3장을 '시원기 설화' 나머지 부분(창 4~11장)에서 분리시켜 교의학적 기초 자료로 사용함으로 말미암아, 기독교 신학과 신앙은 그 특징이 매우 구원론 중심의 신학, 역사 중심의 실재관, 세계와 신을 철저하게 분리시키는 초월론적 신관을 발전시켜 왔다. 그리고 마침내 기독교는 우주와 자연을 그 시계(視界)에서 잃어버리는 '역사 안에 갇혀버린 종교'가 되었던 것이다. 자연의 세계, 창조세계가 그 자체로서 담지하고 있는 영광과 권위와 권리가 상실당하고, 자연세계는 구원사의 역사과정에 종속되거나, 역사라고 부르는 드라마가 그 위에서 연출되는 고정된 무대로서의 피동적 기능만을 하도록 변질되었다.

성경의 기록 편찬자는 이스라엘 민족의 역사적 고난체험을 통하여 얻은 깊은 영감과 계시적 지혜의 조명을 그들의 굳건한 믿음 위에 받아들임으로써 그 때까지 전승되어 오던 다양한 자료들을 이스라엘의 영의 용광로에 넣고, 새롭게 야훼신앙의 빛 안에서 재조형하고, 재배치하고, 창조적으로 재해석하면서 인류의 영원한 경전으로 출산시켰다. 베스터만이 말한 대로 "자기 실존의 근거요 밑바탕에 대한 원래적인 탐구는 모든 인류에게 공통된 것이다. 이것은 모든 종족과 문화와 종교 속에서 나타나는 것으로서, 그 자체가 인간 존재에 속해 있는 것이다."[5]

---

5) Cl. Westermann, 『창조』, 27.

창조 설화는 '무로부터의 창조교리', '원죄교리', '인간의 자연지배 정복론', '가부장적 남성 우월론', '종(種)의 진화론을 부정하는 창조교리', '이신론적(理神論的) 절대초월신관', '단일 인종 세계분포이론' 등등을 정당화하려는 교리적, 또는 호교론적 동기를 갖지 않는다. 설화의 중심주제는 보다 근본적인, 삶과 존재에 대한 전일적이고 근원적인 통찰과 지혜를 보여주려는 것이었으며, 그것이 또한 집필의 근본 목적이다. 창세기 전반부 '시원기 설화'(창 1~11)는 다음과 같은 편집기자의 몇 가지 중요한 해석학적 통찰을 나타내 보이고 있다.

기독교의 창조신앙은 첫째, 존재하는 모든 것들은 '스스로 그러한 것'(自然), 스스로 존재하는 당연지사의 사물들이 아니라, 뜻이 드러난 것, 은총의 선물, 존재로 현전(現前)하도록 부름 받아 나타난 것, 그래서 존재는 감사한 것, 아름답고 좋은 것이라는, 한마디로 '존재의 대긍정'을 가르치려는 세계관을 말한다. 구약성경에는 '스스로 그러한 것' 또는 '스스로 질서지어 있는 것'이라는 의미의 중국어 '자연'(自然)이라는 단어나 헬라어 '코스모스'(cosmos)에 적확히 걸맞는 히브리 단어 자체가 없다. 그 대신 '하늘과 땅' 등 구체적인 '피조물'(hektisis)이라는 단어나 '전체'(koi)라는 단어가 있을 뿐이다. 히브리적 사유에 있어서 세계는 하나님에 의해서 움직여지는 하나의 창발적 사건으로 이해될 뿐이며 스스로 객관적으로 질서 있게 존재하는 객체적 대상으로 파악되지 않았다. 세계는 언제나 다양하고 새로운 것들이 발생하는 것이고, 하나님의 능력 안에서 지탱되고 생동하는 세계로 살아 충만해 있다고 보았다.

둘째, 창조의 세계 중에서 인간 존재가 특수한 위치를 부여받았지만, 인간 존재란 그 본질이 흙이고, 자연임으로 인간은 그 상대성, 유한성, 자연과의 유기체적 관계성, 특히 동료 인간과의 공인간성(Mit-Menschlichkeit)을 잊지 말고 신·인간·자연의 삼중적 관계에서 절대 월권하지 말 것을 경고한다. 인간의 개인사와 역사 속에 있는 온갖 죄악과 비극은 운명의 장난이거나, 신들의 전횡이거나, 제3의 우주론적이고 신화론적인 원리에서 유래하는 것이 아니고, 인간의 의지의 남용과 그의 탐욕과 휴브리스에서 온다는 것을 강조하려는 것이다.

셋째, 인간 본성은 선할 수도, 악할 수도 있는 두 가능성을 언제나 갖고 있어서 창조질서 안에는 비바람이 몰아치고 형제 살인, 홍수, 바벨탑의 붕괴 등으로 상징되는 혼돈과 무의 위협을 항상 받고 있지만, 창조주의 보존의 은총, 구원의 은총에 따라 "생육하고 번성하여 땅에 충만하라"는 축복대로 생명세계는 비존재를 극복하고 구원을 이뤄간다는 사실을 신앙 고백한다. 그렇게 함으로써 당시 이스라엘 민족이 역사적 고난과 시련 속에서 삶을 회의하고, 존재의미를 잊어버리고, 무의미와 잡다한 혼돈의 무(無) 속으로 그들의 생명을 양도해 버리려고 유혹을 받을 때, 이스라엘 백성과 동시대인들과 모든 인간들에게 생명을 긍정하는 '존재로의 용기'를 불어넣어 주려는 것이다.

창세기의 창조 설화는 이스라엘의 역사적 상황과 역사적 경험이라는 '삶의 자리'(Sitz im Leben)에서 채록되고, 재해석되면서 편집되었기 때문에, 이스라엘 민족 자신의 생명체험 이야기 및 우주창생 이야기에는 다른 민족들이 지니고 있었던 우주창조 이야기와 닮은 유사성도 있지만 고유한 특이성도 있다. 창조, 생육과 번성, 보존, 축복, 안식이라는 삶의 원형적 리듬을 따라 공명상태를 이루면서도 창조자의 절대주권과 인간의 존엄성을 불가분리적인 상관관계 속에 넣고서 이해하는 독특성도 보인다.

2.2. 창조는 잡다한 혼돈에서 아름다운 질서와 조화로, 미분화상태의 무차별적 전일에서 분리를 통한 구체적 존재자들의 창발적(創發的) 현전(現前)운동

구약 성서신학의 연구에 의하면, 원래는 세계창조 설화(P자료)와 인간창조 설화(J자료)가 직접 연관 없이 독립된 전승단계를 거쳐 왔는데 사실은 인간창조 설화(창 2장)가 세계창조 설화(창 1장)보다 더 오래된 것이다. 창세기를 기록, 편집한 성서기자 야휘스트는 그러한 두 가지 다른 전승의 설화를 그의 신앙의 눈을 통하여 절묘하게 재구성 종합편집함으로써, 자연과 인간과 역사, 자연과 인간과 신을 불가분리적인 관계성 안에서 연결시키고, 피조물이라는 전체성 안에서 인간의 위치와 한계와 사명과 삶의 궁극적 의미를 볼 수 있도록 유도하고 있다.[6]

세계문명 속에서 세계와 인간의 기원을 설명하는 '시원기 설화' 유형은 크게 네 가지 범주로 대별된다.[7] 첫째, 만드는 행위를 통한 창조, 둘째, 음양생식과 출생을 통한 창조, 셋째, 투쟁을 통한 창조, 넷째, 말씀을 통한 창조가 그것이다. 창세기 창조 설화는 둘째와 셋째 유형을 철저히 배격하고, 첫째와 넷째 범주의 창조방식을 압도적으로 강조하고 있다. 사제문서 자료(P자료)의 창조 이야기는 전형적인 말씀을 통한 창조 설화이고, 야훼문서 자료(J자료)의 창조 이야기는 만들기나 행위를 통한 창조 설화이다. 말씀을 통한 창조 설화가 가장 후대의, 가장 신학화된 창조 설화라는 것을 알 수 있다. 둘째 형태인 생식과 출생을 통한 창조, 또는 발생과 생성을 통한 창조는 수메르, 에집트의 우주창조 이야기의 특징이고, 투쟁을 통한 창조 이야기는 바빌로니아의 서사시인 「에누마 엘리쉬」에서 고전적 표현으로 나타나는데, 마르둑과 티아맛 사이의 투쟁 과정에서 패배하여 찢긴 티아맛의 몸으로 세계의 창조가 이루어진다는 이야기이다.[8]

창세기 창조 설화(P자료, 창 1:1~2:4a)는 이 세계를 지배하는 창조주가 악의 원리나 신화적 존재와의 투쟁, 신들 간의 성적 결합을 통하여 우주만물을 창조하였다는 다신론적 고대설화 형태를 철저하게 부정, 배격하고 시적 문체를 띤 간결하면서도 압도적인 말씀을 통한 창조를 보여준다. 첫 구절은 총체적, 선언적 문장으로서 창조세계 전체를 총괄적으로 아우르면서 창조주와의 관계와 창조세계의 본질을 밝힌다. "태초에 하나님이 천지를 창조하셨다"(창 1:1). 세계는 신성이 넘쳐흐른 유출의 결과도 아니고, 필연적 인과율의 연쇄 고리로 연결된 존재세계도 아니고, 음양의 합생과 우주적 원질료의 조합생성의 결과물도 아니라고 선언하는 것이다.

그러나 '말씀을 통한 무로부터의 창조' 행위가 어떤 절대 무의 상태에서, 도깨비 방망이를 휘둘러 요술을 부리듯이 세계를 하나하나 불러내는 그러한 단순 신화 형태도 아니다. 창조가 이루지기 전의 '무'(無, Nothingness)란 성경구절

---

6) Cl. Westermann, 『창조』, 112~117.
7) Ibid., 61.
8) Ibid., 62~63.

에 의하면, 아직 형태를 입지 못한 혼돈상태의 땅, 텅 빈 공허, 깊은 어둠의 심연으로 묘사되고 있다. 그 위에 하나님의 기운(영, 신적 바람, 루아하)이 빙빙 돌면서 어미닭이 날개를 퍼덕이며 새끼 알을 품는 형국으로 운동할 때에, "빛이 있으라" 말씀 하시니, 빛이 생겼다고 설화는 이야기한다. 그 빛이 좋음을 하나님이 보시고, 빛과 어둠을 갈라 놓으셨다고 했다.

우리는 창세기 창조 설화(창 1:1~2:4a) 속에서 두 가지 중요한 원리를 본다. 첫째는 창조 이전, 비존재 상태, 무(無)라는 것은 다름 아닌, 형상(形相, Form)이 없는 절대혼돈(絶對混沌, Chaos)과 잡다(disordered Many, 雜多)를 말하며, 창조는 형상과 질서와 조화와 아름다움과 구체성을 띠고 존재가 빛 안으로 현전(Phenomenon, 現前)하는 창발적 현상을 두고 말하는 것이다. '창발적'이라 함은 창조적 발생이라는 의미로서 "빛이 있으라" 명령하는 존재 구체화의 능력 면에서 보면 창조이고, 어둠으로부터 빛을 갈라 나누어 내는 과정을 통한 빛 안으로의 현전이라 보면 발생이기 때문이다.

그러므로 창조 설화의 둘째 모티브는 '갈라놓음에 의한 창조'라는 것이다.[9] 빛과 어둠의 갈라놓음, 창공과 바다의 갈라놓음, 육지와 해양의 갈라놓음, 낮과 밤의 갈라놓음, 각종 식물과 동물의 종류대로 갈라놓음이 그것이다. '갈라놓음에 의한 창조'란, 미분화된 전체성은 아직 구체적 존재자로 나타나기 이전이기 때문에, 갈라놓음의 행위에 의하여 개별 존재자들이 구체성과 존재의 확실성을 창조주로부터 부여받는 존재확인 행위인 것이다. 존재하는 모든 것들은 환상이나 마야가 아니고, 구체적 존재성을 향유하면서 '참여의 원리'를 통해 전일성을 누린다. 하나의 존재자 개체는 각각의 종(種)과 류(類)에 속해 있고, 그 하나하나의 종과 류는 더 포괄적인 전체에 참여하는 창조질서 안에 있고, 그 전체는 하나님의 능력과 영광 안에 있다.

창세기 창조 설화는 시공간과 대지와 바다와 창공의 창조, 식물의 창조, 천체 창조, 동물의 창조, 인간창조로 이어지면서 창조를 하나의 유기체적 전체 구조

---

9) *Ibid.*, 66.

안에서 전체로서 파악한다. 하늘의 물체들이 신성을 지니고 있다는 고대사회의 천체숭배나 점성술적 세계관으로부터 히브리적 성서 세계관을 근본적으로 갈라서게 한 것이 넷째 날의 천체창조 이야기이다. 콕스(H. Cox)와 화이트가 말하고자 한 것도 바로 이 점에서이다. '자연의 탈신성화' 또는 자연을 포함한 전체 피조세계의 비마력화는 고대사회에서 자연을 경배하고 천체들을 숭배하는 우상숭배로부터 인간을 자유하게 하였다. 그리하여 자연을 그저 두려움 없는 대상으로 자연 그대로 대면하고, 활용하고, 탐구하게 함으로써 오늘날의 자연과학과 기술공학에 의한 자연정복, 자연수탈, 자연파괴가 결과적으로 이뤄지게 되었다는 것이다. 그런 의미에서 오늘날의 생태위기의 역사적 기원이 기독교의 창조신앙에 부분적으로 기인한다는 화이트의 지론에 필자는 동의한다. 그러나 자연을 하나의 피조물로 담담하게 봄으로써 자연숭배나 천체숭배나 점성술의 숙명론으로부터 해방된다고 해서, 자연에 대한 적대적, 정복적, 수탈적 태도를 자동적으로 지니게 될 필연적 이유는 없기 때문에, 서구 근세 기계론적 자연과학의 자연수탈과 자연정복적 문화현상은 인간본성 일반이 지닌 자기중심적 이기심과 탐심에서 그 원인을 찾아야 하지, 특정 종교의 창주 설화에 그 모든 원인을 전가하는 것은 문제해결의 길이 아니다.

2.3. 창세기 창조 설화 속의 인간창조 이야기는 히브리적 사유에서 히브리적 인간론의 본질을 보여 줌

인간이 자연에 대해 성찰을 하려는 데는 결국 인간과 자연과의 불가분리적 관계성과, 자연(우주) 안에서의 인간의 위치와 자신의 책임을 묻고 자각하려는 동기가 자리 잡고 있다. 기독교의 창조 설화 안에 나타난 서로 다른 두 가지 인간창조 설화(P자료 창 1:26~31, J자료 2:4b~25)가 바로 기독교의 신학적 인간학을 위한 기본 방향을 제시하여 왔다는 것은 부정할 수 없다.

인간창조 설화의 두 가지 전승자료 중에서, 창세기 2장에 나타나는 J자료(2b~25) 보다 약 600년 뒤에 편찬, 서술된 P자료(창 1:26~2:4a)는 인간이 지음 받을 때, 그 재료나 질료가 무엇인지, 창조자가 어떤 과정을 밟아서 인간을 만들었는지에 전혀 관심이 없다. 남자와 여자가 어떤 절차상의 순위를 따라 서로 다르게 지음 받았는지에 대하여도 언급하지 않는다. P자료에 나타난 인간창조 설화는 다만 인간도 다른 피조물들과 똑같이 '피조물'이라는 것, 창조의 전체 구조와 시공간 속에서 자기의 위치와 역할을 부여받아 존재하게 되고, 다른 동식물과 똑같이 "생육하고 번성하여 땅에 충만하라"는 축복을 함께 받은 피조물이라는 것을 강조한다.

P자료(창 1:26~31)의 인간창조 설화는 인간이 다른 피조물들과 다른 두 가지 면을 보여주고 있는데, 그 하나는 인간이라는 피조물은 창조자의 "형상을 닮아서" 창조되었다는 것(창 1:26)이고, 또 다른 하나는 모든 생물들을 다스리고 땅을 정복하라(길들이라)는 그의 역할이 명시되었다는 것(창 1:28)이다. P자료의 인간창조 설화가 말하려고 하는 자연, 인간, 창조주와의 상호관계성에 대한 기본적 시각을 총괄적으로 정리하면 다음과 같다.

첫째, 인간 역시 다른 전체 창조과정과 그 전체 구도 속에서 여섯째 날에 창조받아 존재계에 등장한 한 피조물이라는 것을 강조한다. 히브리적 사유에서 인간 존재는 그가 지닌 정신적, 영적 재능과 능력이 아무리 심원할지라도 다른 고대 신화에서 보는 것처럼 신과의 신화론적 혈통관계에서 자기를 이해하지 않는다. 인간 존재는 본시 천상세계나, 이데아의 세계에 있다가 땅 위로 하강한 신적 존재자가 아니며, 신들 간의 투쟁 과정에서 타살당한 신적 몸을 소재로 하여 특별하게 제작된 특별존재도 아니다.

둘째, 인간의 존엄성과 그 우주 속의 특별한 위치는 인간 존재 자체가 '신의 형상물'로서 신의 존엄, 영광, 권위를 담지하고 있다는 것이다. '신의 형상론'(Imago Dei)에 대한 다양한 신학적 견해에도 불구하고, 그 설화는 인간이 지닌 정신적, 영적 자질론이나 외형적 동형론을 말하려는 것이 아니다. 다만 인간 그 자체가 존엄하고, 신의 영광을 반영하고, 대리적으로 신의 권한을 담지하고 대행하는 피조물이라는 것을 말하려는 메타포이다. 고대 제국의 절대 통치권자는 자신의 통치권한과 책임을 위임한 분봉왕을 파견할 때, 자기 통치영역 안에 제왕 자신의 직접 임재가 불가능할 때, 자신의 초상(형상)을 대리 현존시킴으로써 통치권의 정당성과 권위를 담보하도록 하였다. 그것처럼, 땅 위의 인간이라는 피조물은 다른 피조물들같이 단지 하나의 피조물에 불과 하지만, 그 인간 존재와 함께, 인간 존재를 통하여 창조자는 영광, 권위, 의지를 드러내려 한다는 의식을 나타내고 있는 것이다. 한발 더 나아가 좀 더 적극적으로 '하나님의 형상론'의 신학적 의미를 통찰하건대, 창세기 편찬자는 고대사회에서 인간의 존엄성과 인간 가치를 한없이 멸시하는 인간에 의한 인간의 수탈, 착취, 억압, 살육, 차별에 저항하면서, 인간의 신성불가침한 존엄성과 평등성을 주장하려고 하는 것이다.

P자료의 인간창조 설화가 말하려는 셋째 요지는 생명들을 다스리고 땅을 정복하라는 '대리적 위탁 책임'이다. 이는 인간의 우주 안에서의 위치와 기능, 그리고 그 상호관계성에 대한 오늘날 생태위기론의 근원이라고 거론되어 왔다. 여기서 인간의 피조세계 안에서의 기능과 책임수행을 이해하려고 할 때, "다른 생물들을 다스리고 땅을 정복하라"(창 1:28)는 위탁명령을 어떤 관점에서 본래 성경기자의 의도대로 바르게 해석학적으로 이해하느냐가 문제이다. 모든 문헌해석은 '영향사 의식'을 가지고 이해되는 것이며, 각각 고대사회와 현대사회의 삶의 자리를 반영하게 되어 있다. 다른 생물과 땅(자연)의 '다스림과 정복'은 결코 약탈자가 무자비하게 황폐화시키고 수탈하는 그런 행위일 수 없다.

고대제국의 제왕은 절대군주이지만, 동시에 영토의 군주로서 영토 영역 안의 모든 생명 있는 것들과 땅에 대하여 축복을 중재하고, 그것들을 돌보고 보존하는 책임이 있는 것이다. 군주의 절대왕권은 이러한 왕다운 직무수행을 행함으로써만 그 타당성과 존엄한 권위가 보장되는 것이다.[10] 그런데 창세기 1장 28절에 나타나는 "땅을 정복하라(길들이라)"는 말이 선포되는 원이스라엘의 삶의 정황은 기름진 옥토를 오늘날의 생태위기에 이르도록 자연을 수탈, 오염, 황폐화시키는 그런 맥락이 아니다. 이스라엘에 있어서 '땅'의 경험은 언제나 공허와 혼

10) Cl. Westermann, 『창조』, 80~81. 노세영, 「제사신학에 나타난 창조와 구속」, 『창조의 보존과 한국 신학』, 118~121.

돈과 황량한 비존재의 상태로 돌아가 버릴 수 있는 '거치른 광야나 사막'을 의미한다. 그러므로 "통치하고, 정복하라"는 말 안에는 개간하고, 정원을 돌보듯 관리하고, 질서와 복지상태로 경작하라는 의미가 본래적이다. 그러므로 오늘날 생태계 위기의 역사적 근원을 창세기 인간창조 설화 속에 나타나는 한 구절, 곧 "정복하고 다스리라"는 구절에 원인론적으로 연결시키는 것은 경전주석학적으로 볼 때 해석학적 오류를 범하는 것이다.

P자료의 인간창조 설화가 말하려는 넷째 주제의식은 인간의 본래적 창조형태의 기본꼴이 단독자로서의 개인이 아니라 '남자와 여자', '나와 너', '우리와 너희'라는 인간관계성 속에 있다는 것을 강조하고 있다. 인간 존재는 독존적 단독성 안에서, 자의식으로 깨어 있는 '사유하는 주체로서의 정신' 속에 있지 않고, 함께 더불어 사귀며, 말하고 들으며, 서로 기쁘게 돕고 도움받으며 살아가는 관계성 안에 있다.[11] 공인간성(共人間性, Mitmenschlichkeit) 그것이 인간 본질의 비밀이며, 인간성의 기본꼴이라는 것이다.

창세기의 또 다른 인간창조 설화는 J자료(창 2:4b~31)에 나타나 있다. 그리고 오늘날 성서신학은 P자료에 나타나는 창조신앙과 J자료에 나타나는 창조신앙이, 그 전승 자료의 출처와 그 영향사적 차이에도 불구하고 이스라엘 신앙전통에서 내적으로 통일성을 이루고, 히브리적 사유가 창조 설화를 통해서 증언하려는 신앙적 진리를 더욱 명료하게 각인시키고 있다는 것에 동의한다.[12] 그런데 자연과 인간과의 상호 불가분리적 관계성을 강조하는 J자료의 문서화 작업은 P자료의 문서화 작업보다 적어도 시기적으로 400~500년 앞서기 때문에, 우리는 J자료의 인간창조 설화에서 자연, 인간, 신과의 관계성에 대한 히브리적 사유의 근본적 관점을 식별해 낼 수 있는 것이다.

J자료에 나타나는 인간의 창조-타락 설화(창 2:4~3:24)가 말하려는 인간과 자연과 하나님에 관한 근본적 통찰과 증언은 다음과 같다. 첫째, 인간과 자연,

---

11) K. Barth, *Church Dogmatics*, vol. III/2(T. & T. Clark, 1960), 250~285.
12) 김이곤, 「성서에 나타난 창조신앙」, 『기독교사상』(1997년 2월호), 10~23 참조.

인간과 땅과의 불가분리적 관계성, 공속성이 강조되면서 인간의 출처와 본질은 '흙, 땅, 먼지'라는 것이다. 인간의 자연성, 사멸성, 덧없음, 연약성, 대지로의 귀속성을 유감없이 나타내는 신학적 인간학을 말하고 있는 것이다. "땅의 흙을 가지고 사람을 빚어 만들었다"는 이 소박한 인간창조 설화는 육체와 영혼, 육체와 정신이라는 헬라적 이원론, 또는 데카르트적 심신이원론을 강하게 부정하고 있다. 인간에게는 본래 불사성이 없다. 인간은 창조의 질서 속에서, 흙에서 태어나서 흙으로 돌아가는 전체 생명세계의 순환구조에 종속되어 있다. 그것이 창조질서요, 창조 법칙이라는 것이다.

둘째, 흙으로 만든 인간 존재는 하나님의 '생명기운'(히브리어 '뉘샤마', the breath of life)이 코에 불어넣어지자, 살아 생동하는 생명체가 되었다는 것이다. 여기에서 말하는 '생명의 기운'은 하나님의 '영'(루아하)도 아니고, 이데아 세계에 선재(先在)하면서 신적 속성을 지닌 '불멸적 영혼'(the immortal soul)도 아니다. 다시 말하자면, '생명의 기운'은 인간을 구성하는 구성요소가 아니라, 유기체적 물질체를 생명되게 하는 생기(生氣)인데, 그 출처와 귀착지가 창조주 하나님이라는 고백이다. 생명이 생명으로서 약동하고 창조적으로 창발하는 원인을 '양의 질화 법칙'으로 설명하는 유물론적 생명관을 거절하고, 생명의 근원을 창조주 하나님에게 돌리고 있다.

셋째, 인간의 타락과 땅 위 역사의 무질서와 비극의 원인은, 신들의 투쟁이거나 우주의 규칙적 순환운동이 초래하는 우주론적 원인이거나, 또는 인간 존재 그 자체의 피조성이 지닌 선천적 결함 또는 본능 때문이 아니라, 자유의지의 남용에 기인한 "타이탄적-프로메테우스적 동기"(Titanic-Promethean motiv)라는 것이다.[13] "하나님과 같이 되어 보려는 인간의 교만"(hubris)은 창조의 원질서를 다시 교란시키고, 혼돈의 세계로 변질시키며, 돌봄과 양육과 다스림이라는 에덴 동산 안에서의 자기 책임을 망각시키고 지배 수탈의 관계 속으로 전락시킨다. 땅을 섬기고 지키는 위탁된 과제(창 2:15)를 인간이 배신할 때, 땅은 엉겅퀴를

---

13) 위에서 언급한 김이곤의 논문,「성서에 나타난 창조신앙」참조.

내고, 죽음은 고통으로 다가온다. 구약성경의 창조설화를 정직하게 들여다 볼 때, 근세이후 자연과 인간 간의 소외관계, 자연에 대한 인간의 무차별적 정복과 황폐화, 자연질서와 인간질서 사이의 이원론적 대립구조, 뉴톤-데카르트적인 기계론적 자연관 등등은 전혀 성서적 근거가 없는 것임을 알 수 있다.

2.4. 안식은 창조신학의 정점

기독교적 창조신학의 정점과 최종 목적(텔로스)은 일곱째 날의 안식인데, 안식의 창조신학적 내용은 노동의 휴식에 있지 않고, 창조의 기쁨을 향유하고 생명의 충만을 즐기는 것, 공동체 구성원 간의 사귐과 잔치, 전 피조물이 신의 영광에 초대된다는 생명의 성화(聖化)와 영광화에 있다.

사제문서 자료(P자료)는 일곱째 날에 각별한 의미를 부여하면서, 창조의 마지막 목표가 신의 안식에 참여하는 것이라고 말한다. 우리는 여기서 후기 유대교가 성전과 율법을 중요시하고 안식일을 엄수하도록 안식일 법을 제정하기 전에, 창조의 궁극목적이 안식에 있음을 강조한다는 점에 유의할 필요가 있다. 창세기 창조 설화에 의하면, 신이 피조물을 창조하고 그 영광의 꽃으로서 인간을 지으신 것은, 신을 섬기게 하려 함이 아니요, 영원한 생산노동에 종사하게 하여 의미와 가치를 창조하는 문화적, 정치경제적 존재로 살게 하려 함도 아니다.

안식의 본질은 신이 베푼 생명의 축제에 초청받아 참여하여 함께 사귀고 즐기는 자유와 기쁨에 있다. 축제에서는 모든 형태의 의무규정으로부터 인간은 잠정적으로나마 해방되고, 노동의 생산성 향상이라는 근대사회의 신화에서부터도 해방되고, 사회신분상의 차별과 갈등구조에서도 해방되어, 모든 생명의 아름다운 것을 향유하는 것이다. "하나님이 보시니 매우 아름답고 좋다"고 하신 존재와 생명의 현실을 몸으로 체험하면서 향유하는 것이 잔치이며 축제이다. 안식의 거룩한 잔치에 초청받아 잔치에 참여하는 모든 존재하는 것들은 창조자의 조건 없는 존재로의 초청을 감사하면서, 창조의 아름다움을, 존재한다는 사실의 신비함과 선함을 향유하고 찬양하는 것이다.

3. 기독교 사상에서 자연과 창조주와의 관계성 이해

이제 우리는 기독교 신학사에서 자연과 인간, 창조와 구원의 관계, 그리고 시간과 영원의 관계에 대한 신학적 사색을 깊이 한, 서구 신학전통에서 가장 대표적인 세 신학자, 어거스틴, 바르트 그리고 틸리히의 견해를 고찰함으로써 우리의 주제를 좀더 추구해 보려고 한다.

3.1. 어거스틴에 있어서 창조, 시간, 그리고 종말

카시러(E. Cassirer)가 적절하게 말한 대로[14] 어거스틴(354~430)이야말로 기독교 사상사에서만이 아니라, 서양 철학사 속에서 시간의 문제를 가장 근원적이고 포괄적으로 다룬 사람 중의 한 사람이다. 어거스틴은 특히 그의 『고백록』과 『신의 도성』에서 시간과 영원의 문제를 창조와 존재문제와 연결시켜 심원하게 다루었다. 말할 필요도 없이 시간은 공간과 함께 인간 인식작용의 근본적인 직관 형식이기 때문에, 사람 눈의 시각기능 중에서 자기 눈동자나 눈썹 자체를 볼 수 없듯이 시간의 실체를 알 수 없다. 체험된 시간을 시간성이라고 말한다면, 인간의 시간성은 곧 인간 존재의 규정성이요, 실존적 존재체험을 가능하게 하는 존재론적 근거 지반이면서, 우리의 유한성을 실감나게 하는 한계 상황적 단절이다.

어거스틴이 플라톤 및 신플라톤적인 철학사상과 성경의 신앙적 증언들을 자신의 영혼 안에서 통전하면서 파악한 시간성의 속성은 매우 부정적인 모습으로 나타나고 있다. 다시 말해서 어거스틴이 파악한 시간성은 항상 지나가는 것으로 존재의 분산 및 분열 현상과 긴밀하게 관계되어 있으며, 불가역성을 특징으로 하고서 비반복적인 일회성을 지닌다. 어거스틴에 따르면 시간은 유한성의 가장 대표적인 특성으로서, 신의 영원성과 날카롭게 대비되는 것이다. 하나님은 영원

---

14) E. Cassirer, *The Philosophy of Symbolic Forms*, 3 Vols., trns. R. Manheim(Yale Univ. Press, 1958), 3: 166.

자로서 언제나 동일하고 불변하기 때문에, 그에게는 시간성이 없다. 그는 다만 영원한 현재로서 모든 시간을 초월하신다. 반면에 시간은 항상 지나가는 것으로 서 무상성, 불안정성, 파편성, 분열성, 상대성으로 나타난다. 신과 피조물의 근본적 특징은 신의 영원성과 피조물의 시간성의 대비에서 드러난다.

이러한 어거스틴의 신플라톤적인 세계관이 얼마만큼 성서적인 히브리적 사유를 담보하고 있는가는 검토해야 할 과제이다. 문제는 어거스틴이 영원자(창조자)와 피조물을 영원과 시간의 특징으로 대비시킴으로 인하여, 헬라철학적인 본질과 현상의 이원론적 사고가 기독교의 신학 속에 깊이 침윤해 들어오게 되었다는 사실이다. 어거스틴에 의하여 히브리적 사유와 플라톤-신플라톤주의와의 사상적 지평 융합이 심도 깊게 이뤄지고 기독교 사상이 더 풍성해졌다는 긍적적 측면이 있지만, 그에 못지않게 히브리적 사유와 신앙의 본질적 변질이라는 부정적 측면도 있는 것이다. 예를 든다면, 현상세계에 대한 본질세계의 우위성, 자연계에 대한 정신적, 영적 세계의 우위성, 감성적인 것에 대한 이성적인 것의 우위성이라는 비성경적 또는 반히브리적 사유방식과 가치체계에 기초한 헬라적 실재관이 기독교 안에 깊이 들어오게 되었다는 사실이다.

어거스틴 시대의 우주기원에 관한 이론들은 신화적 이론들을 제외하면 크게 세 가지 입장으로 대별할 수 있었다. 첫째는 '형성설'(the formative theory)인데 이 입장에 의하면, 이 우주세계는 영원부터 존재하는 어떤 근원적 형이상학적 질료로부터 형성되었다는 것이다. 형이상학적 질료란 물질개념과 다른 가능태 상태의 형상(Form)이 없는 '혼돈적 무'와 같다. 플라톤의 대화편 『티마이우스』(Timaeus)에서 데미우르고스가 이데아에 의거하여 세계를 형성해간다는 신화적 세계창생 이론이라든가, 힌두교나 불교나 유교의 집적설(集積說)이나 인연생기설, 그리고 기일원론적 음양합생설도 결국 형성설의 일종이라고 볼 수 있다. 둘째는 '유출설'(emanation theory)인데 플로타이누스가 말하는 일자(一者)로부터의 만유의 유출 이론이 그 대표적 예이다. 존재의 위계질서는 일자(一者)의 하강(descent)과 상승(ascent) 운동에 비례하여 결정된다. 세계 우주는 일원론적이며 범신론적이다. 이러한 실재관에서는 순수 정신인 일자(一者)가

비물질적이기 때문에 물질에 대한 정신의 우위성이 강조된다. 이러한 두 가지 세계기원설에 대하여 어거스틴은 제3의 입장, 곧 '창조설'을 지지하고 저 유명한 '무로부터의 창조' 이론을 정립하였다.

어거스틴의 '무로부터의 창조' 교리가 함의하는 점은 다음과 같은 것이다.[15] 첫째, 창조주만이 진정한 의미에서 실재하시는 존재이며, 모든 피조물은 자존적인 존재가 될 수 없다는 사실이다. 모든 피조물은 무로부터 지음 받았기에, 우발성(contingency)과 유한성을 지니면서 항상 무로 되돌아갈 가변성(mutability) 아래 노출되어 있다는 것이다. 둘째, 그 교리에는 세계창조란 다만 창조주의 자유의지와 그의 선하심과 은총에 기인하고 있기 때문에 창조된 세계는 선하고 아름답다는 존재긍정의 세계관이 드러난다. 어거스틴은 "모든 존재는 그것이 존재하는 한 선하다"[16]고 주장하였다. 세계 현실의 악은 '선의 결핍', '무로의 타락', '선의지의 결핍' 때문이라고 보았다. 마지막으로 셋째, 어거스틴의 '무로부터의 창조' 교리는 결국 창조에는 목적이 있다는 유목적적인 목적사관에 원형적 근거를 제공한다. 어거스틴은 존재의 형성과정이나 역사의 운동과정은 우연이거나 맹목적이거나 순환적 반복행위가 아니라, 신의 영광에 참여하는, 즉 안식에 이르는 텔로스를 지향한다고 보았다.

어거스틴은 창세기 주석에서 창세기 1장 1절을 2절 이하와 구별하여 전자와 후자는 근본적으로 질적 차이를 가진 창조행위로 보고, 두 단계로 나누어 해석한다. "하나님이 태초에 하늘과 땅을 창조하였다"(창 1:1)는 구절을 전체 창조 설화의 서론적 명제로나 혹은 총괄적 선언명제로 해석하지 않는다. 대신 어거스틴은 '하늘과 땅'(caelum et terra)의 해석에서 '하늘'은 순수하게 형상화된 '영적 하늘'(caelum intellectuale)을, '땅'은 아직 어떤 형상을 입지 않은 질료, 즉 '무형의 질료'(materia informis)를 의미한다고 해석했다. 태초의 이 '하늘과 땅'의 창조는 '절대무'(ouk on)로부터의 창조이기 때문에 창세기 1장 2절 이하

---

15) 선한용, 『어거스틴에 있어서 시간과 영원』, 41~48.
16) 어거스틴, 『고백록』, VII, xii, 18.

구절에서 나타나는 엿새 동안의 창조행위, 곧 '상대무'(me on)로부터 형상과 질서를 입혀 불러내는 형성적 창조행위와 구별된다고 보았다.

어거스틴은 『고백록』에서 "당신은 절대무(de omnino nihilo)로부터 질료를 창조하시고, 그 형상이 없는 질료로부터(de informi materia) 세계를 형성하셨습니다"[17]라고 말한다. 물론 이 구별은 어거스틴에게 있어서 인식론적, 논리적 구별이지 시간계기적 구별은 아니다.[18] 그것은 마치 노래할 때, 소리(sound)가 곡조(tune)에 논리적으로는 앞서지만 시간적으로는 동시적인 것과 같다.

시간이란 형상이 부여된 피조물과 함께 있게 된, 존재자의 상흔이기 때문에, 시간과 모든 존재자는 함께 있다. 따라서 형상을 아직 입지 않은 무형적 질료와 완전한 형상만을 지닌 천사적 존재들은 시간을 갖지 않는다고 말할 수 있다.[19] 전자는 시간 이전의 상태에 있고, 후자는 시간을 초월해 있는 셈이다. 그러므로 어거스틴의 견해에 따르면 창조세계는 두 가지 요소에 의해 제약(condition)되고 있는데, 하나는 '무형의 질료'요, 또 다른 하나는 창조주의 마음에 있는 '영원한 형상'(eternal forms)이다. 후자는 말씀 안에 있는 로고스들이요, 이데아들이라고 볼 수 있다. 무형의 질료는 말씀(로고스, 영원한 형상)에 의하여 일정한 구체적 존재로서 실재성을 입고, 존재자로서 안정되고 질서 있는 아름다움과 선을 반사하게 된다. 그리고 동시에 시간의 제약성을 받게 되면서 사멸성의 운명도 함께 얻게 된다. 사멸성이란 곧 존재의 분산이요, 비존재인 무형의 질료로 와해되고 침몰해 가는 현상을 이름한다. 이것에 저항할 수 있는 능력은 오직 창조자의 절대 은총, 사랑, 보존의 능력이다.

어거스틴에 의하면 세계창조와 그것의 보존과 세계의 계속적인 창조적 과정은 창조자의 은총의 행위이시다. 세계가 존재하며, 무로 환원하지 않고 지탱되고, 끊임없는 아름다움과 새로움으로 충만할 수 있다는 사실 자체가 신의 선하심과 은총의 능력이라는 것이다. 세계와 인간은 시간의 파편성에 의해 제약되고

---

17) *Ibid*., 426~427.
18) 선한용, 『어거스틴에 있어서 시간과 영원』, 59.
19) *Ibid*.

분열을 경험하지만, 시공간의 제약성 자체가 악이거나 도피해야 할 부정적인 것은 아니다. 어거스틴에게 있어서 시간성은 곧 피조성이요, 그것은 모든 피조물이 구체적 실재성을 입고 존재를 경험하고 향유할 수 있게 하는 존재론적 구성조건이기 때문이다. 그러므로 시간을 벗어버릴 것이 아니라, 시간 속에서 영원과의 조우를 경험해야 한다. 시간성 속에서 영원성을 덧입는 경험을 해야 한다. 세계는 부정되거나 폐기되어야 할 악의 도성이 아니고, 모든 부정적인 것들이 엄존함에도 불구하고, 영원한 신 안에서 아름다움과 선함을 발현하고 체험하는 '영원한 도상의 과정'인 것이다. 역사와 세계는 영원하지도 않고, 그것 스스로 자족하지도 않다. 그것은 창조자에게서 지음 받아 존재를 부여받고, 창조자의 선함과 영광을 향유하다가, 다시 더 높은 차원에서, 영원자 안에서 안식할 열려진 세계이다. 그것이 어거스틴이 이해한 창조된 세계현실이다.

3.2. 바르트의 창조론에서 창조와 계약, 자연사와 구원사

바르트(1886~1968)는 그의 『교회교의학』 제3권 「창조론」에서 우리의 주제를 다루고 있다. 바르트는 먼저 기독교 신학이 말하는 창조신앙과 세계현실이 하나님으로부터 구별된 피조적 현실이라는 지식은 신앙의 지식, 곧 궁극적으로 역사과학적 탐구로써는 밝혀지지 않고 하나님의 자기계시의 빛에 의해 밝혀지는 지식임을 강조한다. 바르트에 따르면 하나님이 천지와 인간을 창조하셨다는 신앙적 명제는 모든 실재 전체가 참으로 신과 구별된 실재이며, 이 전체 피조 영역은 창조주에 의해 뜻해졌기 때문에 그 하나님은 창조의 주(主) 하나님이지 단순한 세계 원인이거나 생성 원리이거나 단순한 법칙이 아니라는 것을 나타낸다.[20]

바르트는 세계가 엄연한 실재의 세계로서 존재한다는 현실은 그 자체의 자존적인 존재이유와 존재능력으로써 가능한 것이 아니라고 주장한다. 창조세계의

---

20) K. Barth, *Church Dogmatics*, vol. III/1, 6~11.

권리, 의미, 목적, 존엄성이 모두 피조물을 당신 자신의 영광에 초청하고 창조주와 함께, 창조주와 구별되어 존재하기를 기뻐하신 창조자의 영원한 선택과 결정, 그 스스로의 영광과 즐거움에서 결행한 영원한 선택과 계약 안에 근거하고 있다고 말한다.[21] 이것은 철저한 신학적 언표인데, 그것을 바르트는 "창조는 계약의 외적 근거이고, 계약은 창조의 내적 근거이다"[22]라는 신학적 명제로 표현한다.

바르트에 의하면 창조자는 비역사적(non-historical)이거나 그런 의미에서 또한 비시간적(non-temporal) 존재가 아니라, 모든 시간성과 역사성의 존재론적 근거로서 시간의 충만이고, 과거, 현재, 미래를 동시에 경험하는 시간의 창조적 지반이다. 세계가 창조되었고, 창조되고 있으며, 미래에도 새롭게 창조될 수 있는 이유는 오직 하나님 자신의 자유로운 결행과 은총의 선택으로서 그의 영광의 드러내심이고, 그의 곁에 자신과 구별되는 한 피조 현실의 실재가 존재하기를 기뻐하시는 하나님의 선택 때문이다.[23] 그 점을 바르트가 강조하는 까닭은 하나님의 창조주로서의 절대주권과 은총의 현실성과, 그리고 피조 현실이 존재하는 이유가 필연이거나, 우연이거나, 자연 자체가 '스스로 조직하는 우주'로서 자기를 영원히 지어가고 형성해가는 자존적 실재가 아니라는 점을 분명히 하기 위해서이다.

바르트에 의하면, 어거스틴처럼 하나님의 창조는 한 역사인데, 창조가 하나의 역사라는 의미는 창조가 시간의 창조와 함께, 시간 안에서 이뤄진 창조자의 결행이라는 것을 강조하고 있는 것이다. 영원과 대조되는 시간이란 곧 피조물의 실존형식이다.[24] 물론 영원이란 단순히 시간성의 부정으로서 무시간적 영원이 아니다. 도리어 영원이란 모든 시간의 원천이고, 시간의 충만이며, 절대시간이다. 바르트에게 영원이란 현재, 과거, 미래의 동시적 통일이고, 시작, 중심, 종국

---

21) *Ibid.*, 94.
22) *Ibid.*, 94. 228.
23) *Ibid.*, 68.
24) *Ibid.*, 67.

의 동시적 일치이며, 또한 시원, 과정, 목표의 동시적 통전이다. 그런 의미에서 영원이란 곧 하나님 자신의 본질이고, 하나님의 영원성은 무시간적인 영원한 현재가 아니라 모든 시간의 충만이고 시간의 원형(prototype)이다.

신학적 명제로서 독특하게 표현된 바르트의 창조론은 모든 경험과학적 창조현실에 대한 설명과 형이상학적 우주론이나 존재론을 넘어서서, 과감하게 기독교 신앙에 기초한 창조론이다. 창조와 계약이 서로 공속적이며, 서로가 서로에게 그 존재 근거가 된다면 창조는 하나님의 영원한 은총의 선택행위로서 피조물을 당신의 영광에 초대하고 참여시키며 즐거워하는 구원사건의 토대가 되고, 무대가 된다. 그러나 창조를 단순히 구원의 드라마가 그 위에서 전개되는 고정된 무대장치일 뿐이라고 오해한다면, 우리는 바르트의 창조론을 크게 왜곡시키게 된다. 신의 영원한 은총의 선택적 결행, 곧 은총의 계약이 창조행위로 나타나는 내적 근거라고 한다면, 창조와 구원은 동전의 앞뒤처럼 동시적이며 일치한다. 다시 말해서 구원(계약역사)은 창조(우주자연)라고 부르는 무대 위에서 전개되어가야 할 드라마가 원본대로 진행되지 않기 때문에, 그 오류를 수정하기 위하여 연극진행 도중에 개입된 신의 조정행위가 아니다. 처음부터 진행되던 바로 원 뜻의 창조적 결행으로서 전체 피조계의 현실총체적 드라마가 곧 구원과정이요 구원의 현실이다. 창조가 곧 구원이며, 구원은 곧 시간 속에서의 창조이다. 그런 의미에서 '구원사'란 일반 우주사와 구별되어 전개되는 독특한 종교사이거나 교회사가 결코 아니다. 우주적 보편사의 내적 의미가 곧 구원사이다. 일반 세속사의 내적 의미가 구원사이다. 아니, 사실대로라면 자연사 그 자체가 구원사의 일부이다.[25]

위에서 살펴본 대로, 어거스틴과 바르트의 신학적 사유 안에서 볼 때, 창조전승과 구원사적 맥락에서의 계약전승은 불가분리적 관계성 속에 있다. 그렇다면 지난 19~20세기 기독교 신학 안에서 발전한 구원사신학 일변도의 강조는 분명히 성서가 증언하는 메시지, 곧 자연 자체가 창조주로부터 그 독자적인 존엄성,

---

25) *Ibid.*, 59~60.

영광, 품위를 담보 받고 있다는 메시지, 인간만이 아니라 모든 피조물과 자연 자체도 신의 구원과 영광에 참여하도록 초청받고 있다는 성서의 근본 메시지를 손상시켰다고 아니할 수 없다. 그러한 성서의 근본적 통찰을 훼손시킨 이유는 역사주의라고 부르는 시대적 이념에 신학이 스스로를 종속시켰으며, 근대 자연과학이 이뤄놓은 놀라운 업적과 계몽주의적 합리주의 이념에 직면하여 신학이 자신의 정당한 학문적 발언을 포기했기 때문이라는 비판적 자기 성찰에 도달하게 된다.

3.3. 틸리히에 있어서 창조의 세계

틸리히의 창조론은 그의 『조직신학』 제1권 「하나님의 실재성」 부분과 제3권 「생명과 영」에서 다뤄지고 있다. 신적 생명은 그 자체가 항상 창조적이며, 무진장한 풍요함과 새로움 속에서 신적 생명을 현실화시키는 창조적 활동 그 안에 계심으로, 신적 생명과 신적 창조성은 둘이 아니고 하나이다. 매우 역설적 표현이지만 틸리히에 의하면 창조행위는 신의 자유행위이면서 동시에 신의 운명(destiny)이다. 여기에서 말하는 신의 운명이란 자유와의 상관적 개념으로서 말하는 것이지 어찌할 수 없는 강제적이고, 필연적이고, 타율적인 숙명(fate)이라는 개념과는 구별된다. 틸리히에 의하면 기독교의 창조론이란 시간의 과거 어느 한 시점에 발생한, 인간과 우주의 창조사실에 관한 이야기가 아니라, 피조물인 인간 자신의 피조성이 제기하는, 혹은 인간의 피조성 안에 내포되어 있는 궁극적 질문에 대한 상관관계성에서 하나님의 창조성에 관한 이해의 이론이다. 그러므로 창조론은 인간 속에 내포되고 있는, 세계와 하나님과의 관계성에 대한 해명도 되는 것이다. 틸리히는 이렇게 말한다:

> 신적 생명은 본질적으로 창조적이기 때문에, 시간의 세 가지 양태가 모두 신적 생명을 상징하는 데 사용되어야 한다. 하나님은 세계를 창조하였고, 현재 매순간마다 창조적이며, 그리고 마침내 그의 궁극목적을 창조적으로 성취시킬 것이

다. 그러므로, 우리는 시원적 창조(originating creation), 지속적 창조(sustaining creation), 목적 지향적 창조(directing creation)에 대하여 말해야 한다. 이것이 의미하는 바는 세계의 보전만이 아니라 섭리도 신적 창조성의 교리 아래에 포함되어야 한다는 것이다.[26]

틸리히는 '무로부터의 창조' 교리의 근본 목적이 모든 형태의 절대적 이원론(ultimate dualism)에 대하여 강력하게 저항하고 하나님의 절대주권과 그의 영광을 지키려는 데에 있다고 본다. 더 나아가서 '무로부터의 창조' 교리는 인간의 피조성이 함의하는 그 유한성에도 불구하고 인간실존의 유한성은 한편으로는 존재 자체이시며 존재 지반이신 하나님에 뿌리박고 참여하고 있으며, 다른 한편으로는 '비존재로의 환원'이라는 사멸성에 의해 항상 위협받고 있다는 인간실존의 자기통찰을 지시한다. 인간의 피조물로서의 유한성 그 자체가 비극적인 것이 아니다. 설령 그 유한성이 비극적이라고 생각할지라도, 그것의 극복은 존재론적 금욕주의에 의하여 성취되지 않고, 유한성 안에 현존하는 존재 자체의 능력에 의하여서만 극복된다.[27]

틸리히에 의하면 '무로부터의 창조' 교리가 말하려는 의도와 궤도를 함께 하여 니케아 신조는 "가시적, 불가시적 모든 만물을 창조하신 하나님을 믿습니다"라고 고백하였는데 그 신조의 근본 의도 역시 당시의 이교 철학사상과 대결하여 한 분 하나님의 절대주권과 영광을 지키려는 것이었다. 플라톤 철학에서 세계창조는 데미우르고스가 영원한 이데아들에 의존하여 세계를 조성하는 것으로 되어 있다. 이 때 영원한 본질들, 영원한 이데아들은 영원부터 존재하는 존재의 능력들이며, 일종의 신적 영광을 담지하는 것이 된다. 이러한 이교적 창조 설화에 맞서서, 기독교 신앙은 영원한 본질적 형상들(이데아들)은 창조주의 마음 안에 있는 창조적 패턴들이라고 고백함으로써 하나님의 절대주권과 영광을 보존하려고 했던 것이다.

---

26) P. Tillich, *Systematic Theology*, vol.1, 253.
27) *Ibid.*, 254.

틸리히의 견해에 따르면 지속적 창조 교의가 말하려는 요점은 창조주 하나님은 창조적이시기 때문에, 시간적인 피조물들의 모든 생존 순간순간 속에 그 피조물들에게 구체적인 존재를 향유할 수 있도록 존재의 능력을 부여하면서 그들과 함께, 그들 안에 현존한다는 것이다. 계몽주의 시기에 이신론자(理神論者)들이 생각하듯이 창조주가 태초에 이 세계를 창조하고 세계운동의 원리로서 세계 법칙을 그 속에 부여한 다음, 자신은 세계를 초월하여 창조한 세계를 관조한다는 식의 이신론적 세계관이 비성서적인 것은 말할 것도 없다. 신학에서 창조주 하나님은 이 세계를 초월하시고 동시에 내재하신다는 신학적 표현은 옳지만, 그것엔 일정한 한계가 있다. 그 초월과 내재의 상징이 공간적 상징이기 때문에, 이 세계와 창조주 사이의 공간적 분리 개념이 항상 사고 속에 작동하기 때문이다. 틸리히에게 있어서 신의 초월성은 신의 무제약적 존재 자체로서의 존재 능력과 존재 지반을 의미하고, 신의 내재성은 바로 신이 모든 존재의 존재 지반이며 존재 능력이 되심으로써 모든 피조물들은 창조주 하나님의 신적 생명에 기초하고 참여하기에 신적 생명과 피조물의 존재성이 존재론적으로 불가분리적 관계성 속에 있다는 것을 의미한다.[28]

틸리히에 의하면, 창조론의 세 번째 양식은 '목적 지향적 창조'(directing creation)인데, 목적 지향적이라는 이 말은 오해하기 쉬운 개념이다. 창조 그 자체가 목적이요 신의 영광이지, 무슨 다른 목적을 위하여 신은 세계를 창조한 것이 아니기 때문이다. 기독교에서 신은 그 자체 안에 무궁한 영광과 자유와 사랑의 사귐을 가지고 계시는 분이라고 고백되기에, 칼빈신학에서처럼 "하나님에게 영광을 돌리게 하기 위하여"라든지 루터신학에서처럼 "하나님과 피조물과의 사랑의 친교를 나누게 하기 위하여"라는 해석은 의미는 있되, 신학적으로 말하면 모순이 된다. 하나님은 피조물로부터 영광을 받으셔야만 온전하게 존귀한 분이 되는 그런 부족한 신이 아니며, 상호 교호적인 사랑을 필요로 하는 불완전한 창조주가 아니시기 때문이다. 그렇다면 '목적 지향적 창조론'이 말하려는 근본 의

---

28) *Ibid.*, 263.

도는 섭리신앙이 말하려는 핵심과 연결될 것이다. 모든 피조물들은 가능태와 현실태가 하나로서 통일되어 있는 신적 생명 안에서 자신을 성취하기 위한 창조적 과정 안에 있다는 인식인 것이다. 만물은 하나님에게서 나왔고 창조되었지만 하나님에게로 돌아간다는 말이 그 말이다. 한 가지 분명한 것은 틸리히의 창조론에 있어서 세계와 창조주와의 관계는 '존재와 신'의 상관관계성이 말하는 것처럼 불가분리적이라는 점이다.

4. 창조 안에 계신 하나님: 생태학적 창조론의 대두

대체로 1970년대 이후 기독교 신학계는 20세기 전반기 시대의 창조론이 다루던 것과는 전혀 다른 새로운 신학적 과제에 직면해 있다. 20세기 전반기 기독교 신학계가 직면한 창조론의 문제는 창조의 현실적 실재와 힘으로서 등장한 '종족과 민족'의 우상화 및 그것을 절대화하는 이념에 대해 어떻게 비판을 가할 것인가 하는 문제였다. '혈통과 대지'를 신성시하고 절대시하는 인종주의자들과 국수주의자들의 정치적 이념, 서구 자본주의적 제국주의 속에 은폐되어 있는 허구의식을 어떻게 밝혀내고, 그 만행을 저지할 것인가의 문제였다. 구체적으로 나치즘과 파시즘, 그리고 일본의 황국주의 등 정치종교적 이데올로기의 허구성을 비판적으로 극복하기 위하여 신학계의 창조론은 인간정신의 내적 가능성을 스스로 절대시하는 내재주의적 신학을 공격하는 데 집중되었다.

그리하여 바르트를 중심으로 하는 20세기 전반기 변증법적 신학운동은 '창조세계를 초월하신 하나님', '피조물과 창조자의 질적 차이'를 강조하면서 '자연신학'의 과제를 '하나님 인식의 문제'라는 좁은 틀에서 논의하는 조심스러움을 보였다. 그러나 이제 20세기 후반, 특히 1970년대 이후부터 기독교 신학에서 새로운 자연신학의 형성, 새로운 창조신학의 강조, 생태학적 위기의 극복을 신학적 과제로 자각하고 자연(창조) 그 자체를 신학의 주제로 삼는 운동이 일어났는데, 그 대표적 사상가의 한 사람으로 몰트만을 들 수 있다. 몰트만은 그의 최근

의 저서 『창조 안에 계신 하나님: 생태학적 창조론』에서 다음과 같이 말한다:

> '창조 안에 계신 하나님' 이라는 제목과 함께 나는 하나님을 성령으로 생각하였
> 다. 하나님은 '생명을 사랑하는 영' 이며, 그의 영은 모든 피조물들 '안' 에 있다
> …… 피조물 안에 계시는 신적인 창조의 영으로부터 시작하는 이 창조론은 자
> 연철학과의 대화를 위한 출발점을 제시할 수도 있을 것이다 …… 우리가 창조
> 자, 그의 창조, 그리고 창조의 목적을 삼위일체론적으로 본다면, 창조자는 그의
> 창조의 영을 통하여 창조 전체와 개개의 피조물 안에 거하시며, 그의 영으로써
> 창조를 유지하고 존속하게 한다. 창조의 내적인 비밀은 하나님의 거하심에 있
> 는데, 이것은 안식일의 내적 비밀이 하나님의 쉼에 있는 것과 같다. 우리가 만일
> 창조의 목적과 미래를 질문한다면, 우리는 그것을 통하여 새 하늘과 새 땅으로
> 되는(계 21장) 창조 안에 계신 삼위일체 하나님의 빛나는 거하심에 결국 부딪
> 히게 된다.[29]

위 인용구에 흐르는 새로운 신학적 사유의 패러다임 전환은 결국 '하나님의
초월성' 을 강조하던 20세기 전반기 신학적 무드로부터 전환하여 '하나님의 내
재성' 을 강조하면서 '자연 · 인간 · 하나님' 의 상호침투, 내재적 초월경험을 중
시하는 것이다. 이러한 새로운 창조신학의 대두는 전통적인 기독교의 신관, 곧
'절대적 주체자로서의 유일신' 이라는 신관을 폐기하고 그 신적 생명의 존재양
식 자체 안에 내재적 상호침투와 '상호순환적 사귐' (perichoresis)을 핵심으로
하고 있는 삼위일체적 하나님의 이해로 다시 복귀함을 의미한다. 세계와 맞서
있고, 세계를 초월하여 있는 전능한 유일신적 신관에서는 신의 세계초월성과 세
계지배가 강조되기 때문에, 창조된 세계는 하나님 없는 세속화된 세계가 되어
갔고, 하나님은 창조세계 현실과 무관한 형이상학적 초월존재로 퇴위해 갔다.
그러한 비기독교적 초월신관에 상응하여, 신의 주권과 세계 지배권을 위임받았

---

29) J. Moltmann, 『창조 안에 계신 하나님』, 10.

다고 보는 근대적 주체철학의 인간학은 인간 자신을 인식과 의지의 '주체'로서 정위하고 세계를 그의 '대상'으로 정위하는 주객도식을 만들어냈다.[30]

몰트만은 중세기 신학과 오늘날 가톨릭 신학의 기본명제인 "은혜는 자연을 파괴하지 않고 오히려 자연을 전제하며 완성한다"는 것을 다음과 같이 바꾸어 이해한다. "은혜는 자연을 완성하는 것이 아니라 영원한 영광을 위하여 준비시킨다." 몰트만의 이러한 신학적 명제 수정은 전통적 신학이 창조와 구원, 자연과 초자연, 피조세계와 창조자를 이분법으로 분할하고 전자를 후자에 비하여 불완전하고 더 나아가 열등한 것으로 간주하면서, 전자의 후자로의 종속을 암묵적으로 받아들이는 발상법을 비판적으로 극복하려는 것이다. 그러한 몰트만의 새로운 신학적 사유는 창조론을 기독교에 고유한 메시아적 종말론의 빛 안에서 미래 개방적으로 인식하려는 태도인 것이다. 우리가 앞서서 보았듯이 바르트에게 있어서는 신의 영원한 선택과 계약이 창조의 내적 근거였으나, 몰트만에 의하면 하나님의 역사적 계약의 중요성보다는 계약을 통하여 약속되고 보증된 미래의 '영광의 나라'가 창조의 내적 근거가 된다.[31]

몰트만이 그의 『창조 안에 계신 하나님』이라는 책의 부제를 '생태학적 창조론'이라고 명기한 이유도 단순히 그의 창조신학을 최근의 생태계 위기론을 의식하면서 '생태학적 윤리의식'을 염두에 두고 창조론을 논의하겠다는 의도 이상이다. 다시 말해서, 희랍어 어원 분석에 의하면 생태학(Ecology)은 '집(oikos)에 관한 이론'인 바, 집이란 생명의 거함과 체류의 상징이므로, 우주자연 전체, 곧 창조세계를 인간과 생명체들과 창조자가 거하고 체류하는 집으로 파악하려는 의도를 나타낸다.

기독교 창조신앙에 의하면, 창조(우주자연 현실세계)는 '하나님에 의해' 이루어지며, '하나님을 통해' 형성되어가며, '하나님 안에서' 실존한다. 하나님의 영(Ruach)의 끊임없는 유입으로 인하여 피조물들은 구체적 존재형상을 입고

---

30) *Ibid.*, 14~15.
31) *Ibid.*, 22.

'지어졌으며'(bara), 그 창조 영의 새롭게 하는 창조성과 생기를 힘입어 거듭 '새로워진다'(hadash). 즉 하나님은 언제나 그의 영의 능력을 통하여 그리고 그 창조적 힘 안에서 지속적 창조를 수행하며, 신적 영의 임재가 창조의 가능성과 현실성을 규정한다. 요한 칼빈의 표현을 빌리면, "성령은 어디에나 임재하여 모든 것을 유지하고 양육하며 살게 한다."[32] 몰트만도 창조세계 안에 끊임없이 임재하는 하나님의 영의 활동(Wirkung)을 창조하는 활동, 보존하는 활동, 쇄신하는 활동, 완성시키는 활동으로 구분하여 설명하면서, 창조자의 세계 내재성과 세계의 자기초월성을 긴밀하게 상관시킨다. 세계 현실이 항상 미래개방적인 새로움을 향하여 자기초월을 할 수 있는 것은 창조자의 세계내재를 통하여 존재의 개방된 여백을 창출해내는 창조자 자신의 자기제한과 자기비움 때문이라고 본다.[33]

그런데 몰트만의 새로운 창조 이해가 전통적인 범신론적 사고, 곧 세계와 신의 근원적 일치로 되돌아가는 것이 아니라는 점을 인지하는 것이 중요하다. 물론 몰트만의 생태학적 창조론은 세계 현실과 창조주 관계의 상호 '구별'이 아닌 상호 내재적 사귐에 강조점을 두려고 한다. 그러나 세계의 창조는 세계의 발생(Weltverursachung)과는 다른 것이라고 강조한다. 전통적인 신학적 표현들은 창조자와 세계의 관계성을 표현할 때, 창조, 보존, 유지, 완성 등 일방 통행적, 수직관계적 용어를 많이 사용해 왔다. 반면에 몰트만은 거함, 함께 고난당함, 참여, 동반, 인내, 기뻐함, 영광스럽게 함 등과 같은, 사귐을 나타내는 쌍방 교류적, 수평관계적 용어를 사용하기를 즐긴다.[34]

기독교 창조신앙에 의하면, 세계를 초월하는 하나님과 세계 안에 내재하는 하나님과 세계를 통한 창조적 과정 안에 있는 하나님은 같은 한 분 하나님이다. 한 분 하나님이 "만유 위에 계시고, 만유를 통하여 일하시고, 만유 안에 계신다"(엡

32) J. Calvin, *Institute*, 1:13:14.
33) J. Moltmann, 『창조 안에 계신 하나님』, 26~27. 몰트만은 유대교 신학의 '쉐키나'(하나님의 거하심, Schechina)와 '침춤'(하나님의 자기제한, Zhimzhum) 이론을 충분하게 받아들이고 숙고하면서 신의 내재적 초월과 창조성을 설명한다.
34) *Ibid.*, 29.

4:6). 그리하여 하나님은 창조세계 '안'에 계시며, 창조세계는 하나님 '안'에 있다. 처음 지음 받은 '하늘과 땅'은 버려진 채로 하나의 질료로서 저기와 여기에 그냥 존재하고 있는 것이 아니라, 하나님의 풍요로운 자유의 영광, 창조적 영의 생기로 끊임없이 침투되고 메시아적 영광의 하나님 나라가 비춰는 종말론적 빛에 의해 조명되고 있다. 그래서 세계 현실은 절망적 불의와 위기 속에서도 언제나 새로움, 개방성, 창조성, 자기초월성을 담지한다. 결국 기독교적 창조신학의 관점에서 볼 때, 삼위일체 하나님의 내재적 상호침투, 상호사귐, 상호구별되면서 하나 되심의 신적 신비가, '존재의 유비'나 '신앙의 유비'를 통하여 마침내 창조적 자연, 그 자연의 일부로서의 인간, 그리고 하나님, 그 삼자 관계성을 이해할 수 있게 하는 규범적 원형이 되는 것이다.

5. 과정사상에서 본 세계와 신의 관계성

과정철학자 화이트헤드는 엄밀하게 말하면 기독교 신학자는 아닐지라도 현대 기독교신학, 특히 자연과 신과의 관계성 이해에 새로운 자극을 주는 매우 독창적이고도 천재적인 사상가로 이해해야 할 것이다. 그의 과정철학적 실재관은 과정신학 학파를 형성할 만큼 큰 영향을 끼쳤으며, 많은 신학자들에게 그의 과정철학적 유기체적 우주론은 창조적 기여를 하고 있다. 화이트헤드는 그의 주저 『과정과 실재』 서문에서 이렇게 말하고 있다:

이 강의의 적극적인 학설은, 생성한다는 것(the becoming), 존재한다는 것 (the being), '현실적 존재'의 관계성(the relatedness of actual entities)을 문제 삼는다. '현실적 존재'는 데카르트적 의미의 '진정한 사물'(res vera)이다 …… 이 강의에서는 성질보다 관계성이 우위를 차지하고 있다. 모든 관계성은 그 기초를 현실태의 관계성에 두고 있다. 이러한 관계성은 산 자가 죽은 자를 전유(專有)하는 것, 다시 말하면 '객체적 불멸성'(objective immortality)과 전적으로 관계된다. 이 불멸성에 의하여, 자기 자신의 살아있는 관계성을 잃어버린 존재자는 다른 생성의 살아있는 직접성에 있어서의 실재적 구성요소가 된다. 이는 세계의 창조적 전진(creative advancement of the world)이란, 굽힐 수 없는 엄연한 사실을 공동으로 구성하고 있는 사물들이 생성하고, 소멸하며, 또한 객체적으로 불멸한다는 것을 말한다는 학설이다.[35]

위에서 인용한 화이트헤드의 말 자체가 매우 난해하고 복잡한 사상을 그 밑바탕에 깔고 있지만, 그의 신실재론, 그의 존재론이 존재보다는 생성을, 불변적인 실체나 성질보다는 관계성을, 고정된 구조보다는 생성적, 창조적 발생과 전진을 강조하고 있다는 사실을 간파할 수 있다. 언뜻 보면 삼라만물을 구성하는 '현실태'들이 끊임없이 존재자를 생성시키고 각자가 자기의 존재성을 향유하다가 새로운 존재자 형성의 실재적 구성요소로 밥이 되어 주면서 불멸성을 간접적으로 획득해가는 생성론적, 과정적 사고는 불교의 인연생기설(因緣生起說)을 연상하게 한다. 그럼에도 화이트헤드가 "세계의 창조적 전진"이라는 말로 생성의 현실태를 묘사했을 때, 그는 자신이 불교의 인연생기론자가 아니라 시간의 불가역성을 핵심으로 삼는 서양 기독교 문화권의 아들임을 여실히 드러낸다. 화이트헤드의 이러한 유기체적 우주론, 또는 신자연철학적 형이상학 체계 안에서 하나님은 어떤 위치를 차지하는 것인가?

화이트헤드의 신은 우리가 우주자연이라고 포괄적으로 부르는, 지금 우리 눈앞에서 생동하면서 생성되고 있는 창조적-과정적 실재를 떠나서 시공간적으로 초월해 있는 존재가 아니다. 그렇다고 해서 그는 흔히 신을 우주자연 속에 내재하는 세계의 정신으로 보는 범신론적 신관을 말하려는 것도 아니다. 우선 그의 신론을 살피기 전에 그의 실재론을 간단히 이해해야 한다. 여기 우리 눈앞에 있는 한 송이 꽃이나, 연필 한 자루나, 컴퓨터 한 대가 존재하기 위해서, 아니 그보다 더 작고 미미한 바이러스나 물분자 하나가 존재하기 위해서, 그보다 더 섬세

---

35) A.N. Whitehead, 『과정과 실재』, 43~44.

하고 고차원적인 인간영물과 천사들 같은 존재자들이 존재하기 위해서, 여타 그 어떤 것들이 존재하기 위해서는 생성과정 속에서 각각의 현실재들은 각자의 존재를 향유해야 한다. 화이트헤드에게 있어서 존재(being)는 곧 생성(becoming)인네, 생성은 창조적 과정 속에서 발생하는 하나의 현실 사태인 것이다.

화이트헤드의 유기체적 실재론에서 구체적인 실재를 구성하는 존재론적 구성요소들은 현실적 존재(actual enties), 영원한 객체(eternal objects), 창조성(creativity), 그리고 신(God)이다. 이 네 가지 존재론적 구성요소들이 있어야만 사물은 구체적인 실재로서 존재를 향유하면서 실재할 수 있게 된다. 그렇게 존재론적 구성요소가 다원적이기 때문에 화이트헤드의 존재론은 다원주의라고 볼 수 있다. 이 네 가지 요소가 유기체적으로 복잡다단하게 서로 연계되고, 진입하며, 구체화되고, 융합하면서 과정적 실재들을 창발시키는 것이다. 간단히 각각의 요소들의 중심개념을 설명하면 아래와 같다.

'현실적 존재'(actual entities)란 '현실적 계기'(actual occasions)라고도 부르는데, 만물, 곧 물질적 실재와 정신적 실재를 구성하는 우주의 궁극적 기본 질료라고 말할 수 있다. 이것이 궁극적 실재이다. 이 '현실적 존재'는 무수히 많다고도 할 수 있고, 아원자 세계의 준원자 차원의 춤추는 유동적 에너지처럼 일정한 경험과 질량이 부하된 경험의 방울들이라고도 할 수 있다. 수억만 가지의 현실적 실재들이 순식간에 일정한 질서와 계기를 따라 관계되고 유기적으로 구성됨으로써 사물이 창발적으로 현전하게 된다. 물, 공기, 바람, 불, 흙, 꽃, 나무, 동물 등으로 현전하게 된다.

'현실재'들이 질서 있게 조합되고 유기적으로 관계되기 위해서, 그리고 그러한 현실적 존재들의 합생(合生, concrescence)과정에서 새로운 창조적 실재물이 창발적으로 현전하기 위해서 두 가지 필수적인 요소가 창조적 과정 속에 진입(進入, ingression)하고 또 융합되어야 하는데, 화이트헤드는 그 요소를 '영원한 객체'(eternal objects)와 '창조성'(creativity)이라고 본다. '영원한 객체'란 아리스토텔레스의 형이상학에서 형상(form) 또는 플라톤철학에서 이데아(ideas)와 같은 개념인데 구체적 실재들의 특수한 규정을 위한 순수한 가능태들이요, 한정의 형식을 말한다.[36] 창조성이란 무수하고 잡다한 '현실적 존재들' 이 '영원한 객체' 의 진입을 통하여 어떤 구체적 존재형식을 입으면서 나타날 때, 단순히 잡다한 현실적 존재자들의 조합물이 아니라 '새로움' (novelty)이 출현할 수 있는 존재론적 가능성이요 새로움의 원리이다. 이 '창조성' 으로 인하여 자연 안에 '창조적 전진' 과 만물이 새롭게 창조적으로 출현하는 그 새로움을 경험할 수 있는 것이다.

그렇다면 마지막 구성요소인 신(God)은 무엇이며 어떤 역할을 하는가? 전통적 기독교신학은 다원주의를 거절하고 유일신론을 고백하기 때문에, 화이트헤드가 말하는 이데아적인 '영원한 객체들' 과 '창조성' 이 모두 하나님의 마음에 있거나 신의 속성이 된다. 그런데 화이트헤드는 그런 존재론적 요소들을 굳이 신 그 자체와 구별한다. 신은 실재가 구체성을 입고 현전하도록 하는 '구체화의 원리(principle of concretion)이다. 신은 무수한 '영원한 객체들' 을 그 자신의 '근원적 본성' 안에 다 내포하고 있으면서도 어떤 실재가 구체적으로 창발할 적에 창발적으로 돌연할 실재에 가장 적합한 '영원한 객체' 를 '현실재' 또는 '현실사태' 와 구성적으로 결합시켜 가장 아름다운 질서와 조화를 이루도록 한다. 말을 바꾸어서 표현하면, 신이 없으면 이 세계 안에는 잡다한 '현실재' 들과 관념적 가능태로서의 '영원한 객체' 와 '창조성' 이 무질서하게 혼재하게 되고 어떠한 구체적 존재자의 현현이나 창발적 출현이 불가능하게 된다. 신은 두 본성을 그 자체 안에 지니는 양극성적 존재인데, '신의 원초적 본성'(the primordial nature of God)은 영원하고, 비시간적이며, 절대적이고, 불변하며, 전지전능하고, 무소부재하시다. 다른 한편 '신의 결과적 본성'(the consequent nature of God)은 시간적이고, 상대적이고, 경험적이고, 제한적이고, 세계에 의해 영향을 받는다.[37] 신과 현실세계와의 불가분리성을 화이트헤드만큼 명료하게 진술한 학자도 드물 것이다. 그는 세계와 신의 상호 의존성 및 상호 대비적 관계성과 상관성을 이렇게 진술하고 있다:

---

36) *Ibid.*, 78~79.
37) *Ibid.*, 592~599.

신은 항구적이고 세계는 유동적이라고 말하는 것은, 세계는 항구적이고 신은 유동적이라고 말하는 것과 마찬가지로 참이다.

신은 일자(一者)이고 세계는 다자(多者)라고 말하는 것은, 세계는 일자이고 신은 다자라고 말하는 것과 마찬가지로 참이다.

세계와 비교할 때 신이 탁월하게 현실적이라고 말하는 것은, 신과 비교할 때 세계가 탁월하게 현실적이라고 말하는 것과 마찬가지로 참이다.

세계가 신에 내재한다고 말하는 것은 신이 세계에 내재한다고 말하는 것과 마찬가지로 참이다.

신이 세계를 초월한다고 말하는 것은 세계가 신을 초월한다고 말하는 것과 마찬가지로 참이다.

신이 세계를 창조한다고 말하는 것은 세계가 신을 창조한다고 말하는 것과 마찬가지로 참이다.[38]

화이트헤드의 이러한 견해는 물론 전통적 신학에서는 그대로 받아들일 수 없다. 그러나 전통신학의 지나친 신의 초월성 강조, 신과 창조세계의 질적 구별의 강조가 초래한 이신론적 초월신론의 병폐를 당분간 치유하기 위해서 우리는 화이트헤드의 과정철학적 신관을 경청할 필요가 있는 것이다. 우리는 욥기에서 전통적 도덕원리의 수립자와 인과응보적 초월신관이 문학 형식을 빌어 철저하게 비판되고, 도리어 창조세계 안에서 지금 일어나고 있는 놀라운 생명의 창발적 사건과 창조주의 현존에 눈을 뜨게 되는 것을 본다. 우리는 구체적으로 지금 우리 눈앞에서 일어나고 발생하고 있는 자연 안에서의 놀랍고 새로운 창발적 사건에 눈뜨면서, 인과응보적인 초월신론이 초래한 도덕적, 종교적 허무주의와 회의주의를 극복하고, "이제는 제가 제 눈으로 주님을 뵙습니다"(욥 42:5)라는 신의 현존체험을 고백할 수 있게 될 것이다.

---

38) Ibid., 597~598.

제6부

인권, 민주화, 그리고
민족의 화해통일

분단시대 한국교회의 보수적 반공주의와 진보적 민족주의 간의 대립에 대한 비판적 성찰

1. 들어가는 말

1.1. 민족주의와 기독교의 관계

핏줄이나 흙에 집착하는 귀소본능적 '회귀신화'(myth of return)를 극복하고 인류문명사에 등장한 세계종교로서의 기독교뿐만 아니라, 세계관으로서 과학적 사회주의 이데올로기 또한 개별성·특수성·고유성을 지니는 '민족' 또는 '민족주의'와 자연스럽고도 항구적인 연대성을 지속하는 것이 정당한가의 여부는 언제나 신학적으로 그리고 사회철학적으로 문제가 되어 오곤 했다.

민족주의가 혈연과 지연에 기초한 비이성적·낭만주의적·생물학적 사회진화이론으로 전락하지 않으려면 프랑스혁명에서 대표적으로 표출된 자유·평등·박애정신의 추구라는 근대정신의 지향성을 갖추어야 한다.[1]

세계적 보편종교로서의 기독교는 그 신앙이 지향하는 우주적 보편성 때문에

---

* 본 원고는 '한신신학연구소 심포지엄'(2003년 11월 28일)에서 발표된 내용임.

[1] 필자는 근대 민족주의 구성요소로서 프랑스혁명 정신을 강조하는 진덕규와 김성식의 견해에 동의한다. 陳德奎,「제3세계와 민족주의」,『민족주의와 기독교』, (민중사, 1981), 25~46. 같은 책, 함석헌, 김성식, 박형규의 대담,「민족주의의 재평가」, 225~226.

혈연이나 지연에 예속된 민족주의나 국가주의와 자신을 동일시하지 않는다. 그러나 신앙이라는 보편적 신념체계가 추상화·관념화 되지 않으려면 구체적으로 역사현실 속에 그 종교적 진리가 성육화(成肉化)되어야 하고, 기독교를 수용하는 공동체가 정치적으로 억압받고 경제적으로 수탈당하고 문화적으로 소외당하는 '고난받는 민족공동체'일 경우, 해당지역의 역사적 기독교는 자연스럽게 민족주의와 깊이 연계된다.

한국의 근현대사는 억압과 고난의 역사였기에, 한국 근현대사에서 한국 기독교는 특히 해방전까지는 '민족적 기독교 교회'를 형성하면서 '자유·해방·평등·평화의 나라'를 지향하는 종교였는데, 해방 이후 남북 분단시대에서는 특정 정치사회 이념에 예속되고 냉전체제에 편입되어 '인간을 자유롭게 해방시키는 복음으로서의 자기정체성'을 상실하고 한민족의 화해와 민족통합에 역기능을 수행하는 위기 속에 몰입되어 있다.

필자는 이 논문에서 분단시대, 곧 해방정국과 한국전쟁 이후 현대사 속에서 한국 개신교가 걸어온 빛과 그림자, 영광과 수치를 정치신학적 관점에서 비판적으로 성찰하고, 자기정체성 회복과 보수·진보라는 한국 기독교 두 진영의 화해적 치유를 위하여 해석학적 조명을 하려고 한다.

이 글은 2003년 8.15 광복절 행사, 2003년 대구 유니버시아드대회, 그리고 송두율 교수 조국방문 사건에서 보는 대로 한국사회의 남남 갈등 구조를 더 이상 방치하거나 자연치유 되기를 기다려서는 안 된다는 당위성에서 시작한다. 그리고 한국사회의 남남 갈등이 집단적으로 표출될 때 그 중심핵을 이루는 남한 기독교 보수세력의 반공주의가 패러다임 전환을 해야 한다는 것과 동시에 북한 사회도 '국가교회'(state church)[2) 형태의 '기독교도연맹' 단계를 넘어서 '우주적 보편종교로서의 기독교 신앙'에 접근하기 위한 패러다임 변화를 요청받고

---

2) 북한의 '기독교도연맹'을 일종의 '국가교회'(state church) 형태라고 보는 이유는, 북한사회에서 종교의 자유와 기독교 신앙의 자유가 헌법에 보장되지만, 서구 근대기독교 교회사에서 보는 바와 같은 '신앙공동체의 절대적 자유'가 보장되지 못하며, 종교단체에 대한 국가권위의 우위성과 종교의 정치사회적 기능이 강조되면서 교회존재의 근거와 가능성이 국가권력과 밀착되어 있다는 객관적 사실 때문이다. 한국기독교역사연구소, 『북한교회사』(한국기독교역사연구소, 1996), 455~459 참조.

있다는 사실을 명백히 밝히려는 데도 논문의 목적이 있다.

　필자의 연구 입장은 교회사적 제1차 사료나 새로운 역사적 문헌자료를 개발 활용하는 '역사적 접근방법' 보다는 '정치신학적 접근방법' 을 견지한다. 여기에 서 말하는 '정치신학적 접근방법' 이란 그동안 한국 신학계, 특히 한국교회사학 회의 연구업적을 기본 자료로 하여 해방(1945) 이후부터 현재에 이르기까지 개 신교가 한민족의 정치사회적 현실에 대응했던 행태(行態)를 '하나님의 나라를 선포한 예수 그리스도의 복음의 빛' 으로 조명하면서 이데올로기 비판과 해석학 적 성찰을 가한다는 것을 뜻한다. '예수 그리스도의 복음' 은 '하나님의 나라' 를 역사적으로 정향(定向)된 실재로 추동시키지만, 동시에 역사 속에 실현된 어떤 정치사회적 현실과 '하나님의 나라' 를 동일시하지 않고, '정치적 우상' 을 타파 하면서 현실을 비판적으로 끊임없이 자기 초월하도록 촉매하는 현실변혁적 능 력이기도 하다.

2. 해방정국에서 기독교 민족주의자들과 사회주의자들의 연 합 실패와 기독교의 반공주의 형성

2.1. 해방정국에서 북한의 기독교 민족주의 세력과 사회주의 세력의 갈등

　해방 직후 미 · 소 양대 세력을 축으로 한 세계냉전구도의 국제정치질서 속에 서 한민족은 '이념과 사상을 초월하는 민족적 대단결' 을 통해 통일된 근대적 민 족국가를 형성하지 못하고 분열되고 말았다. 1946년 말 현재 북한의 인구는 925만 7천 명 정도였는데, 기독교 신도수는 약 20만 명, 천주교 신도수는 약 5 만 명이어서, 전체 북한 인구 대비 신도수는 3퍼센트 미만이었지만, 잘 조직, 훈 련되고 지식과 경제능력을 갖춘 기독교 세력을 도외시하고서는 어떤 정치집단 도 북한사회를 지배할 수 없을 만큼 이들은 정치적 · 사회적 영향력을 가졌고 새 로운 근대 민주국가 형성을 가능케 할 창조적 잠재력을 지니고 있었다.

미·소가 남북한을 분할 점령하는 상황 속에서, 북한사회에서 기독교 세력은 가장 빠르게 해방 직후 민족의 근대국가 형성에 적극적 행동을 보이면서 참여하였다. 그 증거로서 북한지역에서 이뤄진 '건국준비위원회'의 적극적 조직과 참여 그리고 기독교 세력의 정치정당 조직운동에서 확인할 수 있는 바, 이는 기독교 세력이 강한 평안남북 지방에서 두드러지게 나타났다. 평남건국준비위원회(위원장 조만식), 황해도건국준비위원회(위원장 김응순 목사), 평북자치위원회(위원장 이유필 장로), 용천군자치위원회(위원장 함석헌) 등에 기독교계 인사가 주도하고 대거 참여한 데서도 그 당시 기독교계의 역할을 짐작할 수 있다.[3]

북한지역의 정치 1번지라고 볼 수 있는 평남건준의 조직구성은 기독교계 인사가 주류를 이루었지만, 굳이 좌파인사를 배제하지 않았고 좌우합작 성격의 조직구성을 보이기도 하였다. 이것은 북한의 기독교 민족주의 계열이 처음부터 사회주의 계열과 분리하거나 대결하려는 의도보다는 정치적 이념과 사상의 차이를 초월하여 대동적 근대 통일민족국가 형성을 희망하였다는 것을 보여준다. 그러나 1946년 2월에 구성된 '북조선임시인민위원회'(위원장 김일성, 부위원장 강양욱 목사) 단계에서는 기독교 민족주의자들은 대부분 배제된다.

기독교 민족주의 세력이 북한의 해방공간에서 공산주의적 사회주의 세력과 대등한 정치 세력으로 초기 해방정국을 주도하다가 점차 배제·소외된 것은 정치적 정당 형성과정과 그 발전 및 해체 과정에서 드러난다. 조만식을 중심으로 한 서북 기독교 민족주의 세력은 조선민주당 창당(1945.11.3)으로 나타난다. 조선민주당 노선의 핵심 정강정책은 "민족독립, 남북통일, 민주주의 확립"이었기에, "반제반봉건 민주주의혁명" 노선을 내건 좌파 계열과 정치적으로 협력 못할 것도 없다고 확신했던지, 조만식 당수를 비롯한 기독교계 인사가 당을 주도했지만 좌파 계열의 인사 최용건(부당수), 김책(서기장겸 편집부장)도 중요 간부직에 포용되었다. 그러나 신탁통치 문제로 인한 우파 기독교 세력과 좌파 공산주의 세력 간의 갈등을 계기로, 조만식은 당수직을 사퇴하고(1946.2) 우파 세력은 축

---

3) *Ibid.*, 384.

출당하여 상당수가 남하하게 된다.

해방정국에서 평북지방의 기독교 정당결성의 사례로서 신의주의 한경직, 윤하영 목사를 중심으로 한 기독교사회민주당 창당(1945.9)과 김화식, 김관주 목사 등을 중심으로 결성된 기독교자유당이 있다. 이 두 정당의 결성에는 해방정국에서 '미소공동위원회'가 평양과 서울에서 국가의 틀을 짜는 과정에 기독교적 이념과 민의를 반영하자는 동기가 깔려있었다. 그러나 기독교사회민주당은 '신의주 학생시위사건'(1945.11.23)의 배후 세력으로 지목되어 소련점령군 당국에 의해 결정적으로 약화되었고, 기독교자유당도 북조선인민위원회의 세력에 의해 북한인민정권의 전복 혐의를 받고 급속히 약화되었다.

이상 몇 가지 사례에서 보았듯이 해방정국 초기에 북한지역에서 기독교 민족주의 세력과 공산주의 세력은 잠정적 단계로서 상호인정과 상호합작의 태도를 보였지만 시간이 지날수록 기독교 세력은 공산주의 세력에 의해 밀리거나 배제되면서 점차로 우파 기독교 세력과 좌파 공산주의 세력 간의 갈등은 골이 깊어갔고 투쟁관계로까지 발전해 갔다. 북한 기독교 지도자들과 신도들이 해방정국 기간동안 수만 명 남하하면서, 그 결과 남한의 기독교가 반공주의 노선을 갖게 되는 중요한 한 가지 원인이 된 것이다. 그러면 구체적으로 해방정국의 북한사회에서 어떤 충돌이 기독교 민족주의자들과 공산주의 민족주의자들 사이에 화해하기 힘든 분열을 가져 왔는가를 정치적 측면, 사회경제적 측면, 문화교육적 측면, 그리고 종교신학적 측면에서 고찰하면 다음 4가지 가장 근본적 이유를 간추려 낼 수 있다.

첫째, 정치적 원인으로서 북한사회가 소련군의 점령지대로 되고 국제적인 냉전구도가 기틀을 잡아가면서, 김일성을 중심으로 한 북한 공산주의 계열은 인민정치위원회 구성, 북조선 임시인민위원회 조직, 그리고 북한 사회주의인민공화국 설립에 이르는 일련의 정치일정 과정에서 소련점령군 당국과 모스크바의 지지를 확고하게 받고 있었다. 1920년대 후반부터 반봉건 반일투쟁 경험으로 훈련된 공산주의자들이 해방정국에서 잠시 보였던 우파 기독교 민족주의 세력과의 협조와 합작은 결과적으로 돌아보면 전략전술상의 단계적 조처라고 볼 수 있다. 따라서 그 두 세력 사이에는 '민족주의'라는 공통기반 위에서 연대하는 구심력보다 '정치이데올로기'라는 갈등요인이 더 강한 원심력으로 작용했던 것이다.

둘째, 사회경제적 측면에서 북한지역이 사회주의 사회로 전환되는 과정에서 '토지개혁', 교회 및 선교부 소속건물의 몰수, 그리고 '주요산업 국유화 법령'(1946.8)에 의한 사유재산의 침해 등이 현실적으로 북한 기독교의 물적 토대기반을 약화시키거나 거의 무력화시키는 조처였다는 사실이다. 그 결과 무상몰수 분배라는 '토지개혁'으로 혜택을 입은 일부 가난한 기독교 농민노동자들의 지지를 제외하고는 중산계층의 북한 기독교도 대부분은 공산주의를 반대하는 입장으로 돌아선 것이다.[4]

지금 역사적으로 당시를 회고해 볼 때, 북한사회, 특히 서북지방 기독교 세력이 사회계급론적 관점에서 보면 중소상인계층과 중농계층 그리고 지식인들이었지만, 19세기 서구자본주의 사회에서 말하는 것과 동일한, 프롤레타리아트를 착취하는 '부르주아 계층'이었던가에 대해서는 좀더 심층적 연구가 필요하다. 왜냐하면 대부분 북한 기독교인들은 기독교를 받아들인 이후, 근면한 노동과 근검절약과 베버(M. Weber)가 말하는 프로테스탄트 정신을 원동력으로 하여 재산을 축적하거나 사회신분상승을 이룩한 '건전한 시민중산층'이었기 때문이다. 그럼에도 기독교 입장을 반성해 본다면 사회주의 이념이 지닌 '평등과 사회정의 이념', '가난한 자들에 대한 우선적 배려', 그리고 '물질주의적 자본주의 사회의 물신숭배의 위험' 등을 감안하면서 좀더 적극적으로 북한의 사회주의 국가 건설과정에 열린 맘으로 참여하지 못한 아쉬움이 있다.[5] 왜냐하면 세계정신사적 지평에서 보면 사회정의와 평등을 강조하는 사회주의 이념은 성서적 예언자 정신의 세속정치적 형태라고 볼 수 있기 때문이다. 사회주의자의 정열과 예

---

4) *Ibid.*, 406.
5) 일제하와 해방정국에서 기독교와 사회주의를 대립적으로 보지 않고 상보관계 또는 이념지향성에서 동질성을 본 기독교 사회주의자들(이동휘, 여운형, 김창준, 김준성, 최문식, 이대위 등)이 더러 있었으나, 기독교계 안에 받아들여지지 못했거나 일부는 결국 좌파운동에 흡입되고 말았다. 김흥수 엮음, 『일제하 기독교와 사회주의』(한국기독교역사연구소, 1992) 참조.

언자 후예들의 평등과 정의에 대한 정열은 동병상련할 수 있는 이념적 공통 뿌리를 지니고 있기 때문이다.

셋째, 문화교육적 측면에서 북한당국은 1947년 말부터 종교단체에서 운영하는 모든 사립학교를 몰수하여 사회주의적 공교육 체제로 전환하기 시작했고, 신학교를 제외한 어떤 중·고등학교도 교회나 선교부가 직영하지 못하도록 몰수하였다. 모든 기독교 신학교에 대해서도 김일성 초상화를 교실 정면에 게시하고, 인민과목을 매주 2시간 이상 강의하고, 교수는 '기독교도연맹'에 가입한 자에 한해 강단에 세우고, 신입생은 당회장 추천서 외에 기독교도연맹 위원장의 추천서를 첨부할 것을 지시하였다.[6] 한국 기독교는 초창기부터 교회, 학교, 병원이라는 삼위일체적 선교전략에 의해 한민족 사회에 뿌리내리고 지속적인 인물양성을 기해왔던 것인데, 기독교 기관과 사립학교 운영의 강제폐지는 기독교의 사활에 관계된 만큼, 기독교계는 공산주의 집권세력과 갈등관계에 들어가게 되었다.

넷째, 신학적이고 이념적 측면의 충돌인데, 1946년 봄 '북한기독교도연맹'이 결성되면서 종교와 국가의 관계는 이전과 다르게 된다. 종교는 국가의 이익과 인민의 복리를 위해 존재하는 한 존재할 권리와 의미를 갖는다는 '종교에 대한 국가이념의 우위' 또는 '기독교인 개인의 신앙자유에 대한 국가권력의 간섭과 제약의 권리'를 천명함으로써, '신앙과 양심의 절대자유'라는 프로테스탄트 원리와 국가 또는 국가최고지도자의 권위 사이에 충돌이 발생하게 된 것이다. 북조선인민위원회 '위원선거일'을 일요일로 정하여 기독교계와 충돌을 빚은 것은 단순한 '성수주일'이라는 계율준수 문제가 아니라, 사실은 교회가 종교개혁 이후 '신앙과 양심의 자유'를 쟁취해온 교회역사를 포기하고 '국가교회' 시대로 퇴행하여 국가나 국가원수의 지도 아래 들어가는가의 줄다리기 경쟁이었다.

이상 4가지 원인이 빌미가 되어 수많은 기독교 지도자들과 신도들이 '남하'하게 되었고, 남하한 반공주의적 기독교 지도자들의 생생한 체험적 증언을 통해

---

6) *Ibid.*, 406~408.

서 남한의 기독교는 점차로 반공주의적 입장을 굳혀가게 된 것이다.

2.2. 해방정국 남한에서 미 군정청과 기독교계의 밀착과 반공주의의 심화

　1948년 남북한에 각각 이념이 다른 정권이 들어서기까지, 해방정국 (1945~1948)의 남한사회는 북한사회보다 더욱 혼란한 것이었고, 오늘날 기독교가 반공주의로 그 성향이 고착되는 역사적 전환기가 된다. 남북한에 진주한 미국과 소련이 '미소공동위원회'(1946.3.20)를 열어 타협을 시도했지만, 동상이몽인지라, 소련측은 북한에 친공산주의 정권을 세울 의도가 있었고, 미국은 남한에 단일친미정권을 세우려 했다. 국제적 강대국들의 음모에 편승하여 남한의 정객들은 권력투쟁에 여념이 없었고, 친일세력의 청산으로 민족정기를 바로 세우고 정화하는 작업이나, 토지개혁이나 산업진흥으로 국민을 '해방된 주권국민'으로 대접하려는 의도가 아예 없었다.

　3.1 독립만세운동 이후부터 항일투쟁 과정을 거쳐 해방될 때까지 우여곡절을 거쳤지만 한민족의 마음속에 그래도 민족의 대표성을 지닌다고 공감하는 상해 임정요인들의 입국 자체를, '남한에는 미 군정만이 유일한 합법정부'라고 선언하면서 그들의 개인자격의 입국으로 격하시키고, 친일 세력과 경찰조직을 미 군정청 산하 통치수단으로 채용한 데서부터 남한의 정치계는 가치관의 혼란과 '이전투구'의 시행착오를 거듭하게 된다. 여기서 해방정국 남한의 정치사를 다시 개괄할 필요는 없다. 우리가 이 연구에서 추적하고자 하는 것은 왜 남한의 기독교 보수 세력이 그토록 반공주의로 기울어져서 사고의 패러다임 전환을 못하는가 하는 역사적 이유를 추적하고 있기 때문이다. 그 이유를 해방정국 북한사회의 분석의 경우처럼 정치, 경제사회, 문화교육, 그리고 신학과 이념체계 등 4가지 측면에서 고찰해보아야 한다.

　첫째, 정치적 측면에서 미 군정은, 마치 북한의 소련 군정이 김일성을 중심으로 한 친소 공산주의 국가를 설립하도록 정치적 지원을 하고 전략을 구사했듯이, 미소공동위원회와 남북협상이 좌절되면서 남한에 세울 단정의 지도자로서 이승만, 김규식을 카드로 선택했는데 이들은 모두 친미주의자요 반공주의자로서 기독교 장로였다. 해방정국에서 미 군정이 기독교 배경을 지녔고 거족적 국민지지를 받는 민족주의자 백범 김구나 중도좌파 몽양 여운형 카드를 버리고 김규식과 이승만을 카드로 택했으며, 노회한 이승만은 권력투쟁에서 보다 신사적이요 선비적인 김규식을 제치고 정치적 수완과 친미외교 수완으로 그리고 국내정치공작을 통해서 정권을 잡아갔고 단정수립에서 초대 대통령으로 취임한다. 이승만은 자기 정치세력의 기반으로 기독교 세력, 한민당 계열의 부르주아 보수 세력, 그리고 일제에 협력했던 관료와 경찰 치안세력을 끌어들였다.

한국전쟁 이전 이미 해방정국에서 한국 기독교가 친미반공주의로 체질을 굳혀가게 된 정치적 배경으로서 남한 미 군정에 대거 참여한 미국 선교사집단과 미국 유학파를 중심으로 한 유능한 장로교와 감리교계 기독교 지도인사들이 군정당국의 정책결정 고급관료, 고등문관, 고문위원, 협조세력으로 대거 참여했다는 사실 또한 중요하다. 1946년부터 일제 말기에 일본 총독부로부터 추방 내지 퇴거명령을 받았던 선교사들이 재입국하였는데, 미 군정 당국·선교사집단·영어를 구사할 수 있던 한국 기독인사 세 그룹들 간의 친밀한 삼각관계는 해방공간에서 남한사회의 정치·경제·문화·사회구조의 재편에 커다란 영향을 끼치고 한국 기독교로 하여금 친미반공적 태도를 취하게 만드는 토양 역할을 했다.[7]

둘째, 사회경제적 측면에서 보더라도 2차대전 종전 이후, 자본주의 세계질서가 급속히 미국자본의 세계지배구조로 재편되어가는 와중에서 기독교계 세계질서도 미국의 영향력을 받게 되었고, 남한사회도 그 예외가 아니었다는 사실이 한국 기독교계가 친미반공주의로 경도된 원인이 된다. 해방정국에서 재입국한 미국 선교사 집단은 1948년에 형성된 세계교회협의회(WCC) 소속 교단이 아닌 보수적 신앙을 소유한 성직자들이 대부분이고, 설령 형식적으로는 근본주의적 신학노선에서 탈피하여 개방적 선교정책변화를 채택한 미국 북장로교와 감리교

7) 강인철, 『한국기독교사회와 국가·시민사회(1945~1960)』(한국기독교역사연구소, 1996), 165~175 참조.

소속 성직자였을지라도 선교 모국의 막강한 재정지원을 가지고 한국사회와 남한 교회에 영향을 주었다.

해방정국 남한사회에서 발생한 대구 폭동사건, 여순 반란사건, 제주 4.3사건, 부안 농민폭동사건 등은 좌우 이념갈등으로 인한 정치투쟁 사건이라기보다 해방정국에서 실패한 경제정책, 특히 토지개혁의 좌절, 친일파 세력의 정리 실패, 궁핍한 농민·노동자들의 생활, 부패한 관료정치와 폭력적 경찰력의 대민억압 정책 등에 대한 민중의 불만이 터져 나온 것이다.[8] 이러한 어수선한 남한의 해방정국에서 왜곡된 언론정보에 의해 역사적 진실로의 접근을 제약당하고 있던 남한사회의 일반대중과 특히 기독교 신자들은, 공산주의란 테러·난동·적색선전·폭력적 혁명집단이라는 부정적 이미지를 내면화시켜 갔으며, 이에 반해 미국은 자유·인간의 존엄성·민주주의 가치를 지키고 선양하는, 신으로부터 세계구원 사명을 감당하라고 '선택받은 기독교 국가'라는 인식을 갖게 되었다. 한마디로 말해서 남한의 기독교 지도자들과 신도들은 미국인·미국 국가·기독교 문명·복음 그 자체, 4가지 실체를 소박하게 동일시하여 분별하지 못함으로써 "날씨는 분별하면서도 때의 징조를 분별하지 못하는" 과오를 범하게 되었다.

셋째, 문화교육적 측면에서 해방정국의 남한사회는 남한의 기독교 집단으로 하여금 친미반공주의 중심세력 집단으로 자리매김토록 하는 또 다른 중요한 원인이 되었다. 해방공간의 북한사회가 급속히 사회주의화로 치닫는 과정에서 기독교계 사립학교들의 폐교, 법인재산 몰수, 국가가 지배하는 사회주의적 공교육 체제로의 완전 흡수를 직접 경험하고 남하한 기독교계 인사들과 기존의 남한 기독교 지도자들은 해방정국과 이승만의 제1공화국 체제 하에서 기독교계 학교의 설립과 운영을 통하여 '교육입국과 교육정책'에 남달리 깊은 관심과 노력을 기울였다.

해방이후 남한의 교육정책을 이끌고 갔던 대부분의 저명한 인사들, 곧 백낙준, 윤일선, 최남규, 김활란, 임영신, 이숙종 등을 비롯하여 수많은 기독교 지성

---

8) 강원용, 『역사의 언덕에서』, 제1권(한길사, 2003), 283~306.

인들이 '교육입국'에 전력을 쏟았는데 1956년 현재 기독교 사립대학은 연세대와 이화여대를 비롯한 10개 대학, 신학대학 및 신학교는 한국신학대학과 감리교신학대학을 비롯한 11개 학교, 중·고등학교는 배재중·고등학교를 비롯한 57개 학교에 달하였다.[9)]

기독교계 대학과 중·고등학교를 통한 인물 양성은 사실 남한사회의 중요한 지식인집단 형성을 가능하게 했으며, 남한사회가 자유민주주의 국가로 발전하거나 근대화를 추진해 가는 데 커다란 공헌을 하게 된 것은 부인할 수 없는 사실이다. 그러나 본의든 아니든, 이러한 기독교 학교의 발전은 적어도 남한에서 1945~1970년대에 이르기까지 친미·반공정책을 지지하는 경향을 형성했다. 형목제도(刑牧制度) 설립(1945.12)과 군목제도(軍牧制度) 설립(1950.9)도 같은 맥락에서 이해할 수 있다.

넷째, 신학적, 이념적 측면에서의 고찰은 남한 기독교가 해방정국에서 교회재건·교단정비라는 명분 아래 교파분열과 신학적 투쟁을 거치면서 대체로 극우보수적 기독교 세력을 강화하게 되었다는 사실이다. 특히 개신교 중 장로교의 경우, 남북분단이 고착화되는 과정에서 남한으로 이주해온 계열은 부산과 경남지역에 자리를 잡고 박형룡, 박윤선, 한상동 목사를 중심으로 한 고려신학교파(신사참배 거부파 및 예장 합동교단), 영락교회 한경직 목사를 대표로하는 예장중도우파(예장 통합교단), 김재준과 한국신학대학을 중심으로 한 진보적 장로교파(기독교장로교)로 삼분되었다. 해방정국에서 장로교의 분열과 교권투쟁은 단순히 성서해석방법론을 둘러싼 신학적 견해차이 또는 교단정치적 세력다툼이라는 차원에 머물지 않고, 진보적 기독교 세력에 대한 보수적 기독교 세력의 승리를 통하여 한국 기독교가 해방 이후 현재까지 보다 친미반공주의적 입장을 지속하는 또 다른 숨은 원인이 된다.

---

9) 강인철, 『한국기독교사회와 국가·시민사회(1945~1960)』, 202. 김양선, 『한국기독교 해방 10년사』(대한예수회장로회 총회 종교교육부, 1956), 104~108.

3. 분단시대(1948~1990) 기독교의 자기정체성 상실과 진보·보수의 분열과 갈등

3.1. 한국전쟁 후 북한사회의 반미 반기독교 정서의 심화과정

6.25전쟁 발발부터 휴전협정 조인에 이르는 3년 1개월 동안의 한국전쟁(Korean War, 1950.6.25 ~ 1953.7.27)의 성격이나 그 전개과정 및 유엔을 둘러싸고 일어난 냉전시대 국제정치사를 다시 재론할 필요는 없다. 20세기 후반 한국 민족사의 비극을 국제정치적 시각에서 보면, 2차대전 종전 후 세계 정치적 군사력 재편 과정에서 맞부딪힌 미국과 소련을 두 축으로 하는 '냉전구도'에 한민족은 '희생양'이 된 것이다. 국가내전이라는 시각에서 보면, 한민족 안에서 소련의 후원 아래 '남조선의 해방'으로 전쟁을 정당화한 김일성 정치집단과 미국이 주도하는 유엔의 후원 아래 단독정부를 먼저 세운 이승만 정치집단의 무리한 정권야욕이 민족적 비극의 핵심 원인인 것이다.

분명한 것은 전쟁으로 인하여 민간인을 포함하여 남북한 450만 명의 인명피해와, 남북한 사회의 산업시설과 경제기반 그리고 주택과 병원, 학교 등의 완전 파괴는 남북한 사회를 절대빈곤과 전쟁 재난의 비참상태로 몰아갔다는 사실이다. 무엇보다도 한국전쟁 후, 한민족은 민족적 자기성찰을 통해서 민족 동질성 회복 및 민족 화해와 연대의 길을 모색한 것이 아니라, 정치 이데올로기적으로 철저하게 양분되어 분단을 고착화시키고, 북한은 '반미·반제·반기독교' 운동을 남한은 '반소·반공·반사회주의' 운동을 격화시켜 민족 간의 대립갈등을 넘어 증오와 살의를 증폭시킴으로써 50년 이상 반세기 동안 한민족의 심성을 황폐화시켰다는 점이 비극이다. 거기에다가 그 치유나 화해를 담당해야 할 종교, 특히 기독교마저도 냉전구조의 정치이념 논쟁에 휘말리어 오늘날까지 남북 화해와 분단 극복을 어렵게 만드는 요인이 되고 있다는 점이다.

북한 정권당국은 한국전쟁을 "북한에서는 이미 완료되었으나 남한 지역에서는 지연되고 있던 '반제반봉건민주주의 혁명'을 전국적으로 확대수행"하는 계기로 이해했다. 전쟁 초기 북한 인민군은 압도적인 화력과 훈련된 정예군으로 남한 땅 대부분을 점령했으나 예기치 않은 유엔결의와 미국을 중심축으로 16개국으로 구성된 유엔군의 전쟁개입으로 말미암아 전세는 역전되고, 중국군의 개입 이전엔 북한 땅의 거의 대부분이 유엔군과 국군에 의해 점령되어 북한지역은 무차별 폭격으로 초토화되었다. 한국전쟁 전후부터 1970년 중반기까지 북한사회에서 '반미 · 반기독교 · 반종교'라는 사회풍조가 뿌리내리게 된 데는 다음 세 가지 직접적 원인이 있다고 분석한다.[10]

첫째, 유엔군의 한국전쟁 참전 이후, 제공권을 장악한 미국의 무차별 폭격으로 인한 수많은 민간인 살상과 주택 및 건물의 초토화는 반미적 적개심과 반기독교적 적개심으로 상승작용을 했다. 둘째, 1950년 말부터 반격작전에 의해 북진하던 유엔군을 따라 북한지역에 들어간 국민방위군 일부와 남한 빨치산과의 투쟁에서 보인 극우 기독교 계열의 반공주의적 군사행동, 그리고 군종 업무로 북진에 참여한 기독교 목회자 및 선교사들이 북한 주민의 학살을 방조하거나 조장했다고 북한 주민은 믿었다는 사실이다. 전쟁기간 중의 심리전 차원의 전략전술이 측면과 일부 미확인된 사건이 확대증폭된 것도 있을 것이다. 셋째, 세계교회협의회(WCC)를 중심으로 세계교회 지도자들은 1950년 7월 토론토에서 제3차 세계교회협의회 중앙위원회를 열고, 「한국 상황과 세계질서에 대한 성명」을 발표했는데, 그 '토론토성명'은 한국전쟁의 원인을 북한의 남침으로 규정하고, 유엔의 경찰행동을 지지하는 내용의 성명이었다.[11]

정확한 통계를 기대하기는 어렵지만 1950년 전후 북한에 거주한 기독교 신자 수는 12~15만 명으로 추산되는데,[12] 그 중에서 절반 이상인 약 7만 명의 신자

---

10) 한국기독교역사연구소, 『북한교회사』, 409~410.
11) 김흥수, 「한국전쟁과 세계교회협의회, 1950~1953」, 『한국기독교와 역사』, 107~144 참조. 이 논문에서 김흥수 교수는 WCC를 중심으로 한국전쟁에 대한 동구라파 사회주의국가 및 중국 대표와 서방 기독교계열 사이의 견해가 얼마나 달랐던가를 자세하게 논구하고 있다.
12) 한국기독교역사연구소, 『북한교회사』, 417. 통계자료의 원출처로서, 캐나다교회협의회, 「조선민주주의 인민공화국 방문보고」, 『신학사상』(1989년 여름호), 383 및 미국 연합장로교에서 활동한 한국계 교회지도자 이승만의 「북한의 교회」, 『해외동포가 본 그들의 통일논의』(민중사, 1988), 99 참조.

가 해방 직후부터 한국동란의 1.4후퇴 때까지 남하하였기에, 전쟁이 휴전에 이를 즈음 북한에는 약 5만 명의 신도들이 잔존했을 것으로 예측된다. 그런데 예배 중인 교회당에 대한 무차별 폭격이나 북한 당국의 기독교 목사들에 대한 투옥 사살과 기독교 말살정책으로 한국전쟁이 휴전 조인될 무렵 북한에는 사실 기독교의 기반은 거의 무너지고, '기독교도연맹' 산하의 일부 조직체만이 남았다고 볼 수 있다. 이들 '국가교회' 형태의 '기독교도연맹'에 소속된 교회 지도자와 교회들은 존립했다 하더라도 한국동란 중 "군기기금 헌납운동, 미제와 망국노 이승만 도당의 소탕과 전승기원"을 위한 각종 종교동원에 소집당하곤 했던 것이다. 정치적으로 전쟁 전후 김일성의 권력체계가 더욱 확고해지면서 그가 제시한 '주체사상'으로 북한사회는 일종의 '유사종교적 국가'(pseudo-religious state) 형태로 형성되어 갔다.

더욱 주목해야 할 점은, 1950년대 말부터 시작하여 1960년대에 들어가서 북한사회는 사회주의적 혁명과업과 노동당내 권력투쟁이 마무리단계에 도달하였기에, 주체사상과 더불어 사회주의 사회의 경제적 생산성을 극대화해야 할 필요성에 봉착하였던 것이다. 그 목적 달성을 위해서 '주민성분조사'와 함께 사상검열과 이념교육을 강화하였는데, 기독교인들은 '잠재적인 반혁명분자', '사상교육강화 대상자'로 분류되어 사회신분상 큰 불이익을 당하게 되었고 일상적 감시 하에 놓이게 되었다. 북한 정권당국과 북한 기독교도연맹 사이에 '통일전선노선'이라는 기본적인 유대관계가 형식적으론 지속되어 강양욱 목사가 기독교도연맹 대표로서 '조국평화통일위원회'(조평통)에 주도적 역할을 한다거나 김창준 목사가 최고인민회의 부의장으로까지 승진하지만, 전반적으로 북한사회에 반종교적 정서와 반기독교적 정서가 심화되어 1960년대는 기독교도연맹으로 대표되는 중앙조직의 활동마저도 극도의 침체상태에 들어가게 되었다.

북한의 정치권력이 공식적이건 비공식적이건 종교인들, 특히 기독교인들에 대한 불이익정책과 종교소멸정책을 펴갔던 1960년대에 북한 기독교는 가장 어려운 시기를 맞았다. 기독교를 신봉한다는 사실 자체가 남한이나 미국과의 사상적 연계자로 의심을 받는 사회 분위기가 조성되어 있었기 때문이다. 기독교 비판에 대한 북한 당국의 이론은 초기 공산주의 운동이 일어났을 때의 그것과 비교할 때 별 진전 없는 유치한 초보단계에 머물러 있어서 종교 미신론, 종교 아편론, 서방제국주의의 이데올로기론, 종교 반혁명론 등을 강조하였다. 하지만 이러한 논조들일지라도 북한주민들에게 큰 영향을 미쳤고, 1960년대 말경 '북한 주민성분조사' 결과로 나타난 기독교도 숫자는 1~2만 정도로 추산된다.[13] 그리고 극소수가 진정한 기독교 신앙을 죽음을 무릅쓰고 지켜갔을 가능성이 있지만, 대부분의 기독교도는 북한 사회주의 과정에 적극적으로 참여하게 되고, 성직자도 없고 정례적으로 예배행위가 이뤄지는 교회당도 없는 '가정교회'라는 형태의 교회가 명맥을 유지하게 되었다.

1960년대 이후 북한사회에 등장한 소위 '가정교회'에 대하여 여러 가지 해석이 있지만, 가장 현실에 가까운 '가정교회'의 실체는 다음과 같은 연유로 형성되었을 것이다. 첫째, '북한주민성분조사' 결과 이전에 조부모나 부모 세대가 기독교 가정이었던 후손들은 자신의 사회적 신분을 감추려 해도 감출 수가 없었던 것이다. 기독교도에 대한 적대적인 사회분위기 속에서 기독교 가정 후손들은 사회계급적으로 주변화 되고 정당한 시민대우를 받지 못하게 되는 동병상련의 상태에서 동류의식이 자생적으로 형성되면서, 예배당이나 성직자가 없는 상태 속에서도 어느 신도의 가정에서 기도회 형태의 가장 단순한 종교생활이 지속되었을 것이다. 둘째, 북한 당국이나 기독교도연맹 중앙부가 서방세계에 선전 목적으로 '가정교회'를 인위적으로 급조하지 않았을지라도, 기독교도들을 감시대상 및 사상교육대상으로 관리하기 위해서라도 '가정교회'에 대하여 '박멸정책'보다는 '교도·관리 정책'을 폈을 것인데, 그 증거로 기독교도연맹에 의해서 1960년대 후반기부터 성경이나 찬송가가 '가정교회' 구성원에게 배부되고, 가정교회 인도자를 중앙에서 교육 훈련시켜 순회하게 한 점을 들 수 있다.

여하튼 북한사회에서는 1950년 한국동란 발생기부터 1960년대를 거쳐 1970년 초반, 사회주의헌법을 채택하고 종교에 대한 국가정책을 다소 완화하기까지

---

13) 한국기독교역사연구소, 『북한교회사』, 433.

약 20여 년 동안 반종교 · 반기독교 정책이 지속되었고, 사회적 정서도 반기독교적 정서가 확장 심화되어 북한 기독교는 결정적으로 소멸된 바나 다름없는 상태가 되었다. 주체사상에 입각하여 주체적 종교론의 구호 같은 "조선의 하늘을 믿으라"는 김일성의 교시가 종교계를 지배하였던 시대라 할 수 있다.

3.2. 한국전쟁 이후(1950~60년대) 남한사회와 한국 기독교의 반공주의 신앙노선의 확립과정

한국전쟁의 피해와 사회적 충격 및 인간성의 황폐화는 남한사회에서도 마찬가지였다.[14] 한국전쟁의 발발은 남한의 기독교에게 결정적 반공노선을 취하도록 하는 계기가 되었다. 특히 해방정국 기간 동안(1945~1948)과 한국동란 기간 동안(1950~1953), 북한 사회주의 국가의 형성단계 및 전쟁기간에 한국 기독교 지도자들이 경험한 '체험적 공산주의론'은 철저한 반공주의 노선으로 한국 기독교를 형성시키는 데 결정적 역할을 했다. 특히 한국전쟁 발발 이후, 북한 인민군 · 중공군 · 소련 지원군으로 결집된 공산주의 군사세력을 38선 이북으로 격퇴시킨 유엔군의 주력부대가 미국군이란 점과 전쟁복구의 인도주의적 구호기금 대부분을 미국 교회로부터 수혜 받았다는 사실이 한국 기독교 교계지도자들과 신도들로 하여금 친미주의적 입장을 가지게 한 직접적 동기가 되었다.

제2차 세계대전 종전 후, 미국의 국가이익과 미국의 자본주의적 세계군사전략 및 냉전체계 속에 깃들인 비기독교적 요소 및 반복음적 요소를 식별해 내는 통찰력을 남한 기독교 지도자들은 갖지 못하고 일방적인 친미주의 노선을 취하게 되는 현실 판단의 '해석학적 굴절'을 가져오게 했지만, 1950~1960년대 세계 공산주의운동과 그 체제의 경직성, 무신론적 유물사관, 폭력주의적 혁명노선

---

14) 이승준, 「한경직 목사와 한국전쟁」, 『한국기독교와 역사』. 성백걸, 「류형기의 한국전쟁인식과 교회복구 · 구호활동」, 『한국기독교와 역사』. 손규태, 『장공 김재준의 정치신학과 윤리사상』(대한기독교서회, 2002). 김흥수, 『한국전쟁과 기복사상확산 연구』(한국기독교역사연구소, 1999). 박아론, 『보수신학연구』(기독교문서선교회, 1993) 참조.

에 수반되는 반인륜적 비도덕성이 한국 기독교로 하여금 '체험적 반공주의자'들이 되게 하는 데 현실적 요소로 작용하였다. 1950~1970년대 초반까지 한국 기독교의 반공주의적 노선을 형성시킨 여러 가지 요소 중 '역사현실 판단' 측면과 '이념적 · 신학적 판단' 측면으로 대별하여 열거하면 아래와 같다.

첫째, 남북분단의 원인제공과 한국동란의 발생원인의 일차적 책임자가 누구냐 하는 역사현실 판단에 있어서 한국 기독교계 대부분의 지도자들은 제2차 세계대전 이후의 세계정치질서를 협의하는 국제연합(UN)의 결정을 기준으로 삼고서 현실을 판단했다.

분단의 원인도 인구 비례에 의한 남북동시 자유선거를 결정한 유엔선거감시위원단의 북한 입국을 저지한 소련과 그 지원 아래 있었던 북한 정권집단에 일차적 책임이 있다고 보았다. 1950년 6월 25일과 27일에 유엔 안전보장이사회에서 한국전쟁을 '북한군의 남침'으로 규정하고 한반도의 평화를 회복하기 위한 '군사조처'를 취할 것을 결정했으므로, 미군을 중심으로 한 유엔군의 구성과 활동이 정의의 군대로서, 국제법상 아무 하자가 없는 정당성을 지닌다고 확신하였다.

다시 말해, 한국 기독교도들과 교회지도자들은 한국전쟁의 동인으로 내세우는 '미제국주의세력의 축출과 남조선 민주해방전선'이라는 명분을 도저히 받아들일 수 없는 것이었다. 한국전쟁의 발발은 동아시아에서 공산주의 세력의 확장이라는 소련의 세계전략과 북한 김일성을 중심으로 한 정권의 정치적 야욕이 일으킨 '침략전쟁'이라는 확신이 단호한 것이었다.

유엔 기구를 통해 국제법적 결정에 따른 유엔군의 한국 파병은 국제법상 합법적이었고 정당할 뿐 아니라, 유엔군의 깃발 아래 '법과 질서'를 지켜 '정의와 자유'를 수호하려고 파병된 군대는 '정의로운 전쟁'(Just War)을 수행하는 군대라고 한국 교회 교인들과 교회지도자들은 믿어 의심치 않았다.

둘째, 남한 기독교가 한국전쟁을 계기로 반공주의 노선을 확립하는 과정에서 현실 판단의 근거로서 한국기독교교회협의회가 '국제선교협의회'(International Missionary Council, IMC), '국제문제교회협의회'(The Commission of the

Churches on International Affairs, CCIA)를 통해 세계교회의 협조를 호소한 데 대하여 '세계교회협의회'(WCC)가 취한 반응에 의해서도 고무적인 영향을 받았다.[15]

'한국기독교교회협의회'는 북한군의 대규모 남침에 관한 긴급보고와 구원요청 전문을 1950년 6월 26일 '국제선교협의회'에 보냈고, 동 기관은 이 긴급상황을 '국제문제교회위원회'에 보고하였다. 이 국제교회기구는 유엔 및 미국정부에 긴급 도움과 적절한 조처를 요청하는 행동을 취했으며, 마침내 1950년 7월 8일부터 15일까지 토론토 임마누엘칼리지에서 열린 '제3차 WCC 중앙위원회'에서 「한국 상황과 세계질서에 관한 토론토 성명서」 채택이 이루어진 것이다.

'토론토 성명서'의 주요내용은 서울주재 유엔한국위원단의 현지상황 보고와 '모든 증거'에 근거하여 한국전쟁이 북한군에 의해 비밀리에 준비되고 자행된 침략행위라는 것, 국가정책의 도구로서의 무장침략은 잘못이라는 것, 세계질서의 도구로서 유엔은 이 침략행위에 맞서 한국을 지원하는 '경찰조처'(police measure)를 포함한 신속한 결정을 취해줄 것, 그리고 한국이나 다른 지역에서 강요된 분단은 해당 국민의 권리를 위반하는 것이라는 것, 유엔에 가입한 각 정부들은 유엔기구 안에서 강대국을 포함한 각 정부들의 화해와 타협을 통해서 세계전쟁으로의 확전을 막고 세계평화를 추구해야 한다는 것이었다.

세계교회협의회 중앙위원회의 '토론토 선언'은 WCC 회원국들 중 동유럽 사회주의국가의 교회와 중국 대표의 강렬한 비판과 반발을 초래했지만, 한국전쟁의 발생이 강대국 소련의 직간접 지원을 받은 북한군의 침략에 기인한다는 것과, 국제적인 세계질서와 법을 지켜가기 위해 군사행동을 포함한 유엔의 적절하고도 신속한 개입을 요청한다는 내용을 취소하거나 그러한 WCC의 대세를 돌려놓지 못했다. 그리고 세계교회협의회를 중심으로 한 세계교회들의 이러한 반응과 조처들을 보면서, 한국교회 교인들과 교회지도자들은 '반공주의 노선'이

---

15) 한국기독교협의회와 세계교회협의회 관계에서, 한국전쟁에 관련된 일련의 사건전개에 관한 연구논문으로서 김흥수, 「한국전쟁과 세계교회협의회, 1950~1953」, 107~144 참조.

기독교 신앙에 입각한 바른 태도라는 확신을 더욱 내면화해갔던 것이다.

셋째, 한국 기독교계 안에 형성된 쉽게 바뀌지지 않는 반공주의 노선은 해방 정국이나 한국전쟁 전후의 친미적 인사들의 우파적 경향성이나 미국과 미국 교회로부터 받은 직간접 정치적, 경제적 도움에 기인한 점이 있음을 부인할 수 없지만, 북한 공산주의 정권에 대한 뿌리 깊은 불신과 '체험적 반공주의'는 한국전쟁을 전후한 남한 기독교회 및 지도자들의 공산주의자들에 의한 직접적 피해 경험으로부터 온다.

한국 기독교가 입은 한국전쟁의 피해상황 통계를 예로 든다면, 교회당의 파손은 267개 교회 이상, 순교당한 손양원 목사를 비롯하여 납치당한 양주삼, 송창근, 남궁혁 등 희생당한 교계 지도자수는 232명 이상이었으며, 교인의 집단학살은 전북 옥구군 원당교회, 전남 무안군 중동리교회 등 여러 곳에서 발생했다.[16] 해방정국과 한국동란을 전후해서, 기독교인들과 교회지도자들이 직접 경험한 북한 공산주의 당국에 의한 종교박해와 좌우익 간의 사상논쟁과 빨치산대원들과 한국 군경 간의 투쟁과정 속에서 양측의 증오심과 인간성 말살의 처참한 살육경험은 수많은 죄 없는 민간인들의 희생을 초래했지만, 그 과정에서 기독교인들의 피해는 공산주의자들에 의해 저질러졌기에, 반공주의 사상은 남한 정부 당국의 반공교육과 상승작용을 하면서 '레드 콤플렉스'로 한국 기독교인들에게 내면화 되어갔다.

넷째, 한국 기독교의 반공주의는 공산주의의 이념체계와 그들의 전략전술에 대한 비판을 통해 이념적으로 무장되어 갔다. 적어도 북한정권수립부터 한국전쟁을 전후로 한 1970년대 초기까지, 다시 말해서 북한에서 '주체사상'이 마르크스-레닌적 공산주의 이념을 대체할 때까지, 공산주의자들이 지닌 기초 원리인 변증법적 유물론, 유물사관, 사회계급 투쟁론, 프롤레타리아 독재론, 종교 아편론, 지도자 우상화론 등은 기독교 신앙과 공존할 수 없는 것으로 판단되었다.

---

16) 김양선, 『한국기독교해방 10년사』, 88~89. 민경배, 『한국기독교교회사』(대한기독교서회, 1981), 349.

한국 기독교 지도자 중 지성인 그룹은 첨부터 공산주의에 대하여 '반공주의'에 경도되거나, 공산주의 및 사회주의 정치·경제이념에 대하여 흑백론으로써 비판적 태도를 취한 것은 아니었다. 그 예를 한국 기독교의 두 거목 한경직과 김재준의 글에서 확인할 수 있다.[17]

한경직 목사는 해방정국에서 기독교사회주의 정당 결성에 짧은 기간이나마 참여하기도 했으며, 남북한 정권이 설립되기 전 해방공간에서 한 기독교 지성인으로서 김재준은 「기독교 건국이념」에서 사회주의 이념과 정강정책 중 좋은 점을 평가하고, 자본주의적 자유민주주의 모순도 지적하면서 '제3의 길' 같은 통전적 비전을 제시하기도 했었다. 기독교 지성인을 대표할 만한 위 두 지도자들마저도 한국전쟁을 전후하여 공산주의에 대한 비판적 입장을 가지게 된 것은 공산주의 운동과정에서 보인 한국 공산주의자들의 전투적 무신론, 실증주의적 과학만능주의, 유물기계론적 인생관, 힘의 철학 숭배와 대중동원의 인민재판정치, 공산혁명가들의 기존도덕 냉소주의와 무자비한 혁명전쟁이론 등이 기독교의 근본적 이념이나 신앙고백과 공존하기 어렵다고 보았기 때문이다.[18]

이상에서 살핀, 남한 기독교 집단이 한국전쟁을 전후하여 직접 경험한 역사적 현실로서의 공산주의 운동과 전략전술에 의해 형성된 '반공주의' 신념은, 이승만 자유당정권이나 1960년대부터 1980년대에 이르는 약 30년간의 군사정권 통치기간 중, 남한사회의 정치경제 구조가 지닌 부정의, 비합법성, 부도덕성, 독재성, 비인간성, 정치경제 권력의 야합, 노동자·농민의 수탈과 인권침해, 비민주적 정치행태에 침묵하면서 '반공안보논리'에 예속되는 결과를 낳았다. 그리고 굴욕적 친미 정책과 미국에의 예속 등을 보면서도 교회가 제대로 예언자적, 비판적 책임을 수행하지 못하고 역사방관적 태도를 취하거나, 심지어 반민족적 태도를 취하게 된 원인이 되었다.

이러한 한국 기독교의 '반공주의' 대세에 대하여 자기성찰과 더불어 기독교

---

17) 한경직, 『한경직 목사 설교전집』, 제1권(대한기독교서회, 1971), 139~141. 김재준, 「기독교의 건국이념」, 『김재준전집』, 제1권(한신대출판부, 1992).
18) 김재준, 「공산주의론」, 『김재준전집』, 제2권. 한경직, 『한경직 목사 설교전집』, 제1권, 142~143 참조.

가 한국 민족의 운명과 어떤 관계가 있는가에 대한 반성이 나타난 것은 1970년
대 초반에 들어가면서부터이다. 1970년 이후, 남북한사회에서는 중요한 정치 ·
경제 · 사회적 변동이 일어났기 때문이다.

3.3. 1970~1980년대 남북사회의 정치사회 변화와 한국 기독교계의 보수 · 진보 진영 간의 분열

1970~1980년대 북한사회에서 종교정책, 특히 기독교에 대한 정책변화는
1950~1960년대에 비해 볼 때 현격한 차이를 보인다.

첫째, 기독교에 대한 교조주의적 비판태도가 변화되었다. 1973년 수령 김일
성이 "기독교가 민중의 해방을 위한 자원을 갖고 있다"[19]는 것을 공식적으로 인
정한 이후, 이전까지의 태도, 곧 기독교는 숭미 사대주의적 집단이며, 인민의 아
편이며, 사회주의 혁명과정에서 타도대상이 되는 종교라던 기존의 입장이 달라
졌다. 남한의 진보적 기독교 교회와 종교 지도자들의 반독재 인권 민주화 운동,
가톨릭의 남미 해방신학, 유럽에서의 마르크스주의와 기독교의 대화 등이 그 변
화의 직접적 동기가 되었으며, 종교인들과 '통일전선사업'을 진전시킬 필요와
그 가능성을 북한당국이 인식했기 때문이었다.

둘째, 국내외 정치적 상황으로서 냉전체제가 붕괴되면서 북한은 세계국제사
회에 자신을 데뷔시켜야 했으며, 국제적 종교기구인 '아시아 기독교 평화회' 및
'세계교회협의회'와의 연대 · 가입 · 교류를 강화해 나갔다. 일본, 미국, 유럽에
거주하는 기독교도 및 교회지도자들이 북한을 여러 차례 방문하거나 해외에서
통일을 위한 해외동포 기독자들과의 교류가 증진되었다.[20] 그리하여 1950~
1960년대 그 존재의미가 격하되었던 '기독교도연맹'의 위상과 활동이 강화되
었고, 동 연맹의 위원장 강양욱 목사가 국가 부주석으로 선출되었다.

---

19) 『조선 중앙연감』(1974), 261. 『북한교회사』 443쪽에서 재인용.
20) 한국기독교역사연구소, 『북한교회사』, 452~454 참조.

셋째, 북한내부의 경제정책의 변화로서 자립적 민족경제노선, 곧 "인민경제의 주체화·현대화·과학화"가 중앙당의 독려만으로는 한계에 부딪혀 '합영법' 제정 등 국제관계에서 유연성이 요청되었다. 남한 박정희 군사정권을 비난하면서도 그 실체를 인정하지 않을 수 없는 상황에 직면하여 1972년 7월 4일 '7.4 공동성명'이라는 놀라운 정치사적 사건이 일어나게 된 것이다.

한민족이 해방정국을 슬기롭게 공동대처하여 통일된 주권국가를 건설하지 못하고, 민족내부 분열과 국제냉전 세계질서에 '희생양'이 되어 이념과 체제가 다른 두 개의 국가가 출현한 이후 한국전쟁을 치르고 현재에 이르기까지, 정치적으로 가장 중요한 남북한 사이에 체결된 3대문서 및 역사적 사건은 '7.4 남북공동성명'(1972.7.4), '남북기본합의서'(1992.2.19), 그리고 '남북공동선언'(2000.6.15)이라고 아니할 수 없다.[21]

위 3가지 문서 이름으로 된 정치적 사건은 그 나름대로 중요한 역사적 의미가 있고, 한민족의 긴장갈등과 남북한 사회의 내부모순을 스스로 적나라하게 노출시킨 한민족의 자가당착적인 자화상이면서, 동시에 남북한의 평화공존과 통일을 향하는 쌍방의 협력·연대가 어렵지만 기필코 이루어져야 한다는 민족적 염원이 표현된 것이기도 하다. 엄밀하게 말한다면, 노태우 정부 통치기간에 이뤄진 '남북기본합의서'(1992)와 김대중 정부 통치기간에 성사된 '남북공동선언'(2000)은 박정희 정부 통치기간에 돌발적으로 이뤄진 '7.4 공동성명서'(1972)의 기본정신을 재차, 삼차 서로 재다짐하고 좀더 세부적으로 조절하면서 수정보완해가는 성격을 띤 것으로, 문서의 책임서명자의 정치적 위치가 달라진 것뿐이지 본질적인 기본정신이나 정책이 바꾸어진 것이 아니다.

'7.4 남북공동성명'의 문제는 그것이 지니는 '야누스적 얼굴'에 있다. 다시 말하자면, '7.4 남북공동성명'에는 1970년대 초기라는 남북한사회의 역사적 사회모순 및 축적되어 온 정치적 내부갈등을 호도·돌파하려는 집권층의 정치

---

21) 세 가지 역사적 문건의 구체적 내용에 대하여 통일부, 『통일백서 2003』(통일부, 2003), 513~632 참고.

적 야망과 통치기술의 표현형태로서의 어두운 얼굴이 있다. 동시에 다른 한 면으로 그러한 통치 집단의 정치적 야망이나 은폐된 통치기술에도 불구하고 당시 남북한을 지배 통치하던 집권 세력이 대결과 전쟁을 통한 민족 공멸을 피하려면 한민족의 문제는 대화·협력·평화적 해결의 길로 나갈 수밖에 없다는 당위성과 필요성에 공감하였다는 야누스의 다른 얼굴이 있다. 빛과 어두움, 악한 의지와 선 의지, 통치 집단의 정치적 장기집권 야욕과 전쟁의 재발로 초래될 민족공멸을 막으려는 통치 집단의 최소한의 정치적 책임의식은 '야누스의 두 얼굴' 처럼 공존한 것인데, '7.4 남북공동성명'에서 그러한 성격이 더욱 분명하게 드러난 것이다.

1970~1980년대는 남한의 기독교계가 보수와 진보로 크게 이분화 되는 분열의 시기였다. 보수계열의 한국교회는 복음의 본질을 역사 속에서 '자유, 해방, 화해, 평화'를 실현하려는 정치사회적 지향성보다는 인간 내면의 영적 구원에 초점을 두고 '정교분리' 입장을 견지하면서도, 집권세력에 대하여는 '체제유지 및 지지노선'을 취하면서 '반공·안보논리'적 신앙노선을 더욱 강화하고 군사정권의 정치적 지지 세력으로 작동하였다. 자연히 현실역사의 부조리와 부정의, 눌린 자와 가난한 자의 인권문제나 민주주의 확립엔 관심이 없거나 이를 외면했다. 급격한 도시화·공업화·산업화 과정 속에서 농촌사회가 해체되는 시기에, 한국인들의 심리적 불안정과 자본주의 경쟁사회에서의 성장신화와 성공모티브를 자극하여 대형부흥집회, 영육간 축복신앙 강조, 교회성장 신학, 교회중심주의적·근본주의적 신학노선을 가속화해 갔다.

1971년부터 '민족복음화 전국순회전도대회', 빌리 그레함을 초청한 '엑스플로 74 대중집회'(1974년), '민족복음화 대성회'(1977년), '대통령 조찬기도회' 등이 그 사례들이다. 진보적 기독교계열의 사회구원운동은 좌파적 운동이라고 매도하면서, 개인의 영혼구원만이 복음이라고 설파하는 몰역사적, 탈역사적 기독교 보수계가 양적으로 급성장세를 이뤄나간 시대가 1970~1980년대였다. 이러한 신앙노선의 기독교는 1980년대 이후, '한국기독교총연합회'(한기총)라는 연합체를 형성하여 오늘에 이르고 있다.

다른 한편, 같은 시기에 한국 기독교의 진보적 계열은 한국교회협의회 (KNCC) 소속 교단을 중심으로 하여, 복음의 정치사회적 책임을 강조하면서 인권운동과 민주화운동에 전력하게 된다. 자연히 당시 군사정권과 첨예한 대결을 초래하고 수많은 사람이 투옥, 직장 박탈, 고문, 죽음을 당하면서도 기독교 신앙을 민족문제 및 역사현실 문제와 직접 관련되는 '역사변혁적 예언자전통 신앙'으로 되돌려놓았다. 한국교회협의회를 비롯하여 한국교회사회선교협의회, 한국기독청년협의회, 한국기독학생총연맹(KSCF), 도시산업선교회, 민주수호기독자교수회, 도시빈민선교회, YMCA 등 진보적 기독교 계열은 1970~1980년대 시대적 양심의 한 축이 되었다.

박정희 유신체제 하에서 긴급조치 1호 위반으로 기소된 장준하와 백기완 등 34명 가운데 3분의 1 이상이 목사, 전도사, 신학생이었다. 은명기, 강희남 목사를 비롯한 젊은 전도사들(김진홍, 이해학, 이규상, 김경락, 인명진, 박윤수)은 군사정권 비상보통군법회의가 내리는 징역 10~15년의 구형 앞에 정정당당하였다.[22] '한국 그리스도인의 신학적 선언' (1973)과 '3.1 민주구국선언' (1976)은 1970년대를 가늠하는 중요한 역사적 문건이었는데 '3.1 민주구국선언사건' (일명 명동사건)으로 기소되고 옥살이한 11명(함석헌, 윤보선, 정일형, 김대중, 윤반웅, 안병무, 이문영, 서남동, 문동환, 이우정, 문익환)이 모두 기독교인이었다.[23] 이상의 몇 가지 사례는 1970~1980년대에 투옥과 고문과 죽임을 당한 수없이 많은 '의로운 증언자' 중에서 진보적 기독교 계열의 교회·단체·개인들이 인권과 민주주의를 민족사 속에 확립하려는 증언의 지극히 작은 사례일 뿐이다.

민주수호국민협의회를 이끌고 가는 재야세력의 대표자들 중에는 김재준, 함석헌, 지학순, 장준하, 박형규, 문익환 등 많은 진보적 기독교 지성인 그룹이 포진하고 있었다. 1970~1980년대 한국사회의 인권운동·민주화운동 세력은 다

---

22) 1970~1980년대 진보적 기독교계열의 인권운동과 민주화운동의 역사에 대한 기록으로서 다음자료 참조. 한국기독교장로회 역사편찬위원회, 『한국기독교 100년사』(한국기독교장로회출판사, 1992), 517~763.

23) '한국 그리스도인의 신학적 성명' (1973) 전문은 위의 책 『한국기독교 100년사』, 613~616, '3.1 민주구국선언문' (1976) 전문은 630~634 참조.

양한 국민적 역량의 총합이었지만, 진보적 기독교세력이 역사변혁의 중요한 한 축이 되었었다는 사실은 역사적 사건기록과 재판기록이 증거하는 일이다. 진보적 기독교 언론매체들인 『기독교사상』, 『제3일』, 『신학사상』, '기독교방송국' (CBS), 그리고 함석헌 옹의 개인지 『씨알의 소리』 등은 작지만 살아있는 신앙양심의 소리를 대변하는 것들이었다.

1980년대에 한국 기독교 진보 · 보수 양 계열의 분열은 더욱 심해갔다. 그리고 1980년대에는 본질적으로 1970년대 인권운동과 민주화운동이 이어졌는데, 거듭 군사정부와 한국 보수 언론계나 종교계의 '반공안보논리'에 방해받았다. 광주 5.18 민주화운동을 계기로, 한국 민족사 속에서 주한미군 및 미국의 평가에 대한 비판적 각성에 힘입어 진보적 기독교계열은 인권운동 · 민주화운동 · 민족통일운동으로 진전해 나갔다.[24]

박정희의 암살(1979)에 이은 신군부의 정권찬탈과 비상계엄선포에 연이은 5.18 광주민주항쟁(1980), 전두환 군부체제의 제5공화국 발족(1981), 부산 미문화원 방화사건(1982), KBS 이산가족찾기 생방송 시작(1983), 박종철 고문치사사건과 범국민추도회(1987), 6월 항쟁과 노태우 군사정권의 6.29 선언(1987), 문익환 목사의 평양방문(1989) 등 일련의 사건 속에서 가장 두드러진 현상은 민중들과 진보적 기독교 일반신도들의 의식에 변화가 일어났다는 사실이다. 그것은 민족통일운동이 인권운동 및 민주화운동과 불가분의 관계에 있다는 사실의 인식, 그리고 미국 당국자들의 한반도정책 · 주한미군의 주둔의미 · 선량한 미국 국민의 여론을 각각 구별하여 파악해야 하겠다는 국민들의 보다 성

---

24) 진보적 기독교계가 1980년대에 발표한 통일에 관한 선언 및 중요사건 일지는 다음과 같다. 기장 평화 통일에 대한 우리의 입장선언(1980), KNCC 통일문제연구소 운영위원회설치(1982), KNCC 통일 문제협의회 개최 방해에 관한 성명서 발표(1983), 도산소에서 WCC-CCIA 주관으로 동북아시아 평화와 정의 협의회 개최(1984), KNCC 한국교회 평화통일 선언발표(1985), 샌프란시스코에서 기장 · 예장통합 · 미장로교 한반도의 평화통일에 관한 협의회 개최(1986), 기장 평화통일에 대한 우리의 입장 발표(1987), KNCC 민족의 통일과 평화에 대한 한국기독교회선언 발표(1988), KNCC 여성위원회가 세계기독교 한반도 평화를 위한 여성협의회 성명서 발표(1988), 인천에서 KNCC · WCC · CCA가 주관하는 세계기독교 한반도 평화협의회를 개최(1988), 문익환 목사 평양방문 (1989), 한신대학교수단 문익환 목사 평양방문에 관한 우리의 견해 성명서발표(1989).

숙한 정치의식이었다. 그리고 민족의 화해와 평화통일을 위해서는 남한 역대 독재정권들의 정권유지와 보수적 기독교계의 면죄부가 되어왔던 '반공안보논리' 터부를 깨뜨려야 한다는 자각이 일어났고, 그러한 자각을 행동으로 나타낸 사건이 문익환 목사의 평양방문 사건이었다(1989.3).

군사정권을 유지하려는 남한사회는 '반공안보논리'로 얼어붙은 동토의 분위기였지만, 진보적 세계교회 분위기와 탈냉전시대 국제 분위기는 남북한 관계에 활발한 방문·대화를 가능케 하였다. 1981년 오스트리아 빈에서 '조국통일을 위한 북과 해외동포 기독자 간의 대화'가 열렸다. 1984년 10월 일본 도산소에서는 세계교회협의회(WCC) 산하 국제문제위원회(CCIA) 주최로 '동북아시아에서의 정의와 평화: 갈등의 평화적 해결을 위한 전망'이란 주제로 협의회가 열렸다. 해외 기독자들이 개인자격으로 혹은 교회 대표로서 북한을 방문할 수 있는 기회가 급증하였다.[25] 마침내 1986년에는 WCC 주선으로 남북한 기독교인들이 직접적인 만남을 갖게 되었다. 나라 밖에서는 탈냉전시대에 한민족문제의 해결을 위한 다양한 접촉과 대화모색이 일어나고 있었으나, 정작 민족통일의 주인인 국내의 국민은 그러한 소식들에서 완전 차단되어 있었고, '반공안보논리'에 묶여 침묵을 강요당하고 있었는데, 그 때 문익환 목사의 평양방문이 이뤄졌다.

1989년 3월30일 부활절 아침 조간신문엔 문익환 목사 평양방문기사가 톱뉴스로 보도되고, 정부기관은 물론이고 온갖 사회단체, 대부분 보수 언론과 방송매체, 정치학 교수들, 보수 종교단체에서 비난과 비판의 소리가 쏟아져 나왔다. 이러한 상황에서 한신대학 교수단의 문익환 목사 평양방문 지지성명서는 역사적 의미를 갖는다. 한겨레신문은(1989년 4월 1일자) 그 사실을 크게 보도하였는데 그 문서의 역사적 의미가 적지 않기에 그 성명서 전문을 각주에 옮겨놓음으로써 1980년대까지의 남북한의 정치적 상황 및 한국 기독교의 진보·보수 계열의 갈등과 견해차이의 심화과정 고찰을 마치려 한다.[26]

---

25) 한국기독교장로회 역사편찬위원회, 『한국기독교 100년사』, 449~454 참조.

4. 1990년대 이후 민족통일운동과 한국 기독교의 과제

4.1. 1990년대 남북한의 상황변화와 기독교계의 반응

1990년대에 들어가서 북한 김일성 지도부는 세계사회주의 블록의 개혁과 붕괴에 직면하고 동유럽 사회주의 국가들의 민주화를 인정하지 않을 수 없었다. 미국과 일본과의 정치적·경제적 관계개선을 위해 대미관계에서 '경제문제의 정치적 해결방식'을 시도하여 한국전쟁 당시 실종된 미군 유해유품을 미국측에 돌려주고, 일본과도 1991년 이후 대일관계 정상화 시도가 뚜렷하게 나타났다. 1991년 8월에 남북한이 동시에 유엔에 가입함으로써 남북한은 각각 50년간 서로 '괴뢰정부'라고 비방하던 단계를 넘어서 쌍방의 정치적 실체를 인정하게 된다. 남북한 당국은 1992년 2월 19일 「남북 사이의 화해와 불가침 및 교류·협력

---

26) 아래 성명서는 1989년 3월 31일 기독교장로회 총회사무실에서 신문기자회견형식으로 발표되었고 (발표자 김경재, 김성재), 4월 1일자 한겨레신문에 보도되었다. 전문내용과 서명자 명단은 아래와 같다.

「문익환 목사 평양방문에 관한 우리의 견해」: 문익환 목사의 평양방문은 통일을 열망하는 수천만 민중의 통일의지를 압축적으로 드러낸 총괄표현이다. 정부당국은 민족구성원 가슴 밑바닥에 도도히 흐르는 시대의 조류를 실정법 위반논리로 은폐 차단하지 말고 민족사적 맥락에서 그 사건의 역사적 의미를 진지하게 수용해야 한다. 문목사의 평양행은 특정 개인의 사사로운 우발적 사건이 아니고 분단 반세기가 가까워 오는 동안 땅 밑으로 흐르던 한민족의 자주·자존·주체정신의 분출이다. 자유·평등·정의가 지배하는 민족통일체 형성을 열강외세와 반민족적 지배계층에 더 이상 맡기지 않겠다는 역사주체인 민중의 뜻을 대변한 행동언어이다. 그러므로 실정법 위반여부를 들먹이거나 평양도착성명의 표현 일부를 문제삼아 시비거는 근시안적 집단들은 이번 사건의 본질을 호도하지 말고, 도리어 통일의 물꼬를 트는 역사적 계기로 삼아 환영해야 할 것이다. 이에 우리는 다음과 같이 선언한다. 다음: (1) 문목사의 평양방문은 통일을 열망하는 육천만 민중의 가슴 속에 묻어둔 뜻의 표출이며, 남북 7.4 공동선언의 핵심정신인 민족, 자주, 평화통일의 3대 원칙에 부합한 행위이므로 전적으로 환영한다. (2) 정부가 주장하는 소위 대북접촉창구 일원화 방침은 그 실효성과 명분이 없는 일이므로, 민간차원을 포함한 대북교류창구의 다원화를 추진하여야 한다. (3) 민주적 입법절차를 거치지도 않았고, 7.7 노태우 선언에도 위배되며, 민족통일에 저해가 되는 국가보안법을 비롯한 반통일적 제반 법은 폐지되어야 한다. (4) 민족적 지혜와 열화 같은 통일의지를 수렴하고 민족통일을 앞당기기 위해서 국회, 정부, 민간단체가 참여하는 가칭 '민족통일 범국민협의회'를 구성하라. 1989년 3월 31일. 한신대학교수 서명자: 강남훈, 강순원, 강영선, 고재식, 김광수, 김경재, 김상일, 김성재, 김주숙, 김윤자, 김창락, 박근원, 박영호, 박종화, 염건, 오영석, 이준모, 임석민, 정웅섭, 정태기, 정환욱, 정훈교, 차봉희, 최순남, 황성규.

에 관한 합의서」(남북기본합의서)를 교환하는데, 남의 국무총리 정원식과 북의 정무원총리 연형묵이 각각의 수석대표로 싸인한다.[27]

　이러한 국제정치상황과 남북한 사회의 변화는 북한당국의 종교에 대한 새로운 정책변화를 가져오게 하였다. 특히 1989년 문익환 목사, 문규현 신부, 임수경 양 등 남한 기독교인들이 북한을 방문하는 동안 기도, 강론, 예배, 증언, 대중연설이 북한 전역에 생방송됨으로써 북한 주민들이 기독교에 대한 종래의 고정관념을 새롭게 하는 데 결정적 계기가 되었다. 1990년대 북한당국의 종교, 특히 기독교에 대한 태도변화의 사례들을 몇 가지 열거하면 다음과 같다.

　첫째, 1992년 4월 최고인민회의는 종교와 관련된 헌법조항을 개정하였다. 개정헌법 68조는 "공민은 신앙의 자유를 가진다. 이 권리는 종교건물을 짓거나 종교의식 같은 것을 허용하는 것으로 보장된다"라고 했고 종전의 '반종교선전의 자유'를 삭제했다.[28]

　둘째, 김일성은 1990년 김일성대학 역사학부 안에 종교학과를 개설하고 주체과학원에서 신학을 집중적으로 연구토록 지시했으며, 김일성대학 종교학과에 기독교 강좌를 개설하고 미국거주 홍동근 목사를 강사로 청빙했다. 북한 사회과학원 주체사상연구소 소장 박승덕은 1990년 북미기독자회의 제24차 연례대회에서 기독교는 역사적 발전단계에서 여러 가지 형태가 있음을 인정하고, 자본가 계급에 복무한 변질된 기독교 형태를 제외하고 원시기독교 형태나 현대기독교 형태를 긍정하면서 기존의 교조적 종교비판을 청산함을 강조하였다. 주체사상과 본래적 기독교 신앙의 이념적 지향성에서 공통점과 차이점을 솔직하게 인정했다.[29]

　셋째, 남북한 기독교는 국제적 유대관계망을 갖고 있으며 실질 경제적 자원동

---

27) 남북기본합의서 전문 참조.『통일백서 2003』, 629~632.
28) 김일성은 1992년 4월 80회 생일을 맞아 1930년대까지의 회고록『세기와 더불어』를 출간하고, 자신과 가계의 기독교적 종교배경, 손정도 목사와의 깊은 인간관계 등을 피력하였다. 만년의 김일성의 종교관은 북한의 신종교정책에 직간접으로 큰 영향을 미치게 되었다. 한국기독교역사연구소,『북한 교회사』, 473.
29) *Ibid.*, 467~477.

원능력을 지닌 집단임을 인정하고, 북한 당국은 기독교에 대해 우호적 태도를 가지게 되었고, 민족화합과 통일과업에 중요한 파트너로 인정하게 된 것이다. 교인 수는 1995년을 전후하여 기독교도연맹 산하 개신교도 수는 약 10,000명, 조선천주교인협회 산하 천주교도 수는 약 3,000명으로 추산되고 있다.[30] 1990년대 이후 남북한 기독교는 통일문제와 관련된 각종 협의회와 대화·협력관계를 강화하고 있다.[31]

1990년대에 한국 기독교와 북한 기독교도연맹 사이의 가장 중요한 대화사건은 WCC 주선으로 성사된 4차례의 남북기독교국제협의회(글리온회의)이다 (1986, 1988, 1990, 1995). 스위스 글리온에서 회동한 제1차 글리온협의회 (1886)에는 북한 기독교도연맹 대표 고기준 목사를 비롯한 대표 5명, 남측에서는 KNCC를 대표한 강문규 외 5명이 참석하여 공동 성만찬을 거행했다. 제2차 회의에서는 남측에서는 KNCC 대표로서 장기천, 김형태 목사 등 11명이 참석하여 '한반도의 평화와 통일을 위한 글리온선언'을 채택하고 7개 항을 공동결의 하였다.[32]

제3차 글리온협의회(1990)에서는 '한반도 평화와 통일 희년 준비를 위한 5개년 공동작업계획' 9개 항에 합의하고, 1993년부터 1995년 희년까지 '평화와 통일을 바라는 남북한 인간띠 잇기 대회'가 실행되었다.[33] 1990년대 남북한 기독

---

30) *Ibid*., 484~486.
31) 남북한 기독교 관계자들의 통일주제와 관련된 대화·협력의 역사적 기록에 관하여 다음 자료 참조. 한국기독교역사연구소,『북한교회사』, 492~495. 류성민,『남북한 사회·문화교류에 관한 연구』(현대사회연구소, 1993).
32) 2차 글리온회의 남측대표자 11명은 강문규, 김준영, 김성수, 장기천, 박봉배, 조용술, 이의호, 김석태, 윤영애, 김형태 이효재였으며, 공동결의안 7개 항은 (1)1995년을 통일희년으로 선포 (2)평화통일 5대 원칙 채택 (3)분단고착화 정책의 배제 (4)상호신뢰회복을 위한 우선순위 채택 (5)불가침선언, 군축 및 비핵화, 외국군 철수요구 (6)이산가족재회 및 군사정치대결 해소 촉진 (7)8.15 직전 주일을 '평화통일 기도주일'로 정하고 '공동기도문' 채택 등이다. 한국기독교역사연구소,『북한교회사』, 507 참조. 참고연구자료: 류성민,『남북한 사회·문화교류에 관한 연구』, 44~47. 강문규,「한반도 평화통일을 위한 제2차 글리온 회의」,『교회와 세계』(1989). 박성준,「1980년대 한국 기독교 통일운동에 관한 고찰」,『신학사상』(1990년 겨울호), 963~964.
33) 1993년 '평화와 통일을 바라는 인간띠 잇기 대회'는 독립문에서 임진각까지 48Km를 65,000명 참가자에 의해 인간 띠로 연결되었고, 1994년 인간띠 잇기 대회는 KNCC가 주관하고 천주교 등 6대

교의 대화 · 협력은 국내만이 아니라, 재일대한기독교총회와 북미주기독자회의, 그리고 유럽기독교 교회를 매개로 활발히 전개되었으며,[34] 식량과 의료기구 부족으로 어려움을 겪는 북한주민 돕기운동에 KNCC 소속교단만이 아니라 일부 보수계 기독교교회도 참가하였고, 특히 한국 기독교여성단체들의 운동은 이념과 체제를 넘어 순수한 인간애와 기독교 사랑의 정신으로 수행되어 괄목한 바 있었다. 이러한 남북한 교회의 대화 · 협력 노력이 민간단체라는 범주의 차원에서 들불처럼 일어났지만, 남북한 당국자들의 협조는 민간단체의 열의를 따라오지 못하고 정치적 판단으로 모처럼의 기획이 좌절되거나 중단되기 일쑤였다.[35]

세계상황이 변화하고 남북한 기독교계가 대화 · 교류 · 협동 · 화해의 노력을 하는 기간동안에도 한국의 보수적 기독교계는 이러한 진보적 기독교계의 동향에 대하여 비판적 입장을 견지하면서 '반공'의 노선을 지속적으로 강조하였다. 한국 신학계에서 보수신학을 대표한다고 볼 수 있는 예수교장로회(합동) 교단 신학의 이념적 신학잡지『신학지남』은 1992년 여름호 권두언에서, 남미의 해방신학이나 민중신학은 물론이고 기독교사회주의 이념이나 종교사회주의 이념을 비판한다. 그리고 "우리는 '하나님의 기록된 말씀'인 성경이 자본주의 특히, 자유시장경제(free market economy)의 정당성과 도덕성을 가르친다고 본다"(마 25:14~30, 눅 19:11~27)[36]고 주장하면서, "역사적 기독교 신앙을 견지하는 우리 정통개혁신학은 기독교는 반공의 종교임을 거듭 강조하지 않을 수 없다"라고 밝힌다.

한국 장로교 보수교단은 1970~1980년대 한국 교회의 양적성장을 주도했던

종단과 YMCA 등 6개 시민단체가 참여하여 국민의 염원을 온 세계에 과시하였다. 김상근, 「통일 희년운동의 평가와 전망」, 『기독교사상』(1994년 12월호). 강문규, 「인간띠 잇기 대회와 통일희년」, 『기독교사상』(1994년 8월호).

34) 한국기독교역사연구소, 『북한 교회사』, 512~514 참조.

35) 1992년 KNCC 권호경 총무가 평양을 방문하고 KNCC 41차 총회에 북한 기독교도연맹 대표를 초청할 때 협조하기로 김일성 면담시 확약 받았으나 남한정부의 비협조로 인해 무산되었다. 1989년 성탄절과 1990년 부활절에 북한교회대표 초청의 좌절, 1990년 칠곡교회 봉헌예배와 가톨릭의 평양공동미사 추진계획의 좌절 등도 또 다른 사례이다.

36) 박아론, 『보수신학연구』, 317~319.

대형교회들이 보수신학에 찬동하며, 보수신앙에 입각하는 교회들이라고 주장한다.[37] 다시 말하면 1980~1990년대 한국 보수적 기독교계는 보수신앙 · 반공주의 · 교회성장 · 성경무오설이 상호 연계된 유기적 진리체계라고 주장하는 것이다. 오늘날 한국 기독교계의 보수주의 신도들이 모두 2003년 광복절 시청 앞 광장에서 보여진 북한 국기나 김일성 · 김정일 초상화를 불태우는 극우파 반공주의자들은 아닐지라도, 한국 보수신학자들과 보수교단 목회자들이 '반공주의' 이념을 신학적 · 신앙적 신념체계와 동일시하는 오류를 범함으로써 한국 기독교를 '반공주의적 보수단체'로 머물게 하는 장본인들임을 부정할 수는 없다.

4.2. '6.15 남북공동선언'과 한국 기독교의 과제

2000년 6월 15일, 남북 최고지도자 김대중 대통령과 김정일 국방위원장은 '6.15 남북공동선언'이라는 역사적 선언문에 서명하고 남북관계에서 획기적 이정표를 마련하였다. 이 사건은 1945년 해방이후, 남북이 분단되고 동족상잔의 한국선생을 치루며, 상호비방과 군비경쟁 속에서 민족의 역량과 존엄성을 세계 앞에서 스스로 부정하는 분단민족사 55년 만에, 쌍방의 최고 정치지도자가 직접 만나 민족의 평화적 통일을 지향하는 주춧돌을 마련했다는 역사적 의미를 지닌다. 그 기본정신으로 '7.4 남북공동성명'(1972)에서 천명된 조국통일 3대 원칙을 재확인하면서 민족의 화해와 단합, 교류와 협력, 평화와 통일을 앞당기기 위한 민족사적 합의문이며 남북공동선언서였다.[38]

'6.15 남북공동선언'의 핵심내용은 한민족의 평화적 통일을 염원하는 민족 구성원이라면 그 누구도 부정할 수 없는 양심의 소리와 현실적이고 지혜로운 실천방향을 제시한 것이라 할 수 있다. 첫째, 통일문제를 남북이 자주적으로 해결하자는 것은 외세의 개입이나 외세의존을 탈피하여 한민족이 주인으로서 자긍심과 책임의식을 갖고 통일문제를 주체적으로 해결하자는 것이다. 둘째, 남측의

---

37) Ibid., 289.
38) 남북정상 회담관련 일지와 '6.15 남북공동선언' 내용은 통일부,『통일백서 2003』, 513~527 참조.

'연합제'와 북측의 '연방제' 안이 서로 공통성이 있다고 인정하고 이 방향에서 통일을 지향하자는 것은 어떤 형태의 혁명무력통일론, 흡수통일론, 성급한 통일지상주의를 경계하고 점진적 단계를 역사과정에서 밟아가는 인내심을 갖자는 현실인식에 기인한다. 셋째, 이산가족이나 친지방문 그리고 비전향 장기수문제 해결 등 인도주의적 문제를 조속히 풀어가자는 것은 정치문제 이전에 인간성 존중과 인간의 기본권이 존중되어야 함을 천명한 것이다. 넷째, 경제협력을 통하여 민족경제를 균형적으로 발전시키고 제반 분야의 협력교류를 활성화하자는 선언은 민족주의의 이상을 표방하고 가능한 분야부터 구체적인 실천을 통한 상호신뢰구축의 필요성을 강조했다는 의미가 담긴 것이다.

위에서 요약한 내용을 담은 '6.15 남북공동선언'의 의미와 그 내용을 비난, 부정, 반발하는 남한사회의 반민족적·반통일적 세력집단으로는 '수구적 보수정치집단', 사회변동을 두려워하는 '경제적 기득권집단', 교조주의적 종교신념으로 반공주의를 표방하는 '기독교 보수집단', 그리고 일부 전현직의 매파적 '군부세력집단'이 있다. 이들 4개 집단의 공통점은 냉전 이후시대의 세계변화를 수용하지 않은 채 '반공노선'을 견지하자는 것이며, 군사적 힘의 우위를 유지하여 전쟁이라도 불사한다는 친미 군사력 의존의 전쟁모험주의자들이며, 7,000만 민족 전체의 생존 번영이 아니라 분파적 집단이기주의를 사실상 주장함으로써 '반민족주의적'이라는 것이다. 다른 집단의 문제는 본 논문에서 다룰 성질의 것이 아니므로 차치하고, 한국 기독교 보수집단이 지닌 문제점과 그 극복을 위한 몇 가지 대안을 언급하기로 한다.

한국 기독교의 진보적 민족주의와 보수적 반공주의 사이에 화해와 상호이해가 이뤄지지 않고, 신학적·신앙적 차원에서 서로 차이가 있는 두 집단이 미래지향적 열린 맘으로 상대편이 지닌 장점을 이해하고 포용하여 '창조적 자기변화'(creative self-transformation)를 하지 않는다면, 그것은 한국 기독교의 비극일 뿐만 아니라 민족의 화해와 평화적 통일운동의 장정에 역기능으로 작용하게 될 것이다.

첫째, 한국 기독교의 진보·보수 양대 세력은 '성서적 종교'(Biblical religion)

를 꿰뚫고 흐르는 중심주제 혹은 성서적 신앙의 유형적 특징이 타종교들에 비하여 '역사의 구원'(salvation of history)을 지향하는 '하나님의 나라' 운동이라는 점에 동의해야 한다. '주기도문'이 총괄적으로 나타내듯이 예수 복음운동의 중심 화두는 '하나님의 나라가 이뤄지이다'(마 6:10)라는 것이다.

여기에서 말하는 '하나님의 나라'는 물론 매우 신학적이고 신앙적인 실재를 나타내는 어휘인데, '하나님'이라는 '초월적 실재'와 '나라'라는 '역사적·정치적 실재'가 역설적으로 연관된 어휘라는 데 동의해야 한다. 하나님 나라의 '초월적 차원' 때문에 기독교 신앙은 지상에 실현되거나 실험되는 모든 형태의 정치·사회적 이념과 정치현실을 비판적으로 초월해야 하며, 동시에 하나님 나라의 '역사 내재적 차원' 때문에 기독교 신앙이 말하는 '구원'은 몰역사적이거나 탈역사적인 태도를 취하는 '역사로부터의 구원'(salvation from history)이 아니라 '역사의 구원'(salvation of history)을 지향해야 하고 역사현실에 책임적으로 참여해야 한다.

'하나님의 나라'는 역사현실과 분리된 타계에 있는 우주적 특정 시공간이 아니라, 하나님의 주권이 햇빛처럼 생명계에 막힘 없이 내려비춰어 실현되고 생명 공동체가 자유·정의·평화·사랑으로 넘치어 온 누리에 실현된 '건강한 삶의 현실'을 말한다. 물론 하나님의 나라는 '시공 4차원의 세계'인 현실계에 국한되지 않으며 더 높은 차원의 실재성을 내포한다. 실재란 다차원적 실재(the multi-dimensional reality)이기 때문에, 물질적 차원·심리적 차원·정신 이념적 차원·영적 초월 차원을 그 안에 내포한다. 보다 높은 차원은 보다 하위차원을 그 안에 내포하지만 보다 하위차원의 통과 없이 보다 고차원의 실재로 실현될 수 없다. 따라서 '하나님의 나라'는 언제나 현실적 역사를 초월하지만 현실역사를 구원하고 초극하면서 이뤄지는 실재임을 동의해야 한다. 보수적 기독교계는 기독교 구원개념을 탈역사적 개인의 영혼구원에 강조점을 두어왔고 진보적 기독교계는 역사내적인 사회구원에 강조점을 두었지만, 그 양 집단의 구원이해는 '하나님의 나라' 이해에 대한 통전적 시각을 통해 상호 보완되고 신학적으로 화해해야 한다.

'하나님의 나라'는 지상에서 실현되고 실험되는 모든 형태의 정치·사회적 실재와 동일시해서는 안 된다. 그러므로 한국 보수적 기독교계가 자본주의적 시장경제제도와 미국식 민주주의 사회질서가 가장 '성경적이고 기독교적'이라고 판단하는 것은 가장 비신앙적·반신학적 태도임을 각성해야 한다. 물론 유럽 선진국가가 실현해 가는 '민주적 사회주의'나 '사회주의적 민주주의'나 혹은 새로운 '제3의 길'일지라도 그것이 곧바로 '하나님의 나라'를 대신하는 것이 아니다. 어떤 사회제도가 인간과 자연을 '정의롭고 자유로운 생명공동체'로서 살게하려는 정치사회적 실험인가를 성찰하여 기독자는 정치적 책임성을 가지고 동참해야 한다.

둘째, 기독교 신앙의 총괄적 표현이 '하나님의 나라'라면, 그 '하나님의 나라'를 가능성·보편성 원리 차원에 머물도록 하지 않고, 현실성·구체성의 생명 차원으로 현실화시키는 필요충분조건은 '거듭남·화해'라는 실천적인 체험진리가 되어야한다. 예수는 니고데모에게 "사람이 거듭나지 않으면 하나님 나라를 볼 수 없다"(요 3:3)고 했고, 십자가를 이해하는 바울신학의 핵심은 예수 그리스도 복음신앙의 주춧돌이 "갈라진 것들을 하나로 만드시고, 사람 사이를 가르는 막힌 담을 자기 몸으로 허무시고, 원수된 것을 십자가로 소멸시키어 평화를 이룬 것"(엡 2:14~16)이라고 갈파했다.

서로 갈등하거나 다른 견해를 지닌 한국 기독교계의 보수·진보 두 계열 사이에 아무리 차이가 상존하더라도, 기독교 신앙의 핵심 진리가 '거듭남과 화해신앙'이라는 점을 부정하지 못할 것이다. 그럼에도 두 계열 사이에 서로 비판하는 갈등관계가 유지되는 비극적 현실은 한국 기독교 자체가 '거듭남과 화해'를 자의적으로 이해하거나, 자기중심적으로 파악하여 신학적 해석학의 굴절 왜곡이 공공연하게 자행되고 있기 때문이다. 거듭남(重生)은 개인의 도덕적 차원으로 축소되어 집단이나 공동체적 차원으로 확대, 심화되지 못했다. 화해(和解)신학도 교리적 차원에서 개인과 하나님 간의 수직관계로서만 이해되었을 뿐, 집단과 집단 사이의 현실적 수평관계에서 '정치적 사건'으로서는 전혀 이해되지 못했다는 것이 한국 기독교의 문제이다.

기독교 신앙이 '거듭남'의 중요성을 강조한다는 것은, 실존적 인간은 자기중심적 이기심과 타자에 대한 지배욕망과 유한성을 초극하려 하면서도 '휴브리스'(정신적 영적 교만)에 침윤된 존재라는 정직한 인간성 고백에서 출발한다는 것을 의미한다. 지식사회학적으로 말한다면 인간실존은 '사유의 존재 제약성'을 쉽게 벗어날 수 없으며, 그 사유주체가 개인이 아니라 집단인 경우 니버(R. Niebuhr)가 갈파한 대로 원죄성의 구체적 형태인 이기심은 집단적으로 강화되고 이론적으로 자기정당화를 강화한다. 해석학적으로 말한다면, 인간은 거듭나지 못하면 사회적 현실을 이해하는 '해석학적 이해의 틀'에 갇혀서 '패러다임 전환'(paradigm shift)은 지극히 어렵다는 것을 의미한다.

한국 기독교계의 진보 · 보수 집단의 차이점은 사실 기독교의 근본신념 체계에 대한 고백의 차이성에서 오는 것이 아니라, 인간실존의 '사유의 존재 제약성'과 '해석학적 의존성'에 관하여 진보적 기독교는 수용하는 편이라면 보수적 기독교는 전혀 이해하지 못하거나 받아들이지 않는다는 점에서부터 온다. 보수 신학자들과 보수교단 목회자들은 자신들이 신학적으로나 신앙적으로 불변하는 진리와 진실 판단의 척도를 가지고 있다는 독단주의와 도그마티즘에 빠져있기 때문에, 거듭나야 할 대상은 북한집단과 진보적 기독교 집단이지 자기 자신들은 해당되지 않는다고 맹신한다. 반공주의에 집착하면서, 자본주의를 성경적이라고 독단하고 친미주의가 곧바로 민주주의와 기독교적 가치를 지키는 것이라고 속단하는 우를 범한다.

특히 한국 기독교의 진보 · 보수 양대 집단의 길항성의 원인은 '화해의 신학'의 이해의 차이에서 나타난다. '화해신앙'의 신학적 본질은 인간 개인의 의식과 무의식, 자기와 타자, 인간과 하나님, 인간과 자연관계가 본래 창조질서에서 벗어나서 긴장과 적대관계로 변질되어 있는데, 그 사이에 막힌 담을 헐어 분리 상태(소외)를 극복하고 화해 · 통전을 실현하려면 분열과 소외의 책임을 자기가 인수하는 '자기희생적인 아가페적 행위'(십자가)가 요청된다는 데 있다.

'화해'는 '제물' 없이 관념적으로는 발생하지 않는 생명적 현실사건이다. 분단 60년 동안에 남과 북 사이엔 누적된 갈등과 적대적 관계체험으로 쉽게 화해

될 수 없는 분열·소외 상태가 엄존한다. 특히 남북 분단과정과 한국 전쟁기간 동안 직간접적으로 생명의 희생과 고통을 경험한 기독교집단과 남한의 군경유가족 및 참전용사들이 북한에 대한 극우적 반공주의 노선을 강화하는 것은 그 이유 때문이다.

그러나 기독교 신앙의 본질이 서로 적대적으로 막힌 담으로 갈라져 "원수된 것을 십자가로 소멸하고, 이 둘을 한 몸으로 만드셔서 화해시킨 십자가"(엡 2:16)를 믿는 신앙이라면, 북한 집단을 정복하고 멸절시켜야 할 대상, 화해의 대상으로서는 인정할 수 없는 인간집단으로 단죄하는 보수적 기독교의 태도에 근본적 문제가 있는 것이다. 그러한 철저한 교조적 반공주의 태도는 기독교의 근본교의인 '화해신앙' 그 자체를 부인하는 자가당착적 태도이기 때문이다. 남북 60년의 분단기간 중 형성된 삶의 스타일, 세계관과 가치관, 개인자유와 사회적 연대성의 관계설정 방식, 생산과 소비의 경제생활 영위방식에 서로 차이가 있음을 인정하고, 상대방이 지닌 차별성을 존중하는 자세가 요망된다. 화해신앙은 획일화가 아니기 때문이다.

셋째, 한국 기독교의 보수·진보 두 집단은 지나친 교파적 교리신학이나 교파적 역사전통에서 벗어나 '프로테스탄트 원리'(Protestant principle)의 근본정신으로 돌아가서, '20세기 우상들'을 타파하는 역사적 책임을 신학적 지성으로 감당하는 공동작업을 통해서 민족통일을 위한 촉매제 역할을 감당해야 한다.

'프로테스탄트 원리'란 "하나님은 하나님답게, 인간은 인간답게 정위해야 한다"라는 것이며, 예수의 유명한 말, "가이사의 것은 가이사에게, 하나님의 것은 하나님에게 돌리라"(마 22:21, 막 12:17)는 말씀에 표현되고, 신앙지향성 측면에서는 모든 율법계명의 압축으로서 "마음과 뜻과 성품을 다해 주 너희 하나님만을 사랑하고, 네 이웃을 네 몸처럼 사랑하라"(마 22:37)는 계명으로서 언표된다. '프로테스탄트' 신앙인이 된다는 것은 어떤 형태의 역사적 기독교를 '하나님'과 동일시하거나, 어떤 형태의 정치적, 종교적 이념의 지배 아래 기독교 신앙을 예속하지 않는 '절대자유와 비판적 초월정신'을 견지한다는 것을 의미한다.

위와 같은 철저한 '프로테스탄트 원리'에서 볼 때, 중세기의 교황 권위를 정점으로 하는 성직질서에 기초한 중세 가톨릭교회, 국가의 황제를 교회의 수장 (首長)으로 하거나 군주의 신앙에 따라 국민의 신앙이 결정되는 형태, 일제시대 군국주의 일본의 천황제 중심 사회에서 종교의 예속이나 북한 기독교도연맹이 실질적으로 국가의 사회주의 이념과 당 최고지도체제에 예속되는 교회형태는 극복되어야 할 것으로 본다. 물론 자본주의 사회체계에 적응하여, 중산층 문화시민종교로 전락한 현대사회 개신교 교파주의 교회도 비판적으로 극복되어야 한다.

개신교 신앙이란 알고 보면 가장 철저한 이념비판을 자기 자신과 타자에게 가함으로써 '우상파괴'를 통해 역설적 긴장 속에서 인간의 자유와 자율적 참여를 보장하려는 신앙형태이다. 그것이 '오직 은총만, 오직 말씀만, 오직 믿음만'이라는 원리로 표현된다.

넷째, 한국 기독교는 보수·진보 두 계열이 한민족과 동아시아에 '평화'(샬롬)를 실현하려는 실천적 신앙 안에서 협동과 일치를 경험하면서 민족통일의 밑거름으로 기능하여야 한다. 그것은 모든 형태의 폭력·전쟁·군비경쟁을 부정하고 상생과 평화를 일구는 종교로서 자기의 책임을 다한다는 것을 의미한다.[39]

이사야와 미가 선지자는 메시아 왕국의 도래 조짐으로 "칼을 쳐서 보습을 만들며, 나라와 나라가 창을 들고 싸우지 않을 것이며, 군사훈련도 하지 않을 것"(사 2:4, 미 4:3)이라고 말했고, 예수는 "칼을 쓰는 자는 모두 칼로 망한다"(마 26:52)고 경고했다.

남북관계와 민족통일 과정에서 가장 경계해야 할 점은 남북한사회 속에 존재하는 보수적·수구적 무력모험주의자들의 '힘 숭배사상'이다. "권력은 총구멍에서 나온다"고 믿는 정치 현실론 및 "악한 집단은 힘으로 응징해야 한다"는 응징론은 오늘날 지구촌에서 모든 형태의 테러, 전쟁, 폭력의 악순환의 근본원인을 제공한다. 북한이 한국전쟁 기간에 '남조선 해방전선'이라는 명분 아래 전쟁

---

39) 한국기독교교회협의회 여성위원회, 『기쁨의 해를 준비하는 여성: 여성과 1995년 평화통일 희년』 (KNCC, 1991) 참조.

을 수단으로 하는 무력적 통일방안을 채택했었고, 남한 정부나 당시 기독교계가 휴전협정체결을 반대하면서 '북진통일론'을 주장했던 것을 쌍방이 회개하고 그 잘못을 인정해야 한다.

21세기 현대 최첨단 과학전에서 핵무기를 담보로 하는 '벼랑 끝 외교'나 세계 최강 미군 군사력에 의존하고 동조하는 남한의 극우파 정치세력의 군사모험주의는 남북 쌍방의 민족공멸이라는 비참한 결과만 초래할 뿐, 이제는 더 이상 해결책이 되지 못한다. 아직도 한국 보수정치 집단은 인도주의적 북한 쌀 돕기운동을 "북한 퍼주기, 무기구입비 지원정책"이라 보는 반인륜적 태도를 견지하고 남한사회를 당파적 이익을 위해 끊임없이 보혁 갈등이라는 정치적 이념색깔 논쟁구도로 회귀시키려하지만, 한국 기독교계는 보수·진보계열을 막론하고 더 이상 무력적 모험주의나 색깔논쟁에 휩쓸려서는 아니 된다.

한국 기독교는 그의 조직을 총동원하여 한국 기독교인들만이 아니라 한민족 전체에게 '평화'의 메시지를 전하고 구체적인 '평화교육과 평화운동'에 총력을 기울여야 한다. 분단 60년 동안 남북한사회 속에서 일어났던 폭력과 전쟁으로 인한 피해와 소모적 군비경쟁으로 인한 국민경제의 피해가 얼마나 큰지 구체적 교육프로그램을 통해서 교인들과 국민들이 인지하도록 교육해야 한다.

마지막으로 다섯째, 한국 기독교는 진보·보수 교단을 막론하고 개화기와 일제 강점기의 한국기독교사에서 신앙의 선배들이 보였던 '민족을 살리는 한민족 기독교 신앙'이라는 대승적 자세로 돌아가서 기독교와 민족주의 사이의 관계성을 한국현대사라는 구체적 '삶의 자리'에서 진지하게 성찰해야 한다.

서재필, 안창호, 길선주, 이동휘, 조만식, 이승훈, 이상재, 김약연, 김구, 이용도, 김교신 등의 민족주의적 기독교 신앙 형태가 오늘날 뒤돌아보더라도 생명적 신앙행위로 이해되는 것은 왜 그럴까? 그 이유는 초기 한국 기독교 민족주의는 기독교라는 보편적 세계종교의 신앙담론 속에 매몰되지도 않고, 편협한 국가주의적 민족주의 이념 또는 인종적·당파적 민족주의를 관철하려는 도구로 기독교를 차용한 것이 아니라, 구체적 생명공동체인 민족의 희비애락을 기독교의 신앙정신으로 끌어안고 그 안에 신앙을 육화(incarnation)시켰기 때문이다.

해방 이후 오늘에 이르기까지 남북한 기독교, 특히 남한사회의 기독교 행태는 개화기나 일제강점 초기, 1920년대 전후에 보여주었던 역동적이고 창조적인 모습에 비하여, 양적으로는 크게 성장했지만 종교사회학적으로 보면 종파적으로 게토화 되었고, 신학적으로는 미국 교파주의 신학에 예속되었으며, 이념비판적 시각에서 보면 천민자본주의와 야합하여 매우 속화(俗化)되어 있다. 한국사회는 1970년대 이후 양적으로 급성장한 한국 개신교를 그 물량적 동원능력 때문에 주목하면서도 한국사회의 질적 성장과 도덕적 정화능력 측면에서, 그리고 특히 남북 평화통일 과정에서 창조적 능력을 발휘할 것인가 하는 촉매작용 측면에서 부정적 평가를 내리고 있다.[40]

그러나 절망하거나 포기하기엔 너무 이르다. 1,000만 신도수를 지닌 한국 기독교는 한국 근현대사를 만들어가는 중요한 구성 집단이어서, 한국 기독교의 실패는 한국 현대사에서 특정 종파의 실패에 그치지 않고 한국사회와 민족에게 대단히 큰 부정적 영향을 미칠 것이다. 그 반대로, 만약 한국 기독교계의 진보 · 보수 양대 계열이 민족의 평화통일과 공생공영에 봉사할 수 있는 종교집단으로 거듭난다면 그 긍정적 파급효과는 예상보다도 더욱 클 것이다. 그러하기 위해서는 한국 기독교의 진보적 민족주의 세력과 보수적 반공주의 세력 간의 화해 · 협력이 무엇보다도 선행되어야 할 것이다.

---

40) 한신대학교 학술원 신학연구소의 여론조사 통계자료, 『한국개신교와 한국근현대의 사회 · 문화적 변동』(한울아카데미, 2003) 참고.

장공 김재준의 정치신학: 신학적 원리와 사회 · 정치변혁론

1970~1980년대 인권 · 민주화 · 평화통일 운동을 중심으로

1. 들어가는 말

이 연구는 한국의 진보적 기독교 사상가들 및 목회자들의 지도자로서만이 아니라, 기독교계를 넘어서 1970~1980년대 한국사회의 민주화운동 과정에서 대표석인 재야 원로의 한분으로서 큰 활동을 한 장공 김재준(1901~1987)의 정치사상의 신학적 원리와 참여적 실천정신을 추적하고, 행동하는 지성인으로서의 활동과정 속에 초지일관해 있는 정치신학사상의 핵심을 밝혀 보려고 한다.[1]

논제를 추적하는 과정에서 연구자는 이미 발간된 기초연구자료들 이외에도, 최근 캐나다 토론토에 거주하시는 장공의 자녀들 가정에 보관 중인 '미간행 자료들'[2]을 연구출장을 통해 많이 접할 수 있었기에 이를 참조하였다.

---

* 본 원고는 『신학사상』 2004년 3월 봄호에 실렸던 내용임.

1) 장공 김재준의 정치신학에 관한 연구는 그동안 조금씩 진행되어 오고 있다. 유동식, 『한국신학의 광맥』, 개정판(다산글방, 2000), 231~262. 주재용 엮음, 『김재준의 생애와 사상』(풍만출판사, 1986), 제3부, 한국기독교역사와 장공사상, 131~265. 장공기념사업회, 『장공사상연구논문집』(한신대학교 출판부, 2001), 제4부, 401~472. 손규태, 『장공 김재준의 정치신학과 윤리사상』(대한기독교서회, 2002) 등.

2) 장공이 1974~1983년까지 캐나다에 거주하면서, 북미주 민주인사들과 함께 활동한 각종 활동자료와, 1970년대 북미주, 일본 및 유럽에서 이뤄진 한국의 인권 · 민주주의 · 평화통일 운동에 관한 기초자료의 발간은 한국 국사학계, 정치학계, 그리고 사회학계에서 주목을 받아야하는데 그러한 일이 실제로 일부 가시화되고 있는 것으로 알고 있다. 한국학술진흥재단의 연구지원을 받아 한신대학교 학

장공의 정치신학의 이론과 실천적 행동에 관한 연구는 자연히 그의 삶의 궤적에 따라 다음 몇 단계로 구별해서 살펴볼 수 있을 것이다. (i)해방정국 시기부터 한일굴욕외교 반대운동까지(1945~1965) (ii)삼선개헌반대 투쟁위원회와 민주수호 국민협의회 중심의 참여적 정치신학활동기(1966~1973) (iii)북미주에서의 인권·민주화·평화통일 운동기(1974~1983) (iv)귀국 후 타계시까지(1983~1987). 이상의 4단계 중에서 이 논문은 특히 제3단계, 곧 장공의 해외활동기간에 초점을 맞출 것이지만, 그의 활동의 앞뒤 연관관계를 이해하기 위해서 (i)과 (ii) 단계도 간략하게 언급할 필요가 있을 것이다. 이 논문에서는 그 기간 동안의 세 가지 사항에 관하여 연구관심을 집중할 것이다.

첫째, 북미주 체류 10년 동안 장공이 '북미주 기독학자 협의회'(The Association of Korean Christian Scholars in North America), '한국 민주회복 통일촉진 국민회의'(Korean Congress for Democracy and Unification) 북미주 본부, 그리고 '한국 민주화 연합운동'(The United Movement for Democracy in Korea) 북미주 본부에 주도적으로 참여하면서 어떤 활동을 했는가?

둘째, 위 기관단체에 지도자로 참여하면서 부딪혔던 문제들 중, 특히 북한 당국과의 관계설정에 있어서 민주인사들의 좌파·우파·중도파 입장들을 어떻게 조율해 갔으며, 장공의 북한관과 앞으로의 남북평화통일의 일정에서 그가 이념비판적 차원에서 생각하는 점이 무엇이었는가?

셋째, 북미주 체류 10년간 그가 참여한 정치행동 중에서 초지일관하는 '기독교인으로서의 자기 정체성'과 정치신학적 기본원리는 무엇이었는가?

술원 신학연구소가 「한국 근현대사에서 기독교가 한국의 사회·문화변동에 끼친 영향 연구」라는 주제로서 연구활동 중 수집한 자료 일부는 한신대학교 출판부에서 『북미주·유럽 재외 한국인의 인권·민주화·평화통일운동 사료(1)』이라는 표제로 2004년 7월 발간될 예정이다.

2. 해방정국 시기부터 한일굴욕외교 반대운동까지(1945~1965)

2.1. 1945년 8월 당시 해방정국에서 새나라 건설에 대한 김재준의 정치적 비전

장공은 1945년 8월, 해방정국의 역사적 카이로스에서, 당시 남북한에 아직 아무런 국가형태의 정치조직이나 이념이 정립되기 전에, 아주 백지상태에서 한 기독자 지성인으로서 「기독교의 건국이념」이라는 매우 중요한 신학적 논문을 발표하였다. 이 논문의 첫 문단에 이미 장공의 역사참여적인 정치신학의 기조, 그의 성육신적 영성신학에 기초한 현실 변혁적 복음의 지향성, 그의 하나님 나라에 대한 대승적 기독교이해, 그리고 그의 생애 말년에 나타난 정치신학적 화두인 '범우주적 사랑의 공동체'라는 사상의 배아가 다 나타나 있는 것이다. 위 논문의 첫 문단을 아래에 인용해본다.

> 기독교인의 최고사상은 하나님의 나라가 인간사회에 여실(如實)히 건설되는 그것이다. 그러나 '하나님의 나라'라는 것을 초세간적(超世間的) 내세적인 소위 천당이라는 말로써 그 전부를 의미한 것인 줄 알아서는 안 된다. 하나님의 뜻이 인간의 전 생활에 군림하여 성령의 감화가 생활의 전 부문(全部門)을 지배하였을 때, 그에게는 하나님의 나라가 임한 것이며, 이것이 전 사회(全社會)에 침투되며 사선(死線)을 넘어 미래세계에까지 생생발전(生生發展)하여, 우주적 대극(大極)의 대 낙원의 날을 기다리는 것이 곧 하나님의 나라의 전모(全貌)인 것이다.[3]

「기독교의 건국이념」에 나타난 장공의 정치신학 사상의 기본내용을 일곱 가지 테제 형식으로 정리하면 아래와 같다.

---

3) 김재준, 『김재준전집』, 제1권(한신대출판부, 1992), 159. 이하 『전집』으로 표기.

테제1. 기독교의 최고이념은 하나님의 나라이며 전 인류는 하나의 유기체적 일체이다. 하나님의 나라란 통시적으로 과거·현재·미래를 다 포함하고, 현실세계와 영적 초자연계를 다 포괄하고 통전하는 대우주적 생명유기체로서의 생명의 나라인데, 하나님의 거룩한 뜻이 햇빛처럼 지배하는 현실 생명계를 말한다(『전집』, 1권, 159~160쪽).

테제2. 본래적인 하나님의 나라는 자유·정의·평화·진리가 충만한 생명의 나라인데, 개인적·집단적 인간 죄악의 결과로 인하여, 정의롭고 평화로운 생명공동체가 파괴되었고 위협받게 되었다. 하나님의 주권과 창조의 원질서를 바로잡기 위해서, 인간 공동체 속의 합법적 정치조직과 정치적 권위의 필요성은 일반은총의 질서 안에서 긍정되어야 한다(161쪽).

테제3. 모든 권위의 근원과 최종적 소재는 하나님이시다. 기독자의 입장에서 볼 땐, 관료주의 정당, 민주주의 국가 전체로서의 인민, 전 국민의 총의의 이름으로 무소불위의 무제약적 권위를 주장함은 잘못인데, 그것들도 인간의 유한성과 집단적 죄악성에 물들어져 있으므로 하나님의 주권과 동등시될 수 없다(161쪽).

테제4. 새롭게 형성될 근대국가 정부는 최소한도의 조건으로 신앙과 예배의 자유, 사상·언론·집회·출판의 자유, 개인양심의 자유를 확보하는 정부이어야 한다(163쪽).

테제5. 사회주의적 공산주의는 사회과학적 입장에서 정치경제적 사회모순을 밝히고 개선하려는 노력인 한, 기독교는 그들의 노력을 수락해야 한다. 그러나 사회주의, 공산주의 정치이념이나 체계가 개인의 신앙적·정신적 가치세계, 사상의 자유까지를 간섭 통제하려 할 때는 용납할 수 없다(163~164쪽).

테제6. 국제정책면에서 우리나라는 진정한 의미에서 영세중립국이어야 한다. 어느 나라도 침략하지 않음과 동시에 어느 나라에게서도 모멸을 당하지 않는 나라가 되어야 한다. 그렇게 되기 위해 국민전체 문화정도를 세계 수준으로 높이고, 의무징병과 의무교육을 시행해야 한다(169쪽).

테제7. 새 조선의 건설에 있어서 지녀야 할 가장 주요한 마음의 자세로서 두 가지를 명심해야 할 것인데, 그 한 가지로 우리는 모두 조선 사람이라는 일치점을 중시해야 하고, 어떤 일을 도모하고 사상운동을 하더라도 조선국을 위해서 한다는 민족의식을 견지해야 한다. 그리고 다른 한 가지로 정체(政體)의 결정, 헌법의 제정, 정부수반자의 선정, 입법 등이 모두 철저한 민주주의 정신에 따라 인민총의에 의하여 결정되어야 한다(176~177쪽).

이상의 일곱 가지 테제를 통해서 필자는 남북한 정권이 들어서기 전, 어떤 국가형태와 정체(政體)와 헌법이 제정되기 전, 당시 한국 기독교인 중에서 최고의 지성인이었던 장공이 그의 맘속에서 그려 보았던 새나라 건설의 비전의 골격을 대충 간추려 보았다.

2.2. 해방에서 제1공화국 붕괴까지 김재준의 정치신학의 한계

김재준의 개혁교회전통에 뿌리를 둔 칼빈신학적 정치신학노선과 그의 성육신적 영성신학은 본래부터 이론상으로 역사현실참여라는 진보적 신학노선을 간직하고 있었고, 그의 역사현실참여 신학은 현실을 규정하는 가장 실질적인 정치권력의 역학관계와 그 힘의 왜곡된 사용에 대하여 적극적 발언과 저항운동을 할 수 밖에 없는 것이었다. 그럼에도 위에서 지적한 대로 해방정국 이후부터 4.19 학생민주혁명이 일어날 때까지(1945~1960), 그의 신학은 현실참여를 배제한 채, 서재의 학문으로서, 기독교 지성인의 이론으로서 결국 기독교계 울타리 안에 머물고 있었다.

그 이유 중 가장 중요한 것은 그가 현실적으로 부딪힌 장로교 교단 내의 신학노선 논쟁과 그를 지지하는 제자들이나 교역자를 장로교 '보수정통신학'의 이름으로 축출하는 비신앙적, 반지성적 교권의 횡포에 맞서 신앙과 학문의 자유를 지켜내는 일이 기독교를 바로 세우는 기초사업이라고 확신하였기 때문이다.[4] 또한 바른 신학정립과 열린 복음의 자유정신의 확립을 통하여 한국 교회와 기독교가 바로 세워지고, 교회와 기독교가 바로 섬으로써 신생 독립국가가 바로 설 수 있다는 신념도 그 한 이유였다.

그러나 김재준 역시 시대의 아들인지라, 정치현실로 드러난 남북한 분열상황 속에서 이승만 정권에 대한 막연한 기대가 그로 하여금 제1공화국 이승만 정권의 권력현실 속에 내포된 정치적·도덕적 죄악과 그 결과로 다가올 대파멸의 재앙을 바로 직시하지 못하게 만들었던 간접적 원인도 있었다. 가깝게 모시던, 한국신학대학의 학장과 이사장을 지낸 함태영씨가 비록 실권 없는 이름뿐이었지만 부통령으로 재직하고 있다는 점도 장공의 비판적 이성을 무디게 만들었다. 초기 남한의 군정 시기에 군정 당국의 협조를 얻어 일제종교의 몰수재산인 천리교 건물을 인수받아 동자동 신학교실로 사용하였기에 마음의 빚진 감정도 있었을 것이다. 그리고 6.25 전쟁을 통해서 그가 체험한 무력적 공산주의 혁명철학에 대한 비판적 입장이 강화되었다. 장공은 세속적 국가의 하나에 불과한 미국의 오만, 그 제국주의적 횡계, 그리고 자국의 국익을 위해 제3세계를 지배 통제하는 미국의 야누스적 두 얼굴의 실상을 절감하지 못하고 있었다고 보아야 할 것이다.

2.3. 신학적 참회와 현실역사 의식으로의 전환의 계기: 두 혁명과 한일굴욕외교

역사현실의 모순에 대한 김재준의 깨어있지 못한 비판적 역사이성과 정치적 불의에 대한 예언자적 비판기능이 침묵 속에서 15년간 정체되어 있었을 때, 그를 역사현장으로 불러내면서 현실역사에 그의 신학적 지성의 관심을 전환케 한 계기는 바로 다름 아닌 4.19 학생의거와 5.16 쿠데타였다.

김재준은 박정희를 정점으로 하는 군사쿠데타 정권에 의해, 혁명이 일어난 지

---

4) 장로교 분열 과정과 그 쟁점에 관하여 김양선, 『한국기독교해방 10년사』(예장총회교육부, 1956) 참조.

3개월이 지난 1961년 9월, 대학 총학장 연령제한을 60세로 한다는 일방적 '지시하달'로 졸지에 한국신학대학 학장직에서 물러나게 된 후, 새로운 신학교육의 도장, 수유리 캠퍼스에서 펼치려 하던 꿈을 접고 그의 활동무대를 "신학교 캠퍼스에서 한국 역사 한복판으로" 옮기게 되었다.

쿠데타로 정권을 잡은 박정희로서는 정치자금문제가 현실적으로 시급했다. 민주적 절차를 정당하게 밟아 정권을 획득하지 않았다는 박정권의 태생적 약점은 이미 엎질러진 물이었다. 그러나 경제문제란 그것 자체로서 경제논리란 게 있어서 독재자 마음대로 움직여주지도 않고, 은폐할 수도 없는 것이었다. 그래서 다급한 대로 수단방법을 가리지 않고 자행한 정권적 차원의 비리가 '4대 의혹사건'이라는 것이었다. 마침내 박정권은 4년 군정연장을 선언하고(1963. 3.16), 불법적으로 조직된 민주공화당 이름으로 박정희를 대통령후보로 지명하게 하고(1963.5.27), 박정희는 선거에 관권을 동원하여 윤보선을 15만표 차로 제치고 제5대 대통령에 취임하였다.

1965년의 '한일굴욕외교수립'이란 '한일국교정상화'의 명분을 내걸고 김종필 당시 중앙정보부장과 일본외상 오히라 마사요시(大平正芳) 간에 있었던 비밀회담과 '김-오히라 메모'에 기초한 것이었다. 비밀회담과 '김-오히라 메모'의 핵심은 그 동안 1951년 이래 양국 간의 국교정상화 핵심 쟁점이었던 대일청구권문제, 평화선 문제, 재일동포 지위문제 등에서 한국이 굴욕적 양보를 수용했다는 것이다. 기본조약체결 가조인(1965.2.20), 한일협정 제조인의 본조인 체결(1965.6.22), 그리고 계엄령 아래서 한일협정안 국회통과라는 요식행위는 1910년 '한일합방'의 굴욕감을 우리 민족에게 가져다주었다. 36년간 한민족의 독립투쟁을 위해 싸운 수많은 선열들의 피와 땀을 외면한 채, 은돈 삼십 냥에 예수를 쉽게 팔아넘긴 가룟 유다의 범죄처럼, 경제적 기본재원에 쫓기는 군사정권의 자금 필요성과 한일관계를 빨리 정상화시켜 동아시아 정치질서를 미국의 계획대로 이끌어가려는 미국의 막후 거간꾼 노릇이 상승작용을 일으켜 굴욕적 한일국교정상화가 강행된 것이다.

1965년 7월 1일, 김재준, 한경직, 이태준 목사 등 6~7명의 뜻있는 교역자들은 '굴욕적 한일국교정상화 반대' 시위에 뜻을 규합하고 영락교회 안에서 여러 차례 준비모임을 가졌는데, 차츰 교역자, 평신도, 문인, 재향군인 등 사회 각계각층의 국민여론이 모아져 '한일굴욕외교 반대 성명서'를 내고 영락교회에서 종교집회형식을 빌어 한일굴욕외교를 비판하고 정의롭지 못한 한일국교정상화를 반대하는 국민집회를 열었다. 강사는 김재준과 한경직이었고 채택한 성명서 초안을 김재준이 맡았다. 대통령, 일본정부 및 국회, 미대통령과 국제연합본부 등에 보낼 공개서한 작성위원이 김재준의 책임 하에 구성되어 문서가 작성되고 채택되었다. 그리고 대회는 삼엄한 군사정권의 감시 아래서도 성공리에 개최되었다.[5]

　1965년 7월 영락교회당에서 모인 '한일굴욕외교반대 대회'가 군사정권 아래서 개최되었다는 것은 여러 가지 중요한 의미를 갖는다. 무엇보다도 첫째, 1919년 3.1 독립운동 거사에 거교회적으로 민족문제에 참여했던 한국 기독교가 민족을 잊고 교파교세확장, 신학교리 논쟁에 그 에너지를 소모한 지 45년 만에, 다시 민족문제로 눈을 돌리기 시작한 역사적 시점이 된다는 것이다. 둘째, 한경직, 김재준 등 기독교 지도자들이 비록 교파가 다를지라도, 언제든지 민족문제에 있어서 맘을 허심탄회하게 열고, 한 마음으로 대동단결 할 수 있다는 가능성을 보인 것이다. 셋째, 김재준이 깊은 신앙적 고백행위로써 본격적으로 역사현실에 참여하기 시작하게 되었다는 점이다.

3. 삼선개헌반대 투쟁위원회와 민주수호 국민협의회 중심의 참여적 정치신학활동(1966~1973)

　1965년 한일국교정상화와 굴욕외교 반대투쟁은 민족운동임에 틀림없지만, 김재준에게는 교회당 안에서, 주로 기독교인을 중심으로 행한 제한적 참여정치신학의 제1보였다. 그러나 본격적으로 김재준의 이름이 한민족 대중과 언론인

　5) 『전집』, 제14권, 59~60.

들, 그리고 정치인들과 군사독재자들의 주목을 받게 된 것은 1969년 '삼선 개헌 반대 범국민투쟁위원회 위원장' 으로서 민주화운동과 인권운동에 깊이 참여한 때부터이다.

대한일보 사장이면서 한양대학의 총장과 재단 이사장을 지낸 김연준은 평생 동안 장공의 인격과 지조와 문필능력을 존경하고 어려운 난세에 김재준이라는 선비를 보호하고 돕는 데 남다른 관심을 가졌던 인물이었다. 장공을 대한일보 논설위원으로 모시었기에, 장공은 '신문의 날' 에 고재욱, 홍종인, 이관구, 김연준, 천관우 등 원로언론인들과 한국 신문의 역할과 '한국 신문 윤리실천' 문제들을 화두로 의기상통 했다. 그러나 김재준을 본격적으로 '삼선개헌반대투쟁' 대열로 끌어들인 사람은 장공의 오랜 친구였고 서울시장을 지낸 김상돈과 장공의 제자요 『사상계』의 주필인 장준하였다.[6]

문제의 발단은 두말할 것도 없이, 박정희씨가 국민과의 약속을 또 헌신짝처럼 버리고, 헌법에 있는 대통령 3선연임 금지 조항을 헌법개정을 통해서라도 바꾸어 3차례 대통령 연임을 꿈꾼 정치적 야망에 있었다. 그것은 영구집권 야욕을 드러낸 것이며, 민주주의 근간을 무너뜨리고 헌법을 무시하는 안하무인의 태도였던 것이다. 함석헌, 장준하, 유진산, 이철승, 윤길중, 송원영 등 주로 재야민주 인사들과 야당정치인들이 주축이 되어, '삼선개헌반대 범국민투쟁위원회' 를 발기하고, 규약을 만들고, 대회를 소집하고, 각 부서와 집행위원회를 조직하고, 사업프로그램을 작성하는 등 구체적 행동으로 들어갔다.

그런데 이러한 상황 속에서 정치인도 아니요 정치적 야심이라곤 전혀 없는 순수 목사요 신학자인 김재준이 범국민투쟁위원회 위원장으로 피선, 옹립된 이유를 알아야 한다. 원인은 의외로 단순명료했다. 민주주의 신념에 투철하고, 때 묻지 않은 사회적 명망가로서 인격을 갖추고 있고, 다양한 정치적 참여단체들의 구심점 역할을 하면서도 본인 자신은 정치적 야망 없이 마음이 맑고 순수한 지

---

6) *Ibid.*, 67~83. '3선 개헌반대 범국민투쟁위원회' 조직과 투쟁과 해체 과정이 김재준, 『범용기』(칠성인쇄소, 1982)에 자세히 기록되어있다.

도자를 찾고 있었는데, 장공이 그 적임자로서 옹립된 것이다. 1969년 서울대성
빌딩에서 '삼선개헌반대 범국민투쟁위원회'가 결성되었고, 윤보선, 김재준, 함
석헌, 이병린, 장준하, 김상돈, 유진산, 유진오, 김대중, 김영삼, 박순천 등 재야
인사와 야당정치인들, 그리고 김지하 등 젊은 문인들이 군사정권에 조직적으로
맞서기 시작했다. 효창공원에서 열린 범국민대회에는 자발적으로 6만 명 이상
의 국민대중이 모였고, 김대중의 정치 강연 등 사자후하는 정치인들의 연설에서
는 민주주의 파수열기가 하늘을 덮었다.[7]

장공의 이러한 현실정치 참여는 보수적인 한국 기독교계의 차가운 반응에 부
딪혔다. 장준하, 박형규씨를 통하여 직간접으로 한국 기독교계가 민주주의 구국
대열에 참여해주기를 호소했지만 '광야에서 외치는 외로운 소리'에 그치고 말
았고, 최소한의 응답은 김관석 목사가 총무로 일했던 KNCC에서 보인 짧은 반
응뿐이었다. 왜 한국 기독교계의 반응은 그렇게 소극적이거나 비판적이었는가?
그때 한국 보수적 기독교지도자들 대부분의 동일한 변은 "교회가 왜 정치에 관
여하는가? 목사가 왜 정치집단에 참여하는가?"라는 것이었다.

잘못 이해한 '정교분리론'과 '성속이원론'이 핵심을 이루고 있었다. 대부분
보수적 교회지도자들은 정치적 중립을 말하면서도 실질적으로는 '수구보수정
치 집단'과 '군부신흥정치 집단'을 지지하거나, 침묵을 통해 간접적으로 불의한
정치행동을 묵인 동조하거나, 적극적으로 야합하여 '정교분리원칙'이라는 형식
논리 뒤에 숨어서 정치권력의 비호와 행정적 지원을 받으면서 교파나 개교회 세
력의 강화에 몰두하고 있었다. 교회의 예언자적 기능은 포기한 지 오래고, '예와
아니오'를 말할 줄 모르는 종교집단이 되고 있었다.

3선 개헌이 불법적으로 통과되자, 민주세력은 거기에서 물러서지 않고 1971
년 4월 19일 종로 YMCA건물 꼭대기 층에서 '민주수호 국민협의회'를 결성하
였다. 민주주의 수호대열은 점점 더 큰 강을 형성하면서 흐르기 시작했다. 어려
운 시기에 김재준, 함석헌, 지학순, 이병린, 천관우씨가 공동대표위원으로 추대

---

7) *Ibid.*, 78~79.

되었다.[8] 민주주의 기본질서를 수호하고 회복하기 위해 대정부 성명서, 대국민 성명서를 발표하고, 투쟁하고, 증언했다. 그럼에도 물리적 역사는 진행되어 대통령 3선연임을 허락하도록 개악된 헌법에 의거하여, 박정희씨와 김대중씨가 대결하게 되었다. 박정희씨와 윤보선씨의 대결과정에서 드러났던 모든 부정선거들이 다시 기승을 부렸고, 결과적으로 박정희씨는 94만 6천 표차로 가장 두려운 정적인 김대중씨를 누르고 다시 제7대 대통령직을 거머쥐었으며, 김대중씨는 생명을 위협받는 절박한 정치적 상황으로 내몰리게 되었다.

3선 개헌도 모자라 박정희 군사집단은 아예 영구종신 집권책을 강구하게 된다. 1972년 7월 4일 돌연한 '7.4 남북공동성명'이 발표된 이후, 도리어 국내정치적 상황은 '7.4 남북공동성명'이 천명한 남북화해와 평화공존의 방향으로 나아가지 않고 "국제정세의 변화와 남북대화에 대처하기 위함"이라는 명분 하에, 군사정권은 1972년 10월 17일 전국에 긴급조치 비상계엄령을 선포한다. 그리고 국회해산·정치정당 활동금지·옥내외 집회금지·언론출판 보도의 사전검열·대학의 휴교를 연이어 공표한다. 마침내 1972년 10월 27일 박정희 대통령 주제 하의 비상국무회의에서 '유신헌법안'을 의결하고, 계엄령 아래서 동년 11월 21일 '국민투표'에 부쳐 국민을 동원, 회유, 협박하여 민주적 절차를 거쳤다는 형식적 요식행위를 마무리한다. 지금 돌이켜 생각해보면, 1970년 초 20세기 후반 세계사 한복판에서 독일 히틀러정권 때보다도 더 심한 무법적·탈법적 반민주적 정치행위가 이 땅위에서 자행 되었던가 믿어지지 않을 만큼 모골이 송연하다.

박정희 군사정권의 국민협박 철권이 휘둘러지는 상황 속에서도, 한국민의 민주주의에 대한 정열과 인권존중의 신념은 굽혀질 줄 몰랐다. 특히 한국정치사에서 한민족의 위대한 정치적 역량과 민주주의에 대한 목숨보다도 더 강한 신념이 표출되기 시작한 해가 1973년이었다. 1972년 12월 유신헌법이 공포되고, 통일주체국민회의라는 급조된 사이비 국민대의원회의에서 박정희씨가 제8대 대통

---

8) *Ibid.*, 106~112.

령으로 당선되었지만, 이 땅의 민주세력은 아무도 그것을 인정하지 않았고, 움츠려 들지도 않았다. 도리어 적극적 저항운동이 일어나기 시작했다. 그 누구보다도 젊은 대학생들과 문인들, 진보적 성직자들이 일어서서 항거하기 시작했다. 1973년 '남산 부활절 연합예배' 가 열렸던 해 여름 김대중씨는 한국중앙정보부에 납치되어 태평양 해상에서 수장될 뻔했다.

나라의 어른들도 물러서지 않고 1973년 11월 5일 서울 YMCA에서 '민주시국선언' 을 발표했다. 천관우, 장준하, 함석헌, 김재준은 수시로 만나 「민주회복을 위한 시국선언문」 초안을 작성했다. 그 결과 긴급조치상황에서 불법집회와 불법선언문 발표 죄로 김재준, 함석헌 등 어른들이 종로경찰서와 남산 중앙정보부로 연행되어 문초를 받았다.[9] 동년 12월 13일엔 YWCA 알로하홀에서 '민주원로회의' 가 열렸다. 앞에서 언급한 인물들만이 아니라 백낙준, 김수환, 한경직, 이인, 유진오도 참석했다. 청와대에 보내질 원로들의 건의서가 채택되었다. '민주원로회' 사무국장으로 선임된 장준하는 '민주개헌 100만인 서명운동' 에 들어갔다.[10] 그 결과 그는 백기완과 함께 구속되었고, 그 뒤 끝내 의문사 당하게 된다. 1970년 이후, 김재준은 거의 가택연금을 당한 상태였다. 그가 해외에서 민주화운동을 활성화시킬 계획을 가지고 1974년 캐나다로 출국하게 됨으로써 국내에서의 활동은 10년간 중단된다.

4. 북미체류 10년간 장공의 역사참여 신학운동(1974~1983)

장공은 네 번째로 가택연금 상태의 신분제약을 받게 되자, 국내에서보다는 해외로 나아가 세계기독교 교회의 네트워크를 통하여, 한국의 인권 · 민주 · 평화통일 운동을 펼치려고 결단하게 된다. 단순히 해외 기독교 교회세력의 덕을 보자

---

9) 『전집』, 제14권, 127~141. 김재준, 『범용기』, 제3권, 43~59.
10) *Ibid.*

는 생각이 아니라, 그렇게 함으로써 "한국교회로 하여금 교회되게 하고, 한국 크리스챤으로 하여금 크리스챤 되게 하려는 '전령자 역할'을 하려는 것"이 목적이었다.[11] 그의 현실정치 참여 사상의 핵심을 간추려 말하면 다음과 같다.[12]

첫째, 남한과 북한의 공통분모는 민중(people)이며, 민중은 남북한 정권보다 크고, 특정 집권자 개인을 우상화하며 그를 추종하는 정치집단보다 근원적이고, 나라와 역사의 정치적 주권자이다.

둘째, 남북한 민중이 원하는 것은 세 가지, 즉 각 개인의 자유, 정의로운 사회, 나라 간의 평화이다. 자유, 정의, 평화는 기본적이며, 성서가 추구하는 하나님 나라의 최소 구성요소이다.

셋째, 현실적으로 남북한 집권자들은, 인민해방, 민주주의 신장, 사회질서 유지, 민족통일 달성 등 그럴듯한 명분을 내세우지만, 내심은 독재자와 그를 추종하는 정치집단의 권력유지와 권력강화에 일차적 관심을 갖고 있으며, 그들의 통일론은 남과 북을 자기 빛깔 단색으로 색칠하려는 일방적 통일론이다.

넷째, 인간의 삶 자체는 개인적이면서도 사회적인 것인데, 사회가 근본적으로 '불의'와 '반인간'으로 치달을 때, '예와 아니오'를 분명히 말과 행동으로 하는 것은 그것 자체가, 복음 안에서 기독교인들의 신앙적 고백행위가 된다. '아니오'를 말해야 할 때 거꾸로 '예'라고 아첨하거나 침묵하는 것은 비굴한 행동이며 윤리적 '외식행위'(外飾行爲)가 된다.

다섯째, 통일문제나 세계평화문제에 있어서도 '인간의 존엄성'이 그 일차적 목적이고 최우선의 관심이어야 한다. 정치적 이념, 경제발전논리, 부국강병, 국가이익 등을 앞세우게 되면 그것들이 인간 자체를 비인간화하는 '우상'이 됨으로, 인간존엄성이 제1차적으로 모든 민주화운동의 초점이 되도록 하는 것이 선결문제이다. 안식일이 인간을 위해 있는 것이요, 인간이 안식일을 위해 있는 것이 아님과 같이 정치, 경제, 문화, 사회정책, 언론 등등이 모두 '인간'을 위해 있

11) 『전집』, 제14권, 173.
12) Ibid., 169~170.

는 것이고 인간이 그런 것들을 위해 있는 것이 아니다.

장공이 북미주에 체류한 10년 동안, 그가 더불어 한 조직기구 및 활동은 크게 대별하면 4가지이다. 첫째는 토론토 한인 연합교회를 중심으로 하는 '토론토 민주사회 건설협의회'와 『제3일』, 『민주동지』 등을 통한 언론활동, 둘째는 '북미주 기독학자 협의회'(The Association of Korean Christian Scholars in North America), 셋째는 '한국 민주회복 통일촉진 국민회의'(약칭 민통, Korean Congress for Democracy and Reunification) 미주본부, 넷째는 '한국 민주화 연합운동'(약칭 민주연합, UM, The United Movement for Democracy in Korea) 북미본부가 그것이었다. 이 글에서는 위에서 언급한 각 기구조직관계에서의 장공의 활동과 책임 그리고 시시때때로 발표한 그의 논문 및 성명서에 나타난 그의 정치신학 입장을 살펴볼 것이다.

4.1. 토론토 민주사회 건설협의회, 『제3일』과 『민주동지』 및 목요기도회

장공이 북미주에 체류하되 캐나다 토론토에 자리를 잡은 것은 여러 가지 이유에서였다. 첫째, 해외에 나가면 우선 당장 거주할 곳이 있어야 하는데, 1969년 캐나다로 이민 간 두 아들 내외와 먼저 캐나다에 정착한 두 딸 내외와 손자들이 있어서 심리적으로 안정되고 현실적으로 의식주 생활 문제가 해결될 수 있었다.[13] 둘째, 토론토에는 사회참여 의식이 뚜렷한 토론토 한인연합교회 담임목사이며 뒷날 캐나다 연합교회 총회장과 토론토대학 내의 빅토리아대학 찬슬러를 지내는 사위 이상철 박사가 있었고 신앙동지들이 많았다. 특히 윌리엄 스캇 박사와 문재린 목사 등 오랜 신앙동지들이 큰 힘이 되었다. 셋째, 장공이 1950년대 전후 기독교장로회 출범과 한국신학대학 건설 과정에서 캐나다 연합교회와

---

13) 장공의 후손들로서 삼형제 중 위로 두 형제 은용, 경용 씨가 1969년에 각각 김행강, 정효순과 결혼하여 캐나다로 이민 가서 정착하려는 중에 있었고, 두 딸 신자, 혜원은 각각 이상철, 장인철과 결혼하여 좀더 일찍이 캐나다에 정착하고 있었다.

쌓은 인간적, 신앙적 신뢰와 캐나다 정부의 호의, 그리고 토론토에서 속간된 『제3일』과 『민주동지』의 발행을 돕는 전충림, 전학필, 최성일, 그리고 민혜기를 비롯한 수많은 한신 동문, 제자들이 있었다.

한국에 민주사회를 건설하려는 목적으로 북미주, 유럽, 일본 등 세계 각 지역에서 '민주사회 건설협의회'가 자발적으로 형성되었는데, 북미주 지역에도 1974년에 "조국의 민주사회 건설을 촉진하고, 그의 완성을 효과적이며, 계속적으로 수행하기 위해서"(총칙 제2조) 캐나다 토론토시에 본부를 두었다.[14] 문재린, 김재준, 이상철, 전충림, 전학필 등이 중심이 되어 활동하였다. 1974년 인혁당사건을 계기로 국내에서 목요기도회가 시련을 당하자, 뉴욕, 보스턴, 토론토, 워싱턴 등지에서 한국 인권과 민주화 운동을 위해 기도하고, 헌금하여 구속자 가족들을 돕는 구체적인 행동을 하였다.

재북미 한국인권위원회 간사로 봉사했던 구춘회의 회고와 증언에 의하면, 1975년 세계교회협의회에 해외 한국인 교회지도자들이 모여 한국 민주화운동과 인권운동을 지지하고 돕기 위해 조직을 구성했는데, 이것이 이른바 '한국 민주화를 위한 세계협의회'(World Council for Democracy in Korea, 뒤에 International Christian Network로 개칭)이다. 처음 모인 세계 각 지역 대표 인사들의 면모는 김재준, 이상철(캐나다), 이승만(미국), 박상증(제네바), 오재식(일본), 장성환(서독) 등이었는데, 이 조직은 각 나라 기독교인들의 국제적 연계망을 구축하여 조국의 인권과 민주화 및 평화통일 운동의 이념과 운동방향 제시, 연락망과 정보 교환, 운동전략 수립, 국내에서 고난 받는 민주인사 가족의 지원 및 인적자원의 조달 등 국제적 연대를 강화하는 데 큰 역할을 하게 된다.[15]

장공은 캐나다 체류 첫해가 지나가기 전, 1974년 10월 제1차적으로 심혈을 기울여 한 일이 『제3일』 해외 속간호 제1호를 낸 것이었다. 속간호 제1호를 간

---

14) 『북미주 · 유럽 재외 한국인의 인권 · 민주화 · 평화통일운동 사료(1)』에서 자료 분류번호 A003, 「토론토 민주사회건설협의회 회칙초안」참조.
15) 구춘회, 「북미주 민주화 인권운동의 회고와 전망」, 『심류 이상철 목사 고희기념 글모음: 한 나그네의 삶, 그의 꿈과 비전』(대한기독교서회, 1994), 144~156.

행한 부수는 800부였는데, 4년 뒤엔 2,000부가 넘었고, 속간 60호를 마감으로
재정난 등의 원인으로 『제3일』은 자진 정간되었다. 이 잡지는 단순한 종교적 개
인월간지가 아니라, 실로 해외 전 지역에서 1970~1980년대 조국의 인권·민
주화·평화 운동을 이끌어가는 이념적 방향과 높은 도덕적·종교적 정열을 끊
임없이 공급하는 발전소와 같은 역할을 하였고, 때로는 종교적 영감과 문학적·
미학적 단편을 제공하여 민주화운동을 하는 동지들의 심신이 지치거나 메마르
지 않게 하는 오아시스 역할을 했다. 이 잡지 『제3일』 안에, 특히 1970~1980년
대 속간호 60권 안에 장공 김재준의 정치신학이 녹아들어 표현되어 있다고 말
해도 과언이 아닐 것이다.

4.2. 북미주 기독학자 협의회

장공이 캐나다에 도착하자마자, 74세 노령의 피로를 풀기도 전에, 최초로 접
촉하게 된 북미주 운동조직체는 '재북미주 기독학자 협의회'(The Association
of Korean Christian Scholars in North America) 제8차 연차대회였다. 구성원
은 대부분이 박사학위를 가진 크리스챤들로서, 인문학, 사회학, 자연과학, 신학
등에서 박사학위를 취득하고 대학, 연구소, 교회에서 가르치거나 연구하는 전문
지식인들이었으며, 연차대회 때는 100여 명이 모여 각각의 전문분야에서 논문
을 발표하고 활발한 토론을 벌였다.[16]
'북미주 기독학자 협의회'의 성격이 조직될 때부터 정치적이거나 이념적으로
동질적인 단체는 아니었다. 1974년 4월 뉴욕에서 회집된 동 협의회 제8차 연차
대회에 장공 김재준 목사가 참석하여 이틀에 걸쳐 경건회 인도를 맡게 되었는데,
첫째 날과 둘째 날 각각 '우상'과 '양두구육'이라는 제목으로 성경의 본문을 인
용하고, 한국 박정희 군사독재 체제의 무자비한 반인권, 반민주 행태와 독재정책
을 구체적 사례를 들어 비판하면서 기독자 지성인들로서의 시대적 증언의 사명

---

16) 『전집』, 제14권, 170~172.

을 고취하였다. 제8차 연차대회에서는 '한국의 반독재 민주화를 요청하는 성명서'가 대회 폐막 시에 채택되고, 동 협의회는 북미주 크리스찬 학자들의 역사의식과 기독자 지성인으로서의 비판정신을 일깨우는 데 큰 역할을 감당하였다.

이 북미주 기독학자 협의회에서 행한 군사독재에 대한 장공의 비판은 그대로 정보부를 통하여 박정희 최고당국자에게까지 보고 되어 중앙정보부를 통한 귀국조처지시가 내려졌으나, 장공은 쉽사리 한국에 다시 귀국하지 못하고 10년 동안 북미주에서 민주화운동에 몸을 바치게 되는 계기가 되었다. 장공은 조국에 남은 자녀들과 친지 및 동지들이 북미주에서 군사독재에 저항하는 자신의 비판적 정치적 활동 때문에 불이익을 당하게 되는 것을 심적으로 고통스러워하면서도, "의를 위하여 고난을 받는 것은 당연한 대가"라고 생각하면서 굽히지 않고 순회강연이나 교회강단을 통해 증언을 계속해갔다. 뉴욕, 워싱턴, LA, 샌프란시스코 등지를 순회하면서 '증언자'로서 예언자적 사명을 다했다. 북미주 해외 교회들의 정치적 성향이나 해외에 거주하는 한국인들의 정치의식이 반드시 진보적이거나 한국 정치상황에 비판적인 것은 아니었다. 도리어 보수적 교회들은 국내와 마찬가지로 친여적이거나, 정치 무관심주의 및 부흥회적 심령주의, 개인신앙이나 기복신앙에 경도되어 있었으며, 한국 중앙정보부 및 해외공관원들의 분리공작도 치열하게 전개되고 있었다.

장공의 북미주 체류 초기(1974~1975), 그의 심정을 잘 나타내는 북미주 교회와 민주동지들에게 보낸 공개편지, '회한(回翰)에 대신하여'(1975년 7월 5일)는 그 당시 장공의 정치신학적 소신을 살필 수 있는 귀중한 자료가 되므로 아래에 그 편지 일부를 인용해 본다.

> 한국의 박정희 '대통령'은 당초부터의 숙원이던 일인독재 체제의 최후 완성을 위하여 국민에 대한 총공격을 개시했다고 봅니다. 국민은 이미 참정권을 박탈당했으므로 나라의 주권자에서 박정희씨 한 사람의 노예로 전락했습니다. 자유한국의 최대 소망이요 영광인 학생층은 학원의 병영화로 배속장교의 한 병졸이 되었습니다. 언론은 정보부의 한 관보같이 되었으며, '신문의 날'은 '신문 없는

날'로 몰락했습니다 ……그의 모든 시책은 시민자유의 말살과 국가권력의 독점에 집결된다고 하겠습니다. 학원자유와 언론자유의 봉쇄 또는 말살에 자신을 얻은 그는 이제 기독교교회의 신앙과 양심의 자유를 질식시키는 데로 공세를 돌렸습니다. 이것이 그의 자유민주 압살과 일인독재 완성을 위한 최후 돌격전인 것은 분명합니다.[17)

장공은 공개회람 편지 전반부에서 주로 박정희 군부 정치집단의 의도와 정략을 예표를 찌르면서 분석한 후, 편지 후반부에서는 기독자로서의 대응자세와 전략을 구체적으로 제시한다. 그 가운데서 장공의 정치신학 신념을 나타내는 구절을 인용해 본다.

한국 민족은 자유를 갈망하고 불의에 항거하는 전통을 갖고 있습니다. 특히 크리스챤은 인간 자유를 위해 부름 받은 자유인입니다. 역사는 인간자유를 위한 투쟁의 기록입니다. 역사의 주재자인 하나님은 진정한 인간해방과 자유를 위해, 그리고 정의와 진리와 사랑으로 엉킨 인간 공동체를 세우기 위해 독생자를 죽음에 내주기까지 하셨습니다. 그러므로 개인자유와 사회정의를 위해 싸우고 있는 우리는 하나님의 정병인 것입니다. 이것은 승리를 약속받은 싸움입니다. 그러므로 우리에게는 좌절이 용납될 시간도 이유도 있을 수 없습니다. 승리가 지연된다고 중단이나 포기를 생각할 수 없습니다 …… 'We shall overcome'은 공허한 소음이 아니라 하나님이 인정하신 구호입니다. 우리에게는 전진이 있을 뿐입니다.[18)

위에서 인용한 회람편지 속에서 장공은 그의 정치참여 행동이 단순히 '상황'에 몰린 처신행동이거나 신앙인으로부터의 탈선이 아니라, 자유 · 정의 · 진리 ·

---

17) 자료 분류번호 I001, 「회한에 대신하여」 중에서 인용.
18) 위와 같은 편지.

사랑을 핵심으로 하는 하나님 나라의 선취로서의 인간 공동체를 실현하기 위한 필수불가결한 신앙적 응답행동인 것을 거듭 밝히고 있다. 그리고 새로운 인간 공동체의 두 기둥은 개인의 자유와 사회정의임을 갈파하고 있는 것이다.

4.3. 한국 민주회복 통일촉진 국민회의 북미본부

약칭 '민통'(民統)이라 불리우는 이 단체는 장공이 북미 체류 10년간 많은 심려와 에너지를 쏟아 부은 기구조직이다. 본래 이 단체의 시원이랄까 뿌리는 김대중씨가 한국중앙정보부에 납치당하는 사건이 발생하기 전 워싱턴에 체류할때, 그가 한국의 민주화와 통일을 위한 해외 정치운동의 거점으로 삼으려고 시작한 것이다. 먼저 미국 워싱턴과 일본 동경에 기구조직을 만들고 김대중씨가 미국과 일본 지부 모두에서 제1대 의장을 맡았으나, 조직이 채 단단히 뿌리내리기도 전에 그의 납치사건이 발생하여 '민통'은 위기에 처하게 되었다.

뜻있는 민주인사들이 '한국 민주회복 통일촉진 국민회의 북미본부'(Korean Congress for Democracy and Reunification in North America)를 범민주국민운동 본거지로 도약, 발전시켜야 한다는 데 뜻을 모아 헌장을 새로 만들고, 헌장 통과와 새 헌장에 따른 조직기구 개편을 위해 1974년 11월 23일 워싱턴에서 총회를 열었다. 장공은 원로로서 '축사'를 부탁받고 이 총회에 참석하게 되었다.[19]

1974년 11월 23일 통과, 발효된 '민통'의 헌장은 제1장 총칙, 제2장 회원의 자격, 제3장 조직, 제4장 재정 및 회계, 제5장 부칙 등 총25조로 상당히 자세하게 구성되어 있는데, 이는 그만큼 다양한 인사들이 참여할 '민통'의 운영을 대비한 의도가 잘 반영되어 있음을 드러낸다. 무엇보다도 제2조 목적규정에서 "본회의는 재미 한국인의 비영리 단체이며, 한국에 있어서의 자유민주주의 회복과 남북한의 평화적 통일촉진을 목적으로 한다"로 되어 있다. 제4조 회원의 자격규정에서 회원은 "한국 국적을 가진 자 및 가졌던 자와 그 배우자 및 직계가족"으

---

19) 『전집』, 제14권, 185~187.

로 규정하고 본회의 목적과 취지에 찬동하는 자로서 타국적자는 특별회원으로
가입할 수 있게 하였다. 제7조 임원조직에 있어서는 의장(1인), 부의장(약간
명), 중앙상임위원(10~15명), 정책연구실장 및 위원(약간 명), 사무총장(1인),
사무차장(1인), 징계위원(위원장 이하 약간 명)으로 하고, 임원의 임기는 1년으
로 하되 의장단은 1차에 한하여 동일 직책에 중임할 수 있도록 했다. 제21조에
서는 지방위원회는 주요 도시 또는 지방에서 자주적으로 설치하여 본회의 목적
을 수행하기 위하여 필요한 부서를 두도록 규정하고 있다.[20]

'민통' 재건총회는 이렇게 하여 11월 23일 오전 10시에 동원모 부의장 사회
로 의사가 진행되었는데, 헌장이 통과되고 '민통'의 대표적 상징인물인 의장 선
출에 들어갔다. 처음엔 무기명 투표로 회의를 했으나, 개표결과 다득점자들(김
재준, 임창영)의 사퇴고수가 이어지자 총회는 '장공'을 기립박수로 의장으로 추
대하였다. 김대중씨와의 인연을 귀중하게 생각하여 '축사' 책임을 맡아 참석한
장공은 참으로 난처했다. 거주지도 토론토여서 거듭 사의를 표명했으나, 북미주
'민통'이 해체될 기로점에 서있다는 회원들의 절박감을 감지하고, 이념적 성향
에서 좌·우·중도파들의 갈등을 조화시키고 이합집산을 막기 위해 장공은 의
장직을 수락할 수밖에 없었다. '민통' 초대의장이었던 김대중씨는 명예의장으
로 추대되었고, 부의장엔 이용운, 동원모, 그리고 고문에 김상돈, 전규홍, 안병
국, 이재현, 송정율, 김성락, 최석남이 추대되었다.[21]

새로 구성된 '민통'은 김재준 의장 이하 임원진의 헌신적인 활동으로 북미주
한국인의 민주화운동과 평화통일운동에 놀라운 활력을 불어넣었으며, 민주세력
들의 힘의 결속과 정보교류를 강화하고 성명서를 그때마다 적시에 발표하였다.

---

20) 자료 분류번호 H009, 「한국민주회복 통일촉진국민회의 헌장」 참조.
21) '민통' 재건총회나 다름없는 이 총회결과로, 1975년 8월 17일 현재, 중앙상임위원들의 명단과 임원
   직책 명단은 아래와 같다. 중앙위원 15인: 김용찬, 이근팔(워싱턴), 김원국, 이승만(뉴욕), 송영창,
   고종구, 김운하(LA), 강한수, 최명상(시카고), 이하전, 송선근(상항), 김동건(세인트루이스), 김장
   호(보스톤), 전계상(시애틀), 이상철(토론토), 정책기획연구실장(이재현), 징계위원장(안병국), 사
   무총장(강영채), 조직위원장(김용창), 재정위원장(이성호), 홍보위원장(정기용), 사무차장(이근팔).
   자료 분류번호 H008, 『한민통소식』, 제1권, 제1호, 1975년 10월호 참조.

미국 정치중심지인 워싱턴과 뉴욕에서 몸으로 행동하고 참여하는 데모를 통하여 북미주 한국인과 고국 국민들의 진의가 무엇임을 천명해갔다. 장공이 '민통' 의장직 중임을 맡았던 시기(1974년 11월~1976년 8월)에 한국에서는 '동아일보 기자 자유언론 실천선언과 광고탄압사건' (1974년 10월, 12월), '장준하 약사봉 의문사사건' (1975.8.21), '3.1 민주구국선언사건' (1976.3.1) 등 중요한 정치적 사건이 연이어 터졌다. 전(前) 대통령 윤보선을 비롯하여 함석헌, 정일형, 김관석, 윤반웅, 안병무, 서남동, 이우정, 김대중, 은명기, 백기완, 이문영, 문동환이 대표로 서명한 '3.1 민주구국선언문' 은 박정희 군부독재 정권을 격노하게 만들었고, 이로 인해 그들은 구금, 투옥되고 재판에 넘겨졌다.

국내의 '3.1 민주구국선언문' 을 접한 북미주 '민통' 은 바쁘게 움직였다. 김재준을 중심으로 한 '민통' 임원들은 (i) '3.1민주 구국선언문' 을 곧바로 영역하여 미국 조야와 세계 자유우방 민주주의 국가지도자들에게 알렸다. (ii) 동 '선언문' 을 적극 지지하는 해외 민주단체로서 성명서를 발표하였다. (iii) 미국 국무성, 펜타곤, 상하원의 지도자들을 방문하여 한국의 인권 및 민주주의의 위기를 알리고, 미국의 대외정책이 독재정권을 지원하지 않고 바르게 수행되도록 촉구했다. (vi) 프레이져 상원의원을 면담하고, 미국 상원 국회 의사록에 프레이져의 발제연설과 영역된 '3.1 민주구국선언문' 이 첨부되도록 했다. (v) 뉴욕타임즈와 워싱턴포스트지 등 미국의 신문방송사가 한국의 인권상황과 정치위기를 똑바로 인식하고 바르게 보도하도록 촉구했다.[22]

1976년 3월 17일엔 미국상원에서 '프레이져 청문회' 가 열렸는데, 이 청문회는 '미국 내 한국중앙정보부(KCIA) 활동실태' 를 파헤치는 데 집중되었다. 여기서 그레고리 핸더슨과 도날드 레이나드의 증언은 미국 조야로 하여금 한국 군사정부에 대한 시각을 바꾸게 하는 데 큰 역할을 했다.[23] '3.1 민주구국선언' 은 3.1절 57주년을 기해 서울 명동성당에서, 한국의 재야지도자들과 민주인사들이

---

22) 김재준, 『범용기』, 제3권, 163~166.
23) *Ibid.*, 168~169.

주축이 되어 일체의 집회와 결사의 자유가 봉쇄되었던 유신군부독재 시대에 생명의 위협을 무릅쓰고 발표되었다는 데 역사적 의의가 있다. 선언문 전체를 꿰뚫고 흐르는 정신은 자유민주주의와 민족통일을 강조하되, 진정한 민주주의란 '국민에게서' 부터 나오는 진정한 참여적 민주주의라야 한다는 것과, 그것을 담보하는 주권재민 국가의 국민기본권으로서 언론·집회·출판의 자유 확립, 의회정치의 회복, 사법부의 독립을 강조했다.

'3.1 민주구국선언사건' 은 국내뿐만 아니라, 해외 민주화운동 단체들의 결속을 한층 강화시키는 계기가 되었다. '민통' 의장 김재준을 비롯하여 김상돈, 한승인씨 등 고문단, 문재린 목사를 중심한 기독교지도자와 신도들, 북미주 재미한인들 약 250여 명이 '3.1 민주구국선언사건' 으로 구속된 인사들의 이름을 가슴에 붙이고 죄수복을 상징적으로 입고서, 워싱턴의 백악관, 국회의사당, 한국대사관 앞에서 시위를 했다.[24]

4.4. 한국 민주화 연합운동(UM) 북미주 지부

장공이 북미주에 체류하는 동안 깊이 관여하고 활동했던 또 하나의 기구조직이 '한국 민주화 연합운동' 북미주 지부였다. 1975년 7월 5일, 한국 국내 민주세력은 군부독재 정권에 의해 행동의 자유가 극히 제한된 상태에서도, 윤보선, 함석헌, 지학순, 문익환, 문동환 등을 중심으로 하여 '민주주의 국민연합' 을 창립하였다. 그러나 국내의 이 조직은 문익환, 문동환 등 실질 실무를 담당할 인물들이 구속됨으로 말미암아 해외 각국에 설립된 지부를 통해 활동을 전개하였다.

장공은 1978년 7월 7일 뉴욕으로 날아가 그곳의 민주인사들 김정순, 임순만, 김홍준, 한승인, 김정순, 선우학원, 이승만, 손명걸 제씨와 회동하고, 한국의 윤보선씨와 직접 통화하여 'UM' 에서 '민주주의 국민연합 북미주 지부' 사업을 겸하기로 동의를 얻었다. 목적이 같은데 다양한 기구조직을 새로 구성하는 것은

---

24) 구춘회, 「북미주 민주화인권운동의 회고와 전망」, 153.

비효율적일 뿐더러 민주역량의 분산을 초래할 위험이 있었기 때문이다.

장공이 북미주에서 체류하는 10년 동안 그의 인권 · 민주화 · 평화통일 운동은 여러 가지 사회정치조직과 기관들, 그리고 교회를 중심으로 펼쳐졌지만, 그 대표적인 기구조직이 앞서 지금까지 살펴보았던 '민통'과 'UM'이었다. 그런데 1980년 전후시기 해외 민주화 평화통일 운동에 있어서 가장 큰 문제는 남한의 민주화를 먼저 생각하고 방법론적으로도 남한의 민주역량 제고에 일차적 운동 목적을 두어야 한다는 '선민주 · 후통일' 그룹의 민주인사들과, 민주화가 진척 안 되는 이유가 근본적으로 분단현실에 있음을 강조하고 '통일문제'를 우선적으로 생각하면서 민주화운동을 하자는 친북 민주인사들과의 견해 차이가 심각하게 대두되고 늘 긴장 갈등을 야기시켰다는 점이다.

물론 북미주나 유럽에서의 친북 민주인사들의 정치이념이 친공산주의적이라거나 그들이 좌파이념 추종적이라는 말은 아니다. 그럼에도 남한의 민주화와 남북평화통일을 촉진하기 위하여 북한과의 보다 밀접한 연락과 연대를 강화해야 한다는 입장을 강조하고, 북한당국의 초청에 응하여 북한방문과 남북한 학자 · 민주인사 · 사회단체 대표 · 정당 대표자들의 범민족통일 대회에 적극 참여해야 한다는 입장을 견지하였던 것이다. 민주화와 평화통일 운동과정에서 북한과의 관계에 보다 적극적이고도 개방적 입장을 취한 대표적 인사들은 선우학원, 홍동근, 강위조, 이화선 등 제씨였다. 선우학원 박사는 그의 팔순 기념문집 『민족통일의 비전』(1997)에 기고한 논문 「남과 북의 통일론 및 해결책」에서 1970년부터 1995년까지의 남북한 통일논의와 북미주 민주화운동 과정에서 드러난, 전략전술과 이념의 진보성에서의 차이에 대한 자신의 견해를 대체로 솔직하게 피력하고 있다.[25]

선우학원 박사는 위에 언급한 논문에서, 북한당국이 1960년대부터 주장하기 시작하여 1980년 10월 조선로동당 제6차 대회에서 김일성 주석이 발표한 '연방제방안'을 대체적으로 신뢰하고 받아들이면서, 남북 평화통일의 방해물로서

---

25) 선우학원, 「남과 북의 통일론 및 해결책」, 『민족통일의 비전』(푸른기획, 1997), 468~496.

남한의 다국적 기업과 그와 관련된 한국의 독점기업, 군사정권의 사회경제정책, 그리고 남한의 이념충돌 상황에서 한국 기독교의 반공주의 태도를 꼽았다. 그리고 한국 기독교의 대표적 지도자인 한경직, 김재준, 강신명 등이 모두 1970년대까지 반공주의자들이었으며, 김재준이 캐나다에서 민주화투쟁을 하는 동안 이념적으로 유연성을 회복했으나 보다 적극적 태도를 취하지 못한 점을 비판적으로 보고 아쉽게 생각했다.

그러나 필자는 장공이 북미주 체류 10년간 앞서 언급한 '민통', 'UM'의 의장, 상임위원, 고문직 등 중요한 직임을 가지고 대북관계에서 보다 신중한 태도를 취한 것은 반공노선이라는 이념적 경직성 때문이 아니라, 다음 세 가지 이유 때문이라고 생각한다.

첫째, 한국의 민주화와 남북 평화통일의 진전이 밀접하게 관련된 것임을 장공도 깊이 숙지하고 있었지만, 1970년 말과 1980년 초 남북한의 현실적 정치상황은, 남북 당국자들이 1972년 체결한 7.4 공동성명서에도 불구하고, 각각 첨예한 대립과 적대 관계를 강화하고 있었다. 문익환의 평양방문(1989) 10년 전의 상황으로, 1960~1970년대 남한의 민주화투쟁 상황이 '베트남의 정권붕괴' 상황처럼 진행되길 기대하면서 북한당국이 대남적화 통일정책을 완전히 청산하지 않고 있음을 장공은 보다 현실적으로 직시하고 있었다. 그리하여 남한의 군사독재 정권에 대한 저항과 인권 · 민주화 운동이 이념적으로 친북적이 아님을 분명하게 할 필요를 느끼고 있었다.

둘째, 해외에서 조국의 인권 · 민주화 · 평화통일 운동을 이끌어가는 지도자들 중 한 사람으로서 장공은, 선우학원의 권면대로 보다 일찍, 보다 적극적으로 평양을 방문하고 남북한 사회단체 정당 간의 교류연대운동에 참여했다면, 박정희 군사정권은 남한의 모든 민주인사나 진보적 기독교 민주운동권을 '공산주의자'로 몰아가고 관제언론은 그것을 부추겨 그 피해가 이루 말할 수 없이 크게 된다는 점을 깊이 감안해야만 했다. 장공은 실지로 1980년 1월, 조선민주주의 인민공화국 부주석, 조선로동당 중앙위원회 비서, 조국평화통일 위원회 위원장이라는 세 가지 직함을 겸직한 김일로부터 '민족의 통일문제를 상론하자'는 초청장을 받은 바 있다.[26] 독자들은 1979년 3월 선우학원의 안내를 받아 제네바 북한 대사관을 방문한 사건에 얽힌 이야기를 장공의 참회에 가까운 고백형식으로 접할 수 있다.[27]

셋째, 장공이 선우학원에 비하여 1980년 전후 남북한의 접근문제에 있어서 더욱 신중한 태도를 취한 것은, 진보적 지식인으로서는 말하기 어려운, 보다 정직한 그의 기독교적 정치신학신념 때문이라고 보아야 한다. 다시 말하면, 김일성을 중심으로 한 북한의 국가권력을 현실적으로 인정하지만, 민족·주체사상·인민민주주의·노동계급의 해방·이상적 사회주의 국가 실현 등등 아무리 그럴듯한 이념제시와 현실정치체계를 선전하더라도, 철저하게 개인의 인간자유와 인간존엄성이 보장되지 못하고 지도자 개인의 절대화를 당연시하는 북한 체제는 당시 남한 군사독재체제와 더불어 궁극적으로 극복되어야 할 정치현실이라고 평가한다는 점에 있다.[28]

이러한 현실적 북한 정치의 의미와 평가에 있어서 장공은 남북한 당국자들 간의 정치협상과 대화를 배제하지 않지만, 그들의 실체에 대한 '이데올로기적 비판'과 '인간주의적 비판'에서 좀더 솔직했다 할 것인데, 그런 장공의 입장은 간접적으로 그의 동지요 오른팔이나 다름없던 이상철 목사가 쓴 대북관계론에 대한 짧은 글에서 솔직하게 피력되고 있다.[29]

1979년 1월 등소평의 미국 방문을 계기로 하여 '민주주의 국민연합 북미주지부'는 김재준을 의장으로 한 7인의 상임대표위원 이름으로 '통일조국에 대한 공개서한'과 미국 카터 대통령, 등소평 중국 국가주석에게 보내는 성명서를 발표하였다.[30] 그 성명서의 기본정신과 내용은 한반도 주변국 4강의 국가이익을

---

26) 자료 분류번호 E001.
27) 『전집』, 제14권, 400~410. 선우학원은 그의 논문 「남과 북의 통일론 및 해결책」 중에서, 선우학원과 장공의 제네바 북한 공관방문 일자를 1980년 3월이라고 적시하는데, 장공의 『범용기』, 제3권에는 1979년 3월로 되어 있다. 장공의 『범용기』는 장공의 일기에 기초하고 있기 때문에 1979년 3월이 옳다고 보아야 한다.
28) 김재준, 『범용기』, 제3권, 321~322. 『전집』, 제14권, 402~403.
29) 자료 분류번호 I009, 「이상철의 기고문: 남북회담개에 대한 하나의 사견」, 『민중신문』, 1980년 2월 16일, 제1면 기사 참조.

중심으로 한 현재의 '불안전한 분단 체제'는 더 이상 용납할 수 없다는 것, 한반도 통일의 주체는 한민족 자신이라는 것, 현 남북한의 독재정치는 지양되고, 통일형태는 영세중립국을 지향하는 '민주적 사회주의'(Democratic Socialism)를 생각하고 연구한다는 것 등이다.

5. 맺는말

이상에서 살펴본 장공의 현실참여적 활동자료는 그의 정치신학이 무엇인가를 추론해내기에 충분할 만큼 풍부하다. 물론 그는 '정치신학'이라는 표제의 전문적 서적이나 논문을 집필하지는 않았다.[31] 그의 아호처럼 맘을 비우고 깊이, 멀리 내다보는 세계관과 정치적 야심이 전혀 없는 맑은 인격, 그러면서도 민주주의와 인간존엄성 파수에 대한 불퇴전의 실천적 용기, 민족에 대한 지극한 애정, 기독교 복음의 예언자정신과 자유혼 등이 하나로 어우러져서, 김재준은 북미주 체류 10년간 주위의 수많은 정치학자들이나 민주인사들의 다양한 성향들을 하나로 묶어내는 중심축 역할 또는 창조적 용광로 역할을 수행할 수 있었다. 장공의 정치신학의 입장을 아래에서 요약하면서 이 글을 마치기로 한다.

첫째, 장공의 정치신학은 그의 기독교 복음의 본질 이해에 뿌리박고 있는데, 기독교 복음은 예수 그리스도 안에서 '생명의 실재'로 나타나서 역사적·사회적 현실을 '우주적 사랑의 공동체'로 변혁해가는 창조적 능력이라고 이해한다. 복음이 관계하는 창조세계는 역사초월적 세계이거나 몰역사적인 정신계나 영계가 아니고, 그 다양한 피조적 실재계는 차원에 따라 구별되면서도 분리할 수 없는 통전적인 것이기 때문에, 창조주 신앙과 성육신 신앙과 그리스도 안에서의

---

30) 자료 분류번호 I004, 「등소평에게 보내는 공개편지」, I006, 「카터에게 보내는 공개편지」, I007, 「조국통일에 대한 공개서한」.

31) 장공의 정치신학에 대한 최근의 가장 체계적인 연구저서로서는 손규태, 『장공 김재준의 정치신학과 윤리사상』이 있다.

속량구원 신앙은 '현실정치적 실재'에 깊은 관심과 참여를 촉구한다.

둘째, 장공의 정치신학은 개혁파 교회전통의 '하나님의 주권과 영광'이라는 기본축을 골간으로 하고, 사회적 책임윤리를 강조하면서 우상타파적인 예언자적 비판정신을 강하게 담지한다. '하나님의 주권과 영광만'을 강조하는 칼빈적 개혁파 신앙전통은 역사 속에 나타난 일체의 정치이념이나 권력구조나 체제를 절대화하는 '정치권력의 우상화'를 예언자정신으로 타파함으로써, 인간의 자유를 확보하려고 한다. 신구약성경 전체를 꿰뚫고 흐르는 유토피아적 희망은 자유·정의·평화가 입 맞추는 '우주적 사랑의 공동체' 실현이라는 것이다.

셋째, 이상의 신학적 기본 위에서 그의 신학적 해석학을 정치현실에 적용시킬 때, 인간 개인의 신성한 자유·정의에 입각한 평등한 사회질서·폭력과 전쟁수단을 배제한 평화(샬롬)를 침해하거나 찬탈하는 어떤 정치적 권력이나 체제도 반신앙적이고 반인간적이기 때문에, 그런 왜곡된 정치사회 현실을 타파하여 본래적인 건강한 인간공동체의 실현에 비판적으로 참여하는 것은 기독자의 권장사항이 아니라, 사회윤리적 책임이요 신앙적 간증행위가 된다.

넷째, 현실적인 정치이념 비판 측면에서 보면, 자본주의적 자유민주주의는 개인의 창의성과 자유를 한껏 보장하는 장점이 있으나, 정의에 입각한 평등한 사회질서의 실현을 도외시하고, 폭력과 전쟁을 동반하지 않고서는 국제적 경제 질서 모순을 극복할 수 없기에 황금만능주의와 비인간화를 초래한다. 거기에 대한 비판적 반동으로 출현한 공산주의적 사회주의 정치체제는 정의의 이름으로 평등한 사회질서를 추구할 수 있지만, 표현의 자유, 양심과 신앙의 자유, 출판·언론·집회의 자유를 억압하면서 '집단주의' 사회와 정치권력의 집중을 통한 우상화를 초래하여 공동체 전체를 비인간화시킨다. 해방 이후 남북한의 분단은 세계 냉전의 희생물이며, 남북 두 형태의 정치체제는 그 실험의 실패요, 그 실패의 모순이 '6.25 한국전쟁'과 남북한의 독재정치체제 및 비인간화를 초래했다. 그러므로 현재의 남북한 정치체제는 보다 인간적인 얼굴을 지닌 사회로 초극 지양(止揚)되어야 할 잠정적 정치사회체제요 삶의 구조이다.

다섯째, 기독교는 어떤 특정 정치제도나 이념과 자신을 동일시할 수 없을 만큼 그 지향하는 비전은 보편적이고 우주적이다. 그러나 현실역사 속에서, 니버(R. Niebuhr)가 말하는 바처럼, 기독교는 최선의 정치적 결단을 통해 복음이 명하는 절대적 사랑의 계명과 하나님의 나라에 '근사치적으로 접근' 하기 위해 정치체제의 선택을 탄력적으로 수행해야 한다. 그러한 점을 고려할 때, 한민족은 동아시아의 특수한 지정학적 상황에서 세계의 정치적 긴장을 완화시키는 '돌쩌귀' 기능을 감당하기 위해 궁극적으로는 스위스 같은 '영세중립국' 을 지향해야 하고, 정치사회는 '민주적 사회주의'(Democratic Socialism)에 가까운 형태를 취하여 개인의 자유와 사회적 평등과 인류의 복지를 동시에 추구해가야 할 것이다.[32]

위와 같은 장공의 정치신학적 비전은 오늘의 남북한 정치현실이 모두 받아들이기 어려운 미래 한민족의 비전이지만, 7.4 남북공동성명(1972), 남북기본합의서(1992), 6.15 남북공동선언(2000) 정신이 남북한에서 명실공히 준수된다면, 그리고 해방 후 남북한 한민족이 경험한 바 있는 정치실험 속에서 가장 귀중하게 보존해야 할 가치들을 상호존중하고 인정하면서 제3의 길을 모색한다면, 결국은 장공이 꿈꾸는 비전의 방향으로 나갈 수밖에 없을 것이다.

---

32) 통일정책과 통일철학에 관하여서 다음 4개의 글을 참조. 박명철, 「북한 통일론의 분석과 평가」, 김홍수, 「조선기독교연맹의 결성과정과 활동」, 강정구, 「한반도 통일정세와 4자회담의 과제와 전망」, 이삼열, 「정치적 통일의 원칙과 철학적 담론」, 『민족통일의 비전』, 290~403.

한국 기독교 현황과 21세기 동북아 문명

1. 들어가는 말

1. 일본 홍원사(弘願寺) 성령교회(聖靈敎會) 釋弘元(雲水 李哲) 목사의 초빙을 받아 그분이 관장으로 섬기시는 정신박약아 사회복지기관과 성령교회의 현황을 견학하러 일본에 오게 되었다. 그러던 차, 이렇게 귀중한 모임에 강사로서 말씀드리게 된 것을 매우 영광으로 생각하며, 이 자리에 참여해주신 여러분께 심심한 감사를 드린다.

2. 제가 운수 목사를 존경하고 여기 이 자리에까지 서게 된 것은 아주 단순한 세 가지 이유 때문이다.

첫째, 운수 목사는 82세의 고령이신데도 불구하고 28세 청년처럼 진리 구도자의 정열을 불태우시는 그 겸허하신 자세에 감복했기 때문이다.

둘째, 종교의 구경적 자리와 모습은 이론이 아니라 삶이요 실천이라고 생각하는데, 세상 사람들은 '연민과 동정의 대상'으로만 보는 심신장애자들 속에서 불교적 표현으로 '제2본존의 현존'을 보며, 기독교적으로 말하자면 '하나님-그리

---

* 본 원고는 '일본 동경 강연'(2004년 8월)에서 발표했던 내용임.

스도'의 현존을 보는 그분의 밝고 맑은, 깨우친 신앙경지를 존경하기 때문이다.

셋째, 한국에서는 거의 불가능한 불교-기독교 진리체험을 한 몸으로 융합하면서, 지난날에는 탁발 승려로서 현재는 기독교 목사로서 생명운동과 평화운동에 전념하시는 탁월한 종교지도자로서의 깊은 체험을 듣고 싶었기 때문이다.

오늘 제가 드릴 말씀으로, 아직도 '가깝고도 먼 나라' 한국 기독교의 현황을 적나라하게 소개하고, 21세기 동북아시아 문명이 나아갈 방향을 한국 신학자의 한사람으로 전망하려고 한다.

2. 한국 기독교의 약사(略史)와 현황

3. 한국 기독교(Christianity) 역사로는 한국 가톨릭교회의 경우 교회설립이 1785년이요, 개신교의 경우 1884년이니 각각 전래되어 교회가 설립된 지는 전자가 220년, 후자가 120년이 된다. 동북아시아 3국 중 한국은 가장 늦은 기독교 전래국이 된다. 기독교 전래가 상대적으로 늦었음에도, 기독교가 한국사회에 뿌리내리는 정황은 통계학적으로 볼 때 매우 급성장을 이루어 세계 선교역사에서 주목을 받는다.

4. 한국 기독교(개신교)는 120년 짧은 기간이지만, 크게 4단계의 발전과정을 갖는다.

제1기(정착기, 1884~1920):
조선왕조가 붕괴되고 서구열강들의 식민지 쟁탈이 극에 달했을 때, 기독교는 개화정신의 신선한 열기로서, 인간의 존엄성과 자유와 정의를 가르치는 보편적 종교로서, 일제에 의해 국권을 강탈당한 민족의 독립운동의 거점으로서 민중에 의해 지지되고 수용되었다.

1919년 3.1 독립운동에서 절정에 달한 정착기 한국 기독교 교세는 국민수

2,000만 명 중 겨우 30만 명 미만이었으나, 진정으로 한민족에게는 '창조적 소수자'로서 희망의 원천이었다. 신앙형태는 '사경회 중심의 부흥회'가 주도하는 소박한 성서중심주의 신앙이었으며 대표적 상징인물로 길선주 목사를 예로 들 수 있다.

제2기(시련기, 1920~1945):

이 시기는 막 돋아난 새싹 같은 한국 개신교가 정치적으로 일본 군국주의의 희생물이 되어 일제 식민정책에 의해 억압되고 신앙체질이 변질되어 갔던 시련기였다. 창씨개명, 천황숭배강요, 강압된 국가교회 형태로의 통폐합, 한글 및 조선어 사용금지, 학도병 징집과 위안부 차출 등에 교회는 억압, 좌절, 변질의 경로를 밟게 되었다.

무엇보다도 신앙 형태가 현실도피적인 타계지향적 신비주의운동으로 탈선하기 시작하고, 근본주의 신학체계 안에서 정교분리 명분을 의지하여 교회는 점차로 현실과 괴리되기 시작하면서 사회주의 운동진영으로부터 신랄한 비판을 받게 되었다. 미 · 일 간 현실 국세징치적 야합으로 인해, 선교사들은 신학적으로 탈정치적 · 몰역사적인 근본주의 보수신학으로 한국 교회지도자들을 훈련시킴으로써 한국 개신교의 보수적 신앙체질의 토양을 일구었다.

이러한 암울했던 기간에도 불구하고, '창조적 소수자'들의 신앙적 저항과 창조적 활동은 명맥을 이어갔다. 일제 신사참배에 저항한 주기철 목사의 순교신학, 그리스도의 고난과 사랑에 일체를 이루는 감리교 이용도 목사의 신비신학, 조선민족의 고난을 성서적 신앙의 빛으로 해석해낸 함석헌의 역사신학과 김교신의 성서연구운동, 조선 교회로 하여금 선교사들에 의해 주입된 보수적 근본주의신학의 굴레로부터 신학적 해방을 하기 위해 투쟁한 김재준 목사 등의 활동이 그 대표적 사례들이라고 볼 수 있다.

제3기(분열기, 1945~1970):

일제로부터 해방과 2차대전 종전 후 세계 냉전체제의 희생 결과로서 남북은 각각 자본주의와 사회주의 국가형태로 민족이 분열되었다. 그 뒤 6.25 한국전쟁으로 인한 동족상잔의 비극과 기독교와 공산주의 사이의 갈등 심화, 신학적으로 진보적 기독교 세력의 등장과 정통 보수주의 세력의 강화 등, 한마디로 한국 개신교 제3기는 분열기요 민족사적으로 수치스런 오욕의 역사 시기였다.

이 시기 한국 개신교는 민족화해자로서의 본래 교회모습과 기독교 신앙의 본질을 지켜내지 못하고, 정치 이데올로기에 예속된 종교단체가 되어버리고 말았다. 북한 기독교는 우주적 보편교회로서의 종교의 자유를 상실하고 사회주의 정치체제 안에서 겨우 생존이 허락된 '기독교도연맹'이라는 사회단체의 하나로 전락하였고, 남한의 기독교는 자본주의적, 반공친미적 종교단체로 변질되고 말았다.

제4기(갈등기, 1970~ 현재):

제4기는 한국의 보수적 기독교와 진보적 기독교가 서로 갈등관계 속에서 때로는 사안에 따라 대립하기도 하고, 때론 협력하기도 하는 시기였다. 남북한사회가 경제사회적으로는 공업화, 산업화를 가속화하였고, 사회 일부는 후기산업사회로 돌입하면서 정보화 사회로 진입해가는 시기였다. 정치적으로는 경제성장 제일주의 명분과 남북분단 상황에서의 국가안보 논리를 내걸고 '군부독재집단'이 민주시민사회의 출현을 억압, 저해하던 시기였다. 이 무렵 한국 개신교는 뚜렷하게 두 진영으로 구별되어 각각의 발전을 가속화해갔다.

보수적 기독교집단은 정교분리정책을 명분으로 걸고 현실정치 상태를 지지하는 보수적 입장, 철저한 반공친미주의 정책 지지, 기독교 복음의 본질을 개인의 영혼구원으로 보는 견해, 타계지향적 신앙을 강조하면서도 자본주의적 물질풍요를 하나님의 축복으로 간주하고 탐닉하는 이중성, 선교의 본질을 기독교의 양적성장으로 보는 교회성장 지상주의와 선교열 고취, 타종교와 전통문화유산에 대한 비판과 비타협적 태도를 일반적 특징으로 갖는다.

진보적 기독교 집단의 일반적 특징은 '하나님의 선교'에 근거하여 복음을 삶의 전 영역으로 성육화시키려는 변혁주의 입장의 견지, 남북 화해 · 협력교류증진 및 민족통일 지향적 선교운동, 반민주 군사정권에 대한 투쟁과 대등한 한미 관계 재정립 촉구, 이라크 파병반대, 타종교와의 대화협력 인정, 기독교의 자기 정화 및 기복적 신앙태도의 극복을 지향하는 새로운 영성추구 등이다.

5. 한국정부 통계청이 발표한『2003년 사회통계조사보고서』에 의하면 전 국민 대비 15세 이상 종교인 비율은 53.9퍼센트며 비종교인 비율은 46.1퍼센트로 나타났다. 종교인 중 불교인은 47.0퍼센트(약 11,400,000명), 개신교 36.8퍼센트(약 8,800,000명), 천주교 13.7퍼센트(약 3,400,000명)로 나타나서, 세 종교가 전체 종교인 숫자의 97.5퍼센트를 차지하고 있다.

이러한 통계수치는 불교, 개신교, 천주교 3대종교가 오늘의 한국사회에 긍정적으로나 부정적으로 큰 영향을 미치고 있음을 말해주고 있다. 통계청 조사대상의 연령이 15세 이상이기 때문에, 그 이하 연령의 인구까지 감안하면 개신교는 약 1000만 명, 가톨릭은 약 400만 명 신도를 가진 교단이 되었으며, 기독교는 한국 근현대 사회변동에 매우 의미 있는 영향을 미치고 있다.

6. 한 예를 들면(동아일보, 2004년 5월 7일자 보도), 최근 실시된 제17대 한국 국회의원 선거결과 (2004년 4월 15일 실시) 국회의원 총수 299명 중 불교인 34명(11.4%), 개신교인 103명(34.45%), 천주교인 70명(23.45%), 무종교인 91명(30.45%)으로 나타났다. 전체 국회의원 299명 중에서, 개신교와 천주교 국회의원 당선자 합계가 173명이란 것은 국회의원 과반수 이상이 기독교인으로 구성되었다는 것을 의미하는 것이니, 기독교 전래역사가 짧다는 것을 감안할 때, 적어도 동북아시아 3국 중에서는 특이한 현상이다.

7. 통계수치상으로 보면, 한국은 상당히 기독교가 뿌리를 내린 사회인 것 같아 보이지만, 국회의원 과반수 이상을 국회로 진출시키는 한국 기독교의 교세에도 불구하고, 한국사회의 여전한 정치적 부정부패, 국민들의 도덕의식의 퇴조와 범죄율의 증가, 사회 이익단체들과 지역주민들의 집단이기주의, 빈익빈 부익부

현상 가속화 등등 한국사회는 진통을 앓고 있다. 이러한 부정적 현상들은 기독교가 살아 생동하는 종교로서 자기 역할을 못하고 있으며 심히 병든 상태라는 위기신호이기도 한 것이다.

8. 그래서 아래에서 우리는 한국 기독교에 나타나는 여러 가지 현상 밑바닥에 놓인 본질적 문제를 좀더 심층적으로 성찰하려고 한다. 왜냐하면 문제의 본질은 외면적 차원에서 나타내 보이는 보수적 기독교 집단과 진보적 기독교 집단의 일반적 성향이 아니라, 한국 기독교 전체가 '성서적 신앙의 본질' 을 어떻게 보고 있는가의 문제와 관련되어 있기 때문이다. 여기에서 기독교라 칭함은 주로 개신교를 중심으로 말씀드린다는 것을 다시 한번 밝혀 둔다.

3. 한국 기독교가 당면한 본질적 문제

9. 한국 기독교가 당면한 본질적 문제로 첫째, 한국 기독교가 기독교 형태로 위장한 바알종교의 후예가 될 것인가 야훼종교의 신앙전통 맥락을 이어갈 것인가의 갈림길에 직면해 있다.

바알종교는 본질적으로 다산, 힘, 풍요, 번영을 추구하는 종교이며, '혈육적 인간본능' 을 긍정하고 확대재생산하는 것을 목적으로 하는 종교이다. 거기에서는 생산성, 능률성, 실증성, 안정성, 감각적 쾌락의 충족을 찬양한다. 반면에 개인과 공동체의 윤리, 사회정의, 자기초월을 통한 생명의 정화, 약자에 대한 배려와 긍휼이 고려되지 않는다. 한국 기독교는 세계 선교사상 유례가 없는 양적 급성장의 신화에 스스로 도취하여 바알종교화 되고 있다.

한국사회가 1960년대 이후 급속하게 공업화, 도시화, 산업화, 정보화, 세계화 단계를 겪으면서, 기독교는 자기정체성을 상실하고 '세계자본주의 논리' 에 굴종하였다. 목사의 능력과 복음적 진정성마저도 교인 숫자와 교회당 건물의 크기에 비례하여 평가되고 있다. 말로서는 여전히 '십자가의 도' 가 설교되고 '복음

적 신앙'이 강조되지만, 현실적으로 전체 교인의 신앙지향성이 기복신앙형태로
되어 있다. 바로 그러하기 때문에 한국 기독교인들 중에서 국회의원을 103명 내
어보내고, 남한 인구의 20퍼센트 신도수를 가진 교세에도 불구하고, 한국사회
는 교회에 의하여 윤리적으로 정화되지 않고 도리어 한국 교회는 한국사회로부
터 도덕적 능력을 상실한 이기적 종교집단이라고 비판을 받고 있는 형국이다.

10. 기독교 교회가 성서의 야훼신앙 전통의 맥락에 바로 선다는 것은, 모세종
교와 예언자정신의 근본인 정의와 사랑이 입 맞추는 샬롬공동체를 구현하려는
정열을 가진다는 것을 의미한다. 특별히 히브리 집단으로서 이스라엘 민족으로
형성되던 때를 기억하고, 그들이 가난하고 억압받는 떠돌이 집단이었을 때 신비
하신 하나님의 긍휼과 은총을 힘입어 구원을 받았기에, '가난하고 억압받고 소
외받는 인간 무리들'에 대한 한없는 책임감과 연대감과 긍휼심을 가지고 빛과
소금의 역할을 해야 한다는 것이다. 예언자 미가가 갈파한 것처럼 "공의를 실천
하고, 인자(仁慈)를 사랑하며, 겸손히 하나님과 동행하는 것"(미 6:8)이 야훼신
앙 전통이 기본 맥이다. 한국 기독교는 바알신앙인가 야훼신앙인가 두 갈림길에
서 방황하고 있는 형국이다.

11. 한국 기독교가 당면한 본질적 문제로 둘째, 한국 기독교는 파르테논 신전
의 위용을 자랑하는 성전종교에 머물 것인가 아니면 사도 바울이 아레오바고 광
장에서 설파한 아레오바고의 영성신앙, 곧 사람의 몸을 성전으로 삼는 우주적
열린 종교가 될 것인가의 두 갈림길에서 방황하고 있다.
　사람이 육체를 가지고 시공간적 제한을 받으면서 살아가는 존재인 한, 종교학
이 말하는 바, '거룩한 공간' 개념을 초극하기는 힘들다. 특히 공간적으로 성스
러운 지역을 성별하여 성소로 삼고, 성소 위에 성전을 세우고, 그 안에서 탈진되
어버린 존재성을 재충전 받으려는 특별한 종교의례를 행함으로써 제사종교가 자
리를 잡게 된다. 마침내 성전은 신성화되며, 거룩한 존재자 신은 성전 안에 모셔
져 성전 안에 유폐당하는 결과를 낳는다. 성전의 위용에 비례하여 신의 위용이

드러난다고 생각하며, 그 성전에 드나드는 종교인의 구원은 성전 안에서 행해지는 종교의례에 참여함으로써 확실하게 자동적으로 보증된다고 착각하게 된다.

아테네의 아크로폴리스 언덕 위에 B.C. 5세기 중엽에 세워진 파르테논 신전은 아테네 주신(主神)을 모신 성전이었으며, 건축미학상 오늘날까지 세계인의 이목을 끌기에 충분하리만큼 완벽한 건축물이었다. 사도 바울이 '십자가와 부활의 도'를 전하는 혐의자로서 아레오바고 광장에 소환당하여 공개재판을 받던 그 때(A.D. 50~60년경)만 해도 파르테논 신전은 완전한 형태로 그 신적 권위와 영광을 한껏 누리고 있었다.

12. 그런데 바울은 아레오바고 광장에서 우주적 새로운 종교시대의 개막을 알리는 매우 놀라운 복음을 선포한다: "우주와 그 안에 있는 모든 것을 만드신 하나님은 하늘과 땅의 주인이시므로, 사람의 손으로 지은 신전에 거하지 않으십니다. 또 하나님은, 무슨 부족한 것이라도 있어서 사람의 손으로 섬김을 받으시는 것이 아닙니다. 그 분은 모든 사람에게 생명과 호흡과 모든 것을 주시는 분이십니다 …… 사실, 하나님은 우리 각자에게서 멀리 떨어져 계시지 않습니다 …… 우리는 하나님 안에서 살고 움직이고 존재하고 있습니다"(행 17:22~28).

13. 한국 기독교 교회 중 많은 목회자들과 신도들은 아직도 파르테논 신전 종교를 흠모하고 있다. 기독교를 교회당 안에 국한시키려 한다. 가시적인 큰 건물 교회당을 짓는 것이 영적 교회를 건축하는 것인 줄 착각하고 있다. 만약 하나님이 진정으로 어떤 피조물적 존재자 안에 거하시기를 원한다면, 적어도 35억년의 긴 시간이 걸려 축조된 '인간 몸이라는 성령의 전(殿)'에 임재하기를 원하실 것이다.

그러나 매우 아이러니칼하게도 "하나님께 영광을 돌리자!"고 항상 말하지만, 실제로는 인간생명의 몸을 인간탐욕의 충족과 자기 자신이 맘대로 처분할 수 있는 마지막 권리주장의 표징으로 삼고, 하나님의 임재장소로 내어놓기를 거절하면서 겸손한 척 딴청을 부린다: "어떻게 원죄에 병든 인간성 안에, 죄 덩어리인 인간의 생명 안에 거룩한 하나님을 모실 수 있단 말인가? 그것은 인본주의 신앙이요 범신론이 아닌가? 우리는 거룩한 하늘의 보좌 위에 계신 하나님을 성전 안에서 만나 뵙기를 원하는 정통 신앙자들이다"라고 말한다. 빚에 쪼들리고 굶주림에 몸부림치는 인간 동료들이 지구촌과 한국사회에 너무나 많은데, 하늘로 치솟는 성전건축 경쟁에 열을 올리는 한국 기독교의 모습은 영적으로 깊은 병에 든 증좌임에 틀림없다.

14. 한국 기독교가 당면한 본질적 문제로 셋째, 기독교라는 종교의 근본적 정향성(定向性)이 야곱의 '하늘에 닿는 사다리 꿈'의 비전이 상징하듯이 '천성을 지향하는 상승종교'인가, 아니면 요한복음이 증언하듯이 말씀이 육신을 입는 '성육신을 지향하는 하강종교'인가의 두 갈림길에서 혼란을 겪고 있다.

종교에서 하늘과 땅, 영혼과 육체, 저승세계와 이승세계의 상호관계성 정립문제는, 철학적으로 이데아계와 현상계, 본질과 실존, 공계와 색계, 영원과 시간, 신성과 인성, 영성과 육체성의 상호관계 문제로 대치되어 철학과 종교의 영원한 화두가 되어 왔다. 일반적으로 말해서 종교가 지향하는 바는 후자를 극기수련을 통해 극복, 초월하여 전자로 지향해가는 것이라고 인식되어온 것이 일반적 상식이다. 한마디로 종교란 본질적으로 '상승종교'라야 한다는 것이다. 이러한 '상승종교'에서는 자연히 물질성, 몸, 자연, 시간, 현세성, 역사성은 부정되거나 소홀히 취급되고 만다. 이기적 존재로서의 혈육적 인간성이 중생을 경험해야 한다는 것은 기독교 신앙의 본질임에 틀림없지만, '혈육적 인간의 극복'을 '이 세상성의 부정'과 동일시하는 것은 비성서적이다.

15. 다른 한편, 17세기 계몽주의 시대 이후로 유물론적 환원주의 철학이 득세하고, 합리주의적 실증과학이 삶 전반을 풍미하게 되자, 실재가 지닌 영성적 초월 차원들 자체가 부정되고 오직 평면적 세계관이 지배하게 된다. 모든 것은 물질의 파편들로 환원되고, 진리는 감각적 현실성으로 귀속된다. 인간은 고도로 발달한 '생물학적 기계'로 파악되고 세계는 합리성, 능률성, 생산성이 지배하는

무한경쟁의 투쟁장으로 변질된다.

16. 그런데 성서는, 요한복음의 증언을 따른다면, '말씀이 육신을 덧입는 하강적 길'이 있으며, 존재자들의 매순간 순간은 알고 보면 대립적 좌우측 두 항 사이의 갈등적 관계가 아니라, 신적인 것이 인간적인 것을 덧입고, 영원이 시간을 덧입고, 영성이 물질성을 덧입으면서 동시에 초월하는 '창발적 자기초월' 운동의 모습이라는 것이다. 그것이 '성육신 신앙의 본질'이며, 대승불교가 말하는 '색즉시공, 공즉시색, 이사무애, 사사무애'의 진리세계 모습인 것이다.

오늘날 한국 기독교는 '성육신 신앙'의 참 뜻을 근본적으로 이해하지 못하고 있거나, 아니면 위대한 성육신 신앙논리의 역설을 고대신화의 한 범례로 신화화해버리고 있는 것이다. 고대에 편만하던 영지주의적 '구원신화'는 신적 존재가 인간세계를 구원하기 위하여 인간의 몸을 입고 '형태변화'하여 지상에 출현하였다가 구원임무를 마치고 다시 신적 위격으로 상승환원 한다고 보았던 것이다.

17. 생명세계만이 아니라 아원자 물리화학 세계에 이르기까지 모든 존재계는 '창발적 운동' 속에서 새로움과 창조성과 자율성을 증진시키는 운동 속에 있는 것이다. 한국 기독교는 서양의 고대와 중세를 풍미하던 '상승의 길'과, 17~18세기 근대 기독교의 세계관으로 군림하던 '하강의 길'의 상호 대립적 갈등을 지양하고, 진정한 '성육신적 영성 신앙'으로 복귀해야 할 것이다.

그 때라야만이 땅 속에 임한 하늘이 보이고, 정신박약아들과 천대받고 고난당하는 이웃 인간 속에서 우리를 부르시는 하나님의 음성과 그리스도와 붓다의 손길을 느낄 것이다. 살아있는 신앙과 생명적 종교는 고통당하는 생명체들에 대해 함께 아파하는 긍휼심과 연대감에 공명하여 '봉사와 나눔의 삶'을 실천하는 데서 드러나는 것이지 결코 교리나 경전이나 종교제도, 기구, 조직에 달려있는 것이 아니다.

한국 기독교가 다시 사는 길도 요한복음의 말씀처럼 계명을 받은 대로 실천하는 데 있다: "내 계명을 받아서 지키는 사람은 나를 사랑하는 사람이요, 나를 사랑하는 사람은 내 아버지의 사랑을 받을 것이다. 그리고 나도 그 사람을 사랑하여, 그에게 나를 드러낼 것이다"(요 14:21).

18. 결국 '사다리모델의 상승적 길'과 '성육모델의 하강적 길'이 서로 대립 갈등 하는 듯 보이는 오해를 극복하기 위해서, 현대인은 실재(존재)에 대한 의식의 스펙트럼을 이원론적 도식에서부터 실재의 다차원적 모델로 전환해야 한다.

다시 말하면, 전통적인 이원론적 도식, 곧 하늘/땅, 정신/물질, 초자연/자연, 공계/색계 등의 단순이분법적 구조 틀을 새롭게 재정립해야 한다. 깊은 차원에서 말하면 실재(존재)는 '하나'로 통일된 전일적 실재이지만, 구체적 현실계 체험에서 존재는 엄연한 '창발적 위계질서'를 지닌 유기적 통일체이다.

우리가 경험하는 실재계는 물질계(물리화학), 생명계(생물학), 정신계(심리학), 영혼계(철학, 신학), 영계(신비주의) 등으로 대별되는 '창발적 진화과정'(an emergent evolutionary process)을 밟으면서 나타나는 '다차원적 깊이를 지닌 다양한 실재들의 화엄세계적 통일체'이다.

문제의 핵심은 실재의 창발적 진화는 그 이전 단계의 실재를 자신 안에 '포함하고 통합하면서 조월하는 것'이라는 원리이다. 그렇기 때문에 물질계가 병들면 생명계가 병들고, 생명계가 위기에 달하면 정신계가 위기를 겪는다. 정신계가 황폐화되면 영혼계가 평강을 누릴 수 없다. 땅이 신음하면 하늘이 신음하고, 중생이 병을 앓으면 보살도 병을 앓는다. 그래서 주기도문에서 그리스도는 이렇게 기도하라고 가르치셨다: "뜻이 하늘에서 이뤄지는 것같이 땅에서도 이뤄지이다". 한국 기독교는 아직 '주기도문'을 바르게 드릴 줄 모르는 단계에 머물고 있다는 것이 한국 기독교계의 진정한 위기이다.

19. 한국 기독교가 당면한 본질적 문제로 넷째, 한국 기독교는 변화산상의 황홀한 종교체험 속에서 맛보는(마 17:1~8, 막 9:2~8, 눅 9:28~36) 바 같은, '지금-여기'에서 '영원한 현재'를 탐닉하는 종교자리에 머물 것인가, 아니면 '새 하늘과 새 땅'(계 21:1)을 바라보며 변혁적 희망의 공동체가 될 것인가의 두 갈림길에 서 있다.

20. 한국민은 지·정·의 중에서 정(情)적인 요소가 강하다는 한국학 전문가들의 말이 있다. 문화인류학적으로 확정된 정설은 아니지만 민족공동체적 경험상으로 볼 때, 한민족이 "가무에 능하고 행동이 민첩하다"는 고대문헌의 표현들은 과히 틀린 말이 아닌 듯싶다. 감성의 발달로 예술과 기예에 능하고, 종교적으로는 신기(神氣)에 접하는 감수성이 예민하여 부흥회에 쉽게 감응한다.

1960년대 이후 불과 40년 기간에 자동차를 만들고 오늘날 첨단전자산업에서 일가를 이루는 초스피드 기술공학적 노하우의 습득이랄지, 올림픽 대회 때 신들린 듯한 젊은이들의 일사 분란한 응원문화 등이 모두 한민족의 민족 기질이 순기능적으로 드러난 사례들이라 말할 수 있다. 바로 그러한 기질은 많은 단점과 문제를 일으켜 역기능적으로 작동하기 쉽다. 깊은 사색과 도덕적 자각이 동반되지 않은 대중적 감성기질은 부화뇌동하기 쉽고, 격정적으로 흐르기 쉽고, 종교적으로는 반지성적 광신주의가 자리 잡기 쉽다.

21. 그러나 다행히도 한국은 동북아시아의 풍요한 종교적, 철학적 정신문화 유산을 물려받고 있기 때문에 '지금-여기'에서 '영원한 현재'를 체험하는 직관적 깨우침의 능력도 동시에 지니고 있다. 선불교 전통을 이어받은 '돈오돈수'의 수행정신(성철), 노장사상 전통으로부터 무위자연과 '좌망'을 통해 '환히 뚫려 비취는 지혜'의 습득(함석헌), 기철학과 양명학적 전통으로부터 '양지'와 '심즉리'를 통달한 '시천주 신앙'의 득도(수운)가 모두 그러한 사례들이다.

22. 이러한 동북아시아의 높고 풍요로운 영성적 토양 위에 헤브라이즘의 계보를 따라 성서적 신앙의 '희망의 존재론, 생성의 존재론, 당위적 변혁의 존재론'이 수혈되었다. 자연만물의 차별성은 '지금-여기' 그리고 '영원한 현재'의 원융회통 존재론 속에서 해소된다. 그러나 자연이 아닌 인간사 일반에서 인간의 탐욕과 죄성으로 인해 발생하고 누적된 불평등과 차별성은 미래지향적 '희망의 존재론'에 의하여 반드시 지양되어야 한다. '당위적 변혁의 존재론'에 의해 우상화된 이데올로기는 그 우상성이 폭로되고 해체되어야 한다. 이것이 헤브라이

즘의 계보를 이어받은 기독교가 아시아의 종교적 영성 속에 수혈하는 '새로움의 역동성'이다.

23. 한국의 기독교는 아직 위에서 말한 두 가지 존재론의 특성과 차이를 충분히 자각하거나 수용하지 못하고 있는 단계에 있다. 그 양자의 우열이나 선별이 아닌 진정한 창조적 융합에 아직 이르지 못하고 있다. 구체적으로 예를 들면 한국 기독교가 아시아적 우주종교로서의 불교를 영원한 상보적 동반자로서 이해하지 아니하고 적대시하거나 무시한다. 서로에게서 배우고 창조적으로 자기를 더욱 더 높은 영성적 종교로 승화시켜 가려는 대승적 자세가 턱없이 부족하다.

다시 말해서 한국 기독교가 아시아 종교들의 위대한 정신적 유산을 아직 충분하게 성서적 신앙전통과 융합시킬만한 소화능력을 갖지 못한 유아기적 단계에 머물고 있다는 사실은 매우 맘 아프고 슬픈 일이다. 서구신학의 정통교리 중심적, 배타적 기독교가 한국사회나 역사 속에서 더 이상 용납 받지 못하리라는 것은 너무나 자명하다.

한국 기독교가 좀더 영적으로 성숙해지지 않으면, 한국 기독교의 성장은 현 단계에서 정지되고 시대가 지날수록 문화지체 집단으로 퇴행할 것이라 우려되기도 한다.

24. 이상에서 나는 한국 기독교가 당면한 본질적인 문제 4가지를 비판적 성찰의 자세로 언급했다. 그러나 모두 어둡고 우울한 이야기만 있는 것은 아니다. 최근 1990년대 이후, 점차로 한국의 보수적 기독교 집단(한국기독교총연합회)과 진보적 기독교 집단(한국교회협의회)은 몇 가지 과제를 공동으로 수행하는 데 대화와 협력의 노력을 경주하고 있다는 것은 밝은 측면이다.

예를 들면, 북한 어린이와 빈민돕기의 공동노력, 생태환경 보호운동의 공동노력, 8.15 광복절이나 3.1 독립기념 예배 및 부활절 예배를 공동으로 주관하여 교회의 일치를 드러내는 일, 진보적 기독교 집단이 한국 6대종교협의회(한국종교인 평화회의)에 참여하고 대표회장 직임을 감당하고 있는 것 등은 지난 오랜 역사동안 분열과 갈등으로 치닫던 한국 기독교에 작은 서광이 비취는 일이다.

4. 기독교와 동북아시아 문명의 미래

25. 이제 마지막으로 나는 21세기 동북아시아 문명의 미래와 기독교의 과제를 잠시 생각해보고 강연을 마치려 한다. 물론 21세기 동북아시아의 미래에 대한 비전은 정치학도나 경제학도가 아닌 신학도로서의 생각이기에 글자 그대로 하나의 '비전'일 뿐이다. 종교가 현실 속에서 구현될 땐, 언제나 새의 두 날개같이 또는 수레의 두 바퀴같이 양면성으로 나타난다. 그 하나가 정치사회적 변화를 촉매하는 동력이요, 다른 하나는 문화예술적 차원을 촉매하는 동력이다.

26. 기독교가 동북아 문명사회에 접촉하던 지난 역사는 18~19세기 기독교 서양문명권 국가들의 '세계 식민지 쟁탈기'였다. 과학문명의 이기인 군함, 대포, 현대식 무기와 함께 기독교, 선교사, 성경이 들어 왔다.

기독교 선교사들은 그러한 무력적 힘을 배경으로, 그 무력적 힘의 보호를 받으며 치외법권적으로 행세하면서 '서구문명 이데올로기로서의 기독교'를 전달하려는 '종교이식선교' 방법을 채택했다. 영국의 인도 선교, 프랑스의 베트남 선교, 화란의 인도네시아 선교, 미국의 필리핀 선교, 영국과 포르투갈의 중국 선교 등은 그래서 모두 실패하고 말았다. 아시아 국가들은 서구의 과학문명에 관심을 가지지만 그들의 종교인 기독교엔 매력이 없었다. 왜냐하면 그들이 전한 기독교는 '갈릴리 예수의 생명적 복음'도 아니고 '정의와 평등을 가르치는 예언자종교의 헤브라이즘'도 아니었기 때문이었다. 그들이 전달한 기독교는 서양 기독교역사 1,800년 동안 굳어져 버린 '제도적-교리적 종교'에 불과했기 때문이었다.

27. 내가 보기엔 21세기는 다르다. 헤브라이즘의 예언자종교와 그리스 철학을 핵심으로 하여 발전해 온 서양문명과 유·불·도 삼교를 핵심으로 하여 발전해 온 동북아시아 문명권과의 진정한 접촉과 대화 교류가 20세기 후반부터 시작해서 21세기에 활짝 꽃필 것이다. 그 예로서 토인비(A.J. Toynbee)의 통찰은 옳다. 그는 긴 안목을 지닌 탁월한 역사가로서 말하기를 "20세기에 가장 위대한 사건은 불교와 기독교의 심층적 만남의 사건이다"고 했다.

세계1, 2차대전과 한국전쟁과 베트남전쟁을 통해 수많은 사람이 죽었다. 소련과 중국의 사회주의 혁명 그리고 냉전질서는 인류사에 큰 정치적 변동을 초래했다. 유엔이 창설되고, 달나라에 발을 딛고, 유전자 비밀이 밝혀지는 자연과학의 놀라운 개가도 있었다. 그러나 인류문명의 발달사라는 거시적 시각에서 볼 땐, 그러한 일들보다는 불교와 기독교의 심층적 만남의 의미가 더 크다는 것이다. 단순히 상호 대화와 교류협력만이 아니라, 상호 열린 맘으로 배우려는 겸허를 지녀야 하며, 더 나아가서 자기 전통마저도 창조적으로 변화시켜갈 용기를 지녀야 할 것이다. 그때 새로운 지구촌 문명을 이끌어갈 새로운 사상이 동북아시아의 정신계에서 나올 수 있다.

28. 지난 50년간 불교와 기독교의 학문적 대화를 개척해가는 과제수행에 있어서, 교토학파(京都學派)를 비롯한 일본학자들의 공헌은 매우 높이 평가할만하다. 그러나 좀 아쉬운 것은 두 종교의 대화와 상호 배움의 문화교류에 있어서 주로 선불교를 중심으로 하고 기독교의 실존주의 사상이나 철학적 존재론, 인식론, 신론의 차원에 집중되어온 감이 없지 않다는 점이다. 공(空)과 하나님, 본래적 실존성과 인간의 불성, 절대무 체험과 기독교 신비주의 전통에서의 신성(Godhead) 체험 등을 비교하는 연구들이 주류를 이루었다.

그러나 동북아 불교의 특징인 대승불교의 화엄세계적 실재관과 성서적 헤브라이즘의 하나님 나라 사상이 깊고 넓은 차원에서 아직 만나지 못하고 있다. 두 실재관이 각각 서로 다른 독특한 색깔과 차이를 지닌 패러다임이면서도 서로 통한다는 사실, 그리고 서로 차이가 있기 때문에 상보적 관계에 있음을 밝혀내는 학문적, 실천적 대화 교류가 아직 미흡하다.

교토학파의 공헌과 쌍벽을 이루면서 내촌감삼 선생의 소위 무교회 신앙운동은 순수하고도 진정한 '복음신앙'을 갈구하는 많은 아시아 크리스챤에게 항구적 의미를 지닌 공헌을 했고 지금도 하고 있다. 그 신앙은 루터의 종교개혁의 '이신득의 십자가 신앙'이 선종의 '철저 무체험'과 일본 정신문화의 중요한 특성인 '무사도정신'이라는 토양 속에서 피어난 '십자가에 핀 꽃'이다.

그 신앙은 일체의 복음적 신앙의 절충주의, 시류에의 타협, 복음진리의 물화(物化) 및 종교제도화를 거부하고, 가장 정화되고 심화된 기독교 신앙의 본질을 드러낸 것이었다. 그러나 무교회적 신앙형태가 성서가 말하는 '하나님의 나라'의 총체적 복음을 다 드러내고 있는지는 또 다른 문제이다.

29. 종교가 현실 속에서 구현될 때 미치는 파장은 둘째로 정치사회적 변화의 동력으로서 기능하는 것이다. 기독교는 21세기 동북아시아 문명의 변화를 위해서 앞서 말한 기독교와 아시아 고등 종교철학과의 창조적 만남을 통하여, 국가주의라는 옛 정치 틀과 인종적 민족주의와 정치경제적 패권주의를 모두 극복한 '동북아시아 공동체' 실현을 촉매하는 주요한 역할을 꿈꾸어야 할 것이다.

지구촌을 문명단위로 지정학적으로 몇 그룹으로 나누어 볼 때, 그 측면에서 30~50년쯤 앞서 나가고 있는 문명단위가 유럽세계로서, 그들은 '유럽공동체' 단계에 들어갔다. 각각의 민족 국가들은 자기들의 정체성과 자율성을 지니면서도 더 큰 연대의식 속에서 19세기류의 국가주의 단계를 넘어섰다. 사람과 물질 생산품이 국경을 자유로 넘나들고, 유럽공동체 의회가 형성되고, 단일통화제도가 확립되고, 유럽공동체 공동안보체계가 이뤄지고 있다.

30. 다양한 세계종교들 중에서, 종교사회학자가 말하는 '종교적 시장상황'에서 오늘날 한국 기독교처럼 종파적 자기교세 확장을 사명으로 하는 기독교의 선교비전은 너무나 시대착오적이며 구태의연하다. 그러한 '선교신학' 의식은 18~19세기 서양 선교단체가 지녔다가 실패한 역사를 반복하려는 것에 불과하

다. 새로운 '문명의 패러다임 전환'에 걸맞는 동북아 기독교의 선교비전이 요망된다. 그것은 정치사회적 차원에서 '동북아 공동체'를 구현하도록 아시아의 정치, 경제, 사회, 문화, 예술 지도자들에게 꿈을 갖도록 촉매하는 일이다.

31. 중국, 한국, 일본은 특히 지난 19~20세기에 국가주의라는 독소를 아주 쓰리도록 경험한 국가들이다. '국가'는 인류문명 발달과정에서 인간을 보호하는 의복과 같은 제도적 장치로서 유익한 기능을 수행했고, 또 당분간 그 순기능적 역할은 계속될 것이다. 그러나 분명히 알아야 할 것은 지구촌 인류문명은 "국가주의 시대를 넘어섰다"(함석헌)는 사실이다. 그 사실을 부인하는 집단은 강대국의 패권주의자들이요, 한 국가 안에서 권력과 부를 독점하고 있어서 국가제도의 기존 틀의 변화를 원하지 않고 현 상태를 유지하려는 기득권자들이다. 오늘날 지구촌에서의 지역분쟁, 무역전쟁, 최저생계비에 미치지 못하는 수십억 빈자들의 고통의 증대, 무기산업의 흥성, 그 결과로서의 지구환경파괴 등은 모두 그 뿌리를 파고들면 케케묵은 '국가이기주의'에 근거하고 있다.

32. 21세기 '동북아시아 공동체 실현'에 대한 비전은 20세기 전반기에 일본 군국주의자들이 전형적인 국가주의를 신봉하면서 외교적 수사어로 인접 국가들에게 제시한 '대동아 공영권 형성'과 본질적으로 다른 것임을 명심해야 하겠다. '대동아공영권 형성'이라는 일본 군국주의자들의 국가지상주의 이데올로기는 근대 서양정치철학이 써먹던 마키아벨리즘의 동아시아 판이며, 양육강식이라는 사회진화론자들의 잘못된 철학의 추종이며, 동양인의 열등감의 역설적 표현으로써 탈아론(脫亞論)을 주장했던 병든 일본 지식인들의 허황된 꿈이었다. 그 결과 조선, 중국, 동남아 여러 나라 인민들에게 얼마나 많은 고통과 발전의 저해를 가져다주었는가는 역사가 증명하는 것이다.

33. 진정한 21세기 '동북아 공동체'의 비전은 새로운 지구촌 시대의 문명론에 기초하고 있다. 첫째, 동북아 삼국은 불교, 유교, 노장사상 등 아시아의 높은

정신적 문화토양을 공유하고 있다. 둘째, 동북아 삼국은 각각 자국 문자와 고유 언어를 가지고 있으면서 동시에 한자문화권이라는 특유한 유산을 공유하고 있다. 셋째, 정치경제적으로 상보적 관계에서 서로가 번영할 수 있는 유기적 선린 공동체가 되든가 서로 경계하고 패권을 다투든가 둘 중의 하나를 택해야 하는 지정학적 위치에 공존하고 있다. 넷째, 한국의 간디라고 칭함 받는 함석헌 선생 은 "38선은 새 문명 새 아기를 낳는 산모의 문이다"라고 은유적 예언을 한 적이 있는데, 이는 단순히 남북한 한민족의 미래를 예언한 것만이 아니라, 한반도 38 선(DMZ)은 동북아시아의 새로운 미래사회를 낳을 수 있는 '산모의 자궁문'이 라는 것이다. 북으로는 사회주의적 제도 체험을 50년 이상 경험한 중국과 북조 선이 있으며, 남쪽으로는 자본주의적 삶의 제도를 체험한 한국과 일본이 있으 며, 주위에 대만, 러시아, 베트남이 인접해 있다.

34. 기독교 복음은 모든 정치적, 경제적 이데올로기를 절대시하는 것을 우상 숭배라고 본다. 기독교 복음은 어떤 형태의 권력질서나 그것을 절대화하는 것을 우상숭배라고 본다. 기독교 복음은 어떤 형태의 종교이념이나 철학적 형이상학 이나 과학적 유토피아도 절대화하는 것을 우상숭배라고 본다. 기독교는 한 인간 의 존엄성이 어떤 국가제도나 이념보다 더 근원적으로 존엄하고, 모든 인간이 자유·평등·정의·평화 속에서 삶을 누리도록 하는 세상의 실현이 '하나님의 나라'가 지향하는 것이라고 본다. 기독교 복음은 오늘날 세계의 병든 자본주의 적 삶의 질서와 경직된 사회주의적 삶의 질서가 하나님이 원하시는 세계질서라 고 보지 않는다. 기독교 복음은 생명이란 다양성 속에서 일치를 이루는 유기적 '전체생명'이라고 믿으며, 동북아시아 민족국가가 유구한 역사 속에서 형성된 문화적 고유성 및 다양성을 간직하고 발전시키면서, 지구촌의 시각에서 한 새 로운 제3문명 시대의 '동북아 공동체'를 21세기 전반기에 달성하기를 희망한 다. 기독교 복음은 그러한 비전을 앞당기는 창조적 촉매 역할을 감당해야 할 것 이다.

숨밭 김경재 교수의 약력과 저서

1940년 전남 광주시 출생

父, 南村 金洪三 장로, 母, 李萬壽 집사의 5남5녀 중 4남

가족 상황: 부인 구순심 집사 사이에 1남 2녀, 손자 1, 외손녀 1

학력 및 연구경력

- 광주 서석국민학교 졸업(1953)
- 광주 서중학교 졸업(1956.2), 광주고등학교 졸업(1959.2)
- 한국신학대학 입학과 졸업(1959.3~1964.9), 신학사
- 연세대학교 연합신학대학원 졸업(1969.2), 신학석사, 논문: 「현대신학에서 계시와 역사 이해」
- 고려대학교 대학원 철학과 졸업(1981.2), 동양철학 전공, 문학석사, 논문: 「율곡의 이기론과 사회경장론」
- 미국 듀뷰크대학교 신학원(Univ. of Dubuque Theological Seminary) 졸업(1975.5), 신학석사(S.T.M.)
- 미국 클레아몬트대학원(Claremont Graduate School) 종교학과에서 연구(1985.8~1987.5)
- 네덜란드 유트레흐트대학교(Utrecht University)에서 학위취득(1994), 철학박사(Ph.D.), 학위논문: "Christianity and the encounter of Asian religions; Method of correlation, fusion of horizons, and paradigm shifts in the Korean grafting process"(그리스도교와 동아시아종교의 만남; 한국 접목과정에서 상관의 방법, 지평 융합, 패러다임 전환)

교역봉사와 학문활동

- 광주 덕림교회 전도사(1965.1~1966.6)
- 한국신학대 학생회와 함께 강원도 복지교회 개척(1972.8~1973.8)
- 전남노회에서 목사안수를 받음(1974.4)
- 의정부 한가교회(현 은평교회) 전도목사(1975.11~1977.7)
- 서울노회 은진교회 전도목사(1977.9~1985.6)
- 서울노회 경동교회 협동목사(1992~1999.7)
- 이화여대(대학원 기독교학과), 서울대(대학원 종교학과), 샌프란시스코신학대(한국분교) 시간강사 출강
- 한국신학대학(한신대학교)에서 전임교직원으로서 봉직(1970.5~2005.8)
- 한국신학대학(한신대학교) 신과대학 신학과 전임강사(1971), 조교수(1973), 부교수(1977), 정교수(1983)로서 조직신학과 문화신학을 강의
- 한신대학교 보직역임(교목실장, 교무처장, 학생처장, 학술원장, 신학연구소장)
- 한국문화신학회 회장 역임(1998~1999)
- 재단법인 한국크리스찬아카데미 원장(2000.5~2004.1)
- 사단법인 장공 김재준 기념사업회 이사 역임(1999~2004.11)
- 사단법인 함석헌 기념사업회 이사 및 『씨올의 소리』 편집위원(1999~2004.7)
- 2004년 스승의 날, 교육공로 '대통령표창' 수상

저서

- 『울타리를 넘어서—대승적 기독교인들의 삶과 노래』, 유토피아, 2005
- 『이름 없는 하느님』, 삼인, 2002
- 『김재준 평전—성육신 신앙과 대승기독교』, 삼인, 2001
- 『숨밭 김경재의 이야기신학—영과 진리 안에서』, 대한기독교서회, 1999
- 『그리스도교 신앙과 영성』, 한신대학교출판부, 1997
- 『문화신학 담론』, 대한기독교서회, 1997

- 『그리스도교와 문화』(공저), 한신대학교출판부, 1994
- *Christianity and the Encounter of Asian Religions, Boekencentrum in Netherland*, 1994
- 『해석학과 종교신학―복음과 한국종교와의 만남』, 한국신학연구소, 1994
- 『중심에 서 있는 생명나무』, 다산글방, 1994
- 『종교다원시대의 기독교 영성』, 다산글방, 1992
- 『씨알들의 믿음과 삶』, 나눔사, 1990
- 『그리스도인의 영성훈련』, 대한기독교서회, 1988
- 『기독교와 문화』(공저), 한신대학교출판부, 1988
- 『과정철학과 과정신학』(공저), 전망사, 1988
- 『폴 틸리히 신학연구』, 대한기독교출판사, 1987
- 『영성신학서설』, 대한기독교출판사, 1985
- 『한국문화신학』, 한국신학연구소, 1983
- 『항아리에 물을 채우라』, 한신대학교출판부, 1982/ 개정판, 다산글방, 1992
- 『하늘과 땅의 변증법』, 한신대학교출판부, 1980
- 『폴 틸리히―그 생애와 사상』, 대한기독교출판사, 1979